»Sustainable development« und die lokale Agenda 21:

Ein neues Arrangement auf dem Weg zur Zukunftsfähigkeit?

Eine fallstudienintegrierende Analyse aus
steuerungs- und partizipationstheoretischer Sicht.

von

Carsten Wiemeyer

Tectum Verlag
Marburg 2002

Die Deutsche Bibliothek - CIP-Einheitsaufnahme

Wiemeyer, Carsten:
»Sustainable development« und die lokale Agenda 21:
Ein neues Arrangement auf dem Weg zur Zukunftsfähigkeit?.
Eine fallstudienintegrierende Analyse aus steuerungs-
und partizipationstheoretischer Sicht..
/ von Carsten Wiemeyer
- Marburg : Tectum Verlag, 2002
Zugl.: Bielefeld, Univ. Diss. 2002
ISBN 3-8288-8361-3

Tectum Verlag
Marburg 2002

„Ich meine, es ist eine enorme Chance,
daß man in einer solchen Zeit lebt, wo
die Fehler der alten Zeit ganz deutlich
werden und wo eine neue Zukunft
entworfen werden kann. Ich finde es
großartig, heute zu leben, trotz der
Bedrohung und trotz der Angst, in der
wir leben."

Jungk

Für meine Eltern und meine beiden Neffen; zwei
Generationen in dieser Zeit mit der Hoffnung auf
Zukunft.

Vorwort

In diesem Buch wird dargelegt, dass die sich verschärfende gesellschaftliche Krise unserer Zeit ohne eine bewusste und tiefgreifende Auseinandersetzung mit den Wirkkräften der derzeitigen gesellschaftlichen Entwicklung nicht zugunsten eines Umsteuerns in Richtung Zukunftsfähigkeit zu ändern ist.

Dabei steht die lokale Agenda als heterarchisches Arrangement auf kommunaler Ebene im empirischen Blickpunkt. In diesem Kontext gilt mein herzlicher Dank all den Ansprechpartnern in den Städten Detmold, Bochum, Neuss und vor allem in Münster, die mir durch ihre Interviewbereitschaft die empirische Datenerhebung ermöglicht haben.

Nun bleibt nach Abschluss dieser Studie mit Blick auf die dargestellten Untersuchungsergebnisse zu hoffen, dass dieses Buch Sie - liebe Leser - zum Nachdenken und zu neuen Erkenntnissen führt, die für zukünftige mitbestimmungsorientierte kommunale Beteiligungsverfahren Anwendung finden können.

Zuletzt möchte ich an dieser Stelle noch all den Menschen meinen Dank aussprechen, die mir durch den nötigen Zuspruch die Kraft gegeben haben, nicht zu verzagen. In diesem Zusammenhang danke ich besonders den Personen in meinem freundschaftlichen Umfeld - vor allem Eva, die mir in der oft schwierigen Entstehungszeit dieser Arbeit ermutigend zur Seite stand – und auch Uwe und Wolfgang für die nötige spirituelle Unterstützung. Ein besonderer Dank gilt auch meinen Eltern für die Unterstützung meines Qualifikationsweges, der angesichts der sozioökonomischen Rahmenbedingungen nicht selbstverständlich war. Zudem danke ich meinen Promotionsbetreuern bzw. wissenschaftlichen Ansprechpartnern für die anregenden Diskurse und Dispute und nicht zuletzt den engagierten Sekretärinnen, die mir bei organisatorisch-bürokratischen Problemlagen hilfreich zur Seite standen!

Bielefeld im Januar 2002

Gliederung

Tabellen- und Abbildungsverzeichnis

Abkürzungsverzeichnis

ABM:	Arbeitsbeschaffungsmaßnahme
ADAC:	Allgemeiner Deutscher Automobil Club
ADFC:	Allgemeiner Deutscher Fahrrad Club
ADR:	Alternativ dispute resolution
AG-B:	Mitarbeiterinnen des Agendabüros
AMF:	Arbeitsgemeinschaft Münsteraner Frauen
Attac:	Vereinigung für eine Besteuerung der Finanztransaktionen im Interesse der Menschen
BauGB:	BauGesetzBuch
BMI:	Bundesministerium des Inneren
BMU:	Bundesministerium für Umwelt, Naturschutz und Rektorsicherheit
BTMF:	Bundesministerium für Bildung, Wissenschaft und Forschung
BRD:	Bundesrepublik Deutschland
BUKO:	Bundeskongress entwicklungspolitischer Aktionsgruppen
BUND:	Bund für Umwelt und Naturschutz Deutschland e.V.
BZ:	Bürgerzirkel
bzgl.:	Bezüglich
BZ-M:	Bürgerzirkel-Moderator
BZ-M/ZW:	Moderator der Bürgerzirkel und Stadtteilzukunftswerkstätten
bzw.:	beziehungsweise
CAF:	Clearing-house for Applied Futures
dbzgl.:	diesbezüglich
DGB:	Deutscher Gewerkschafts Bund
DifU:	Deutsches Institut für Urbanistik
DIHT:	Deutscher Industrie- und Handelstag
ebd.:	ebenda
ExWoSt:	Forschungsprogramm experimenteller Wohnungs- und Städtebau des Bundesamtes für Bauwesen und Raumordnung gefördert vom Bundesministerium für Verkehr, Bau- und Wohnungswesen
FAK:	Facharbeitskreis

FAK-A: Ausländervertreter in den Facharbeitskreisen

FAK-F: Frauenvertreterinnen in den Facharbeitskreisen

FAK-J: Jugendvertreter in den Facharbeitkreisen

FAK-K: Facharbeitskreisteilnehmende »konservativer« Gruppierungen

FAK-P: Facharbeitskreisteilnehmende »progressiver« Gruppierungen

FAK-RP: Vertreter der Ratsparteien in den Facharbeitskreisen

FAK-V: Verwaltungsvertreter in den Facharbeitskreisen

FMO: Flughafen Münster-Osnabrück

FR-AG: Aktive Frauen aus dem Frauenaktionsbündnis

FR-AK: Frauen-Aktionsbündnis

FWG: Freie Wählergemeinschaft

GAL: Grüne Alternative Liste

GG: Grundgesetz

GFG: Gemeinde Finanzierungs Gesetz

GO: Gemeindeordnung

Hrsg.:   Herausgeber

ICC: International Chamber of Commerce

ICLEI: Internationaler Rat für kommunale Umweltinitiativen

i.d.R.:   in der Regel

IHK: Industrie- und Handelskammer

IÖW: Institut für ökologische Wirtschaftsforschung

i.S.:   im Sinne

IUCN: International Union for the Conservation of Nature

IWF: Internationaler Währungsfond

Kap.:   Kapitel

KEZ: Beirat für kommunale Entwicklungszusammenarbeit

KGSt: Kommunale Gemeinschaftsstelle für Verwaltungsvereinfachung

LK: Lenkungskreis

LK-A: Akteure aus dem Lenkungskreis

LK-N: Vertreter der NRO`s im Lenkungskreis

LK-R: Vertreter des Stadtrates im Lenkungskreis

LK-V: Vertreter der Verwaltung im Lenkungskreis

MAI: Multilateral Agreement on Investment

MPI:	Max Planck Institut
NEWI:	Neusser Eine-Welt-Initiative
NRO:	Nicht-Regierungs-Organisation
NRW:	Nordrhein Westfalen
NSM:	Neues Steuerungsmodell
OB:	Oberbürgermeister
PZM:	Aktive aus der »Projektgruppe zukunftsfähiges Münster«
RREEMM:	Restricted, resourceful, expecting, evaluating, maximising man
PZM:	Projektgruppe Zukunftsfähiges Münster
SRU:	Rat der Sachverständigen für Umweltfragen
StabG:	Gesetz zur Förderung der Stabilität und des Wachstums der Wirtschaft vom 08.06.1967
UB:	Unorganisierte Bürger in den Bürgerzirkeln
UBA:	Umweltbundesamt
UNCED:	United Nations Conference on Environment and Development
UNCTAD:	United Nations Conference on Trade and Development
UNDP:	United Nations Development Programme
UNEP:	United Nations Nations Environment Programme
UNESCO:	United Nations Educational Scientific and Cultural Organization
UNHCR:	United Nations High Commissioner for Refuges
u.U.:	unter Umständen
UWG:	Unabhängige Wählergemeinschaft
VHS:	Volkshochschule
WTO:	World Trade Organization
ZW:	Zukunftswerkstatt

„Nicht weil es schwer ist
wagen wir es nicht, sondern
weil wir es nicht wagen ist
es schwer."

Seneca

Einleitung

Die gegenwärtige Entwicklung unserer Gesellschaft ist u.a. gekennzeichnet von einer anhaltend hohen Arbeitslosigkeit, wachsender Armut, zunehmenden gesellschaftlich desintegrierenden Einkommensdisparitäten und einer ökologischen Krise. Diese wissenschaftlich längst diagnostizierten (vgl. z.B. Afheldt, 1994; Habermas, 1998; Meadows, 1972 und 1992) und gesellschaftlich weitgehend perzipierten Problembereiche, verschärfen sich zunehmend zu einer grundlegenden Krise[1] unseres modernen Gesellschaftssystems, welche die Grundlagen für ein menschenwürdiges Leben zukünftiger Generationen gefährdet[2]. In diesem Zusammenhang kann auch von einem Markt- und Staatsversagen gesprochen werden (vgl. Hauff, 1987, S.4; Jänicke, 1986; Rehfus, 1990, S.20). Dieser Entwicklung gegensteuernde Maßnahmen, die auf eine Veränderungen der strukturellen Rahmenbedingungen unserer "Risikogesellschaft" (Beck, 1986) zielen, sind bis dato kaum feststellbar.

Statt dessen scheinen sich im gegenwärtigen Spannungsfeld der Globalisierung von Wirtschaft und Kultur und den fortschreitenden Individualisierungstendenzen die Gestaltungspotentiale zugunsten einer gegensteuernden, veränderten Entwicklung, die der Verringerung der bereits angeführten vernetzten Problembereiche Rechnung trägt, weiter zu verflüchtigen. Auf der Basis einer neoklassischen *mainstream*-Ökonomie, die in der neoliberal dominierten Politik einen scheinbar »willigen Vasallen« zur Durchsetzung von Deregulierungs- und Privatisierungsprogrammen einhergehend mit einer

---

[1] Die Verwendung des Krisenbegriffes beruht in dieser Arbeit auf der Definition von Habermas, der zufolge „Krisen entstehen, wenn die Struktur eines Gesellschaftssystems weniger Möglichkeiten der Problemlösung zuläßt, als zur Bestandserhaltung des Systems in Anspruch genommen werden müssten. In diesem Sinne sind Krisen anhaltende Störungen der Systemintegration" (Habermas, 1973, S.11).

[2] Rehfus konstatiert hierzu: „Zum erstenmal in der Menschheitsgeschichte sind die ökologischen Grundlagen des Menschen vom Menschen selbst bedroht, und damit ist die menschliche Gattung durch sich selbst gefährdet" (Rehfuss, 1990, S.43).

eklatanten »Verschlankung« der Personaldecke öffentlicher Institutionen gefunden hat, scheinen selbst die lauter werdenden Forderungen nach einer strukturellen sozial-ökologischen Umorientierung des Wirtschafts- und Gesellschaftssystems, die infolge der gravierenden gesellschaftlichen Probleme von den Rändern der orthodoxen Wissenschaft geäußert werden, ungehört zu verhallen (vgl. Daly, 1999; Jänicke, 1993; Max-Neef, 1996; Zilleßen, 1993). Ungeachtet der unterschiedlichen Vorstellungen von einer der Zukunft fähigen Entwicklung, die von einer harschen Kritik an dem Axiom des Wirtschaftswachstums bis hin zu Konzeptionen einer radikal veränderten Politik und der Modernisierung der politischen Institutionen reichen (vgl. Daly, 1999; Jänicke, 1993; Kraemer, 1998; Novy/Raza, 1997), ist der Schnittpunkt der Ansätze darin zu sehen, dass heute „Fortschritt keine lineare Fortschreibung des Bestehenden ist, sondern fundamentale Umbruchsituationen und innovative Richtungsänderungen einschließt" (Jänicke, 1993, S.17).

Die Deklaration „Agenda 21"[3], die mit Bezug auf das normative Leitbild »sustainable development«, auf der UNCED-Konferenz in Rio de Janeiro/Brasilien 1992 von 178 Staaten verabschiedet wurde[4] und explizit die wechselseitige Abhängigkeit von ökonomischen, sozialen und ökologischen Entwicklungsfaktoren weltweit anerkannt hat, erscheint wie ein Leuchtturm im Nebel der derzeitigen gesellschaftlichen Entwicklung. Die Klippen der krisenartigen Fehlentwicklungen werden warnend angestrahlt und im Lichtschein der Orientierung erscheint das sichtbar werdende handlungsleitende Paradigma einer zukunftsfähigen Entwicklung, das zugleich die inhaltlichen Grundlagen liefert, um erste Schritte zu einem politisch-ökonomischen Kurswechsel vollziehen zu können. Denn Ziel der Agenda 21 war und ist es, einen dauerhaften, dynamischen Prozess einzuleiten, der zu neuen Kooperations- und Umsetzungsformen für zukunftsfähige Entscheidungen von öffentlichem Interesse führen soll; dabei sollen Nachhaltigkeitsprinzipien in alle Politik-, Verwaltungs-, Wirtschafts- und privaten Lebensbereiche einfließen.

---

[3] Das Wort „Agenda" meint in der ursprünglichen lateinischen Bedeutung sinngemäß „was zu tun ist", hat also eine zukunftsorientierte Bedeutung mit Blick auf noch zu erledigende Aufgaben. In diesem Sinne als Aktionsprogramm für das 21. Jahrhundert verabschiedet, umfasst die Agenda 21 in ihren 40 Kapiteln alle wesentlichen Politikbereiche einer zukunftsfähigen Entwicklung.

[4] Zwar obliegt den Unterzeichnerstaaten die erfolgreiche Umsetzung der Deklaration, doch wurde in den mehr als sieben Jahren seit Rio eher deutlich, dass die Agenda 21 keine völkerrechtliche Bindung hat, und so primär auf den deklarierenden Charakter einer Ankündigungspolitik beschränkt bleibt.

Da jedoch auf die neu zu justierende, optimalere Ausgestaltung des Spannungsfeldes von Wirtschafts-, Sozial- und Umweltverträglichkeit scheinbar nicht eingegangen, geschweige denn die Möglichkeit ihrer Herleitung und Umsetzung auf nationaler Ebene geprüft wird[5], stellt sich im Kontext dieser Forderungen nach strukturellen Reformen die theoretisch kontrovers diskutierte Frage, inwieweit die politische Steuerungsfähigkeit überhaupt noch ausreicht, um die zukünftige Entwicklung aktiv auszugestalten[6]. Dass in diesem Zusammenhang der alleinige Rekurs auf das etatistische Steuerungsvermögen des Staates obsolet geworden ist[7], wurde schon vor der diagnostizierten „Entzauberung des Staates" (vgl. Willke, 1992) perzipiert. In dieser Hinsicht fungiert der Begriff des „kooperativen Staates" (Ritter, 1977) als Terminus technicus für erweiterte und neuere Optionen zur Gestaltung gesellschaftlicher Entwicklung, wobei politische Steuerung eher als Verhandlungs- und Entscheidungsprozess differenter Gruppen denn als hoheitlicher, rationaler Akt der politischen Zielsetzung verstanden wird. Dabei wird die Frage relevant, auf welche Weise politische Steuerungs- und gesellschaftliche Selbstregelungsansätze sinnvoll zusammenwirken können (vgl. Mayntz, 1997, S.7; vgl. Kap. 2). In diesem Kontext sind u.a. verschiedene Konsultationszusammenhänge wie neuartige Delegations- und Kooperationsansätze in Verhandlungssystemen oder gesellschaftliche Selbstregelungsansätze von Bedeutung.

Da das Umsteuern hin zu einer zukunftsfähigen Entwicklung vor dem Hintergrund der gegenwärtigen neoliberalen Entwicklungstrends einen grundlegenden Paradigmenwechsel[8] darstellen würde, welcher insbesondere die Grundfeste bisheriger (ökonomischer) Theorieentwicklung sowie die Axiome materialistisch geprägter gesellschaftlicher Wertvorstellungen doch arg ins Wanken bringen würde (vgl. O`Hara 1997; Daly,

---

[5] Welche Steuerungskapazitäten zur Problembearbeitung mit dem Ziel der notwendigen Abwendung der ökologischen Gefahren derzeit genutzt werden und auf nationaler Ebene mit Blick auf die „Supervisionsaufgabe des Staates" (vgl. Willke, 1992, 1997) noch zur Verfügung stehen könnten, ist unterdessen schon vielgestaltig herausgearbeitet worden (vgl. Wiemeyer, 2000; Wilhelm, 1994).

[6] Exemplarisch für die Grundzüge dieser unterschiedlichen theoretischen Bewertungen ist immer noch die Kontroverse zwischen Luhmann und Scharpf (vgl. Luhmann, 1989; Scharpf, 1989).

[7] Sowohl die supranationalen politischen und ökonomischen Rahmenbedingungen wie auch das z.T. daraus erwachsene mangelnde Steuerungswissen sind aufscheinende Indikatoren für die Aussichtslosigkeit, überhaupt noch etatistisch "zielsicher steuernd in bestimmte Systemprozesse einzugreifen" (Mayntz, 1987, S.97).

[8] Seit Kuhn ist in diesem Zusammenhang klar, dass ein etwaiger Paradigmenwechsel sowohl durch retardierende wie forcierende Aspekte geprägt ist, zumal sich die neuen Konzepte und Ideen erst gegen verfestigte Denkweisen und dominante herrschende Lehre durchsetzen müssen (vgl. Kuhn, 1967).

1999)[9], gilt es, die verbliebenen Möglichkeiten zur neuen Ausrichtung der noch vorhandenen Steuerungsressourcen auf allen politischen Ebenen von der Kommune bis hin zu supranationalen Kontexten zu nutzen. Allerdings erscheint es vor dem o.g. Hintergrund und erhärtet durch die Diagnose des Markt- und Staatsversagens lohnenswert herauszufinden, ob bzw. wie eine adäquate Umsetzung der zukunftsfähigen Entwicklung im Kontext heterarchischer Ebenen auch unterhalb des Nationalstaates erarbeitet werden kann. Denn wenn es sich „bereits auf lokaler Ebene als unmöglich erweisen sollte, neue Partizipationsmöglichkeiten zu eröffnen, so muss über die Reversibilität der Makrotrends kein Wort mehr verloren werden" (Münkler, 1997, S.170). Zudem erscheint die Betrachtung der kommunalen Ebene auch deswegen reizvoll, weil gerade die politische Mikro- und Mesoebene als Beobachtungsfelder der Akteurstheorien direkte Möglichkeiten bieten, politische Steuerungsmöglichkeiten empirisch zu überprüfen. Hinzu kommt, dass bisherige Untersuchungen in erster Linie die nationalstaatliche oder supranationale/europäische Ebene fokussiert haben, qualitative Untersuchungen auf der Ebene unterhalb des Nationalstaates gerade mit Bezug auf die Steuerungsleistung und die partizipatorische Struktur dagegen deutlich unterrepräsentiert sind (vgl. Schmalz-Bruns, 1995, Zürn, 1997, Engelhard, 1998).

Die Agenda 21 spricht in diesem Kontext den Kommunen in ihrem Kapitel 28 eine wichtige Rolle[10] zu. Dort wurde der kommunale Auftrag mit Blick auf die *zu erweiternden Partizipationsmöglichkeiten und zu vergrößernden deliberativen Politikmöglichkeiten* konkretisiert, denn nach Kap. 28.3 soll „Jede Kommunalverwaltung (...) in einen Dialog mit ihren Bürgern, örtlichen Organisationen und der Privatwirtschaft eintreten und eine »kommunale Agenda 21« beschließen" (BMU, 1993, S.231). Dabei geht es ferner darum, einen langfristig angelegten Handlungszusammenhang aller relevanten Akteurgruppen[11] im Rahmen der lokalen Agenda zu konstituieren, der eine adäquate,

---

[9] Mit Blick auf die Ausgestaltung einer zukunftsfähigen Ökonomie konstatiert O`Hara: „New economic theories are needed to describe and acount for these coevolving and cooperative processes in economic systems" (O`Hara, 1997, S.169).

[10] Zwar gab es schon Mitte der 80-er Jahre im Landes- und kommunalen Kontext Bestrebungen, Möglichkeiten für eine ökonomische, ökologische und soziale Erneuerung der Industriegesellschaft zu eruieren (vgl. Hesse, 1987, S.59), doch entwickelte sich erst im Zuge der Agenda 21 eine konsistente Grundlage für die Umsetzung konkreter kommunaler Strategien im Hinblick auf eine zukunftsfähige, politische Modernisierung.

[11] *Aus Gründen der besseren Lesbarkeit wurde darauf verzichtet, die männliche und weibliche Form jeweils gesondert aufzuführen. Die gewählten Formulierungen umfassen selbstverständlich Frauen und Männer gleichermaßen.*

gemeinwohlorientierte Behandlung der vorhandenen ökologischen, sozialen und letztlich gesellschaftlichen Probleme zum Ziel hat.

Die analytische Betrachtung der kommunal verorteten lokalen Agenda ist sowohl mit Blick auf die Ausgestaltung anhand der organisatorischen, partizipatorischen und steuerungsspezifischen Aspekte, wie auch hinsichtlich der Konkretisierung des Konzeptes einer zukunftsfähigen Entwicklung sinnvoll. Letzteres erscheint gerade mit Blick auf die sich verstetigenden gesellschaftlichen Fehlentwicklungen notwendig, um eine Revitalisierung der politischen Aktualität der Agenda 21 (auch auf anderen politischen Ebenen) zu ermöglichen[12]. Vor dem Hintergrund eines »akteurszentrierten Institutionalismus«, der sowohl die »constraints« des Konsultationsrahmens wie die »choices« der Akteure in den Blick nimmt (vgl. Mayntz, Scharpf, 1995), ist das Konzept einer dezentralen, kontextbezogenen Steuerung (vgl. Willke, 1992/1997) ein Anknüpfungspunkt für die analytische Betrachtung der lokalen Agenda in dieser Arbeit. Diese erfolgt in erster Linie anhand einer qualitativ - empirischen Untersuchung der »Fallstudie Münster«. Da es sich bei der lokalen Agenda um ein gesellschaftliches Arrangement mit hoher Komplexität handelt, werden hinsichtlich zentraler Kategorien exemplarisch auch noch weitere Agendaprozesse in der Intention beleuchtet, die auf der Fallstudie basierenden Erkenntnisse heuristisch zu erhärten. Das empirische Vorgehen wird ausführlich im dritten Kapitel expliziert.

Der Fokus dieser Dissertation richtet sich auf eine Optimierung[13] der demokratischen Willensbildung und Entscheidungsfindung, mit Blick auf die Konkretisierung und Ausgestaltung einer zukunftsfähigen Entwicklung im Rahmen der lokalen Agenda. Mit der Optimierung zentral verknüpft ist die Verbesserung und Erweiterung deliberativer Praktiken und politischen Teilhabe- und Mitgestaltungsmöglichkeiten für Bürger und

---

[12] In diese Richtung geht auch die in Kap. 28.3 der Agenda 21 geäußerte Hoffnung, dass kommunale Strategien und Programme dazu herangezogen werden könnten, „Vorschläge für die Finanzierung auf lokaler, nationaler, regionaler und internationaler Ebene zu begründen" (BMU, 1993, S.231).

[13] Es geht wohlgemerkt um eine Optimierung, die eine erweiterte Partizipation, verbunden mit einer erweiterten und verbesserten Mitbestimmung im Rahmen des in Kap. 28 der Agenda geforderten (kommunalen) Konsultationszusammenhanges umfaßt. Dabei geht es jedoch nicht implizit um die Reaktivierung radikal rätedemokratischer Perspektiven aus der soziologischen Mottenkiste, denen die generelle und übergreifende Öffnung aller Entscheidungsprozesse inhärent ist. Der Rekurs auf diese Ansätze erscheint vor allem deswegen nicht weiterführend, weil abgesehen von der Vernachlässigung der Effizienzgrenzen von Beteiligung das den Ansätzen zugrunde liegende überoptimistische Menschenbild eher unrealistisch ist, zumal die Partizipationsmöglichkeit und -bereitschaft der Bürger angesichts eines niedrigen Informationsstandes, begrenzten Zeitbudgets und größer werdenden politischen Desinteresses, nicht überschätzt werden darf.

Verbandsvertreter, die eine effektivere Mitbestimmung als auch ein Umdenken bei den beteiligten Akteuren gewährleisten können. Während sich das Umdenken auf die Internalisierung der Interdependenz sozialer, ökologischer und wirtschaftlicher Problembereiche im Rahmen des Konsultationsprozesses bezieht[14], sind die Konzepte politischer Partizipation mit kritischer Sorgfalt daraufhin zu überprüfen, ob sie erfolgreiche Eingriffe in Entscheidungsprozesse ermöglichen oder als bloße „partizipatorische Verzierung bürokratischer Entscheidungen" (Zilleßen/Barbian, 1992, S.22) abgelehnt werden müssen. Partizipationsorientierte Forderungen, die in diesem Kontext auch bei der lokalen Agenda relevant sind, sind u.a. die Öffnung des Informationssystems zur Ermöglichung kompetenter Entscheidungen, die Erhöhung der effektiven Partizipationsmöglichkeiten, die Verringerung der Entfremdung von den Entscheidungs- und Machtzentren, der Abbau ökonomisch geprägter Einflusshierarchien und die Ausrichtung der Ausgestaltung des Arrangements am »idealen Diskurs« (vgl. Habermas, 1992; Mcpherson, 1983). Mein Erkenntnisinteresse im Rahmen der Untersuchung ist in diesem Zusammenhang auf prozess- und steuerungsrelevante Aspekte ausgerichtet, prozessual erarbeitete Inhaltsbereiche finden dagegen lediglich nachrangig Berücksichtigung.

Dabei ist im Rahmen der Arbeit - mit Blick auf die Themenstellung - die folgende zentrale *Frage* zu klären:

> ➢ Sind lokale Agenden heterarchische Arrangements (vgl. Willke, 1997, S.7), die - als kommunale Gestaltungsoption eines „kooperativen Staates" (Ritter, 1979) - zu einer Erweiterung kommunaler Steuerungspotentiale und zu einer Umsteuerung in Richtung einer zukunftsfähigen Entwicklung auf kommunaler Ebene beitragen?

Um mit Blick auf die zentralen Kriterien der Partizipations- und Steuerungseffektivität, die in meiner Arbeit hinsichtlich der analytischen Betrachtung des lokalen Agendaprozesses von Bedeutung sind, diese forschungsleitende Grundfrage beantworten zu können, gilt es zunächst zu klären, was unter Zukunftsfähigkeit zu verstehen ist, bevor der theoretische Bezugsrahmen für die qualitative Untersuchung der Fallstudie Münster in

---

[14] Relevant ist in diesem Zusammenhang auch der Wandel einer Zweck- bzw. Mittelorientierung zugunsten einer Prozessorientierung und sogar einer intelligenten Selbstbeschränkung der Akteure (vgl. Offe, 1989; Wiesenthal, 1997).

den Blick genommen wird. Im empirischen Teil der Arbeit stehen folgende Fragestellungen, die z.T. aufeinander bezogen sind, im Vordergrund:

> Welche Gruppen sind in den Konsultationsprozess zur lokalen Agenda als gesellschaftlich relevante Vertreter integriert und inwiefern ist die nicht organisierte Bürgerschaft beteiligt bzw. eingebunden?

> Welcher Verfahrensansatz bzw. welche Prozessstruktur wird praktiziert?

> Wird mit der lokalen Agenda ein langfristig stabiler Konsultationszusammenhang geschaffen, in dem unterschiedliche gesellschaftliche Akteure gleichberechtigt über relevante städtische Entwicklung debattieren können?

> Inwieweit stellt die lokale Agenda eine Erweiterung der kommunalpolitischen Struktur dar, welche die Grundlage für ein verändertes Steuerungsmodell bilden könnte?

> Werden den Beteiligten effektive Mitsprachemöglichkeiten hinsichtlich der Ausgestaltung der zukunftsfähigen Kommune eingeräumt oder handelt es sich bloß um eine partizipatorische Verzierung von Kommunalpolitik unter der Prämisse eines nachhaltigen Stadtmarketings?

> Bringt die lokale Agenda einen steuerungspolitischen Qualitätszuwachs im Hinblick auf die Zukunftsfähigkeit einer Kommune?

Die Bearbeitung meines Themas erfolgt vor dem Hintergrund der angeführten Fragestellungen in vier größeren Abschnitten. Dabei beschränkt sich die räumliche Dimension der empirischen Betrachtung auf die umfassende Fallstudie Münster und die ergänzende Betrachtung der lokalen Agendaprozesse in Neuss, Detmold und Bochum.

Im ersten Kapitel wird zunächst der Frage nachgegangen, welche Inhalte und Leitlinien sich hinter dem Konzept einer zukunftsfähigen Entwicklung, die das handlungsleitende Paradigma und den Bezugspunkt zur Ausgestaltung der lokalen Agenda bildet, verbergen. Dabei wird das Problem deutlich, dass die »Zukunftsfähigkeit« der Entwicklung mit Blick auf die Sozial- und Umweltverträglichkeit und die Wirtschaftlichkeit erst konkretisiert und austariert werden muss. Dabei lassen sich mit der ökologischen Modernisierung und der sozial-ökologischen Transformation der gesellschaftlichen Entwicklung zwei differente Interpretationsansätze eruieren, deren Auswirkungen auf einen Wandel der Entwicklung unterschiedlich weitreichend sind. Nachdem in diesem Kontext die Notwendigkeit einer diskursiven Konkretisierung des Zukunftsfähigkeitskonzeptes und die damit verbundene Herausforderung an »den Menschen« erörtert werden, wird abschließend im letzten Teil dieses Kapitels die lokale Agenda dargestellt. Hiernach wird im *zweiten Kapitel* der weitere theoretische Bezugsrahmen der Arbeit entfaltet. Dazu wird im Durchgang durch einige Stationen der jüngeren Debatte der Steuerungs- und Partizipationstheorie die theoretische Basis der Dissertation begründet, welche im Rahmen des zugrunde liegenden Ansatzes ein tragfähiges Fundament für den analytischen Untersuchungsrahmen der lokalen Agenda bildet. Dabei werden nach der allgemeinen Einführung mit Blick auf die übergeordneten Ebenen auch die Probleme der konkreten Ausgestaltung einer lokalen Agenda sowie die kommunalpolitischen Rahmenbedingungen in den Blick genommen. Abschließend wird dann deskriptiv-analytisch das Potential der möglichen und z.T. bereits angewandten methodischen Ausgestaltungen der Konsultationszusammenhänge einer lokalen Agenda thematisiert.

Im *dritten Kapitel* wird die methodische Anlage der Arbeit wie auch insbesondere das Vorgehen im Rahmen der Fallstudie Münster ausführlich erläutert. In diesem Zusammenhang werden die Aspekte, die im Rahmen der hier angewandten qualitativen Sozialforschung von Bedeutung sind, kursorisch behandelt. Dann wird das konkrete Vorgehen im Rahmen der Untersuchung, welches sich primär auf teilstandardisierte Interviews mit relevanten Repräsentanten der beteiligten Akteurgruppen der lokalen Agenda sowie auf die teilnehmende Beobachtung am Konsultationsprozess stützt, expliziert, um so zu ermöglichen, dass das Vorgehen intersubjektiv nachvollziehbar wird. Um die bereits angeführten Grundfragen des Dissertationsvorhabens empiriefähig zu machen, werden sie im Kontext der Interviewerhebung in forschungsleitende Fragestellungen operationalisiert, welche unter den Themenschwerpunkten: Rahmenbedingungen und organisatorische Umsetzung der lokalen Agenda, Kommunikationsklima, Partizipationseffektivität und Steuerungseffektivität mit Blick auf den »materialen outcome« zusammengefasst sind.

Im *vierten und fünften Kapitel* der Arbeit steht die lokale Agenda im Blickpunkt der Aufmerksamkeit. Im *vierten Kapitel* werden zunächst Rahmenbedingungen und Strukturelemente der lokalen Agenda der Fallstudie Münster beleuchtet. In diesem Kontext werde ich kursorisch auf den Prozessverlauf, die Prozessstruktur, auf Spezifika im Pro-

zessablauf und auf die Prozessfortführung nach dem abgeschlossenen Konsultationsprozess eingehen, bevor im *fünften Kapitel* der Fokus auf die Befunde, Interpretation
und Bewertung der qualitativen Untersuchung gelegt wird. Dabei werden anhand der
theoriebasierten Kodierungskategorien die Verfahrensausgestaltung, die Mitbestimmungsmöglichkeiten sowie die Steuerungseffektivität mit Blick auf die Kommunalpolitik, und damit die Einbettung des Verfahrens in den allgemeinen kommunalpolitischen
Kontext besonders berücksichtigt. Im Zuge einer zusammenfassenden Schlussbetrachtung werde ich noch eine summative und formative Evaluation des Verfahrens vornehmen, mit dem Ziel letztlich - auf der Basis der Untersuchungsergebnisse - informationshaltige Hypothesen zu generieren.

Um in diesem Kontext den heuristischen Wert und die externe Validität der Untersuchung zu steigern, werden dann im *sechsten Kapitel* ergänzend drei weitere Agendaprozesse nordrhein-westfälischer Gebietskörperschaften exemplarisch hinsichtlich der Leitfragen und Arbeitshypothesen analysiert.

Abschließend wird eine Bewertung der praktischen Umsetzung der lokalen Agenda anhand des thematisierten Untersuchungsmaterials auf der Basis des theoretischen Bezugsrahmens vorgenommen, um die *Zukunftsfähigkeit* der lokalen Agenda selbst beurteilen zu können. Zu diesem Zweck werden im *siebten Kapitel* zunächst partizipations-
und steuerungsrelevante Schlussfolgerungen gezogen und Implikationen hinsichtlich
der kommunalen Verortung des Agenda-Prozesses thematisiert, bevor im *achten Kapitel* ein Ausblick gewagt wird, in dem - neben Konsequenzen für die Etablierung zukünftiger kommunaler Agendaprozesse - Ansatzpunkte für das Gelingen einer sozial-
ökologischen Transformation gesellschaftlicher Entwicklung im Mittelpunkt stehen.

Meine Ausgangsthese im Rahmen der Dissertation lautet:

*Bei einem Formwandel politischer Steuerung gibt es trotz nationalstaatlichem Souverä-
nitätsverlust, der Globalisierung von Wirtschaft und Kultur und der sozial-ökologischen
Krise, noch Gestaltungsspielräume der Politik durch eine neuartige dezentrale Kontextsteuerung, gekoppelt mit verbesserten Partizipationsmöglichkeiten, um die Entwicklung einer Kommune zukunftsfähig auszugestalten.*

Daraus sind zudem die folgenden empirisch gehaltlosen Arbeitshypothesen theoretisch abgeleitet:

> Dem politischen Steuerungsdefizit kann im Kontext der lokalen Agenda mit einer verstärkten effektiven dezentralen Partizipation wirksam begegnet werden.

> Nur wenn die klassischen politischen Steuerungsakteure im kommunalen Kontext in den Konsultationsprozess der lokalen Agenda strukturell eingebunden sind und ihn finanziell und organisatorisch mittragen, kann der lokale Agendaprozess eine Reduktion der politischen Steuerungsdefizite bewirken.

Die Ausgestaltung der »lokalen Agenda 21« wird in dieser Arbeit primär auf der Basis der empirischen Fallstudie Münster mit Blick auf die Konkretisierung, Operationalisierung und Umsetzung einer effektiveren Berücksichtigung sozial-, natur- und wirtschaftsrelevanter Aspekte auf die *steuerungsspezifische* wie auch *partizipative Substanz und Effektivität* hin reflektiert. Um zu ergründen, wie diese Aspekte aus dem prozeduralen Selbstverständnis der Beteiligten wahrgenommen und bewertet werden, wird neben den vorhandenen Dokumenten und den eigenen Erfahrungen aus der teilnehmenden Beobachtung an dem lokalen Agendaprozess in Münster explizit auf die erhobenen interviewbasierten Daten rekurriert, um die Rekonstruktion akteurspezifischer Interpretationen ermöglichen zu können. Dabei werden die Möglichkeiten und Grenzen der Mitsprache und Mitbestimmung im Rahmen des Prozesses wie auch die unterschiedlichen Anschlussfähigkeiten zukunftsfähiger Entwicklung von Bedeutung sein, um die Bedingungsaufklärung für das Gelingen eines lokalen Agendaprozesses nicht aus dem Blick zu verlieren. Auf der Grundlage dieser Reflexionsebene soll dem Abbau der vorhandenen politischen Steuerungsdefizite wie auch dem Umsetzungspotential einer zukunftsfähigen Entwicklung besondere Beachtung geschenkt werden.

Das Ziel der Arbeit besteht darin, einen Einblick in das Problem der Steuerungsfähigkeit unter besonderer Berücksichtigung der seitens der beteiligten Gruppen perzepierten sozialen Realität der lokalen Agenda zu geben. Diese Bedingungsanalyse des Prozesses soll letztlich Schlussfolgerungen für einen potentiell effektiven Lösungsansatz ermöglichen, um so eine qualitative Forschungslücke in diesem signifikanten praxispolitischen Bereich auszufüllen. Gerade im Hinblick auf die aktuellen Stellungnahmen im wissenschaftlichen Diskurs (vgl. Jänicke, 1993; Willke, 1997), aus denen ein hoher Anspruch im Zuge der Etablierung heterarchischer Steuerungsebenen deutlich wird, erscheint diese Aufgabe überaus lohnenswert. Vor diesem Hintergrund sollen die originär sozialwissenschaftlichen Möglichkeiten inter- und transdisziplinären Forschens umfassend genutzt werden, um einer eindimensionalen Fach- und Themenblindheit vorzubeugen.

"Selbst eine ganze Gesellschaft, eine
Nation, ja alle gleichzeitigen Gesellschaften zusammengenommen, sind
nicht Eigentümer der Erde. Sie sind
nur ihre Besitzer, ihre Nutznießer,
und haben sie als boni patres fami-
lias den nachfolgenden Generationen verbessert zu hinterlassen."

(Marx, 1971, S.784[15])

1 »sustainable development« - Konzept einer zukunftsfähigen Entwicklung

1.1 Die Entstehungsgeschichte des Konzeptes

Nachdem die Anzeichen einer durch die industriell-wirtschaftliche Entwicklung bedingten Umweltkrise durch Carson 1962 erstmals öffentlich perzipiert worden waren
(vgl. Carson, 1962), verdichtete sich die Kritik bzgl. der Folgen der expansiven industriellen Entwicklung zu Beginn der siebziger Jahre durch den vielbeachteten ersten
Bericht »Grenzen des Wachstums« an den Club of Rome (vgl. Meadows u.a., 1972)
und den bedeutenden Verweis auf den kausalen Zusammenhang zwischen dem ökonomischen Prozess und der zunehmenden Entropieproblematik[16], den Georgescu-Roegen
einbrachte (vgl. Georgescu-Roegen, 1971)[17]. Der Begriff »sustainable development«
wurde vor diesem Hintergrund bereits 1980 erstmals im Zuge der Veröffentlichung der
»World Conservation Strategy« seitens der International Union for the Conservation of
Nature (IUCN) verwendet. Doch eine breite öffentliche Perzeption und Akzeptanz des

---

[15] Die Erstveröffentlichung des entsprechenden Werkes von Karl Marx stammt bereits aus dem Jahr 1867.
[16] Das Entropieproblem besteht verkürzt darin, dass die (derzeit real beschränkten) energetischen Ressourcen im industriellen Produktionsprozess aus dem Zustand niedriger Entropie unwiderruflich in
nicht mehr nutzbare Zustände hoher Entropie letztlich bis hin zur Niedertemperaturwärme überführt
werden.
[17] Zur Wahrnehmung der ökologischen Krise als soziales Problem vgl. ausführlich Wiemeyer, 2000,
S.23f.

Begriffs vollzog sich erst mit dem Brundtland-Bericht »Our common future« im Jahre 1987[18]. In diesem Kontext wurde das global ausgerichtete Konzept des »sustainable development«, als Reaktion auf die wahrgenommene Übernutzung des globalen Ökosystems primär durch die wachsende Weltwirtschaft, sowohl was die Leistungsfähigkeit der Quellen als auch der Aufnahmekapazität der Senken betrifft[19], in den politischen Diskussionszusammenhang eingebracht.

In der Folge schien der politische Wille, das Konzept weiter zu strukturieren, auf supranationaler Ebene vorhanden zu sein. So schloß die UNCED-Konferenz 1992 in Rio de Janeiro die Deklaration und das Aktionsprogramm »Agenda 21« an den zentralen Ansatz des »Brundtland-Berichtes« an[20]; der endgültige Durchbruch des Leitbegriffes »sustainable development« zu umfangreicher Popularität war erreicht. Doch auch wenn diese Agenda 21, die in ihren 40 Kapiteln alle wesentlichen Politikbereiche einer zukunftsfähigen Entwicklung umfasst[21], von 178 Staaten als Aktionsprogramm für das 21. Jahrhundert verabschiedet wurde, wird seither zunehmend fraglich, inwieweit das Dokument wirklich der "Ausdruck eines globalen Konsenses und einer politischen Verpflichtung auf höchster Ebene zur Zusammenarbeit im Bereich von Entwicklung und Umwelt" (BMU, 1993, S.9) ist, besonders wenn man die mageren bisherigen Umsetzungsansätze und die schon gegenüber dem Programm zur Aktion für das 21. Jahrhundert sehr verhaltene UNCED-Konferenz 1997 in New York sowie die gescheiterte Welt-Klimakonferenz vom November 2000 in Den Haag in Betracht zieht.

Bevor jedoch die zentralen Leitkriterien (vgl. Kap. 1.3) und die darauf basierenden Interpretationen des »sustainable development« Konzepts (vgl. Kap. 1.4) beleuchtet werden, geht es zuvor um die adäquate Übersetzungsmöglichkeit des Begriffs.

---

[18] Hierbei handelt es sich um den Bericht der Weltkommission für Umwelt und Entwicklung, der binnen vier Jahren unter dem Vorsitz der norwegischen Ministerpräsidentin Gro Harlem Brundtland erstellt wurde. Die deutschsprachige Fassung wurde vom deutschen Kommissionsmitglied Volker Hauff herausgegeben.

[19] In das offene Wirtschaftssystem fließen Quellen in Form von natürlichen Rohstoffen und Energien, die im Wirtschaftsprozess vernutzt werden und in Form von Müll und Emissionen an die Senken der Umwelt zurückgeliefert werden.

[20] Neben der Deklaration und dem im Kontext dieser Arbeit relevanten Aktionsprogramm Agenda 21 wurden in Rio auch noch die Klimarahmenkonvention, die Konvention zum Schutz der biologischen Vielfalt, die Waldgrundsatzerklärung und die Environment Facility beschlossen.

[21] Die angeführten Politikbereichen werden in vier Teilbereiche untergliedert:
Teil I: Soziale und wirtschaftliche Dimensionen (Kap. 1-8)
Teil II: Erhaltung und Bewirtschaftung der Ressourcen für die Entwicklung (Kap. 9-13)
Teil III: Stärkung der Rolle wichtiger Gruppen (Kap. 23-32)
Teil IV: Möglichkeiten der Umsetzung (Kap. 33-40) (vgl. BMU, 1997, S.5f.).

1.2   Nachhaltige, dauerhafte oder zukunftsfähige Entwicklung?

»Sustainable development« wird im deutschen Sprachgebrauch u.a. mit *dauerhafter*, *zukunftsfähiger* sowie zumeist mit *nachhaltiger* Entwicklung und neuerdings auch *zukunftsbeständiger* Entwicklung übersetzt (vgl. SRU, 1994, S.45; Kuhn, 1998). Auch wenn sich die Übersetzung »nachhaltige Entwicklung« in der wissenschaftlichen Literatur scheinbar durchgesetzt hat (vgl. u.a. Majer, 1998; Heinz, 1997), werde ich im folgenden aus wohlerwogenem Grund die sinngemäße Übersetzung »zukunftsfähige Entwicklung« verwenden. Es geht mir dabei nicht um eine - in der Wissenschaft immer weiter grassierende - Wortklauberei, vielmehr stellt die gängige Begriffsverwendung schon die Weichen für das grundlegende (*Miss*-) **Verständnis** von »sustainable development«.

Da der Begriff »nachhaltig« im Alltagsverständnis oft synonym mit »intensiv« und »besonders wirksam« gebraucht wird, besteht - vor dem Hintergrund des vorherrschenden neoliberalen Paradigmas - die Gefahr einer Fehlinterpretation von sustainable development zugunsten einer besonders intensiven, wachstumsbasierten, ökonomischen Entwicklung (vgl. Weinzierl, 1993, S.35; Wiemeyer, 2000, S.123f). Zudem stellt gerade der Bezug zur Tradition dieses Begriffes in der Forstwirtschaft (vgl. SRU, 1994, S.46) den Hauptgrund dafür dar, den Begriff nicht zu verwenden. Zwar wurde das Prinzip der Nachhaltigkeit in der Forstwirtschaft zu Beginn des 19. Jahrhunderts als ökologisch angemessene Waldbewirtschaftung propagiert, um den Holzeinschlag mit der Regenerationsfähigkeit des Waldes in Einklang zu bringen, doch hat es „dem Druck der wirtschaftlichen Verhältnisse nachgebend [...] in der Praxis [...] nie eine Rolle gespielt" (Bosselmann, 1992, S.101)[22]. Vor dem Hintergrund der real primär gewinn- und weniger ökologisch orientierten kapitalistischen Waldbewirtschaftung, ist mit dem Begriff Nachhaltigkeit eine Engführung auf die Anerkennung eben dieser gesellschaftlichen Entwicklungsbedingung bereits vollzogen, die mit Blick auf den notwendigen struktu-

---

[22] So standen weniger die Regeln, welche die Übernutzung verhindern sollten im Vordergrund, als die Überführung der Waldnutzung in privates bzw. staatliches Eigentum, welches die gemeinschaftliche Waldnutzung der Landbevölkerung zum Forstfrevel deklarierte und die Landbevölkerung entrechtete. Auf der so geschaffenen Eigentumsgrundlage nahm die Ausrichtung auf eine Gewinnmaximierung in der Forstwirtschaft alsbald folgenreiche Konsequenzen an. Es wurden zunehmend schnellwüchsige Nadelbäume bis hin zu dem heute oft typischen Bild der Kiefern- und Fichtenmonokulturen gepflanzt. Dabei stand weniger die Erhaltung des gesunden Ökosystems Wald, als die Erhaltung eines gewinnwerfenden Bestandes an ertragreichen Hölzern und damit die Transformation hin zum Wirtschaftswald im Vordergrund, wobei die langfristige Schädlingsanfälligkeit und Substanz des Ökosystems eher nachrangig relevant war (vgl. Häpke 1996, S.25ff.).

rellen Wandel der gesellschaftlichen Entwicklung nicht kritik- und übergangslos Verwendung finden sollte.

Die begrifflichen Wendungen der dauerhaften oder zukunftsbeständigen Entwicklung sind zwar wortgeschichtlich nicht problematisch, sie zielen meines Erachtens aber nicht prägnant die erst noch zu erreichende Zukunftsfähigkeit eines **neu** zu konfigurierenden Entwicklungsansatzes. Dieser Bedeutung wird meines Erachtens am ehesten der Begriff der *zukunftsfähigen Entwicklung* gerecht, bei dem strukturverändernde Konsequenzen nicht bereits aufgrund der Begriffsgeschichte ausgeblendet werden, und den ich deshalb im Folgenden verwenden werde.

In diesem Sinne soll nun zuerst die grundsätzliche Zielrichtung des Konzeptes umrissen werden, bevor die beiden in Ansatzpunkt und Tragweite unterschiedlichen Konsequenzen der Modernisierung und Strukturveränderung der gesellschaftlichen Entwicklungsdynamik in Kap. 1.4 betrachtet werden.

1.3 Die zentralen Leitkriterien zukunftsfähiger Entwicklung und die Schwierigkeiten ihrer Operationalisierung

Im Mittelpunkt des normativen Konzepts einer zukunftsfähigen Entwicklung steht der Aspekt der inter- und intragenerationellen (bedürfnisorientierten) Gerechtigkeit. So wurde seitens der Brundtland-Kommission die zukunftsfähige Entwicklung in der folgenden Definition präzisiert:

> "Humanity has the ability to make development sustainable - to ensure
> that it meets the needs of the present without compromising the ability
> of future generations to meet their own needs" (World Commission on
> Environment and Development, 1987, S.8).

Diese Beschreibung von Zukunftsfähigkeit als einer Form von Entwicklung, welche die Bedürfnisse der gegenwärtigen Generation erfüllt, ohne zugleich die Möglichkeit der zukünftigen Bedürfniserfüllung einzuschränken, blieb - ohne deswegen völlig inhaltsleer zu sein - doch ausreichend vage, um quer durch alle sozioökonomischen Interessenlagen (allerdings mit differenter Intensität und Interpretation) umfangreiche Verwendung finden zu können (vgl. McCluney, 1994, S.18)[23]. Letztlich kann vor diesem Hintergrund jede Nation und auch Region ihre Begehrlichkeiten mittels der Agenda 21 begründen. Dabei reicht die Spanne von konkreten Umverteilungsforderungen im Zuge interregionaler Gerechtigkeitsdisparitäten bis hin zur Legitimation einer primär ökonomischen Fokussierung im Sinne von rein technizistischer, wachstumsausgerichteter Effizienz[24]. So wurde das Konzept vollends zu einem amöbenhaften Modebegriff, dem weder in wissenschaftlichen, politischen oder sozioökonomischen Diskursen konsistente Konturen zugeschrieben werden konnten[25]. Trotz unzähliger Veröffentlichungen zu dem Themenbereich bleibt also zunächst die Frage zu beantworten, was sich hinter dem Begriff des »sustainable development« denn nun verbirgt, damit der Begriff keine zwar konsensstiftende, aber leere Worthülse bleibt (vgl. Busch-Lüty, 1992, S.6f.; Sachs, 1997).

Im Rahmen des Konzeptes zukunftsfähiger Entwicklung wird deutlich gemacht, dass ökonomische, soziale und ökologische Entwicklung notwendig als innere Einheit zu sehen sind (vgl. Enquete-Kommission, 1994, S.434; SRU, 1994, S.9). Der entscheidende Erkenntnisfortschritt liegt somit in der Einsicht, dass ökonomische, soziale und ökologische Entwicklungen nicht getrennt voneinander betrachtet und gegeneinander ausgespielt werden dürfen. Statt dessen sind die *drei Leitkriterien* in Form der *Verträglichkeitstrias* aus *Wirtschaftlichkeit, Sozial-* und *Umweltverträglichkeit* zukunftsfähiger gesellschaftlicher Entwicklung als Bezugsrahmen für das politische Handeln auf allen Ebenen zu betrachten, um gesellschaftliche Entwicklungspotentiale längerfristig zu sichern (vgl. Altner, 1996, S.152f.). Denn als axiomatische Bewertungsgrundlage gesellschaftlicher Entwicklung lässt es die Verträglichkeitstrias mit Blick auf die vorhandenen räumlichen, ökologischen und sozioökonomischen internationalen Interdependen-

---

[23] Es ist allerdings einzuräumen, dass der Gipfel der Aufmerksamkeit und Verwendungsintensität des Begriffs wohl bereits überschritten ist. Dies beruht u.a. auf der unzureichenden Definition des Begriffes, den antizipierten Einschnitten in die bisherige Entwicklungsdynamik und Lebenspraxis, die aus der Umsetzung des neuen Paradigmas erwachsen könnten sowie nicht zuletzt auf der Überlagerung durch »aktuellere Themen« wie der anhaltend hohen, strukturellen Arbeitslosigkeit, der Globalisierung und Flexibilisierung der Märkte sowie der Expansion elektronischer »Informationsmedien«, insbesondere des Internets.

[24] Es liegt die Vermutung nahe, dass der zu nichts verpflichtende Charakter des Aktionsprogramms sogar die politische Grundlage dafür bot, um es überhaupt mit so breiter Zustimmung verabschieden zu können.

[25] In diesem Kontext besteht die Gefahr, dass die Agenda 21 zu einem billigen Papier wird, das schlimmstenfalls die Ressource nicht wert sein könnte, auf der es gedruckt, geschweige denn beraten wurde.

zen gesellschaftlicher Prozesse nicht zu, künstliche territoriale Abgrenzungen zu schaffen, um missliebige Entwicklungsfolgen wie Sondermüll, Sozialdumping, Hunger etc. in andere Regionen zu verlagern und damit scheinbar die »Zukunftsfähigkeit« der je eigenen Region zu wahren. Eine Komplexitätsreduktion durch das Aufbrechen der Verträglichkeitstrias und die reduktionistische Verwendung einzelner Aspekte derselben führt deswegen zu theoretisch einseitigen oder politisch banalen »Problemlösungen«, welche die gesellschaftlichen Krisenphänomene weiter vergrößern (vgl. Kamper, 1994, S.121). Vor diesem Hintergrund erscheint die zukunftsfähige Entwicklung als ein konzeptioneller Antwortversuch auf die gegenwärtige gesellschaftliche Krise, die sich aus den drei Hauptbereichen einer ökologischen, ökonomischen und sozial-ethischen Krise zusammensetzt (vgl. Rehfus, 1990, S.20).

Im Zuge der Bemühungen um eine Konkretisierung der Verträglichkeitstrias wird allerdings deutlich, dass sie ohne weitere Bewertungen nur schwer möglich ist. So ist gerade eine sachlogische Operationalisierung der Verträglichkeitskriterien zukunftsfähiger Entwicklung, auch mit Blick auf die Auswahl eines eindeutigen Indikatorensettings, äußerst schwierig, weil eine derartige Operationalisierung nicht nur von etwaigen Wissensdefiziten, sondern insbesondere von Bewertungsproblemen in der Auslegung des Zukunftsfähigkeitskonzeptes geprägt ist. Während schon die Bestimmung ökologischer Verträglichkeit als »regulative Idee« aufzufassen ist und damit keine unangreifbaren Kriterien angibt, sondern von der Abwägung bzw. Durchsetzung partikularer Interessen in politischen Entscheidungsprozessen abhängt (van den Daele, 1993, S.8f.), ergeben sich bei der Interpretation von Wirtschaftlichkeit und insbesondere der Sozialverträglichkeit erst recht normativ begründete Spannungsfelder, die kaum aufgelöst werden können. Deswegen bildete sich lediglich für die Operationalisierung ökologischer Nachhaltigkeit eine Übereinstimmung zugunsten der folgenden Kriterien heraus[26]:

---

[26] Darüber hinaus werden u.a. zudem folgende Kriterien genannt:
  ➢ Der Ausbau von Siedlungs- und Verkehrsflächen muss nach Möglichkeit gestoppt oder, wenn das nicht ganz möglich ist, zumindest ökologisch verträglich vollzogen und zudem kompensiert werden.
  ➢ Ökologisch lebenserhaltende Systeme einschließlich ihrer biologischen Vielfalt (Biodiversität) müssen bewahrt werden.
  ➢ Die anthropogenen Eingriffe und Einträge müssen in einem ausgewogenen Verhältnis zum Reaktionsvermögen und zur Selbstreinigungskraft natürlicher Prozesses stehen (vgl. Enquete-Kommission, 1994, S.32; Majer, 1995, S.224).
  Es wird aber deutlich, dass auch die scheinbar exakter abgrenzbaren naturwissenschaftlichen Kriterien - unabhängig vom normativ-politischen Entscheidungsprozess - aufgrund unzureichender interner Konkretisierungsmöglichkeiten, z.B. was die Stabilitätsbedingungen von Ökosystemen betrifft, vage bleiben (vgl. van den Daele, 1993, S.5f.)

1. die Nutzungsrate erneuerbarer Ressourcen darf nicht über deren natürlicher Regenerationsrate liegen,

2. der Abbau nicht erneuerbarer Ressourcen muss geringer sein als die Rate der Substitution all ihrer Funktionen durch erneuerbare Ressourcen,

3. die Menge der Schadstoffemissionen darf die Aufnahmekapazität der Umweltmedien für diese Stoffe nicht überschreiten (vgl. Enquete-Kommission, 1994, S.32; Misereor/Bund, 1996, S.31; SRU, 1994, S.84).

Zu einer einhelligen Operationalisierung der beiden anderen Pfeiler der Verträglichkeitstrias kam es jedoch nicht. Die Spanne der Operationalisierungsansätze zur Wirtschaftlichkeit reicht von der konzeptionellen Ausgestaltung einer stationären Ökonomie über die Beachtung ökologischer Reproduktionsbedingungen im Zeichen der Erhaltung des ökologischen Kapitalstocks bis hin zur Förderung regionaler Wirtschaftskreisläufe bzw. wirtschaftsfördernder Standortsicherung. Bei der Konkretisierung von Sozialverträglichkeit sind - in Abhängigkeit vom normativen Ausgangspunkt - Umverteilungsforderungen zugunsten eines nationalen und internationalen sozialen Ausgleichs, Konzepte zum Erhalt wettbewerbsfähiger Arbeitsplätze, Ansätze zur Revitalisierung bürgerschaftlichen Engagements zur Nachbarschaftshilfe, wie auch lediglich auf erweiterte Partizipationsrechte ausgerichtete Ansätze relevant (vgl. Brand, 1997, S.24f.). Im Zentrum dieser sozialen Dimension von Nachhaltigkeit steht der Disput über die Auslegung von sozialer Gerechtigkeit, dessen Ausgang bedeutende Auswirkungen auf Ausmaß und Tiefe der Konsequenzen für die derzeitige gesellschaftliche Entwicklungsdynamik hat (vgl. Kap. 1.3). Allerdings mutet diese zentrale Auseinandersetzung eher wie ein Pseudogefecht an, das die bereits explizierte Definition des Zukunftsfähigkeitskonzeptes (s.o.) zu vernebeln droht. Denn unter Bezug auf die Ausgangsdefinition zukunftsfähiger Entwicklung kann zumindest festgehalten werden, dass sich diese auf die **Bedürfnisse** der heutigen wie auch der nächsten Generation in allen Erdteilen richtet. Selbst wenn diese bedürfnisorientierte Gerechtigkeitsdefinition unter Annahme einer Minimalinterpretation hinsichtlich der sozialen Dimension auf die Sicherung materieller Grundbedürfnisse[27] beschränkt würde, ergäbe sich daraus sowohl im nationalen wie auch internationalen Kontext noch immer die Notwendigkeit einer Korrektur der bisherigen Verteilungscharakteristika zugunsten der Festlegung von minimalen (sog. »floors«) und

---

[27] Zu diesen existenziellen Grundbedürfnissen sind selbst bei einer restriktiven Interpretation zumindest Ernährung, Unterkunft und Teilhabe am gesellschaftlichen Leben zu zählen (vgl. Daly, 1999, S.273).

maximalen (sog. »ceilings«) Lebensstandards (vgl. Daly, 1999, S.263f.; Harborth, 1996, S.29f.)[28].

Auf dieser Basis ist mit Blick auf die Konsequenzen einer zukunftsfähigen Entwick-
lungsperspektive, die der Verträglichkeitszieltrias gerecht wird, zunächst die Grundfrage zu beantworten, ob dieser Herausforderung noch vermittels einer »ökologischen
Modernisierung« der vorherrschenden Entwicklungsdynamik begegnet werden kann
(vgl. Hirschmann/Hirschmann/Bode, 1993; Jänicke, 1986), oder ob sie einer »sozial-
ökologische Transformation« (vgl. Becker, 1996; Meyers/Waldmann, 1998)[29] unserer
derzeitigen gesellschaftlichen Strukturbedingungen[30] bedarf.

1.4 Zukunftsfähigkeit durch »ökologische Modernisierung« oder durch eine »sozial-ökologische Transformation« der derzeitigen gesellschaftlichen Entwicklung ?

Die Thematisierung der Not-Wendigkeit einer zukunftsfähigen Entwicklung macht nur
Sinn, wenn die gegenwärtige Entwicklung Not verursachend und nicht der Zukunft fähig ist. Welche Veränderungskonsequenzen jedoch aus dieser Diagnose abgeleitet werden, ist von der Beurteilung der gegenwärtigen Situation abhängig. So werden unter den
Befürwortern einer ökologischen Modernisierung der derzeitigen Entwicklungsdynamik
die gesellschaftlichen Krisenphänomene zwar als bedrohliche, jedoch letztlich kontrol-
lierbare Probleme gedeutet, denen vermittels einer ökologischen Korrektur der gängigen
(auf Wirtschaftswachstum ausgerichteten) Entwicklungsdynamik durch technische Innovationen begegnet werden kann. Demgegenüber rückt bei den Protagonisten eines
Strukturwandels bzw. einer sozial-ökologischen Transformation der Gesellschaft die
Veränderung oder auch Beseitigung problemschaffender Strukturen als adäquater Lösungsansatz für die gesellschaftliche Krise stärker in den Blickpunkt, weil sie eine rein

---

[28] Die Konkretisierung der inhaltlichen Festlegung dieser Standards ist letztlich davon abhängig, wie die
Frage: Wie viel ist genug und wie viel zuviel? beantwortet wird.

[29] Den Weg zu dieser Propagierung einer sozial-ökologischen Transformation bereitete Bullmann, der
bereits zu Beginn der 90er Jahre für den „Einstieg in die sozialökologische Erneuerung" warb (vgl.
Bullmann, 1991).

[30] Diese Eingrenzung bezieht sich auf die marktwirtschaftlich geprägten nördlichen und westlichen Indu-
striestaaten, weil diese entwicklungsspezifische Rahmenbedingung im Kontext dieser auf das bundes-
deutsche Gebiet rekurrierenden Arbeit von Interesse ist.

technisch-ökologische Modernisierung zwar als richtig, aber nicht ausreichend betrachten (vgl. Harborth, 1996, S.31f.).

Das Konzept zukunftsfähiger Entwicklung eröffnet somit die Alternative zwischen der Fortführung der bisherigen, um ein globales ökologisches Krisenmanagement ergänzten Wachstumsdynamik auf der einen Seite und „dem Aufbrechen dieser homogenisierenden Dynamik zugunsten unterschiedlicher Transformationspfade und demokratischer Regulierungen gesellschaftlicher Naturverhältnisse auf der anderen Seite" (Wehling, 1997, S.50). An dieser Stelle gerät auch die Differenz zwischen Entwicklung und Wachstum in den Blick. Während Wachstum bedeutet, dass eine Größe materiell zunimmt, bezieht sich Entwicklung auf eine qualitative Änderung. „Wenn etwas wächst, wird es quantitativ größer; wenn es sich entwickelt, wird es qualitativ besser - oder zumindest andersartig" (Meadows, Randers, 1992, S.20). Diese Unterscheidung von Wachstum und Entwicklung wirkt auf die beiden differenten Interpretationsansätze zukunftsfähiger Entwicklung zurück. Während bei dem auf Strukturwandel ausgerichteten Ansatz auch die kulturell-ethischen und sozioökonomischen Rahmenbedingungen der gegenwärtigen Entwicklungsdynamik kritisch reflektiert werden und damit ein Wandel der derzeitigen Entwicklungsdynamik in den Blickpunkt rückt (vgl. Kap. 1.3.2), stehen bei der ökologischen Modernisierung lediglich ökonomisch-technische Effizienzsteigerungen im Mittelpunkt; die Geltungskraft des vorherrschenden (wirtschaftlichen) Wachstumsparadigmas wird dabei nicht in Frage gestellt.

1.4.1 Die ökologische Modernisierung

Der Modernisierungsdiskurs wird von der stillschweigenden Annahme geprägt, dass die Verträglichkeitstrias, die im Kontext dieses Diskurses zumeist auf die Dyade umweltverträglichen Wirtschaftens reduziert wird, nicht von antagonistischen Wechselbeziehungen geprägt ist. Diese Einschätzung beruht letztlich auf der Annahme einer Entkopplungsmöglichkeit von Wirtschaftswachstum und dem Zuwachs an Schadstoffemissionen, Ressourcen- und Energieverbrauch. Der Kern dieser Sichtweise liegt im Fortschrittsoptimismus bzgl. technischer Innovationen zur Energie- und Ressourceneinsparung und zur Entwicklung von Ersatzstoffen begründet. Durch technische Innovationen, Recycling und Substitution soll der Ressourcen- und Energieeinsatz soweit optimiert werden, dass letztlich ein Wirtschaftswachstum abgekoppelt vom Niveau des Stoffum-

satzes und Energieverbrauchs erreicht wird. Dabei wird ein Effizienzzuwachs um den

»Faktor Vier« angepeilt, der doppelten Wohlstand bei halbiertem Naturverbrauch er-

reichbar werden lassen soll (vgl. Weizsäcker/Lovins/Lovins, 1997). Die Attraktivität

dieses Ansatzes speist sich aus der Intention, Umweltbelastung ohne negative Auswir-

kungen auf die innergesellschaftlichen materiellen Distributionsspielräume reduzieren

zu können; d.h. sie resultiert aus der Verteilungs- und scheinbaren Interessensneutralität

des Ansatzes. Weil die bestehenden sozioökonomischen Verteilungscharakteristika

nicht in Frage gestellt, sondern die Verteilungsspielräume durch die konzeptionelle

Ausrichtung auf weiteres Wirtschaftswachstum sogar erweitert werden sollen, stößt

dieser - wenig Konfliktpotential bergende und vollauf den Win-Win-Optionen ver-

pflichtete - Ansatz kaum auf negative Resonanz - im Gegenteil. Da eine effizientere

Ressourcennutzung in den meisten Fällen den mikroökonomischen Kostensenkungsin-

teressen der Unternehmen entspricht, erfährt der Ansatz sogar weiteren Auftrieb (vgl.

Kraemer, 1998, S.138f.; Zimmermann/Hartje/Ryll, 1990). In diesem Sinne wird eine

zukunftsfähige Entwicklung in der wissenschaftlich-ökonomischen Sphäre bzw. in wirt-

schaftsorientierten Kreisen vornehmlich unter der Facette eines »nachhaltigen Wachs-

tums« oder »qualitativen Wachstums« - eines Wachstums mit der flankierenden Kom-

ponente einer verbesserten Umweltfreundlichkeit - gefasst[31] (vgl. DIHT, 1997; ICC[32],

1991 in Brand 1997). Die mit der Sozialverträglichkeit korrespondierenden Belange

interregionaler bzw. internationaler Verteilungsgerechtigkeit werden dabei auf eine

»adäquate« Verwendung des aus dem Wirtschaftswachstum hervorgehenden materiel-

len Wohlstandszuwachs reduziert. Dabei wird unterstellt, dass makroökonomisches

Wachstum den Armen mehr nütze als Umverteilungsmaßnahmen. Die Forderung nach

mehr Distributionsgerechtigkeit auf Basis des derzeitigen Status quo zugunsten der Ver-

ringerung der Einkommens- und Kapitalpolarität zwischen den unterschiedlichen Be-

völkerungsschichten im nationalen und internationalen Kontext wird so entkräftet (vgl.

Meyers/Waldmann, 1998, S.294). Allenfalls die Perspektive einer gerechten Neudistri-

bution der Umweltbelastung und Umweltnutzung wird im Kontext der Sozialverträg-

---

[31] Allerdings wird die dann »nachhaltige Entwicklung« im ökonomischen Diskurs mit geringer Verwendungsintensität und oftmals einer Reduktion auf den Ausgleich von Ökologie und Ökonomie gebraucht,
was wohl der nicht unbegründeten Scheu bzw. Befürchtung vor eventuell vom neoliberalen Zeitgeist
abweichenden, nicht planbaren paradigmatischen Veränderungen beruht (vgl. Majer, 1998).
[32] Die Nennung der ICC bezieht sich auf ihre Schlussdeklaration der »Second World Industry Conference
on Environmental Management« von 1991.

lichkeitsdimension ökologischer Modernisierung noch thematisiert (vgl. Daly, 1999, S.77f.). Aus dieser Perspektive wird zukunftsfähige Entwicklung vor allem zu einer Frage »umweltverträglichen« wirtschaftlichen Wachstums und technischer Innovationen auf der unkritisch übernommenen axiomatischen Grundlage globalen Freihandels und der damit korrespondierenden weltweiten Wettkampfökonomie (vgl. Brand, 1997, S.21; Kurz, 2000).

Dieses wachstumsfixierte Modernisierungskonzept knüpft an die Wachstums- und Freihandelsorientierung des Brundtland-Berichtes wie auch der Agenda 21 an. So vertraute die Brundtland-Kommission auch auf die technologischen Effizienzfortschritte, um die Frage der Umverteilung vorhandener Kapitalressourcen durch stetiges, wenn auch für »Erst- und Dritt-Weltländer« differentes Wirtschaftswachstum umgehen zu können (vgl. Hauff, 1987, S.53ff.). Um den gesellschaftlichen Krisenphänomenen von Armut bis zur Umweltverschmutzung begegnen zu können, wurde dabei - unter dem gesetzten Axiom globalen Freihandels - sogar „ein schnelleres wirtschaftliches Wachstum sowohl in den Industrie- wie den Entwicklungsländern" (Hauff, 1987, S.92) gefordert. Dieses Bekenntnis zu Wirtschaftswachstum und Freihandel wird auch in der Agenda 21, wenn auch nicht mehr ganz so explizit, wieder aufgegriffen (vgl. BMU, 1997, S.13, 244f.).

Flankiert werden diese auf technischem Innovationsoptimismus gründenden Effizienzstrategien von Verhaltensempfehlungen zugunsten größerer Genügsamkeit (Suffizienzorientierung) an die Bevölkerung. Dabei steht die Veränderung der Konsumgewohnheiten zugunsten einer Verringerung des Gebrauchs und Verbrauchs material- und energieintensiver Güter, die auch in Kap.4 der Agenda 21 thematisiert wird (vgl. BMU, 1997, S.22f.) im Vordergrund. Die darauf basierenden Verhaltensappelle zum freiwilligen Konsumverzicht richten sich letztlich auf einen der o.g. Entwicklung diametral gegenüberstehenden postmaterialistisch orientierten Wertewandel, durch den »gut leben statt viel haben« mit einer »Lust auf Langsamkeit« verbunden werden soll (vgl. Misereor/BUND, 1996, S. 153f, S.206f.).

An diesem Punkt scheinen bereits die Schwachstellen einer rein ökologischen Modernisierung auf, deren Konzept auf strukturstabilisierenden Leitvorgaben auf der Basis der derzeitigen Entwicklung ausgerichtet bleibt. So bleibt es auch nicht aus, dass der Allroundbegriff »Sustainbility« von Experten internationaler politischer und wirtschaftlicher Regime aufgrund partikularer Vorlieben, die letztlich weltanschaulichen Ursprungs sind, zunehmend entweder systemlegitimierend aufgeladen oder bis hin zur völlig phrasenhaften Inhaltsleere demontiert wird (vgl. Busch-Lüthy, 1992, S.6f.; Daly, 1999, S.26; Novy/Raza, 1997, S.6f.)[33].

Eine derartige Interpretation zukunftsfähiger Entwicklung mutet jedoch nicht zielführend an, sie scheint eher zum Feigenblatt des Sündenfalls schon länger andauernder gesellschaftlicher Fehlentwicklungen zu degenerieren. Deswegen ist zunächst eine kritische Reflexion des ökologischen Modernisierungsansatzes erforderlich, bevor der Ansatzpunkt einer sozial-ökologischen Transformation in den Blickpunkt gerückt wird.

1.4.2 Kritik an einer bloß kosmetischen Korrektur der gegebenen Entwicklungsdynamik

Im Zuge der Reduktion des Zukunftsfähigkeitskonzeptes auf eine reine ökologische Modernisierung der existenten Entwicklungsdynamik werden wachstumskritische Argumentationen übergangen, die aus ökologieverträglicher Sicht auf bereits existente Überschreitungen der ökologischen Grenzen durch das derzeitige Wachstums- und Wohlstandsniveau hinweisen und aus sozialverträglicher Sicht die postulierte gerechte Verteilung der Wachstumszuwächse anzweifeln. Inwieweit weiteres Wirtschaftswachstum auf dem derzeitigen hohen Niveau überhaupt noch positiv mit Wohlstandszuwächsen korreliert, wird in der Debatte um ökologische Modernisierung ebenfalls nicht thematisiert. Statt dessen scheint es bei der Ausrichtung auf technologische Effizienzverbesserungen unter dem Label »sustainable development« in erster Linie darum zu gehen, den hohen Lebensstandard in den Industrieländern kurz- bis mittelfristig aufrechtzuerhalten und zu verteidigen (vgl. Meyers/Waldmann, 1998, S.295).

Die bereits vorhandene Überlastung der Ökosysteme sowohl als Quellen wie auch als Senken des wirtschaftlichen Prozesses und die Belastung des sozialen Friedens durch den Abbau bzw. die Privatisierung sozialstaatlicher Vorsorge- und Absicherungsleistungen rücken dabei in den Hintergrund. Nur so gelingt es, die konfliktträchtige Frage der Umverteilung vorhandener Kapitalressourcen und die Notwendigkeit einer Beschränkung des Wachstums auf ein »Null-« oder »Negativwachstum« zugunsten der

---

[33] So stellt Daly mit Blick auf die offizielle Befürwortung von »sustainable development« seitens der Weltbank heraus, dass „dieses Bekenntnis durch die fast völlige Inhaltsleere der Phrase bedeutungslos" wurde (Daly, 1999, S.26).

Ausrichtung auf ein »*umwelt- und sozialverträgliches Wachstum*« zur Lösung der gesellschaftlichen Krise zu umgehen (vgl. Groeneveld, 1997, S.25f.; Krämer, 1998, S.140f.).

Es ist allerdings sehr fraglich, inwieweit der - dem Konzept der ökologischen Modernisierung zugrundeliegende - technologische Effizienzansatz, "dem die Verwandlung von Fehlern und Risiken in Expansionschancen und Entwicklungsperspektiven" (Beck, 1986, S.260) inhärent ist, ausreicht, um zumindest einer ökologieverträglichen Entwicklung näher zu kommen. Denn der Fortschrittsoptimismus, der zumeist im Gewande eines unerschütterlichen Glaubens an die unendlichen Möglichkeiten der Technik im Kontext der Ressourcensubstitution daherkommt, findet in der begrenzten Substituierbarkeit von produktivem und natürlichem Kapital, auf die Georgescu-Roegen bereits 1971 hinwies (vgl. Georgescu-Roegen, 1971, S.13f.), seine Grenze[34]. Hinzu kommt, dass die Auffassung, eine durchgängige Entkopplung von Wirtschaftswachstum und Umweltnutzung durch technologische Effizienzsteigerungen erreichen zu können, von einem realitätsfremden Optimismus getragen ist, weil Effizienzfortschritte letztlich von einem absoluten Mengenwachstum (über-) kompensiert werden[35] (vgl. Kraemer, 1998, S.141f.).

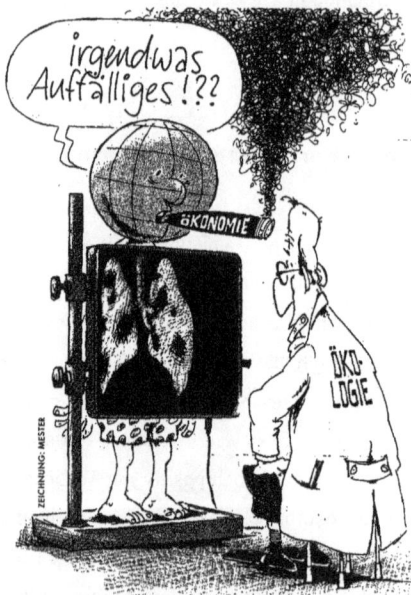

Abb.: 1-1: Ökonomie vs. Ökologie
Quelle: Publik-Forum 2000, Nr. 1 , S.17

Der Ansatz eines »nachhaltigen Wirtschaftswachstums« im Kontext der ökologischen Modernisierung kann so letztlich zur Unterordnung der Ökologieverträglichkeit unter

---

[34] Daly formuliert in diesem Zusammenhang treffend: „Wir können uns auf eine niedrigere Stufe der Nahrungskette begeben, aber wir können nicht soweit gehen, die Rezepte zu essen!" (Daly, 1999, S.48).
[35] „Denn letztlich ist nicht die Entwicklung bzw. Existenz etwa eines 'Fünf-Liter-Autos' oder der wasser- und energiesparenden Waschmaschine entscheidend, sondern ihre Gesamtzahl und ihre Nutzungshäufigkeit" (Kopfmüller, 1996, S.23).

das ökonomische Expansionsdiktum führen; auf Kosten der Zerstörung der natürlichen Bestandsvoraussetzungen der Erde (vgl. dazu die karikierende Darstellung in Abb.1-1). Da Wirtschaftswachstum im o.g. quantitativen Sinne des Wortes nicht mit den endlichen globalen Grenzen des ökologischen Systems vereinbar ist, wird der Begriff des »nachhaltigen Wachstums« von den Kritikern der ökologischen Modernisierung (als Oxymoron) abgelehnt (vgl. Goudy/O`Hara, 1995). Das Wirtschaftswachstum erscheint jedoch nicht nur physisch sondern auch ökonomisch beschränkt, weil die Grenzkosten des Wachstums größer zu werden beginnen als der Grenzertrag. So weist Daly zurecht darauf hin, dass es *neben* technischen Effizienzsteigerungen im produktiven Rohstoff- und Energieeinsatz unausweichlich ist, auch die Umverteilung von Vermögen und Einkommen auf die Agenda zu setzen, um den intratemporalen Gerechtigkeitsaspekt im Kontext der Sozialverträglichkeit gewährleisten zu können (vgl. Daly, 1999, S.24, 225f). Erhärtet wird diese Forderung dadurch, dass die derzeitigen Wachstums- und Produktivitätssteigerungen nur noch zu selektiven, die soziale Disparität noch weiter steigernden Wohlstandszuwächsen führen, was sich neben der strukturellen Arbeitslosigkeit insbesondere an der verstärkten sozialen Marginalisierung großer Bevölkerungsgruppen bis hin zur Verarmung zeigt (vgl. Oberndörfer, 1996, S.27; Spehr, 1999, S.122f.; Wehling, 1997, S.43). Dabei sind gravierende Konflikte um die Festlegung einer sozialverträglicheren Distribution insbesondere mit den von der Umverteilung negativ betroffenen Akteuren unausweichlich[36]. Wie schwerwiegend diese Auseinandersetzung zu werden droht, wird mit Blick auf die bereits Anfang der 70iger Jahre aufgekommene Debatte um die notwendigen Grenzen des Wachstums (vgl. Meadows, 1972) ersichtlich. Die endete genau zu dem Zeitpunkt „als die Leute erkannten, daß Grenzen des Wachstums Grenzen der Ungleichheit mit sich bringen (wenn die Armut reduziert werden soll) und im besonderen eine Obergrenze" (Daly, 1999, S.280). Der Slogan »gut leben statt viel haben«, als einer - auf Genügsamkeit ausgerichteten - moralischen Hilfskonstruktion, wird vor diesem Hintergrund obsolet. Abgesehen davon, dass diese Appelle im Zuge eines ökologisch modernisierten wirtschaftlichen Wachstums sich weder mit einer so bedingten sinkenden Inlandsnachfrage noch mit der mikroökonomisch gepflegten und gesellschaftlich sanktionierten Parole des »mehr ist besser« ver-

---

[36] Habermas macht in diesem Kontext zu Recht darauf aufmerksam, dass formal korrekt entstandene Mehrheitsbeschlüsse oft nur noch die Statusängste und Selbstbehauptungsreflexe der vom Abstieg bedrohten Akteure widerspiegeln und damit die Bedeutung und das Potential der Verfahren aushöhlen (vgl. Habermas, 1998, S.81).

tragen und sich somit in die heiße Luft symbolischer Politik oder illusionären Wunschdenkens auflösen, missachten sie zudem die Kulturbedingheit und soziale Funktion des demonstrativen Konsums, auf die Veblen schon Ende des letzten Jahrhunderts hinwies (vgl. Veblen, 1899). Konsum fungiert dabei sowohl als materialistische Krücke zur Bildung und Stabilisierung des individuellen »Selbstwertes« wie auch zur Herausstellung der Zugehörigkeit zu einer sozialen Gruppe bzw. Schicht. Vor diesem Hintergrund und mit Blick auf die drei tragenden Säulen unserer *derzeitigen* gesellschaftlichen Struktur: Macht, Profit und Privateigentum bleiben freiwillige Selbstbeschränkungen eher eine »Fata Morgana« und in der gesellschaftlichen Praxis bis auf wenige Ausnahmen illusorisch (vgl. Dönhoff, 1996, S.43; Immler, 1989, S.281)[37].

Es wird deutlich, dass bei einer derartigen wachstumsorientierten, ökologisch modernisierten Entwicklungsdynamik unter dem gegebenen neoliberalen Paradigma die Erzielung von mehr Umwelt- und Sozialverträglichkeit mehr als fraglich bleibt. Statt dessen wird unter diesem Label die Deregulierung des Marktes anscheinend zur wichtigsten Aufgabe der Politik. Dass die Verheißungen marktlicher Selbstregulierung mittels Deregulierung und Privatisierung letztlich jegliche politischen Gestaltungsoptionen auf einen reparierenden, punktuellen Aktionismus reduzieren, der im Zuge der gewandelten, de facto geschrumpften Nationalstaatsbedeutung (vgl. Kap. 2) sogar noch hinter den ex post-Sanierungen der Umweltpolitikphasen vergangener Jahrzehnte zurückbleibt, gerät dabei völlig aus dem Blick (vgl. dazu auch Ullrich, 1996, S.201f.; Schwarz, 1997, S.30f.; Wiemeyer, 2000, S.82f.).

Infolge dieser »Entwicklungsdynamik« kommt es dann dazu, dass die betriebswirtschaftlich orientierten, dem shareholder value[38] verpflichteten global player im Zugzwang der kapitalistischen globalen Wettkampfökonomie ein internationales Nullsummenspiel erzeugen, welches den Druck auf eine internationale, ja selbst interregionale Dumpingkonkurrenz bzgl. der Umwelt- und Sozialstandards erhöht (vgl. Daly, 1999,

---

[37] Illusionär sind sie insofern, weil sie dem geltenden handlungsrelevanten materialistischen interpersonellen Bewertungsmuster nicht standhalten.

[38] Da sich zunehmend mehr Unternehmen Kapital durch den Börsengang beschaffen, sind sie immer stärker den kurzfristigen Interessen der Aktionäre verpflichtet. Das betriebswirtschaftliche Denken wird mit Blick auf den shareholder value noch ehrgeiziger auf kurzfristige Produktions- und Gewinnzuwächse verpflichtet, wodurch insbesondere der als variabel perzepierte Bereich der Lohnkosten ins Blickfeld der Einsparungspotentiale gerät. Weil die Arbeitnehmer im Zweifelsfall der Nichteinhaltung gesetzter Gewinn- und Produktivitätsmargen auf den wegzurationalisierenden Kostenfaktor reduziert werden, sind sozialverträgliche Humanisierungskonzepte längst antiquiert. Der/die mitbestimmende Arbeitnehmer/in ist dabei zum/zur Träger/in der firmenspezifischen corporate identiy karikiert (vgl. Lafontaine, 1999, S.293).

S.37, S.196). Zudem werden parallel zu den privatisierten Gewinnen die Kosten der Entwicklung u.a. in Form von Steuerausfällen durch Produktionsverlagerung, Arbeitsplatzunsicherheit, struktureller Arbeitslosigkeit und der Herabsetzung sozialstaatlicher Absicherungen sozialisiert (Meyers/Waldmann, 1998, S.303).

Eine Abkehr vom Primat der Ökonomie zugunsten der gleichrangigen Behandlung der Ziele zukunftsfähiger Entwicklung (ökologisches Gleichgewicht, soziale Gerechtigkeit und ökonomischer Wohlstand) bleibt somit bei dem Konzept ökologischer Modernisierung mit schwerwiegenden Folgen aus (vgl. Meyers/Waldmann, 1998, S.300). Statt dessen sind „viele dieser Rezepte [...] nicht mehr als eine revitalisierende, den Bedingungen wirtschaftlicher Globalisierung angepasste Version alter, wirtschaftsliberaler Konzepte, die in der Krise staatlicher Haushalte ihren »Nährboden« finden" (Brand, 1997, S.28). Dabei müsste gerade die Ausrichtung der zukunftsfähigen Entwicklung im Kontext der Agenda 21 auf ökologische, ökonomische und soziale Faktoren die bislang nachsorgenden, fehlsteuernden Politikansätze in den entsprechenden Policybereichen querschnittsorientiert sprengen (vgl. Wiemeyer, 2000, S.108f.).

Letztlich führt der Versuch einer »Harmonisierung« von Ökonomie und Ökologie auf Kosten der Sozialverträglichkeit im Rahmen der ökologischen Modernisierung zu einer forcierten Transformation der gesellschaftlichen Strukturen zugunsten einer nachhaltigen „Herrschaftserweiterung des Kapitals" (Groeneveld, 1997, S.26). Im Bunde mit einer pessimistischen Anthropologie gewöhnen uns diese scheinbaren Sachzwänge dann täglich mehr „an einen neuen Weltzustand, in dem soziale Ungleichheit und Exklusion wieder als Naturtatsachen gelten" (Habermas, 1998, S.239). Dabei wird die Kluft zwischen den Gewinnern und Verlieren[39] der derzeitigen Entwicklungsdynamik unüberbrückbar (vgl. Hix, 1999). Wird diese sozial unverträgliche Entwicklung[40] allerdings fatalistisch hingenommen, werden zugleich die Ausgestaltungsoptionen für eine zukunftsfähigere Entwicklung zu Grabe getragen (vgl. Emcke/Schwarz, 1999, S.56).

Vor diesem kritischen Hintergrund wird deutlich, dass eine auf ökologische Modernisierung reduzierte Interpretation zukunftsfähiger Entwicklung weder eine weiterreichende Umsteuerung der gesellschaftlichen Entwicklung ermöglicht, noch auf Reversibilität

---

[39] Strukturen, die den Gegensatz zwischen Verlierern und Gewinnern bedingen, sind neben dem individuellen Bildungsniveau und der Kapitalverfügbarkeit auch die jeweilige Verfügung über soziales und kulturelles Kapital (vgl. Hix, 1999).
[40] Diese Entwicklung ist nicht nur sozial unverträglich, weil sie die Kosten der Entwicklung primär auf die bereits Benachteiligten abwälzt, sondern auch weil sie mittel- bis langfristig den nationalen und internationalen sozialen Frieden gefährdet.

ausgerichtet ist. Obwohl gerade beim Handeln unter dem Risiko einer Verschärfung der gesellschaftlichen Krisenlagen die mögliche Reversibilität unerwünschter Entwicklungskonsequenzen zu einem überaus bedeutsamen Prinzip wird. Dementsprechend muss unter der Ungewissheit des Bestandes einer getroffenen Entscheidung, mit Blick auf etwaige nicht intendierte Neben-Wirkungen, die potentielle Reversibilität der Entscheidungsfolgen berücksichtigt werden, damit Entwicklungsschritte, die sich als nicht zukunftsfähig erweisen, wieder rückgängig gemacht werden können. Denn nur dann ist es möglich, bei dem interdependenten Beziehungsgeflecht der Verträglichkeitstrias noch handlungsfähig zu bleiben (vgl. Dörner, 1992, S.84f.; Spehr, 2000, S.40f.). Es geht also um den Erhalt der Möglichkeit, aus fehlgeschlagenen Entwicklungsansätzen zu lernen, ohne dass neue irreversible Realitäten geschaffen werden[41]. Gegen dieses Prinzip wird, wie bereits dargelegt, im Zuge der ökologischen Modernisierung mehrfach verstoßen.

Die zentralen Aspekte abschließend noch einmal im Überblick:

- Dadurch, dass eine Überkompensierung der technischen Effizienzfortschritte durch das Mengenwachstum des produktiven Outputs ausgeblendet wird, gerät die anvisierte Reduktion des Verbrauchs an Energie, Ressourcen sowie der Emissionsmenge in Gefahr.

- Weil eine Umverteilung des vorhandenen Kapitals (von oben nach unten) nicht in den Blick genommen wird und eine Verteilung der Wohlstandszuwächse zugunsten der benachteiligten, armen Bevölkerungsgruppen empirisch falsifiziert werden kann, entstehen zunehmend gesellschaftliche Desintegrationstendenzen im Zuge weiter wachsender sozialer Disparität, die zu einer Erhöhung der sozialen Spannungen führen (Rauter, 1988; Kurz, 2000).

- Im Kontext des axiomatisch gesetzten Freihandels, der eine weiter wachsende Abhängigkeit der Nationalstaaten und Regionen vom internationalen Standortwettbewerb im Zeichen des Sozial- und Umweltdumpings bedingt, geraten politische Handlungsoptionen zunehmend zum Euphemismus für die reale Unfähigkeit zur politischen Gestaltung der Entwicklungsdynamik (vgl. Eppler, 1998, S.143).

---

[41] Zu diesen irreversiblen Realitäten zählt neben den unabsehbaren Risiken technologischen Fortschritts z.B. im Bereich der Gentechnik oder Atomenergie (wie am Super-Gau Tschernobyl ersichtlich wurde) insbesondere die Gefahr, das die dissipativen Wirtschaftsaktivitäten zu einer - für den Menschen existenziell bedrohlichen - irreversiblen Zunahme der Entropieproduktion führen, die vorhandene ökologische Kreisläufe destruiert (vgl. Binswanger, 1994; Georgescu-Roegen, 1971).

Die aufgeführten Kritikpunkte verdeutlichen in diesem Kontext, dass die gesellschaftliche Krise und die damit zusammenhängenden ökologischen und sozialen Zerstörungs-
mechanismen kaum durch eine Modernisierung der gegenwärtigen destruktiven Entwicklungsdynamik im ökologischen Gewande behoben werden können. Denn das zukunftsfähige Potential der Verträglichkeitstrias zerschellt an der Reduktion auf eine
ökologische Modernisierung der gegebenen Entwicklung, weil sie keine gleichrangige
Durchsetzung der Verträglichkeitskriterien ermöglicht, sondern - von Fortschrittsgläu-
bigkeit geprägt - die derzeitige Entwicklungsdynamik nachhaltig stabilisiert (vgl.
Kopfmüller, 1996, S.14).

Dennoch ist die Herausforderung an eine Umsteuerung zugunsten einer human- und
naturverträglicheren gesellschaftlichen Entwicklung ernst zu nehmen, weil das Zukunftsfähigkeitskonzept - wie ich zeigen werde - auch Definitionsspielräume und konzeptionelle Handlungsanstöße für einen strukturverändernden gesellschaftlichen Wandel in sich birgt. Vor diesem Hintergrund erscheint es nicht nur notwendig, sondern
auch möglich, die aus der Verträglichkeitstrias erwachsenden Zielkonflikte zukunftsfähiger Entwicklung durch eine Umgestaltung der dieser Entwicklung zugrundeliegenden
gesellschaftlichen Strukturen zu verringern, wenn langfristig eine Perspektive für ein
humanes Überleben der Gattung Mensch sichtbar werden soll (vgl. Dörner, 1992, S.85).
Dieser auf Strukturwandlung ausgerichteten Interpretation möchte ich mich im Folgenden widmen.

1.4.3   Die sozial-ökologische Transformation

Bereits Mitte der achtziger Jahre stellte Ulrich Beck heraus, dass die Entwicklungsdynamik unserer Risikogesellschaft seit der industriellen Epoche von perfektionierter Na-
turausnutzung und einem hierarchisierten politisch-ökonomischen System, kapitalisti-
scher Entgrenzung und damit verbundenen »Sachzwängen« geprägt ist (vgl. Beck,
1986). Diese Einschätzung gewinnt im Zuge der Diskussion um eine sozial-ökologische
Transformation[42] wieder an Aktualität, denn eine Umorientierung der Wirtschafts- und

---

[42] In diesem Kontext wird deswegen jedoch nicht die Überwindung des anthropozentrischen Weltbildes
zugunsten öko- oder biozentrischer Weltbilder vorausgesetzt. Die genannten Schlussfolgerungen lassen
sich vielmehr auch jenseits dieses Axiomdiskurses ziehen (vgl. Brand, 1997, S.21).

Gesellschaftsordnung im Kontext zukunftsfähiger Entwicklung erscheint ohne Eingriff in die Strukturen und Funktionsgesetzlichkeit der Gesellschaft nicht möglich. Auch ungeachtet wünschenswerter positiver Effekte effizienzgebundener ökologischer Modernisierung wird sich „immer dringlicher zeigen, dass die Frage des Wachstums der Güterproduktion, die Frage der Umverteilung und des Verzichts auf wohlstandsbedingte Umweltzerstörungen nicht zu umgehen ist" (Jänicke, 1993, S.19).

Unabhängig davon, ob die anvisierte Entkopplung von Wirtschaftswachstum und Ressourcenverzehr tatsächlich funktioniert, was zumindest angezweifelt werden kann (s.o.), geht es nach Ansicht der Protagonisten eines Strukturwandels auch um die *absolute* Verringerung des derzeitigen Energie- und Ressourcenverbrauchs, der Schadstoffemissionen und nicht zuletzt der vorhandenen sozialen Ungleichheit, die im Rahmen einer rein ökologischen Modernisierung nicht erreicht werden kann (vgl. Daly, 1999, S.30f.; Harborth, 1996, S.31). Der Zustand der disparaten und immer weiter auseinanderklaffenden Lebensverhältnisse, an deren unterem Ende die Erfüllung der menschlichen Grundbedürfnisse sowohl auf internationaler wie auch auf nationaler Ebene nicht mehr gewährleistet ist, wird hier zum zentralen Fixpunkt der fehlenden Sozialverträglichkeit unserer derzeitigen Entwicklung. Durch strukturelle Veränderungen gilt es nicht nur den ökologischen, sondern auch den sozialen Ansprüchen von Zukunftsfähigkeit genüge zu tun. Diese ökosoziale, auf Gesellschaft und Wirtschaft bezogene Alternative zum existierenden Entwicklungsmodell wird deswegen auch gerade von den NRO`s der südlichen Hemisphäre gefordert. Fernziel ist dabei „die Entwicklung andersartiger Wirtschaftsformen, die auch die vorherrschenden Prinzipien ökonomischer Rationalität in Frage stellen" (Stahl, 1992, S.56, zit. n. Meyers/Waldmann, 1998, S.297). In diesem Zusammenhang erscheint eine „kosmetische ökologische Modernisierung des Kapitalismus" zur Lösung der Probleme langfristig als unzureichend (Novy/Raza, 1997, S.10). Vielmehr weist Altvater zurecht darauf hin, dass Zukunftsfähigkeit eine erstrebenswerte Norm ist, „die aber nur in die Realität umgesetzt werden kann, wenn gesellschaftliche Basisinstitutionen nicht für sakrosankt gehalten werden" (Altvater, 1992, S.234).

Vor diesem Hintergrund wird die dogmatische Setzung des internationalen Freihandels und der damit verbundenen weltumspannenden Konkurrenzökonomie als zentrales Paradigma der Wirtschafts- bzw. Entwicklungspolitik angesichts des Ex- und Imports von Arbeitslosigkeit und sozialer Verelendung z.T. radikal abgelehnt (vgl. Kopfmüller, 1996, S.25; Ullrich, 1996, S.204). Denn abgesehen davon, dass die für notwendig erachtete umverteilende Sozialpolitik nur dort funktionieren kann, wo die Mobilität des Kapitals begrenzt ist, wird auch zunehmend deutlich, dass die von IWF und Weltbank auferlegten Programme zur Integration der sog. Schwellen- und Drittweltländer in die globale Wettkampfökonomie einer zukunftsfähigen Entwicklung dieser Länder oft entgegenstehen. Denn eine regionalorientierte, eher binnenwirtschaftliche Ausrichtung wäre wohl weitaus sozial- und umweltverträglicher als die Konfrontation mit den Weltmarktbedingungen des *Raubtierkapitalismus* (vgl. BUND/Misereor, 1996, S.393f.; Meyers/Waldmann, 1998, S.302). Zudem bedingt die politisch ermöglichte (ökonomische) Globalisierung (wie bereits ausgeführt) letztlich eine Schwächung politischer Gestaltungsoptionen insbesondere auf nationaler und lokaler Ebene zugunsten transnationaler Konzerne, die sich kaum supranationalen Regulierungen ausgesetzt sehen (vgl. Boxberger/Klimenta, 1998). Diese in Kauf genommene Verringerung politischer Handlungsfähigkeit wirkt sich äußerst kontraproduktiv auf die Möglichkeiten zur Erarbeitung einer zukunftsfähigen Entwicklung aus.

Bleibt die Frage, warum die (zumeist dem »mainstream« angehörigen) Hohepriester der Wissenschaft und der (Wirtschafts-)Politik dennoch an einem freihandelsbasierten Wachstumskonzept festhalten, dessen Grenzkosten bereits jetzt höher sind als der Grenzertrag. Dies lässt sich kaum mit rationalen Prämissen, sondern eher mit der bewussten oder unbewussten Externalisierung der Folgekosten auf nachfolgende Generationen und der Tatsache begründen, dass „das Konzept der Wachstumsschranken wohlerworbene Rechte und Machtstrukturen bedroht; schlimmer noch: Es bedroht Wertstrukturen, in die ganze Leben investiert wurden" (Cook, 1982, S.198). Deswegen trifft, neben einer strukturell orientierten kritischen Reflexion der globalen Wettkampfökonomie, gerade diese notwendig werdende Beschränkung des mystifizierten Wirtschaftswachstums, dem eine existenzielle Bedeutung für die Regierbarkeit unseres demokratischen Systems ebenso wie für die moderne Industriegesellschaft und die Befriedigung der Erwartung der Bürger zugemessen wird, den Nerv des auf globale Wirtschaftsexpansion ausgerichteten »Zeitgeistes« (vgl. Biedenkopf, 1991, S.88f., Eppler, 1998, S.143). So bleiben wir auch bei zunehmendem Bewusstsein darüber, dass sich etwas *Grundlegendes* verändern muss, der mikroökonomisch indoktrinierten, anachronistischen Einstellung des »mehr ist besser« verhaftet, dergemäß materielles Wachstum mit gesellschaftlichem Fortschritt gleichgesetzt wird (vgl. Biedenkopf, 1991, S.87; Majer, 1998, S.229).

Die im Kontext ökologischer Modernisierung zur flankierenden Absicherung der Effizienzstrategie erhobenen moralingetränkten Appelle zu genügsamen Verhalten laufen auf dieser Grundlage ins Leere und führen eher dazu, den bestehenden Status quo unabhängig von seiner Zukunftsfähigkeit zu zementieren (Vatter, 1994, S.343ff.). Zurecht wird deswegen die fehlende Reflexion und diskursive Auseinandersetzung über die Entstehung und Bewertung von Bedürfnissen, auf die in der Ausgangsdefinition von Zukunftsfähigkeit im Brundtland-Bericht Bezug genommen wird (s.o.), kritisiert (vgl. Spehr/Stickler, 1997). Neben der Frage, ob es uns gelingen mag, Lebensqualität in lebensweltlich handlungsrelevanter Definition von dem Lebensstandard abzugrenzen, der die Schreckensmodelle der wissenschaftlichen Zunft umtreibt (vgl. Kap.1.5.1), erscheint gerade eine konkretisierende Differenzierung relativer und absoluter Bedürfnisse unbedingt notwendig, zumal die Ungleichheiten der Einkommen und Lebensverhältnisse, die zunächst als Motivation zur eigenen Leistungsfähigkeit dienen können, längst den Rahmen des gesellschaftlichen Zusammenhaltes gesprengt haben[43] (vgl. Müller-Christ, 1998, S.33f.). Dabei wird im Kontext der eingeforderten Obergrenze von Ungleichheit deutlich, dass es eine zukunftsfähige Entwicklung in unseren Landen nicht ohne Verzichte, d.h. nicht ohne Win-Loose-Situationen geben wird (vgl. Daly, 1999, S.280f.; Hampicke, 1992, S.325, Studer, 1987, S.477). Daly schlägt in diesem Kontext mit Blick auf die Begrenzung der Ungleichheit als maximale Differenz zwischen den »ceilings« und »floors« den Faktor Zehn vor, weil dieser ausreiche, um „reale Unterschiede in der Leistung zu belohnen und genügend Anreize zu bieten, daß alle notwendigen Arbeitsstellen freiwillig besetzt werden können" (Daly, 1999, S.273). In Anbetracht der aufgeführten Aspekte wird offenbar, dass im Kontext der Forderungen nach einer sozial-ökologischen Transformation nicht nur einzelne, korrigierbare Fehlentwicklungen der gegenwärtigen sozioökonomischen Entwicklungsdynamik perzipiert werden. Vielmehr gerät die derzeitige Entwicklungsdynamik mitsamt ihren Strukturen als Fehlentwicklung in den Blick (vgl. Spehr/Stickler, 1997, S.15f.). So wird hinsichtlich der normativen Verträglichkeitsaxiome zukunftsfähiger Entwicklung deutlich, dass es keine Industrie- und Entwicklungsländer, sondern nur unterschiedlich *fehlentwickelte Länder* gibt

---

[43] So verweisen Rawls und Daly auch mit Blick auf die sozialen Realitäten der neuen Form von Apartheid, nach der Arme von Reichen durch Stacheldraht abgegrenzte und bewachte Grenzen jeweils ghettoisiert werden (wie z.B. in Kapstadts Stadtteil »Waterfront«) oder den von Widerstand und Bürgerkrieg geprägten Gebiete in Südamerika und Afrika, zu Recht darauf, das unbegrenzte Ungleichheit das befriedete soziale gesellschaftliche Miteinander destruiert (vgl. Daly, 1999, S.279; Rawls, 1979, S.579f.).

(vgl. Eppler, 1998, S.221). Die offen oder verdeckt suggerierte Notwendigkeit einer aufholenden Entwicklung der je unterschiedlich »unterentwickelten Länder« an die vermeintlich »hochentwickelten Industrieländer« entbehrt so jeder Grundlage. Statt dessen gerät die kritische Selbstreflexion hinsichtlich existenter Fehlentwicklungen auch und gerade in den industrialisierten Ländern, also auch in der BR Deutschland, in den Mittelpunkt des Interesses. Dabei rückt die Korrektur oder notfalls auch Beseitigung der problemschaffenden neoliberal orientierten konservativen ökonomischen und politischen Strukturen in den Vordergrund und es schimmert die Notwendigkeit zu einem ganz neuen Ordnungsdenken auf. Dazu gehören zum einen die kritische Reflexion der Verwiesenheit auf das globale Wirtschaftssystem mitsamt den expansiven Stoff- und Verkehrsströmen, sowie Produktions- und Wettbewerbsstrukturen, und auch eine Wiederentdeckung selbstorganisierender bürgernaher Strukturen, die insbesondere im lokalen Nahraum umsetzbar wären (vgl. Busch-Lüthy, 1992, S.12; Harborth, 1996, S.32). Eine dermaßen weitgehende, auf Strukturwandel ausgerichtete Ausgestaltung zukunftsfähiger Entwicklung ist jedoch mit den primär auf Entwicklungsmodernisierung ausgerichteten Interpretationsmustern nicht intendiert. Statt dessen wird um ein bisschen mehr Ökologieverträglichkeit der gegenwärtigen Entwicklung gerungen und die Modernisierung des Sozialstaates, die oft mit einem Abbau desselben gleichzusetzen ist, euphemistisch als »nachhaltig« bezeichnet[44].

Der als notwendig erachtete Strukturwandel ökologischer Entwicklungsdynamik, der über Effizienzsteigerungen und Suffizienzpostulate hinausreicht, gerät allerdings in Konflikt mit mächtigen strukturbewahrenden Gegenkräften in Ökonomie, Politik und Gesellschaft (vgl. Habermas, 1998, S.78f.; Kraemer, 1998, S.146). So ist die Zahl derer, die aus Angst vor dem Ungewissen oder mit Blick auf ihre materiell-monetären und machtspezifischen Ressourcenvorteile eher den stationären, wenn auch kollektiv suboptimalen Zustand bevorzugen, groß. Diese Gruppe der Zukunftsfähigkeits-verhinderer macht zwar das Gegenteil ihres Ansinnens in Sonntagsreden nur zu oft deutlich, ohne den Worten jedoch adäquate Entscheidungen oder gar Taten folgen zu lassen (vgl. Eblinghaus, 1997, S.54f.; Spehr, 1997b, S.26f.). Deswegen scheitern derart

---

[44] Ob diese Zukunftsfähigkeit für Personengruppen zu gelten vermag, die jenseits unserer Kapitalverwertungsgesetze durch die grobmaschiger werdenden Netze sukzessiv gekürzter Sozialleistungen fallen, ist äußerst fraglich. Vor diesem Hintergrund ist es dringend notwendig, den gesamten Möglichkeitsraum einer zukunftsfähigen Entwicklung zu beschreiten und zuerst einmal zu „lernen und lehren, uns mit den etablierten Wirklichkeiten nicht abzufinden" (Lepenius, 1997, S.99).

weitgehende Konsequenzen aus dem Zukunftsfähigkeitskonzept derzeit am fehlenden politischen Willen wie auch an mangelnden Steuerungsressourcen (vgl. Kap. 2.1), denn sie geraten „in Opposition zu Forderungen nach lean government, Deregulierung, Rückführung von Staatsquoten und finanzpolitischer Austerität" (Meyers/Waldmann, 1998, S.304).

1.4.4 Interpretativer Dissens – Anzeichen für einen Paradigmenwechsel

Die hinsichtlich der Konsequenzen einer zukunftsfähigeren Entwicklung dargestellten differenten Perspektiven verdeutlichen, dass der scheinbar ursprüngliche Konsens zur Notwendigkeit von »sustainable development« in erster Linie auf der unzureichenden Konzeptkonkretisierung beruht. Zwar wird insgesamt deutlich, dass zukunftsfähige Entwicklung ein Prozess sein sollte, der:

- auf lern- und wandlungsfähige Strukturen ausgerichtet ist,
- aufgrund der normativen Implikationen durch umfassende Einbindung der Öffentlichkeit zu konkretisieren ist (vgl. Kap. 1.4),
- geprägt ist durch Vernetzung der drei problem- und zukunftsrelevanten Faktoren der Umwelt-, Wirtschafts- und Sozialverträglichkeit und damit letztlich
- abhängig ist von der Änderung der gegenwärtigen gesellschaftlichen Entwicklungsdynamik (vgl. Busch-Lüthy, 1992, S.12; Meyers/Waldmann, 1998; Novy/Raza, 1997).

Doch gerade an dem letzten interpretationsbedürftigen zentralen Punkt zerfällt der ursprüngliche Konsens, weil der zuvor verdeckte Kampf um die genaue Bedeutung und die Konsequenzen zukunftsfähiger Entwicklung an die Oberfläche tritt (vgl. Kopfmüller, 1996, S.21). Der sich daraus ergebende Möglichkeitsraum wird von den beiden Spannungspolen ökologischer Modernisierung oder sozial-ökologischer Transformation der bestehenden Entwicklung aufgeladen.

Derzeit wird der interpretative Diskurs über die Veränderungskonsequenzen hinsichtlich einer zukunftsfähigeren Entwicklung primär von den Vertretern einer ökologischen Modernisierungskonzeption beherrscht. Deswegen bestimmen optimistische Auffassungen über das Potential umwelttechnologischer Innovationen und über eine »gerechte« Verteilung der wachstumsbedingten Wohlstandszuwächse die Debatte (vgl. Weizsäkker/Lovins, 1997), ohne dass eine sozioökonomische Analyse hinsichtlich eventueller

Strukturhemmnisse oder Verteilungskämpfe vorgenommen wird (vgl. Habermas, 1998, S.80f.; Kraemer, 1998, S.127f.).

Neben Vertretern der ökonomischen Zunft wie dem DIHT und der Weltbank zählen zu den Hauptprotagonisten, die den öffentlichen Diskurs zur Zukunftsfähigkeit bisher prägten und den Prämissen einer ökologischen Modernisierung breiten Raum gewähren, in Deutschland die (ehemalige) Enquete Kommission »Schutz des Menschen und der Umwelt«, der Rat der Sachverständigen für Umweltfragen (SRU) sowie das Wuppertaler Institut für Klima, Umwelt und Energie. Letzteres wagt sich zwar über den Modernisierungsdiskurs hinaus, indem auch eine Strukturänderung hin zu einer immateriell orientierten Gesellschaft erörtert wird. Eine grundsätzliche kapitalismuskritische sozial-ökologische Transformationsperspektive wird jedoch nicht ausgearbeitet. Statt dessen vermischen sich strukturverändernde Ansätze neben den Modernisierungskonzepten „zu einem Endbild, in dem die alte Herrschaftsmaschine innen mit Kinderbildern von Sonnenblumen und Bauernhöfen tapeziert wird" (Spehr/Stickler, 1997, S.16). Demgegenüber werden die unterschiedlichen Ansätze für einen Strukturwandel i.s. einer sozial-ökologischen Transformation primär von Süd-NRO's, kritischen Wissenschaftlern jenseits des mainstreams, Eine Welt Gruppen, Frauenbewegungen sowie auch den Kirchen vertreten (vgl. u.a. Becker, 1997; Hooks, 1996; Daly, 1999; Novy/Raza, 1997; Meyers/Waldmann, 1998). So heben die evangelische und katholische Kirche Deutschlands in einer gemeinsamen Stellungnahme heraus, dass eine rein ökologische Korrektur der Marktwirtschaft nicht ausreiche. Notwendig sei „vielmehr eine Strukturreform zu einer ökologisch-sozialen Marktwirtschaft insgesamt" (Rat der Evangelischen Kirche in Deutschland/Deutsche Bischofskonferenz, 1997, S.61). Durch diese gewandelte Situations- und Problemwahrnehmung verschieben und erweitern sich auch die Konfliktlinien und die polaren Akteurskonstellationen. Die Auflösung einer zukunftsfähigen Entwicklung in allseitige Win-Win-Optionen gerät in diesem Kontext zur Farce (vgl. Brand, 1997, S.9).

Je konkreter und damit abweichender die interpretativen Schlussfolgerungen werden, desto deutlicher wird, dass sich aus dem Dissens ein grundlegender Paradigmenwechsels ergeben könnte. Letztlich rücken hierbei die drei zentralen marktgebundenen öko-

nomischen Kriterien: Allokation, Verteilung und Ausmaß[45], die sich den Verträglichkeitskriterien der zukunftsfähigen Entwicklung, wie ich in Tabelle 1-1 dargestellt habe,
zuordnen lassen, in den Vordergrund.

Tab.1-1: Verträglichkeitskriterien und Kriterien der Ökonomie

Verträglichkeitskriterien einer zukunftsfähigen Entwicklung	Kriterien der Ökonomie	Bewertungskriterien
Wirtschaftlichkeit	Allokation	effizient vs. ineffizient
Sozialverträglichkeit	Verteilung	gerecht vs. ungerecht
Umweltverträglichkeit	Ausmaß	nachhaltig vs. nicht nachhaltig

Quelle: Eigene Darstellung

Während im Kontext ökologischer Modernisierung das Problem des *Ausmaßes* durch
den auf technologischer Effizienzsteigerung beruhenden Entkopplungsansatz bewältigt
werden soll, wird das der *Allokation* durch den Marktmechanismus gelöst. Hinsichtlich
der *Verteilungsfrage* wird letztlich auf disparitätsabmildernde wachstumsbedingte
Wohlstandszuwächse gehofft. Die Festigung marktliberaler Tendenzen vermittels der
Nutzbarmachung weiterer technischer Potentiale steht damit weiterhin im Vordergrund,
um eine Verringerung der negativen sozial-ökologischen Folgen der gegenwärtigen
Entwicklung zu erreichen. Die axiomatischen Rahmenbedingungen dieser Interpretation
wirken letztlich als strukturelle, restringierende Rahmenbedingung für die gesellschaftlichen Handlungsoptionen.

Im Kontext eines Strukturwandels wird zwar ebenfalls konzediert, dass durch den
Marktmechanismus bestenfalls eine effiziente Allokation im pareto-optimalen Sinne[46]
erreicht werden kann, allerdings bei jeder beliebigen Durchlaufmenge und bei jeder
beliebigen Einkommensverteilung (vgl. Biedenkopf, 1991, S.94f., Daly, 1999, S,33f.)[47].

---

[45] Während sich die Allokation auf die Zuteilung der Ressourcen für verschiedene Produktverwendungen
bezieht, richtet sich die Verteilung auf die Zuteilung von Ressourcen und produzierten Gütern auf die
Menschen. Ausmaß hingegen bezieht sich auf die physische Größe der Wirtschaft in Relation zum
Ökosystem. Der Bewertungsmaßstab für Allokation ist Effizienz, für Verteilung Gerechtigkeit und für
Ausmaß Nachhaltigkeit (vgl. Daly, 1999, S.215f.).

[46] Damit ist eine Situation gemeint, in der niemand mehr besser gestellt werden kann, ohne dass dadurch
ein anderer schlechter gestellt würde.

[47] Ökologische wie auch soziale Nachhaltigkeitskriterien werden somit von den Märkten nicht berücksichtigt. D.h. eine optimale Allokation auf einem perfekten Markt bietet noch nicht das optimale Maß
der Wirtschaftstätigkeit geschweige denn eine gerechte und zukunftsfähige Einkommensverteilung
(vgl. Daly, 1999, S.53).

Der Binnenkonflikt der Verträglichkeitstrias ist auf der Basis der bestehenden Entwicklungsdynamik damit nicht gelöst. Während an der optimistischen Effizienzstrategie
schon einige Zweifel laut werden, sind diese mit Blick auf die erwartete Überkompen-
sation durch den Wachstumszuwachs unüberhörbar. Auch die Beschränkung der (Um-)
Verteilungsfrage auf die »Wohlstandszuwächse« des Wirtschaftswachstums erscheint
als axiomatische Engführung, die nur normativ begründet werden kann und ohne empirische Grundlagen ist. Lediglich mit Blick auf die Allokation wird ebenfalls konzediert,
dass der Markt diese Aufgabe gut erfülle. Diesen differenten Ansichten liegen zwei un-
vereinbare *präanalytische Visionen*[48] zugrunde, die jenseits wissenschaftlicher Rationalitätsideen die normativen Ausgangspunkte strukturieren (vgl. Daly, 1999, S.48f.)[49].

Insgesamt wird deutlich, dass die Charakteristika und interpretativen Konsequenzen
einer zukunftsfähigen Entwicklung davon abhängig sind, auf welcher Basis und mit
welcher Intention gesellschaftliche Ziele definiert werden. Der interpretative Dissens
zur Konkretisierung zukunftsfähiger Entwicklung macht sichtbar, dass es keine »objek-
tiven« Expertenmaßstäbe zur Definition zukunftsfähiger Entwicklung geben kann, weil
die Konkretisierung der *normativen* Implikationen des Konzeptes die entscheidende
Rolle spielt. So rücken die Fundamente der Denkmuster und Rationalitätsideen in den
Vordergrund, die unsere derzeitige Entwicklung prägen. Da die vorherrschenden
Denkmuster und Rationalitätsideen nur allgemeine Akzeptanz erfahren, weil sie zu einem Prozess gehören, dessen Ergebnisse uns gefallen (vgl. Feyerabend, 1994, S.281f.),
sind sie kritisch zu beleuchten, zumal sie einen gesellschaftlichen Prozess verstetigen,
der uns - angesichts der gesellschaftlichen Krise - immer weniger gefallen sollte. Weil

---

[48] Präanalytische Visionen sind axiomatische Grundlagen, welche die wissenschaftlichen Annahmen und
die Forschungsausrichtung (erkenntnisleitend) prägen. Exemplarisch verweist Daly in diesem Kontext
auf die differenten präanalytischen Visionen neoklassischer und ökologischer Ökonomie. Während die
neoklassische Ökonomie darauf aufbaut, dass es einen isolierten Kreislauf von Tauschwerten zwischen
Firmen und Haushalten gibt und damit völlig von den Wechselwirkungen mit der physischen Umwelt
abstrahiert, baut die ökologische Ökonomie darauf auf, dass Wirtschaft in ihrer physischen Dimension
ein offenes Subsystem des endlichen, nicht wachsenden Ökosystems ist (Daly, 1999, S.109).
[49] Wenn die neoliberalen Grundparameter der derzeitigen Entwicklung akzeptiert werden, ist - wie schon
dargelegt - lediglich noch eine ökologische Modernisierung eines eng umrissenen Entwicklungspfades
möglich, die sich voll auf eine technische Effizienzrevolution ausrichtet. So werden reduktionistische
Modernisierungskonzepte optimistisch bis euphorisch verbreitet, weil sie letztlich ein »weiter so wie
bisher« mit kosmetischen Veränderungen und der Hoffnung auf rein technische Lösungen für gesellschaftliche Probleme ermöglichen (vgl. Weizäcker/Lovins/Lovins, 1995). Ausgangspunkt veränderter
Entwicklungsvorstellungen dagegen ist, dass ein Fortschritt in Richtung Zukunftsfähigkeit keine lineare
Fortschreibung des Bestehenden mehr ist, sondern fundamentale Umbruchsituationen und innovative
Richtungsänderungen einschließt.

die rationale Letztbegründung[50] (und damit Selbstbegründung) für gesellschaftliche Prozesse in einem unendlichen Regress endet (vgl. Bartley, 1994, S.284), gilt es gerade die hinter den Denkmustern und Rationalitätsideen liegenden Prämissen sichtbar zu machen und diskursiv zur Disposition zu stellen, zumal eine Ableitung bzw. Erarbeitung alternativer Entwicklungspfade auf der Basis unserer derzeit geltenden neoliberalen Entwicklungsprämissen zunehmend problematisch erscheint. Diese Fundamente oder Haltepunkte der Denkmuster und Rationalitätsideen beruhen auf »underlying assumptions« (Standards, Konventionen, Dogmen), die letztlich weltanschaulichen Ursprungs sind. Ihre Thematisierung in Gestalt von zugrundeliegenden Werten, Ideologien und Glaubensüberzeugungen ist als Ansatzpunkt für eine veränderte Entwicklung von zentraler Bedeutung (vgl. McCluney, 1994, S.15). In diesem Zusammenhang zeichnen sich Auseinandersetzungen um einen doppelten Paradigmenwechsel[51] ab, infolge dessen sich der Rahmen für das, was als fragwürdig und wissenswert gilt, neu herausbilden könnte (vgl. Bosselmann, 1992, S.62). Da ist zum einen der entwicklungsspezifische Paradigmenwechsel im Zeichen einer sozial-ökologischen Transformation, und zum anderen der Paradigmenwechsel hinsichtlich der politischen Steuerungsmechanismen und - potentiale im Zeichen partizipativer, dezentraler Steuerungsoptionen, auf den ich in Kap. 2 zurückkommen werde.

Der Kampf um einen Paradigmenwechsel gesellschaftlicher Entwicklung entfaltet sich an der Frage, ob das Konzept zukunftsfähiger Entwicklung an die vorherrschende Entwicklungsdynamik via ökologischer Korrekturen angepasst werden kann, oder ob die gegenwärtige gesellschaftliche Entwicklung auf die Herausforderung der Verträglichkeitstrias hin strukturwandelnd verändert werden muss. Weil es „bei der Wahl eines Paradigmas keine höhere Norm als die Billigung durch die maßgebliche Gesellschaft" gibt (Kuhn, 1967, S.131), geht es letztlich um einen öffentlichen Diskurs und eine partizipatorische Konkretisierung der Leitbilder zukunftsfähiger Entwicklung sowie - darauf

---

[50] Mit einem Seitenhieb auf das Wissenschaftsgeschäft, dessen Wahrheits- und Erkenntnisinteresse durch den sich ausweitenden Business Charakter immer fragiler zu werden droht, weist Feyerabend freimütig darauf hin, dass sich die meisten „Intellektuellen" den Visionen von einer Rationalisierung der Gesellschaft und der Menschen – entgegen besseren Wissens - auch deswegen hingeben, weil „sie natürlich nichts gegen die damit verbundene Zunahme von Macht und Geld einzuwenden haben" (Feyerabend, 1980, S.28).

[51] Nach Kuhn gelten Paradigmenwechsel als wissenschaftliche Revolutionen, in denen - infolge einer perzepierten Krise - eine alte durch eine neue Sicht der Wirklichkeit abgelöst wird. Dabei kann dem Niedergang des alten Paradigmas eine lange Phase vorangehen, in der sich seine Befürworter scheinbar erfolgreich gegen die Angriffe neuer, kritischer Konzeptionen bis zu dem überraschenden Punkt behaupten können, an dem die neue Sichtweise die Oberhand gewinnt (vgl. Kuhn, 1967, S.108f.).

aufbauend - einer Bewertung der konkreten Handlungsansätze, denn „die Gesellschaft kann nur mit ihren eigenen Sinnesorganen, und das sind eben alle Bürger, ihre Muster und ihre Wünsche erkennen" (Jungk, 1990, S.71).

1.5 Zur Notwendigkeit diskursiver Konkretisierung zukunftsfähiger Entwicklung

Weil es - wie soeben dargelegt - keinen unbestrittenen Königsweg zur Erzielung einer zukunftsfähigen Entwicklung gibt und ein technokratischer Diskurs zwischen sog. Experten zur Operationalisierung einer zukunftsfähigen Entwicklung aufgrund der normativen Implikationen des Konzeptes nicht zielführend ist, muss die konkretisierende Bewertung der zukunftsfähigen Entwicklung mit Blick auf handlungsleitende politische Programme an die Öffentlichkeit zurückdelegiert werden (vgl. Böhret, 1992, S.70; Dewey, 1996, S.173). Deswegen werden in der Agenda 21 hinsichtlich der Konzeptkonkretisierung *weitreichende Partizipationsrechte* für alle gesellschaftlichen Akteure im politischen Gestaltungsprozess eingefordert (vgl. BMU, 1997, S.9, S.217ff.). Gerade mit Blick darauf, dass die gegenwärtige - von gesellschaftlichen Krisenlagen und scheinbaren Sachzwängen geprägte - Entwicklungsdynamik mögliche alternative Zukunftsoptionen immer stärker einschränkt, ist es notwendig, neue Arrangements und Handlungsrahmen zu konzipieren, die „Gestaltungskorridore" (Hèritier, 1989, S.17) für verfahrensgebundene Konzeptoperrationalisierungen alternativer Entwicklungspotentiale eröffnen. Dabei rücken Arrangements auf dezentraler, lokaler Ebene in den Vordergrund, weil dort aktive Mitarbeit und Mitbestimmung noch am ehesten gewährleistet scheint, um „im kleinen sowohl soziale Gerechtigkeit als auch ökologische Nachhaltigkeit zu verwirklichen" (Novy/Raza, 1997, S.10). Eine solche auf partizipativ-diskursive Entscheidungsprozesse ausgerichtete Ausgestaltung des »sustainable networks« erscheint trotz der existenten Komplexität und zu erwartenden konfliktgeladenen Auseinandersetzungen möglich[52] (vgl. dazu ausführlich Kap. 2.3f.). Dabei ist neben der Leit-

---

[52] Fromm meint diesbezüglich zu Recht: „Die Behauptung, die Probleme seien zu kompliziert, als daß der Durchschnittsmensch sie verstehen könne, ist dabei nur eine Verschleierungstaktik. Mir scheint dagegen, daß viele der Grundprobleme im Leben des einzelnen und der Gesellschaft sehr einfach, ja so einfach sind, daß man von jedermann erwarten könnte, daß sie begreift. Wenn man sie als so ungeheuer

zielfestlegung auch zu klären, wie verschiedene technik-, verhaltens-, verteilungs-, und strukturorientierte Elemente auf den Weg zum Ziel sinnvoll miteinander kombiniert werden können. Denn als Konsequenz aus den Kriteriendefiziten ist eine vorläufige Operationalisierung zukunftsfähiger Entwicklung mit einem Indikatorenset zu erarbeiten, damit das Konzept überhaupt handlungsleitend werden kann (vgl. Majer, 1998, S.235). Um dies zu erreichen, stehen Formen bescheidenen, am Prinzip des 'trial and error' orientierten Suchens nach möglichen Gegenmodellen zur derzeitigen Entwicklung im Vordergrund. Deren Ergebnisse müssten dann via Evaluation und Feedback für weitere Veränderungen offen sein. Die damit einhergehende Aufwertung partizipativ-diskursiver Entscheidungsfindungen und damit zusammenhängend der demokratischen (Streit-) Kultur ist eines der zentralen Strukturmerkmale auf einem Weg, der letztlich selbst zum Ziel demokratischer Revitalisierung und zukunftsfähiger Ausgestaltungspotentiale werden kann (vgl. Dewey, 1927; Lasch, 1995, S.180f.).

Es sollte jedoch deutlich geworden sein, dass wir uns heute erst am Beginn der in differenten Diskurs- und Handlungsarenen auszutragenden Kämpfe um eindeutige Konkretisierungen einer zukunftsfähigen Entwicklung befinden. Insbesondere in problemzentrierten Diskursen steht zu erwarten, dass die Erarbeitung handlungsleitender Maßnahmen schwierig wird, wenn konkretisiert werden soll „was und von wem, wo und wann zu tun oder zu unterlassen ist" (Harborth, 1996, S.31). Denn unabhängig von den Problemen der inhaltlichen Ausgestaltung eines Maßnahmenkatalogs erzeugt die Thematisierung notwendiger Veränderungen der derzeitigen Entwicklungsdynamik bei den Akteuren Unsicherheit, die nur inkrementale inhaltliche Fortschritte erwarten lässt (vgl. McCluney, 1994, S.21f.). Deswegen bedarf es zuerst der diskursiven (Re-)Kultivierung eines Konsenses über die Leitziele einer kommunalen zukunftsfähigeren Entwicklung, damit die Frage danach, wie wir jetzt und auch in Zukunft (über-)leben wollen, nicht auf eine Frage des subjektiven Geschmacks und des scheinbaren Diktums ökonomischer Sachgesetzlichkeiten reduziert wird, mit der Konsequenz, dass letztlich die Regeln der Ökonomie die Verfasstheit des Gemeinwesens bestimmen (vgl. Lasch, 1995,

---

kompliziert darstellt, daß nur ein »Spezialist« sie verstehen kann, und auch dieser nur auf seinem eigenen begrenzten Gebiet, dann nimmt man - oft sogar absichtlich - den Leuten den Mut, in bezug auf die wirklich wichtigen Probleme ihrer eigenen Denkfähigkeit zu trauen. Der einzelne Mensch steht dann hilflos einer chaotischen Masse von Daten gegenüber und wartet mit einer rührenden Geduld darauf, daß die Spezialisten herausfinden, was man zu tun habe und welcher Weg einzuschlagen ist" (Fromm, 1998, S.181).

S.98f.; Misereor/BUND, 1996, S.174; Müller-Christ, 1998, S.28f.)[53]. Auf dieser Basis ließen sich dann auch Gestaltungsoptionen jenseits der Grenze dessen erzielen, was dem privaten Markt zu teuer oder seinen Leitkriterien sogar diametral gegenüberstehen sollte (vgl. Barber, 1997, S.19). In diesem Sinne ist es allerdings unabdingbar, die Politikstrategien auf eine effektive Operationalisierung von Zukunftsfähigkeit auszurichten. Dafür nennt Kopfmüller zu Recht die folgenden zu inkorporierenden Politikleitziele:

1. *Vorsorge*, i.S. einer absoluten Reduktion des Stoff-, Energie und Flächenverbrauchs

2. *Verteilung*, i.S. einer Begrenzung der materiellen Ungleichheit

3. *Vermittlung*, i.S. der Bewusstseinsbildung zur Unterscheidung von Lebensqualität und Lebensstandard vor dem Hintergrund der Notwendigkeit zu genügsameren Konsum- und Verhaltensweisen

4. *Verhandlung*, i.S. der Eruierung von Gestaltungspotentialen im gesellschaftlich-partizipativen Diskurs (vgl. Kopfmüller, 1996, S.25).

Bevor ich in diesem Kontext auf das Konzept der lokalen Agenda, das den Schwerpunkt dieser Arbeit bildet, eingehe, ist es vor dem Hintergrund der partizipativ zu erarbeitenden zukunftsfähigen Entwicklung unumgänglich, kurz auf die Partizipationsbereitschaft und »Zukunftsfähigkeit« der zu beteiligenden Akteure auf der Basis der aktuellen wissenschaftlich-anthropologischen Konzepte einzugehen. Denn die Forderungen nach intergenerationeller und intragenerationeller Gerechtigkeit und politischer Partizipation verhallen ungehört bzw. unverstanden, wenn sie durchgängig auf das selektive Wahrnehmungsmuster eines rein egoistischen, kosten-nutzenrationalen homo oeconomicus[54] treffen, der für ein Lebensmodell steht, welches weder sozial-, umwelt- noch generatio-

---

[53] In diesem Kontext müssten die Leitkriterien zukunftsfähiger Entwicklung die Korsettstangen für eine Umorientierung der lokalen Politik und für eine partizipative Erweiterung des demokratischen Entscheidungsprozesses darstellen.

[54] Der homo oeconomicus trat eine Generation nach der Geburt klassisch-liberaler Wirtschaftstheorie Smith'scher Prägung auf, Geburtshelfer war Ricardo. Er entwarf den homo oeconomicus als methodische Hilfsfigur, um die wirtschaftstheoretischen Probleme von den Problemen der Wirklichkeit abzugrenzen und zu vereinfachen, er ist damit der Ausdruck für die Abkoppelung des ökonomischen Theorie von der Lebenswelt, also für die Entstehung der autonomen Ökonomik. Als wichtigste Attribute des »homo oeconomicus« nennt Braun: Eigennutz, Nutzenmaximierung, Wahlhandlungsrationalität und ökonomische Kalkulation bei vollständiger Information über potenzielle Handlungsalternativen (vgl. Braun, 1999, S.39f.). Zum *Problem* wurde dieses Modell durch die unterschwellige Gleichsetzung seines Idealtyps mit einem normativen Ideal der natürlichen Wirklichkeit. Aus der deskriptiven Verwendung einer empirischen Hypothese wurde sukzessive die normative Verwendung einer Handlungsmaxime (vgl. Kap 1.4.1).

nenverträglich ist (vgl. Nagorni, 1996, S.222)[55]. Zudem erscheint es erforderlich, die Potentiale und Beschränkungen für die Ausgestaltung partizipativ-diskursiv orientierter dezentraler Steuerungsoptionen, zu denen die lokale Agenda gerechnet werden kann (vgl. Kap.2), zu ermitteln. Es geht im folgenden Kap. 1.5.1 jedoch *nicht* darum, zu klären wie pessimistisch das Menschenbild de facto ist; ob es wirklich die Hobbsche Auffassung - wonach der Mensch des Menschen Wolf ist - rechtfertigt oder ob eher die historisch noch weiter zurückreichende aristotelische Konzeption eines Zoon politikon näher an der Realität ist. Statt dessen geht es darum, die heute gängige Verkürzung des Menschen auf das egoistisch-nutzenrationale Modellwesen eines homo oeconomicus oder den noch bizarrer anmutenden »RREEMM«[56] (Kirchgässner, 1991; Esser, 1993, S.237ff.) kritisch zu hinterfragen, weil sie elementar mit dem Möglichkeitsspielraum zur (diskursiven) Erarbeitung und Umsetzung einer zukunftsfähigeren Entwicklung verbunden ist (vgl. Majer, 1998, S.235)[57].

1.5.1 Exkurs: Zukunftsfähigkeit - Herausforderung an den »homo sapiens« und seine Konzeptualisierung

Das Konzept einer zukunftsfähigeren Entwicklung stellt - wie bereits in den vorhergehenden Kapiteln ersichtlich wurde - für den Menschen eine dreifache Herausforderung dar. Es geht dabei um:

1. das *Erreichen zukunftsfähiger Lebensstile*, die von Suffizienz, gepaart mit der Bereitschaft zum Verzicht auf luxuriös - materielle Lebensstandards jenseits der ceilings geprägt sind;

2. die konfliktbehaftete *normativ-interpretative Konkretisierung des Zukunftsfähigkeitskonzeptes*, und in diesem Kontext um

---

[55]Vor diesem Hintergrund konzediert auch der Vorsitzende des DIHT-Bildungsausschusses, das eine verhaltenswirksame nachhaltige Entwicklung in den Köpfen beginnt (vgl. Pieper, 1997, S.8).

[56] Hinter der abstrakten RREEMM-Kopfgeburt, verbirgt sich der „restricted, resourceful, expecting, evaluating, maximizing man" (Esser, 1993, S.237ff.).

[57] Es geht also zunächst um die Transzendenz, d.h. einer Eruierung der Bedingungen zur Möglichkeit, der Existenz partizipativ-diskursiv orientierter heterarchischer Steuerungsoptionen. Denn sollte die analytische Betrachtung der Bedingungen zu dem Ergebnis führen, dass die Möglichkeit zur produktiven Umsetzung heterarchischer Steuerungsoptionen nicht gegeben ist, wäre die Arbeit bereits an dieser Stelle mit negativem Fazit zu beschließen.

3. *die Bereitschaft zur politischen Beteiligung,* damit partizipativ-diskursiv ausgerichtete Prozesse, die auf die Einbindung aller gesellschaftlich relevanten Gruppen, wie auch nicht organisierter Bürger zielen, überhaupt stattfinden können.

Da diese Herausforderungen konträr zu unserer auf Konkurrenz- und Konsumorientierung ausgerichteten und von Politikverdrossenheit geprägten Gesellschaft stehen, wirken die auf ethischen Grundlagen basierenden Appelle an zukunftsfähigere Verhaltensweisen[58] eher wie die Schimäre früherer Utopien. Sie stehen dem geltenden Entwicklungsmodell, das von den Leitkriterien Arbeit, Leistung, Produktivität, Effizienz, Konsum und Besitz geprägt ist, ebenso diametral gegenüber wie narzisstischer Ichbezogenheit, die zunehmend an die Stelle der gemeinschaftlichen Ego-Alter-Ausrichtung tritt (vgl. Sana, 1998, S.87). Politisch relevante Sachverhalte und öffentliche Angelegenheiten degenerieren dann zu Theatereinlagen; der Wechsel des Zuschauers auf die politische Bühne aktiver Entwicklungsmitgestaltung erscheint eher unrealistisch. Wenn in diesem Zusammenhang die Konzeptualisierung des Menschen als rein egoistisch nutzenrationales Wesen mit bereits existenten Präferenzordnungen der Realität entsprechen sollte und wirklich „auf alles menschliche Verhalten anwendbar ist" (Becker, 1993, S.7) besteht die Gefahr, dass die Option zur Ausgestaltung dezentraler partizipativer Arrangements am Bedarf der zu Beteiligenden vorbeigeht (»frei nach dem Motto: Es gibt einen partizipativ geöffneten politischen Prozess, aber keiner geht hin«). Deswegen ist zunächst hinsichtlich der aussichtsreichen Ausgestaltung partizipativ-diskursiver Arrangements zu klären, inwieweit der Geltungsanspruch einer den nutzenrationalen Menschen konzeptualisierenden Theorie in Form des rational choice Theorems[59] über die ursprüngliche ökonomische Disziplin hinweg realistisch und damit berechtigt ist[60].

In dem Licht der derzeitigen gesellschaftlichen Situation erscheint das Demokratieverständnis, welches dem expandierenden Rationalwahlansatz zugrunde liegt, äußerst pre-

---

[58] Diese Appelle reichen von Bescheidenheit über politische Verantwortung bis hin zur Internalisierung sozialer Gerechtigkeit und zirkulieren schon seit der Antike als Kardinaltugendsatz in den Köpfen der Menschen.

[59] Gemäß der rational choice theory, die auf dem methodologischen Individualismus basiert, fußt die individuelle Handlung auf der rationalen Kognition einer Handlungssituation, der rationalen Entscheidung für eine Handlungsoption, der Evaluation der Konsequenzen, sowie darauf folgend der rationalen Erwägung möglicher alternativer Handlungsoptionen (vgl. Seipel, 1999, S.55).

[60] Denn nachdem in der Ökonomie der zielgerichtete, rational - nutzenmaximierende homo oeconomicus als theoretische Grundannahme schon lange sein Dasein fristet, breitet er sich auch in der soziologischen und politologischen Sphäre aus (vgl. Esser 1993; Kunz 1997; Braun, 1999), und wird unterdessen zur Erklärung für nahezu jede Verhaltensbereitschaft herangezogen (vgl. Becker, 1993, S.33f./187f.; 1996).

kär[61]. Zum einen wird vermittels der Generalisierung des egoistisch-nutzenrationalen Menschenbildes die politische Apathie der Staatsbürger »rationalisiert«[62], zum anderen werden politische Entscheidungsprozesse - durch die zunehmende Orientierung an den ökonomischen Kriterien des Marktes - fast ausschließlich an Effizienzkriterien gemessen (vgl. Vatter, 1994, S.343). Werden jedoch demokratische Entscheidungsprozesse ausnahmslos an Effizienzkriterien bewertet, dann erscheinen umfangreiche Partizipationsoptionen der Bürger nur noch als ineffizienter, transaktionskostenerhöhender Faktor. Infolge dessen reduziert sich das Demokratieverständnis auf eine technokratische Perspektive „einer Elitenherrschaft ohne prozessuale Beteiligung der Bürger an der Politik" (Vatter, 1994, S.345). Dies ist auch deshalb besorgniserregend, da empirisch zweifelhafte Beschreibungen »des Menschen« eine normative Wendung erfahren und so zur Rechtfertigung der faktischen Entwicklungsdynamik dienen. Es kommt u.U. letztlich dazu, dass die theoretische Annahme des egoistischen Nutzenmaximierers in der Politik nicht nur als zutreffend, sondern gar als normativ angemessen betrachtet wird (vgl. Vatter, 1994, S.347). Das Modell wird dann zum diskurs-, entscheidungs-, politik- und wissenschaftsrestringierenden „myth of self interest" hochstilisiert (Miller/Ratner, 1996), der sich zunehmend seine eigenen Realitäten schafft[63]. Bedingungen, welche die gesellschaftlichen Rahmenbedingungen prägen und weiter verfestigen, geraten nicht ins Blickfeld der Akteure. Wir regredieren statt dessen mit Blick auf die notwendige Umge-

---

[61] Die Gefährdung der Demokratie durch den verabsolutierten Eigennutz hebt sogar Downs als ein Verfechter des Rationalwahlansatzes heraus, wenn er schreibt: „self-interest cannot be the sole moral value in the long-run political life of an effective democracy. There must also be a core of shared positive moral values about how people ought to behave in social, political, and economic life for the benefit of the others and of the society as a whole, as well as for their own benefit. Without such values, the unchecked pursuit of self-interest would eventually overcome the values of tolerance, willingness to compromise, and respect for the rights of others that are essential to democracy" (Downs, 1991, S.164).

[62] Demnach erfolgt eine individuelle Beteiligung an politischen Entscheidungsprozessen aus ökonomischer Sicht nur, wenn damit Entscheidungen verhindert werden sollen, die nicht den eigenen Präferenzen entsprechen. Die Partizipation und politische Mitbestimmung als Mittel zur individuellen Selbstentfaltung und Selbstbestimmung findet keine Berücksichtigung. Statt dessen wird die politische Apathie nicht als Zeichen von Politikverdrossenheit gewertet, die letztlich die Legitimität der politischen Strukturen in Frage stellt, sondern ausschließlich als das Ergebnis rationalen Kalküls (vgl. Vatter, 1994, S.343).

[63] Vor diesem Hintergrund sind die experimentellen Beispiele zum Erlernen von bzw. zur Erziehung hin zum Eigennutz sehr lehrreich. Sie machen deutlich, dass Ökonomiestudierende und auch im Rationalwahlansatz belehrte Politologiestudierende mehr zu Trittbrettfahrerverhalten oder zur Übervorteilung anderer neigen als studentische Vergleichspopulationen (vgl. Brunck, 1980; Frank u.a., 1993). Die »Erziehung« zu einem egoistisch nutzenrationalen Verhalten zehrt so sukzessive die gesellschaftlichen Bestandsvoraussetzungen der Solidargesellschaft auf und schafft an deren Stelle den Entfaltungsraum für eine totale Ökonomisierung bzw. Monetarisierung via marktfähig kalkulierbarer Optionen, die ein Bemühen um die Hinführung zu mehr Zukunftsfähigkeit torpedieren.

staltung derzeitiger Entwicklungsdynamiken zu einem unmündigen Volk, „unfähig mit Komplexität, Mehrdeutigkeit, Ungewissheit und vielleicht gar mit der Realität selbst zurechtzukommen" (Postman, 1988, S.192)[64]. Die Hoffnung auf eine Bewältigung der Herausforderungen durch das Konzept der Zukunftsfähigkeit hinsichtlich partizipativer Orientierungen und suffizienter Verhaltensweisen scheint damit bereits im Keim erstickt zu sein.

Es sind jedoch Zweifel daran angebracht, die menschlichen Handlungsmotivationen lediglich eindimensional mit Nutzenrationalität erklären zu können[65]. Zwar bleibt unbestritten, dass Eigennutz ein zentrales Verhaltensmotiv des Menschen ist, angesichts der sozialpsychologischen und sozialwissenschaftlichen Forschungen, die belegen, dass menschliches Verhalten von begrenzter Rationalität, von Mehrdimensionalität und inkonsistenten Präferenzen geprägt ist[66] (vgl. Elster, 1986; 1987, Kals, 1998; Sutor, 1999; Wahner, 1998), erscheint es jedoch verfehlt, Eigennutz als einzige Antriebsfeder herauszustellen. Vor diesem Hintergrund ist bereits das rein rationale Entscheidungsmodell kritisch zu betrachten, weil die auf je kulturell-, sozialisations- und erfahrungsbedingten Wahrnehmungsselektionen und Bewertungsprinzipien basierenden Entscheidungen nicht allein von rationalen Erwägungen, sondern auch von angstgebundenen, traditionalen und ideologischen Denkmustern sowie emotionalen Stimmungen geprägt sein können (vgl. Duhm, 1975; McCluney, 1994; Sana, 1998). Die Verkürzung des Menschen auf das Modell des homo oeconomicus weist somit „strong disagreements with cultural theory" (Monroe, 1991, S.3) auf, weil neben dem egoistischen Kosten - Nutzenkalkül auch die Solidarität mit anderen, Mitleid, Gruppenidentitäten, moralische Prinzipien, Tradition, normative bzw. ideologische Einstellungen auf das individuelle und kollektive Verhalten insbesondere in der politischen Sphäre einen großen Einfluss

---

[64] Verstärkt wird diese Entwicklung durch die Erhöhung einer konformitätsstabilisierenden und hinsichtlich der aktiven Ausgestaltung einer zukunftsfähigen Entwicklung kontraproduktiven medialen »Informationsmaschine«, denn insbesondere das, „was über den Bildschirm rund um die Uhr läuft, ist tatsächlich nichts anderes als geistige Dressur im Dienst der bürgerlich kapitalistischen Ideologie" (Sana, 1998 S.123).

[65] Auch wenn die Erklärungskraft des Zweckrationalen im Modell der Wahlhandlungsrationalität mittels Brückenannahmen - über die wertrationalen Untiefen der Realität hinweg - bis hin zur alles erklärenden Omnipotenz aufgebläht wird, findet die Theorie bei komplexen Handlungs- und Entscheidungsprozessen ihre Grenze (vgl. Kelle/Lüdemann, 1996).

[66] Hierbei geht es nicht nur um die Anerkennung der »bounded rationality«, die in Erweiterungen der Wahlhandlungstheorie Eingang gefunden hat, sondern um das multiple self des Menschen als einen *faustischen Entscheider,* der durch verschiedene, manchmal inkompatible Präferenzsysteme zerrissen ist und auf mehr oder minder effiziente Weise dem Selbstbetrug frönt und um »Selbstbeherrschung« kämpft.

ausüben (vgl. McCluney, 1994, S.19f.; Vatter, 1994, S.341). Im sozialen Kontext[67] sind vor allem Interaktions- und Entscheidungsorientierungen, die von kompetitiven über egoistische bis hin zu kooperativen und altruistischen Nuancierungen reichen, mitentscheidend[68]. Mit Blick auf eine zukunftsfähige Entwicklung geht es darum, diese kontextgebundenen menschlichen Ressourcen wieder stärker in den Mittelpunkt zu rücken. In diesem Zusammenhang wird ersichtlich, dass gerade die wertrationale Basis der Präferenzen, Entscheidungen und Handlungen, auf die im Vergleich zur Zweckrationalität schon Max Weber hinwies (vgl. Weber, 1976, S.12ff.) [69], im Konzept des zweckrationalen Nutzenmaximierers unterbelichtet bleibt. Wird der wertrationale Nerv des Handelns dagegen freigelegt, wird besonders deutlich, dass die Politik nicht analog zum ökonomischen Modell konstruiert werden kann, weil eine »a-soziale« ökonomische Theorie der Politik von einer vollständigen „Blindheit vor Machtstrukturen und Konflikten in realen Sozialgebilden" (Tietzel, 1981, S.124) gekennzeichnet ist (vgl. Braun, 1999, S.179; Elster, 1986, 1987). Entscheidungen über die Bewertung konkurrierender Ziele gesellschaftlicher Entwicklungspfade sind damit nicht durch eine rein zweckrationale Kalkulation ersetzbar (vgl. Vatter, 1994, S.344). Denn weil sich die Individuen *auch* an nichtutilitaristischen Interessen und Kollektivdefinitionen ausrichten, „hängt das Zustandekommen von handlungsfähiger Kollektivität von einer [...] Übereinstimmung ihrer Orientierungen, »ersatzweise« von der Fähigkeit zur diskursiven Herstellung eines kollektiven Willens ab" (Wiesenthal, 1987a, S.15).

Da im Rahmen zäher Verhandlungen individuelle Akteure dazu neigen, den günstigen Gelegenheiten zu erliegen, situative Vorteile zu erzielen, (vgl. Wiesenthal, 1987b,

---

[67] Der soziale Kontext, innerhalb dessen der Mensch gemeinschaftsbezogen konzeptualisiert wird und zum »Sein« i.S. Fromms erst in den gelebten sozialen Bezügen generiert wird (vgl. Fromm, 1979), wird von der heterodoxen sozialwissenschaftlichen Richtung des Kommunitarismus zu Recht betont (vgl. Sandel, 1993; Walzer, 1993).

[68] Vor diesem Hintergrund heben Green und Shapiro kritisch hervor, dass die Erklärungskraft des Rationalwahlansatzes in der Politikwissenschaft nicht auf einem Theoriedefizit in der politologischen und soziologischen Disziplin, sondern auf einem Datendefizit beruhe (vgl. Green/Shapiro, 1999, S.229). So zeigen empirische Daten, dass sich Handlungsmotivationen auch aus nicht eigennützigen Quellen speisen und dass kooperatives Verhalten auch gegen das materielle Eigeninteresse durchaus nicht nur in seltenen Einzelfällen gegeben ist (vgl. Mansbridge, 1995; Miller/Ratner, 1996). Es entsteht der Eindruck „daß Rational Choice Theorie oft eher methoden- als problemgeleitet entwickelt wird und daß ihre Mängel zum Teil genau darauf zurückgeführt werden können" (Green/Shapiro, 1999, S.228).

[69] Weber unterschied vier mögliche menschliche Handlungsformen: zweckrationales, wertrationales, affektives und traditionales Verhalten, die je nach situativer Handlungsoption ihrer Bedeutung variieren können. Er sprach jedoch nur den ersten beiden - dem Begriff entsprechend - rationale Handlungsgrundlagen zu und konzedierte mit Blick auf die komplexitätsreduzierende monokausale Begründung menschlichen Verhaltens: „Absolute Zweckrationalität des Handelns ist aber auch nur ein im wesentlichen konstruktiver Grenzfall" (Weber, 1976, S.13).

S.445), ist es, um kollektiv optimale und langfristig zukunftsfähige Ergebnisse zu erzielen, notwendig, auf eine *bewusste Selbstbindung*[70] der Akteure hinzuwirken (vgl.
Elster, 1987). Diese Aspekte individueller Handlungsorientierung aber müssen auch auf
der Ebene der kollektiven Willensbildung in geeigneten Mechanismen und Arrangements ihre geeignete Entsprechung finden. Dabei gerät u.a. auch die entscheidungsvor-
strukturierende Filterfunktion institutioneller Arrangements, die im Kontext politischer
Prozesse von zentraler Bedeutung ist, in den Blick (vgl. Elster, 1987; Hèritier, 1989).

Die Chance, kooperatives Verhalten von Akteuren im Zuge langfristig stabiler Kommu-
nikationszusammenhänge auszubauen, leitet über zu der Bedeutung von demokratisch
gebundenen Selbststeuerungspotentialen im Kontext politischer Entscheidungsfindung
zur inhaltlichen Ausgestaltung und operationalen Konkretisierung einer zukunftsfähigen
Entwicklung.

In diesem Sinne kommt auf kommunaler Ebene die Bedeutung der »lokalen Agenda«,
die im folgenden Kapitel 1.6 einleitend thematisiert wird, für eine zukunftsfähige Entwicklung ins Bewusstsein. Es geht mit Blick auf die »polity« und »politics[71]« darum,
die Bedingung für die Emanzipation von der vorherrschenden gesellschaftlichen Entwicklung zu schaffen. Denn nur daraufhin „bewußt gestaltete Ordnungen können ein
autonomes Subjekt sichern helfen, dessen Ethik nicht heteronom ist" (Hinkelammert,
1996, S.107)[72]. Im Zuge derartiger auf Zukunftsfähigkeit verpflichteter, partizipativ-
diskursiver Arrangements rücken dann u.U. auch selbstbestimmte Verhaltensänderungen zugunsten des »*gut leben statt viel haben*« jenseits von externen Verhaltensappellen
oder regulativem Oktroy in den Blick.

Zusammenfassend ist hinsichtlich der gegenwärtigen subjektgebundenen Potentiale zu
lokalen demokratischen, partizipativen Diskursen mit Eppler festzuhalten:

> „Der Mensch, weder zum Guten noch zum Bösen festgelegt, ist lern-
> fähig und vernunftfähig. Daher ist Demokratie möglich. Er ist fehlbar,

---

[70] Diese Akteure wissen um ihre eigene Irrationalität und schaffen sich deswegen einen Rahmen, um die
Auftretenswahrscheinlichkeit kollektiv suboptimalen Verhaltens zu verringern, wie Elster an seinem
Beispiel von Odysseus und den Sirenen veranschaulicht (vgl. Elster, 1987).
[71] Ich verwende in diesem Kontext zur besseren Ausdifferenzierung des Politikbegriffs die im englischen
Sprachraum und Wissenschaftskontext vorhandene, hilfreiche Unterscheidung zwischen der Politikdi-
mensionen: »polity« (strukturelle politischen Institutionen) »politics« (prozessurale Dimension) und
»policy« (inhaltliche Dimension).
[72] Derartige Diskurskontexte könnten das Kontextbewusstsein der Beteiligten revitalisieren und damit
u.U. gesellschaftliche Rahmenbedingungen und die damit korrespondierenden Bewertungsmaßstäbe
verändern.

kann irren und in Unmenschlichkeit zurückfallen. Darum ist Demokratie nötig. Weil der Mensch offen ist und verschiedene Möglichkeiten
in sich trägt, kommt es darauf an, in welchen Verhältnissen er lebt"
(Eppler, 1998, S.209).

1.6   Der kommunale Kontext als Ansatzpunkt zukunftsfähiger Ent-wicklung - »Die lokale Agenda«

Es wurde bereits deutlich, dass sich hinter den facettenreichen Umschreibungen bzw.

Ausdeutungen der Aspekte zukunftsfähiger Entwicklung nicht primär sachanalytische,

sondern eher weltanschauliche Kriterien verbergen, die sich nicht via Diktum setzen

lassen, sondern im politischen Prozess ausgetragen werden müssen, um den Begriff

zukunftsfähiger Entwicklung gesellschaftspolitisch-handlungsrelevant mit Leben zu

füllen (vgl. Sutor, 1999, S.114).

In diesem Kontext lassen sich Strategien für eine zukunftsfähige Entwicklung, die der

Zieltrias der zu berücksichtigenden Entwicklungsdimensionen Rechnung tragen, nach

Ansicht des SRU „am sinnvollsten auf der Ebene der Regionen und Kommunen ent-

wickeln und realisieren" (SRU, 1996, S.58), weil die sozialen und ökologischen Krisen-

phänomene im städtischen Nahraum am konkretesten erfahrbar sind (vgl. Kap. 2.3.1).

Der kommunale Ansatzpunkt wird dementsprechend auch in der Agenda 21 aufgegrif-

fen, in dem im Teil III zur Stärkung wichtiger Gruppen[73] die Rolle der Kommunen, d.h.

der verfassten Bürgerschaft mit den politisch-administrativen Organen, besonders be-

tont wird[74]. Dort heißt es: "Da viele der in der Agenda 21 angesprochenen Probleme und

---

[73] Zudem werden im Teil III der Agenda 21 auch noch Frauen, Kinder und Jugendliche, »eingeborene
Bevölkerungsgruppen«, NRO´s, Arbeitnehmer und Gewerkschaften, Privatwirtschaft, Bauern sowie
Vertreter der Wissenschaft als relevante Träger für die konkrete Umsetzung von Agendaaktivitäten
aufgeführt, deren Rolle gestärkt werden soll. Leider bleiben bei dieser Auflistung bereits vorhandene
Disparitäten in der Definitions- und Gestaltungsmacht gesellschaftlicher Entwicklung ebenso ausgeblendet wie die daraus erwachsenden Konsequenzen für eine Veränderung vorhandener Vermachtungs-
potentiale. Es wird lediglich die banale Einsicht deutlich, dass eine Umorientierung der Entwicklungsdynamik alle Akteurgruppen angeht.
[74] Zwar gab es schon Mitte der 80-ger Jahre im landes- und kommunalen Kontext Bestrebungen, Möglichkeiten für die ökonomische, ökologische und soziale Erneuerung der Industriegesellschaft zu eruieren (vgl. Hesse, 1987, S.59), doch entwickelte sich erst im Zuge der Agenda 21 eine konsistente
Grundlage für die Umsetzung konkreter kommunaler Strategien in Hinblick auf eine zukunftsfähige,
politische Modernisierung.

Lösungen auf Aktivitäten der örtlichen Ebene zurückzuführen sind, ist die Beteiligung und Mitwirkung der Kommunen ein entscheidender Faktor bei der Verwirklichung der in der Agenda enthaltenen Ziele. [...] Als Politik- und Verwaltungsebene, die den Bürgern am nächsten ist, spielen sie eine entscheidende Rolle bei der Informierung und Mobilisierung der Öffentlichkeit und ihrer Sensibilisierung für eine nachhaltig zukunftsverträgliche Entwicklung" (Bundesministerium für Umwelt, Naturschutz und Reaktorsicherheit (BMU), 1993, S.231). Die Kommune als Lebenswelt der Menschen rückt dabei als Ganze in den Blick. Um adäquate Ansatz- und Schwerpunkte zur Lösung der Krisenphänomene ausfindig machen zu können, ist insbesondere die Kenntnis der lokalen Spezifika wie auch der Interessen der beteiligten Akteure erforderlich. Dabei sind neben den umweltpolitischen besonders jene brisanten entwicklungs- und sozialpolitischen Themenfelder in den Vordergrund zu rücken, die im Zuge der Verengung auf konfliktminimierende Politikinhalte seit der Rio-Deklaration von 1992 dethematisiert blieben. Die *querschnittsorientierte, übergreifende Integration* dieser Themenfelder zukunftsfähiger Entwicklung in die kommunale Politik stellt die Herausforderung dar, der sich jede Kommune stellen muss, wenn sie dem »muddling through« kollektiv suboptimaler, kurz- bis mittelfristig orientierter Politikinhalte zugunsten einer *weitsichtigen* Orientierung entkommen will.

Der lokale Kontext ist vor diesem Hintergrund die Plattform für dezentrale gesellschaftliche Gestaltungs- und Veränderungspotentiale. Er bietet günstige räumliche und soziale Bedingungen für politische Partizipation, prozedurale Mitbestimmung und kollektive Lernprozesse, weil die gesellschaftlich relevanten Akteure meist ebenso bekannt sind wie die konkreten kommunalen Probleme (vgl. Brand, 1997, S.17). Dem trägt auch die Agenda 21 Rechnung, dergemäß - auf Basis der Vorlage von ICLEI[75], der kommunale Auftrag mit Blick auf die *zu erweiternden Partizipationsmöglichkeiten* und *zu vergrößernden deliberativen Politikmöglichkeiten* konkretisiert wurde. So soll nach Kap. 28.3 „jede Kommunalverwaltung [...] in einen Dialog mit ihren Bürgern, örtlichen Organisationen und der Privatwirtschaft eintreten und eine »kommunale Agenda 21« beschließen" (BMU, 1997, S.231).

---

[75] Der ICLEI wurde von der UNEP beauftragt, das Kapitel zur Bedeutung und den Aufgabenbereichen der Kommunen auszuarbeiten. Der ICLEI wurde 1990 von Delegierten 200 verschiedener Kommunen aus 43 Ländern beim Weltkongress der Gemeinden für eine bessere Zukunft gegründet.

Abgesehen von dem Leitziel, eine kommunale Agenda 21 aufzustellen, geht es ferner darum, einen langfristig angelegten Handlungszusammenhang aller relevanten Akteurs-gruppen im Rahmen der lokalen Agenda zu kon-stituieren, der eine adäquate, gemeinwohlorientierte Behandlung der vorhandenen ökologischen, sozia-len und letztlich gesellschaftlichen Probleme zum Ziel hat. Dabei ist das bisherige Gestaltungsvaku-um kommunaler Politik mit Blick auf die Erzielung zukunftsfähiger Entwicklung durch findige diskur-siv-partizipative Verfahren zu überwinden.

Diese Ausrichtung auf die Gebietskörperschaft bedeutet allerdings nicht, dass die Bundesregie-rung, die Länderregierungen wie auch die europäi-sche Politikebene aus der Verantwortung entlassen werden. Sie sollten nach Maßgabe des Subsidiari-tätsprinzips die Koordination und Transparenz zwi-schen den einzelnen lokalen und gegebenenfalls regionalen Initiativen sicherstellen, einen Rahmen für die zu ergreifenden Maßnahmen schaffen und die Ideen auf die Landes-, Bundes- und internatio-nale Ebene transportieren (vgl. Abbildung 1-2).

Abb.: 1-2: Politikebenen zur Umset-
zung der Agenda 21
Quelle: Eigene Darstellung

1.6.1   Verstärkende Impulse zur Ausgestaltung einer lokalen Agenda

Im Vergleich zu anderen - insbesondere skandinavischen - Staaten kamen die Kommu-nen der BRD bzgl. der Aufnahme einer lokalen Agenda ins lokale Politikfeld erst spät aus den Startlöchern. Allerdings stieg die Zahl der deutschen Kommunen, welche die lokale Agenda als ihr Aufgabenfeld betrachten, von 1995 bis 2000 genauso an wie die absolute Zahl der tatsächlich eine lokale Agenda inszenierenden Städte, Gemeinden und

Landkreise (vgl. Rösler, 1997)[76]. Im Jahr 2000 lagen im gesamten Bundesgebiet 1651 Beschlüsse zur lokalen Agenda vor; damit haben bundesweit knapp 12% aller kommunalen Gebietskörperschaften (Städte, Gemeinden und Kreise) eine lokale Agenda beschlossen (vgl. CAF/Agenda-Transfer, 2000)[77]. Auch wenn der in der Agenda 21 genannte Zeitplan, nach dem bis 1996 die Mehrzahl der Kommunalverwaltungen im Rahmen eines Konsultationsprozesses einen Konsens zur lokalen Agenda erzielen sollten, damit obsolet geworden ist, gab und gibt es verstärkende Impulse zur Aufstellung einer lokalen Agenda. So fand der in Kap. 28.5 formulierte Appell an die verschiedenen Verbände der Kommunen, den Erfahrungs- und Informationsaustausch ebenso zu intensivieren wie gegenseitige technische Hilfestellungen, um letztlich die Popularität und Breitenwirkung lokaler Agenda zu verbessern, sowohl auf internationaler wie auch nationaler Ebene lebhaften Widerhall. In diesem Kontext wurde 1994 von ICLEI in Aalborg die erste Europäische Konferenz über zukunftsbeständige Städte und Gemeinden ausgerichtet, an der 600 Vertreter von internationalen Organisationen, Kommunen, Verbänden und wissenschaftlichen Instituten aus 34 Staaten teilnahmen. Dabei verpflichteten sich die teilnehmenden Kommunen, in lokale Agenda 21-Prozesse einzutreten und langfristige Handlungsprogramme mit dem Ziel der Zukunftsbeständigkeit aufzustellen. Konkretisiert wurden diese Selbstverpflichtungen sowie darauf ausgerichtete kommunale Aktivitäten in der Charta von Aalborg[78]. Abgesehen von der Fortführung dieser Aktivitäten auf einem weiteren Treffen in Lissabon 1996 sowie der Mediterranean Local Agenda 21 Conference in Rom 1995 sind auch zahlreiche internationale Programme auf die Förderung und Umsetzung der lokalen Agenda ausgerichtet. Hierzu zählen neben dem »Sustainable Cities Programme« von UNEP insbesondere auch Projekte und Initiativen von UNDP und ICLEI.

---

[76] Während bei einer Umfrage 1996 durch das DIfU 53% der Mitgliedsstädte des Städtetages die lokale Agenda als ihre Aufgabe ansahen, waren es 1997 bereits 75%. (vgl. DIfU, 1996).

[77] Innerhalb des Bundesgebietes ist die Verbreitung bzw. Etablierung lokaler Agendaprozesse unterschiedlich. Während in Hessen und NRW mehr als 50% aller kommunalen Gebietskörperschaften einen lokalen Agendaprozess eingeleitet haben, sind es in Sachsen, Sachsen-Anhalt, Schleswig-Holstein, Rheinland-Pfalz, Mecklenburg-Vorpommern und Brandenburg jeweils lediglich weniger als 5% aller kommunalen Gebietskörperschaften.

[78] Die Charta von Aalborg fordert hinsichtlich der zukunftsfähigen Kommunen, dass diese grundsätzlich ihre Probleme nicht in die Zukunft oder weitere Umgebung externalisieren dürfen. Alle existenten Probleme und Ungleichgewichte sollen dann letztlich auf lokaler Ebene ausgeglichen und erst wenn es nicht mehr anders möglich ist auf nächst höherer Ebene aufgefangen werden (vgl. Kuhn/Guchy/Zimmermann, 1998).

Im bundesdeutschen Kontext wurde die Umsetzung des Handlungsprogramms von Rio hinsichtlich der lokalen Ebene durch einen einstimmigen Beschluss des Bundestages vom 29.06.1994: »Stärkung der kommunalen Nord-Süd-Arbeit, Forderungen der lokalen Agenda 21, Umsetzung der Charta von Berlin« bekräftigt[79]. Zudem kamen aus Deutschland seitens des Forums Umwelt & Entwicklung, der CAF - Agenda Transferstelle, des Zentrums für kommunale Entwicklungszusammenarbeit, der Enquete Kommission »Schutz des Menschen und der Umwelt« sowie durch das Forschungsprojekt des Umweltbundesamtes »Umweltwirksamkeit Lokaler Agenda 21-Pläne« Informationen und Anstöße zur Aufnahme und Vernetzung lokaler Agenda Prozesse. Der Deutsche Städte- und Gemeindebund brachte 1995 eine Broschüre mit Hinweisen für die kommunale Praxis lokaler Agenden heraus, in der sowohl Positivbeispiele wie auch Fördermöglichkeiten genannt werden (Deutscher Städte und Gemeindebund, 1995). Zudem beschäftigte sich der Deutsche Städtetag 1995 mit der Veröffentlichung »Städte für eine umweltgerechte Entwicklung« explizit mit der Initiierung und inhaltlichen Ausgestaltung lokaler Agenda Prozesse (vgl. Deutscher Städtetag, 1995)[80]. Darauf aufbauend wurde zudem im Herbst 2000 das Projekt »Zukunft der Stadt? Stadt der Zukunft!« gestartet, bei dem insbesondere die Stärkung und zukunftsweisende Erneuerung der kommunalen Selbstverwaltung im Vordergrund stehen soll (vgl. Articus, 2000, S.6f.).

1.6.2 Strukturcharakteristika einer lokalen Agenda

Das Kapitel 28 der Agenda 21 ist weltweit als Auftrag an die Kommunen zur Ausarbeitung einer zukunftsfähigen Entwicklung - ausgerichtet auf die Verträglichkeitstrias - zu verstehen, dessen Ziel die Aufstellung eines langfristig orientierten Handlungspro-

---

[79] In dem Beschluss heißt es: „Der deutsche Bundestag begrüßt die Aufforderung an die Kommunen der Welt, Konzepte für die nachhaltige Entwicklung öffentlich zu diskutieren und bis 1996 einen Konsens über eine lokale AGENDA herzustellen (...). Der deutsche Bundestag fordert die Bundesregierung auf, dieser neuen entwicklungspolitischen Kraft, die sich vor Ort um die Beteiligung der Bevölkerung durch den umfassenden Aufbau dezentraler Strukturen und Netzwerke kümmert, alle notwendige Unterstützung durch die jeweils zuständigen Einrichtungen zukommen zu lassen."
[80] Allerdings wurden bei den dargestellten kommunalen Handlungsfeldern die Bereiche jenseits des Umweltschutzes wie Aspekte im Kontext der Sozialverträglichkeit sowie die Integration partizipativer Maßnahmen eher nachrangig oder gar nicht behandelt.

gramms sein soll. Darunter werden sowohl die Erarbeitung handlungsleitender, zukunftsfähiger Leitbilder wie auch konkrete Projektentwicklungen subsumiert. Diesem Anspruch wird zwar in einigen Kommunen dadurch begegnet, dass sie in Status quo-Berichten bisherige - scheinbar adäquate - Verwaltungsansätze unter dem Label einer lokalen Agenda zusammentragen, allerdings ist dieses Vorgehen weder inhaltlich noch mit Blick auf die prozedural-partizipative Erweiterung der klassischen Entscheidungsstrukturen ausreichend: „Schließlich war und ist die Entwicklung auch der vorbildlichsten deutschen Kommune nach wie vor alles andere als wirklich zukunftsbeständig" (Kuhn, 1998, S.20). Deswegen ist - gemäß der Agendavorlage - der prozedurale Weg eines partizipativ-diskursiven Konsensfindungsprozesses zwischen allen relevanten lokalen Interessengruppen, der unorganisierten Bürgerschaft, der Kommunalverwaltung (und u.U. Vertretern der politischen Parteien) einzuschlagen. Dabei wird das Ziel, eine stärkere kommunalen Beteiligung von Jugendlichen und Frauen zu erreichen, explizit hervorgehoben (vgl. Kap. 28.2c der Agenda 21).

Der lokale Agenda-Ansatz geht damit weit über bisherige Kooperations- und Bürgerbeteiligungsansätze hinaus (vgl. Kap. 2.4f.). Um dem daraus erwachsenden Anspruch an die Erweiterung bzw. Veränderung kommunaler »policies« und »politics« gerecht werden zu können, erscheint eine kreative Prozessausgestaltung in Form neuartiger Arrangements jenseits der bisherigen klassischen Steuerungsregime unabdingbar (vgl. hierzu ausführlich Kap. 2.5).

1.6.2.1 Prozessinitiation

Verfahrensprägend wirkt sich die Prozessinitiation aus. Bei dieser ist ausschlaggebend, von wem der lokale Agendagedanke, und damit der in Kap. 28 für die kommunale Ebene konkretisierte Rio-Beschluss, aufgegriffen wird[81]. Hierbei ist zwischen einem von oben gesteuerten (top down) Agenda Prozess und einem von unten initiierten (bottom up) Prozess zu unterscheiden (vgl. Müller-Christ, 1998, S.182f.). Bei einem top down initiierten lokalen Agenda Prozess werden die prozeduralen (und z.T. auch inhaltlichen) Leitziele, der Planungsablauf und die damit verbundenen institutionellen Arrangements seitens der Kommunalverwaltung (oder hinzugezogener externer Consulting Firmen)

---

[81] Wo keine Impulse seitens örtlicher Gruppen ausgehen, ist die Kommunalverwaltung in der Pflicht, eine Initiative zugunsten der Aufstellung einer lokalen Agenda zu starten.

ausgearbeitet. Der Charakter des Prozesses wird anhand von gesetzten Prämissen und ex ante Planungsprojektion präjudiziert. Damit bleibt der Kommunalverwaltung - gemäß der klassischen unternehmerischen und politischen Verfahrenspraxis - sowohl eine Ausgestaltungssicherheit als auch eine machtbasierte Planungshoheit erhalten. Demgegenüber zeichnet sich der bottom up-Prozess gerade dadurch aus, dass der Anstoß zur lokalen Agenda zuerst seitens der NRO's aufgegriffen wurde. Durch die Bildung informeller Gremien, Arbeitsgruppen und Initiativen wird der Druck zur Ausgestaltung eines Prozesses auf die klassischen politischen Gremien im Idealfall so groß, dass er nicht übergangen werden kann.

Der Vorteil der top down-Prozesse liegt in der relativen Finanzierungssicherheit, der Aufrechterhaltung vorhandener kommunaler, arbeitsfähiger Strukturen und einer größeren Konzeptverpflichtung durch den offiziellen Charakter des Arrangements. Allerdings kann dieser Weg gemäß dem »same procedure as always« den Eindruck erwecken bzw. davon geprägt sein, dass ein technokratisches Experten- bzw. Verwaltungsprojekt jenseits des Bürgerwillens und jenseits beteiligungsfreundlicher Arrangements ausgearbeitet wird, welches letztlich am Ziel der Eruierung eines gemeinschaftlichen Grundkonsenses vorbeigeht. Demgegenüber wird diese Gefahr im Kontext eines bottom up-Prozesses verringert. Weil relevante Informationen ebenso wie Gestaltungsempfehlungen auch von der Bürgerschaft eingebracht werden und ihr zur Verfügung stehen, entsteht von vornherein die Chance einer auf Kooperation ausgerichteten Strategie. Ein derart ausgestalteter Prozess, der auf dem vorhandenen Interesse der Bürgerschaft und - hinsichtlich der konkreten Ausgestaltung - auf einer partizipativen Planung basiert, motiviert zudem mehr zur Beteiligung (vgl. Müller-Christ, 1998, S.182f.).

1.6.2.2 Eckpfeiler einer lokalen Agenda

Als signifikante Eckpfeiler der lokalen Agenda 21 sind folgende Aspekte zu nennen:

1. Basiskonzept ist das Paradigma des „sustainable development", das die Reflexion kommunaler Handlungen, Bedürfnisse, Erwartungen, Ressourcennutzung, Flächenplanung und konsumrelevanter Lebensgewohnheiten etc. vor dem globalen Hintergrund ermöglichen soll.

2. Ziel ist die Erarbeitung eines kommunalen Handlungskonzeptes für eine zukunftsfähige ökologische, ökonomische und soziale Entwicklung. Die Grundlage dazu ist ei-

ne leitbildgeprägte Langzeitstrategie für Maßnahmen auf lokaler Ebene, um die Zukunftsfähigkeit der kommunalen Entwicklung zu erreichen.

3. Der Weg besteht in der Ergebnisfindung zwischen allen beteiligten gesellschaftlichen
   Gruppen bzgl. der Leitbilder, Entwicklungspfade und konkreten normativ rückge-
   koppelten Operationalisierungen (vgl. Zimmermann, 1997, S.28).

Die Ausgestaltung der lokalen Agenda unterliegt im Wesentlichen den vier unterschiedlichen Arbeitsphasen:

1. Vorverhandlungsphase: Top down oder bottom up basierte Prozessinitiation mit dem
   Ziel der Ausrichtung der Kommunal- bzw. Stadtentwicklung auf eine zukunftsfähige
   Entwicklung, u.U. offiziell eingeleitet durch einen Ratsbeschluss zur Einrichtung und
   Etablierung einer lokalen Agenda. Vorüberlegungen zu den lokalen Verhandlungsar-
   rangements und Strukturierung der konkreten methodischen Ausgestaltung ein-
   schließlich des zu berücksichtigenden, integrierenden Teilnehmerfeldes. Offizielle
   Bekanntmachung der Zielsetzung des lokalen Agendaprozesses durch geeignete Öffentlichkeitsarbeit sowie Organisierung erster Treffen.

2. Verhandlungsphase: Diskursive Hauptphase zur Ausarbeitung eines kommunalen
   Leitbildes und konkreter Konzeptoperationalisierungen auf der Zielebene (mit
   schriftlichem Ergebnis) in den eingerichteten Arbeitskreisen[82]. Bündelung der Arbeitsergebnisse zu einem Gesamtentwurf (nach Möglichkeit einschließlich eines
   evaluierbaren Indikatorensettings), u.U. koordiniert durch eine leitende Projektstelle.
   Öffentliche Diskussion über den Gesamtentwurf und Prüfung von etwaigen Einwendungen. Umwandlung des Leitbildes in ein konkretes, querschnittsorientiertes Ent-
   wicklungskonzept, welches die Ziele und Grundsätze des Leitbildes projekt- bzw.
   maßnahmenorientiert präzisieren soll.

3. Implementationsphase: Übergreifende Integration der Leitziele in alle kommunalen
   Policysektoren und Umsetzung der projektbasierten Entwicklungskonzepte[83].

---

[82]Da im Zuge der Leitbilddebatte jedoch eine Erörterung und Festlegung von Grundsätzen, die nicht allen
Wünschen und Interessen der Beteiligten Rechnung tragen können, unabdingbar ist, entstehen normativ
begründete Konflikte, „die offen gelegt und ausgetragen werden müssen" (Reschl/Hermann, 2000,
S.83).

[83]Dabei ist darauf zu achten, ob die eingeleiteten Maßnahmen den entwickelten Leitbildern der Verträglichkeitstrias und den Bedürfnissen der Bürger nach einer lebenswerten Kommune entsprechen. Insofern steht der lokale Agendaprozess mit der Fertigstellung eines kommunalen Agendadokumentes erst
am Anfang.

4. Evaluations- und Nachverhandlungsphasen: Öffentliche Diskussion über die bisherigen Auswirkungen des umgesetzten Maßnahmenprogramms, Prüfung von Einwendungen und etwaige Überarbeitung des Gesamtentwurfes sowie eine Korrektur des aufgestellten Maßnahmenbündels (vgl. Kuhn/Suchy/Zimmermann, 1998; Reschl/Hermann, 2000, S.81f.; Zilleßen/Barbian, 1992, S.19f.).

1.6.3 Umsetzungsdimensionen der zukunftsfähigen Entwicklung auf lokaler Ebene

Die Umsetzungsdimensionen einer zukunftsfähigen Entwicklung auf kommunaler Ebene sind:

1. Ökologiedimension (z.b.: Natur-, Arten- und Landschaftsschutz, Stoff- und Energieflussanalyse und -reduktion)
2. Sozialdimension (z.b.: Ortskultur, Wohnqualität und Erholungswert, Anzahl und Veränderung des Anteils der Sozialhilfeempfänger und Erwerbslosen, etc.)
3. Ökonomiedimension (z.b.: Arbeitsplatz- und Standorterhalt, Arbeitnehmerbeteiligungen an Betrieben, Reduktion des Stoff- bzw. Energiedurchflusses und des Ressourcenverbrauchs).

Hinzu tritt noch die Notwendigkeit zu einer guten »Öffentlichkeitsarbeit«, um die erforderliche Breitenwirkung der lokalen Agenda zu erreichen.

Dass die Ansichten über eine zukunftsfähige Stadtentwicklung dennoch weit auseinander gehen und auch für die Zwecke von Interessenspolitik instrumentalisiert werden können, macht die Ansicht des DIHT deutlich. Danach lägen die zentralen Aufgaben eines zukunftsfähigen Stadtentwicklungskonzeptes insbesondere in der Verbesserung der Standortvoraussetzungen für die (anzusiedelnden) Betriebe, der Vereinfachung des Baurechts, die Verhinderung von Flächennutzung zu Lasten des Gewerbes und der Erarbeitung von gewerbefreundlichen Standards für flächensparendes Bauen[84] (vgl. Chrestensen, 1997, S.14f.). Gegenüber diesem auf Wirtschaftsförderung zurechtgestutzten

---

[84] Im Text zu dieser Forderung heißt es: „der Schlüssel für eine ressourcenschonende Siedlungsentwicklung liegt nicht in der künstlichen Verknappung von Bauland. [...] Die kontinuierliche Produktion von Standorten ist eine entscheidende Voraussetzung für eine effektive Flächennutzung" (Chrestensen, 1997, S.14).

Programm lebenswerter Stadtentwicklung sind erweiterte inhaltliche Potentiale für eine zukunftsfähige Ausgestaltung der Kommune u.a.:

Die Einführung

- einer kommunalen Ökobilanz (sparsamerer Umgang mit Wasser und Energie),

- einer kommunalen und betrieblichen Produktlinienanalyse für angebotene Dienstleistungen und Produkte,

- eines regelmäßigen Öko-Audits,

- eines nicht monetären Dienstleistungstausches.

Die Entwicklung

- neuer (nicht rein automobil ausgerichteter) Verkehrskonzepte, z.B. durch Stärkung des ÖPNV, Förderung von Car-Sharing, Erweiterung des Fuß- und Fahrradwegeausbaus, Vernetzung von Fuß- und Fahrradwegen mit den ÖPNV-Linien,

- ökologisch verträglicherer Flächen- und Landschaftsnutzungsplanung,

- neuer Arbeitsteilungskonzepte (Stichwort: job-sharing),

- einer veränderten Sozialhilferegelung z.b. hin zu einem einheitlichen Bürgergeld.

Die Stärkung

- des Selbst- und Partizipationsverständnisses der Bürger (auch durch geeignete partizipative Arrangements),

- der Wohnsituation durch Erhaltung und Modernisierung preiswerter Wohnungen insbesondere von Altbaubeständen, die keine neuen Flächen verzehren und durch Wohnumfeldmaßnahmen,

- sozialorientierter gemeinschaftlicher Handlungszusammenhänge durch die Bereitstellung von Infrastruktur und Material.

Die Verbesserung

- der Umweltbildung zur langfristigen Veränderung von Konsumgewohnheiten und Verhaltensweisen,

- der sozialen Infrastruktur durch lokale Angebote für soziale Hilfen und Kontakte,

- der Ansiedlungsanreize für umwelt- und sozialverträgliche Produktionsstätten und Dienstleister.

Diese inhaltlichen Aspekte sollen keinen Vorgriff auf zu entwickelnde Maßnahmenprogramme darstellen, sondern einen Überblick über die potentielle Breiten- und Tiefendimension eines lokalen Agendaprozesses insbesondere mit Blick auf den Anspruch einer sozial-ökologischen Transformation vermitteln.

1.6.4   Erfolgskriterien

Die Maßstäbe für das Gelingen einer lokalen Agenda sind zum einen die prozedurale Ausgestaltung des lokalen Arrangements und die damit verbundene Erschließung neuer Potentiale zur Erzielung einer zukunftsfähigeren Kommunalpolitik, und zum anderen die Umsetzung des Ergebnisses in Form eines politisch verpflichtenden Handlungsprogramms für eine zukunftsfähige kommunale Entwicklung.

Während der prozedurale Weg anhand der politischen Verfahrenskultur, der erzielten Lerneffekte (wie z.b. einem Umdenken bei den Beteiligten) und der Verfestigung neuer Steuerungspotentiale für die kommunalpolitische Praxis bewertet werden kann, ist das Ergebnis (das kommunale Handlungsprogramm) an klaren, operationalisierten Zielsetzungen und dem konkreten Umsetzungsplan mit zugeschriebenen Verantwortlichkeiten und dem aufgestellten Finanzrahmen sowie dem vorläufigen Indikatorensetting zur Evaluation zu bewerten (vgl. Hermanns, 2000, S.6f.; Meyer, 1997, S.7; ICLEI/UBA, 1998, S.26f.). Die Bedeutung und Handlungsrelevanz des Ergebnisses lässt sich nicht allein durch einen Ratsbeschluss absichern. Zwar verringert ein solcher die Unverbindlichkeit erarbeiteter Deklarationen, Programme und Projekte, er ist jedoch noch kein Garant für die übergreifende Ausrichtung kommunaler Politik auf die beschlossene Zukunftsfähigkeit. Vielmehr müssen bereits eingeplante Evaluierungsstufen oder öffentlichkeitsbasierte Controllingstellen dafür Sorge tragen, „daß die Lokale Agenda 21 nicht ein gutgemeinter Empfehlungskatalog, sondern das zentrale Steuerungsinstrument für die zukünftige Kommunalentwicklung wird" (Kuhn/Guchy/ Zimmermann, 1998, S.9).

In der Reduktion auf ein rein projektorientiertes Maßnahmenprogramm ohne die partizipative Einbindung der Öffentlichkeit verfehlt die jeweilige Ausgestaltung der lokalen Agenda ebenso ihr Ziel wie durch den Verzicht auf eine konfliktive Leitbilddiskussion, auch wenn diese zeitlich aufwendig und hinsichtlich der Konsensfindung ein erschwerender Stolperstein werden kann. Zwar mag ein öffentlichkeitswirksamer Aktionismus zur Zelebrierung des »Wir sind dabei und übertreten zuerst die Ziellinie einer zukunftsfähigen Kommune« zur schnellen Aufstellung eines Maßnahmenprogramms (auf der Basis eines Status quo-Berichtes) verführen, dessen Wirkung jedoch ohne das Fundament einer grundsätzlichen Umorientierung der kommunalen polity und policy auf ein verpflichtendes Leitbild alsbald verpuffen dürfte.

Auf der Grundlage dieser Kriterien gilt es, mit dieser Arbeit zur Klärung der folgenden Grundfrage, die in der Einleitung operationalisiert wurde und in Kap. 3 noch empiriefähig gemacht wird, beizutragen:

Sind lokale Agenden heterarchische Funktionssysteme (vgl. Willke, 1997, S.7), die - hinsichtlich einer Umsetzung des „kooperativen Staates" (Ritter, 1979) - eine Erweiterung kommunaler Steuerungspotentiale ermöglichen?

Bevor ich mich in diesem Kontext dem empirischen Teil der Arbeit zuwende, werden im folgenden Kapitel 2 zuvor noch die steuerungs- und partizipationsbasierten Theoriebezüge herausgearbeitet.

> Where is the wisdom we
>
> have lost in knowledge?
>
> Where is the knowledge we
>
> have lost in information?
>
> T.S. Eliot

2 Der politik - theoretische Bezugsrahmen zur lokalen Agenda 21

2.1   Ausgangspunkt

Es wird immer deutlicher, dass die Globalisierung der ökonomischen Beziehungen (geprägt von internationalen Firmenfusionen, Freihandel und globalem Aktienhandel) mit einer gesellschaftlichen und politischen Denationalisierung einhergeht (vgl. Beisheim u.a., 1999)[85]. Dadurch, dass sich die politische Pragmatik nahezu aller politischen Parteien auf eine globalisierungsadäquate »Modernisierung« von Politik und Gesellschaft richtet, die in der Umsetzung des Triumvirates aus Deregulierung, Flexibilisierung und Selbstorganisation mündet (vgl. Hix, 1999), wird letztlich eine Modernisierung des Kapitalismus politisch flankiert, die äußerst problematisch und demokratiegefährdend werden kann[86] (vgl. Brunkhorst, 1998; Häußermann, 1991, S.88). Denn abgesehen davon, dass auf diese Weise strukturelle Gewaltanwendung wieder hoffähig gemacht wird, führt diese Strategie in letzter Konsequenz dazu, dass Politik sukzessive durch den Markt ersetzt wird, wie in Abb. 2.1 karikierend deutlich wird (vgl. Eppler, 1998, S.215,

---

[85] Daraus resultierend wächst auch die Gefahr, dass im Zuge der kulturellen und ökonomischen Globalisierung die regionenspezifische, kulturelle Vielfalt zunehmend einer kapitalzentristisch geprägten »Weltkultur« weicht.

[86] Denn ungeachtet unterschiedlichster Modernisierungsschübe bleiben „(...) die neuen Probleme des Kapitalismus die alten: Umweltblindheit, Ausbeutung, Kinderarbeit, Pauperisierung, moralische Verödung, unkontrollierte Risiken der Krise und Katastrophe auf global erweiterter Stufenleiter" (Brunkhorst, 1998, S.9).

Spehr, 2000)[87]. Dabei wird die Leistungsfähigkeit des gegenüber Gerechtigkeits-, Chancengleichheits- und ökologischen Ausmaßaspekten unempfindlichen Marktprinzips ebenso überschätzt, wie die Gefahr einer Zentrierung sozialer Macht[88] auf wenige ressourcenmächtige Partikulargruppen unterschätzt wird.

Die politischen Strategien zur »Staatsentlastung« (durch eine Verringerung der Staatsfunktionen) laufen dann vornehmlich auf Konzeptionen zur Senkung der Sozial- und Umweltstandards hinaus und führen damit de facto zum Abbau sozialstaatlicher Leistungen und zum Abbau umweltpolitischer Regulierungen (vgl. Hanesch, 1996, S.24; Quante, 1996, S.32; Ullrich, 1996).

Im Zuge dieser reduktionistischen Ausgestaltung von Politik schwindet zunehmend der gesellschaftliche Konsens über das sozialstaatliche Fundament der hiesigen Volkswirtschaft dahin. Statt

Abb.2-1: Politik in Zeiten der wirtschaftlichen Globalisierung
Quelle: Publik Forum 2000, Nr.4, S.3, Zeichnung: Mester

dessen verdichtet sich die politisch propagierte Individualisierung der (privaten) Daseinsvorsorge und Lebensgestaltung (»jeder ist seines Glückes Schmied«), welche die gesellschaftlichen Struktur- und Machtverhältnisse ausblendet, mit der Bejahung der derzeitigen Entwicklungsdynamik sukzessive zur Formel eines libertären Sozialdarwinismus, der die moralischen und solidarischen Ressourcen der Gesellschaft vollends zu

---

[87] Anstatt die verbliebenen Gestaltungspotentiale im Spannungsfeld der zunehmend desaströsen ökologischen wie auch sozialen Auswirkungen des Wirtschaftens zu nutzen und beispielsweise das noch immer gültige kontraproduktive StabG von 1967 zu korrigieren, blieb es bei der politischen Selbstbeschränkung, der auch korrektive Anstöße aus den eigenen Parlamentarierreihen - zu nennen ist in diesem Kontext u.a. der Entwurf eines Gesetzes für eine ökologisch-soziale Wirtschaft - nichts anhaben konnte (vgl. Stratmann-Mertens/Hickel/Priewe, 1991, S.237ff.).

[88] „Die Grundlage von Macht ist die Verfügbarkeit über Ressourcen" (Messner, 1995, S.235). Dabei lassen sich vier relevante Ressourcen unterscheiden: die Beherrschung eines spezifischen Sachwissens, die Kontrolle über Informations- und Kommunikationsquellen, die Existenz allgemeiner (kommunikativ vermittelter) organisatorischer Regeln und Wertemuster und nicht zuletzt über finanzielle Ressourcen (vgl. ebd.). Letztlich ist auch noch die strategische Relevanz dieser Ressourcen ausschlaggebend. „Strategisch wichtig sind Ressourcen, die nicht oder nicht ohne weiteres substituierbar sind. Strategisch unbedeutender wären Ressourcen, die substituierbar sind" (ebd., S.235).

destruieren droht (vgl. Brunkhorst, 1999, S.380; Hunold, 1996, S565f.)[89]. Die Warnung, dass diese Entwicklung letztlich einen (Selbst-) Verzicht auf politische Gestaltungsoptionen impliziert, verhallt jedoch nahezu ungehört[90]. Statt dessen kristallisiert sich immer deutlicher heraus, dass der euphemistischen Auffassung vom Abbau gemeinwohlbasierter sozialer Netze scheinbar auf keiner der tonangebenden Ebenen in dieser Gesellschaft »rational«[91] zu widersprechen ist[92]. In dem Maße jedoch, wie postulierte exogene Sachzwänge die Wahloptionen und politischen Handlungsspielräume beschränken, ändert sich auch der Charakter von Politik essentiell. Eine expertisegebundene Auseinandersetzung über notwendige Anpassungen und Flexibilisierungen, gepaart mit der Akzeptanzbeschaffung für die scheinbar unvermeidliche Redimensionierung des Sozialstaates, tritt an die Stelle des öffentlichen Disputs um wünschbare Zukünfte und Gestaltungsoptionen (vgl. Scharpf, 1993, S.29).

Die bereits diagnostizierte gesellschaftliche Krise wächst sich so zu einer Krise der Politik aus, weil diese sich den Boden zum aktiven Handeln mehr und mehr entzieht, in-

---

[89] In diesem Zusammenhang tritt deutlich hervor, dass der politisch-administrative Organisationsrahmen keineswegs neutral ist, sondern eine Denkweise präferiert, dergemäß eine florierende, d.h. eine wachstumsbasierte Ökonomie als existenzielle Grundbedingung unseres Gesellschaftsmodells zugrunde gelegt wird (vgl. Bosselmann, 1992, S.115).Die obligatorische Frage lautet in diesem Kontext: „Welche ökonomischen Opfer müssen welchen Personenkreisen und nationalen Gesellschaften zugemutet werden, um die globale Produktivität wirkungsvoll zu steigern? Die globale Produktivität, das wird vorausgesetzt, bedarf des umfassenden Wettbewerbs und der komplett internationalisierten Arbeitsteilung. Man kann darüber verhandeln, ob die Opfer gemildert, zeitlich gestreckt, rechtzeitig angekündigt oder partiell kompensiert werden können. Dass Opfer gebracht werden müssen, ist innerhalb des Diskurses jedoch ausgemacht, ob man nun die Position der radikalen Deregulierung einnimmt oder die der sozial abgefederten Globalisierung" (Spehr, 1999, S.253).

[90] Dass es dabei um nichts weniger geht, als um die Hinführung zwischenmenschlicher Solidarität, Gemeinwohlorientierung sowie letztlich der gesamtgesellschaftlichen Einheit und Stabilität auf die Schlachtbank der scheinbar entwicklungsbedingten Sachzwänge, während eine ökonomisch fragmentierte Gesellschaft enthusiastisch dem Tanz um das goldene Kalb - in Form von Aktienfonds - frönt, wird nur von wenigen wahrgenommen (vgl. Füssel, 1996, S.136ff., Rosewitz/Schimank, 1988, S.299f.; Spiegel, 20.12.99, S.51f.). Dass nur wenige auf diese Dynamik aufmerksam werden und sie dann nicht verdrängen, hat einen guten Grund. Denn derjenige, der sich dem Tanz ums goldene Kalb entzieht, produziert, ähnlich Brechts »hl. Johanna der Schlachthöfe« (vgl. Brecht, 1962), „(...) sozusagen eine gesellschaftliche Kreislaufstörung. Der Störende gilt als gestört, wird entweder diszipliniert oder stillgestellt oder verwahrt oder ausgegrenzt oder getötet" (Füssel, 1996, S.134). Und das obwohl der alleinige Blick auf den shareholder value die Umrisse der negativen Folgen insbesondere die kapitalistische Wechselwirkung zwischen Arbeit und Kapital ausblendet, dergemäß die Aktien zugunsten der Aktieneigner um so höher steigen, je mehr die Erwartung an Produktivitätsverbesserung durch Rationalisierungsmaßnahmen - und damit auf Kosten der Arbeitsplätze - greift.

[91] Der Begriff »rational« wird hier wieder i. S. Feyerabends, d.h. gesellschaftsimmanent mit Blick auf die Legitimation der vorherrschenden Denkmuster und Bewertungstraditionen verwendet (vgl. Feyerabend, 1980, S.28f.).

[92] Denn es wird immer deutlicher, dass neben der Politik auch Bildungsinstitutionen und Massenmedien die Verstetigung der gesellschaftlichen Entwicklungstrends und die Dynamik der globalisierten Ökonomie protegieren (vgl. Postman, 1985; Stiftung Entwicklung und Frieden, 1995, S.23).

dem sie den wirtschaftlichen Freihandel forciert, ohne zugleich die Gestaltungs- und Regulierungspotentiale auf den verschiedenen politisch-institutionellen Ebenen zu stärken (vgl. Ullrich, 1996). Im Rahmen einer derart „globalisierten Wirtschaft können Nationalstaaten die internationale Wettbewerbsfähigkeit ihrer »Standorte« nur auf dem Weg einer Selbstbeschränkung staatlicher Gestaltungsmacht verbessern" (Habermas, 1998, S.82). In dem Maße jedoch, in dem globalisierte ökonomische und kulturelle Entwicklungsprozesse zunehmend von den spezifischen geographischen Kontexten abgekoppelt sind, verringert sich auch eine demokratische Beeinflussung oder gar Kontrolle der gesellschaftlichen Entwicklung durch territorial begrenzte Gesellschaften auf kommunaler, regionaler und nationaler Ebene[93]. So transformiert der scheinbar souveräne Nationalstaat infolge seiner Einbindung in die territoriale nullsummenspielartige Konkurrenzsituation der globalisierten Wettkampfökonomie zur Titanic auf dem Weltmeer der Politik und steuert unter der falschen Flagge nachhaltiger Entwicklung ahnungslos auf die Eisberge sozialer Implosion und ökologischer Selbstgefährdung zu (vgl. Habermas, 1998, S.80f.; Ullrich, 1996; Zürn, 1997, S.43). Wenn jedoch die gesellschaftliche Entwicklung immer weniger durch die gewählten Politiker beeinflusst werden kann, sondern statt dessen durch den - via Sachzwang unkontrollierbar gewordenen - Kapitalismus determiniert wird, dann werden Fragen nach der Möglichkeit zukunftsfähiger politischer Gestaltungsoptionen, zumindest im Kontext unserer bisherigen polity obsolet[94]. Deswegen rüttelt die derzeitige gesellschaftliche Krise auch an den Grundfesten unseres Demokratieverständnisses im Richtungsstreit zwischen Sachzwang und Gestaltungsoption. Zwar kann Demokratie „fremdbestimmt werden, sofern man sie den blinden Gesetzen des freien Marktes unterwirft, wie dies heute weitgehend der Fall ist. Demokratie kann aber auch zum Ort der Freiheit werden, an dem die solidarischen Subjekte jene Gesetze auflösen, die sich hinter dem Rücken der Handelnden durchsetzen. Durch eine so verstandene Demokratie wird Freiheit gegenüber der Notwendigkeit möglich" (Hinkelammert, 1996, S.99). Vor diesem Hintergrund geht es um eine politi-

---

[93] Vor diesem Hintergrund konzediert die Stiftung Entwicklung und Frieden zu Recht: „Eine verselbständigte Weltökonomie hebelt die wirtschaftliche, soziale und ökologische Regelungskompetenz der einzelnen Staaten aus. Sie droht national und international soziale Asymmetrien zu verschärfen und könnte in wenigen Jahrzehnten weltweit die Lebensgrundlagen verspielen" (Stiftung Entwicklung und Frieden, 1995, S.17).

[94] Vor diesem Hintergrund zieht auch Lafontaine aus seiner politischen Arbeit eine ernüchternde Bilanz für die Gestaltungsoption demokratischer Politik: „Zusammen mit den Vermögensverwaltern der Handels- und Investmentbanken bestimmen die Fondsmanager die Entwicklung der Weltwirtschaft in größerem Ausmaß als Regierungen und Parlamente (Lafontaine, 1999, S.220).

sche Antwort auf die Herausforderung der „postnationalen Konstellation" (Habermas, 1998), um originäre politische Gestaltungsoptionen zurückzugewinnen, damit sich das Schreckensszenario einer endgültig postdemokratischen Epoche zu Beginn des neuen Jahrtausends nicht doch noch bewahrheitet (vgl. Barber, 1997, S.24). Denn ungeachtet der Zielkonflikte und der scheinbar kaum lösbaren Komplexität des Konzeptes der zukunftsfähigen Entwicklung bleibt die Bewahrung einer lebenserhaltenden Natur und lebenswerten Gesellschaft die vordringlichste politische Aufgabe, an der sich entscheiden wird, ob Politik heute noch gelingen kann (vgl. Eppler, 1998, S.225). In diesem Sinne charakterisiert nichts anderes „die Problematik moderner Politik präziser als die Frage der Definition und Gewährleistung derjenigen Kollektivgüter, die für die Zukunftsfähigkeit moderner Gesellschaften unabdingbar sind" (Willke, 1996, S.8).

2.2   Steuerungstheoretische Implikationen: Der »kooperative Staat«

Infolge der skizzierten Ausgangssituation rückte die Schimäre vom Ende der politischen Steuerungsfähigkeit ins Blickfeld der sozialwissenschaftlichen Betrachtung[95]. Niederschlag fand diese Sichtweise insbesondere bei Niklas Luhmann, der aus systemtheoretischer Perspektive vehement die Steuerungskompetenz politischer Institutionen bestritt[96].

---

[95] Allerdings wird in der Realität des politischen Alltags die Not aktiv steuernder Politikgestaltung übertüncht, indem die Erleichterung von Anpassungs- und Modernisierungsprozessen via fortwährender Deregulierung und »Verschlankung« der Behörden und Kürzung der Sozialleistungen im Kontext eines globalisierten Kapitalismus zum »gesetzten« Politikziel deklariert wird, dessen inhaltliche Ausgestaltung sich jedoch zunehmend einer politischen Einflussnahme entzieht, zumal dem wirtschaftlichen Freihandel keine politischen adäquaten Instanzen folgen (vgl. Offe, 1991, S.230).

[96] Die systemtheoretische Wissenschaftsausrichtung stellt den Aspekt funktionaler Differenzierung der Gesellschaft seit Luhmann z.T. verabsolutierend in den Mittelpunkt, wobei besonders die Steuerbarkeit der gesellschaftlichen Teilbereiche problematisiert wird. Da die gesellschaftlichen Teilbereiche als »autopoietisch« geschlossene Systeme aufgefasst werden, denen jeweils spezifische Operationsweisen (binäre Codes, Programme etc.) eigen sind, erscheint ein steuernder Zugriff des Staates auf die systeminternen Prozesse anderer Teilbereiche kaum möglich und in seinen Folgen nicht absehbar (vgl. Luhmann, 1984, 1989; Willke, 1987). Doch auch wenn das theoretische Paradigma der funktionalen Differenzierung der Gesellschaft auf breite Zustimmung in den Sozialwissenschaften stößt, so ist mit Blick auf die vorhandenen politischen Steuerungsprobleme darauf zu verweisen, dass diese weniger auf der »Selbstreferentialität autopoietischer gesellschaftlicher Teilsysteme« beruhen, sondern mehr auf die beschränkte Handlungsfähigkeit der Akteure im politischen System und den z.T. ressourcenträchtigen Handlungsinteressen der Akteurkonstellationen insbesondere in sich verselbständigenden ökonomischen Teilsystem zurückzuführen sind (vgl. Mayntz, 1988; Mayntz/Scharpf, 1995; Wiemeyer, 1999). In der jüngeren Ausgestaltung der systemtheoretischen Perspektive wird diesen Aspekten allerdings auch zunehmend Rechnung getragen (vgl. Willke, 1997, 1998).

Unterdessen ist die Annahme politischer Steuerungsdefizite zu einem »underlying agreement« der aktuellen heterogenen politikwissenschaftlichen Ausrichtungen geworden (vgl. Braun, 1997; Brunkhorst, 1998, 1999; Mayntz, 1996; Willke, 1997). Dabei hat sich - über die differenten theoretischen Ansätze zur politischen Steuerung hinweg - die Überzeugung durchgesetzt, dass eine primär etatistische nationalpolitische Steuerungsform der Situation in der modernen, funktional differenzierten Gesellschaft nicht mehr gerecht wird und zudem auch kaum mehr möglich erscheint (vgl. Braun, 1997, 1999; Eder, 1995; Mayntz/Scharpf, 1995a, S.10f.; Willke 1997). Vor diesem Hintergrund geht es um die Suche nach alternativen Wegen sowohl jenseits politisch-administrativer Hierarchie wie auch jenseits einer rein marktlichen Selbstregelung, wenn eine demokratisch-gemeinwohlorientierte Beeinflussung gesellschaftlicher Entwicklungsverläufe nicht vollends außer Kraft gesetzt werden soll (vgl. Mayntz, 1996, S.153f.)[97]. Weil sich jedoch das gesellschaftliche Erwartungsniveau im Pragmatismus des tagespolitischen Reparaturdienstverhaltens zunehmend auf die Handlungssicherheit vermittelnde Perspektive des »weiter so wie bisher« reduziert[98], erscheint nicht nur die Mobilisierung aller politischen Steuerungspotentiale sondern auch ein Wandel unserer politischen Kultur zugunsten „größtmöglicher Lebensnähe der Willensbildungs- und Entscheidungsprozesse" notwendig (Busch-Lüty, 2000, S.13), wenn das Umsteuern in Richtung einer zukunftsfähigen Entwicklung eine Chance haben soll[99]. Dabei ist hinsichtlich der durch das Konzept der zukunftsfähigen Entwicklung gesetzten Ansprüche an eine vernetzte Sichtweise von Wirtschaftlichkeit, Umwelt- und Sozialverträglichkeit ein Verän-

---

[97] Wenn auch die Gemeinwohlvorstellung rein empirisch ausgerichteten Sozialwissenschaftlern deswegen gravierende Probleme bereitet, weil sie normativ geprägt ist und eine Werteabwägung im Konfliktfall vonnöten macht (vgl. Arnim, 1977, S.4f.), stimme ich Essers rhetorischen Frage zu, wonach eine kritische Wissenschaft den Staat daran erinnern muss, dass er eine Gemeinwohlaufgabe wahrzunehmen hat (vgl. Esser, 1998, S.303).

[98] Erschwert wird diese Diagnose noch durch das »Katastrophenparadoxon«, demgemäß Krisenphänomene gesellschaftlich nur wahrgenommen werden, wenn sie lösbar erscheinen (vgl. Prittwitz, 1993, S.339).

[99] Dass Machterhaltungsinteressen, monopolisierte bzw. beschränkte Informationspolitiken, der neoliberale »Zeitgeist« sowie der angesichts struktureller Arbeitslosigkeit unter verschärften Selektionsbedingungen ablaufende identitätsstabilisierende Reputationszyklus in den differenten Berufsprofessionen einen solchen Suchprozess zugunsten einer veränderten politischen Kultur erschweren, steht außer Frage. Insbesondere die inhaltlich der Zukunftsfähigkeit verpflichtete Steuerungsversuche, aus denen das Potential herrschaftsdestabilisierender gesellschaftlicher Veränderungsprozesse abgeleitet werden könnte, sind von derartigen akteurgebundenen sozialen Schließungsmodi besonders betroffen (vgl. Braun, 1993, S.205f.).

derungsbedarf der Politik in der dreifachen Ausrichtung auf polity, policy und auch politics bedeutsam (vgl. Wiemeyer, 2000, S.117f)[100].

In diesem Kontext erzeugt das Dunstbild vom Ende der aktiven Politik offensichtlich genug Unbehagen, so dass wissenschaftliche Suchprozesse und Revitalisierungsansätze zugunsten politischer Gestaltungsoptionen zunehmend Raum greifen. Neben rechtlichen Regelungen, einer umfassenden Informations- und Überzeugungsarbeit sowie einem adäquat umstrukturierten Personal- und Finanzeinsatz stehen insbesondere anders- bzw. neuartige Steuerungsformen, welche die bisherige politische Arena strukturell bereichern und modifizieren, im Mittelpunkt (vgl. Wewer, 1996, S.80). Adäquate Ansätze zur Verbesserung der politischen Steuerungspotentiale sind auf die Etablierung und innovative Ausgestaltung deliberativer Arrangements in der politischen Willensbildung und Entscheidungsfindung ausgerichtet (vgl. Gessenharter, 1996; Renn, 1996). Dabei ruhen die Hoffnungen primär auf partizipativ-diskursiven, (weichen) Steuerungsformen wie der Kontext-, informationellen und prozeduralen Steuerung.

Dieser Auffassung wird - unter Abkehr vom monolithischen Staatsbild - durch ein gewandeltes Staatsverständnis Rechnung getragen. So fungiert der „kooperative Staat" (Ritter, 1979), der zentralstaatlich-hierarchische Steuerungsambitionen durch dezentrale Selbstregelungsansätze ergänzt oder ersetzt und die klassische ordnungspolitische Perspektive zunehmend durch verschiedene Formen der Koordination und Kooperation mit gesellschaftlichen Akteuren erweitert, unterdessen als paradigmatischer Terminus technicus in politikwissenschaftlichen Steuerungsansätzen (vgl. Braun, 1997, S.29f.; Mayntz/Scharpf, 1995; Messner, 1998, S.149f.; Willke, 1996, 1997). Politische Handlungssysteme, die mit der Gesellschaft vernetzt sind, wie z.B. Delegation an Selbstverwaltungskörperschaften, neokorporatistische Arrangements, Politiknetzwerke und Verhandlungsarrangements unterschiedlichster Art, rücken deswegen zunehmend in den Vordergrund (vgl. Esser, 1998, S.301f.; Willke, 1992, S.51f.; ebd. 1997). Sie sind die Indikatoren dafür, dass die Monothematisierung hierarchischer Steuerung einen zwar populistisch erfolgreichen, aber wissenschaftlich überholten Anachronismus der siebziger und frühen achtziger Jahre darstellt, der zunehmend durch dezentrale Kontextsteuerungs- und gesellschaftliche Selbstregelungsansätze auf der einen, und supranationale

---

[100] So sprengt die Ausrichtung auf eine zukunftsfähige Entwicklung die bislang eher ressortgebundenen, fehlsteuernden Ansätze in den entsprechenden Policybereichen zugunsten der Herausforderung an eine interdisziplinären, querschnittsorientierte Politik.

Verhandlungsarrangements auf der anderen Seite abgelöst wird. Steuerung wird in diesem Kontext nicht mehr als primär intentionale Aktivität der politischen Entscheidungsgremien aufgefasst, sondern als Kombination aus »bottom-up« und »top-down«-Aktivitäten von Staat und Gesellschaft (vgl. Görlitz, 1994, S.65). Politisch administrativen Steuerungsinstanzen kommt eher die Rolle des »primus inter pares« zu, der den gesellschaftlichen Akteurkonstellationen korporativer[101], kollektiver[102] und auch individueller Akteure die Möglichkeit gemeinsamer Zielfindung einräumt (vgl. Mayntz, 1996; Willke, 1992; 1997). Die Wahrnehmung der politischen Führungsaufgaben wird so zunehmend von Orientierungs-, Organisations- und Vermittlerfunktionen geprägt[103]. Die Crux einer erfolgreichen intentionalen Beeinflussung von gesellschaftlichen Strukturen und Prozessen i.s. einer „gemeinwohlorientierten Gestaltung der gesellschaftlichen Verhältnisse" (Scharpf, 1988, S.63) liegt dabei in der optimalen Ausgestaltung der Konflikt- und Diskursprozesse ermöglichenden »kooperativen Arrangements« (Braun, 1997, S.41)[104].

Die in den Politikwissenschaften in diesem Kontext auftretende forschungsleitende Frage nach einer fruchtbaren Kombination von gesellschaftlichen Selbstregelungs- und politischen Steuerungspotentialen[105] zur Verbesserung der intentionalen Beeinflussung von gesellschaftlichen Strukturen und damit auch der Rückgewinnung politischer Steuerungskompetenzen mit Blick auf den globalisierten Markt (vgl. u.a. Habermas, 1998,

---

[101] „Korporative Akteure sind [...] handlungsfähige, formal organisierte Personen-Mehrheiten, die über zentralisierte, also nicht mehr den Mitgliedern individuell zustehende Handlungsressourcen verfügen, über deren Einsatz hierarchisch (zum Beispiel in Unternehmen oder Behörden) oder majoritär (zum Beispiel in Parteien oder Verbänden) entschieden werden kann. [...] Als wichtigste organisationsinterne Voraussetzung können die Fähigkeit zur kollektiven Willensbildung und zur effektiven Steuerung des Handelns der eigenen Mitglieder gelten" (Mayntz/Scharpf, 1995, S.49f.).

[102] Von einem kollektiven Akteur kann man sprechen, „wenn die Handlungsorientierungen der Mitglieder etwa einer sozialen Bewegung bewusst gleichgerichtet sind, das heißt, wenn ohne formale Organisation kollektives Handeln angestrebt wird" (Mayntz/Scharpf, 1995, S.51).

[103] Damit ist sowohl die Einführung und Präzisierung der gesellschaftlichen Krisenphänomene auf der politischen Agenda, die Mobilisierung und Zusammenführung der relevanten Akteurkonstellationen, die Ausgestaltung eines adäquaten Verhandlungsrahmens, der die Möglichkeiten für eine effektive Problembearbeitung schafft, eine etwaige Moderation des Verhandlungsprozesses, sowie die Sicherstellung der politischen Handlungsrelevanz etwaiger Prozessergebnisse, um die Stabilität und Erfolgswahrscheinlichkeit kollektiven Handelns zu erhöhen, gemeint (vgl. Hesse, 1987, S.64f.).

[104] Dabei treten besonders die Probleme der differenten Verhandlungsmacht der beteiligten (korporativen) Akteure, die zumeist Machtasymmetrien zugunsten von Wirtschaftsinteressen aufweisen (vgl. Esser, 1998, S.303f,; Rey, 1988; Wiemeyer, 2000, S.117f.), in den Mittelpunkt (vgl. Kap. 2.5f.).

[105] Ich verwende hier die von Mayntz vorgeschlagene Differenzierung nicht-hierarchischer - auf Selbststeuerung ausgerichteter - Regelungsformen. Danach sind rein gesellschaftliche Selbstregelungsansätze ohne direkte Mitwirkung von politisch-administrativen Akteuren und gemischte Selbstregelungspotentiale, in denen gesellschaftliche und staatliche Akteure zusammenwirken, zu unterscheiden (vgl. Mayntz, 1996, S.158ff.).

S.79ff.; Mayntz, 1997; Willke, 1997), beruht auf der „Erkenntnis, daß weder das Verhandeln mit gesellschaftlichen Akteuren noch die Delegation von Regelungsfunktionen an Institutionen der Selbstverwaltung einen Steuerungsverzicht bedeuten müssen, sondern in erster Linie einen Formwandel der Politik darstellen" (Mayntz, 1996, S.159)[106].

So gilt Politik ungeachtet dieses Formwandels in den Steuerungsoptionen auch in heterarchisch strukturierten Gesellschaften weiterhin als zentrale Instanz, die das legitimierte Artikulations- und Gestaltungspotential i.s. des Gemeinwohls besitzt und die Chance zur „zielstrebigen Selbstveränderung des Gemeinwesens" bietet (Scharpf, 1988, S.12)[107]. Ihr kommt jedoch nunmehr die Aufgabe zu, als »Kohäsionsfaktor« (Schimank/Glagow, 1984, S.4) dafür Sorge zu tragen, dass die Stabilität des gesellschaftlichen Ganzen ungeachtet differenter Fragmentierungstendenzen gewährleistet bleibt (vgl. Braun, 1997, S.34; Rosewitz/Schimank, 1988, S.320f.; Ulrich, 1994, S.151). Eine weiterführende Reform der politisch-institutionellen Ebene kann i.d.s. durch Dezentralisierung, mehr Partizipation und verbesserte Informationsrechte, plebiszitäre Mechanismen sowie durch eine Stärkung der Kommunen erreicht werden. Die Ansatzpunkte für einen derartig ausgerichteten politischen Wandel von der etatistischen Steuerungspraxis hin zur verstärkten Steuerung von Rahmenbedingungen und Handlungskontexten beziehen sich auf den bereits zu beobachtenden politischen Wandel:

- von der Etatisierung der Problembearbeitung zu ihrer Vergesellschaftung unter Einschluss des Staates,
- von der zentralistischen zur eher dezentralen Problemlösung,
- von der exklusiven zur stärker inklusiven und partizipativen Entscheidungsstruktur,
- vom imperativen Politikstil zur Verhandlungslösung,
- vom reaktiven zum stärker antizipativen Politikmuster (vgl. Jänicke, 1993, S.18ff.; Müller-Brandeck-Boquet, 1995, S.15f.).

Um in diesem Kontext den potentiellen Legitimationsgewinn deliberativer Formen von Politik für die Demokratie und für politische Steuerungspotentiale aufzugreifen, anstatt

---

[106] Hinsichtlich der Entscheidungskompetenz beteiligter Akteure bleibt dann noch die an dieser Stelle nicht so wichtige Unterscheidung zwischen einer formell verankerten Aufgabenübertragung an derartige Selbststeuerungsarrangements oder Formen einer delegationsunabhängigen, auf Eigeninitiative der beteiligten Akteure beruhenden Aggregierung (vgl. Mayntz, 1996, S.159).

[107] Zudem resultiert aus den verfassungsmäßigen Vorgaben, nach denen das politisch-administrative System neben individuellen Grundrechten auch die Ordnung der Demokratie, der Rechts- und Sozialstaatlichkeit (Art. 20 GG) sichern und die natürlichen Lebensgrundlagen qua Umweltschutz (Art. 20a GG) schützen muss, ein rechtlicher Anspruch an politische Steuerung.

das darin schlummernde Potential verkümmern zu lassen, ist es notwendig, verschiedenste Konkretisierungsprojekte - insbesondere auf der kommunalen Ebene - experimentell zu entwickeln (vgl. Eder, 1995, S.343; Roth, 1997, S.417). Da zentrale nationale oder gar supranationale Umsteuerungen in Richtung einer zukunftsfähigen Entwicklung infolge der bereits skizzierten neoliberalen Politikstrategien machtpolitisch blockiert sind, bleiben alternative Praxisansätze derartiger Selbstregelungsansätze im Zuge der Agenda 21 auf die Experimentierfelder der unteren politischen Ebene verwiesen (vgl. Bullmann, 1991, S.71). Dabei geht es darum, neue Formen partizipativer gesellschaftlich-demokratischer Selbstregelung zu entwickeln und effiziente Regelungsstrukturen zu schaffen, welche zugleich die Transaktionskosten in Grenzen halten und die demokratische Effektivität erhöhen können (vgl. Braun, 1999, S.261; Busch-Lüty, 2000, S.13f.). Um den bisher festgestellten Defiziten der zentral-hierarchischen politischen Steuerungsversuche entgegen wirken zu können, sind also mit Bezug auf einen gesellschaftlich-strukturellen Problemlösungsansatz kommunale "Arenen für Konflikt- und Konsensbildung zu konstituieren und im Hinblick auf Beteiligungsregeln und Verhandlungspositionen zu strukturieren" (Heinelt, 1993, S.314). Denn wenn die bereits vollzogene Transformation der Demokratie demokratisch bleiben soll, gibt es zum vorsichtigen Experimentieren mit neuartigen Konzeptionen demokratischer Selbstregelung und politischer Partizipation keine Alternative. Letztlich geht es in diesem Kontext nicht nur um die Frage der intentionalen Beeinflussung gesellschaftlicher Strukturen und Handlungsabläufe, sondern - wie schon angedeutet - um die Zukunft der Demokratie selbst (vgl. Brunkhorst, 1998, S.9; ebd., 1999, S.383)[108].

Willke stellt in diesem Kontext den zentralen Anspruch dieser Entwicklung, i.S. eines heterarchischen Umbaus der Demokratie heraus, wenn er schreibt:

> „Jetzt geht es darum, Möglichkeiten und Restriktionen gemischt öf-
> fentlich-privater Steuerungsregimes vorzudenken, die überhaupt noch
> fähig sind, gegenüber der in der Triade vorherrschenden Dynamik von
> Entstaatlichung und Deregulierung und gegenüber der wachsenden
> Fähigkeit lateraler Weltsysteme zur Selbststeuerung Momente eines

---

[108] Denn um Demokratie geht es ja gerade in „Situationen, in denen effektive Schicksalsbeeinflussung die Inanspruchnahme oder Beschränkung individueller Handlungsmöglichkeiten oder -ressourcen erfordert - und zwar unter Bedingungen, in denen nicht alle Betroffenen für sich selbst nur Vorteile erwarten können" (Scharpf, 1993, S.26).

territorial definierten Gemeinwohls ins Spiel zu bringen. Schwierig ist dies, weil »Gemeinwohl« nicht mehr in der alleinigen Definitions- macht der Politik liegt, sondern in aufwendigen Verfahren der Ab- stimmung heterarchisch gekoppelter Funktionssysteme der Gesell- schaft erzeugt werden muß" (Willke, 1997, S.7).

Um mit Blick auf dezentrale, heterarchische Steuerungsoptionen zu einem Erkenntnis- gewinn zu gelangen, ist es unabdingbar, die analytische Dichotomie zwischen Akteur- konstellationen und Institutionen durch eine Doppelperspektive auf Akteure und den strukturellen Kontext zu überwinden. Diesem Ansatz wird das von Scharpf und Mayntz vorgeschlagene Konzept eines »akteurzentrierten Institutionalismus«, das sowohl die »constraints« des Entscheidungsprozesses in Form des institutionellen Konsultations- rahmens, wie auch die »choices« der (unter beschränkter Rationalität operierenden) Akteure (vgl. Kap. 1.4.1) in den Blick nimmt, am ehesten gerecht (vgl. Braun, 1999, S.270; Mayntz/Scharpf, 1995). Um dieses forschungsheuristische Konzept im Rahmen dieser Arbeit sinnvoll verwenden zu können, ist es um die aktuellen wissenschaftlichen Ausrichtungen auf dezentrale und kontextbezogene Verhandlungs- und Steuerungsop- tionen zu ergänzen (vgl. Renn, 1996; Wewer, 1996; Willke, 1992, 1997). Dabei gilt es, den analytischen Fokus auf den in dieser Arbeit behandelten Gegenstand der lokalen Agenda auszurichten und dabei die Ebene der demokratischen Effektivität im Hinblick auf die vorhandenen Mitbestimmungspotentiale durch partizipative Öffnungen stärker in den Blick zu nehmen (vgl. Alemann, 1997; Boeßenecker, 1997).

In diesem Sinne werden zunächst die Bedingungen für eine demokratische, zukunfts- bewusste Politik - jenseits der nationalstaatlichen und supranationalen Ebene - auf der in dieser Arbeit im Mittelpunkt stehenden kommunalen Ebene reflektiert, bevor die sich daraus ergebende Notwendigkeit einer starken Demokratie (vgl. Kap 2.4) aufgegriffen wird.

2.3   Kommunale Kontextsteuerungspotentiale

Aufgrund der mangelnden politischen Steuerungsfähigkeit auf nationaler Ebene und den expansiven Verselbständigungstendenzen des Wirtschaftssystems (vgl. Wiemeyer,

1999) mutet die »Abwärtsdelegation« der zukunftsfähigen Entwicklung auf die lokale Ebene durchaus vielversprechend an. Zwar hängt die Effektivität dieser Dezentralisierung auch von den rahmensetzenden politischen Vorgaben der übergeordneten politischen Ebenen ab, die Möglichkeit im konkreten, lebensweltlichen Kontext eine Bewusstseins- und Politikveränderung zugunsten einer zukunftsfähigen Entwicklung erreichen zu können, sind jedoch auf der kommunalen Ebene eher gegeben. Denn auf der lokalen Ebene werden die Wirkungen und Folgen der gegenwärtigen Entwicklungskrise, z.B. in Form von Arbeitslosigkeit, der Öffnung der Schere zwischen reich und arm, der Migrations- und Integrationsprobleme[109] sowie der Lärm- und anderweitigen Umweltbelastungen, direkt erfahrbar. Zudem stellt die kommunale Handlungsebene „immer noch das lebensnahe, bürgernahe Fundament unseres politischen Systems" dar (Gisevius, 1999, S.10). Nachdem bereits Mitte der 80-iger Jahre auf landes- und kommunaler Ebene aufgekommene Bestrebungen, Möglichkeiten für eine ökonomische, ökologische und soziale Erneuerung der Industriegesellschaft zu eruieren, keinen Durchbruch brachten (vgl. Hesse, 1987, S.59), werden diese Ansätze durch die lokale Agenda wieder aufgegriffen. Die Kommunen werden als zentrale politische Ebenen, auf denen zukunftsfähige, politische Handlungsprogramme erarbeitet, umgesetzt und optimiert werden können, in den Mittelpunkt gerückt (vgl. Gessenharter, 1996; Engelhard, 1998, S.31). Sie werden sogar im Zuge des Kap. 28.3 der Agenda 21 aufgefordert, ihren vorgegebenen räumlich beschränkten Zuständigkeitsbereich zugunsten eines erweiterten Blickwinkels auszudehnen, wenn es heißt, die kommunalen „Strategien könnten auch dazu herangezogen werden, Vorschläge für die Finanzierung auf lokaler, nationaler, regionaler und internationaler Ebene zu begründen" (BMU, 1997, S.231).

Vor diesem Hintergrund ist es eine zentrale politische Aufgabe, neuartige heterarchische Arrangements an den Naht- und Querschnittsstellen der Umwelt-, Sozial-, und Wirtschaftspolitik zu etablieren, welche die beteiligten Akteure zu mitbestimmendem, verantwortlichem und solidarischem Handeln ermutigen (vgl. Dubiel, 1996, S.86).

In diesem Zusammenhang gewinnt der Ansatz einer dezentralen, kontextbezogenen Steuerung im politologischen Diskurs neu an Aktualität (vgl. Gabriel u.a., 2000; Huebner, 1997; Willke, 1997, 1998). Diese wissenschaftliche Ausrichtung, die auf lokaler

---

[109] Zu nennen sind hier insbesondere die parteiübergreifenden Diskussionen um Einwanderungsgesetze und die CDU Landtagswahlkampfaktion „Kinder statt Inder" im Mai 2000 in NRW, die letztlich die kommunale Situation von Migranten (negativ) mitprägen.

Ebene hinsichtlich der Revitalisierung demokratischer Gestaltungspotentiale einen Erkenntnisgewinn erwarten lässt, fußt bereits auf älteren wissenschaftlichen Konzepten.
Beginnend in der griechischen Antike mit den aristotelischen Vorstellungen von der
Polis bzw. den Stadtstaaten als lokaler Steuerungsebene über Deweys subpolitische As-
soziationen reichen diese Leitgedanken bis hin zu den aktuellen Konzeptionen einer
starken, lokal orientierten Demokratie von Barber und den heterarchischen Steuerungsebenen Willkes (vgl. Dewey, 1927; Barber, 1997; Willke, 1992, 1997). Extrahiert
vom systemtheoretischen Fundament Willkes (vgl. Willke 1987, S.302f.) verwende ich
das Konzept dezentraler Kontextsteuerung akteurbasiert im Rahmen der kommunalpolitischen Ebene, um die Aufmerksamkeit auf den Weg erhöhter gesellschaftlicher
Selbstregelung im Rahmen der lokalen Agenda - jenseits der klassischen politisch-
prozeduralen Prozesse zwischen Verwaltung und Politik - zu richten. In diesem Sinne
ist das Konzept dezentraler, kontextbezogener Steuerung auf neuartige Verfahren und
Arrangements ausgerichtet, in denen die am Verfahren beteiligten Akteure gemeinsam
an einer Veränderung ihrer Umweltkonstruktion arbeiten. Hinsichtlich der lokalen
Agenda besteht die Hoffnung, dass sie einen entsprechend neuartigen kommunalen
Steuerungsansatz bildet, der sowohl zur Etablierung einer zukunftsfähigeren Kommunalpolitik führt wie auch die beteiligten Akteurkonstellationen dazu bringt, die durch sie
produzierten negativen Effekte zu verringern. Die politischen Akteure haben in diesem
Kontext zwar weiterhin die Möglichkeit, Steuerungs- und Gestaltungsimpulse zu setzen,
im Mittelpunkt der auszugestaltenden Verhandlungsarrangements steht jedoch die partizipative Mitsprache und die Zusammenarbeit mit verschiedenen gesellschaftlichen Akteuren und Akteurkonstellationen.

Interessant ist in diesem Zusammenhang der Aspekt, inwieweit Strukturen neuartiger
demokratischer Politik und Entscheidungsprozeduren entwickelt werden, die das dezentrale, kontextgebundene gesellschaftliche Selbststeuerungspotential auf kommunaler
Ebene fördern bzw. stabilisieren und eine sinnvolle Kombination der mitbestimmungs-
relevanten Selbstregelungsansätze mit den klassisch-repäsentativen und verwaltungsge-
bundenen Politikabläufen ermöglichen. Dabei sind „Forderungen nach einer Verbesserung der Legitimität, Qualität und Effizienz demokratischer Politik auch unter Bedingungen hoher gesellschaftlicher Komplexität (...)" (Schmalz-Bruns, 1995, S.19) einzulösen, um sowohl eine marketingrelevante Verblendung des »same procedure as al-

ways«, wie auch kollektiv suboptimale Entscheidungen aufgrund einer Fixierung auf ressourcen- und wirkmächtige Partikularinteressen zu vermeiden.

Auf welche kommunalpolitischen Rahmenbedingungen eine lokale Agenda trifft, wird nun in Kap. 2.3.1f. thematisiert, bevor dann in Kap. 2.4 partizipationsbasierte Aspekte bearbeitet, und nicht zuletzt adäquate methodische Gestaltungsoptionen in Kap. 2.5 als Grundlage für den sich daran anschließenden empirischen Teil der Dissertation herausgearbeitet werden. Die verwendeten rechtlichen Bezüge orientieren sich an der Gemeindeordnung des einwohnerreichsten Bundeslandes Nordrhein Westfalen; zum einen weil in NRW nach dem Ende der Erhebung im Jahr 2000 (vgl. Kap. 1.6.1) bereits knapp 50 Prozent aller Kommunen einen Beschluss zur Aufstellung einer lokalen Agenda herbeigeführt haben und NRW damit neben Hessen die höchste kommunale Beteiligungsquote der Bundesländer in der BRD aufweist, und zum anderen weil der Untersuchungshorizont im fallstudienbasierten empirischen Teil der Arbeit auf Münster ausgerichtet ist und sich der Vergleichbarkeit halber exemplarische Vergleichsbezüge zu anderen Städten ebenfalls auf das NRW-Territorium gründen.

2.3.1 Rahmenbedingungen kommunaler Politik

Die Aufgaben und Funktionen der Kommunen für ihre Bürger sind mannigfaltig. Sie reichen von der Grundversorgung durch Infrastruktur, Dienstleistungen im Verkehrssektor und im kulturellen Bereich, sozialen Schutz- und Ausgleichsfunktionen, städtebaulichen zukunftsorientierten Gestaltungsaufgaben bis hin zur demokratischen Systemstabilisierung und der polizeilichen Ordnungsfunktion (vgl. Gisevius, 1999, S.26f.). Dabei sind die Städte in die Strukturdynamik der Globalisierung eingebunden[110] (vgl. Daly, 1999, S.200; Held, 1999, S.14f.). Dies macht sich nicht nur an der kommunalen Standortkonkurrenz im europäischen Binnenmarkt, sondern auch an den sozialen Folgelasten der Exklusion von Arbeitskräften aus den betrieblichen Produktionsprozessen aufgrund ökonomischer Effizienzsteigerung fest, die letztlich in Form der steigenden Ausgaben für Sozialhilfe auf die Kommunen zurückwirken (vgl. Kuhn, 1998, S.21).

---

[110] Ungeachtet dieser Einbindung in die globale Strukturdynamik „ (...) werden die gegenwärtigen Unterschiede in der ökonomischen Situation der Städte, die aus überlokalen und internationalen Entwicklungen resultieren, gerade den Städten selbst angelastet" (Häußermann, 1991, S.84).

Um das kommunale Handlungspotential, das infolge der informationstechnischen und ökonomischen Globalisierung immer fragiler zu werden droht, zu stabilisieren (vgl. Hunold, 1996, S.564f.), wurde - verstärkt seit Beginn der 90-er Jahre - das Diktum der ökonomischen Effizienz auch auf die kommunale Politik transferiert. So betrachten die bundesdeutschen Kommunen die Modernisierung ihrer Verwaltung, die Konsolidierung ihrer Haushalte sowie die kommunale Wirtschaftsförderung vor dem Hintergrund des wirtschaftlichen Strukturwandels als zentrale Problemfelder und Hauptaufgaben (vgl. Gisevius, 1999, S.28). Je nach kommunalem Kontext steht damit die wirtschaftliche Substanzerhaltung, Konsolidierung oder auch Sanierung, gepaart mit der Forderung nach lean management und »verschlankten Behördenstrukturen« im Vordergrund der Kommunalpolitik. Um die kommunale Finanzlage aufzubessern, stehen attraktive Industrie- und Gewerbeansiedlungen häufig im Mittelpunkt der Stadtplanung (vgl. Gabriel, u.a., 2000). Der ökonomische Erfolg der Stadtentwicklungskonzepte korrespondiert vor diesem Hintergrund zumeist mit einer optimalen Externalisierungsstrategie der negativen Folgen des städtischen Lebens ins Umland. Infolge der kommunalen Wettbewerbssituation um den attraktivsten Standort wird die schwindende städtische Eigenart[111] mit einer Kommerzkultur und charakteristischen Höhepunkten aus diversen Großveranstaltungen zu kompensieren versucht (vgl. Häußermann, 1993; Misereor/BUND, 1996, S.255). Ökologische und soziale Politikziele werden dem zu erweiternden ökonomischen Handlungsspielraum zunehmend untergeordnet. Die Schließung von Frei- und Hallenbädern, städtischen Jugendtreffs oder auch die Einschränkungen von anderweitigen Serviceleistungen insbesondere für das politisch unmündige Klientel der Kinder und Jugendlichen sind die logische Folge. Darüber hinaus machen kommunale Umweltprobleme durch Zersiedelung das Nahraums, Verkehrslärm, Luftverschmutzung und fehlende Freiflächen ebenso wie die sozialen Probleme, bei denen wachsende Arbeitslosigkeit, Armut und Obdachlosigkeit und damit die sozialräumliche Polarisierung im Mittelpunkt stehen, überdeutlich, dass „nur eine zugleich ökonomische, soziale und ökologische Stadtplanung zukunftsbewußt ist" (Meyer, 1997, S.9).

---

[111] In der Wettbewerbssituation, in der jede Kommune dem aktuellen Trend folgen will, entsteht letztlich ein sowohl architektonischer wie auch produktspezifischer Einheitsbrei, der die regionalen Besonderheiten zunehmend in den Hintergrund treten lässt. Exemplarisch für diese Entwicklung sind die typischen Einkaufsstraßen der Städte, die sich zunehmend zum Verwechseln ähneln (vgl. Misereor/BUND, 1996, S.255f.).

Vor diesem Hintergrund besteht die große Herausforderung an die kommunale Politik und Verwaltung, u.U. notwendige Ausgabensenkungen mit einer sozial- und umweltverträglichen Ausgestaltung der verschiedensten Policyfelder zu verbinden und diese in eine darauf ausgerichtete Stadtentwicklungsplanung zu inkorporieren. Denn das finanziell enge kommunale Handlungskorsett, das durch weitere Ausgabensteigerungen im sozialen Sektor insbesondere durch die Ausweitung der Hilfen zum Lebensunterhalt[112] zu implodieren droht, ist der Abwärtsdelegation politischer Verantwortlichkeit durch eine vermehrte Kommunalisierung öffentlicher Zuständigkeiten[113] zunehmend weniger gewachsen. Dies erscheint deswegen äußerst prekär, weil der Zuwachs an politischen Problemen und Verantwortlichkeiten mit einer Leistungsverringerung auf der Einnahmeseite gekoppelt ist, die zum einen auf bundesgesetzliche Kürzungen der direkten Steuereinnahmen und zum anderen auf die durch standortgebundene Konkurrenz bedingten Grenzen in der Ausgestaltung der kommunalen Gebührensatzungen[114] zurückzuführen ist. Infolge dieser zunehmenden Inanspruchnahme der Kommunen, die primär durch Strukturdefizite und Fehlorientierungen der nationalen Wirtschafts- und Sozialpolitik bedingt ist, mehren sich die Stimmen, die darauf verweisen, dass die (monetären) Rahmenbedingungen für kommunales Handeln entscheidend verbessert werden müssen, damit die Kommunen gerade auch angesichts der im Kontext dieser Dissertation zu untersuchenden Kapazitäten zur effektiven Etablierung und Ausgestaltung der lokalen Agenda, nicht strukturell überfordert werden (vgl. hierzu die karikierende Abbildung 2-2). In diesem Sinne warnen 23 SPD-Oberbürgermeister in ihrem »*Appell von Hannover*« vor dem Ausbluten der Kommunen. Sie insistieren darauf, dass eine Aufgabenverlagerung auf die Kommunen nur mit einem adäquaten finanziellen Ausgleich einhergehen dürfe, um zu verhindern, dass die Kommunen zu rein administrativen Vollzugsorganen des Bundes und der Länder degenerieren (vgl. Frankfurter Rundschau,

---

[112] Auf die Sozialhilfe sind, im Zuge der Verkürzung der Bezugszeiten für Arbeitslosengeld und -hilfe, Erwerbslose immer schneller verwiesen.

[113] Hierzu zählen nicht nur aufgebürdete Leistungsverschiebungen durch die Hintertür, wie das Abwälzen der Folgen des sozialstaatlichen Abbaus auf die Kommunen, sondern auch direkte gesetzliche Novellierungen wie die Einführung des neuen Kinder- und Jugendhilfegesetzes 1990 (vgl. Backhaus-Maul, 1998, S.694f.).

[114] Da die ertragsstarken Steuern bundesrechtlich geregelt sind, treffen Steuerentlastungen zudem "(...) bei den Realsteuern direkt - über den Steuerverbund und den kommunalen Finanzausgleich - die kommunalen Kassen. Durch diesen Mechanismus führen Steuererleichterungen für die Bürgerinnen und Bürger bei den Kommunen häufig zu Einnahmeeinbußen und Leistungsverschlechterungen sowie Erhöhungen der kommunalen Ausgaben" (Schröder, 1998, S.3).

30.07.1996; Laux, 1998, S.4)[115]. Ein positiver Ansatzpunkt, mit dem diese Kritik konstruktiv aufgegriffen wird, liegt z.B. in NRW vor. Im Rahmen der Förderung kommu-

naler Entwicklungszu-
sammenarbeit wird seit
1998 seitens des Landes
NRW ein Pauschalbetrag
von 50 Pfennig je Ein-
wohner gem. §20 Abs.1
Nr.4 Gemeindefinanzie-
rungsgesetz (GFG) an die
Kommunen ausgezahlt.
Diese Finanzierungsquelle
kann, durch die Einbin-
dung dieses Themenbe-
reichs in den lokalen
Agendaprozess, auch ge-

Abb.2-2: Kommunale Haushaltlage in der Krise

Quelle: Das Parlament, 1998, Nr.11, S.4; Zeichner: Mohr

nutzt werden, um den finanziellen Handlungsspielraum für die Umsetzung des Prozesses zu erweitern.

Letztlich können die Städte zwar „nicht das nachholen und ersetzen, was die rahmensetzenden Ebenen versäumen. Aber sie können in einem Kommunikationsprozess ihren
eigenen Gestaltungsspielraum ausschöpfen" (Schmitz, 1998, S.28). So werden, um die
kommunale Handlungsfähigkeit zu verbessern, für nahezu alle Policyfelder (von der
Arbeitsmarkt-, über die Sozial- bis hin zur Verkehrs-, Umwelt- und Kulturpolitik) adäquate partizipativ-diskursive Verhandlungsarrangements thematisiert. Sie reichen von
lokalen Bündnissen für Arbeit über »Energie-Tische« bis hin zum kommunalen Schnitt-
stellenmanagement. Dabei muss die Kommune - in moderierender Funktion - der Aufgabe gerecht werden, unterschiedliche Akteurinteressen offenzulegen, Überschneidun-
gen herauszuarbeiten und Entwicklungschancen für gemeinsame Handlungsmöglichkeiten aufzubereiten (vgl. Apel, 1998, S.611f.; Heinelt, 1998, S.644; Müschen, 1998,
S.672f.; Werner, 1998, S.711f.).

---

[115] Auch die kommunalen Spitzenverbände fordern in diesem Kontext zu Recht die Ausweitung des für
das Bund -Länder Verhältnis geltende Konnexitätsprinzip auf die Kommunen. Danach soll der Bund die
Finanzverantwortung für die übertragenen kommunalen Zweckausgaben tragen, insbesondere wenn für
die Kommunen kein Ausführungsspielraum mehr gegeben ist (vgl. Roth, 1998, Schröder, 1998).

Inwiefern diese Gestaltungsspielräume kommunaler Politik trotz der limitierten Ressourcen[116], genutzt bzw. sogar erweitert werden können, ist noch eine offene Frage, die gerade mit Blick auf die Ausgestaltung einer lokalen Agenda eine herausragende Bedeutung erhält. Die Hoffnung auf erfolgreiche „Politik von unten" (Hesse, 1986) bleibt jedenfalls, ungeachtet des Niedergangs partizipativer, demokratischer Kultur durch das Verschwinden der informellen kommunikativen Orte[117], welche als Sozialisationsagenturen gemeinschaftlicher Verhaltensweisen fungierten (vgl. Lasch, 1995, S.134ff.), lebendig. Genährt wird diese Hoffnung sowohl von kommunalpolitisch ausgerichteten Reformintentionen, die den „Chancen lokaler Gegenmacht" (Bullmann, 1991, S.93ff.) bis hin zum „local state" (Mayer, 1991) nachgehen, wie auch von der Idee, dass sich auf der kommunalen Ebene aus den unmittelbaren Betroffenheiten Ideen, Projekte und Koalitionen gegen die Ökonomisierung der Politik ergeben könnten (vgl. Häußermann, 1991, S.86). Ermutigend stimmt zudem, dass der Weg zur Einleitung einer zukunftsfähigen Entwicklung derzeit auf kommunaler Ebene am weitesten fortgeschritten zu sein scheint (vgl. SRU, 1996, S.56). Anlass zur Hoffnung auf eine produktive Ausgestaltung kommunaler Selbstregelungsmöglichkeiten bietet auch das in Deutschland verfassungsrechtlich abgesicherte Recht zur kommunalen Selbstverwaltung, welches deswegen im Folgenden näher betrachtet wird.

2.3.2 Tragweite kommunaler Selbstverwaltung

Die kommunale Ebene ist Teil des komplexen politisch-administrativen Gefüges, das auf der föderativen Struktur der Bundesrepublik basiert und sich vertikal auf mehreren politischen Ebenen[118] mit je eigenständigen politischen Kompetenzen erstreckt (vgl. Hèritier, 1994, S.51). Zwischen den verschiedenen Politikebenen existieren hinsichtlich der auszugestaltenden Politikinhalte horizontale wie auch vertikale Formen der *Politik-*

---

[116] Allerdings sind die Handlungsspielräume bei den jeweiligen Kommunen unterschiedlich stark durch die je finanzielle städtische Situation restringiert. Die Unterschiede sind so gravierend, dass sie sich nicht durch Ressourcen an Kreativität o.ä. aufwiegen ließen.

[117] Unter diesen informellen Orte subsumiert Lasch u.a. Nachbarschaftsheime, Cafés, öffentliche Plätze, sowie auch Kneipen und Gemischtwarenläden (vgl. Lasch, 1995, S.135).

[118] Die vertikalen politischen Ebenen in der BRD sind Bund, Länder und Gemeinden.

verflechtung[119], deren charakteristische Gefahr - insbesondere auf vertikaler Ebene -
eine Verantwortungsdelegation und ein "Immobilismus in Krisensituationen" (Scharpf,
1985, S.346) sein kann. Zudem wird der kommunale Handlungsrahmen durch die internationale Einbindung der BRD in die EG beschränkt, da diese mit der supranationalen
Rechtsetzungskompetenz Richtlinien erlassen kann, welche in nationales Recht umgesetzt werden müssen und damit die untergeordneten politischen Ebenen rechtlich binden. Vor diesem Hintergrund wird deutlich, dass zukunftsfähige Politikinhalte und
-strukturen insbesondere auch auf europäischer und bundesstaatlicher Ebene wirkungsvoll etabliert werden müssen, wenn die Ausrichtung auf die kommunale Ebene im
Rahmen der lokalen Agenda 21 nicht zu einer unverantwortlichen Aufgabendelegation
entarten soll.

Beeinflusst von der Ausgestaltung dieser Rahmenbedingungen, verbleiben den Kommunen jedoch die Aufgaben einer sozialökologischen Stadterneuerung und Wohnum-
feldverbesserung, der Erhalt ökologischer Schutzbereiche sowie der kommunalen Kultur und die Mitbeeinflussung der kommunalen Arbeitsmarkt- und Sozialpolitik (vgl.
Gisevius, 1999, S.48). Das Potential zur Ausgestaltung einer lokalen Agenda gründet im
bundesdeutschen Kontext auf der verfassungsrechtlich abgesicherten kommunalen
Selbstverwaltung gem. Art. 28 GG, welche die unterste Stufe des öffentlichen Verwal-
tungsaufbaus darstellt[120]. Sie gesteht den Kommunen das Recht zu, im Rahmen der Gesetze die Angelegenheiten der örtlichen Gemeinschaft in eigenem Namen, in eigener
Verantwortung durch gewählte Organe zu regeln (vgl. §28 GG). Infolge dieser Rechts-
grundlage sind die Kommunen, neben der Erfüllung weisungsgebundener Pflichtaufgaben und rechtlicher Restriktionen durch Landes- und Bundesgesetze autorisiert, Angelegenheiten von lokaler Bedeutung eigenverantwortlich zu bearbeiten. Zentrale Bedeutung kommt dabei den Gemeindeparlamenten zu, die neben der Kontrollaufgabe gegenüber der Verwaltung[121] „über alle wichtigen Angelegenheiten der Kommune zu ent-

---

[119] Politikverflechtung "kennzeichnet die im Föderalismus der Bundesrepublik Deutschland vorherrschende Entscheidungsstruktur, in der die meisten öffentlichen Aufgaben nicht durch Entscheidungen
und Handlungen einzelner Gebietskörperschaften, sondern durch das Zusammenwirken von Bund und
Ländern (und Kommunen) wahrgenommen werden" (Nohlen, 1985, S.716).
[120] Da es in den meisten Mitgliedsstaaten der Europäischen Union, geschweige denn im außereuropäi-
schen Ausland, keine dem Art. 28 GG vergleichbare Regelung gibt, sind die formalen Voraussetzungen
für eine kontextgebundene Umsetzung einer lokalen Agenda in Deutschland als sehr positiv zu bewerten (vgl. Unruh, 1998, S.1).
[121] „Bei der Kontrollaufgabe gegenüber der Verwaltung ist zu unterscheiden zwischen der Zielkontrolle
(z.B. vorgegebener Anteil an Kindergartenplätzen) und der Wirkungskontrolle (tatsächliche Nutzung
durch bestimmte Bevölkerungsgruppen, Öffnungszeiten, usw.)" (Gisevius, 1999, S.61).

scheiden" haben (Gisevius, 1999, S.60). Diese Kompetenz nehmen sie beispielweise bei der Ausgestaltung umweltschutzbezogener Ortsatzungen im Zuge der Erhebung von Abfall- und Abwassergebühren ebenso wahr wie bei der Einrichtung kommunaler Behörden, z.b. von Umweltdezernaten (vgl. Hèritier, 1994, S.52). Als wichtigster Punkt verbleibt ihnen jedoch die Planungshoheit[122], die eine Stadtentwicklungsplanung vermittels konkreter koordinierender Stadtplanung und der darunter zu subsumierenden Bauleitplanung[123] überhaupt erst möglich macht. Der soziale, ökologische und ökonomische Strukturwandel führt in den Kommunen jedoch „zu komplexen Aufgaben, die nicht allein durch Investitionen, sondern oft notwendigerweise durch Bewusstseinswandel und Verhaltensänderungen gemeistert werden müssen" (Gisevius, 1999, S.61). Insofern ist eine Einbindung der Bevölkerung und die Mobilisierung der relevanten gesellschaftlichen Akteure notwendig, um die Erarbeitung bzw. Zustimmung zu kommunalen Reformaufgaben im Rahmen einer lokalen Agenda zu erreichen. Von besonderer Bedeutung hinsichtlich der Konzipierung einer lokalen Agenda in NRW ist in diesem Kontext die Experimentierklausel (gem. §126 GO), welche die Erprobung zeitlich begrenzter neuer Steuerungsmodelle zum Ziel hat. Die Auslegung dieser Experimentierklausel beschränkt sich bisher jedoch primär auf die Erprobung bzw. Implementierung neuer, betriebswirtschaftlich basierter Steuerungsmodelle für die Verwaltung, deren Bedeutung und Auswirkung für die Kommune nun Beachtung finden.

2.3.3   Verwaltungsmodernisierung und neue Steuerungsansätze

Während das Handlungsfeld der Kommunalverwaltung zu Beginn des 19. Jahrhunderts noch primär durch polizeiliche Sicherungs- und Ordnungsaufgaben geprägt war, rückte

---

[122] Allerdings muss sich auch die kommunale Planungshoheit mit Blick auf die vorhandenen vertikalen Planungsvernetzungen „(...) an die übergeordnete Kreisentwicklungsplanung, den auf Bezirksebene bestehenden Regionalplan (in NRW: Gebietsentwicklungsplan), auf Landesebene die entsprechenden Landesentwicklungspläne sowie auf Bundesebene das Bundesbauordnungsprogramm" anpassen (Gisevius, 1999, S.139).

[123] „Die Bauleitplanung vollzieht sich grundsätzlich in zwei Stufen: Zunächst wird in einem streng formalisierten Verfahren ein *Flächennutzungsplan* als vorbereitender Bauleitplan aufgestellt, aus dem dann die *verbindlichen Bebauungspläne* (verbindlicher Bauleitplan) entwickelt werden müssen" (Gisevius, 1999, S.142).

Ende der 20-er Jahre zunehmend die Daseinsvorsorge[124] in den Mittelpunkt. Dieser Aufgabenbereich wurde in den 60-er Jahren unter dem Begriff der Leistungsverwaltung subsumiert. Er stellt, gekoppelt mit den weiterhin existenten Ordnungs- und Sicherungsaufgaben, bis heute die wichtigste Säule des Aufgabenspektrums der Kommunalverwaltung dar. Mit der Hinwendung zur stärker politisch-planenden Verwaltung in den 70-er Jahren rückten weit in die Zukunft reichende städtische Entwicklungsvorhaben zunehmend in den Mittelpunkt (vgl. Stark, 1999, S.76ff.).

Infolge

- der anschwellenden Haushaltsdefizite in den meisten bundesdeutschen Kommunen (bei wachsenden Aufgabenbelastungen),

- der Vertrauenskrise der Bürger in die Leistungsfähigkeit der Kommunalverwaltung und

- der inneren Krise hinsichtlich der Aufgaben- und Befugnisverteilung zwischen den Stadträten und den jeweiligen Verwaltungen

nahm die bis heute andauernde grundlegende Veränderung der Verwaltungsstruktur und -organisation, als herausragender Aspekt einer Modernisierung der kommunalen Selbstverwaltung, immer größeren Raum ein (vgl. Gisevius, 1999, S.56f.).

Die neuen Organisationsmodelle fußen - vor dem Hintergrund der politisch derzeit vorherrschenden neoliberalen Lösungskonzepte - nicht auf partizipatorischen oder genossenschaftlichen Ansätzen, sondern vielmehr auf betriebswirtschaftlich geprägten, markterprobten Konzepten des Verwaltungsumbaus zugunsten einer unternehmerisch-kundenorientierten Verwaltung (vgl. Gisevius, 1999, S.56; Boeßenecker, 1997, S.32f.). Dabei steht die Gewährleistung der kommunalen Pflichtaufgaben und die Aufrechterhaltung bzw. Ausweitung des Dienstleistungsangebotes bei zumeist knappen finanziellen Mitteln im Vordergrund. Effizienz, Personalmanagement und Ressourcenoptimierung sind die wichtigsten Zauberworte bzw. Konzepte, die in diesem Kontext Verwendung finden.

Endgültiger Auslöser der Diskussion um derart orientierte neue Steuerungsmodelle in der Kommunalverwaltung hierzulande waren die seitens der »Kommunalen Gemeinschaftsstelle für Verwaltungsvereinfachung« (KGSt) publizierten Vorschläge für ein »Neues Steuerungsmodell« (NSM) Anfang der 90-er Jahre. Diese waren von betriebs-

---

[124] „Der Begriff der Daseinsvorsorge [...] beschreibt bis heute den Bereich der Leistungsverwaltung, der mit der Erfüllung der Versorgungsbedürfnisse des modernen Menschen gefaßt werden kann. [...] Im allgemeinen werden zum Spektrum der Daseinsvorsorge Aufgaben wie die Energieversorgung, der öffentliche Personennahverkehr und die allgemeinen Infrastrukturleistungen gerechnet" (Stark, 1999, S.77).

wirtschaftlichen Konzepten einer strategischen Unternehmensführung durch Budgetierung und Controlling ebenso beeinflusst wie von dem »Konzernmodell[125]« der Stadt Tilburg in den Niederlanden[126] (Vgl. KGSt, 1992, 1993). Das NSM weist, ebenso wie anderweitige international erprobte Modelle zur betriebswirtschaftlich ausgerichteten, organisatorischen Modernisierung staatlicher Behörden, folgende Kernelemente auf:

- Abbau von Hierarchien und stärkere Mitarbeiterpartizipation,

- Effizienzsteigerung durch dezentrale Aufgaben- und Ressourcenverantwortung,

- Einführung von betriebswirtschaftlichen Instrumenten, insbesondere von Budgetierungs- und Controllingsystemen,

- Etablierung privatwirtschaftlicher Managementformen und marktähnlicher Bedingungen im öffentlichen Sektor,

- Privatisierung staatlicher Aufgaben (outsourcing) und

- eine stärkere Kundenorientierung (vgl. Backhaus-Maul, 1998, S.697f.; Kleinfeld, 1996, S.178f.).

Die kommunalen deliberativen Arrangements beschränken sich in diesem Zusammenhang weitgehend auf die Einbindung relevanter Akteurkonstellationen in geschlossene oder informelle Verhandlungsarrangements, auf die ich im Folgenden eingehen werde.

2.3.4 Kommunale Verhandlungsarrangements

Die bisher kommunalpolitisch praktizierten deliberativen Arrangements sind zumeist neokorporatistischer Provenienz oder den sog. Politiknetzwerken zuzurechnen. Sie stellen entscheidungsstrukturierende Verhandlungsprozesse dar, die dazu dienen sollen, die Steuerungskapazität des Staates zu stabilisieren und Legitimationsprobleme nach

---

[125]Im Rahmen des Konzernmodells soll zwischen der Politik als Auftraggeber (mit den Funktionen Zielvorgabe und -kontrolle) und der Verwaltung als Auftragnehmer (mit der Funktion der Zielumsetzung) ein dialogbasiertes Verfahren zur Festlegung konkreter Produkte, Budgets und Controllingformen etabliert werden, das den Fachbereichen bzw. Fachdiensten möglichst volle Managementverantwortung zubilligt.

[126] Das Modell »Konzern Stadt« wird seit ca. zehn 10 Jahren von einer wachsenden Zahl niederländischer Kommunalverwaltungen angewandt. Ungeachtet der Tatsache, dass in den Niederlanden zuvor derselbe Typus von Kommunalverwaltung existierte wie in der Bundesrepublik, ist der (oft verwandte) Vergleich oder gar die Übertragbarkeit des Modells auf die bundesdeutschen Kommunen mit Blick auf die spezifischen institutionellen niederländischen Rahmenbedingungen der Kommunalpolitik doch sehr problematisch (vgl. Kleinfeld, 1996, S.186ff.).

Möglichkeit zu verringern (vgl. Messner, 1995, S.101). Auch wenn der Forschungs-schwerpunkt für derartige Arrangements primär auf der nationalen und zunehmend auch supranationalen Ebene liegt, so lassen sich doch Bezüge zur lokalen Ebene herstellen (vgl. Heinze/Voelzkow, 1998; Marin/Mayntz, 1991, S.18; Messner, 1995).

So spielen neokorporatistische Arrangements, sofern die restriktiv-enge auf den klas-sisch-wirtschaftspolitischen Kontext ausgerichtete Definition eines tripartistischen Kor-poratismus[127] zugunsten einer weiteren Definition des Neokorporatismus überwunden wird, auf kommunaler Ebene in den verschiedensten Policyfeldern eine bedeutende Rolle[128] (vgl. Heinze/Voelzkow, 1998, S.228). Sie beziehen sich auf die Beteiligung weniger, stabil miteinander verbundener, wirkmächtiger korporativer Akteure an der Formulierung und Umsetzung von Kommunalpolitik - vor allem in wirtschafts-, agrar- und sozialpolitischen Fragen (vgl. Czada, 1995, S.367; Messner, 1995, S.104). Der Ein-fluss derart eingebundener Interessengruppen geht bisweilen sogar so weit, dass sie „in der Praxis dann dem Rat die Entscheidungsvorlagen vorformulieren bzw. die faktische Entscheidungszuständigkeit »am Rat vorbei« übernehmen" (Heinze/Voelzkow, 1998, S.227). Die (politisch-praktische und wissenschaftliche) Attraktivität politikfeldbasier-ter Netzwerke[129] liegt darin begründet, dass sie der Komplexität politischer Praxis zu entsprechen scheinen (vgl. Kenis/Schneider, 1996; Messner, 1995). Ihre Funktion liegt ebenso wie bei den korporatistischen Arrangements in "the formulation and implemen-tation of policy" (Marin/Mayntz, 1991, S.16). Sie entstehen jedoch eher im Zuge neu auftauchender Probleme und krisengebundener Reformnotwendigkeiten (vgl. Ma-rin/Mayntz, 1991, S.15; Mayntz, 1996, S.160f.).

Zu den beiden genannten Arrangements kommt noch das auf der kommunalen Ebene zunehmend an Bedeutung gewinnende Kooperationsmodell öffentlich-privater Partner-schaften (public-private-Partnerships). Diese mit der aktuellen Privatisierung von Ver-waltungsaufgaben verbundenen Kooperationsansätze zwischen Vertretern der kommu-

---

[127]Darunter werden neben den staatlichen Akteuren zumeist nur die Vertreter von Arbeit und Kapital subsumiert. Inhaltlich geht es dabei um die Verbesserung arbeitsmarkt- und wirtschaftspolitischer Strukturen (vgl. Czada, 1995, S.369; Messner, 1995, S.102).

[128]Ob dieser lokale Korporatismus endogen gewachsen ist oder eine Folge übergeordneter politischer Konzepte auf anderen politische Ebenen darstellt, ist an dieser Stelle nicht von zentraler Bedeutung (vgl. Heinze/Voelzkow, 1998, S.237f.).

[129]Politikfeldnetzwerke entwickeln sich langsam, sind leicht modifizierbar und nicht durch formelle Ver-fahrensregeln eingeschränkt. Es sind „interorganizational arrangements" (Marin/Mayntz, 1991, S.16) mit einer eher geringen Zahl an involvierten (zumeist korporativen) Akteuren "(..) without stable central or hegemonic actors [...] and characterized by strategic interaction and a predominance of antagonistic cooperation" (Marin/Mayntz, 1991, S.18).

nalen Ebene[130] und kapitalkräftigen privatwirtschaftlichen Akteuren[131], deren Zahl und Zusammensetzung von Fall zu Fall unterschiedlich ist, werden mit Blick auf die zunehmenden Privatisierungsforderungen vermutlich noch weiter an Relevanz gewinnen. Während sich die öffentliche Hand von diesen Kooperationsansätzen die Einbeziehung privatwirtschaftlichen Wissens und Kapitals in Projektplanungen erhofft, und so eine Entlastung der begrenzten Verwaltungskapazitäten intendiert, geht es den privatwirtschaftlichen Akteuren primär um die Beeinflussung planungsrechtlicher Verfahren und Entscheidungen, und um den Zugang zu lokalen Befugnissen und Informationskanälen zugunsten der Verbesserung der Einflusspotentiale und der Durchführungssicherheit eigener Projekte (vgl. Heinz, 1998, S.555f.).

Um einem pragmatischen Rückgriff auf die dargestellten Arrangements im Rahmen der Untersuchung der partizipativ-diskursiven Ausgestaltungspotentiale einer lokalen Agenda zuvorzukommen, gilt es zunächst, deren demokratische Effektivität kritisch zu reflektieren und die sich daraus ergebenden partizipatorischen Implikationen herauszustellen, bevor dann konzeptionelle Konsequenzen hinsichtlich der kommunalen Steuerungspotentiale im Rampenlicht stehen werden (vgl. Kap. 2.5).

2.3.5   Das Problem mangelnder demokratischer Effektivität

Die z.T. mühseligen Gründungen und Ausgestaltungen korporatistischer Verhandlungssysteme und die zunehmende Relevanz unterschiedlichster Politikfeld-Netzwerke verdeutlichen zunächst einmal, dass „entwickelte Demokratien auf ihre Selbstgefährdung durch die zentrifugale Dynamik differenzierter und nicht-verbundener Kommunikationslogiken reagieren - wie vorläufig und prekär auch immer" (Willke, 1998, S.28). Die Probleme etatistischer politischer Steuerung werden so zugunsten einer erweiterten gesellschaftlichen Selbstregelung aufgebrochen (vgl. Messner, 1995, S.105). Befürworter der o.g. Arrangements stellen in diesem Kontext vor allem den Effizienz- und Funktionszuwachs einer Zusammenführung von Ressourcen und Detailinformationen, eine

---

[130] Dies sind Akteure aus der kommunalen Verwaltung oder aus von kommunaler Seite eingerichteten Gesellschaften (vgl. Heinz, 1998, S.555).
[131]Dazu zählen insbesondere Immobiliengesellschaften, Banken, Versicherungsgesellschaften sowie die auf dem Sektor städtischer Infrastruktur tätigen Unternehmensgruppen (vgl. Heinz, 1998, S.555).

bessere Abstimmung der einzelnen Maßnahmen sowie eine höhere Effizienz und Legitimation durch die Beteiligung der relevanten Interessengruppen in den Vordergrund (vgl. Heinze/Voelzkow, 1998, S.237)[132]. Die Verhandlungsarrangements werden vor diesem Hintergrund oft zum effizienzsteigernden „Mythos politischer Organisation" (Eder, 1995, S.333) hochstilisiert, wobei Fragen der demokratischen Effektivität und Transparenz in den Hintergrund rücken.

Allerdings sind die kritischen Einwände hinsichtlich der mangelnden demokratischen Effektivität dieser Arrangements, des Verlustes an Transparenz und kritischer Öffentlichkeit sowie der letztlich fraglichen Legitimität der erzielten Politikergebnisse nicht einfach zu übergehen. So bestehen zu Recht Einwände bezüglich mangelnder Demokratieverträglichkeit der neokorporatistischen Verhandlungsarrangements, der Politikfeldnetzwerke[133] und der public-private-Partnerships, weil sowohl eine gewisse Intransparenz des Entscheidungsprozesses wie auch eine Teilnahmebeschränkung auf wenige bedeutende Akteurkonstellationen gegeben ist (vgl. Czada, 1995, S.366)[134]. Weil es dadurch „leicht zu einer Aufspaltung in Insider und Outsider" (Feindt, 1997, S.40) kommt, steht zu befürchten, dass der Einfluss wirkmächtiger Interessenverbände in den vorrangig informell und dezentral geprägten Verhandlungsstrukturen die gesellschaftlich relevanten Macht- und Herrschaftsbeziehungen und Machtasymmetrien zuungunsten benachteiligter und politisch nicht integrierter Gruppen weiter verstärkt. Denn abgesehen davon, dass die Zugangs- und Einflusschancen unter den Bürgern vor dem Hintergrund ihrer Argumentations- und Tauschfähigkeit schon stark different sind[135], ist ferner fest-

---

[132]Als Leitmotive fungieren Privatisierungs- und Deregulierungsforderungen, von deren Umsetzung kommunale Kostenersparnisse erwartet werden.

[133]Der informelle Charakter des Verhandlungsdesigns ist im Politiknetzwerk noch stärker als beim neokorporatistischen Arrangement, dessen Verlauf zumindest durch offizielle Verlautbarungen oder Pressemitteilungen erhellt wird. Aus diesem Grund besteht insbesondere bei Netzwerken die Gefahr, dass sie sich zu Machtkartellen entwickeln, die letztlich in der Lage sind, „problemlösungsorientierte gesellschaftliche Such- und Lernprozesse zu blockieren oder zumindest zu verlangsamen sowie Kosten von Anpassungsforderungen auf ihre Umwelt zu verlagern" (Messner, 1995, S.237).

[134]Auch im nationalen Kontext wird das Umweltpolitik auszeichnende Kooperationsprinzip "oft dahin mißverstanden, daß die Umweltbehörden mit Umweltverschmutzern irgendwelche Vereinbarungen schließen sollen" (Wilhelm, 1994, S.102). Zwar wird aus den Reihen der Wirtschaftsvertreter auf den umweltpolitischen Erfolg von derartigen freiwilligen Vereinbarungen zwischen Verwaltung und Industrie hingewiesen, allerdings sind diese oft auf politischen Druck oder Markterfordernisse zurückzuführen oder von instabilem Bestand (vgl. Ullrich, 1996, S.212f.). Sie kranken an der fehlenden Beteiligung von Umweltverbänden, denen oft nur eine Rolle im Rahmen der Akzeptanzsicherung bereits festgelegter Maßnahmen zukommt, während das Diskursfeld von außen festgelegt ist. Zudem ist statt einer Erweiterung der Partizipationsmöglichkeiten von Umweltverbänden und betroffenen Akteuren der Abbau von Beteiligungsrechten durchgesetzt worden (vgl. Dückert, 1994, S.50).

[135] So ist kundenorientiertes Verwaltungshandeln „(...) häufig ein Schlagwort, welches verdeckt, daß bestehende Ungleichheiten im Einfluß auf staatliche Steuerung bestehen bleiben" (Benz, 1997a, S.99).

zustellen, „daß Kooperation dazu beiträgt, den Einfluss von organisierten Interessen und Wirtschaftsunternehmen zu vergrößern, während nicht organisierte Bürger benachteiligt sind" (Benz, 1997a, S.98).

Deswegen geht es gerade mit Blick auf die Ausgestaltung einer lokalen Agenda sowohl um die Überwindung intransparenter, informeller Verhandlungsarrangements, die letztlich einer Vermachtung elitärer Entscheidungszirkel aus Politik und wirkmächtigen, kapitalkräftigen Interessenverbänden zugunsten einer »Re-Feudalisierung« (Maus, 1992, S.32f.) der Politik Vorschub leisten, wie auch um die Überwindung der vorherrschenden „Zuschauerdemokratie" (Wassermann, 1986) rein repräsentativ-parlamentarischer Provenienz, zugunsten konkreter Ausgestaltungsperspektiven beteiligungsorientierteren, demokratisch-deliberativen Arrangements (vgl. Hamm-Brücher, 1994; Kleinfeld, 1996, S.63). Dazu sind die herkömmlichen Angebote zur Bürgerbeteiligung (vgl. Kap. 2.4.1) und die bereits erwähnten kommunalen Arrangements zugunsten erweiterter, neuartiger diskursiv-partizipativer Arrangements zu überschreiten, um nicht allein Effizienzkriterien, sondern auch Ansprüchen demokratischer Effektivität Rechnung tragen zu können.

In diesem Zusammenhang sind die Ansätze für ein neues Steuerungsmodell der Kommunalverwaltung ebenfalls kritisch zu reflektieren. Weil die neuen Steuerungsmodelle primär auf eine organisatorische Binnenreform der Verwaltung abzielen, um vermittels betriebswirtschaftlicher Strategien einen effizienteren Mitteleinsatz zu erreichen, bleibt eine aus Effizienzgründen mit diesen Vorstellungen schwer zu vereinbarende partizipationsbasierte Leistungserbringung unter Einbindung der Bürger weitgehend dethematisiert. Inwiefern derartig ausgerichtete betriebswirtschaftlich (und z.T. auch technokratisch) verengte Reformmodelle dann noch mit dem Anspruch einer partizipationsbasierten lokalen Agenda kompatibel sind, ist eher skeptisch zu beurteilen (vgl. Backhaus-Maul, 1998, S.698; Boeßenecker, 1997, S.37ff.)[136]. Zwar ist die Kundenorientierung der Kommunalverwaltung schon ein bedeutender Fortschritt im Vergleich zu dem ehernen

---

[136] Zudem ist zu befürchten, dass hinter den Vorschlägen für neue Steuerungsmodelle der Verwaltung weniger demokratieorientierte Überlegungen im Spannungsfeld von demokratischer Effektivität und Effizienz stehen, sondern eher marketingbasierte Konzepte zur Verwirklichung ökonomischer Eigeninteressen (vgl. Kleinfeld, 1996, S.218). So ist in Deutschland „(...) die Vermittlung des neuen Steuerungsmodells bei der KGSt in einer Vielzahl von durchaus kostenintensiven Seminaren ein wesentlicher Arbeitsschwerpunkt und darüber hinaus zu einem nicht unlukrativen Segment des Marktes kommerzieller Beratungsunternehmen geworden" (Kleinfeld, 1996, S.218). Dies ist jedoch nur solange unbedenklich und wünschenswert, wie die vitalen Kapitalinteressen nicht inhaltlich produktleitend und u.U. demokratiegefährdend werden.

Zerrbild der Bürger als »antragstellende Untertanen«, dennoch werden die Einwohner als reine Konsumenten von Dienstleistungen erfolgreich passiviert. Denn die Bürger werden so nicht aktiv in die Ausgestaltung der Produktpalette und vor allem der Produktzusammensetzung der Verwaltung einbezogen. Demgegenüber ist eine lokale Agenda auf die Aktivierung der sozialen Innovationsfähigkeit der individuellen und korporativen Akteure angewiesen (vgl. Bullmann, 1991, S.89). Dazu ist es jedoch erforderlich, die Bürger nicht bloß als Konsumenten, sondern als „Träger kommunaler Gestaltungsvorhaben" (Kleinfeld, 1996, S.221) wahrzunehmen und damit „aktiv an der Produktion öffentlicher Dienstleistungen" (ebd., S.221) zu beteiligen. Deswegen stellen Ansätze zur Erweiterung lokaler Partizipation, gekoppelt mit einer Mobilisierung der Bürger, eine Erfolgsbedingung für die diskursive Erarbeitung selbstbestimmter Entwicklungspfade dar (vgl. Wewer, 1998, S.112).

Diese Überlegungen machen - vor dem Hintergrund des derzeitigen politischen Steuerungsdefizits und des damit eingeschränkten gesellschaftlichen Potentials zur Setzung entwicklungsrelevanter Gestaltungsdirektiven - eine Erweiterung des partizipatorischen Verständnisses politisch-demokratischer Steuerungs- und Selbstregelungsformen notwendig. Denn aus den Erkenntnissen der Partizipationsforschung geht hervor, „daß sich die Legitimität, Effizienz und Effektivität politischer Entscheidungen unter Risikobedingungen, also in Situationen, in denen sich die Unsicherheit über die Folgen des Handelns als kognitiver Dissens über die Wissensgrundlagen für politische Entscheidungen und als normativer Dissens über die Ziele gesellschaftlicher Entwicklung artikuliert, nur erhöhen lässt, wenn die Beteiligungschancen einzelner Bürger wie gesellschaftlicher Gruppen strukturell verbessert werden" (Schmalz-Bruns, 1995, S.265). Ziel muss dabei sein, neue Potentiale zur intentionalen Beeinflussung gesellschaftlicher Entwicklung gegen die hegemonialen Kräfte ressourcenträchtiger Partikularinteressen, die sich zunehmend in das Gewand ökonomischer Sachzwänge hüllen, freizulegen. Da jedoch eine dieser Sachlage „angemessene normative Theorie der politischen Verantwortlichkeit und der demokratischen Partizipation [...] heute nirgendwo in Sicht" ist (Scharpf, 1993, S.25), gilt es zunächst, das partizipatorische Potential kommunalpolitischer Steuerung im Kontext der Ausgestaltung einer lokalen Agenda in den Blick zu nehmen.

2.4   Revitalisierung einer starken, lokalen Demokratie

Bereits in der Präambel der Agenda 21 wird darauf verwiesen, dass "für eine möglichst umfassende Beteiligung der Öffentlichkeit und eine tatkräftige Mithilfe der nichtstaatlichen Organisationen [...] und anderer Gruppen Sorge getragen werden" muss (BMU, 1993, S.9). Dieses Partizipationspostulat, das in der Agenda 21 gerade mit Blick auf die Ausgestaltung der lokalen Agenda herausgestellt wird, findet sich in ähnlicher Form bereits in den Grundsätzen der deutschen Umweltpolitik Ende der siebziger Jahre. Dort wird auf allen politischen Ebenen eine "frühzeitige Beteiligung der gesellschaftlichen Kräfte am umweltpolitischen Willensbildungs- und Entscheidungsprozeß [...]" (ebd., 1976, S.28) gefordert. Um eine konsensuale Basis für die Umsetzung umweltpolitischer Zielvorstellungen zu erreichen, sollten politische Verfahren für eine weitgehende Partizipation aller »relevanten« gesellschaftlichen Gruppen" geöffnet werden (vgl. BMU, 1990, S.20)[137]. Dieser Aspekt wurde in den Leitbildern der Umweltpolitik des BMU vor dem Hintergrund der Rio-Konferenz von 1994 noch einmal hervorgehoben, indem auf eine "möglichst weitgehende Beteiligung der Bürger, der Wirtschaft und der gesellschaftlichen Gruppen bei der Formulierung und Durchsetzung umweltpolitischer Ziele und Maßnahmen" verwiesen wurde (BMU, 1994, S.9). Allerdings blieb dieses Kooperationsprinzip hauptsächlich auf die Akzeptanzbeschaffung für umweltpolitische Maßnahmen beschränkt und hatte sogar den gegenteiligen Effekt, Vollzugsdefizite geltender umweltrechtlicher Regelungen zu bemänteln (vgl. Lübbe-Wolf, 1993; Wiemeyer, 2000, S.117f).

Um eine über diesen beschränkten Zuschnitt hinausgehende partizipativ-diskursive Betrachtung der existenten Entwicklungsdynamik mit der Option zur Erarbeitung anderer Entwicklungswege zu ermöglichen, erscheint es nicht nur notwendig, gesellschaftlichen Akteuren mehr Partizipationsrechte einzuräumen, darüber hinaus geht es darum, sie stärker in die Vorbereitung politischer und administrativer Entscheidungen einzubeziehen (vgl. Häffner, 1994, S.104)[138]. Denn eine freie, demokratische Gesellschaft lebt

---

[137] Prozessualer Leitgedanke dabei war eine "partnerschaftliche Zusammenarbeit mit allen Beteiligten im Umweltschutz, besonders der Arbeitnehmer- und Arbeitgeberseite, der Wirtschaft und den Umweltverbänden" zu erreichen (BMI, 1976, S.39).
[138] Politische Partizipation meint in diesem Sinne hier „die politische Beteiligung der Mitglieder eines politischen Systems an den personellen und sachlichen Entscheidungen über den engen Kreis der Elite hinaus" (Kleinfeld, 1996, S.135). In diesem Sinne bezieht sich die Forderung nach mehr Partizipation primär auf die Verfahren, „durch die möglichst viele Bürger auf konkrete Entscheidungen Einfluß nehmen können" (Zilleßen, 1978, S.133).

nicht durch expertisegebundene Planung oder rein repräsentative Politik, sondern „aus dem Freiheits- und Gemeinsinn ihrer Mitglieder, der die freiheitlichen Institutionen trägt und mit Leben erfüllt" (Sutor, 1995, S.29)[139]. Deswegen ist dem Ausbau der Selbstorganisationsansätze der Gesellschaft zugunsten erweiterter Mitbestimmungsmöglichkeiten individueller und korporativer Akteure bei der Ausgestaltung einer lokalen Agenda besondere Beachtung zu schenken (vgl. Busch-Lüty, 2000, S.13; ICLEI/UBA, 1998, S.27). In diesem Sinne hatte bereits Dewey eine sinnvolle Kombination partizipativer und repräsentativer Demokratie im Sinn. Er ging davon aus, dass die überschaubare lokale Ebene hierzu die besten Voraussetzungen bietet, weil sie eine fruchtbare Kommunikation »von Angesicht zu Angesicht« ermöglicht, deren Potential sich nicht allein im intersubjektiven Dialog erschöpft, sondern bis zur gemeinsamen Bewältigung konkreter Problemlagen reichen kann (vgl. Dewey, 1996). Vor diesem Hintergrund wird das Konzept einer starken Demokratie bedeutsam. Danach ist eine umfangreichere staatsbürgerlicher Beteiligung nicht nur normativ geboten, sondern auch wünschenswert, weil sie in vielen Fällen die Legitimität, Responsivität, sachliche Qualität und Effizienz der Politik erhöhen und verbessern könnte (vgl. Barber, 1994, S.146; Honneth, 1999, S.58f.). Damit stünde zur Revitalisierung politischer Steuerungs- und Selbstregelungspotentiale „eine neue Welle der Demokratisierung der Demokratie auf der Tagesordnung" (Brie, 1996, S.184)[140]. Die Stoßrichtung einer starken Demokratie gegen

• die Mediatisierung der Gesellschaft durch Partikularinteressen jeglicher Couleur,

• ein rein repräsentatives Regierungssystem, das zunehmend zur Exekutive globalkapitalistischer Entwicklungsdynamiken verkommt und

• die Entfremdungsfolgen der scheinbare Sachzwänge vermittelnden kapitalistischen Gesellschaftsordnung, welche in Ermangelung der Selbstreflexion eigener Fundamente der gesellschaftlichen»Enthumanisierung« den Weg bahnt,

---

[139] Vor diesem Hintergrund wird deutlich, dass eine - über die Beteiligung relevanter Akteurkonstellationen hinausgehende - aktive Bürgerbeteiligung an den kommunalen Entscheidungen zukünftiger Entwicklungspfade nicht nur die Legitimation politischer Entscheidungen erhöht, sondern auch zur Erneuerung des demokratischen Grundkonsenses und damit zur Festigung der Demokratie beitragen kann. Denn erst mitbestimmende Partizipation erzeugt Verantwortungsbewusstsein und darauf aufbauend weiteres Engagement (vgl. Barber, 1994, S.239f.).

[140] Unter Demokratisierung verstehe ich hier das „Bestreben, die politische Willensbildung unter veränderten Bedingungen immer wieder dem demokratischen Ideal anzunähern" (Wewer, 1998, S.113). Um eine derartige Demokratisierung erreichen zu können, gilt es „die Voraussetzungen dafür zu schaffen, daß in politisch-administrativen Entscheidungsverfahren die breitestmögliche Integration von Partialrationalitäten und -interessen erfolgt" (Zilleßen, 1993, S.87).

zeigt dabei deutlich die Schwächen und Legitimationsprobleme des bestehenden Gesellschaftsgefüges auf (vgl. Barber, 1994; Dewey, 1996; Held, 1987; Heußner/Jung, 1999).

Das Konzept stellt gewissermaßen einen Rückgriff auf die partizipatorisch orientierte Demokratietheorie der siebziger und achtziger Jahren dar, der es primär um eine Verringerung der Entfremdung von den Machtzentren durch die Verbesserung partizipativer Mitbestimmungsmöglichkeiten ging (vgl. Held, 1987; Mcpherson, 1977).

Allerdings geht es, mit Blick auf den nicht von der Hand zu weisenden Vorwurf, dass die partizipatorische Demokratie - vor dem Hintergrund der Globalisierung politischer und ökonomischer Handlungszusammenhänge sowie der zunehmenden Fragmentierung - „zu einfach für komplexe Probleme und dennoch zu komplex und anforderungsreich für ihre Bürger ist" (Schmalz-Bruns, 1995, S.10), in dieser Arbeit nicht darum, einer Wiederanknüpfung an die orthodox-partizipatorische Demokratie rousseauistischer Provenienz das Wort zu reden. Denn geprägt von einem unrealistischen, überoptimistischen Menschenbild unterschätzte diese die Effizienzprobleme und Zielkonflikte allumfassender Partizipation während sie die Kompetenzen der Bürger, die durch niedrigen Informationsstand und begrenztes Zeitbudget beschränkt sind, überschätzte. Vielmehr sind Partizipationserweiterungen zugunsten partizipativ-diskursiver Arrangements i.S. einer Stärkung der Demokratie hinsichtlich ihrer (erwartbaren) Steuerungseffektivität und Bewusstseinsbildung zu beurteilen. Dabei sind die möglichen Nachteile der Verlangsamung des Entscheidungstempos und der Komplexitätserweiterung durch divergierende Problemdeutungen und heterogene Zielvorstellungen der beteiligten Akteurkonstellationen mit den erhofften Vorteilen eines größeren Wertberücksichtigungspotentials, einer verbesserten Lernfähigkeit und einem Bewusstseinswandel der Akteure sowie dem Legitimationsgewinn etwaiger Entscheidungen in Relation zu setzen (vgl. Wiesenthal, 1989, S.136; Zilleßen, 1978).

Vor diesem Hintergrund geht es nicht um eine übergreifende Maximierung von Partizipationsoptionen schlechthin, sondern um eine Optimierung der demokratischen Willensbildung und Entscheidungsfindung bei gleichzeitiger Verbesserung der beteiligungsbasierten Mitbestimmungsmöglichkeiten. In diesem Sinne werden die Ansätze dezentraler, kontextbezogener Steuerung und Selbstorganisation zugunsten einer Stärkung der Demokratie heute von einer weit größeren heterogenen Gruppe an Wissenschaftlern mitgetragen, zu denen insbesondere die Protagonisten einer Zivilgesellschaft[141] zählen (vgl. Barber, 1994; Negt, 1997; Renn 1996; Schmals, 1997; Wendt, 1996)[142]. Dass dabei die Einbindung der breiten Öffentlichkeit, insbesondere der nicht-organisierten Bürgerschaft, wesentliche Voraussetzung für das Gelingen eines lokalen Agendaprozesses, sowie für die erfolgreiche Umsetzung der erzielten Agendaergebnisse und damit für die Erweiterung der Kapazitäten kommunalpolitischer Steuerung ist, wird von den Transferstellen zwischen Wissenschaft und Praxis besonders betont (vgl. Stadtgespräche, 1998, Nr.9, S.6). Darüber hinaus spricht einiges dafür, dass „positive partizipatorische Erfahrungen auf der kommunalen Ebene das politische Kompetenzbewusstsein auch auf der nationalen Ebene erhöhen. Insofern kann Gemeindepolitik durchaus als „Schule der Demokratie" angesehen werden" (Gessenharter, 1996, S.6).

Welche Optionen die Kommunen haben, ihre Handlungsspielräume partizipationsbasiert zu erweitern, wird im Folgenden herausgestellt.

2.4.1 Bürgerbeteiligung als Kapazitätserweiterung heterarchischer Steuerungspotentiale

Auf kommunaler Ebene sind bereits mehrere Informations- und Beteiligungsrechte der Bürger an Entscheidungsprozessen verankert, wie z.B. die Hilfestellung bei Verwaltungsverfahren (§22 GO/NRW), die Informationspflicht (§23 GO/NRW), das Anregung- und Beschwerderecht (§24 GO/NRW) sowie der Einwohnerantrag[143] (§25 GO/NRW). Hinzu kommen noch die gesetzlich vorgeschriebenen Beteiligungsverfah-

---

[141] Die Begriffe Zivil- und Bürgergesellschaft stehen für eine seit den achtziger Jahren diskutierte „Version einer demokratischen Gesellschaft, die durch Selbstorganisation und vielfältige Mitwirkung und Mitverantwortung von Bürgern gekennzeichnet ist" (Wendt, 1996, S.18). Niederschlag findet dieser Ansatz insbesondere auf der regionalen und lokalen Ebene. Darunter werden dann zumeist offene, problembezogene und gestaltungsmächtige Diskussionsprozesse subsumiert, die sich auf die Innovationskraft der beteiligten Akteure wie auch auf die Bereitschaft zur Übernahme gemeinsamer Verantwortung stützen (vgl. Schmals, 1997, S.409ff.).

[142] In diesem Kontext könnte die lokale Ebene ihren territorialen Wirkungsbereich im Rahmen der Ausgestaltung der lokalen Agenda überschreiten, wenn sie als „Mobilisierungsbasis für örtliche Demokratisierungsbewegungen" (Hunold, 1996, S.557) fungieren und damit den Grundstein für eine weiter gefasste gesellschaftlich-politische Demokratisierung bilden würde.

[143] Der Einwohnerantrag gibt den über 14-jährigen einer Gemeinde die Möglichkeit, den Rat über eine bestimmte Angelegenheit, für die er gesetzlich zuständig ist, beraten und entscheiden zu lassen, sofern der Antrag von 4 bis 5 Prozent der Einwohner (in Abhängigkeit von der Einwohnerzahl der Gemeinden bzw. Stadt) unterzeichnet wird (vgl. § 25 GO/NRW).

ren im Rahmen der Bauleitplanung[144] sowie zielgruppenorientierte Beteiligungsformen, zu denen die Einrichtung von Ausländerbeiräten (§27 GO/NRW)[145], Gleichstellungsstellen (§5 GO/NRW)[146] und städtischen (Bürger-)Büros zählen. Die Einrichtung letzterer bildet zwar eher die Ausnahme, in lokalen Agendaprozessen sind sie jedoch als koordinierende Agendabüros[147] oft von großer Bedeutung.

Erweiterte Mitwirkungs- und Entscheidungsmöglichkeiten der Bürger auf kommunaler Ebene beschränken sich bisher auf die Direktwahl des (Ober-)Bürgermeisters (§65 GO/NRW) und auf das Bürgerbehren bzw. den Bürgerentscheid (§26 GO/NRW). Bürgerbegehren und Bürgerentscheid[148] ermöglichen den stimmberechtigten Einwohnern einer Gemeinde Beschlüsse anstelle des Rates zu treffen, sofern damit nicht Inhaltsbereiche tangiert werden, über die ein Bürgerbegehren unzulässig ist[149]. Diese direkt entscheidungsbezogene Option der Bürger als ein Element unmittelbarer Demokratie ergänzt somit das vorhandene repräsentativ ausgelegte kommunalpolitische System.

Obwohl eine noch umfassendere und tiefergehende Partizipation von Bürgern am kommunalen Entscheidungsprozess „weder aus verfassungsrechtlichen noch aus Gründen der politischen Kultur auszuschließen" ist (Gessenharter, 1996, S.10), beschränkt sich die über die genannten gesetzlich vorgesehene Rahmen hinausgehende Bürgerbeteiligung „zumeist auf herkömmliche Formen wie Bürgerversammlungen und Podi-

---

[144] Die vorherrschende Interpretation des entsprechenden §3 des Baugesetzbuches (BauGB) ist jedoch eher defensiv ausgelegt. So sind die Beteiligungsverfahren in der Regel nicht so ausgelegt, neue Ideen und Planvarianten der Bürger in die bereits vorhandene Bauleitplanung einfließen zu lassen. „Vielmehr wird die Durchführung der Bürgerbeteiligung häufig lediglich dem Gesetz geschuldet und dient im Gesamtverfahren dazu, den Nachweis über die ordnungsgemäße Durchführung der Abwägung zu erbringen" (Stark, 1999, S.98).

[145] Zumindest verpflichtend in Gemeinden mit mindestens 5000 ausländischen Einwohnern.

[146] Zumindest verpflichtend in Städten und Gemeinden mit mehr als 10.000 Einwohnern.

[147] Agendabüros werden zur Organisation der Dialogprozesse und Konsultationsverfahren im Rahmen eines lokalen Agendaprozesses meist in größeren Städten, die einen Ratsbeschluss zur lokalen Agenda gefasst haben und über ausreichende Finanzmittel verfügen, eingerichtet. Sie sollen zudem als eine Art Schnittstelle zwischen der Verwaltung und zu beteiligenden Bürgern und relevanten gesellschaftlichen Akteurkonstellationen fungieren. Dabei hängt die Akzeptanz des Agendabüros inner- und außerhalb der Verwaltung in erster Linie vom klar „formulierten politischen Willen der kommunalen Spitzen und ihrer entsprechenden Unterstützung ab" (Stadtgespräche, 1999, Nr.16, S.1). Darüber hinaus spielt in diesem Kontext zudem die Anbindung des Agendabüros an ein allgemein anerkanntes und planungsmächtiges Ressort eine bedeutende Rolle.

[148] Das Bürgerbegehren, als Antrag auf Durchführung eines Bürgerentscheids, müssen mindestens zehn Prozent der Bürger einer Gemeinde unterzeichnen. Sofern der Rat nicht zwischenzeitlich i.S. des Begehrens entschieden hat, kann ein Bürgerentscheid durchgeführt werden. Dieser erlangt die Wirkung eines Ratsbeschlusses, sofern die Mehrheit der gültigen Stimmen findet und diese Mehrheit mindestens 25 Prozent der stimmberechtigten Bürger beträgt (vgl. §26 GO/NRW).

[149] Hierzu zählen u.a. Fragen der inneren Organisation der Gemeindeverwaltung und der Haushaltssatzung der Gemeinden (näheres vgl. §36, Abs.5 GO/NRW).

umsdiskussionen oder zielt auf die Aktivierung im Rahmen von Stadtmarketingkonzepten" (Feindt, 1997, S.40). Weil jedoch die „Einbindung der Menschen mit ihren verschiedenen Funktionen und Interessen in die örtliche Entscheidungsfindung [...] an sich bereits ein Element zukunftsbeständiger Entwicklung" darstellt (ICLEI/UBA, 1998, S.27) und Partizipation nicht bloß funktionellen Charakter zur beteiligungsbasierten Erarbeitung von Strategien und Zielen hat, sondern unter dem Aspekt individueller Selbstbestimmung und Emanzipation ein Wert an sich ist (vgl. Kester, 1997, S.28f.; Max-Neef, u.a., 1990, S.43ff.)[150], sind im Rahmen der lokalen Agenda erweiterte Beteiligungsangebote der Kommune auf Zeit zu etablieren, mit denen die bestehenden Institutionen des politischen Systems und die Öffentlichkeit besser verknüpft werden (vgl. Heußner/Jung, 1999; Feindt, 1997)[151].

Im Gegensatz zur klassischen Bürgerbeteiligung im Rahmen von Flächenplanungs- und Bebauungsplänen, die nur in Fällen direkter Betroffenheit auf das Interesse der Bürger stößt und dann lediglich Raum für Kritik an den bereits vorgefertigten Planungen der Verwaltung bietet, sollten bei den neuen Beteiligungsangeboten im Rahmen der lokalen Agenda die Interessen und Ideen der Beteiligten zu einem zentralen Aufhänger für die inhaltliche Ausgestaltung kommunaler Entwicklung werden. Mit den entsprechenden Arrangements, die in Bedeutung und Wirkungstiefe für die Kommunalpolitik je nach inhaltlichem Ausgangspunkt, methodischer Ausgestaltung und Beteiligungsquote unterschiedlich relevant sind, wird dabei „die Hoffnung auf einen großen Schritt in Richtung innovativer und verbindlicher Beteiligungskultur verbunden" (Stark, 1999, S.106). Dazu gilt es einen institutionellen Rahmen zu schaffen, „um Partizipation zu unterstützen und Möglichkeiten zu erarbeiten, wie Ergebnisse des Partizipationsprozesses in das Handeln von Politik und Verwaltung übertragen werden können" (Quante, 1996, S.40). In diesem Sinne ist mit Blick auf eine Bürgerbeteiligung als Kapazitätserweiterung lokaler Steuerungsmöglichkeiten zwischen echten Teilhaberechten der Bürger (und Akteurkonstellationen), die eine verbindliche Mitgestaltung politischer Entscheidungen ermöglichen, und einer unechten Beteiligung, die den Akteuren eine verbindliche Beschlussfassung vorenthält und sie lediglich fordernd und beratend partizipieren lässt, zu

---

[150] In diesem Sinne bilden „politische Beteiligung des einzelnen, Selbstbestimmung durch Mitbestimmen, die Übernahme politischer Verantwortung und letztlich die Zustimmung des Bürgers zum demokratischen Staat [...] einen Maßstab demokratischer Effektivität ganz eigener Art" (Zilleßen, 1978, S.145).
[151] Bürgerbeteiligung meint in diesem Kontext jedoch nicht die Beteiligung aller Bürger der Kommune. Vielmehr geht es darum, durch die Aufstellung einer Partizipationsinfrastruktur die unterschiedlichsten Bürgergruppierungen zur Beteiligung zu bewegen (vgl. Müller-Christ, 1998, S.160).

unterscheiden (vgl. Wollmann, 1998, S.39). Deswegen sind Konzepte politischer Partizipation im Rahmen der lokalen Agenda mit kritischer Sorgfalt daraufhin zu überprüfen, ob sie erfolgreiche Eingriffe in Entscheidungsprozesse ermöglichen oder als bloße »demokratische Beschäftigung« und Pseudointegration Betroffener abgelehnt werden müssen.

Auch wenn - wie schon erwähnt - ein Mehr an Beteiligung dennoch kein Garant für eine »richtigere Entscheidung« ist (vgl. Kap. 2.4), haben mitbestimmungsrelevante, partizipativ-diskursive Verfahren mehrere wichtige Funktionen. Abgesehen von den Mitwirkungsfunktionen im Interesse der Bevölkerung, die neben zusätzlichem Einfluss auf die kommunalpolitischen Entscheidungen eine größere Verwaltungskontrolle und Verfahrenstransparenz beinhaltet, und durch das Mittragen politischer Verantwortung auch eine emanzipative Funktion hat, besteht auch bei der Verwaltung ein Interesse an der partizipativen Mitwirkung. Sie ergibt sich aus der Informationsbeschaffung, der Antizipation der Stimmungslage in der Bevölkerung zu konkreten Planungsprojekten und insbesondere aus der größeren Legitimation von Entscheidungen aus Partizipationsverfahren, die zu größerer kollektiver Akzeptanz und Bindungskraft führen sollen und damit das zeitverzögernde Einlegen von Rechtsmitteln minimieren (vgl. Schultze, 1998, S.40f.; Vatter, 1998, S.174).

Bevor in diesem Kontext die Frage nach adäquaten *Arrangements,* die auf einer Verbesserung der Mitbestimmungsmöglichkeiten sowie des politischen Steuerungspotentials ausgerichtet sind und zugleich einer Selbstüberforderung partizipatorischer Potentiale entgegenwirken sollen, aufgegriffen wird (vgl. Kap. 2.5f.), möchte ich zunächst das Augenmerk auf das Problem der strukturellen Ungleichheit von Beteiligung lenken, die es bei der Konzeption und Ausgestaltung von diskursiven Arrangements im Rahmen einer lokalen Agenda besonders zu berücksichtigen gilt, um der einseitigen Protegierung ressourcenstarker Akteurgruppen vorzubeugen.

2.4.2   Das Problem struktureller Ungleichheit

Aus der Partizipationsforschung ist bekannt, dass Akteure mit höherer Bildung und überdurchschnittlichem Einkommen eine höhere Beteiligungsrate an politischen Prozessen aufweisen als Akteure mit niedrigem Bildungsniveau und Einkommen (vgl.

Schlozman/Verba/Brady, 1999; Wewer, 1998, S.121). Mit Blick auf diesen Ober-schichtakzent wird deutlich, dass dezentrale partizipationsbasierte (Verwaltungs-) Ver-fahren „unter gegebenen gesellschaftlichen Bedingungen ressourcenstarken Bevölke-rungsgruppen einen zusätzlichen Vorteil verschaffen können" (Roth, 1997, S.440). Die-ser hat zur Konsequenz, dass vorhandene soziale Ungleichheiten noch verstärkt werden (vgl. Benz, 1997a, S.98). Die Zunahme lokaler politischer Beteiligung geht somit nicht notwendigerweise mit mehr Demokratie und Gerechtigkeit einher, weil die politischen Artikulations- und Einflussmöglichkeiten von der (schichtspezifischen) sozialen Kapi-talausstattung der Akteure abhängig sind[152]. Für die im Kontext der lokalen Agenda zu schaffende Partizipationsstruktur stellt sich deswegen die Aufgabe, „die Barriere der Schichtzugehörigkeit für diejenigen zu überwinden, die nicht darin geübt sind, ihre In-teressen zu artikulieren, die nicht erkennen können, daß die Befriedigung ihrer Bedürf-nisse politisch beeinflußbar ist, die nicht gelernt haben sich politisch zu betätigen und in deren sozialer Umwelt politisches Handeln keine akzeptierte Norm darstellt" (Zilleßen, 1978, S.138). In diesem Zusammenhang spielt also für eine Partizipation am lokalen Agendaprozess nicht nur inhaltliche Betroffenheit, antizipierte Beteiligungseffektivität und zeitliche wie personelle Überschaubarkeit der Arrangements eine Rolle. Es geht auch darum, niedrigschwellige, moderierte Beteiligungsformen zu konzipieren, die zeitlich und thematisch befristet und leicht zugänglich sind, wenig politikrelevante Kenntnisse verlangen und durch Interaktionsregeln Erwartungssicherheit vermitteln und Machtdisparitäten vermindern, um so auch unterprivilegierte Personengruppen für den kommunalpolitischen Agendaprozess zu gewinnen (vgl. Geißel, 1999; Renn 1996)[153].

Mit Blick auf das zu erwartende Themenspektrum im Rahmen der Erarbeitung einer zukunftsfähigen Entwicklung ist zudem von Bedeutung, dass nicht alle Interessen glei-chermaßen organisations- und konfliktfähig sind. Der unterschiedliche Einfluss gesell-schaftlicher Akteure auf politische Steuerung in Kooperationsprozessen hängt nicht nur

---

[152] In diesem Kontext wird deutlich, dass gemäß dem Gesellschaftsschichtkonzept Bourdieus »soziales Kapital« (als Kapital an sozialen Beziehungen, an Ehrbarkeit und Ansehen) nicht nur eine Folge, son-dern bereits eine Vorbedingung von Partizipation ist (vgl. Bourdieu, 1996). Die schichtspezifische Aus-stattung mit den, seiner Ansicht nach, drei eng korrelierenden Kapitalsorten erschwert es, den sozialen Raum bzw. das Milieu, in welchem ein Mensch sozialisiert wurde zu verlassen, weil (insbesondere bei unterprivilegierten Akteuren) der Aufbau schichtüberbrückenden sozialen Kapitals ein problembehafte-ter und schwerer Prozess ist (vgl. Bourdieu, 1996).
[153] Empirische Untersuchungen aus anderen Ländern zeigen, dass der Aufbau von (überbrückendem) sozialen Kapital durch Qualifizierung von Bürgern und dem Gewähren von politischen Gestaltungs-rechten zwar durchaus gelingen kann, jedoch nur in einer langfristigen Perspektive erfolgversprechend ist und Jahre beansprucht (Froessler, 1999; Warner, 1999).

von ihrer jeweiligen Argumentationsfähigkeit[154] ab, sondern insbesondere von der Verfügung über tauschfähige Ressourcen[155]. Deswegen müssen bei der Erschließung neuer Steuerungspotentiale, die eine (gemeinwohlorientierte) Ausrichtung an eine zukunftsfähige Entwicklung gewährleisten sollen, sowohl die Organisations- und Handlungsfähigkeit der differenten gesellschaftlichen Akteurkonstellationen, wie auch die vorhandenen Machtdisparitäten berücksichtigt werden (vgl. Rey, 1990; Rosewitz/Schimank, 1988, S.303f.). Dabei treten besonders die Probleme der differenten Verhandlungsmacht der beteiligten (korporativen) Akteure, die zumeist Machtasymmetrien zugunsten von Wirtschaftsinteressen aufweisen, in den Mittelpunkt (vgl. Esser, 1998, S.303f,; Rey, 1988; Wiemeyer, 2000, S.117f.)[156]. In diesem Sinne gilt es bei der Konzeption und deliberativen Ausgestaltung einer lokalen Agenda dem - durch die vorhandenen Machtasymmetrien und sozialen Ungleichheiten existenten - strukturellen demokratietheoretischen Bias (vgl. Mayer, 1991, S.49) in besonderer Weise Rechnung zu tragen (vgl. Wewer, 1998, S.116)[157].

2.5 Neuartige diskursive Verfahren der Kommune und ihre Problemfelder

Wenn neuartige diskursive Verfahren als (freiwillige) Beteiligungsangebote der Kommune thematisiert werden, stellt sich die Frage, was überhaupt unter einem diskursiven Verfahren zu verstehen ist und was das spezifisch Neue daran sein soll. Deswegen zu-

---

[154] „Argumentationsfähig sind Akteure, wenn sie ihre Ziele definieren und ihre Interessen artikulieren können, wenn sie über relevante Informationen verfügen und wenn sie die Informationen und Begründungen der anderen Verhandlungspartner hinreichend verarbeiten können, um darauf ihre eigenen Argumentation aufzubauen" (Benz, 1997a, S.95).

[155] „Tauschfähigkeit bedeutet, daß Akteure über Ressourcen verfügen, die für die Verhandlungspartner von Interesse sind und die sie als Gegenleistung für erreichte Kooperationsergebnisse aufgeben können. Tauschfähige Ressourcen sind in der Regel durchsetzbare Rechte oder Geld, aber auch die Fähigkeit, öffentlichen Widerstand zu mobilisieren" (Benz, 1997a, S.95).

[156] Denn gezielt ausgerichtete materiell basierte Interessen lassen sich - insbesondere durch Verbände mit starker Ressourcenmacht - eher durchsetzen als immaterielle und heterogene Interessen einer schwer einheitlich zu mobilisierenden Akteurgruppe (wie z.B. Verbraucherinteresse).

[157] Auch wenn das Ideal herrschaftsfreier Diskurse utopisch bleiben wird, ist in diesem Kontext eine näherungsweise Ausrichtung an den »idealen Diskurs« (vgl. Habermas, 1992) von Bedeutung, damit alle Interessen - unabhängig von ihrer ungleichen Durchsetzungsmacht - eine gleichberechtigte Mitbestimmungschance erhalten.

nächst zur Klärung: Unter einem diskursiven Verfahren verstehe ich ein soziales System auf Zeit, dessen Kommunikation auf eine Entscheidung zu einem (angesetzten) Thema ausgerichtet ist[158]. In diesem Kontext ist die lokale Agenda auf kommunaler Ebene als ein Arrangement zu konzipieren, das dem in Kap. 28.3 der Agenda 21 formulierten Anspruch einer umfassenden Partizipation verschiedenster Akteure Rechnung trägt. Hintergrund der besonderen Aufmerksamkeit, die derartigen diskursiven Verfahren zukommt, ist die bereits dargelegte wissenschaftliche Auffassung, dass diskursive Verfahren der Politik die besten Chancen erfolgreicher Steuerung bieten (vgl. Braun, 1997, S.35). Unter dem Gesichtspunkt demokratischer Effektivität wird dabei offensichtlich, „daß es institutioneller und prozeduraler Innovationen bedarf, damit politische Entscheidungen zuverlässig auf die Zukunft des Gemeinwesens hin ausgerichtet werden" (Zilleßen, 1993, S.85f.). Neu sind diskursive Verfahren in diesem Sinne, wenn sie nicht bereits im Kontext der klassischen Institutionen des politischen Prozesses bekannt sind, sondern Innovationen auf der kommunalpolitischen Agenda darstellen. Der ideale Fixpunkt neuartiger diskursiver Arrangements ist die prozeduralistisch-deliberative Konzeption von Habermas[159]. Wichtigste Verfahrenseigenschaften sind dabei eine umfassende Beteiligungsberechtigung, ein argumentativer Austausch, bei dem der Zwang des besseren Argumentes gilt, und ein gutes Zusammenwirken von klassischer kommunalpolitischer Steuerung mit den neuartigen Selbstregelungsansätzen bei Beratung und Willensbildung[160]. Dadurch, dass die neuen Verfahren im Zuge wissenschaftlich begleiteter praktischer Erprobungsphasen konzeptionell ausgereifter wurden und hinsichtlich ihrer Effizienz durch professionelle Moderation auf ein hohes Niveau gebracht

---

[158] Diskursiv ist die Kommunikation insofern, als dabei folgende Aspekte im Mittelpunkt stehen:
-    Anerkennung und Ernstnehmen der anderen Gesprächspartner.
-    Verzicht auf die Instrumentalisierung der anderen Gesprächspartner.
-    Symmetrische Chancenverteilung zwischen den beteiligten Akteuren.
-    Empathiefähigkeit, d.h. sich in andere Gesprächsteilnehmer hineinversetzen zu können.
-    Alle Einstellungen, Wünsche und Bedürfnisse hinsichtlich des Themas müssen eingebracht werden können.
-    Bereitschaft, eigene Überzeugungen unter den Vorbehalt gemeinsamer Begründungsbemühungen zu stellen (vgl. Müller/Kern, 1993, S.61f.).
[159] Ideal ist diese Konzeption insofern, als sie das konsensstiftende Kraft der Sprache ebenso wie die motivationalen Kräfte der Vernunft überschätzt (vgl. Habermas, 1992).
[160] Dieses Konzept ist den diagnostizierten gesellschaftlichen Struktur- und Problemlagen adäquat, weil es „die Regeln und Verfahren einer aufrichtigen lernoffenen und fairen Kommunikation normiert, nicht aber deren materielle Ergebnisse vorab moralisch zu qualifizieren beansprucht. Sie verfährt rekonstruktiv, nicht konstruktiv; sie befasst sich mit Verfahren nicht mit Ergebnissen; und ihr Argumentationsziel ist nicht positiv die Bestimmung des »Guten«, sondern negativ die Eliminierung von partikularistischen Voreingenommenheiten, strategischen Interessenbezügen und kognitiven Borniertheiten aus praktischen Diskursen" (Offe, 1991, S.228).

werden können, stellen sie gerade auf lokaler Ebene für viele Kommunen eine interessante Erweiterung ihres Handlungsspielraumes dar (vgl. Gisevius, 1999). In diesem Sinne entstanden in den letzten Jahren eine Vielfalt neuartiger lokaler, partizipativer Kooperations- und Kommunikationsformen, die den Bürgern mehr Mitsprache für ihre eigene Zukunft einräumen sollen. Die Frage, ob und inwieweit die lokale Agenda 21 eine derart adäquate institutionelle und prozedurale Innovation ist, wird deswegen auch im Zentrum der empirischen analytischen Betrachtung stehen.

Damit die lokale Agenda als neues Arrangement auf der kommunalpolitischen Bühne die Möglichkeit einer adäquaten Problemwahrnehmung und Problemlösung unter Einbindung aller relevanten Akteure gewährleisten kann, „bedarf es einer Strukturierung des Verhandlungsprozesses, in den das notwendige Sachwissen eingeht, geltende Normen und Gesetze beachtet werden, soziale Werte und Interessen in fairer und repräsentativer Weise eingebunden werden und eine Integration sachlicher, emotionaler und normativer Aussagen zustandekommen kann" (Renn, 1996, S.97f.). Dabei steht die Erzielung einer guten Verfahrensatmosphäre des Vertrauens und der Reziprozität neben der Erarbeitung gemeinsam getragener Beteiligungs- und Verfahrensregeln im Vordergrund (vgl. Kap. 2.5.3).

Zentral bei allen verschiedenen Ausgestaltungsoptionen der partizipativ-diskursiven Arrangements ist zunächst jedoch die Einbindung möglichst aller relevanten gesellschaftlichen (korporativen und individuellen) Akteure. Dabei ist zuvor zu entscheiden, welche Akteure überhaupt als »relevant« zu betrachten sind, um sie von »nicht relevanten« Akteuren, denen die Zugangsmöglichkeiten zum Entscheidungsprozess entweder erschwert oder gar verwehrt werden könnten, abzugrenzen (vgl. Krafft/Ulrich, 1993, S.57).

2.5.1   Akteurauswahl

Wenn die bereits erwähnten informellen neokorporatistischen oder netzwerkbasierten Verhandlungsprozesse, in denen sich Politik und wenige ressourcenstarke Akteurkonstellationen engagieren, zugunsten der Beteiligung von Bürgern und weniger ressourcenstarken Akteurkonstellationen aufgebrochen werden sollen, ist der Auswahlmodus der Teilnehmenden entscheidend. Dabei lassen sich drei verschiedene Strategien unterscheiden, mit denen zu starken Ungleichgewichten zwischen verschiedenen Interessen und Teilnehmergruppen vorgebeugt werden kann:

1. Einsetzung eines neutralen Dritten, der auf eine gleichmäßige Vertretung aller Positionen im Verhandlungsprozess achtet.

2. Partizipative Öffnung des Verhandlungs- und Entscheidungsprozesses für alle, die daran teilnehmen wollen, gekoppelt mit der Ermutigung bzw. mit Anreizen für schwer organisierbare Interessen.

3. Eine Zufallsauswahl von Beteiligten (vgl. Feindt, 1997, S.40).

Zudem können die politisch-administrativen Akteure selektiv Unterstützung gewähren und die Handlungsorientierung der beteiligten Akteure durch Informationen und Überzeugungsarbeit zu beeinflussen versuchen (vgl. Mayntz/Scharpf, 1995, S.49). Letztlich ist auch die optimale Gruppengröße[161] zu bedenken, denn mit zunehmender Teilnehmerschaft wächst auch die Gefahr von Vetopositionen, was letztlich eine Blockade des Verfahrensverlaufes zur Folge haben kann (vgl. Messner, 1995, S.244f.).

2.5.2   Die zentrale Bedeutung von Akteurqualität und Interaktionsorientierungen

In diskursiven Arrangements wie der lokalen Agenda, die im Schnittpunkt zwischen politischer Steuerung und gesellschaftlicher Selbstregelung stehen und als eine Form gemischter Selbstregelung verstanden werden können, spielt die Handlungs- und Entscheidungsfähigkeit der integrierten Akteurkonstellationen eine entscheidende Rolle (vgl. Mayntz, 1996, S.163f.). Dabei ist es für die Dimension der Ausdifferenzierung und Dynamik und für die Steuerungsrelevanz des politischen Handlungszusammenhanges entscheidend, inwiefern die inhärenten Akteurkonstellationen, die der je eigenen Handlungsrationalität Gültigkeit verschaffen wollen und können, Selbststeuerungspotentiale nach innen und außen beanspruchen können (vgl. Mayntz, 1988, S.23; Mayntz/Scharpf, 1995, S.44f.)[162].

---

[161] Die Teilnehmerzahl arbeitsfähiger Gruppen ist in (moderierten) deliberativen Verfahren auf 20-30 Beteiligte beschränkt.

[162] Eine machtrelevante Differenz liegt bei den Verfahrensbeteiligten bereits vor, wenn eine Seite weniger als die andere auf kollektives, kooperatives Handeln angewiesen ist, weil sie die glaubhafte Möglichkeit zur Androhung des Verlassens des Verfahrens besitzt (vgl. Hirschman, 1970; Wiesenthal, 1987b).

Schließlich ist jede Beteiligung eines Verbands- oder Institutionenvertreters zumeist an einen Auftrag bzw. ein Mandat gebunden, sofern der entsprechende Verhandlungsprozess als ausreichend relevant erachtet wird, d.h. wenn er Konsequenzen nach sich ziehen könnte, die das jeweilige Partikularinteresse des Verbandes tangieren. Die Festlegung des Mandats untersteht in den meisten Fällen der entsendenden Gruppe bzw. Institution. Sind die entsandten Vertreter einem Mandat zur Durchsetzung des jeweiligen Partikularinteresses unterworfen, „so neigen sie in Verhandlungsprozessen zu harter Positionsbehauptung statt zu flexiblen Verhandlungsverhalten" (Benz, 1997a, S.102). Ein derartig enges Mandat schränkt den Verhandlungsspielraum stark ein und kann dazu führen, dass sich die Beteiligung auf eine Akzeptanzbeschaffungsmaßnahme für die Durchsetzung partikularer Interessen, ohne Rücksicht auf eine dem Gemeinwohl entsprechende Kooperationslösung, beschränkt. Nur wenn die Vertreter einem kompromissorientierten Entsendungsauftrag verpflichtet sind, der eine Verhandlungslösung ohne genau definiertes Ziel ermöglicht, ist mit einer kooperativen Verhandlungsstruktur zu rechnen[163] (vgl. Benz, 1997a, S.102; Renn, 1996, S.109f.).

Für eine gemeinsame Problemlösung ist zudem eine übereinstimmende Situationsdeutung der Akteure grundlegend. In diesem Kontext sollten alle Beteiligten wenigstens wissen, "welche Vorhaben sich aus der Sicht der Gesamtregion überhaupt lohnen und welche schon wegen ihres negativen Gesamtnutzens nicht weiterverfolgt werden sollten" (Scharpf, 1992, S.89f.). Daher ist es von großer Bedeutung, dass bei den beteiligten Akteuren ein übergreifendes Bewusstsein für die gesellschaftlichen und kommunalen Krisenphänomene existiert, damit aufgrund des wahrgenommenen hohen Problemdrucks Handlungsbedarf für alle gegeben ist (vgl. Jänicke, 1993, S.26; Mayntz/Scharpf, 1995, S.53).

Darüber hinaus spielen für die analytische Betrachtung der Prozessinteraktion bei der konkreten Prozessausgestaltung, neben kognitiven und motivationalen Aspekten der Handlungsorientierung, die handlungsleitenden Interaktionsorientierungen[164] der betei-

---

[163] Auf Akteursebene sind zudem noch folgende Verfahrensprobleme zu erwarten:
-   die Schwierigkeit der Informationsbeschaffung,
-   die begrenzte individuelle kognitive Verarbeitungskapazität für Informationen,
-   die Komplexitätsreduktion durch Ausblendung und Vereinfachung relevanter Entscheidungsaspekte zum Schutz des eigenen Kompetenzgefühls,
-   die perspektivische Fixierung auf die gerade aktuellen Probleme (vgl. Dörner, 1992, S.291f.).

[164] „Bei ihnen handelt es sich um (typisierte) Interpretationen der Beziehung zwischen mehreren Akteuren" (Mayntz, Scharpf, 1995, S.57).

ligten Akteure eine große Rolle. Dabei sind mit Blick auf die handlungsleitenden Orientierungen im Kontext des Entscheidungsprozesses die folgenden Interaktionsorientierungen von Bedeutung:

• Feindlich, d.h. der Verlust des anderen Akteurs wird als eigener Gewinn gewertet.

• Kompetitiv, d.h. die Differenz zwischen dem eigenem und fremden Vorteil zählt.

• Egoistisch-rational, dabei zählt in erster Linie die Erzielung eigenen Gewinns.

• Kooperativ, dabei ist das Streben nach einem gemeinsamen Vorteil dominant (vgl.
  Mayntz/Scharpf, 1995, S.57; Scharpf, 1992).

Vor diesem Hintergrund ist es grundsätzlich möglich, ein gemeinsames Ergebnis zu
erreichen, sofern die Verhandlungsbeteiligten sich nicht von »kompetitiven« oder gar
»feindseligen« Handlungsorientierungen leiten lassen. Da die auf Konfrontation ausgerichtete »feindliche« und »kompetitive« Interaktionsorientierung eine gemeinsame Ergebnisfindung der beteiligten Akteure unmöglich macht, gilt es im Hinblick auf eine
produktive Entfaltung des Verhandlungsprozesses die Betrachtung im Folgenden auf
die »kooperative« und die »egoistisch-rationale« Interaktionsorientierung zu lenken.

Die »kooperative« Interaktionsorientierung zeichnet sich dadurch aus, dass der gemeinsame Nutzen aller Beteiligten, unter Ausblendung der separaten Eigeninteressen, im
Vordergrund steht[165]. Grundlegend dafür sind gemeinsame Wertprämissen und Zieldefi-
nitionen (vgl. Scharpf, 1985, S.340f.). Eine derartige auf gemeinsame Problemlösung
ausgerichtete Interaktionsorientierung ist durch Teamarbeit, Kreativität und vertrauens-
vollen Informationsaustausch gekennzeichnet (vgl. Scharpf, 1992, S.21). Eine entsprechend kooperative Problembearbeitung wäre von einem nicht allein rationalen, sondern
vernünftigen Diskurs[166] geprägt.

Auch wenn Weichhart aus historischer Perspektive Beispiele dafür anführt, dass kooperatives, problempräventiv ausgerichtetes Verhalten möglich ist und bereits effektiv umgesetzt wurde (vgl. Weichhart, 1989, S.267), bleibt selbst unter günstigen Voraussetzungen, wenn der Vorteil der Kooperation von allen Beteiligten erkannt wird, ein kooperativer Prozess der Gemeinschaftsbildung äußerst schwierig (vgl. Olson, 1965). "Es
wird deshalb weiterhin vorausgesetzt, daß die Gemeinwohl-Orientierung durch institu-

---

[165]Eigene Verluste werden im Vertrauen darauf hingenommen, dass dadurch eine gemeinwohlorientierte
Entscheidung entsteht, die den Gesamtnutzen erhöht.
[166]Vernünftig ist ein Diskurs dann, wenn "die zur Norm erhobenen reziproken Verhaltenserwartungen ein
täuschungsfrei festgestelltes gemeinsames Interesse zur Geltung bringen" (Habermas, 1973, S.148f.).

tionelle Vorkehrungen geschützt und gegen die Versuchungen des Machtmißbrauchs und des Eigennutzes geschützt werden müsse" (Scharpf, 1992, S.18).

Es ist jedoch für die praxisbasierte analytische Betrachtung der lokalen Agenda sinnvoll, mit dem egoistischen Handlungsmotiv zu rechnen, zumal immer die Gefahr besteht, dass die verhandelnden Akteure versuchen, ihr Partikularinteresse durchzusetzen und kooperative Vorleistungen der anderen Akteure für sich auszubeuten (vgl. Scharpf, 1988, S.72). Aus diesem Grunde werden Verhandlungssysteme auch in der Literatur unter der Prämisse diskutiert, dass alle Beteiligten eine egoistisch-rationale Handlungsorientierung verfolgen (vgl. Scharpf, 1992, S.16).

2.5.3   Verhandlungsprozesse zwischen Konflikt und Konsens

In den Verhandlungs- und Entscheidungsprozessen des lokalen Agendaprozesses kommen, zumindest gemäß der Zielvorgabe der Agenda 21, heterogene Akteure und Akteurkonstellationen mit differenten Interessen zusammen, so dass die Wahrscheinlichkeit konfliktiver Auseinandersetzungen ziemlich groß ist. Weil in unserer pluralistischen Demokratie kaum mehr akteurübergreifende unitaristische Glaubensüberzeugungen und Werte vorausgesetzt werden können, ist es unabdingbar, durch gemeinsames Debattieren, Streiten und Entscheiden einen kreativen vorläufigen Konsens zu erarbeiten, dessen substantielle Halbwertzeit für die gesellschaftlichen Umbrüche und Veränderungen offen sein muss (vgl. Backhaus-Maul, 1998, S.702; Negt, 1997, S.20f.). Auch wenn anhand der Ergebnisse der Kommunikationsforschung deutlich wird, dass viele Menschen der Konfliktaustragung ausweichen, weil diese oft als störend, bedrohlich und destruktiv wahrgenommen wird (vgl. Besemer, 1997, S.24, Wewer, 1998)[167], bildet gerade die argumentative Konkurrenz der verschiedenen Ideen und die sachliche Austragung grundlegender Konflikte um eine wünschenswerte gesellschaftliche Entwicklung „den eigentlichen sozialen Kitt unserer Demokratie" (Dubiel, 1996, S.87), und ermöglicht überhaupt erst einen gesellschaftlichen Wandel[168]. Denn wenn man zugrun-

---

[167] Insbesondere in der deutschen Bevölkerung erinnert „das geringe Verständnis dafür, daß Konflikte zur Demokratie gehören, [...] noch heute an die lange obrigkeitsstaatliche Tradition Deutschlands" (Wewer, 1998, S.119).
[168] Allerdings werden die zu erwartenden Auseinandersetzungen umso härter und unnachgiebiger, je mehr redistributive Aspekte in die Politikgestaltung eingehen (Vgl. Prittwitz, 1996, S.55f.).

delegt, dass Politik das Auswählen unter alternativen Handlungsoptionen bedeutet, deren Wahl von Wertvorstellungen und der Idee einer gewollten gesellschaftlichen Ordnung der entscheidenden Akteure beeinflusst ist, dann kann es nicht die allgemein »richtige« Entscheidung geben (vgl. Gisevius, 1999, S.10f.)[169]. Lasch konstatiert in diesem Kontext zu Recht, dass argumentative Auseinandersetzungen eine sehr lehrreiche Wirkung haben. Denn um in einer Kontroverse den Opponenten inhaltlich-argumentativ überzeugen zu können, seine Ansicht zu ändern, ist es notwendig sich in seine Argumentationsweise hineinzuversetzen und aufzuzeigen, dass seine Argumentation nicht schlüssig bzw. sachlich falsch ist. Dabei ist natürlich auch die Möglichkeit gegeben, dass im Verhandlungsverlauf die Einsicht reift, dass die eigene Argumentation nicht stimmig ist und verändert werden muss (vgl. Lasch, 1995, S.191). Insofern besteht die Chance, den eigenen Standpunkt kritisch zu reflektieren, gemeinsame neue Einigungspunkte zu erarbeiten und faule Kompromisse zu vermeiden, nur, wenn die existenten konfligierenden Präferenzen nicht totgeschwiegen, sondern offen artikuliert und in den Verhandlungsprozess eingebracht werden. Denn unangesprochene, in den Hintergrund gerückte Konflikte bleiben gefährlich[170] (vgl. Messner, 1995, S.243f.; Schiele, 1999, S.105).

Ziel muss sein, die differenten Akteurinteressen, Konfliktlinien wie auch gemeinsame Interessen offen zu legen, um letztlich gemeinsame Handlungsmöglichkeiten eruieren zu können (vgl. Heinelt, 1993; Prittwitz, 1996). Deswegen ist es notwendig, dass Fragen der (autonomen) Verfahrensdefinition mindestens ebenso viel Beachtung finden wie der eigentliche Konfliktinhalt (vgl. Zilleßen/Barbian, 1992, S.16). In diesem Kontext ist darauf zu achten:

- ausreichende Wissensvoraussetzung via Informationsinput zu ermöglichen,

- stabilisierende Verfahrensregeln zu etablieren, die ungleichgewichtige Verhandlungsressourcen der Beteiligten minimieren, sowie

---

[169] Mit Blick auf die brisante politische Frage nach der konzeptionellen Ausgestaltung einer zukunftsfähigen Entwicklung auf der Basis der Korsettstangen der Verträglichkeitskriterien bedeutet dies, dass sie nicht eindeutig-objektiv operationalisiert werden kann, sondern - wie bereits angedeutet (vgl. Kap. 1.4f.) - im Diskurs, unter Berücksichtigung der differenten Interpretationspotentiale ökologischer Modernisierung und sozial-ökologischer Transformation, konkretisiert werden muss. Ziel muss dabei sein, sich der konkreten Ausgestaltung der jeweiligen kommunalen Zukunftsfähigkeit approximativ zu nähern.

[170] In diesem Sinne konstatiert Sana zurecht: „Die Unterdrückung von Konflikten ist ein Ziel, das früher oder später zur Desintegration und zum Niedergang der Systeme führt, und eine solche Politik betreiben" (Sana, 1998, S.113). Vor diesem Hintergrund ist die Totalisierung des Konsensprinzips ein „Indikator für die Versteinerung des sozialen Lebens und die Annäherung der Gesellschaft an den thermodynamischen `Wärmetod` (van den Daele, 1993, S.18).

- ausreichende Kontaktmöglichkeiten zu schaffen, damit Konflikte, die auf Informationsdefiziten, Kommunikationsproblemen und strukturellen Bedingungen (wie z.b. räumli-
cher Distanz, Schwarz-Weiß-Denken) beruhen, aufgearbeitet werden können (vgl. Besemer, 1997, S.28f.; Prittwitz, 1996, S.50f.).

Letztlich geht es darum, zu einer konstruktiven, produktiven Konfliktaustragung zu
kommen, bei der sachliche Meinungsverschiedenheiten nicht zu persönlichen, emotionalen Konflikten ausarten, denn der „zunehmenden Intensität und emotionalen Ver-
wicklung entspricht die abnehmende Fähigkeit, zuzuhören und zu kommunizieren" (vgl.
Besemer, 1997, S.25). Vielmehr gilt es, ohne personengebundene und normative Dis-
kreditierungen Problemlösungen zu sondieren[171]. Von Bedeutung wird dabei sein, inwieweit es im kommunalen Kontext möglich sein wird, die Spannungen zwischen egoi-
stisch-nutzenrationalem Individualverhalten bzw. gewinnbasiertem, privatwirtschaftli-
chem Verhalten und den öffentlichen Gemeinwohlinteressen zu überbrücken, um auch
jenseits alleiniger Win-Win-Lösungen zu ziel- und sachangemessenen Lösungen zu
kommen. Deswegen haben die eingesetzten Verfahren dem Anspruch zu genügen, den
organisatorischen Grundstein für den Aufbau von Vertrauenskapital zu legen, das die
heterogenen Akteurkonstellationen handlungs- und konsensfähig macht (vgl. Katterle,
1999, S.198f.).

Denn wenn „jeder jeden Besitzstand immer nur verteidigt, dann tendiert der Spielraum
für politische Gestaltung gegen Null, dann bleibt nur der Status quo als kleinstes gemeinsames Ergebnis öffentlicher Diskussionsprozesse bzw. strittiger politischer Auseinandersetzungen" (Schäuble, 1996, S.64).

2.5.3.1 Konfliktaustragungsmodi

Die klassische Binnendifferenzierung des Verfahrensablaufes erfolgt nach dem jeweiligen vorherrschenden Kommunikationsmodus. Dabei wird in erster Linie zwischen dem

---

[171] „Die Suche nach zugrundeliegenden Interessen und Problemen kann natürlich auch zu der Erkenntnis
führen, daß der offenkundige Konflikt gar nicht der ausschlaggebende ist, sondern nur »das Faß zum
Überlaufen brachte«. Eine befriedigende Lösung des offenkundigen Streits ist dann nur möglich, wenn
auch die Hintergrundkonflikte angesprochen werden. Diese können z.B. auf Störungen auf der Persön-
lichkeits- und Beziehungsebene beruhen" (vgl. Besemer, 1997, S.26).

Modus des positionsorientierten Verhandelns (bargaining)[172], bei dem der Interessen-
ausgleich nach dem Tauschprinzip im Vordergrund steht, und dem Modus des verständigungsorientierten Verhandelns (arguing bzw. problem solving)[173], bei dem kooperatives Zusammenwirken i.s. einer optimalen Aufgabenerfüllung im Vordergrund steht,
unterschieden.

Die positionsorientierten Verhandlungsstrategien tragen insbesondere den jeweiligen
realen Machtverhältnissen und Gelegenheitsstrukturen, an denen sich die egozentrierten
Interessenkalküle der Beteiligten orientieren, Rechnung. Inwiefern ein interessegeleite-
tes etwaiges Verhandlungsergebnis, dessen Kontur von den Verhandlungsressourcen
der Beteiligten abhängt, problem- und sachangemessen ist, bleibt jedoch fragwürdig
(vgl. Mayntz, 1996b, S.485f.). Denn das Problem derartig geprägter Verhandlungen ist
nicht nur der Interessenantagonismus, sondern auch die Gleichgültigkeit gegenüber den
aus einer etwaigen Entscheidung resultierenden negativen Externalitäten, die jenseits
der eigenen Partikularinteressen liegen.

Der Erfolg des Entscheidungsprozesses der lokalen Agenda hängt deswegen von gemeinsam getragenen, fairen Verfahrensregeln und dem Aufbau vertrauensvoller Beziehungen, die in reziproke Verhaltenserwartungen[174] münden, ab. Insbesondere die Art der
festgelegten Verfahrensregeln ist von herausragender Bedeutung, weil sie „wechselseitige Erwartungssicherheit begründen und so soziales Handeln über die Grenzen persönlicher Beziehungen überhaupt erst möglich machen" (Mayntz/Scharpf, 1995, S.47). Erst
unter der Berücksichtigung dieser Voraussetzungen einer verständigungsorientierten
Kommunikation besteht die Hoffnung, dass während der Entscheidungsfindung „neue

---

[172] „Wer sich im Konfliktfall im Modus des bargaining in einer Kommunikation engagiert, will einen
Opponenten kraft seiner bargaining-power, die er durch glaubwürdige Drohungen, Versprechungen und
Hinweise auf Abwanderungsoptionen demonstriert, dazu bewegen oder zwingen, die erhobenen Forderungen möglichst weitgehend zu akzeptieren" (Saretzki, 1996, S.23). In diesem Kontext spielen die
Ausdehnung der Reichweite eigener Interessenrealisierung, das Streben nach Dominanz in dem Themenfeld sowie die Erweiterung der Kontrolle über die eigene Interessenrealisierung eine große Rolle
(vgl. Schimank, 1995, S.85f.).
[173] „Wer sich im Modus des arguing in einer Kommunikation engagiert, will etwaige Opponenten durch
die Kraft des besseren Argumentes davon überzeugen, bestimmte empirische oder normative Auffassungen (beliefs) zu verändern" (Saretzki, 1996, S.23).
[174] Reziprozität als Funktionsprinzip von Verhandlungen unterscheidet sich von dem Tauschprinzip darin,
dass
-    nicht die Gleichwertigkeit (gemessen am Äquivalent Geld) ausschlaggebend ist, sondern eine
     angemessene Gegenleistung,
-    der Aufbau oder Erhalt einer dauerhaften, sozialen Beziehung im Vordergrund steht und sich
     die Verhandlung nicht auf eine einmalige Transaktion beschränkt,
-    der Rahmen des Einigungsprozesses weniger von Vertrags- und Rechtssicherheit, sondern
     mehr von Verlässlichkeit und Vertrauen geprägt ist (vgl. Messner, 1995, S.286).

Informationen und Bewertungen vermittelt werden, die bei allen Beteiligten Lernprozesse auslösen und sie zur Überprüfung ihrer ursprünglichen Position veranlassen" (Benz, 1997a, S.94). Eine solche Diskursleistung ist natürlich nur dort zu erwarten, wo sich die Teilnehmer aktiv für die Erarbeitung gemeinsamer Normen und Werte einsetzen und die Diskursstruktur eine Diskussion über Geltungsansprüche von normativen Aussagen zulässt (vgl. Ulrich, 1987, S.60f., Renn, 1996, S.100).

Um eine produktive Streitkultur[175], die nur bei einer Zielübereinstimmung - im Fall der lokalen Agenda hinsichtlich der Notwendigkeit eines zukunftsorientierten kommunalen Umsteuerns - entstehen und letztlich auch ausgehalten werden kann (vgl. Schiele, 1999, S.106), zu ermöglichen und zu stabilisieren, ist zumeist eine professionelle Moderation notwendig (vgl. Kap. 2.5.4). Denn neben der Abwägung der Diskussionsnotwendigkeit von Konfliktinhalten besteht eine Hauptaufgabe der Moderation darin, strittige Inhalte, die lokalpolitisch eine hohe Brisanz haben, möglichst frühzeitig „in Unterphänomene aufzuteilen, um eine breitere Grundlage zur Entscheidungsdiskussion zu haben, die meist dann auch ideologisch weniger belastet ist und so die Möglichkeit von Kompromisslösungen bietet" (Apel, 1998, S.23; vgl. hierzu auch Kap. 2.5.4).

2.5.3.2 Entwicklung neuartiger Lösungen

Die Hoffnung auf den Entwurf neuer Lösungen für die komplexe Herausforderung einer kommunalen zukunftsfähigen Entwicklung beruht in erster Linie auf der empirisch gesicherten Annahme, dass Entscheidungen in komplexen, unsicheren Verhandlungen letztlich mehr durch die Eigenschaften des Entscheidungsprozesses als durch die Eigenschaften der Prozessergebnisse bedingt sein können, weil die Akteure mehr prozess- als ergebnisorientiert agieren und eher erreichbare denn maximale Lösungen anstreben (vgl. Czada, 1995, S.340; Prittwitz, 1993)[176]. Allerdings setzen die fragilen Bedingungen des Bestands und der Entscheidungsfähigkeit von Verhandlungssystemen den behan-

---

[175] „Um Streitkultur handelt es sich dann, wenn beide Kontrahenten(-gruppen) trotz aller unterschiedlichen Bewertung der Fakten an einem Ergebnis interessiert sind, durch das keine Seite völlig unterdrückt wird" (Gisevius, 1999, S.12).

[176] So bemühen sich die beteiligten Akteure zumeist weniger um fundamentale Veränderungen, sondern um das, von dem sie glauben, dass sie es auch erreichen können (vgl. Schimank, 1995, S.87).

delbaren Themen und der Art ihrer Behandlung zunächst einmal deutliche Grenzen (vgl. Messner, 1995, S.232) [177].

Insgesamt kann es im Prozess der Erarbeitung neuer Lösungen „Provokationen, Fehlstarts, Gedankensprünge und einen unregelmäßigen Entwicklungsprozeß geben. Wichtig ist, daß das Ergebnis offen ist und daß der Weg zum Ziel nicht einer ständigen logischen Rechtfertigung und Überprüfung standhalten muß: Entscheidend ist, ob das Ergebnis seinen beabsichtigten Zweck erfüllt oder nicht" (Besemer, 1997, S.33). Die politisch konzeptionelle Herausforderung durch neuartige, kreativ konzipierte Entscheidungsverfahren und Arrangements besteht deswegen darin, der Gefahr einer Entscheidungsblockade bzw. der Einigung auf suboptimale Kompromisslösungen, u.U. zu Lasten Externer zu begegnen und die Erneuerung eines differenzierten Grundkonsens zum inhaltlichen Ausgangs- und Zielpunkt des Verfahrens zu machen (vgl. Daly, 1999, S.71; Hesse, 1987, S.63; Scharpf, 1985). Dabei erscheint die Transformation partikularinteressengebundener bargaining Strategien zu gemeinwohlverträglichen Lösungen durch Ausgleichzahlungen, Koppelgeschäften und Paketlösungen durchaus möglich (vgl. Scharpf, 1992, S.65f.).

Allerdings ist die methodisch-verfahrensspezifische Herausforderung zu meistern, eine Arena zu schaffen,

- in der spezifizierte Akteure zur Beratung und Entscheidung über eine Operationalisierung kommunaler Zukunftsfähigkeit zusammenkommen,

- die von stabilitätssichernden Verfahrens- und Entscheidungsregeln geprägt ist und

- die nach Möglichkeit ein interaktionsfreundliches Klima sowie reziproke Verhandlungssituationen ermöglichen sollte (vgl. Mayntz/Scharpf, 1995, S.48).

2.5.4   Ausgestaltungspotentiale partizipativ-diskursiver Arrangements

Wie bereits deutlich geworden sein sollte, strukturiert die methodische Ausgestaltung diskursiv-partizipatorischer Verfahren den Handlungskontext der beteiligten Akteure

---

[177] Stabilisiert werden kann der Prozess jedoch durch die (begründete) Erwartungshaltung der Teilnehmenden, dergemäß der deliberative Handlungskontext zu konstruktiven Ergebnissen führen kann, die eine hohe Bedeutung für die Kommune und eine effektive Steuerungsrelevanz haben (vgl. Braun, 1999, S.261; Huebner, 1997, S.282).

sowohl durch die inhaltliche Zielsetzung wie auch durch die inhärenten Verfahrensnormen, deren Einhaltung man von anderen erwarten kann und sich selbst zumuten lassen muss[178]. Dabei lassen sich grundsätzlich die folgenden drei Strategien zur kommunalen Bürgerbeteiligung unterscheiden:

1. Interessenneutralisierende Ansätze, in denen z.b. via Planungszelle oder per Zufallsprinzip ausgewählte Teilnehmer nach Problemlösungen suchen

2. Konfliktvermittelnde Ansätze, z.b. durch Einsetzung eines neutralen Dritten (Mediators), der auf eine sinnvolle Konfliktvermittlung achtet

3. Partizipative Projektentwicklung durch die Öffnung von Verhandlungs- und Beratungsprozessen für alle daran Interessierten z.b. durch Stadtforen oder Zukunftswerkstätten, in denen spezifische kommunalpolitische Themen erörtert werden können (vgl. Feindt, 1997, S.43f.).

Allen neuartigen diskursiv-partizipativen Verfahren ist implizit, dass sie ausreichend organisiert und die Beteiligten durch eine professionelle Moderation betreut und angeleitet werden müssen. In diesem Kontext ist die professionelle Moderation „ein Schlüssel für die erfolgreiche Anwendung aller dargestellten Methoden" (Ködelpeter, 1998, S.14). Sie hat die Aufgaben zu erfüllen, einen strukturierenden Ausgleich zwischen den Teilnehmenden zu ermöglichen und ergebnisorientiert für einen optimalen Gruppenarbeitsprozess zu sorgen (vgl. Apel, 1998, S.17). Dabei kommt ihr nicht nur die Aufgabe einer begleitenden Sitzungsbetreuung zu, sondern auch die des lenkenden Prozessmanagements (Huebner, 1997, S.279). In diesem Zusammenhang ist die Festlegung eines angemessenen Zeitrahmens, der sowohl der baldigen Ergebnisfindung als auch der verantwortlichen und sachgerechten Auseinandersetzung gerecht wird, von Bedeutung um die aufzuwendenden Transaktionskosten aller Beteiligten in Grenzen zu halten.

Die Ausgestaltung derartiger Arrangements ist vor dem Hintergrund der angestrebten zukunftsfähigen Entwicklung auch danach zu beurteilen, ob sie eine kritische Selbstevaluierung der Präferenzen und partizipierender Akteure, gemessen an den Maßstäben einer auf globale Verantwortung und Langfristorientierung ausgerichteten Handlungsrationalität fördern (vgl. Dubiel, 1996, S.86; Elster, 1987, Hèritier, 1989, S.19). Denn erst methodisch sinnvolle partizipativ-diskursive Verfahren befähigen die Menschen,

---

[178] Derartig definierte und sanktionierte Regelungen begründen bei den teilnehmenden Akteuren wechselseitige Erwartungssicherheit und schaffen so vor allem die Voraussetzung dafür, dass soziales Handeln über die Grenzen persönlicher Beziehungen hinaus möglich wird (vgl. Mayntz/Scharpf, 1995, S.49).

die von den verschiedenen kommunalen Problemen betroffen sind, „ihre Bedürfnisse und Interessen zu artikulieren und in gesellschaftlichen Konstruktionsprozessen herauszufinden, was sie sich unter gelingendem Leben vorstellen und wie sie diese Lebensqualität anstreben können" (Katterle, 1999, S.199)[179]. Zudem werden diesen neuartigen entscheidungsorientierten Arrangements eher demokratische Integrationsleistungen, größere Effizienz und eine kommunikationsbasierte höhere Rationalität zugetraut, als den von Vollzugs- und Umsetzungsdefiziten durchlöcherten, freiwilligen Verpflichtungen relevanter Akteurgruppen oder den administrativen Verrechtlichungsstrategien (vgl. Lübbe-Wolf, 1993; SRU, 1996, S.65; Ullrich, 1996, S.212f.). Allerdings müssen die entsprechenden Arrangements „(...) zu der Sozial-, Interessen- und Wertestruktur »passen«, die sie in ihrer relevanten Umwelt antreffen und die sie verkörpern und verfassen sollen - sonst trocknen sie aus und werden so unplausibel, wie es sich an traditionellen Sportvereinen, die sich im Umkreis einer großstädtischen Mittelschichtkultur mit ihren kommerziellen Fitness-Centers halten wollen, illustrieren lässt" (Offe, 1989, S.772).

Zur Frage, wie ein Diskurs gestaltet sein muss, damit er eine kompetente und faire Erarbeitung kommunaler Zukunftsfähigkeit ermöglicht, gibt es eine Reihe von methodischen Vorschlägen, von denen einige im Folgenden exemplarisch dargestellt werden. Alle ausgewählten Vorschläge eint, dass sie deliberativ und temporär arbeiten, zumeist auf externe Durchführung setzen und über ein großes Potential zur gesellschaftlichen Problemwahrnehmung, partizipativen Projektentwicklung und Konfliktregelung verfügen. Zudem wurden sie (bereits mehrfach) erfolgreich in den Bereichen der Stadtentwicklung, kommunalen Standortplanung bzw. lokalen Agendaprozessen eingesetzt (vgl. Feindt, 1997; Ködelpeter, 1998; Mayer, 1991, S.47; Reinert, 1998)[180].

2.5.4.1 Zukunftswerkstätten

Der ideengeschichtliche Hintergrund der Zukunftswerkstatt-Methode geht auf Robert Jungk (1913-1994) zurück. Mit Blick auf ökologische, technische und gesellschaftliche

---

[179] Dabei kommt es „auf Transparenz und gerechte Abwägungsverfahren an, die den Bürgern wieder die Handlungskontrolle über ihre Lebensumwelt geben und ihnen Erfahrungswissen über zufriedenstellende Interessensausgleichsverfahren verschaffen" (Müller-Christ, 1998, S.45f.).

[180] Da die dargestellten Verfahrensarrangements jedoch keine große Breitenwirkung erzielen, sind sie auf zusätzliche Maßnahmen der Öffentlichkeitsarbeit und der Kommunikation mit außenstehenden Gruppen angewiesen, damit eine erhöhte Legitimation der Verhandlungsergebnisse durch Außenstehende erreicht werden kann (vgl. Renn, 1996, S.109).

Risiken und Krisenphänomene stellte Jungk als ein Defizit heraus, dass die Entschei-

dungsgewalt über die Zukunftsgestaltung immer nur auf wenige Gruppen (Politiker,

Experten, Ökonomen) beschränkt ist, die Folgen der Entscheidungen hingegen von den

meisten Menschen getragen werden müssen. Um diesem Defizit durch methodisch an-

geleitetes Handeln zu begegnen[181], entwickelte Jungk die klassische Zukunftswerkstatt,

welche die Demokratisierung der Zukunftsgestaltung, die Entwicklung sozialer Phanta-

sie und die konkrete Projektentwicklung und Problembearbeitung in den Mittelpunkt

rückt. Die Betroffenen erhalten die Chance, ihre Sache durch eigene Kompetenz ohne

Rückgriff auf externe Autoritäten zu vertreten (vgl. Jungk/Müllert, 1983).

Damit diese Ziele erreicht werden, erfolgt die Zukunftswerkstatt chronologisch in drei

aufeinanderfolgenden Phasen. Den Anfang bildet die Kritikphase, in der die Beteiligten

ihre Kritik an der derzeitigen Situation im Hinblick auf das angegebene Thema schrift-

lich nennen. Die Kritikaspekte werden dann thematisch strukturiert und bewertet, um

für die weitere Bearbeitung von Themenschwerpunkten eine Grundlage zu schaffen.

Ziel ist es, Hauptkritikpunkte bzw. -themen herauszufiltern, welche als akzeptierte

Grundlage für die Weiterarbeit dienen können. Auf dieser Arbeitsgrundlage schließen

sich die Teilnehmenden gemäß der subjektiven Themenpräferenz zu möglichst gleich

großen Arbeitsgruppen zusammen. In der dann folgenden Phantasie- bzw. Utopiephase

soll eine Zuordnung von konkreten Wunschzielen zu den positiv formulierten Kritiker-

gebnissen erfolgen, dabei finden Träume, Einfälle und Visionen der Teilnehmenden

Berücksichtigung. Kosten oder Zuständigkeiten für die Ideen werden außer acht gelas-

sen, Kritik ist vollständig verboten[182]. Letztlich werden die ausgearbeiteten, favorisierten

utopischen Entwürfe präsentiert und zum Ausgangspunkt der folgenden Verwirkli-

chungs- bzw. Praxisphase gemacht. Dazu werden die Ergebnisse der Phantasiephase mit

den realen politischen, wirtschaftlichen und sozialen Rahmenbedingungen konfrontiert.

Es geht darum, nach neuen Wegen zu suchen, um die kritisierten Verhältnisse allmäh-

---

[181] Bei der Zukunftswerkstatt kommt ein Set unterschiedlicher Methoden zum Tragen. Sie reichen von spielerischen Elementen, Kreativitätsmethoden, stichwortartigen Äußerungen und Verständnisdiskussionen bis hin zur Kleingruppen- und Plenumarbeit. Dabei gewinnt die Visualisierung der Arbeitsschritte eine große Bedeutung, um eine Erweiterung der Aufnahmekapazität bei den Beteiligten, eine problemlose Einbeziehung späterer Teilnehmer und eine größere Interaktionsdichte zu erreichen. Die ideale Gruppengröße einer 3-Tageswerkstatt liegt zwischen 15-25 Personen.

[182] Dabei sollen die Teilnehmenden unter der Maxime handeln, sie hätten alles Geld, alle Macht und Möglichkeiten der Welt, um ihre Vorstellungen und Ziele zu erreichen. Die dazu notwendige Stimmung bzw. angstfreie Atmosphäre zum freien Gedankenspiel kann durch verschiedene Spiele, künstlerisches Gestalten oder auch durch eine Phantasiereise eingeleitet werden.

lich in die gewünschte Richtung zu verändern. Damit die zuvor entwickelten Zukunftsentwürfe nicht durch die nun wieder zugelassenen Restriktionen vollkommen aufgezehrt werden, ist in dieser Phase wieder Einfallsreichtum mit Blick auf die Entwicklung
unkonventioneller, aussichtsreicher Lösungen nötig[183]. Auf diese Art und Weise können
dann Durchsetzungsstrategien für die erfolgversprechendsten oder interessantesten
Phantasien entwickelt werden. Ziel dieser Phase ist, die konkrete Projektplanung aus-
gewählter Projektideen und die Umsetzung derselben im Rahmen einer permanenten
Werkstatt innerhalb von Arbeitsgruppen voranzutreiben und auszugestalten (vgl.
Jungk/Müllert, 1983, S.161ff.).

2.5.4.2 Planungszellen

Anhaltspunkt zur Entwicklung der Planungszelle war für den Begründer der Methodik,
Peter C. Dienel, die Beobachtung, dass es zwar unterschiedliche Formen der Betroffe-
nenbeteiligung gäbe, aber kaum aktive Bürgerbeteiligungsverfahren vorhanden seien.
Er entwickelte die Planungszelle somit als ein Bürgerbeteiligungsverfahren[184], bei dem
die Steigerung von Verfahrenswissen, die Artikulation von Eigeninteressen und der
Aufbau langfristigen gemeinwohlorientierten Denkens wichtige Anliegen darstellen.
Dazu werden ca. 25 per Zufallsprinzip ausgewählte Bürger für den Zeitraum der Planungszelle (ca. 3-4 Tage) von ihren Arbeitsverpflichtungen freigestellt[185], um für vorge-
gebene Planungsprobleme - unter Mithilfe von Moderatoren und informiert von Experten - Lösungen zu erarbeiten, die sie dann in einem Bürgergutachten zusammenfassen.
Die Arbeit der Planungszelle verläuft vorwiegend in Kleingruppen mit wechselnder
Besetzung aus 5 Personen, deren Ergebnisse nach Möglichkeit im Konsensprinzip ver-

---

[183] Dazu ist es u.a. notwendig,
- etwaige Umsetzungsmöglichkeiten und Erfolgschancen der ursprünglichen Idee zu prüfen,
- bereits vorhandene reale Ansätze in diesem Kontext zu ermitteln,
- potentielle Widersacher und Beharrungskräfte auszuloten,
- Kompromissspielräume bei der Umsetzung der Idee festzulegen (Verhandlungsmasse vs. substantielle Kernpunkte),
- notwendige sozioökonomische Voraussetzungen herauszustellen und
- etwaige Bündnispartner für das angestrebte Projekt zu ermitteln.
[184] Die Planungszelle setzt sich also nicht aus Interessenvertretern, sondern aus ausgewählten Bürgern
zusammen.
[185] Sie erhalten eine Aufwandsentschädigung oder die Erstattung des nachweisbaren Verdienstausfalls und
u.U. auch Vertretung für Kinder- oder Pflegebetreuung (vgl. Reinert, 1998, S.117).

abschiedet werden sollen. So kann eruiert werden, wie eine informierte öffentliche Meinung zu einer gegebenen Problemlage aussehen könnte (vgl. Dienel, 1997).

2.5.4.3 Mediationsverfahren

Diese modernen Umweltpolitikinstrumente sind primär Konfliktregelungsverfahren, die dem amerikanischen "alternativ dispute resolution" (ADR) angelehnt sind und die Konfliktbewältigung durch Verhandlung, oftmals unter direkter Öffentlichkeitsbeteiligung, in den Vordergrund stellen.

Die Mediationsverfahren stellen Verhandlungsprozesse dar, mit deren Hilfe Interessenkonflikte zwischen zwei oder mehr Parteien, unter Hinzuziehung einer neutralen, vermittelnden Person (Mediator) beigelegt werden sollen. Der Mediator darf keine eigenen Interessen vertreten und muss gegenüber allen Lösungsvorschlägen offen sein. Sein Aufgabenbereich liegt nicht in der Problemlösungssuche, sondern primär in der Verfahrensgestaltung. Er ist dazu aufgerufen, zwischen den Parteien, die sich zumeist konträr und im gegenseitigen Misstrauen gegenüberstehen, eine Vermittlerposition einzunehmen[186]. Er sollte dennoch in der Sache, die dem Konflikt zugrunde liegt, kompetent sein. Ziel ist es letztlich, eine Problemlösung zu erzielen, die möglichst für alle am Konflikt beteiligten Interessengruppen akzeptabel ist (vgl. Fietkau/Weidner, 1992, S.27; Zilleßen/Barbian, 1992)[187].

2.5.4.4 Runde Tische

Der Runde Tisch ist eine metaphorische Umschreibung für ein Forum politischer Konsultation, Kooperation und Konfliktaustragung. Runde Tische zeichnen sich durch die Zirkularperspektive aus, die eine symmetrische Kommunikation und gleichberechtigte Beteiligung aller integrierten Gesellschaftsmitglieder ermöglichen soll. Alle Versammelten genießen formal den gleichen Status, da sie gleichweit vom räumlichen Zentrum

---

[186]Vorhandene Machtunterschiede lassen sich im Verfahren verringern, wenn alle Beteiligten an einem Ergebnis interessiert sind, der Gegenstand definiert und verhandelbar ist, und die verfügbaren Informationen von allen geteilt werden.

[187]Eine detaillierte Konkretisierung des Verfahrens, der Vorgehensweise und Funktion des Mediators würde an dieser Stelle zu weit führen. Ich verweise dbzgl. auf die reichhaltige Literatur, in der das Verfahren schon in extenso dargestellt wurde (vgl. dazu Besemer, 1997; Zilleßen/Barbian, 1992; Fietkau/Weidner, 1992).

entfernt sind und gleiches Stimmrecht haben. Es gilt das Prinzip der freien Gedanken-
zirkulation (vgl. Sauer, 1995). Natürlich kann der Runde Tisch de facto auch Ecken
haben, aber er schafft den Bedeutungszusammenhang einer Idealsituation demokratischer Praxis und scheint eine neue Form der Verknüpfung von gesellschaftlichen Teil-
systemen und Lebenswelt zu bieten. So hat das Modell der Runden Tische im kommunalen Kontext bereits eine längere Tradition, die in Form von periodischen Arbeits-
marktkonferenzen, Energie-, Verkehrs oder Sozialtischen, über die Propagierung einer
zukunftsfähigen Entwicklung hinausreicht (vgl. Mayer, 1991, S.47).

2.5.4.5 Zukunftskonferenz

Die Zukunftskonferenz hat ihre Wurzeln in der Organisationsentwicklung. Das Konzept
wurde von Janoff und Weisbord entwickelt und ist darauf ausgerichtet i.d.R. 64 Personen aus den unterschiedlichsten Interessengruppen für drei Tage zusammenzubringen,
um sowohl konkrete Maßnahmen wie auch konsensfähige Ziele zu einem vorgegebenen
Thema, wie auch eine neue Gemeinschaftskultur zu erreichen. Dabei geht es weniger
darum, vorhandene Konflikte zu bearbeiten, sondern Gemeinsamkeiten wiederzuent-
decken, um so eine Initialzündung für die Umsetzung innovativer Maßnahmen zu schaffen (vgl. Janoff/Weisbord, 1995).

Der Ablauf einer Zukunftskonferenz ist strikt geregelt. In der ersten Phase geht es um
die Schaffung einer gemeinsamen Basis. Dabei steht zuerst in Kleingruppen von je 8
Personen, in denen Interessengruppen mit homogenen Ansprüchen zusammengebracht
werden, die Erörterung der Vergangenheit im Vordergrund, um Gemeinsamkeiten in
der Geschichte und der Weltsicht zu eruieren. Danach geht es in gemischten Gruppen
darum, gesellschaftliche Herausforderungen zu perzipieren, sich die je eigene Reali-
tätswahrnehmung bewusst zu machen, um gemeinsame Wertvorstellungen zu finden. In
der zweiten Phase steht die Erarbeitung von Zukunftszielen, für die sich die Beteiligten
einsetzen wollen, im Vordergrund. Letztlich gilt es die konsensfähigen Übereinstim-
mungen der unterschiedlichen Zukunftsentwürfe herauszudestillieren, um darauf aufbauend - wieder in den anspruchshomogenen Gruppen - eine konkrete Maßnahmenpla-
nung aufzubauen (vgl. Hüneke, 1998).

2.6 Partizipations- und steuerungsrelevante Beurteilungskriterien der lokalen Agenda

Bisher wurden die Rahmenbedingungen kommunaler Politik, ihre Steuerungspotentiale und potentielle kommunale Beteiligungsformen - insbesondere die Problemfelder neuartiger deliberativer Verfahren - vor dem Hintergrund der Umsetzung einer lokalen Agenda thematisiert. Mit Blick auf den theoretischen Background wird dabei deutlich, dass demokratische Partizipation im Rahmen neuer Steuerungsmodelle ein dynamischer Prozess ist, in den große Anstrengungen investiert werden müssen, um ihn vermittels adäquater Arrangements effektiv, effizient und umfassend zu machen[188].

Diese Erkenntnisse gilt es für den nun folgenden empirischen Teil zu einem analytischen Raster zu verdichten. Inwieweit der lokale Agendaprozess sowohl dem inhaltlichen Auftrag wie auch dieser Herausforderung gerecht wird, wird im Rahmen der folgenden qualitativ-explorativen Untersuchung beleuchtet, um die forschungsleitende Fragestellung beantworten zu können. In diesem Kontext erscheint es notwendig, forschungsleitende Beurteilungskriterien aufzustellen, die „einerseits in systematischer Weise die bekannten empirischen Defizite konventioneller Mitwirkungsverfahren berücksichtigen [...], andererseits allgemein anerkannte Normen zur Beurteilung der Qualität politischer Entscheidungsverfahren wiedergeben" (Vatter, 1998, S.185), auch wenn die Aufstellung analytischer Kriterien problematisch und umstritten ist.

Dabei stütze ich mich - aufgrund meines prozess- bzw. steuerungsorientierten Erkenntnisinteresses - auf die Leitkriterien Partizipation, Verfahrensausgestaltung und Steuerungseffektivität. Die Operationalisierung dieser Leitkriterien zugunsten des verwandten heuristischen Kriterienrasters und der Interviewleitfäden beruht u.a. auf der Beurteilung unterschiedlicher Formen politischer Partizipation von Vatter, Hermanns und Alemann (vgl. Alemann, 1997, S.16f.; Hermanns, 2000, S.6; Vatter, 1998, S.184ff.). Ich habe mir jedoch eine adäquate Veränderung der Kriterienvorschläge mit Blick auf mein Forschungsinteresse und die von mir verwandte Theorie vorbehalten. In diesem Sinne

---

[188] In diesem Sinne können Beteiligungsformen:
- umfassender gemacht werden, indem die Partizipation auf Ebenen, Zeitpunkte und Orte ausgeweitet wird, in denen die Entscheidungen wirklich getroffen und umgesetzt werden;
- effektiver gemacht werden, indem man eruiert, in welchem Maße Partizipation zu besserer Erlangung spezifischer gesellschaftlich relevanter Leitbilder führt;
- demokratischer gemacht werden, indem der Einfluss von Staatsbürgern oder repräsentativen Vertretern aller Interessengruppen bei der Definition, Praxis und Entwicklung realer Partizipationsmodelle garantiert wird (vgl. Kester, 1997, S.33f.).

widme ich folgenden theoriebasierten Aspekten bei der Erarbeitung fallgruppenübergreifender Strukturmuster (vgl. Kap. 5.2) besondere Aufmerksamkeit:

Verfahrensausgestaltung:

➤ Konsultationskontext: Prozessförderung (finanziell, personell), Zeitrahmen (realistische
Arbeitsziele und Zeithorizonte?), Prozesstransparenz (Verfügbarmachung sonst schwer zu
erhaltender Informationen) Zusammensetzung der Arbeitsgruppen, Arbeitsmethodik und
Moderation (professionelle Standards?)

➤ Diskursstruktur: Ist die Diskursstruktur von Fairness, vertrauensvoller Atmosphäre und
einer produktiven Streitkultur geprägt? Welche Interaktionsorientierung und welches Mandat besitzen die entsandten Vertreter? Wird die Verfahrensstruktur der/des deliberativen Arrangements dem methodischen Anspruch neuartiger diskursiver Verfahren gerecht?

➤ Erarbeitungsergebnisse: Welcher Interpretationskontext zukunftsfähiger Entwicklung liegt
zugrunde? Werden kurzfristig orientierter Partikularinteressen zu langfristig ausgerichteten
Gemeinwohlinteressen transformiert?

Partizipation:

➤ Beteiligungsstruktur und Beteiligungsumfang: korporatistisches Modell oder Bürgerbeteiligung? Verringerung der strukturellen Ungleichheit zwischen unterschiedlich konfliktfähigen
Interessen? Frühe Beteiligung der Bürger und der verschiedenen relevanten gesellschaftlichen Gruppen?

➤ Partizipationseffektivität: Mitbestimmungsmöglichkeiten bei der Ausgestaltung kommunaler Politikbereiche zugelassen? Schaffung eines partizipationsfreundlichen Klimas, das zur
dauerhaften Mobilisierung und Erweiterung des aktiven Bevölkerungsteils führt? Erhöht die
Partizipation der gesellschaftlich relevanten Gruppen im lokalen Agendakontext das Um-
steuerungspotential zugunsten einer zukunftsfähigeren Kommune?

➤ Zusammenarbeit zwischen Stadtverwaltung, Kommunalpolitikern, Verbandsvertretern und
Bürgern: neue Qualität oder alte Strukturen?

Steuerung:

➤ Integration des neuen Beteiligungsangebotes in die bisherige Struktur des kommunalen
Entscheidungsprozesses: Minimierung von Akzeptanzproblemen und Effizienzschwierig-
keiten? Interfraktionelle Ratsunterstützung des Vorhabens und Mitarbeit der Stadtverwal-

tung? Der Agendaprozess als neuartiges Instrumentarium bzw. instrumentelle Erweiterung im kommunalpolitischen Kontext?

➤ Erfolgschancen der lokalen Agenda: Breitenwirkung, Ergebnisimplementation: Fließen die Ergebnisse des lokalen Agendaprozesses in die inhaltliche Ausgestaltung der Kommunalpolitik ein? Nutzen für eine Umorientierung der Kommunalpolitik: Steht Publizität oder Publicity und Stadtmarketing im Vordergrund?

„As a scientist myself, I like
to point out that all of science
is only an opinion"
McCluney, 1994, S.19

3 Methodische Anlage der qualitativen Untersuchung

Wie in den vorangegangenen Theoriekapiteln deutlich wurde, verändern sich die traditionellen Strukturen und Potentiale früherer hierarchischer Politikgestaltung im Zuge
von Globalisierungs- und Individualisierungsprozessen unter dem Primat der Ökonomie
gravierend. Dieser Wandel stellt auch neue Anforderungen an die politischen Ebenen
unterhalb des Nationalstaates, sofern sie noch ein politisches Gestaltungspotential wahren wollen. Unter Verpflichtung auf eine »zukunftsfähige Entwicklung« könnten in
diesem Zusammenhang lokale Agendaprozesse kommunale Freiräume für neuartige,
kreative Entscheidungen und Ausgestaltungen bilden und zugleich die Revitalisierung
intersubjektiv geteilter Verantwortung ermöglichen. Ob und inwieweit dieses Potential
umgesetzt werden kann, soll im Rahmen dieser Arbeit in erster Linie anhand der Fallstudie »Münster« unter Bezug auf das Selbstverständnis der beteiligten Akteure eruiert
werden.

Die Arbeit verfolgt dabei primär explorative Zwecke[189] zur Erschließung des noch jungen Forschungsfeldes der lokalen Agenda, das unter dem Ansatz qualitativer Sozialforschung mit dem analytischen Schwerpunkt auf der Steuerungs- und Partizipationseffektivität noch relativ unbeleuchtet ist. Zwar mehren sich unterdessen Arbeiten zur lokalen
Agenda, die sich theorieorientiert mit ihren Steuerungspotentialen auseinandersetzen
oder deskriptiv die neuartigen Bürgerbeteiligungsformen darstellen (vgl. Her-
mann/Proschek/Reschl, 2000; Kuhn, 1998; Stark, 1999). Wie ein lokaler Agendaprozess
jedoch aus Sicht der teilnehmenden Ratsvertreter, Verwaltungsmitarbeiter, Bürger und
»gesellschaftlich relevanten Vertreter« insbesondere mit Blick auf die Beteiligungs-

---

[189] Der Zweck explorativer Forschung besteht nach Lamnek darin, „(...) sich einem klaren Verständnis
dafür, wie man sein Problem stellen sollte, anzunähern; zu lernen, was die angemessenen Daten sind;
Ideen über signifikante Bezugslinien zu entwickeln und seine begrifflichen Werkzeuge im Lichte dessen zu konzipieren, was man über den Lebensbereich lernt" (Lamnek, 1988, S.28).

möglichkeiten, Mitspracherechte, Interaktionsorientierungen und kommunalen Steuerungspotentiale wahrgenommen und bewertet wird, ist mit Blick auf einen derart breit gefassten qualitativen Forschungsansatz noch ein brachliegendes Forschungsfeld[190]. Aufgrund meines prozess- und steuerungsorientierten Erkenntnisinteresses stand dabei nicht nur eine etwaige Erweiterung kommunaler Steuerungsinstrumente und -potentiale, sondern auch die Prozesssteuerung, d.h. die Organisation, Struktur und Ablauf des Konsultationsprozesses sowie die Mitbestimmungsmöglichkeiten von Bürgern und Verbandsvertretern, denen eine direkte Beteiligung an der Ausgestaltung der Kommunalpolitik bisher eher verschlossen blieb, im Vordergrund. Inhaltliche Aspekte, z.B. zu einzelnen Projekterarbeitungen, finden in der Arbeit nur nachrangig und insoweit Berücksichtigung, wie sie in direktem Bezug zum Erkenntnisinteresse stehen. Um die Struktur des Untersuchungskontextes darstellen zu können, wurden neben den Erkenntnissen aus meiner teilnehmenden Beobachtung des Forschungsfeldes primär die vorhandenen Prozessdokumente (Ratsvorlagen, Sitzungsprotokolle) herangezogen.

Mit Blick auf den zu untersuchenden Gegenstand erschien, abgesehen davon, dass im Rahmen dieser Studie eine quantitative Datenerhebung aus extrainhaltlichen Gründen nicht durchführbar war[191], die qualitative Sozialforschung als geeigneter Forschungsansatz, da mit der qualitativen Forschungsmethode empirisch begründete Formulierungen subjektiver und situationsspezifischer Aspekte sowie eine offene Datenauswertung am ehesten geleistet werden kann (vgl. Flick, 1998, S.12)[192]. Indem der Untersuchungshorizont auf die soziale Realität des lokalen Agendaprozesses ausgerichtet wurde, konnten das Selbstverständnis, die Erfahrungen und Bewertungen der Prozessbeteiligten anhand der Kodierungskategorien[193] analysiert werden (s.a. Kap.5f.; vgl. Flick, 1998, S.98ff.; Geißel, 1999, S.55f.). Dazu wurden die Prozessbeteiligten, die hinsichtlich der Ein-

---

[190] Gemäß der Annahme, das wissenschaftliche Erkenntnisse ein Bild der Realität aus dem Blickwinkel einer bestimmten Perspektive wiedergeben (vgl. Feyerabend, 1980; Kuhn, 1967) bestimmt sich dabei diese Beobachterperspektive „zum einen aus dem vorausgesetzten begrifflichen Rahmen (dem Theoretischen, d.h. den zugrundegelegten theoretischen Begriffen) und zum anderen aus den diesem Rahmen entsprechenden Forschungsmethoden" (König/Bentler, 1997, S.89).

[191] Zu nennen sind hier die knappen Kapazitäten an zeitlichen, personellen und materiellen Ressourcen im Rahmen der Dissertation.

[192] Mit dieser Methode werden subjektive Sichtweisen an verschiedenen Sozialgruppen untersucht, um die Fragestellungen, die sich auf die Wirkung der konkreten Ausgestaltung des lokalen Agendaprozesses richten, fallstudienbezogen beantworten zu können. Diese Intention erscheint durch quantitativ-standardisierte Verfahren, die auf der Basis eines elaborierten, deduktiv gewonnenen Hypothesensettings bereits bestimmte Annahmen unterstellen, kaum möglich.

[193] Hinsichtlich der Kodierungskategorien s.a. Kap. 3.2.5.3.

wirkmöglichkeiten auf die klassische Kommunalpolitik den heterogenen Akteurgruppen aus Verwaltung, Politik, Verbänden und unorganisierter Bürgerschaft zuzurechnen waren, in unterschiedlichen Fallgruppen konzeptualisiert (vgl. Kap.3.2.2). Hintergrund dieser Vorgehensweise war die Annahme, dass in den beteiligten heterogenen Akteurgruppen - in Abhängigkeit von ihrem bisherigen Einfluss auf die Ausgestaltung der Kommunalpolitik - differierende Sichtweisen anzutreffen sind.

Von Bedeutung für diese gegenstandsbezogene Methodenauswahl war auch, dass sich die qualitative Begleitforschung gerade mit Blick auf kommunalpolitische Modellprojekte, zu denen die Umsetzung der Agenda 21 auf kommunaler Ebene im Rahmen der lokalen Agenda durchaus zu zählen ist, als sehr fruchtbar erwiesen hat, weil sie einen detaillierten Einblick in die Dynamik von Entwicklungsverläufen erlaubt (vgl. Kardorff, 1995, S.4f.).

3.1   Zur Verwendung des qualitativen Forschungsansatzes

Diese Arbeit knüpft an die qualitativ-interpretative Bielefelder Forschungstradition an, die bereits 1973 und 1976 durch die »Arbeitsgruppe Bielefelder Soziologen« begründet wurde (vgl. Arbeitsgruppe Bielefelder Soziologen, 1973/1976). Dabei gilt es, das Potential der Methodologie qualitativer Sozialforschung auszuschöpfen, um „(...) zu Entdeckungen komplexer Zusammenhänge, von Strukturen, Verhältnissen und Bewegungen und dadurch zur Kritik der positivistisch verstandenen Faktizität" (Kleining, 1995, S.22) zu gelangen. Es geht u.a. darum, die Handlungsorientierungen, Situationswahrnehmungen und Deutungen der im empirischen Feld beteiligten Akteure in ihrer Differenziertheit zu erfassen (vgl. Lamnek, 1988, S.151).

Da der qualitative Forschungsprozess, im Gegensatz zum quantitativen Vorgehen nicht mit einem elaborierten deduktiv gewonnen Hypothesenset beginnt, sondern primär eine hypothesengenerierende Funktion hat (vgl. Kelle/Kluge, 1999), wurden vor allem bei den Verfechtern der quantitativen Forschungsmethodologie Vorwürfe eines »theorielosen« Vorgehens erhoben (vgl. Fleck, 1992, S.757f.). Diese Kritik bezog sich in erster Linie auf die scheinbare Suspendierung des theoretischen Vorwissens im Rahmen der Grounded Theory von Glaser und Strauss, welche die Empfehlung ausgaben, „die Literatur über Theorie und Tatbestände des untersuchten Feldes zunächst buchstäblich zu ignorieren, um sicherzustellen, daß das Hervortreten von Kategorien nicht durch eher anderen Fragen angemessene Konzepte kontaminiert wird" (Glaser/Strauss, 1967, S.47). Diesem „induktivistischen Selbstmißverständnis" (Kelle/Kluge, 1999, S.16f.), demgemäß die Sozialforscher die theoretischen Konzepte »aus dem Datenmaterial emergieren lassen sollten«, wurde seitens der Mehrheit der qualitativen Sozialforscher vehement widersprochen[194], so dass es nicht als Portfolio für die gesamte Methodologie qualitativer Sozialforschung mißverstanden werden sollte[195]. Statt dessen wird im aktuellen methodologisch-wissenschaftlichen Diskurs die Auffassung geteilt, dass dem theoretischen Vorwissen als heuristischem Bezugsrahmen eine zentrale Bedeutung zukommt, weil es keine Beobachtungen ohne Vorverständnis geben kann (vgl. Geißel, 1999; Hopf, 1996; Kelle/Kluge, 1999)[196].

Auch in dieser Arbeit erhält das theoretische Vorwissen (vgl. Kap.1 und 2) als „Instrument zur Erkenntnisgewinnung" (Benz, 1997, S.9) eine elementare Bedeutung. Korrespondierend mit der forschungsleitenden Fragestellung schafft dieses »conceptual framework« eine Sensibilisierung für theorierelevante empirische Daten und ist deshalb auch mit Blick auf die Strukturierung der Untersuchung erkenntnis- und zielführend (vgl. Oswald, 1997, S.81)[197].

Im Rahmen der hier vertretenen Konzeption einer theorieorientierten qualitativen Sozialforschung strukturieren die vorab formulierten Leitfragen und die empirisch noch gehaltlosen Arbeitshypothesen - auf der Basis des theoretischen Bezugsrahmens - nicht allein die Interviewplanung und -durchführung, sondern auch die Auswahl der Untersu-

---

[194] Die Stellungnahmen zur Zurückweisung der rigiden Vorstellungen von Glaser und Strauss werden von Kluge und Kelle zusammenfassend referiert (vgl. Kelle/Kluge, 1999, S.14ff.).

[195] Auch Glaser und Strauss relativierten ihre eigene radikale Stellungnahme in der selben Arbeit wieder, indem sie einräumen: „Selbstverständlich nähert sich der Forscher der Realität nicht als einer Tabula rasa. Er muß eine Perspektive besitzen, die ihm die relevanten Daten (wenn auch noch unscharf und die signifikanten Kategorien aus seiner Prüfung der Daten zu abstrahieren erlaubt (Glaser/Strauss, 1967, S.13, Fn.3).

[196] So ist es nach Meinefeld erkenntnistheoretisch naiv anzunehmen, die Sozialforscher hätten die Fähigkeit sich „ganz unvoreingenommen auf den Gegenstand einzulassen" (Meinefeld, 1995, S.290). Wenn jedoch der Zugang zum Forschungsfeld und damit auch zum Selbstverständnis der darin agierenden Akteure nicht unvermittelt unter Ausschaltung jeglichen Vorwissens erfolgen kann, so erscheint es angemessener die Vorannahmen zu explizieren, um den Ausgangspunkt der Forschung ersichtlich zu machen, anstatt die impliziten Vorannahmen im Dunkeln zu lassen (vgl. Hopf, 1996, S.10ff.).

[197] Die Funktion des heuristischen Rahmens skizzierend, stellen Kelle und Kluge bildhaft heraus: „Der harte Kern von allgemeinen soziologischen Theorien fungiert dabei als »Achse« der Kategorienbildung bzw. als »theoretisches Skelett«, zu dem das »Fleisch« empirisch gehaltvoller Beobachtungen [...] hinzugefügt wird" (Kelle/Kluge, 1999, S.35).

chungsgruppe (des Samples) und die interpretative Auswertung. Das zunächst noch
vage und offene theoretische Vorverständnis wird im Austausch mit den qualitativ erhobenen Daten auf einer zunehmend informationshaltigeren Basis präzisiert und modi-
fiziert. In diesem Kontext geht es darum, ausgehend von den forschungsleitenden Fragestellungen und dem theoretischen Bezugsrahmen in Auseinandersetzung mit der sozialen Realität interviewbasierte Typen und Strukturmuster[198] herauszuarbeiten, um zu
empirisch informationshaltigen fallstudienspezifischen Hypothesen zu kommen.

Um die externe Validität der generierten Hypothesen zu verbessern und den Erkenntnisgewinn der Gesamtuntersuchung heuristisch zu steigern, werden zudem drei weitere
lokale Agendaprozesse anderer Gebietskörperschaften kursorisch anhand von Experteninterviews[199] mit den Prozessorganisatoren bzw. -verantwortlichen aus den jeweiligen Stadtverwaltungen sowie dem verfügbaren Material - vor dem Hintergrund der
Auswertungskategorien analysiert (vgl. Kap.3.3f.). Dadurch soll jedoch nicht der Anspruch erhoben werden, den explorativen Charakter der Studie zugunsten einer verglei-
chenden Studie zu überhöhen. Vielmehr gilt es, den Erkenntnisgewinn der Arbeit zu
steigern, indem die generierten Hypothesen mit Blick auf andere ausgewählte Städte
heuristisch erhärtet werden sollen (vgl. Roth, 1992, S.237).

Um ergänzend qualifizierte Einschätzungen zum lokalen Agendaprozess mit Blick auf
meine forschungsleitenden Fragen zu erhalten, führte ich auf Landes- und Bundesebene
zudem externe Experteninterviews[200] mit Vertretern des Landes-, Arbeits- bzw. Stad-
tentwicklungsministeriums, des Umweltbundesamtes und des CAF-Koordinationsbüros
in NRW durch. Diese Gespräche dienten vor allem dazu, die gesellschaftspolitischen
Rahmenbedingungen für die Umsetzung der lokalen Agenda zu erhellen. Sie finden
jedoch in der nachfolgenden Untersuchung keine Berücksichtigung[201].

---

[198] „Unter einem Muster wird in den Sozialwissenschaften eine eindeutig definierbare (Handlungs-) Form
aufgrund spezifischer Konstellationen von Merkmalen verstanden" (Geißel, 1999, S.67).
[199] Mit Blick auf die Definition von Meuser und Nagel, dergemäß als Experte gilt, „(...) wer in irgendeiner Weise Verantwortung trägt für den Entwurf, die Implementierung oder die Kontrolle einer Problemlösung oder wer über einen privilegierten Zugang zu Informationen über Personen Gruppen oder
Entscheidungsprozesse verfügt" (Meuser/Nagel, 1991, S.443), können alle interviewten Personen im
Rahmen dieser Studie als Experte gelten, weil sie alle aktiv und auch gestalterisch am thematisierten
Prozess beteiligt waren.
[200] Der Status als »externer Experte« bezieht sich darauf, dass die Person über ein umfassendes Überblickswissen über den allgemeinen Stand und Verlauf der lokalen Agendaaktivitäten wie auch über einen Einblick in die konkrete Umsetzung der lokalen Agenda in Münster verfügt.
[201] Bei der Nichtberücksichtigung der Interviews waren nicht allein die Beschränkung der Komplexität
des Untersuchungshorizontes von Bedeutung, auch die sonst kaum zu leistende Wahrung der Anonymität und der Persönlichkeitsrechte führten zu dieser Entscheidung.

Die drei Hauptfunktionen der Exploration als Methode der qualitativen Sozialforschung, denen in dieser Untersuchung Rechnung getragen werden soll, sind:

1. Formulierung von informationshaltigen Hypothesen.
2. Etwaige Modifizierung des zugrundeliegenden theoretischen Kontextes.
3. Partielle Prüfung der Arbeitshypothesen (vgl. Lamnek, 1988, S.94).

Die daraus resultierenden Konsequenzen für das Sampling, die Entwicklung des Interviewleitfadens wie auch der Interpretation der Interviews werden im folgenden Kapitel 3.2 zur Erläuterung des Vorgehens entsprechend erörtert.

3.2   Erläuterung des fallstudienspezifischen Vorgehens

Um das Vorgehen nachvollziehbar zu machen, wird im Folgenden zuerst die Auswahl der Fallstudie begründet. Danach werden das weitere Vorgehen im Rahmen der Untersuchung, die Samplestruktur, die Datenerhebung und die grundsätzlichen Aspekte für die Dateninterpretation konkreter expliziert, um so die Nachvollziehbarkeit der Arbeitsschritte wie auch die Intersubjektivität der Forschungsergebnisse zu ermöglichen.

3.2.1   Auswahl der Fallstudie

Im Rahmen der Stadtauswahl für die Fallstudie kamen ursprünglich Münster und München in Betracht, weil in beiden Städten die Initiierung eines lokalen Agendaprozesses bereits Mitte der 90-er Jahre ein kommunalpolitisches Thema war. Die beiden Städte fungierten als Türöffner für die Umsetzung und Etablierung von lokalen Agendaprozessen in Deutschland, denn sie erlangten aufgrund der kreativen Prozessplanung, der organisatorischen Strukturierung des Konsultationsverfahrens, der Einbindung heterogener Interessengruppen, der umfangreichen personellen und finanziellen Prozessförderung und mit Blick auf die bereits existente Verortung (sozial-) ökologischer Themen in der Ausgestaltung der jüngeren Stadtentwicklung eine überaus positive Außenwirkung. Die Berichterstattung über beide Städte war, abgesehen von den Ratsvorlagen und stadtinternen Protokollen der Sitzungen und Veranstaltungen, durch die Zeitung „Stadtgespräche - Nachrichten zur lokalen Agenda 21 in Deutschland" und der regelmäßigen Ausgaben von „Lokale Agenda 21" gut. Relevant waren auch die Konkretisierung des Organigramms[202] und des geplanten Prozessablaufes in den beiden Städten sowie der Ausrichtung darauf, die Agenda-Vorlage 1998 bzw. 1999 durch den jeweiligen Rat der Stadt beschließen zu lassen. Das war früh genug, um das dann vorliegende Ergebnis in die steuerungstheoretische Bewertung einfließen lassen zu können.

Abgesehen davon, dass in Münster die Chance auf eine erfolgreiche, nahezu idealtypische Umsetzung des Agendaprozesses aufgrund der kommunalpolitischen Aktivitäten und organisatorisch-finanziellen Voraussetzungen relativ groß war (vgl. Kap. 4.1), nimmt Münster im Rahmen des Agendaprozesses auch eine besondere Vorzeigefunktion wahr (vgl. CAF/Agenda-Transfer, 1997a, S.20f.), weil sie 1997 als Modellstadt für das ExWoSt-Projekt „Städte der Zukunft" offiziell bestätigt und zudem 1998 zur Klimahauptstadt gekürt wurde[203].

Als Universitätsstadt mit einer Tradition lokaler Beteiligungskultur und einer im Landesvergleich guten kommunalen Haushaltslage ließ Münster auch aufgrund des vorhandenen sozialen und monetären Kapitals, neben der sehr guten personellen und materiellen Ausstattung des Prozesses, einen Erfolg der lokalen Agenda erwarten. Vor diesem Hintergrund kann gerade die Untersuchung des lokalen Agendaprozesses in Münster als »best practise case« auch eine Hilfe dafür sein, etwaige grundlegende Schwierigkeiten und negative Entwicklungen analytisch zu eruieren.

Die Verortung der Fallstudie in Münster war letztlich jedoch von der Aufnahme und Stabilisierung direkter Kontakte zu den Verantwortlichen im Agendabüro der Verwaltung abhängig. Nach erfolgreichen Vorgesprächen mit der Leiterin des Münsteraner Agendabüros stand der Realisierung der Fallstudie in Münster nichts mehr im Wege. Damit war sowohl die teilnehmende Beobachtung bei den Facharbeitskreisen, Foren und Vernetzungstreffen, die Einsicht in die vorhandenen öffentlichen Dokumente und fortlaufenden Protokolle aller Arbeitsgruppensitzungen wie auch die Durchführung von qualitativen Interviews mit teilnehmenden Akteuren des Prozesses aus Verwaltung,

---

[202] In beiden Städten wurde frühzeitig eine umfangreiche Organisationsstruktur, die Agenda-Büro, Lenkungskreis, Fachforen und auch Bürgerforen beinhaltete, aufgebaut. Nähere Erläuterungen zum Organigramm der lokalen Agenda in Münster (vgl. Kap.4).
[203] Diese herausgehobene Vorzeigefunktion macht sich auch daran fest, dass umfangreiche finanzielle Mittel von mehr als einer Million DM für die Umsetzung des Prozesses zur Verfügung gestellt wurden (vgl. Kap.4).

Stadtrat, Bürgerschaft und Verbänden, die vor dem Hintergrund des theoretischen Bezugsrahmens relevant erschienen, gewährleistet.

3.2.2 Untersuchungsfokus: Fallgruppen im lokalen Agendaprozess der Stadt Münster

Gemäß meines steuerungsbasierten Erkenntnisinteresses war der Untersuchungsfokus nicht auf die - nach thematischen Bereichen - eingerichteten einzelnen FAK und BZ (vgl. Kap.4.2) ausgerichtet, sondern querschnittsorientiert auf die beteiligten unterschiedlichen Akteurgruppen. Um sicherzustellen, dass die relevanten Fallgruppen[204] in die Fallstudie einbezogen wurden, war eine bewußte kriteriengesteuerte Auswahl notwendig. Ein wichtiges Ziel war in diesem Zusammenhang die Abbildung der

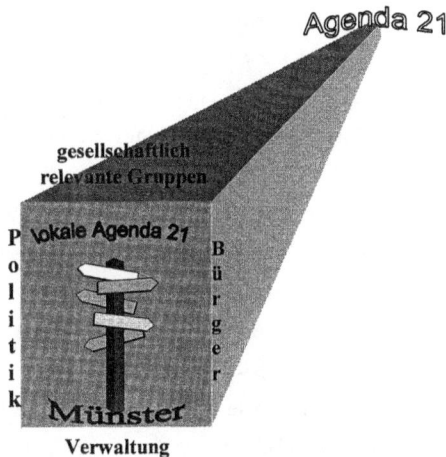

Abb. 3.1: Akteurgruppen im Rahmen der lokalen
Agenda der Fallstudie Münster
Quelle: Eigene Darstellung

realen Akteurheterogenität im Untersuchungsfeld[205]. Ausgangspunkt für die Untersuchung war zunächst ein selektives sampling[206] (Schatzmann/Strauss, 1973, S.73f.). Die Konstruktion des Samples basierte auf dem theoretisch fundierten forschungsstrategi-

---

[204] Die Fallgruppenauswahl bezieht sich auf die Entscheidung, welchen Gruppen die zu interviewenden Personen entstammen sollen (vgl. Flick, 1995, S.78).

[205] Da es auf der Grundlage der qualitativen Sozialforschung nicht um statistische Repräsentativität sondern letztlich um Typisierungen i. S. von Repräsentanz geht, wurden keine Zufallsstichproben gezogen. Dies war auch deswegen nicht möglich, da eine Stichprobenziehung bei einer Zufallsauswahl mit Blick auf die eher kleine, einer interpretativen Analyse noch zugängliche, qualitative Stichprobe zu folgenschweren Verzerrungen führen würde und damit das Gegenteil der intendierten Repräsentativität zur Folge hätte (vgl. Kelle/Kluge, 1999, S.39). Statt dessen erfolgte eine gezielte Auswahl der Interviewpartner auf der Basis einer theorieorientierten systematischen Auswahl (vgl. Lamnek, 1988, S.223).

[206] „Das selektive Sampling verweist auf die kalkulierte Entscheidung, einen bestimmten Schauplatz oder Typ von Interviewpartner im Hinblick auf vorab festgelegte und begründete Dimensionen [...], die schon vor Beginn der Studie ausgearbeitet werden, zu testen" (Schatzmann/Strauss, 1973, zit. nach Strauss, 1998, S.71).

schen Erkenntnisinteresse, welches in den Leitfragen seinen Ausdruck findet (vgl. Einleitung und Kap. 1.6.4)[207]. Um alle relevanten Fallgruppen einzubinden, war es notwendig, sowohl prozessbeteiligte Akteure aus den Ratsparteien, aus der Verwaltung sowie aus den verschiedenen gesellschaftlichen Gruppierungen, als auch nicht organisierte Bürger zu interviewen[208] (vgl. hierzu Abb.3.1). Die Relevanz dieser Gruppen vor dem interessierenden theoretischen Hintergrund der Steuerungs- und Partizipationseffektivität des Prozesses ergab sich aus ihren unterschiedlichen Funktionen im Rahmen des neu zu konstituierenden Konsultationszusammenhanges der lokalen Agenda. Während die Berücksichtigung der einzubindenden Bürger und gesellschaftlich relevanten Gruppen (vgl. Kap.28 der Agenda 21) mit Blick auf ihre Wahrnehmung und Bewertung der gewährten Mitsprache- und Steuerungspotentiale zugunsten einer zukunftsfähigeren Umsteuerung im kommunalpolitischen Kontext von Bedeutung ist, sind hinsichtlich des klassischen kommunalpolitischen Settings die Wahrnehmungen und Bewertungen des neuartigen Konsultationszusammenhanges seitens der Akteure aus (Rats-) Politik und Verwaltung von zentraler Bedeutung.

Dem Sample liegt somit die Annahme zugrunde, dass die Art der Verfahrensausgestaltung, die Umsetzung bzw. Implementation erarbeiteter Beratungsergebnisse in der Kommunalpolitik, sowie die Bewertung der partizipativen Beteiligungs- bzw. Mitbestimmungsmöglichkeiten von diesen heterogenen Akteurgruppen jeweils spezifisch vorgenommen wird. Dabei gehe ich davon aus, dass erst ein (kontrastierender) Vergleich der fallgruppenspezifischen Befunde - mit dem Ziel der Erarbeitung und Interpretation eines übergreifenden Strukturmusters - signifikante Aussagen über diesen lokalen Agendaprozess, sowie i.S. der explorativen Forschungsausrichtung die Aufstellung eines Hypothesensettings ermöglicht.

3.2.2.1 Konkretisierung der Fallgruppen - Auswahl der Interviewpartner

Bei der Fallauswahl[209] der jeweiligen Fallgruppen war ich um eine möglichst breite, kontrastierende Streuung bemüht, welche die Binnenheterogenität der jeweiligen Fall-

---

[207] Dabei interessiert weniger, „wie ein Problem statistisch verteilt ist, sondern welche Probleme es tatsächlich gibt und wie sie beschaffen sind" (Lamnek, 1988, S.177).
[208] Voraussetzung für die Auswahl eines/einer Interviewpartner/in war seine/ihre Teilnahme am lokalen Agendaprozess.
[209] Die Fallauswahl bezieht sich auf die Entscheidung, welche Personen aus den Fallgruppen interviewt werden (vgl. Flick, 1995, S.78).

gruppe entsprechend widerspiegeln sollte, um eine etwaige inhaltliche Verzerrung der Ergebnisse zu vermeiden. Zwar konnte auf der Basis der Teilnehmerlisten, die durch das Agendabüro zur Verfügung gestellt wurden, eine spezifischere Akteursauswahl erfolgen, jedoch wurde anhand der Liste schon das Problem einer selbst-selektiven Auswahl der Teilnehmenden deutlich, zumal einige der beteiligten Vertreter bereits beim Agendabüro die weitere Verwendung ihrer Daten untersagten. Der Gefahr der selbstselektiven Verzerrung der Daten (vgl. Fleck, 1992, S.758), die durch Absagen einiger potentieller Interviewpartner sowie den Wechsel von Vertretern einzelner Gruppierungen in den Arbeitsgremien noch verschärft wurde, konnte dadurch begegnet werden, dass sich mit viel Geduld und durch Flexibilität in der Auswahl der Beteiligten ein relativ ausgewogenes selektives Sample erreichen ließ[210].

Vor diesem Hintergrund nahm ich die Fallauswahl bei den als »progressiv« bzw. »konservativ« deklarierten gesellschaftlichen Gruppierungen und Verbänden[211] mit Blick auf die Zugehörigkeit zu einem Verband bzw. zu einer Institution oder einem Verein nach dem Prinzip der maximalen Kontrastierung vor, so dass das heterogene Spektrum aus Vertretern von Wirtschaftskammern, Wirtschaftsverbänden, Kirchen, Gewerkschaften, Umwelt- und Sozialverbänden sowie anderweitigen NRO`s adäquat widergespiegelt wurde. Abgesehen von den jeweils acht interviewten Vertretern dieser Gruppierungen nahm ich auch noch je zwei Vertreter der beteiligten Frauen-, Jugend- und Ausländergruppen, die im Teilnehmersample der Facharbeitskreise gesondert berücksichtigt sind (vgl. Kap.4.2.2.4), in das Sample auf. Dabei galt es, dem Anspruch der Agenda 21, in

---

[210] Die Tatsache, dass Personen (insbesondere solche aus der Gruppe der »konservativen« Facharbeitskreisteilnehmenden und der Gruppe der Ausländer) aus Zeitgründen, Desinteresse, Datenschutzbedenken oder aufgrund des vorzeitigen Abbruches der Beteiligung am Prozess nicht zu einem Interview zur Verfügung standen, konnte zwar nicht gänzlich aufgefangen werden, dennoch war es letztlich möglich, ein relevantes Set an Prozessbeteiligten zusammenzustellen, in dem möglichst viele Teilnehmende, die verschiedenen Fallgruppen zuzuordnen waren angesprochen wurden und einige trotz Ihrer Bedenken doch noch für ein Interview gewonnen werden konnten.

[211] Da weder eine genaue Zuordnung der in die Facharbeitskreise einbezogenen Gruppen zu »konservativen« oder »progressiven« Gruppen seitens der Organisatoren des Prozesses in Erfahrung gebracht werden konnte, weil dazu erläuternde Stellungnahmen seitens der Prozessverantwortlichen verweigert wurden, noch diese Differenzierung ex post aus den vorliegenden Daten vollends rekonstruierbar war, bemühte ich mich auf der Grundlage informeller Gesprächen mit Verwaltungsmitarbeitern und am Prozess beteiligten Politiker um eine eigene Klassifikation. Demnach stehen progressive Gruppierungen dem Prozess eher aufgeschlossen und positiv gegenüber, zumal sie bis dato kaum handlungsleitend in das kommunalpolitische Geschehen eingebunden waren und auch aufgrund ihrer Ressourcenschwäche nur bedingt durch informelle Kanäle auf die konkrete Politikausgestaltung Einfluss nehmen konnten. Die »konservativ« deklarierten Gruppen stehen demgegenüber dem Prozess eher zurückhaltend gegenüber, weil sie bisher bereits gute Möglichkeiten hatten, ihre Interessen im kommunalen Politikgeschehen zur Geltung zu bringen.

der insbesondere die Einbindung der Frauen, Jugendlichen und Ausländer proklamiert wird, gerecht zu werden. Um die Sichtweise beteiligter Akteure der klassischen Kommunalpolitik aus Politik und Verwaltung zum lokalen Agendaprozess zu ermitteln, wurden sechs Ratsvertreter (je zwei Repräsentanten der während der Prozessphase im Rat vertretenen Parteien SPD, Grüne und CDU), acht Verwaltungsmitarbeiter aus unterschiedlichen Ressorts[212], sowie zudem drei Mitarbeiterinnen des Agendabüros interviewt.

Die Einbindung der unorganisierten Bürger in das Sample gestaltete sich zunächst problematisch, da sie zu Beginn des Prozesses nur im Rahmen einer Bürgerfragestunde im Rahmen der tagenden Facharbeitskreise Zugang zum Prozess fanden. Erst im Zuge der Einrichtung eigenständiger Bürgerzirkel (vgl. Kap.4.2.2.5) wurde ein Zugang zu *beteiligten* Bürgern möglich, so dass ich sieben unorganisierte Bürger in das selektive Sample integrieren konnte. Darüber hinaus war eine Ergänzung des Samples um Akteure aus dem Lenkungskreis (vgl. Kap.4.2.2.2) notwendig. Nicht nur weil der Lenkungskreis hinsichtlich der Prozesssteuerung von Bedeutung war, sondern auch aufgrund seiner heterogenen Besetzung aus Vertretern der Verwaltung, der Politik und der NRO`s, die hier an einer zentralen lenkenden Schnittstelle zwischen klassischer Kommunalpolitik und dem neu etablierten lokalen Agendaprozess agieren konnten. Vor diesem Hintergrund bezog ich je einen Vertreter der unterschiedlichen Akteurgruppen, die ich bereits als differente Fallgruppen konzeptualisiert hatte, in das Sample ein. Hinzu kamen noch die für das Verständnis der lokalen Agenda-Ausgestaltung relevanten Einzelfälle - zwei wichtige Repräsentanten der Stadtverwaltung[213].

Um sowohl meinem zugrundeliegenden theoretischen Erkenntnisinteresse wie auch dem konkreten Prozessverlauf der lokalen Agenda in Münster Rechnung zu tragen, erweiterte ich das Sample während des Untersuchungsverlaufes zudem sukzessive[214]. So berücksichtigte ich im fortschreitenden Verlauf des Untersuchungsprozesses die nicht vorhersehbaren konkreten Veränderungen bzw. Erweiterungen der organisatorischen

---

[212] Die ausgewählten Interviewpartner aus der Verwaltung kamen sowohl aus dem Umwelt-, dem Sozial-, dem Schul- wie auch dem Stadtplanungs- und Wirtschaftsförderungsressort.

[213] Diese Anonymisierung der beiden Personen beruht primär darauf, die erhobenen Interviewdaten unzensiert verwerten zu können. Das wäre sonst aufgrund der eindeutigen Zurechenbarkeit der verantwortlichen Interviewpartner und damit mit Blick auf die zu wahrenden Persönlichkeitsrechte nicht möglich gewesen.

[214] Zur Notwendigkeit der Anpassung des Untersuchungsansatzes an die Komplexität der sozialen Realität vgl. Hoffmann-Riem, 1980.

Ausgestaltung der lokalen Agenda, indem ich das ursprüngliche Sampling um drei Moderatoren der Bürgerzirkel (von denen einer in Personalunion als Moderator der Stadtteilzukunftswerkstätten fungierte), vier Beteiligte aus dem Frauenaktionsbündnis sowie vier Aktive aus der wiedergegründeten Projektgruppe zukunftsfähiges Münster[215] erweiterte.

Die Interviewphase beendete ich, als eine gewisse Datensättigung erreicht war und der Zeitaufwand zur Materialerhebung in keinem Verhältnis mehr zum Erkenntnisgewinn stand. Insgesamt zählten zum Gesamtsampling der Fallstudie Münster 62 Einzelfälle; es wurden jedoch lediglich 54 Personen interviewt, weil die Mitglieder der wiedergegründeten Projektgruppe zukunftsfähiges Münster ebenso wie die Vertreter des Lenkungskreises und eine Vertreterin des Frauenaktionsbündnisses bereits in anderen Fallgruppenkontexten interviewt worden waren. Abgesehen davon, dass die entsprechenden Interviews gezielt auf den Kontext dieser beiden Gruppen ausgerichtet waren, wurden die Interviewten auch zum Schutz der Persönlichkeitsrechte und der Anonymität neu als »PZM« bzw. »LK-A« kodiert (vgl. dazu auch die folgende Übersicht).

Die Einzelfälle sind, wie schon angeführt, in folgende Haupt-Fallgruppen des Samples subsumiert:

Am Konsultationsprozess beteiligte Fallgruppen	Einzelfälle
FAK-P: Facharbeitskreisteilnehmende »progressiver« Gruppierungen	8
FAK-K: Facharbeitskreisteilnehmende »konservativer« Gruppierungen	8
FAK-F: Frauenvertreterinnen in den Facharbeitskreisen	2
FAK-J: Jugendvertreter in den Facharbeitskreisen	2
FAK-A: Ausländervertreter in den Facharbeitskreisen	2
FAK-V: Verwaltungsvertreter in den Facharbeitskreisen	8
FAK-RP: Vertreter der Ratsparteien in den Facharbeitskreisen	6

---

[215] Die Aktiven aus der wiedergegründeten Projektgruppe entstammen aus den ehemaligen FAK und BZ und sind z.T. mit bereits interviewten Personen identitätsgleich. Zur Wahrung der Persönlichkeitsrechte und der Anonymität wurden die Aktiven dieser Gruppe jedoch fortlaufend unter PZM kodiert.

UB: unorganisierte Bürger in den Bürgerzirkeln	7
AFR: aktive Frauen aus dem Frauenaktionsbündnis	4
Gesamtfallzahl der am Konsultationsprozess beteiligten Fallgruppen	**47**

Sonstige:	**Einzelfälle**
AG-B: Mitarbeiterinnen des Agendabüros	3
PZM: Aktive aus der zum Prozessende wiedergegründeten »Projektgruppe zukunftsfähiges Münster«	4
LK-A: Akteure aus dem Lenkungskreis	3
BZ-M/ZW: Moderatoren der Bürgerzirkel bzw. Zukunftswerkstätten	3
RS: Wichtige Repräsentanten der Stadtverwaltung	2
Gesamtfallzahl »Sonstige«	**15**
Gesamtfallzahl der Fallstudie Münster	**62**

Unter den befragten Personen waren nahezu doppelt soviel Männer als Frauen[216]. Eine geschlechtsspezifische Gleichverteilung in den einzelnen Gruppierungen ließ sich schon aufgrund der männlich dominierten FAK und der stark männlich dominierten Akteurgruppen der Verwaltungs-, Verbands- und Politikvertreter nicht erreichen: das Untersuchungssample spiegelt damit die Verhältnisse aller Beteiligten im lokalen Agendaprozess realitätsgerecht wider[217]. Das Alter der Interviewten reichte von 20 bis zu 70 Jahren und deckte somit das breite Spektrum der Prozessbeteiligten ab. Um auch die differenten Teilnahmekontinuitäten der Prozessteilnehmenden zu berücksichtigen, nahm ich sowohl Personen, die nur an einem Teil der anberaumten Sitzungen teilnahmen oder nach kurzer Zeit gänzlich fern blieben ebenso in das Sample auf, wie diejenigen, die

---

[216] Insgesamt waren unter den Befragten 35 Männer und 19 Frauen.
[217] Eine erzwungene Gleichverteilung der Geschlechter im Untersuchungssample hätte somit die Realität verzerrt und auch dazu geführt, dass die hohen Fallzahlen in den Fallgruppen nicht hätten erreicht werden können.

nahezu an jeder Sitzung teilnahmen. Mit Blick auf die subjektiven Wahrnehmungen, Deutungen und Gründe, die zum Aussteigen aus dem Prozess führte, war die erstgenannte Gruppe von besonderer Relevanz. Bei dieser Personengruppe war es jedoch besonders schwer, einen Interviewtermin zu erhalten, da mit Verweis auf die geringe Teilnahmekontinuität und unter Benennung der dafür ausschlaggebenden Gründe ein Interview oft abgesagt wurde. Um Aussagen zur Prozessreflexion zu erhalten, die sich auf eine umfangreiche eigene Teilnahme gründeten, waren die Personen von Bedeutung, die dem Prozess nicht den Rücken kehrten. Aus diesen Gründen wurden zu zwei Dritteln Personen befragt, die an mehr als 75% der Sitzungen teilgenommen hatten.

3.2.2.2 Kontaktaufnahme

Wenn der Kontakt zu den potentiellen Interviewpartnern nicht bereits während meiner teilnehmenden Beobachtung hergestellt wurde, so wurde er meinerseits via Anschreiben und Telefonat aufgenommen. Dabei war - wie bereits erwähnt - die Interviewbereitschaft der Personen, die unregelmäßig am Prozess teilnahmen oder sich ganz aus dem Prozess zurückzogen, gering[218]. Davon abgesehen war jedoch eine Interviewbereitschaft bei den Akteuren aller beteiligten Gruppen gegeben.

3.2.3 Datenerhebung

Die Untersuchung wurde im Zeitraum von 1998 bis 2000 durchgeführt. Während die teilnehmende Prozessbeobachtung unmittelbar zu Beginn des Jahres 1998 aufgenommen wurde, fanden die fallstudienbezogenen Interviews in Münster im Zeitraum vom November 1998 bis zum Dezember 1999 statt. Die Interviews in den anderen vier nordrhein-westfälischen Städten erfolgten im Sommer/Herbst 1999. Abschließend wurde im Herbst 2000 und Frühjahr 2001 in allen Städten nachrecherchiert, um die aktuellen Entwicklungen der Prozesse noch in die Auswertung einfließen lassen zu können.

---

[218] D.h. Personen, die nach kurzer Zeit, also 1-2 FAK-Sitzungen, nicht mehr am lokalen Agendaprozess teilnahmen, ließen sich bis auf zwei Ausnahmen, nicht zu einem Interview bewegen.

3.2.3.1 Teilnehmende Beobachtung

Im Rahmen der Fallstudie »Münster« war eine teilnehmende Beobachtung offizieller Veranstaltungen (z.b. Vernetzungstreffen der am Konsultationsprozess beteiligten Gruppen, Präsentation der Ergebnisse), sowie nicht-öffentlicher Sitzungen der Facharbeitskreise möglich. Das verschaffte einen Eindruck sowohl vom konkreten Prozessablauf als auch von der Partizipationsstruktur und den realen Interaktionsprozessen im Rahmen der gegebenen Verhandlungssituation (vgl. Mayring, 1996, S.61f.). Wichtig war dabei, in das Untersuchungsfeld einzutauchen und eine Beobachterperspektive aus der Sicht eines Teilnehmenden zu gewinnen. Dieses Vorgehen schaffte die Grundlage für eine „ökologische Validierung" (Lamnek, 1988, S.151) der darauf aufbauend erhobenen interviewbasierten Daten[219].

3.2.3.2 Interviews

Da für die Befragten die Interviewsituation in der Regel ungewöhnlich ist, sollte die Datenerhebung in einer Umgebung stattfinden, die dem Befragten vertraut ist, um eine durch etwaige Unsicherheit des Befragten bedingte Verzerrung der Daten soweit es geht zu minimieren (vgl. Lamnek, 1989, S.94). Die Datenerhebung erfolgte deswegen an den Arbeits- oder Wohnorten der ausgewählten Interviewpartner. Eine Ausnahme bildeten drei Telefoninterviews mit je einem/r Vertreter/in der Fallgruppen UB, FAK-P und FAK-V.

Die Interviews dauerten in der Regel eine dreiviertel Stunde, in einigen Fällen jedoch weit mehr als eine Stunde. Die durchgeführten drei Telefoninterviews dauerten jeweils nur ca. dreißig Minuten. Damit eine spätere Transkription und Auswertung gewährleistet war, wurden die Daten via Tonbandaufzeichnungen gesichert. Die Interviewpartner waren zuvor über den Zweck der Aufzeichnung informiert worden und hatten ihre Einwilligung zur »Datenkonservierung« gegeben. Manchmal berichteten die Interviewten

---

[219] Im Gegensatz zum technizistisch orientierten Validierungskonzept quantitativer Sozialforschung sind für qualitative Methoden andere Gültigkeitsprüfungen von Bedeutung. Dabei ist neben anderen möglichen qualitativen Validierungskriterien wie z.b. der kumulativen oder kommunikativen Validierung, die ökologische Validität der zentralste Aspekt. „Dahinter steht die Überzeugung, daß gültige Informationen über interessierende Forschungsgegenstände und Untersuchungspersonen in deren »natürlichem Lebensraum« gewonnen werden können, der möglichst wenig durch künstliche Versuchsanordnungen, wie Laborexperimente oder standardisierte Tests, eingeengt und entfremdet werden sollte" (Lamnek, 1988, S.151).

nach Abschalten des Aufnahmegerätes über heikle oder auch von ihnen für meine Untersuchung als peripher erachtete Themenbereiche. Diese Gesprächsinhalte wurden im Rahmen von Notizen zum Interviewnachgespräch festgehalten.

Bei den Interviews handelte es sich um teilstandardisierte[220] qualitative Interviews, die auf meine Fragestellung fokussiert oder darauf hin problemzentriert waren[221]. Beide Interviewformen sind leitfadenbasiert und theoriegeleitet darauf ausgerichtet, subjektive Sichtweisen zu den perzipierten gesellschaftlichen Problembereichen des untersuchten Gegenstandes zu erfassen (vgl. Witzel, 1982, S.69f.)[222].

Die durchgeführten Interviews dienten:

- der Eruierung der subjektiven Erfahrungen der Teilnehmenden,
- der Ermittlung des wahrgenommenen Handlungs- und Konsultationszusammenhanges sowie
- der Bewertung der Verfahrensausgestaltung sowie der Partizipations- und Steuerungseffektivität aus Sicht der beteiligten Akteure.

Um in diesem Zusammenhang relevante und verwertbare Daten zu erhalten, musste die Themenkategorie »Steuerungseffektivität« im Rahmen der operationalisierten Fragestellungen in besonderer Weise dem diskursiven Alltagssprachgebrauch der Interviewpartner angepasst werden.

3.2.3.3 Konzeption des Interviewleitfadens anhand theoriebasierter Kategorien

Um die forschungsleitenden Grundfragestellungen der Arbeit empiriefähig zu machen, mussten sie im Rahmen der Interviewerhebungen operationalisiert werden.

Bei der Entwicklung der zugrundeliegenden Interviewleitfäden stand der Bezug zur theoretischen Ausgangsposition und forschungsleitenden Fragestellung im Vordergrund. Der Leitfaden diente so der thematischen Organisation und Operationalisierung

---

[220] Bei teilstandardisierten Leitfaden-Interviews gibt es im Gegensatz zu standardisierten Interviews keine Auswahl an Antwortvorgaben, so dass die Befragten ihre Ansichten frei äußern können. Um bei der Umsetzung der Interviews einer »Leitfadenbürokratie« vorzubeugen, war die Möglichkeit zu klärenden Nachfragen ebenso gegeben wie das Aufgreifen von Gesichtspunkten, die der/die Befragte geäußert hatte, sofern sie vor dem Hintergrund der Fragestellung der Untersuchung bedeutsam erschienen (vgl. Hopf, 1995, S. 177). Die Fragenreihenfolge und deren konkrete Formulierung, bzw. auch die Auslassung einzelner Fragen hing letztlich vom konkreten Interviewverlauf ab (vgl. Flick, 1998, S.112f.).

[221] Zur Erläuterung der Unterschiede problemzentrierter und fokussierter Interviews vgl. Lamnek, 1989, S.74ff.

[222] Sie setzen damit an „relevanten gesellschaftlichen Problemstellungen und ihrer theoretischen Ausformulierung als elastisch zu handhabendes Vorwissen des Forschers" an (Witzel, 1982, S.69).

der Forschungsfragen und fungierte für das Interview als theoriebasierte Strukturie-
rungs- und Orientierungshilfe (vgl. Hölzl, 1994, S.65, Witzel, 1996, S.57). So wurde der
Rekurs auf den aktuellen Forschungsstand gewährleistet und ein Abdriften in die Theo-
rielosigkeit vermieden (vgl. Hopf, 1996).

Auf der Grundlage des theoretischen Bezugsrahmens und unter Berücksichtigung der
eigenen Erfahrungen aus der teilnehmenden Beobachtung wurden bei der Konzeption
der Leitfäden durchgehend folgende Kodierungskategorien der lokalen Agenda berücksichtigt:

- Verfahrensausgestaltung
- Partizipationseffektivität
- Steuerungseffektivität
- »materialer outcome«.

Die Leitfäden waren auf die unterschiedlichen Zielgruppen der Interviewerhebung abgestimmt. Zu den Zielgruppen der Erhebung gehörten:

➢ in Münster:

- Ratsvertreter der verschiedenen Fraktionen im Agendaprozess,
- Agendateilnehmende der »gesellschaftlich relevanten Gruppen«,
- Agendateilnehmende aus der nicht organisierten Bürgerschaft,
- Verwaltungs- und Agendabüromitarbeiterinnen, sowie

➢ die »externen Experten« und

➢ die verantwortlichen Ansprechpartner/Experten der zusätzlich ausgewählten Kommunen.

Da sich im konkreten Interviewverlauf nicht alle Aussagen den vorhandenen Kategorien
zuordnen ließen, die Wahrnehmungen und Sichtweisen der Prozessbeteiligten jedoch im
Vordergrund standen und der Sinn Ihrer »Sicht der Dinge« gewahrt bleiben sollte, sah
ich mich veranlasst, den Gesprächsleitfaden im Verlauf der Untersuchung durch Variie-
rung und Erweiterung der sozialen Realität anzupassen[223]. Dadurch war es möglich u.a.
das subjektive Erleben des Agendaprozesses, die Einschätzung bzw. Bewertung hinsichtlich der eigenen Mitspracherechte und der Bedeutung für die kommunalpolitische

---

[223] Insgesamt wurde so einem theorieorientierten methodischen Dirigismus zuungunsten der Perzeption
sozialer Realität vorgebeugt. In diesem Zusammenhang wurden auch die Erkenntnisse aus den z.T. bereits durchgeführten Experteninterviews berücksichtigt.

Steuerungsfähigkeit und die zukunftsfähige Entwicklung der Kommune zu dokumentieren. Die zentralen Kategorien wurden davon jedoch nicht tangiert, vielmehr waren sie die Orientierungspunkte für die Ergänzung empiriefähiger Fragestellungen (vgl. Mayring, 1996, S.48f., S.54f.).

Die Anbindung der Leitfäden an die Kategorien und damit eine Konzentration auf die wesentlichen Fragen meiner Studie war auch aus forschungspraktischen Gründen zweckmäßig. So wurde nicht nur die Verknüpfung der Untersuchung mit der Theorie und die Durchführung der Interviews, sondern auch die Auswertung der Daten erleichtert, indem anhand der Kategorien ein Ordnungsrahmen zugunsten einer besseren Vergleichbarkeit der Daten geschaffen wurde (vgl. Flick, 1998, S.114).

In Anlehnung an die konkrete Gesprächssituation wurde von dem kategorial konzipierten Leitfaden u.a. folgende Fragestellungen aufgegriffen:

Hinsichtlich der *Verfahrensausgestaltung* zielten die Fragen auf die Rekonstruktion des Konsultationszusammenhanges und damit u.a. auf die Prozessförderung seitens der Stadt, das angewandte Organigramm, die Arbeitsmethodik, die Zusammensetzung der Arbeitsgruppen und die Moderation. Zudem dienten Fragen zum Kommunikationsklima - bezogen auf die entsprechenden Arbeitsgruppen - dazu, herauszukristallisieren wie das Binnenklima und die Interaktionsorientierungen in den Arbeitsgruppen wahrgenommen wurde. Thematisiert wurde in diesem Zusammenhang auch, ob und inwiefern Konflikte thematisiert und ausgetragen wurden und wie sich die Atmosphäre in den Gruppen ausgestaltete.

Im Zuge der Kategorien *Steuerungs- und Partizipationseffektivität* wurden die Wahrnehmungen und Bewertungen der prozessgebundenen Mitsprachemöglichkeiten, der Bürgerbeteiligung, des Gestaltungspotentials des Agendaprozesses hinsichtlich der kommunalen Politik, die Verbindungen zwischen Partizipation und Steuerungspotential im lokalen Agendakontext, die Zusammenarbeit zwischen Verwaltung, Politik, Bürgern und den Vertretern gesellschaftlich relevanter Gruppen, sowie nicht zuletzt die Implementation der erzielten Ergebnisse thematisiert. Ob der Gehalt derselben den subjektiven ursprünglichen Erwartungen und dem Konzept der zukunftsfähigen Entwicklung gerecht wurden und oberhalb des »kleinsten gemeinsamen Nenners« lag, wurde im letzten Abschnitt zum *materialen outcome* zur Sprache gebracht, bevor ein abschließen-

des Fazit zum gesamten Prozess, auch mit Blick auf die ursprünglichen subjektiven Erwartungen, eingefordert wurde.

3.2.4   Auswertung der Daten

Für die Auswertung war es zunächst erforderlich, das umfangreiche transkribierte
Textmaterial auf einen handhabbaren Umfang zu reduzieren. Diese Reduktion war von
dem Ziel geleitet, die relevanten Daten hinsichtlich der Kodierungskategorien zunächst
zu eruieren, als fallgruppenspezifisches Kondensat darzustellen, um bei dem weiteren
interpretativen Abstraktionsprozess zu Strukturmustern zu gelangen, aus denen letztlich
zusammenfassende Schlussfolgerungen abgeleitet werden sollten (vgl. König/Bentler,
1997). Zu diesem Zweck wurde auf der Basis qualitativer Inhaltsanalyse ein Auswer-
tungsschema entwickelt, das sich entsprechend der Kategorien des Interviewleitfadens
auf die forschungsrelevanten Aspekte ausrichtete (Flick, 1998, S.212)[224]. Dieses primär
inhaltsgebundene Auswertungsverfahren bot den Vorteil einer qualitativ und fallbezo-
gen-teilquantitativen Auswertung, wodurch die interne Validität i.S. einer Präzisierung
der verschiedenen Themenschwerpunkte erhöht werden konnte (vgl. Flick, 1995,
S.164).

Es ging bei der qualitativen Inhaltsanalyse also darum, die fixierte Kommunikation systematisch und theoriegeleitet zu analysieren, um letztlich einzelfallübergreifende Typen und Strukturen herauszuarbeiten, die - unter vergleichender Berücksichtigung des
sonstigen Datenmaterials[225] und der eigenen Erfahrungen aus der teilnehmenden Beo-

---

[224] Die Auswertung des Interviewmaterials folgte damit primär den forschungsleitenden Fragestellungen
der Gesamtuntersuchung, die bereits in dem Interviewleitfaden in verschiedene Kategorien operationalisiert worden waren. Um jedoch die empirische Gegenstandsbezogenheit zu gewährleisten, wurden im
Auswertungsprozess Kategorien auch induktiv, aus dem vorhandenen Datenmaterial, entwickelt, zumal
sich die ursprünglichen Kodierungsideen zwar als sinnvoll, aber als nicht ganz vollständig herausstell-
ten. In diesem Zusammenhang war das „Vorhaben, gegenstandsbezogen und materialimmanent auszu-
werten, [...] natürlich ein idealtypisches, das niemals vollständig erreicht werden kann" (Geißel, 1999,
S.63).
[225] Als Untersuchungsmaterial wurden neben den Interviewtranskriptionen, Gesprächsprotokolle, Auf-
zeichnungen aus der teilnehmende Prozessbeobachtung, Zeitungsartikel, Sitzungsprotokolle, Verwal-
tungsdrucksachen sowie Ergebnisse von Internetrecherchen verwendet.

bachtung - empiriebasiert zu informationshaltigen Hypothesen[226] verdichtet werden konnten (vgl. Mayring, 1993, S.13).

Anzumerken ist noch, dass ich Inhalte, die im Zuge des nicht aufgezeichneten Interviewnachgespräches seitens der Interviewten eingebracht wurden oder die in informellen Gesprächen seitens von Prozessbeteiligten geäußert wurden, auf der Basis der Gesprächsprotokolle ebenfalls für die Ergebnisinterpretation verwendet habe, sofern sie für eine Prozessbewertung relevant erschienen. Da die Stellungnahmen sich u.U. auf die realen Personen zurückführen ließen, wird aus Gründen der wissenschaftlichen Ethik und des Personenschutzes auf die Angabe der Quelle verzichtet.

3.2.4.1 Aufbereitung des Materials

Das Interviewmaterial wurde von mir sowohl erhoben als auch größtenteils transkribiert[227]. Von den 56 fallstudienbezogenen Interviews wurden 53 in die Auswertung einbezogen[228]. Die in den anderen Städten durchgeführten problemzentrierten Interviews gingen sämtlich in die Auswertungsphase ein. Alle Interviews wurden nach dem gleichen Schema bearbeitet, welches im Folgenden Kap. 3.2.6.2 dargestellt wird.

3.2.4.2 Interpretation der Daten

Die Interpretation der Datenmengen zielte durch eine thematische Kodierung[229], die sich an die theoriebasierten Kategorien anlehnte, primär auf die Reduktion der im Datenmaterial steckenden Inhalts- und Bedeutungsvielfalt auf zentrale, eindeutiger werdende

---

[226] Den Hypothesen kommt, auf der Basis der abschließenden Bewertung der Fallstudie, hinsichtlich einer Bedingungsaufklärung für einen erfolgreichen und effektiven lokalen Agendaprozess eine zentrale Funktion zu.

[227] Die Transkription der Interviews erfolgte nach klaren Regeln: Sie war in der Regel wortwörtlich, Pausen sowie besondere Betonungen wurden vermerkt. Lautäußerungen wie „Äh" und „Hm", welche die Lesbarkeit des Transkripts beeinträchtigt hätten, wurden nicht transkribiert. Diese Vorgehensweise erwies sich als völlig ausreichend, denn im Rahmen des Forschungsinteresses war es nicht notwendig, jede Laut- und nonverbale Äußerung zu dokumentieren und damit letztlich „qualitative Datenhuberei" (Hopf, 1985, S.93f.) zu betreiben. Die gründliche Kenntnis der Interviews war ein großer Vorteil, da so bereits während der Materialtranskription relevante Auffälligkeiten eruiert werden konnten.

[228] Die drei telefonisch durchgeführten Interviews wurden auf der Basis der Mitschriften ausgewertet. Die nicht verwandten Interviews waren aufgrund schlechter Aufnahmequalität nicht verwertbar. Dies betraf je ein Interview der Fallgruppe: FAK-K, BZ und FAK-V.

[229] Kodieren bezeichnet im Rahmen der Auswertung qualitativer Daten die Zuordnung von Textstellen zu entsprechenden Kodes bzw. Kategorien.

Aspekte, um letztlich typische Strukturmuster aus dem Material zu eruieren. Dabei ermöglichten die bereits in den Interviewleitfäden verwandten Kategorien eine bedingte Vergleichbarkeit der Interviews und boten so die Grundlage für die Kodierung der erhobenen Daten (vgl. Flick, 1998, S.212; Witzel, 1996, S.57f.). Der ursprüngliche Kontext der Texte wurde immer wieder herangezogen, um das Verständnis für die gewonnen Aspekte zu erweitern und relevant erscheinende Textstellen besser interpretieren zu können. Auf diese Weise konnten untersuchungsrelevante Aspekte aus dem Datenmaterial herausgefiltert werden.

Die Auswertung und Interpretation des Materials erfolgte in folgender Chronologie:
Zuerst ging es in einem zusammenfassenden einzelfallorientierten Interpretationsschritt darum, die zentralen Passagen herauszuarbeiten, thematisch zu ordnen und das vorhandene Material paraphrasierend zu kürzen. Wichtig war in diesem Kontext, die erhobenen Daten, welche sämtlich die sozialen Kategorien der Interviewten darstellten, vor dem Hintergrund der theoretisch interessierenden Aspekte interpretativ zu analysieren. Es galt „das Material so zu reduzieren, daß die wesentlichen Inhalte erhalten bleiben, durch Abstraktion einen überschaubaren Corpus zu schaffen, der immer noch Abbild des Grundmaterials ist" (Mayring, 1993, S.54).
Dann erfolgte auf der Basis der jeweiligen Einzelfallanalyse letztlich eine Synopse aller eruierten Textpassagen, die bestimmte Kategorien gemeinsam hatten, um die derart strukturierten Daten im nächsten Arbeitsschritt vergleichend analysieren zu können (vgl. Kelle/Kluge, 1999, S.57). In diesem Kontext wandte ich mich zuerst den fallgruppenspezifischen Befunden zu (vgl. Kap.5.1). Im Vordergrund dieser synthetisierenden Darstellung stand vorrangig die zusammenfassende deskriptive Darstellung der fallgruppenspezifischen Spezifika hinsichtlich der theoretisch interessierenden Kodierungskategorien, die zum Ende zu einem interpretativen Kondensat verdichtet wurden. Die Klassifizierung gemäß den theoretisch interessierenden Kodierungskategorien wurde, sofern es zur Binnendifferenzierung sinnvoll erschien, mit einer Häufigkeitsanalyse[230] der genannten Inhaltbereiche verknüpft. Dieses teilquantitative Vorgehen erschien im Interpretationskontext zur Herleitung gewichteter Aussagen sinnvoll wie auch legi-

---

[230] Die Quantifizierung der Daten bezieht sich auf die folgenden Häufigkeitsangaben in Relation zur Grundgesamtheit der Befragten der Fallgruppe: durchweg = alle Befragten; i.d.R/typischerweise = ca. drei Viertel der Befragten; häufig/überwiegende Mehrheit = ca. zwei Drittel der Befragten; Mehrheit = mehr als die Hälfte der Befragten; selten = weniger als ein Drittel der Befragten.

tim, weil nahezu die Hälfte der Prozessbeteiligten aus Politik, Verwaltung und Verbänden interviewt wurden. Im Zuge dieses quantifizierenden Auswertungsschrittes galt es
jedoch darauf zu achten, „quasistatistische Aussagen, in denen ein oder zwei Intervie-
wzitaten der Status des Typischen verliehen wird" (Hopf, 1987, S.168) zu vermeiden
(vgl. Mayring, 1993, S.53)[231]. Der Einzelfall interessierte dabei in erster Linie „nur,
wenn er auf etwas Allgemeineres verweist, wenn seine Interpretation zu Erkenntnissen
führt, die über ihn hinausreichen" (Oswald, 1997, S.73).

Anschließend stand die Ermittlung fallgruppenübergreifender Strukturmuster mit Mittelpunkt (vgl. Kap.5.2). Ziel war es, überindividuelle Muster und Zusammenhänge mit
Blick auf die relevant erscheinenden Fallgruppen FAK-P, FAK-K, FAK-F, FAK-J,
FAK-A, FAK-V, FAK-P, UB, AFR unter Hinzuziehung weiterer Akteure des lokalen
Agendaprozesses (s.a. Kap. 3.2.3.1) zu eruieren[232]. In diesem Kontext kam der Verknüpfung der datenbasierten Ergebnisse mit den erkenntnisleitenden theoretischen Kategori-
en eine zentrale Bedeutung zu[233]. So konnten, nach einem aufwendigen Auswertungsprozess, sukzessive überindividuelle Grundtendenzen, die für die Mehrzahl der Befragten typisch erschienen, herausgearbeitet und auf sozialwissenschaftliche Kategorien
transformiert werden. Auf dieser Grundlage und im Rückgriff auf die verfügbaren Dokumente, meine Erfahrungen aus der teilnehmenden Beobachtung sowie relevante Lite-
ratur- und Theoriebezüge, konnte ich dann eine zusammenfassende Abschlussbewertung der Fallstudie Münster vornehmen und empiriebasierte informationshaltige Hypothesen generieren (vgl. Kap.5.3), die vergleichend mit den Ergebnissen aus den drei
anderen Städten heuristisch erhärtet werden sollten.

Der gewählte Dreischritt in der Auswertung des vorhandenen Datenmaterials gemäß
der deskriptiven Explikation der Fallgruppenergebnisse, der interpretativen Strukturierung der Ergebnisse nach den zentralen theoretischen Kategorien, und der abschließenden bewertenden Zusammenfassung der Ergebnisse vor dem Hintergrund der for-

---

[231] Um nicht völlig losgelöst vom Ursprungstext zu abstrahierenden Ergebnissen zu kommen, wurde
zuletzt noch eine Kontrollphase anhand des Ausgangsmaterials, d.h. der Tonbänder bzw. des Transkripts vorgenommen.

[232] Dabei galt es zwar Gemeinsamkeiten der Interviews zu erfassen, inhaltliche Differenzen wurden jedoch auch berücksichtigt, um keine artifizielle Homogenität aufkommen zu lassen. Die sog. benachteiligten Gruppen der Frauen, Ausländer und Jugendlichen, die vor dem Hintergrund der Agenda 21 jeweils einen Sitz im FAK zugesprochen bekamen, werden dabei zusammen interpretiert.

[233] Die Verknüpfung der Interpretation des Datenmaterials mit relevanten Literatur- und Theoriebezügen
ist an dieser Stelle unabdingbar, um dem theoriebasierten qualitativen Ansatz gerecht werden zu können
und die Ergebnisse zu fundieren (vgl. König/Bettler, 1997, S.94).

schungsleitenden Fragestellung (vgl. König/Bettler, 1997; Oswald, 1997) stellt somit einen zunehmenden Abstraktionsprozess dar, der sukzessive von der fallgruppenspezifischen Deskription über die Interpretation der Daten letztlich bis zum Hypothesensetting reicht.

Zur Aussagekraft der ermittelten Ergebnisse, Zusammenhänge, Strukturen und der generierten Hypothesen läßt sich abschließend folgendes konzedieren: Zwar sind vor dem Hintergrund des selektiven Samples im Rahmen dieser qualitativen Fallstudie fallübergreifende Generalisierungen nicht angezeigt, allerdings sind die dargestellten Ergebnisse durchaus als „generalistische Existenzausssagen" aufzufassen (Lamnek, 1988, S.223).

3.3   Heuristische Ergänzung der Fallstudie anhand weiterer lokaler Agendaprozesse in drei Städten

Zur heuristischen Ergänzung der fallstudienbasierten Untersuchungsergebnisse sowie zur Verbesserung der externen Validität der generierten informationshaltigen fallstudienspezifischen Hypothesen wurden - wie bereits angekündigt - zudem noch drei weitere nordrhein-westfälische Städte herangezogen. Im Folgenden werde ich deshalb kurz auf die Stadtauswahl und das konkrete Vorgehen eingehen.

3.3.1   Auswahl der Städte

Für die Auswahl der Städte waren folgende Kriterien relevant: Es sollten vergleichbare verwaltungspolitische Strukturen und rechtliche Rahmenbedingungen (z.B. Gemeindeordnung) vorhanden sein, so dass nur Städte aus NRW in Frage kamen; die Städte sollten den lokalen Agendaprozess spätestens zu Beginn 1999 durch einleitenden Ratsbeschluss begonnen, und eine spezifische Prozessstruktur etabliert haben[234]. Um den

---

[234] Für die Vergleichbarkeit und für mein »theoretical framework« erschien die politische Legitimierung des Agendaprozesses durch einen entsprechenden Ratsbeschluss von Bedeutung, da so die politische Absichtserklärung zur Etablierung eines deliberativen Arrangements - als Voraussetzung für die Erweiterung der kommunalen Steuerungspotentiale - erkennbar war.

eventuellen Einfluss der Einwohnerzahl und damit auch Differenzen, die sich mit Blick auf die zu erwartende Prozessfinanzierung aus den Mitteln der 50 Pfennig pro Einwohner gem. §20 Abs.1 Nr.4 Gemeindefinanzierungsgesetz (vgl. Kap. 2.3.1) hinsichtlich Organisationsstruktur und -aufwand ergeben könnten, berücksichtigen zu können, sollten die Städte hinsichtlich ihrer Einwohnerzahl heterogen sein. Allerdings sollten die Abweichungen zu Münster nicht zu groß sein, um Verzerrungen durch die Größenvarianz nach Möglichkeit ausschließen zu können. Vor diesem Hintergrund wählte ich die Spanne von 75.000-400.000 Einwohner, denn so war es möglich, eine mittelgroße und zwei unterschiedliche Großstädte (einmal größer und einmal kleiner als Münster) zur heuristischen Ergänzung heranzuziehen. Dabei werde ich auf die drei Städte NRWs - differenziert nach Einwohnerklassifikationen - eingehen:

- die Stadt Detmold mit annähernd 74.000 Einwohnern,
- die Stadt Neuss mit annähernd 150.000 Einwohnern und
- die Stadt Bochum mit annähernd 393.000 Einwohnern (vgl. Landesamt für Datenverarbeitung und Statistik, Gemeindedaten 2000) .

Um die Städte im Rahmen dieser Arbeit kursorisch präsentieren zu können, wurden zudem z.T. weitere Daten erhoben, die vor dem Hintergrund des Forschungsinteresses, interessant erschienen[235].

3.3.2 Vorgehen

Da eine derart breite und in die Organisationstiefe gehende Untersuchung wie im Zuge der Fallstudie Münster aus den bereits angeführten Gründen im Rahmen dieses Dissertationsprojektes nicht möglich und mit Blick auf eine lediglich heuristische Ergänzung auch nicht nötig war, wandte ich mich an die jeweiligen Agendaverantwortlichen aus den Stadtverwaltungen der ausgewählten Städte[236], die über ein umfassendes Überblickswissen zu den entsprechenden Prozessen verfügten. Mit diesen Ansprechpartnern wurden jeweils zwei ca. einstündige problemzentrierte Interviews zu Prozessbeginn und Prozessende umgesetzt. Dabei standen die Prozessstruktur, die Moderation der Arbeits-

---

[235] In diesem Kontext waren sozial-, wirtschafts- wie auch umweltrelevante Daten von Bedeutung.
[236] Ansprechpartner waren in diesem Kontext zuständige Verwaltungsdezernenten oder Mitarbeiter des Agendabüros.

gremien, die finanziell-personelle Prozessausstattung, der Partizipationsumfang und die Mitbestimmungsmöglichkeiten der Beteiligten wie auch die kommunalpolitische Relevanz und die Steuerungseffektivität des Prozesses im Mittelpunkt. Ergänzt wurde das, gemäß den theoretischen Kategorien (vgl. Kap.3.2.3.2), interpretativ ausgewertete Interviewmaterial durch umfangreiches Dokumentenmaterial aus den Städten.

Die Ergebnisse aus den jeweiligen Kurzreflexionen der lokalen Agendaprozesse der drei Städte (vgl. Kap.6) wurden dann mit den bereits vorliegenden fallstudienspezifischen Untersuchungsergebnissen kontrastiert und mit den generierten Hypothesen in der Intention verglichen, diese zu erhärten.

3.4   Abschließende Anmerkungen zur Untersuchung

Der Breite des fallstudienspezifischen Untersuchungsansatzes, der nicht nur die teilnehmende Prozessbeobachtung und die Auswertung umfangreicher Prozessdokumente enthält, sondern sich - hinsichtlich der qualitativen Sozialforschung - vorrangig auf die mehr als 60 interviewten Einzelpersonen und damit einem Gesamttranskriptmaterial von mehr als 900 Textseiten stützt, wird im Folgenden durch die Ausdifferenzierung der Untersuchung in Kap.4 und Kap. 5 Rechnung getragen. Die Komplettierung des Untersuchungsansatzes durch die heuristische Ergänzung der Fallstudienergebnisse anhand der exemplarischen Analyse dreier weiterer Städte erfolgt dann abschließend in Kap.6, bevor in Kap.7 die Schlussfolgerungen aus der Gesamtuntersuchung gezogen werden.

Wer will, dass die Welt so

bleibt, wie sie ist,

der will nicht, dass sie

bleibt.

E.Fried

4 Die Fallstudie: Darstellung des lokalen Agendaprozesses in Münster

Bevor in Kapitel 5 die Ergebnisse der interviewbasierten qualitativen Untersuchung der heterogenen Fallgruppen der Fallstudie Münster dargelegt, interpretiert und bewertet werden, steht im Folgenden zunächst die deskriptive Darstellung des lokalen Agendaprozesses einschließlich der städtischen Rahmenbedingungen im Mittelpunkt. Dazu wird der Untersuchungskontext der Fallstudie anhand der Strukturmerkmale des lokalen Agendaprozesses in Münster, der Spezifika im Prozessverlauf, der Beratungsergebnisse sowie der umgesetzten und geplanten Prozessfortführung detailliert dargelegt. In einigen Unterkapiteln sind - sofern es zur Erläuterung bzw. Reflexion des Inhaltes sinnvoll erschien - abschließende Kommentare eingefügt, die auf den Erkenntnissen aus meiner teilnehmenden Beobachtung des Prozesses beruhen.

Insgesamt soll in diesem dokumentenbasierten Kapitel - aus Sicht des wissenschaftlichen Beobachters - ein Einblick in die Organisation, Durchführung und »Beendigung« des lokalen Agendaprozesses möglich werden.

4.1 Der Städtische Kontext: Rahmenbedingungen des lokalen Agendaprozesses

Die Stadt Münster ist eine Hochschul- und Dienstleistungsstadt, in der ca. 265.000 Einwohner leben. Sie umfasst eine Fläche von 302,84 qkm mit 25,6 km Wasserstraßen und mehreren großen Grüngürteln (vgl. Das Parlament vom 6.3.1998, S.15)[237].

---

[237] Diese Gesamtfläche verteilt sich auf folgende Nutzungsarten: Gebäude und Freifläche: 18,6%, Betriebsfläche: 0,4%, Erholungsfläche: 2,5%, Verkehrsfläche: 8,2%, landwirtschaftlich genutzte Fläche 50,4%, Waldfläche 15,3%, Wasserfläche 2,9%, Flächen anderer Nutzung 1,8% (vgl. Landesamt für Datenverarbeitung und Statistik NRW, 2000).

Im Zuge der Kommunalwahl im Herbst 1999 änderte sich sowohl die Ratsmehrheit wie auch die Person der/der Oberbürgermeisters/in (OB). Während von 1994-1999 - im Zeitraum der Etablierung des lokalen Agendaprozesses - die Stadt von einer rot-grünen Koalition unter einer SPD-Oberbürgermeisterin bei einer CDU-Opposition regiert wurde, regiert seit 1999 die CDU mit absoluter Mehrheit (36 Sitze) im Rat unter einem CDU Oberbürgermeister. In der Opposition befinden sich neben den Grünen (8 Sitze) und der SPD (17 Sitze) auch die FDP (3 Sitze) und - infolge der Aufhebung der 5%-Klausel - eine freie Wählergemeinschaft und die PDS (jeweils 1 Sitz).

Im Kontext kommunaler Umweltschutzbemühungen gilt Münster in mehreren Bereichen als Vorzeigemodell. So trat die Stadt am 12.02.1995 dem Klimabündnis der europäischen Städte mit indigenen Völkern des Regenwaldes sowie dem „Internationalen Rat für kommunale Umweltinitiativen" (ICLEI) bei, und belegte 1997 beim Kommunalwettbewerb »Bundessieger Umweltschutz« der Deutschen Umwelthilfe den ersten Platz. „Ausschlaggebend für den Titelgewinn waren die umfassenden Klimaschutzaktivitäten mit mehr als 80 Einzelmaßnahmen aus den Bereichen Energie, Verkehr, Siedlungsplanung, Abfall, Landwirtschaft und Öffentlichkeitsarbeit" (Wildt, 1998, S.10). Im November 1997 wurde Münster, nach erfolgten Qualitätsvereinbarungen, neben Heidelberg, Dessau und Güstrow als Modellstadt für das ExWoSt-Projekt »Städte der Zukunft« offiziell bestätigt. Vor diesem Hintergrund sind in Münster 18 städtebauliche Pilotprojekte[238] in 5 Handlungsfeldern[239] geplant, die zum Teil auch den drei Verträglichkeitskriterien einer zukunftsfähigen Entwicklung Rechnung tragen. Intendiert ist diesbezüglich, den Leitlinien einer *dosierten* Stadtteilentwicklung, bei der Innenentwicklung vor Außenentwicklung geht, sowie einer vernetzten Verkehrsplanung im Rahmen eines langfristigen Entwicklungskonzeptes »Münster 2010« Rechnung zu tragen (vgl. Hauff, 1998, S.3f., Uplawski, 1999, S.14f.)[240]. Zudem wurde die Stadt Münster

---

[238] Vgl. hierzu z.B. das Wohnprojekt Breul, bei dem unter Beteiligung von Bewohnern erfolgreich ein Sanierungskonzept der vom Abriss bedrohten alten Arbeiterhäuser umgesetzt wurde (vgl. Agenda news, 2/1998, S.4).

[239] Zu den fünf Handlungsfeldern zählen: haushälterisches Bodenmanagement, vorsorgender Umweltschutz, stadtverträgliche Mobilitätssteuerung, sozialverantwortliche Wohnungsversorgung und standortsichernde Wirtschaftsförderung.

[240] So erfahren die Bemühungen um eine haushälterische Bodennutzung im Zuge der räumlichen Stadtentwicklungsplanung weiteren Auftrieb.

für das fahrradfördernde Radverkehrskonzept 1997 vom ADFC zur fahrradfreundlichsten deutschen Großstadt gekürt (vgl. Das Parlament vom 6.3.1998, S.11)[241].

Der breit angelegte Agendaprozess, dessen Zielsetzungen einer verbandsübergreifenden Kommunikation zu den Agenda 21-Themen und einer aktiven Bürgerbeteiligung seitens der ehemaligen Oberbürgermeisterin Münsters 1998 offensiv postuliert wurden, bildet vor diesem Hintergrund eine Art Lückenschluss der städtischen Maßnahmen zu den Interessen und Belangen der Bürger und Verbände (vgl. Tüns, 1998, S.7f.). Bereits im Zuge des Beitritts zum ICLEI verpflichtete sich die Stadt Münster zur Charta von Aalborg und damit zur Aufstellung einer lokalen Agenda - eine Verpflichtung, die im Lissabonner Aktionsplan »Von der Charta zum Handeln« auf der zweiten europäischen ICLEI-Konferenz noch bekräftigt wurde. Hinsichtlich der derart eingegangenen Selbstverpflichtung wirkten die Impulse aus der in Eine-Welt- und Umweltgruppen organisierten Bürgerschaft beschleunigend auf die Einrichtung bzw. Etablierung des lokalen Agendaprozesses, wie noch deutlich werden wird.

Nach Aussage leitender Verwaltungsmitarbeiter ist Münster eine der finanzstärksten Kommunen in NRW und verfügt deshalb mit Blick auf die Finanzierung eines Agendaprozesses über größere Budgetspielräume als beispielsweise Ruhrgebietsmetropolen, die im Zuge des ökonomischen Strukturwandels von hohen Arbeitslosenquoten betroffen sind. Dadurch, dass Moderation und Durchführung des Agendaprozesses zudem noch vom Ministerium für Stadtentwicklung, Kultur und Sport/NRW gefördert wurde, konnte der Finanzspielraum darüber hinaus noch in einzigartiger Weise erweitert werden. Im Zuge der Aufnahme des lokalen Agendaprozesses führte die Stadtverwaltung eine fachbezogene Bestandsaufnahme abgeschlossener oder laufender agendarelevanter Tätigkeiten in der Stadtverwaltung durch (vgl. Oberbürgermeisterin und Agendabüro der Stadt Münster, 1997). Dieser Status quo - Bericht mit 150 Rückmeldungen war als Standortbestimmung und Anregung für die im vierten Quartal 1997 beginnende Sitzungsreihe der Agendagremien gedacht. Darüber hinaus wurde der Prozess von Ende 1997 bis zum Februar 1998 durch eine interdisziplinäre, wöchentliche Ringvorlesung unter dem Titel »Umwelt und Entwicklung« in der Westfälischen Wilhelms Universität zu Münster begleitet.

---

[241] In diesem Kontext ist erwähnenswert, dass sich in Münster 63% der Einwohner sich im Umweltverbund (Bus, Bahn, Rad und zu Fuß) fortbewegen - ein Wert, der deutlich über dem anderer Städte liegt (vgl. Kreft-Kettermann, 1998, S.17).

4.2   Strukturelemente des lokalen Agendaprozesses

Um die Prozessstruktur der lokalen Agenda in Münster darzustellen, wird im Folgenden zunächst das offizielle Organigramm mit den darin vorgesehenen Gremien erörtert. Danach wird neben den erarbeiteten Prozess- und Ergebnisgütekriterien auch die Verfahrensmethodik, die Prozessfinanzierung und nicht zuletzt die Öffentlichkeitsarbeit kursorisch dargestellt. Beginnen werde ich jedoch einleitend mit der Erörterung der Entstehungsgeschichte der lokalen Agenda in Münster und ihrer Chronologie bis zum intendierten Prozessabschluss nach knapp zwei Jahren.

4.2.1   Entstehungsgeschichte und Chronologie der lokalen Agenda

Die Darlegung der folgenden Entstehungsgeschichte zur Umsetzung einer lokalen Agenda in Münster und die Chronologie der Ereignisse im Zuge der Umsetzung derselben bis zum ersten Nachhaltigkeitsbericht, der im Dezember 2000 beschlossen wurde, basiert im Wesentlichen auf den öffentlichen Verwaltungs- und Ratsunterlagen. Ergänzt wird die Darlegung durch Informationen, die im Rahmen der qualitativen Feldforschung des Prozesses gewonnen wurden.

Zunächst wurde am 15.02.1995 aufgrund eines gemeinsamen Antrages von SPD/GAL durch einstimmigen Beschluss im Haupt- und Finanzausschuss die Einrichtung eines Beirates für kommunale Entwicklungszusammenarbeit (KEZ[242]) beschlossen. Dieser wurde sowohl mit der Aufgabe betraut, entwicklungspolitische Handlungsfelder für die Stadt Münster aufzuzeigen, als auch Vorschläge für eine lokale Agenda zu erarbeiten. Um der letztgenannten Aufgabe Rechnung zu tragen, beauftragte der KEZ die Projektgruppe »Zukunftsfähiges Münster«[243] damit, einen Thesenkatalog zu erarbeiten, der die Grundlage für einen öffentlichen Diskussionsprozess bilden sollte. Die Projektgruppe

---

[242] Der KEZ setzte sich folgendermaßen zusammen: Aus dem Bereich der lokalen Eine-Welt-Gruppen (kirchliche und private Initiativgruppen) benennt das Eine-Welt-Forum 5 Mitglieder. Zwei Mitglieder werden seitens der Westfälischen Wilhelms Universität benannt, ein Mitglied durch das Umweltforum. Die drei im Rat der Stadt vertretenen Fraktionen benennen je ein Mitglied.

[243] Diese Projektgruppe „Zukunftsfähiges Münster" setzte sich aus Vertretern des Beirates sowie der Eine-Welt- und Umweltgruppen zusammen (vgl. Stadt Münster, Vrl. 370/1996, Anlage 2, S.2).

erarbeitete »15 Thesen für ein zukunftsfähiges Münster«[244], auf deren Grundlage der KEZ die Einrichtung einer lokalen Agenda in Münster empfahl. In dieser Empfehlung des KEZ wurde hinsichtlich des weiteren Vorgehens angeregt, themenspezifisch differenzierte Fachforen, das Forum zukunftsfähiges Münster, sowie einen prozesssteuernden Lenkungskreis einzurichten, dessen Hauptaufgabe die Erarbeitung einer Ratsvorlage zur inhaltlichen und prozessualen Gestaltung der lokalen Agenda sein sollte. Diese Empfehlung wurde am 21.11.96 im KEZ beschlossen und am 11.12.1996 in den Rat eingebracht.

Nachdem die Fraktion Bündnis 90/Die Grünen/GAL (GRÜNEN) bereits am 12.01.1996 einen „Leitantrag Zukunftsfähiges Münster" gestellt hatte, der in der Ratssitzung am 21.02.96 an den Haupt- und Finanzausschuss verwiesen wurde, legten sie zeitgleich mit der seitens des KEZ beschlossenen Empfehlung am 21.11.1996 den Antrag „Zukunftsfähiges Münster - lokale Agenda 21" vor, der ebenfalls Eingang in die Ratssitzung vom 11.12.1996 fand. In der Beschlussvorlage wurde auf die vom KEZ herausgegebenen Thesen ebenso Bezug genommen wie auf den von der Koordinierungsstelle lokale Agenda[245] in der Verwaltung erarbeiteten Bericht „kommunale Entwicklungszusammenarbeit/lokale Agenda 21. Bilanz und Perspektiven". Darin wurde die Verwaltung aufgefordert, in Zusammenarbeit mit dem KEZ, Vorbereitungen für eine Ratsvorlage zur lokalen Agenda zu erarbeiten. Den Vorschlägen insbesondere des KEZ (bis hin zur Besetzung des Lenkungskreises) wurde in dem einstimmigen Ratsbeschluss (bei einigen Stimmenthaltungen von CDU-Ratsvertretern) weitgehend Rechnung getragen. Der einzuberufende Lenkungskreis wurde damit beauftragt für die weitere inhaltliche und prozessuale Gestaltung der lokalen Agenda eine Ratsvorlage zu erstellen sowie die Gründungsversammlung des »Forums Zukunftsfähiges Münster« vorzubereiten.

---

[244] Die 15 Thesen für ein zukunftsfähiges Münster lauten: Münster braucht Zukunftsfähigkeit, Münster in der Welt, die Welt in Münster, Münster verpflichtet sich zu einer Energiewende, Münster braucht eine Verkehrswende, Münster braucht Trinkwasser, Münster stoppt den Flächenverbrauch, Münster fördert die ökologische Landwirtschaft und fördert die Parklandschaft, Münster reduziert Müll, Münster stärkt die Stadtteile, Münster und das Münsterland sind nur gemeinsam zukunftsfähig, für eine umwelt-, sozial- und entwicklungsverträgliche kommunale Wirtschafts- und Arbeitsplatzförderung, Münster braucht Entwicklungspolitik; Bildung und Kultur für die „Eine Welt", für eine neue politische Kultur des Dialogs und Interessensausgleichs.

[245] Zum 17.06.1996 wurde in der Stadtverwaltung eine ABM-Stelle zur Koordinierung der Erstellung einer lokalen Agenda eingerichtet. Dadurch sollte sowohl die kommunale Entwicklungspolitik als Querschnittsaufgabe in der Verwaltung verankert werden, wie auch eine Schnittstelle zwischen den bürgerschaftlichen Aktivitäten, der Stadtverwaltung und dem Rat geschaffen werden (vgl. Stadt Münster, Vrl. 370/1996, Anlage 2, S.3).

Anfang März wurde die erste Vorlage (vgl. Stadt Münster, Vrl. 256/1997) zur organisatorisch-prozessualen Gestaltung der lokalen Agenda 21 in Münster vorgelegt, der ein ergänzender Bericht am 17.03.1997 folgte[246]. In diesem wurden für den gesamten Prozesszeitraum neben den Personal-, Sach- und Umsetzungskosten für externe Moderation, Öffentlichkeitsarbeit, Protokolle, Flyer etc., sowie einem bereitgestellten Fonds für Projektrealisierungen insgesamt ca. 1,2 Millionen DM an Finanzmitteln kalkuliert (vgl. Kap. 4.2.5). Zudem wurde die Organisation des Prozesses, die Laufzeit des Prozesses von ca. zwei Jahren, die Anzahl von Arbeitskreisen sowie die Einrichtung des Agendabüros mit vier hauptamtlichen Mitarbeitern festgelegt. Dieser Beschluss zur entsprechenden *organisatorisch-prozessualen Gestaltung* und finanziellen Ausstattung der lokalen Agenda in Münster wurde am 19.03.1997 mit den Stimmen der regierenden SPD/GRÜNEN-Koalition gegen die Stimmen der CDU gefällt (vgl. Stadt Münster, Vrl.256/1997; Ratsbeschluss vom 19.03.97). Die weitere Etablierung und Umsetzung des lokalen Agendaprozesses wurde daraufhin schnell vorangetrieben. Mit der Vorlage 466/1997 vom 21.04.1997 wurden die Besetzungsvorschläge für das Forum »Zukunftsfähiges Münster« und für vier thematisch differenzierte Facharbeitskreise (FAK), in denen eine repräsentative Beteiligung der gesellschaftlich relevanten Vertreter gewährleistet werden sollte (vgl. Kap. 4.2.2.4), sowie ein Zeitdiagramm zum Ablauf der lokalen Agenda vorgelegt (vgl. Stadt Münster, Vrl.466/1997). Am 21.05.1997 wurden die Besetzungsvorschläge ebenso wie die Zeitplanung, ergänzt um die Aufforderung zur Beteiligung der Öffentlichkeit, einstimmig vom Rat angenommen. Das Agendabüro wurde parallel eingerichtet. Im Juni 1997 fand dann - ergänzend zum lokalen Agendaprozess - ein Eine-Welt-Workshop[247] zum Thema: „Internationale Zusammenarbeit auf kommunaler Ebene als Schwerpunkt einer »lokalen Agenda 21« für Münster statt, bei dem das Agendabüro bereits als Kooperationspartner fungierte.

Die *Auftaktveranstaltung* des Prozesses erfolgte durch das Forum »Zukunftsfähiges Münster« am 20.08.1997. Im September nahmen dann die FAK ihre Arbeit auf. Zum 22.10.1997 gründete sich initiativ das Frauenaktionsbündnis (FR-AK), weil den Frauengruppen in Münster die Einbindung von Frauen in den Prozess unzureichend erschien (vgl. Kap. 4.2.2.4 und 4.3.4). Mitte Januar 1998 folgt die Auftaktveranstaltung der

---

[246] Der ergänzende Bericht war notwendig geworden, weil seitens der CDU-Fraktion in der Ratssitzung am 12.03.1997 die Aufforderung ergangen war, die Personal- und Prozesskosten aufzuschlüsseln und zu belegen sowie Refinanzierungsmöglichkeiten zu prüfen.
[247] Der erste Workshop zum gleichnamigen Thema fand bereits im Juni 1996 statt.

ebenfalls *nachträglich* in die Prozessstruktur integrierten Bürgerzirkel (BZ), um dem Beteiligungsinteresse unorganisierter Bürger gerecht zu werden[248]. Zwischen März und Mai 1998 wurden zudem seitens des Agendabüros zwei Jugendworkshops zu Verbesserung der Beteiligung Jugendlicher am Prozess angeboten. Mitte Mai 1998 wurde dem Rat dann ein erster Zwischenbericht zur lokalen Agenda und ein Ausblick auf das weitere Vorgehen vorgelegt. Darin wurde hervorgehoben, dass zur Refinanzierung des Prozesses, der in NRW Modellcharakter habe, ein Förderantrag beim nordrhein-westfälischen Ministerium für Stadtentwicklung, Kultur und Sport im Rahmen der Städtebauförderung bewilligt wurde. Die Stadt Münster erhielt somit für die Moderation, Beratungskosten und Öffentlichkeitsarbeit einen Zuschuss von 208.000 DM (vgl. Stadt Münster, Vrl. 388/1998, S.3).

Der Juni 1998 war von übergreifenden Arbeitstreffen geprägt. Es fanden sowohl ein Workshop zur Vernetzung der FAK, der BZ und des FR-AK, das zweite Treffen des »Forums Zukunftsfähiges Münster« sowie ergänzend bzw. parallel zum lokalen Agendaprozess der dritte Eine-Welt-Workshop[249]: „Unsere Stadt im Strom der Welt - internationalistische Perspektiven der lokalen Agenda in Münster" statt. Im Juli konzentrierten sich die Bemühungen des Agendabüros auf die noch immer brach liegende Integration von Kindern vermittels von Aktionen in der Ferienzeltstadt Atlantis.

Um den Agendaprozess auch in die Stadtteile zu bringen und die Stadtteilebene publik zu machen, fanden ab September 1998 agendabezogene Zukunftswerkstätten in drei Stadtteilen statt. Zur Einbindung der Stadtverwaltung in den Agendaprozess wurde dann am 21.10.1998 ein Workshop zwecks Sichtung der bis dahin vorliegenden FAK-Ergebnisse umgesetzt. Am 22.10.1998 tagte erstmalig die von einem Teilnehmer aus dem FAK Schutz der Umwelt und Gesundheit, aufgrund mangelnder Möglichkeiten im Konsultationsprozess zielorientiert diskutieren und arbeiten zu können, initiativ ins Leben gerufene »Ziele AG«. Ende Oktober wurde die AgendARENA[250], als ein Ausstel-

---

[248] Siehe dbzgl. auch Kap. 4.2.2.5 und 4.3.3.
[249] Der Workshop wurde in Kooperation mit dem Ausländerbeirat, dem Agendabüro und dem internationalistischen Zentrum „Die Brücke" durchgeführt.
[250] Die AgendARENA befand sich im Stadtzentrum in einem stadteigenen, renovierungsbedürftigen Gebäude, dessen großzügige Räumlichkeiten agendageeignet aufbereitet wurden (d.h. große Planen mit dem Agendalogo (s.u. Kap. 4.2.6) bedeckten die Wände und Schautafeln mit den vorliegenden Projektideen standen in den Räumen). Das Gebäude diente so als Ausstellungsmedium der vorliegenden Projektideen und als Sitzungsstätte, in der neben dem J-Day und dem zweiten Vernetzungstreffen auch die letzten beiden Sitzungen der FAK stattfanden.

lungsraum für die Projektideen und Tagungsraum für die FAK eröffnet[251]. Am
30.10.1998 fand in den Räumlichkeiten der AgendARENA der J-Day (Jugendtag) zur
lokalen Agenda statt. Am 03.11.1998 folgte der zweite Vernetzungsworkshop zur Zusammenführung von FAK, BZ, FR-AK und Verwaltung. Im Dezember 1998 wurde die
prozessrelevante Arbeit in den eingerichteten Arbeitskreisen und Zirkeln beendet. Die
FAK und BZ wurden aufgelöst. Die anderen Gremien beendeten - bis auf das FR-AK -
zum offiziellen Prozessende Mitte Juni ebenfalls ihre Arbeit. Das Agendabüro wurde
noch mit halber Besetzung bis zum Ende 1999 fortgeführt.

Die Abschlussveranstaltung zur lokalen Agenda fand am 01.06.00 im Festsaal des Rathauses statt. Die Beschlussvorlage zur lokalen Agenda 21 enthielt neben den vier
Punkten:

    I. Präambel

    II. Nachhaltige Entwicklung in Münster

    III. Lokale Agenda 21 - Prozessergebnisse

    IV. Perspektiven Nachhaltiger Entwicklung in Münster

zudem noch die drei umfangreichen Anlagen:

    1. Prozessbericht Lokale Agenda 21 für Münster[252]

    2. Prozessergebnisse[253]

    3. Leitbilder - Ziele - Maßnahmen (vgl. Stadt Münster, Vrl. 393/1999)[254].

Sie wurde am 09.06.1999 im Rat einstimmig verabschiedet. Am 25.08.99 folgte die
Berichtsvorlage an den Haupt- und Finanzausschuss zur Umsetzung der Projektvor-
schläge zur lokalen Agenda 21. Neben dem Verweis, dass die Nachhaltigkeit eine Quer-
schnittsaufgabe der Verwaltung sei, wird mit Blick auf Diskussionen im Rat besondere
Betonung darauf gelegt, „die Vorschläge zur lokalen Agenda 21 als eine Sammlung von
Bürgeranträgen zu sehen, die die Verwaltung prüfen und beantworten muß" (Stadt
Münster, Vrl. 954/1999, S.2). Zwecks Prüfung der Projektideen wurde letztlich eine

---

[251] Auch die zu der Zeit im Rat der Stadt vertretenen Fraktionen (CDU, SPD und GRÜNE) hielten je eine
Fraktionssitzung in den Räumlichkeiten der AgendARENA ab, um sich vor Ort über den Stand des
Prozesses zu informieren.
[252] Dieser Prozessbericht wurde seitens des Agendabüros erarbeitet und formuliert.
[253] Die Projektergebnisse enthalten in Form einer Auflistung alle seitens FAK, BZ, FR-AK erarbeiteten
Projektideen und deren Ausarbeitung sowie die unterschiedlichen Wünsche und Vorstellungen der
Kinder und Jugendlichen.
[254] In diesem Kontext wurden neben den Vorschlägen der AG-Ziele primär die vom Agendabüro aus der
Agenda 21 auf Münster übertragenen Leitsätze und die dazu bereits existenten Maßnahmen der Stadt
Münster dargestellt.

Zuordnung der Vorschläge auf unterschiedliche Ressorts bzw. Fachämter der Verwaltung festgelegt. Darüber hinaus wurde ein Ausblick zur Fortführung des Prozesses im Rahmen des Stadtentwicklungsprogrammes postuliert. Zu den Sitzungen des Haupt- und Finanzausschusses und des Rates im Oktober 2000 wurde der erste Nachhaltigkeitsbericht zur Umsetzung der lokalen Agenda 21, in dem der vorläufige Arbeitsstand zum Prüfverfahren der Projektideen in den Fachämtern der Verwaltung dargelegt wurde, als öffentliche Beschlussvorlage vorgelegt. Die Behandlung der Vorlage wurde jedoch zurückgestellt. Erst nachdem am 10.11.2000 das »Bürgerforum Zukunftsfähiges Münster« zum Prozessstand stattfand und in diesem Kontext noch zwei Ergänzungsvorlagen geschrieben worden waren, passierte die Vorlage 945/2000 den Rat (vgl. Kap.4.5.2 f.). Bis zum Ende meiner Erhebungsphase blieb allerdings eine Implementation konkreter Projektideen auf der Basis der Beratungsergebnissen der lokalen Agenda aus.

4.2.2   Organigramm des Prozesses

Das Organigramm des lokalen Agendaprozesses (vgl. Abb. 4-1) wurde - wie bereits erwähnt - in der Vorlage 256/1997 festgelegt und im März 1997 vom Rat mehrheitlich abgeseg-

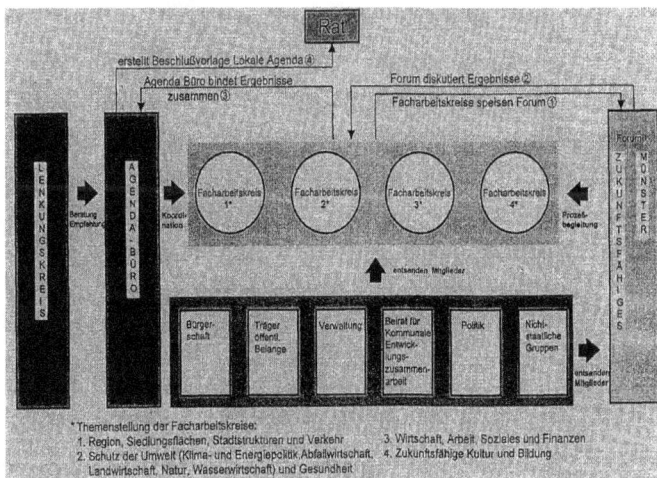

Abb.4-1: ursprüngliches Organigramm der Prozessstruktur der lokalen Agenda in Münster
Quelle: Stadt Münster, Vrl.126/97, Anl.2)

net[255]. Es struktu-
riert die folgenden
Prozessorgane: den
Lenkungskreis, das
Agendabüro, das
»Forum Zukunfts-
fähiges Münster«
und vier Fachar-
beitskreise. Erst
nachdem der Pro-
zess bereits ein
Quartal lang lief,
wurde dem Betei-
ligungswillen der
unorganisierten

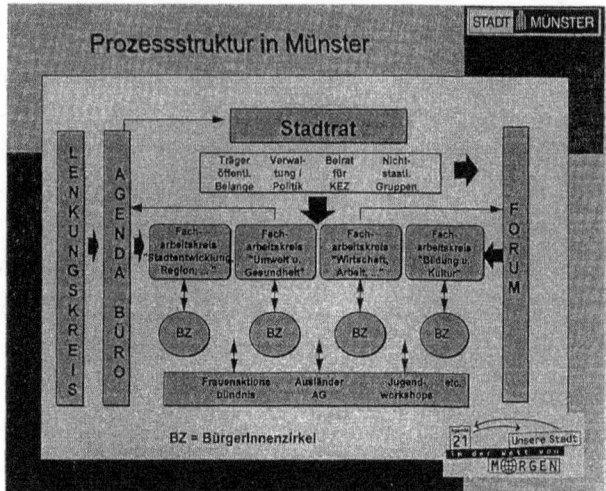

Abb. 4-2: überarbeitetes Organigramm der Prozessstruktur der lokalen Agenda in Münster
Quelle: Stadt Münster, Vrl.393/1999, Anl.2

Bürgerschaft in Form der Bürgerzirkel Rechnung getragen. Darüber hinaus wurden das Frauenaktionsbündnis, das sich unterdessen initiativ gegründet hatte, sowie die Jugend-workshops und die Kooperationsworkshops mit dem Eine-Welt Forum (unter dem La-bel »Ausländer AG«) als Aufhänger für zusätzliche agendarelevante Veranstaltungen in die offizielle Prozessstruktur integriert. Die Veränderungen in der Prozessstruktur im Gegensatz zu den ursprünglichen Planungen werden in der Abb. 4-2 deutlich. Bis auf die BZ und das FR-AK verfügten alle Gremien über einen geschlossenen Teilnehmer-kreis. Im Folgenden werden die unterschiedlichen Organe des Prozesses und ihre Funk-tion kurz erläutert.

4.2.2.1 Forum »Zukunftsfähiges Münster«

Die Auftaktveranstaltung des Forums fand am 20.08.97 mit ca. 500 Teilnehmenden statt. Nach einer Festrede zum Einstieg in den lokalen Agendaprozess konnten einige

---

[255] Als Anregung zur Ausgestaltung des Organigramms wurden Beispiele anderer Städte, insbesondere das der Stadt München, herangezogen.

Repräsentanten der in den FAK vertretenen Akteure in kurzen Statements ihre jeweilige Eingansposition und ihre Erwartung an die Münsteraner Agenda 21 kundtun. Das Forum sollte sich aus führenden Vertretern aller gesellschaftlich relevanten Gruppen und Verbänden zusammensetzen (zur konkreten Besetzung vgl. Abb. 4-3). Es hatte primär repräsentative und öffentlichkeitswirksame Funktionen. D.h. es ging zum einen darum, die Bedeutung der lokalen Agenda nach außen zu dokumentieren und eine verpflichtende Binnenwirkung der in die FAK entsandten Delegierten zu schaffen. Das Forum tagte, abgesehen von

Forum zukunftsfähiges Münster
Oberbürgermeisterin
Hauptgeschäftsführer der IHK und HWK, Präsident der Landwirtschaftskammer
DGB-Vorsitzender Münster
Vorsitzende/r AG '95 (AG der Wohlfahrsverbände)
Regierungspräsident
Vorsitzender Aktion Münsterland
Vorsitzender Umweltforum
Rektoren der Uni und der FH
Vorsitzender Eine Welt Forum
Vorsitzender Beirat für kommun. Entwickungszusammenarbeit
Vorsitzende AG Münsterscher Frauenorganisationen
Vorsitzende/r Bezirksschülervertretung
Vositzende Asten Uni u. FH
Vorsitzender Ausländerbeirat
Vorsitzender Seniorenrat
ev. und kath. Kirche, jüdische Gemeinde Münster
je eine/e Vertreter/in der im Rat vertreten Parteien
25

Abb. 4-3: Besetzungsliste des Forums „Zukunftsfähiges Münster"
Quelle: Stadt Münster, Vrl. 256/1997

der Auftaktveranstaltung, noch zweimal. Während beim zweiten Treffen sowohl eine Zwischenbilanz vorgenommen wie auch die Kontakte zu den Partnerstädten vor dem thematischen Hintergrund der lokalen Agenda 21 gepflegt wurden, standen bei der letzten Sitzung am Tag der offiziellen Abschlussfeier die erarbeiteten Projektergebnisse und die Verabschiedung einer Präambel abschließend im Vordergrund.

4.2.2.2 Lenkungskreis

Der Lenkungskreis setzte sich unter der Leitung der (ehemaligen) Oberbürgermeisterin aus dem Umweltdezernenten, dem Dezernenten für Wirtschaft und Stadtentwicklung, dem Stadtdirektor, drei Vertretern der NRO's (zwei aus dem KEZ und einer aus dem Umweltforum) sowie je einem Vertreter der (zu der Zeit) im Rat vertretenen Parteien zusammen. Der Lenkungskreis war ein geschlossenes Gremium, dessen Aufgabe primär in der Prozesssteuerung und der organisatorischen Begleitung des Prozesses bestand, er besaß jedoch keine inhaltlich beschlussfassende Kompetenz (vgl. Stadt Münster, Vrl.256/1997, S.5).

4.2.2.3 Agendabüro

Das Agendabüro, in dem sich fünf Mitarbeiterinnen vier Stellen teilten, hatte die Aufgaben der Koordination, der Geschäftsführung des Lenkungskreises, der inhaltlichen Unterstützung und Dokumentation des gesamten Prozesses, sowie der Öffentlichkeitsarbeit. Dazu zählte sowohl die Prozessorganisation mit den zu akquirierenden gesellschaftlich relevanten Gruppierungen, das Erstellen von Vorlagen, Protokollen, Flyern und auch der Agendazeitung »Agenda news«. Nicht zuletzt fungierte das Agendabüro auch als Anlaufstelle für interessierte Bürger. Es wurde innerhalb der Verwaltung für zwei Jahre eingerichtet und dem Stadtdirektor im Fachbereich Stadtentwicklung unterstellt.

4.2.2.4 Facharbeitskreise

Die Facharbeitskreise, die den Kern des Konsultationsprozesses bildeten, wurden zu den folgenden vier Themenblöcken eingerichtet:

1. Region, Siedlungs- und Stadtstrukturen, Verkehr
2. Schutz der Umwelt und Gesundheit
3. Wirtschaft, Arbeit, Soziales und Finanzen
4. Zukunftsfähige Bildung und Kultur.

Sie setzten sich aus maximal 25 Personen zusammen, um die Diskussions- und Arbeitsfähigkeit zu gewährleisten. Ziel war es, neben wichtigen gesellschaftlichen Gruppierungen und Verbänden auch Vertreter der Verwaltung und der Politik wie der Querschnittsinteressen der Frauen, Ausländer und Jugendlichen - gemäß der Empfehlung der Agenda 21- am Agendaprozess zu beteiligen (vgl. Stadt Münster, Vrl.393/1999, Anl.1, S.5; s.a. Abb. 4-4). Wie in dem Schaubild deutlich wird, gingen die Besetzungsbemühungen mit Blick auf die Vertreter gesellschaftlich relevanter Gruppen dahin, sowohl Vertreter klassischer wie auch alternativer Positionen zu integrieren (vgl. dazu auch CAF/Agenda-Transfer, 1998, S.24).

Die Besetzung der unterschiedlichen FAK, deren Festlegung vom Agendabüro vorgeschlagen und von LK und Rat abgesegnet wurden (vgl. Abb. 4-4) war für den gesamten Prozesszeitraum festgelegt. Die FAK tagten während dieser Zeit insgesamt sechsmal und wurden extern durch ein Bielefelder Consulting-Team moderiert (vgl. Kap. 4.2.4).

Die nicht organisierte bzw. nicht integrierte Bürgerschaft hatte im Rahmen der Bürger(frage)stunde entweder zum Ende oder zu Anfang der FAK-Sitzungen die Möglichkeit, sich über die FAK-Arbeit zu erkundigen, sowie Fragen und Antworten zu stellen. Nachdem diese Möglichkeit kaum mehr angenommen wurde und die BZ eingerichtet waren, wurden diese Bürgerfragestunden in den letzten zwei FAK-Sitzungen gestrichen.

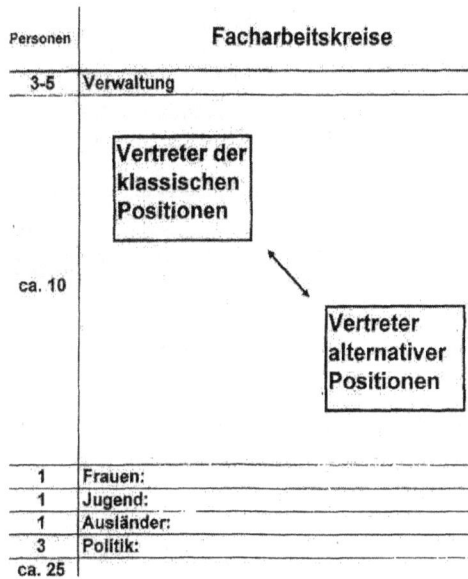

Personen	Facharbeitskreise
3-5	Verwaltung
ca. 10	Vertreter der klassischen Positionen
	Vertreter alternativer Positionen
1	Frauen:
1	Jugend:
1	Ausländer:
3	Politik:
ca. 25	

Abb. 4-4: Vorgabe zur Besetzung der Facharbeitskreise
Quelle: Agendabüro Münster

4.2.2.5 Bürgerzirkel

Da sich die Mitwirkung in den FAK vorwiegend auf (ausgewählte) Verbände, Institutionen und Vereine beschränkte und diese quasi einen »closed shop« darstellten, wurde den nicht organisierten Bürgern zu Beginn des Jahres 1998 ebenfalls die Möglichkeit aktiver Beteiligung in eigenen Arbeitskreisen eingeräumt. Diese BZ wurden in Kooperation zwischen Agendabüro und VHS eingerichtet. In den vier BZ, die für alle nichtorganisierten, agenda-interessierten Bürger geöffnet und thematisch analog an der FAK-Einteilung ausgerichtet waren, war ein offenerer Diskurs über agendarelevante Themen möglich. Die BZ, die ein Jahr lang einmal monatlich tagten, wurden ebenfalls moderiert, allerdings fand das methodische Konzept der FAK keine Anwendung (vgl. Kap.4.2.4). Die Moderatoren kamen aus Kostengründen nicht vom bereits erwähnten Consulting Team, welches die FAK betreute, sondern z.T. aus der Verwaltung. Ziel war ebenfalls, Projektideen für ein zukunftsfähiges Münster zu entwickeln.

4.2.2.6 Frauenaktionsbündnis

Nachdem bereits im April 1997 die autonome Frauenforschungsstelle »Schwarze Witwe« die Einrichtung eines spezifischen Gremiums zur Berücksichtigung von Frauenbelangen im Agendaprozess gefordert hatte, wurde auf dem Eine-Welt-Workshop im Juni 1997 die Gründung eines Frauenaktionsbündnisses beschlossen, welches in der Organisationsstruktur des Agendaprozesses nicht vorgesehen war (vgl. Abb. 4-1). Unter Beteiligung der Leiterin des städtischen Gleichstellungsbüros und einer Vertreterin des Agendabüros wurde unter Zusammenarbeit der beiden »Dachverbände« Münsteraner Frauen, der Arbeitsgemeinschaft Münsteraner Frauen (AMF) und des autonomen Frauen-Lesben-Plenums eine heterogene Gruppe von ca. 50 Frauen aus den unterschiedlichsten Bereichen für die Mitarbeit gewonnen. Das FR-AK wurde nur zur Auftaktveranstaltung extern moderiert. Nachdem sich, gemäß thematischem Interesse Arbeitskreise gebildet hatten, wurde die Moderation der bei Bedarf stattfindenden Plenumsveranstaltungen jeweils von entsprechend qualifizierten Frauen aus dem Gremium in Eigenregie übernommen. Ziel war es, sowohl den laufenden Agendaprozess zu begleiten und die in die FAK delegierten Frauen zu unterstützen, aber auch eigene Forderungen zu formulieren und einzubringen.

4.2.2.7 AG ausländischer Bürger »Nur geduldet oder doch willkommen«

Die AG »Nur geduldet oder doch willkommen« wurde von ausländischen Bürgern Münsters vor dem Hintergrund des Eine-Welt-Forums initiiert. Aus den drei Eine-Welt-Workshops, die internationale Zusammenarbeit bzw. internationalistische Perspektiven der lokalen Agenda in Münster thematisierten und zu denen sich i.d.R. ca. 50 Teilnehmende einfanden, gingen dann Forderungen und Anliegen hervor, die neben dem Ausländerbeirat über die jeweiligen Vertreter der Ausländer und des Eine-Welt-Forums in die FAK und damit den Prozess transportiert werden sollten (vgl. CAF, 1997, S.9).

4.2.3 Zielsystem

Zur besseren Beurteilung und Steuerung des Prozessablaufes erarbeitete das Agendabüro ein Zielsystem, welches sowohl Orientierungshilfe wie auch Fundament für Zielvereinbarungen und Prozessentscheidungen sein sollte (vgl. Abb.4-5). Unter der Vorannahme, dass sich die unterschiedlichen Zielebenen der

Zielsystem Lokale Agenda 21 für Münster

Ziel	Ergebnisgütekriterien	Prozessgütekriterien
Konsens (die Prozessgüte bestimmt u.a. die Ergebnisgüte)	• Konsens • Umsetzbarkeit, • Integrationsmöglichkeit • Beschlussfähigkeit • Akzeptanz • Klarheit/Plastizität/Eindeutigkeit • Ehrlichkeit/Glaubwürdigkeit	• Dialog • Bürgerbeteiligung • Bürgeraktivierung • Öffentlichkeit • Zielgruppen • Verantwortlichkeit erzeugen • Differenzen nutzen und Vielfalt integrieren • externe Vernetzung
Ergebnisqualität (die Prozessgüte bestimmt u.a. die Ergebnisgüte)	• Orientierung an AGENDA 21 • Identifikation ("Niveau") • Nachhaltigkeit	• keine Projektionsfläche für „alte Themen" • neue Ansätze fördern • guter Kenntnisstand der Beteiligten • gute Vernetzung mit „Experten"
Initiale (die Prozess- und Ergebnisgüte ermöglichen die Initiale)	• Neue Kooperationserfahrung • Auftakt • Basis für weitere Visionen/Aktivitäten • „Kettenreaktion"	• gute Ergebnisse • Konsens möglich • Integration in Verwaltung, Verwaltungsalltag und Politik, • Schaffung bzw. Förderung von bürgerschaftlichen Strukturen • umsetzbare Projekte
Prozessqualität (guter Prozessablauf)		• Informationsqualität • Organisiertheit ⇒ Geschwindigkeit ⇒ Transparenz ⇒ Kosten/Nutzen Relation • Ergebnisorientierung • Spielregeln vereinbaren • Kreative Methodik • spannend • Neugierde erzeugend • Strategie • Kritikfähigkeit • Ehrlichkeit • Lernfähigkeit des Prozesses • Feedback • Kommunikation methodischer Hintergründe

Abb.4-5: Gütekriterien für Prozessverlauf und -ergebnisse
Quelle: Stadt Münster, Vrl. 393/1999, Anl.1

Produkt- und Prozessziele nicht immer gemeinsam widerspruchsfrei realisieren lassen[256], definiert das Zielsystem „konsensfähige Ergebnisse, eine gute Ergebnis- und Prozessqualität, sowie die Schaffung von Initialen als Hauptziele und Ansatzpunkte für Qualitätskriterien" (Stadt Münster, Vrl. 393/1999, S.2). Diese Gütekriterien wurden seitens des Agendabüros zwar in die zweite FAK-Sitzungsrunde eingebracht, sie erlangten aber keine weiterreichende Beachtung oder wahrnehmbare prozessleitende Bedeutung. Sie fungierten eher als interner Bewertungsmaßstab des Agendabüros. Als durchgängiges »Gütekriterium« stand innerhalb des Prozesses die Konsensorientierung im Mittelpunkt der Bemühungen (vgl. ebd.).

---

[256] So wird konstatiert, dass im Zuge der praktischen Umsetzung der lokalen Agenda „qualitativ hohe ökologische, ökonomische oder soziale Sachziele in einem konsensorientierten Prozess nicht immer erreichbar sind" (Stadt Münster, Vrl. 393/1999, S.2).

4.2.4   Verfahrensmethodik in den Arbeitsgruppen

Ziel der unterschiedlichen Arbeitsgremien, insbesondere der FAK, sollte - unter Leitung einer externen Moderation durch ein Consulting Büro[257] - die Erarbeitung konkreter Projektideen für ein zukunftsfähiges Münster sein. Auf die Eruierung von Leitbildern oder auch handlungsleitenden Zielen wurde hingegen verzichtet. Eine Debatte über diese Aspekte wurde durch die gewählte Moderationsstrategie ebenso unmöglich gemacht, wie inhaltlich kontroverse Diskussionen. Denn die heterogene Besetzung der FAK hatte im Agendabüro zu Bedenken hinsichtlich einer Polarisierung in den jeweiligen FAK, verbunden mit der Befürchtung eines unproduktiven und ergebnislosen Arbeitsprozesses, geführt. Um diese erwartbaren Differenzen zu überbrücken und das Hauptziel einer konsensuellen Einigung der Beteiligten auf gemeinsame Projektideen zu erreichen, wurden die FAK nicht als reine Diskussionsforen konzipiert, sondern unter Inanspruchnahme externer Moderation vermittels des Moderationsfahrplans der sog. Walt Disney Strategie durchgeführt. In dieser Methode wird, wie in den meisten Methoden zur Förderung der Kreativität üblich, die Phase der Ideenentwicklung von der Phase der Projektplanung und Prüfung bzw. Bewertung getrennt (vgl. »seperator« - Abb. 4-6), um den kreativen, visionären Erarbeitungsprozess nicht

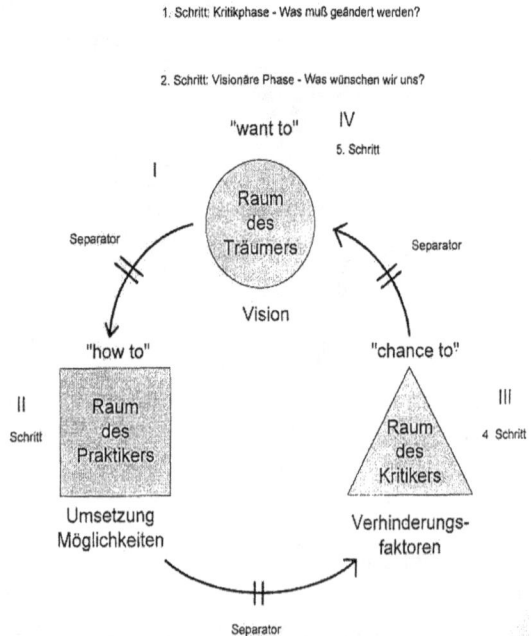

Abb.4-6: Moderationsfahrplan der FAK
Quelle: Stadt Münster: Protokoll FAK „Zukunftsfähige Bildung und Kultur" 1.Treffen, 01.09.1997

---

[257] Für die Moderation war mit Blick auf die knappe Zeit vom Beschluss zur lokalen Agenda bis zur Prozessumsetzung ein Consulting-Büro gewählt worden, zu dem bereits Kontakte bestanden, weil es schon zuvor für die Stadtverwaltung gearbeitet hatte. Eine offizielle Ausschreibung zur Moderation und damit auch zur Moderationsmethode fand nicht statt.

zu hemmen. Elementarer Aspekt dieser Strategie ist es, »Argumentationsblockaden« bzw. Reden und Gegenreden im Stile eines Disputs zu verhindern (vgl. CAF, 1999, S.12f.). Der Konsultationsprozess war vor diesem Hintergrund in verschiedene Arbeitsphasen unterteilt (vgl. Abb. 4-6)[258]. Die erste Arbeitsphase sollte, unter Auslassung der in der Walt-Disney-Methode zu Beginn eingeplanten Kritikrunde, von der Entwicklung eigener Visionen zum Thema: „Münster in der Welt von morgen" geprägt sein[259]. Festgelegte Spielregeln sollten jedem Teilnehmenden die freie Entwicklung von Ideen ebenso ermöglichen wie den offenen Gedankenaustausch mit anderen Gruppenmitgliedern. In der darauf folgenden Umsetzungsphase galt es, in gemäß dem Zufallsprinzip eingeteilten Unterarbeitskreisen[260] unter bereits vorstrukturierten Arbeitsebenen, Möglichkeiten zur Umsetzung der Visionen zu erarbeiten. Die Arbeitsfelder erstreckten sich auf die folgenden fünf Horizonte, die von der Reflexion ich-bezogener zukunftsfähiger Verhaltenspotentiale, über den Stadtteil, die Stadt und Region bis zum globalen Bezug der Stadt Münster reichten:

1. Ich- das Individuum

2. Mein Dorf in unserer Stadt - der Stadtteil

3. Unsere Stadt in der Welt von Morgen - die ganze Stadt Münster

4. Hand in Hand im Münsterland - die Region

5. Eine Stadt im Strom der Welt - die globale Perspektive.

In den beiden darauffolgenden Phasen sollten die in den entsprechenden Unterarbeitskreisen gemäß des vorgegebenen Horizontes entwickelten Ideen auf Fördermöglichkeiten, Bündnispartner sowie Verhinderungsfaktoren und Widerstände geprüft werden, um die reale Durchsetzbarkeit der Projektideen erhöhen zu können. In der abschließenden Visionsphase sollten dann konkrete Handlungskonzepte erarbeitet und entschieden werden (vgl. Protokolle zur ersten Sitzung der FAK - Stadt Münster, September 1997).

---

[258] Die Ergebnisse wurden in den unterschiedlichen Arbeitsphasen mit Hilfe der Metaplan-Technik auf Karteikarten und Wandzeitungen festgehalten und wenn nötig auf »Präsentationsniveau« gebracht.

[259] Zur Eingrenzung oder Ermöglichung der Visionen wurden auch Leitfragen vorgegeben, die den Teilnehmenden den Arbeitsauftrag ersichtlicher machen sollten.

[260] In zwei FAK wurde jedoch zunächst versucht, die Teilnehmenden nach vier vorgegebenen Wesens- bzw. Charaktereigenschaften: logisch-rational, intuitiv-visionär, strukturiert-organisiert, emotional-musikalisch einzuteilen. Dazu sollten sich die Teilnehmenden zunächst selbst mit einer Eigenschaft identifizieren, um sie dann in gemischten Unterarbeitskreisen zusammenführen zu können. Dieses Verfahren scheiterte jedoch am Widerspruch der Teilnehmenden ebenso wie an der unausgewogenen Eingruppierung der Teilnehmenden, so dass danach zu einer Zufallseinteilung der Unterarbeitskreise über die Verteilung von Spielkarten oder Süßigkeiten übergegangen wurde. Zum Teil wurde die Einteilung dann ex post - auf Wunsch der betroffenen Teilnehmenden - allerdings wieder rückgängig gemacht.

Querschnittsthemen, zu denen Frauen- Jugend- oder Ausländerbelange gezählt wurden, sollten nicht in einzelnen FAK konkret behandelt, sondern als übergreifende Kategorien in allen FAK mitbedacht werden. Gewährleistet werden sollte dies durch die dafür eingeladenen Delegierten. Um die Bürger an den erarbeiteten Vorschlägen und Ideen der FAK partizipieren zu lassen, waren zu Prozessbeginn zum Ende der FAK-Sitzungen zudem sog. Bürgerstunden eingerichtet worden, in denen die Bürger die Möglichkeit hatten, Anfragen zu stellen oder Bemerkungen einzureichen.

Die Arbeitsweise in den BZ und dem FR-AK unterlag nicht derartigen methodischen Rahmenbedingungen. Die Teilnehmenden hatten freiere Gestaltungs-, Diskussions- und Arbeitsmöglichkeiten. Sie konnten die thematischen Arbeitsbereiche der FAK aufgreifen, aber auch eigene Aspekte thematisieren (Stadt Münster, Vrl. 393/1999, S.5f). Ziel war es letztlich, die Ideen - wie in den FAK - zu eigenständigen Projektideen zu verdichten. Die Moderatoren in den BZ hatten die Funktion, inhaltsneutral darauf zu achten, dass der Agenda- bzw. Lokalbezug während der Diskurs- und Arbeitsphasen gewahrt blieb[261]. Darüber hinaus blieb ihnen die konkrete Arbeitsweise in den Zirkeln jedoch freigestellt[262]. Das FR-AK wurde - wie bereits erwähnt - lediglich während der Auftaktveranstaltung extern moderiert. Vermittels einer Arbeitsmethode, die der einer Zukunftswerkstatt vergleichbar war, erarbeiteten die Frauen sowohl einen allgemeineren Forderungskatalog wie auch Arbeitsschwerpunkte, die in den dazu gebildeten Unterarbeitskreisen selbstorganisiert weiterverfolgt wurden. In den bedarfsweise stattfindenden Plenumsveranstaltungen, die in Eigenmoderation der beteiligten Frauen umgesetzt wurden, konnten die jeweiligen Arbeitsergebnisse der Einzelgruppen dargestellt, diskutiert und auch miteinander verknüpft werden, um so eine produktive Zusammenführung der selbstorganisierten Einzelgruppen zu gewährleisten.

---

[261] Zunächst wurde auch jede Sitzung protokolliert und auch in einer Halbjahresbilanz veröffentlicht, zum Ende der Sitzungsreihe lagen jedoch z.T. keine Protokolle mehr vor.
[262] „So konnte beispielsweise frei entschieden werden, ob rein theoretisch oder gar schon praktisch gearbeitet werden sollte" (Stadt Münster, Vrl. 393/1999, Anl.1, S.7).

4.2.5 Prozessfinanzierung

Wie bereits erwähnt, kann das Gesamtvolumen für Personal[263]-, Sach[264]- und Prozesskosten[265] für den gesamten Prozesszeitraum der lokalen Agenda mit ca. 1,2 Millionen DM veranschlagt werden. So werden die:

> ➢ Prozesskosten von 1997-1999 mit 480.000 DM,

> ➢ die Sachkosten mit 60.000 und

> ➢ die Personalkosten für 1997 mit 233.100 DM, für 1998 mit 322.950 DM und für 1999 mit 185.440 DM angegeben (vgl. Stadt Münster, Vrl. 256/1997E, S.2f.; Beschluss vom 19.03.97).

Zudem standen noch Mittel für die Unterstützung von Aktivitäten nichtstaatlicher Gruppen im Rahmen des lokale Agendaprozesses bei der Haushaltstelle »Zukunftsfähiges Münster« zur Verfügung[266].

Die Finanzmittel wurden zum einen durch Ergänzungen zum bestehenden Haushalt (Personal- und Sachkosten) und zum anderen durch eine neue Haushaltsstelle »Lokale Agenda 21« (Prozesskosten) bereitgestellt. Als Refinanzierungsquelle konnte zunächst lediglich auf die 50 Pfennig/Einwohner aus den Mitteln des Programms zur kommunalen Entwicklungsarbeit gem. §20 Abs.1 Nr.4 GFG/NRW zurückgegriffen werden. Später konnten auch noch Fördermittel für Moderation, Beratungskosten und Öffentlichkeitsarbeit in Höhe von 208.000 DM seitens des Ministeriums für Stadtentwicklung, Kultur und Sport/NRW im Rahmen der Städtebauförderung akquiriert werden (vgl. Stadt Münster, Vrl. 388/1998, S.3).

Die Höhe der aufgewendeten Ressourcen zur Prozessfinanzierung waren ein wesentliches Element für die starke Außenwirkung der lokalen Agenda in Münster und trugen mit dazu bei, dass Münster als heimliche Agenda-Hauptstadt bezeichnet wurde (vgl. CAF, ohne Datum, S.16).

---

[263] Unter den Personalkosten ließen sich die Aufwendungen für die Mitarbeiter des Agendabüros subsumieren.

[264] Zu den Sachkosten zählte u.a. die Ausstattung des Agendabüros und die notwendige EDV.

[265] Zu den Prozesskosten zählen Raummieten, Vortrags- und Reisekosten, Kosten für die externe Moderation, Kosten für die Dokumentation, Bewirtung, Öffentlichkeitsarbeit sowie laufende Büro- und Portokosen (vgl. Stadt Münster, Vrl. 256/1997/E, S.4f.).

[266] „Dazu wurden in den Jahren 1997-1999 insgesamt 150.000 DM bereitgestellt, die durch das Agendabüro unter Berücksichtigung der vom Rat beschlossenen Vergabekriterien zweckentsprechend verausgabt werden sollten. Zuschussfähig sollten insbesondere diejenigen Vorhaben lokaler Gruppe sein, die der Weiterentwicklung, Effektivierung und Reflexion des agenda-relevanten Engagements in Münster dienten" (Stadt Münster, Vrl. 393/1999).

4.2.6   Öffentlichkeitsarbeit

Da der lokale Agendaprozess in Münster zum Auftakt kaum bekannt war, bemühte sich das Agendabüro um eine intensive Öffentlichkeitsarbeit. Über die Presse wurden öffentliche Veranstaltungen und Treffen angekündigt und später über deren Ergebnisse kurz berichtet. Abgesehen von der Pressearbeit trug ein eigens konzipiertes, einheitliches »Agenda-Layout«, ein buntes Logo in den Farben gelb, grün, blau und rot und dem Schriftzug: »Agenda 21. Unsere Stadt in der Welt von Morgen«, auf verschiedenen agendabezogenen Schriften und Requisiten, wie z.b. dem Münsterkaffee, Stoffbeuteln, Sticker, Agenda News, offiziellen Broschüren e.t.c. zur Bekanntmachung des Prozesses bei. Darüber hinaus erstreckte sich die Öffentlichkeitsarbeit neben einer Vielzahl von Veröffentlichungen[267] und dem Konzept zielgruppenspezifischen Veranstaltungen nicht zuletzt bis hin zur Präsentation des lokalen Agendaprozesses im Internet, wenn auch erst verspätet zum Ende des Jahres 1998.

Das Öffentlichkeitskonzept des Agendabüros der Stadt Münster wurde im Zuge des Landeswettbewerbs »Öffentlichkeitsarbeit für eine nachhaltige Entwicklung« des Umweltministeriums NRW gewürdigt. Es wurde für die beste Gestaltung ausgezeichnet, die durch das ganzheitliche Konzept aufgrund seines hohen Wiedererkennungseffektes und der leicht verständlichen Wiedergabe der Inhalte zu überzeugen wusste. Auch das Konzept der zielgruppenspezifischen Ansprache, Aktionen und Veranstaltungen wurde in diesem Kontext lobend erwähnt (vgl. Stadt Münster/Agenda news, 4/1998, S.4; Stadt Münster, Vrl. 393/1999, Anl.1, S.21).

4.3   Spezifika im Prozessablauf

Bedeutende Anstöße zur Einrichtung einer lokalen Agenda wurden seitens der entwicklungspolitischen Gruppen gegeben. Bereits zu Beginn der 90-er Jahre thematisierten Mitglieder dieser Gruppen die kommunale Entwicklungszusammenarbeit und such-

---

[267] Zu der breiten Palette an Veröffentlichungen zählen die Veranstaltungsdokumentationen, das zu Beginn verteilte Faltblatt "Fragen und Antworten zur Lokalen Agenda 21", eine Einsteigerbroschüre zum Thema und zu den bereits angelaufenen städtischen Aktivitäten, mehrere Flyer und Plakate, die neben der Pressearbeit auf die unterschiedlichen Veranstaltungen aufmerksam machen sollten, wie auch nicht zuletzt die Agenda-Zeitung »Agenda news«, die Informationen für Prozessinteressierte bot.

ten in diesem Kontext den Dialog mit Verwaltung und Politik. Aus diesen Aktivitäten resultierte 1991 der Zusammenschluss von weit über hundert Eine-Welt-Gruppen zum Eine-Welt-Forum. 1995 griff dann der Hauptausschuss die Anregung des Eine-Welt-Forums auf und institutionalisierte durch die Gründung des KEZ die Zusammenarbeit zwischen den lokalen Dritte/Eine-Welt Gruppen und der Stadtverwaltung. Dieser Beirat generierte dann zum Initiator des Agendaprozesses. Zwar war durch die Zustimmung zur Charta von Aalborg bereits 1995 die Selbstverpflichtung zur Einrichtung einer lokalen Agenda übernommen worden, aber erst durch die seitens des KEZ in Auftrag gegebenen 15 Thesen für ein zukunftsfähiges Münster wurde der Diskussionsprozess über Sinn, Zweck und Notwendigkeit einer lokalen Agenda angeheizt. Der öffentliche Druck zur Etablierung des Prozesses in der Kommune wuchs und die regierende Koalition, die dieser Idee sehr offen gegenüberstand, insbesondere die GAL/GRÜNEN, griffen diesen Anstoß unverzüglich zu eigenen Anträgen auf (vgl. CAF, ohne Datum, S.20; CAF, 1997, S.8; Stadt Münster, Vrl. 370/1996). Die Hinführung zur Prozessumsetzung lässt sich aufgrund des Drucks der entwicklungspolitischen NRO`s als »bottom up Strategie« interpretieren, die schnell in die vorherrschende Struktur der Kommunalpolitik integriert wurde und von da an zunehmend seitens des LK und Agendabüros top down organisierte wurde; wobei die nachträgliche Berücksichtigung der BZ ebenso wie die autonome Gründung des Frauenaktionsbündnisses und der »AG Ziele« für eine besondere Offenheit und Integrationsfähigkeit der Verwaltung in diesem dadurch breiter werdenden Konsultationsprozess sprechen.

Der Bekanntheitsgrad der lokalen Agenda konnte während des Prozessablaufes erhöht werden. Nachdem der Begriff und Prozess zu Beginn nahezu unbekannt war, wusste Anfang 1998 immerhin ein Drittel der Münsteraner Bevölkerung mit dem Begriff der lokalen Agenda 21 etwas anzufangen oder hatte zumindest schon einmal davon gehört (vgl. Stadt Münster, Vrl. 393/1999, Anl.2, S.19). Die Presseberichte der ortsansässigen Zeitungen wie auch Leserbriefe standen dem Prozess jedoch oftmals sehr skeptisch gegenüber und trugen nicht zur Hebung seines Renommees bei[268].

Nach offiziellen Angaben arbeiteten im Münsteraner Agendaprozess (zumindest zu Beginn) ca. 350 Personen mit (vgl. Peters, 1999, S.243). Allerdings wird anhand des Ver-

---

[268] So wurde in den Münsteraner Lokalzeitungen u.a. darauf verwiesen, das die erhoffte Mobilisierung der Bürgerschaft nicht erreicht worden sei, der Agendaprozess ohne großes Echo blieb und sich in diesem Kontext vornehmlich als PR-Aktion erwiesen habe (vgl. Münsteraner Zeitung und Westfälische Nachrichten z.B. vom 06.05.1999 oder 29.06.1999).

laufes der Konsultationsphase deutlich, dass die Beteiligungsquote in den entsprechenden Arbeitsgremien im Prozessverlauf z.t. stark zurückging (vgl. Kap. 4.3.2f.), so dass
- wenn überhaupt - nur halb so viele Personen aktiv an dem Prozess teilnahmen wie in
der offiziellen Schätzung angegeben wurde.

Während des Konsultationsprozesses wurden Prozessergebnisse, z.B. in Form erster
Projektumsetzungen, nicht erfahrbar. Die projektgebundenen Mittel wurden primär für
öffentlichkeitswirksame Veranstaltungen genutzt. Lediglich mit dem »Münsterkaffee«
entstand ein Produkt, das als konkreter, greifbarer Beitrag zur Nachhaltigkeit den Bezug
zum kommunalen Agendaprozess herstellte. Allerdings entsprang diese Idee nicht den
Arbeitsgruppen, sondern wurde auf Initiative einer Gruppe aus dem Eine-Welt-Forum,
dem Handel, der Gastronomie und der letzten Kaffeeröster in Münster, die sich zuvor
alle schon mit dem Thema fair gehandelter, ökologischer Produkte auseinandergesetzt
hatten, auf den regionalen Markt gebracht. Um eine große Identifikation der münsteraner Bürger mit dem Produkt zu ermöglichen und den fair gehandelten Kaffee aus seinem Schattendasein eines 5%-igen Marktanteils in Münster herauszuholen, wurde er
»Münsterkaffee« genannt. Es ging darum, auf konkrete Ansatzpunkte der Sozial- und
Umweltverträglichkeit hinzuweisen, zu der sich die Stadt Münster wie auch die Bürger
bekennen sollten (vgl. Stadt Münster/Agenda news, 2/1998, S.1f.).

Auf den Konsultationsverlauf in den einzelnen Arbeitsgremien bzw. den sonstigen relevanten Veranstaltungen im Rahmen des lokalen Agendaprozesses, werde ich im Folgenden kurz eingehen, bevor ich mich der interviewgestützten Erforschung des Prozessablaufes aus Sicht der Teilnehmenden widme. Dabei beziehen sich die folgenden Informationen bzw. Daten sowohl auf Prozessdokumente wie auch auf die eigenen Erhe-
bungen im Rahmen meiner teilnehmenden Beobachtung.

Die Konsultationsphase endete mit der Auflösung der BZ und FAK bereits zum Jahres-
wechsel 1998/99. Der Agendaprozess fand sein vorläufiges Ende mit dem Beschluss der
Abschlussvorlage 393/1999, zu der parallel auch der LK und das Forum aufgelöst wurden. Das Agendabüro wurde bis zum Jahresende nur noch mit halber Kraft weitergeführt und dann auch Ende 1999 aufgelöst. Lediglich das FR-AK löste sich zunächst
nicht auf, sondern verblieb (allerdings mit einer reduzierten Anzahl an Aktivistinnen) in
Lauerstellung, um die Umsetzungsphase - falls nötig - kritisch begleiten zu können.

4.3.1 Der Konsultationsprozess in den Facharbeitskreisen

Der Verlauf der Sitzungen gestaltete sich in den vier FAK relativ gleich. So wurden die Teilnehmenden der vier FAK bis zur vierten Sitzungsrunde jeweils angehalten, präsentationsfähige Ergebnisse zu erarbeiten, die sie den Bürgern in der abschließenden Bürgerstunde vorstellen sollten[269]. Diese Art der Bürgerbeteiligung wurde allerdings seitens der FAK-Mitglieder schon bald als störend wahrgenommen. Nicht nur weil sich dadurch die Arbeitszeit verkürzte, sondern auch weil in den Erarbeitungsphasen der ersten beiden Treffen nur unzureichend präsentationsfähige Ergebnisse vorlagen. Die in diesem Kontext seitens der Bürger geäußerte Kritik[270] an der mangelnden Arbeitsleistung und an der Ergebnisgüte der Ideen wurde als unzutreffend und überzogen empfunden. Vor diesem Hintergrund, aber auch weil die Beteiligung an den Bürgerstunden rapide abnahm, wurden die Bürgerstunden nach der vierten Sitzung gestrichen.

Während der Sitzungen wurden in allen FAK themenübergreifende Diskussionen ebenso wie kontroverse Auseinandersetzungen über zentrale stadtrelevante, inhaltliche Aspekte, an denen sich die werturteilsgebundenen Differenzen der Teilnehmenden festmachen ließen, seitens der Moderatoren weitgehend unterbunden. Zu derartigen inhaltlichen Knackpunkten gehörten - neben der Bewertung der Ausgrenzung der stadtplanerischen Großprojekte - vor allem die Art eines Gütesiegels für landwirtschaftliche Produkte aus der Region, Projekte zur Verknüpfung der Erwerbsarbeit mit ehrenamtlicher Arbeit und besseren Sozialleistungen, die Einrichtung von Call Centern sowie die städtischen Bebauungsstrategien und die Menschenrechtsthematik.

Der konkrete Verlauf des Konsultationsprozesses in den Facharbeitskreisen stellte sich folgendermaßen dar:

Zu Beginn der Konsultationsphase wurde auf eine einleitende Kritikphase - entgegen den Vorgaben der Verfahrensmethode - verzichtet. Statt dessen wurde den Teilnehmenden, nachdem sie zu Beginn der ersten Sitzung ihre Erwartung zum Prozess und ihre persönlichen Standpunkte einbringen sollten, unverzüglich Zeit zum Erarbeiten von Visionen eingeräumt. Diese Phase verlief, trotz einiger geäußerter Bedenken der Teilnehmenden ob der eigenen Phantasielosigkeit, recht produktiv. Sie wurde in der zweiten

---

[269] Diese Präsentationsphase fand in der vierten Sitzung ausnahmsweise zu Beginn der Sitzung und auch zum letzten Mal statt.
[270] In den Bürgerstunden bemängelten die anwesenden Bürger insbesondere zu Beginn den unzureichenden visionären Charakter der Ideen ebenso wie die zu starke Präsenz der Expertenmeinungen.

Sitzung vollends abgeschlossen. Nachdem in dieser Sitzung die seitens des Agendabüros erarbeiteten Prozess- und Ergebnisgütekriterien ebenso dargestellt worden waren,
wie die 5 Horizonte bzw. Handlungsebenen der lokalen Agenda (vgl. Kap. 4.2.4), wurde die Projekterarbeitungsphase in den eingeteilten Unterarbeitskreisen begonnen[271].

In der dritten Sitzung stand die »*Projektwerkstatt*«, also die Weiterführung der Arbeit
an den Projekten in den Unterarbeitsgruppen sowie ein gruppenübergreifender Austausch über die vorhandenen Ideen im Mittelpunkt. Es wurde in allen FAK ersichtlich,
dass der Arbeitsstand der verschiedenen *Unterarbeitsgruppen* unterschiedlich weit fortgeschritten war. Während manche Gruppen schon erste Arbeitsergebnisse mitbrachten,
nutzten andere dieses Treffen, um die projektbezogene Arbeit überhaupt einmal aufzu-
nehmen.

In der vierten Sitzungsrunde standen die Kritikphase und die Überprüfung der Projekte
auf Risiken und Chancen anhand der dafür vorbereiteten Checkliste[272] im Vordergrund.
Unter Murren der meisten FAK-Teilnehmenden ob der wiederholten Prüfung der Projektideen, um die bereits in den meisten Unterarbeitskreisen gerungen worden war,
wurde eine Rotationsphase der unterschiedlichen Unterarbeitskreise umgesetzt, deren
Ziel es war, den Input zu den einzelnen Projektideen zu erhöhen.

In der ursprünglich als letztes Treffen vorgesehenen fünften Sitzung sollten zu Beginn
in den Unterarbeitskreisen die kritischen Feedbacks aus den BZ, dem FR-AK, sowie
dem Verwaltungsworkshop, dem J-Day und dem zweiten Vernetzungstreffen diskutiert
und evtl. hinsichtlich einer Modifizierung der Projektidee(-n) aufgegriffen werden. Die
Teilnehmenden erhielten in der abschließenden Bewertungsphase sowohl die Möglichkeit, die Relevanz und Realisierbarkeit der vorliegenden Projektideen auf einer Skala
von 0-100% zu bewerten wie auch nach einer kurzen projektbezogenen Präsentations-
und Diskussionsphase die Aufforderung, ihr Votum zu den einzelnen Ideen abzugeben[273]. Im Rahmen dieser Abstimmung stellten sich zwar nur wenige Projekte als »nicht

---

[271] Allerdings verlief die Zufallseinteilung in die Unterarbeitsgruppen z.T. nur unter Protest und führte
dann auch zur Veränderung der ursprünglichen, eingeteilten Zusammensetzung, um die Arbeitsfähigkeit dieser Gruppen wie auch ein Mindestmaß an Motivation der Beteiligten zu erhalten.
[272] Im Rahmen dieser Checkliste sollten die Risiken und Chancen bzgl. der Nachhaltigkeit des Projektes
i.S. der Verträglichkeitskriterien, der Wirkung auf die Bürger, der rechtlichen Rahmenbedingungen und
erwartbaren Zielkonflikte bei der Umsetzung, des Finanzrahmens und der Personal- und Zeitressourcen
geprüft werden (vgl. Stadt Münster, Protokoll FAK „Zukunftsfähige Bildung und Kultur" vom
10.09.1998).
[273] Dbzgl. bestand die Möglichkeit, eine Zustimmung *ohne gravierende Bedenken* bzw. eine Zustimmung
bei der *Berücksichtigung anzuführender Detailpunkte* zu geben oder auch das Projekt aufgrund *grund-
sätzlicher Bedenken* abzulehnen.

konsensfähig« heraus[274], die meisten Projektvorschläge passierten die Hürde der allgemeinen Zustimmung jedoch erst, nachdem Korrekturen bei spezifischen Detailpunkten angemahnt worden waren. Ein echter Konsens in Form einer ungeteilten Zustimmung zu den Projektideen rückte deswegen bei den meisten Vorschlägen, entgegen der Darstellung in der offiziellen Beschlussvorlage, in weite Ferne. Hinsichtlich der Relevanz- und Realisierbarkeitseinschätzung der Projekte seitens der Teilnehmenden wurde zudem deutlich, dass die Bedeutung bzw. Umsetzungswahrscheinlichkeit der »im Konsens« entschiedenen Projekte bis auf wenige Ausnahmen oft als gering wahrgenommen wurde[275].

Nachdem auf diese Weise in der fünften Sitzungsrunde die projektbezogene Arbeit zum Abschluss kam, wurde das zusätzlich anberaumte 6.Treffen zugunsten der zum Prozessende durch die »AG Ziele« protegierte Zieldiskussion umgesetzt[276]. In dieser FAK-Sitzung kam der Unmut darüber zum Ausdruck, dass die Leitzieldebatte bisher völlig vernachlässigt worden war. Auch wussten die Teilnehmenden die Bedeutung dieser sechsten Sitzungsrunde für den Fortgang des Prozesses kaum einzuschätzen. Mangels der Motivation, noch einmal ein »neues Fass aufzumachen« fiel die Erörterung der Zielthematik dann kürzer aus als geplant. Dennoch wurden einige Anregungen bzw. Ergänzungen zu den Zielen und Maßnahmen vorgeschlagen, die dann in das vorhandene Fragment »Leitbilder, Ziele Maßnahmen« unkommentiert aufgenommen wurden (vgl. Stadt Münster, Vrl. 393/1999, Anl.3)[277].

---

[274] Nicht konsensfähig war dann eine allgemeine Aussage unabhängig von der Anzahl und der Gewichtung der Gegenstimmen. Es blieb jedoch unklar, dass auch die nicht konsensfähigen Projekte in der Vorlage erscheinen würden.

[275] Während im FAK »zukunftsfähige Bildung und Kultur« das Projekt »Schulbauernhof« von allen Teilnehmenden als sehr wichtig und zu 100% realisierbar angesehen wurde, wurden ansonsten nur noch die Projekte »Reha-Zentrum für Folteropfer« und »Koordinationsstelle für die Lebenschancen ausländischer Kinder« allgemein als sehr wichtig erachtet; es gab jedoch große Bedenken bzgl. deren Realisierbarkeit. Im FAK »Region/Siedlungsflächen/Stadtstrukturen und Verkehr« wurde nur das Projekt»Energiesparen zahlt sich aus« als sehr wichtig und problemlos umsetzbar erachtet. Darüber hinaus wurde nur noch das Projekt eines »zentrenorientierten Handelskonzeptes« als sehr wichtig, jedoch mit Problemen bzgl. einer evtl. Umsetzung bewertet. In den FAK: »Wirtschaft, Arbeit, Soziales und Finanzen«, sowie »Schutz der Umwelt und Gesundheit« gab es gar keine Projektideen mehr, deren Relevanz und/oder Realisierbarkeit von allen Teilnehmenden sehr hoch eingeschätzt wurde.

[276] Darin sollte vor der Thematisierung der Vorschläge der »AG Ziele« zur Prozessfortführung, die ausliegende Rohfassung der von Mitarbeitern des Agendabüros erarbeitete Agendapräambel und Leitsätze diskutiert werden.

[277] Die Vorschläge aus den FAK, die auf eine Fortführung der zukunftsfähigen Entwicklung im Lichte der lokalen Agenda zielten und auf eine Stabilisierung des Agendaprozesses ausgerichtet waren, wurden in diesem Kontext jedoch kaum weiter verfolgt.

Kommentar:

Die methodische Vorgehensweise der FAK-Sitzungsreihe, die im Vergleich zum methodischen Ursprungskonzept abgewandelt worden war, wurde auch während des Prozesses nicht stringent durchgehalten. So wurde nicht nur zu Beginn auf die einleitende Kritikphase verzichtet, es wurde auch zum Ende der Sitzungsreihe versäumt, die vorhandenen Projektideen noch einmal »visionär aufzuladen«. Statt dessen bestand in der fünften Sitzungsrunde lediglich die Möglichkeit, Anregungen und Kritik anderer Gremien vor der Abschlussbewertung der Projektideen einzubinden. Die abschließend anberaumte Sitzung hinsichtlich der »Zieldiskussion« stellte die Chronologie des methodischen Vorgehens dann völlig auf den Kopf.

Darüber hinaus ließ sich beobachten, dass die Art der Arbeitsmethode wie auch die Moderation in den FAK nicht auf ungeteilte Zustimmung stieß. So entfalteten sich ob der methodischen Restriktionen und um die Person des *leitenden* Moderators[278] zu Beginn der Konsultationsphase z.T. heftige Dispute, die jedoch folgenlos blieben. Die - trotz des methodischen Regimes - ab und an aufflammenden inhaltlichen Diskurse[279] erwiesen sich als problematisch, weil aufgrund der mangelnden thematischen Einführungsphase nicht die Möglichkeit eines Rückgriffs auf einen gemeinsam erarbeiteten, einheitlichen Bewertungsmaßstab bestand. Während der letzten Sitzungen wurde offenbar, dass sich viele Teilnehmende unter der lokalen Agenda 21 mehr vorgestellt hatten als die Summe der erarbeiteten Projekte und deswegen über die Ausblendung der Erörterung stadtentwicklungsrelevanter Themen und über die späte Ansetzung der »Leitzieldiskussion« zum Ende der Sitzungsreihe verärgert waren.

---

[278] Alle wurden spätestens ab der zweiten Sitzung von denselben jeweils zwei Moderatoren gemanagt. Allerdings war deren Rollenverteilung stark different. Während einer die Sitzung leitete, den Ablauf kontrollierte und auch als Ansprechpartner für die Teilnehmenden fungierte, wurde die Funktion des zweiten Moderators lediglich anhand der Erstellung eines Agendabildes ersichtlich.

[279] So wurde in den FAK der Wunsch nach einer projektbezogenen Diskussion und einer kurzen Prozessreflexion im Plenum laut und auch gegen den Willen der Moderation erzwungen. Der Wunsch differente Positionen der Teilnehmenden kontrovers diskutieren zu können, führte im FAK »Region/Siedlungsflächen/Stadtstrukturen und Verkehr« zu einer längeren Debatte, an deren Ende eine Diskussionsveranstaltung über das geplante Gewerbegebiet Ammelsbüren außerhalb des geplanten Prozessablaufes - auch gegen den Widerstand des Moderators - vereinbart wurde.

4.3.2   Veränderung der Teilnehmerzahlen in den Facharbeitskreisen

Insgesamt war bei allen FAK ein Abnehmen der Teilnehmerzahlen festzustellen, wenn auch die Verringerung nicht in allen FAK in gleichem Maße vorhanden war. Während der FAK »Region/Siedlungsflächen/Stadtstrukturen und Verkehr« über den Zeitraum der ersten drei Sitzungen eine sehr hohe, z.T. 100%-ige, Teilnehmerzahl aufwies, lag diese bei den FAK»Zukunftsfähige Bildung und Kultur« sowie »Wirtschaft, Arbeit und Soziales« bereits zu Beginn lediglich auf einem Niveau von 76% bzw. 77%. Sie ging in allen FAK bis zu letzten Sitzung jedoch um mindestes 30% zurück (vgl. Abb. 4-7). Als Gründe dafür wurden seitens der Teilnehmenden neben Zeitmangel vor allem Motivationsprobleme und die abnehmende Bedeutung des Prozesses in der subjektiven Wahrnehmung angegeben (vgl. dazu Kap. 5f.).

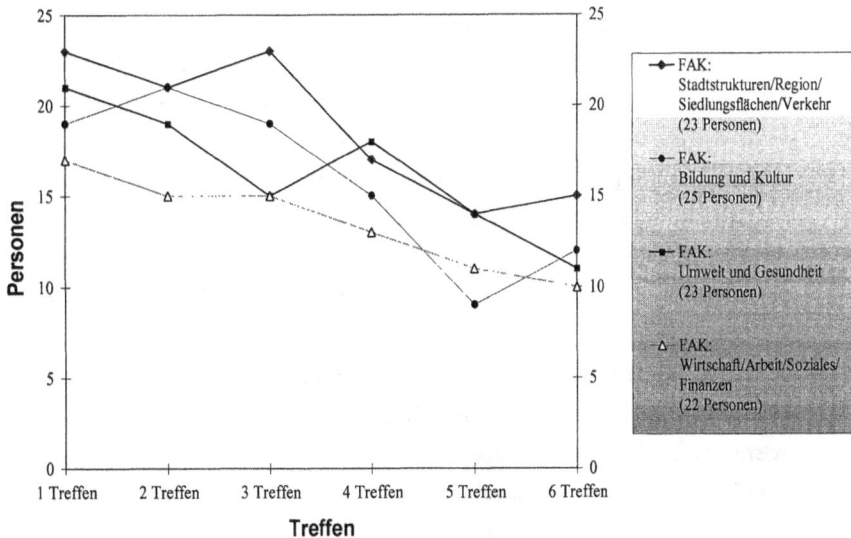

Abb. 4-7: Veränderung der Teilnehmerzahlen in den FAK
Quelle: Eigene Darstellung

Besonders niedrig lag die Teilnahme in der fünften und sechsten Sitzung. Während die geringe Teilnahme in der fünften Sitzung überrascht, weil dort die Projektergebnisse beschlossen werden sollten[280], war die geringe Teilnehmerzahl für die sechste Sitzung, die nachträglich als Diskussionsrunde über Ziele des Prozesses anberaumt worden war, verständlicher. Hier wurde der Unmut über die konzeptionelle projektorientierte Anlage des Prozesses und über die Vernachlässigung der Erarbeitung einer Ziel- bzw. Leitbildkomponente, die auch als Maßstab für die Projektentwicklung hätte dienen können, nicht nur während der Sitzung deutlich, er führte auch dazu, dass viele Teilnehmende erst gar nicht zur Sitzung kamen. Zudem hatten einige Teilnehmende sich nicht langfristig genug auf diesen Termin einstellen können, um ihn frei zu halten. Doch nun zu den vier FAK im kursorischen Überblick:

➢ Während im *FAK »Zukunftsfähige Bildung und Kultur«* drei progressive Gruppierungen primär aus dem Eine-Welt-Bereich ebenso wie die Vertreter von SPD und GRÜNEN durchgängig teilnahmen, brachen die Vertreter des Stadtsportbundes, der GEW, der Verbraucherzentrale und der evangelische Studentengemeinde nach 2 Teilnahmen, und die Vertreterin der CDU bzw. der Vertreter der Jugend bereits nach einer Teilnahme ihre Beteiligung ab. Der Stadtsportbund, dessen Vertreter sich ebenfalls bald aus dem Prozess zurückzog, weil nicht ersichtlich wurde, was im Bereich des kommunalen Sports im Kontext des lokalen Agendaprozesses konkret hätte angegangen und umgesetzt werden können, legte statt dessen einen eigenen Entwurf für eine »lokale Agenda - Sport in Münster« vor, auch mit Blick darauf, dass die eigenen einzubringenden Interessen innerhalb der FAK nur unzureichend berücksichtigt worden waren. Insgesamt ging die Zahl der 25 Teilnehmenden von anfangs 19 bis zur fünften und sechsten Sitzung auf 9 bis 12 zurück.

➢ Im *FAK »Schutz der Umwelt und Gesundheit«* war bei den progressiven Verbandsteilnehmern, insbesondere dem Umweltforum, aber auch bei den Verwaltungsvertretern eine durchgängige Beteiligung zu verzeichnen. Lediglich die Vertreter von ADAC und DGB zogen sich alsbald aus dem Prozess zurück, bzw. nahmen an keiner Sitzung mehr teil. Als Begründung dafür wurde seitens der entsprechenden Vertreter neben Zeitnot ebenfalls die (befürchtete) unzureichende Berücksichtigung der eigenen Interessen innerhalb des FAK und im gesamten lokalen Agendaprozess

---

[280] Als Erklärungsansatz ist hier primär auf die Enttäuschung vieler Teilnehmer ob der geringen Relevanz der Projektideen für den weiteren kommunalpolitischen Verlauf zu verweisen, der durch Fernbleiben Ausdruck verliehen werden sollte.

angegeben. Die Zahl der 22 Teilnehmenden reduzierte sich von anfangs 21 bis zum Ende auf 11 Personen.

➤ In dem durchweg am besten besuchten *FAK »Region/Siedlungsflächen/Stadtstrukturen und Verkehr«* nahmen neben drei Vertretern der *»progressiven«* Verbände auch ein Vertreter einer *»konservativen«* Gruppierung, sowie die Vertreterin der Jugendlichen durchgängig an dem Prozess teil. Ein merklicher Rückgang der Teilnehmerzahl war in diesem FAK erst nach der 3.Sitzung zu verzeichnen, in welcher der Disput über die Vorgehensweise und die Kritik über die Ausblendung umstrittener Großprojekte der Stadtplanung ausgebrochen und zu Verstimmungen bei einigen Teilnehmenden geführt hatte. Zuletzt besuchten nur noch 14 der 23 Mitglieder die Sitzung.

➤ Im *FAK »Wirtschaft/Arbeit/Soziales und Finanzen«* nahmen die Vertreter der CDU und der Kreishandwerkerschaft gar nicht an den Sitzungen teil. Nach bereits einer Sitzung stellte die Vertreterin der Frauen, der Vertreter des DGB und der Universität, sowie nach zwei Sitzungen die Vertreterin der Ausländer ihre Teilnahme an den Sitzungen ein. Lediglich zwei Vertreter aus der Verwaltung und eine Vertreterin aus dem Umweltforum nahmen durchgängig an allen Sitzungen teil. Insgesamt ging die Zahl der 21 Teilnehmenden von anfangs lediglich 17 bis zum Ende auf 10 zurück.

Insgesamt lässt sich feststellen, dass die Beteiligung nicht ausgeglichen und letztlich auch nicht mehr so repräsentativ - wie durch die Besetzungsvorschläge angestrebt - war. Die Gewerkschaften nahmen entweder gar nicht oder nur über einen sehr kurzen Zeitraum an dem Prozess teil. Andere, ebenfalls den konservativen Gruppierungen zuzurechnende Vertreter, ließen sich z.T. entweder gar nicht während der Sitzungen blicken oder stiegen nach kurzer Zeit aus dem Prozess aus: hier sind die Universität, der ADAC und auch die Kreishandwerkerschaft zu nennen. Bei den Vertretern der Jugendlichen und der Frauen gibt es kein durchgängiges Bild. Während die Vertreter der Jugendlichen, die auch hauptberuflich als Interessenvertreter jugendlicher Belange fungieren, sehr oft an den Sitzungen teilnahmen, war die Teilnahmenbereitschaft bei den ehrenamtlichen Jugendlichen eher gering. Bei den Frauenvertreterinnen in den FAK war die Beteiligung bis auf eine Ausnahme hoch. Die Vertreter der Verbände, die eher den progressiven Bereich zuzuordnen sind, waren nahezu durchgängig in allen FAK-Sitzungen präsent, ebenso wie die Vertreter der Verwaltung, was sowohl für die Wertschätzung

des bzw. Interesse am Prozess/es, als auch die Wahrung ihrer entsprechenden Dienst-
verpflichtung spricht. Bei den Vertretern der Politik zeigte sich - entsprechend der alten
Ratskonstellation - ein zweigeteiltes Bild. Während die Vertreter der SPD und der
GRÜNEN, welche den Prozess maßgeblich unterstützt und auf den Weg gebracht hatten, eine durchweg sehr hohe Teilnahmehäufigkeit an den Sitzungen zeigten, war diese
bei der CDU gering, bzw. z.T. gar nicht vorhanden.

4.3.3   Der Arbeitsprozess in den Bürgerzirkeln

Im Zuge der Auftaktveranstaltung zu den BZ am 17.01.1998 konstituierten sich vier
thematisch an den FAK ausgerichtete BZ. Dabei stand zunächst neben einer Kennenlernphase insbesondere die vorläufige Festlegung der Arbeitsweise und die Ermittlung
interessanter Agendathemen auf der Tagesordnung[281]. Da es davon abgesehen in den
folgenden einmal monatlich stattfindenden Sitzungen zunächst darum ging, Themen
und Projekte zu bestimmen bzw. zu entwickeln, die für die teilnehmenden Bürger von
Interesse waren, galt es, das entsprechende Interesse zu klären und miteinander abzu-
stimmen. Die freie Herangehensweise an die Themenfülle der Agenda 21 führte in den
BZ jeweils zu etwas unterschiedlichen Arbeitsweisen[282].

Zu Beginn des Arbeitsprozesses bemühten sich die Teilnehmenden in allen BZ jedoch
um eine Klärung ihres Selbstverständnisses und ihrer Erwartungshaltung, indem sie
diese Form und Funktion der Bürgerbeteiligung bei der Aufstellung einer lokalen
Agenda erörterten. Darüber hinaus standen in den meisten BZ offene Diskussionen und
die brainstormingbasierte Eruierung einer großen Ideenpalette im Vordergrund. Diese
breite Palette an Zwischenergebnissen spiegelte neben der eigenen Betroffenheit vor
allem das Bedürfnis nach mehr Transparenz städtischer Planung und Politik sowie erweiterten Mitbestimmungsrechten wider (vgl. Agenda Büro, Protokoll BZ Stadt,

---

[281] Es war im Rahmen des Arbeitsprozesses auch möglich, kleinere Unterarbeitskreise zu bilden. Diese
    lösten sich, sofern sie überhaupt eingerichtet wurden, jedoch meist mangels Teilnahmekontinuität
    schnell wieder auf.
[282] Die Uneinigkeit über das konkrete Vorgehen wurde in einigen BZ auch durch den unterschiedlichen
    Kenntnisstand der Teilnehmenden bedingt. Während einige Teilnehmende gerne ihr Informationsdefizit
    aufarbeiten wollten, hatten einige schon Projektideen, die zumeist aus ihrer direkten Betroffenheit her-
    aus geboren waren.

2.Treffen, 1998)[283]. Die mannigfaltigen Ideen wurden dann jedoch nicht weiterverfolgt und ausgearbeitet. Während einige Zirkel für jedes Treffen einen neuen Arbeitsschwerpunkt formulierten, arbeiteten andere intensiv und theoriebasiert über längere Zeit an einem inhaltlichen Schwerpunkt[284]. Zum Teil ereiferten sich die Teilnehmenden dabei in Grundsatz- bzw. philosophischen Diskussionen, die dann allerdings auch zur Klärung des Selbst- und Fremdverständnisses und zu einer besseren Zusammenarbeit führten. Die Teilnehmenden aller BZ einigte jedoch die Forderung, dass ihre bürgerschaftliche Mitwirkung im Rahmen des lokalen Agendaprozesses seitens des Rates und der Verwaltung ernst genommen werden müsse und nicht bloß eine partizipatorische Feigenblattfunktion der klassischen Kommunalpolitik erfüllen solle. Die für die BZ ebenfalls relevante Vorgabe, konkrete Projektideen auszuarbeiten, wurde erst zur zweiten Hälfte der Veranstaltungsreihe den Teilnehmenden vollends ersichtlich, so dass das Arbeitstempo - ausgerichtet auf wenige übrig gebliebene Ideen - zum Ende merklich forciert wurde[285]. In den letzten Sitzungen der BZ wurden jedoch nicht nur die erarbeiteten Projektideen diskutiert, sondern auch Anregungen und Ideen zur wichtig erachteten Fortführung des Agendaprozesses unter bürgerschaftlicher Mitwirkung erörtert. Dabei kristallisierte sich der Wunsch nach Wochenendveranstaltungen heraus, die für alle interessierten Bürger geöffnet in Form einer Zukunftswerkstatt oder Planungszelle zu städtischen Projekten und Entwicklungsvorhaben stattfinden sollten.

Einige der Teilnehmenden aus den BZ arbeiteten auch nach dem offiziellen Prozessende weiter, weil sie darum fürchteten, dass bei nachlassendem Engagement die Fortführung bzw. Umsetzung ihrer Projektergebnisse seitens der Stadt nicht in Angriff genommen würde (vgl. Stadt Münster, Vrl. 393/1999, S.7). Sie fanden sich dann mit Akteuren aus den FAK und ehemaligen Moderatoren der Bürgerzirkel in der wiedergegründeten »Projektgruppe zukunftsfähiges Münster« zusammen (vgl. Kap. 4.5.1).

---

[283] Im Rahmen dieser Forderungen verlangten die Bürger z.B. von der Stadt, planerische Konzepte stärker an die Öffentlichkeit zu bringen und zudem Stadt- und Regionalforen mit Bürgerbeteiligungsmöglichkeiten einzurichten.

[284] Im Rahmen dieser inhaltsintensiven Arbeitsphase wurde im BZ »Wirtschaft, Arbeit Soziales und Finanzen« ein Bürgerantrag gem. §24 GO/NRW erarbeitet, in dem u.a. die Forderung nach einem zukunftsbeständigeren Dienstleistungsunternehmen der Stadt Münster postuliert wurde (vgl. Stadt Münster, Vrl. 393/99, Anl.1).

[285] In diesem Kontext wurde im BZ »Region/Stadtstrukturen/Siedlungsflächen und Verkehr« sogar eine zusätzliche Sitzung anberaumt, um dem zeitlichen Erarbeitungshorizont gerecht werden zu können.

4.3.4   Beteiligungsstruktur und Veränderung der Teilnehmerzahl in den BZ

Die Zusammensetzung der BZ war sehr *homogen*. Auch wenn die BZ für Bürger aller gesellschaftlichen Schichten und Altersgruppen geöffnet waren, war das Teilnehmerfeld fast ausschließlich akademisch geprägt. Die Alterszusammensetzung variierte stark, es gab sowohl viele Senioren, wie auch junge Studierende, von denen sich die meisten im Geographiestudium befanden. So bestand beispielsweise der Kreis der zu Beginn 16 Teilnehmenden im BZ »Region, Siedlungsflächen, Stadtstrukturen, Verkehr« mehrheitlich aus Studierenden der Fachrichtung Geographie. Insgesamt waren in den BZ neben den Studierenden auch Lehrer, Universitätsmitarbeiter und ehemalige Mitarbeiter der Stadtverwaltung überproportional repräsentiert. Teilnehmende aus dem Arbeitermilieu bzw. unteren gesellschaftlichen Schichten fehlten dagegen völlig.

Die Teilnehmerzahl in den vier BZ *nahm im Prozessverlauf stark ab*. Während sich zur Auftaktveranstaltung knapp 100 Personen zusammenfanden und davon ca. 60 Interesse an der regelmäßigen Mitarbeit in den BZ bekundeten, sank die Zahl der Teilnehmenden in den verschiedenen BZ bis zur Prozessmitte jeweils auf unter 10 Teilnehmende. Zum Ende des Prozesses lag die Zahl der Teilnehmenden in den verschiedenen BZ nur noch zwischen 4-7 Beteiligten, während sich der BZ »Bildung und Kultur« bereits in der Sommerpause aufgelöst hatte.

4.3.5   Der Arbeitsprozess im Frauenaktionsbündnis

Nachdem das FR-AK zunächst dazu gedacht war, die in die FAK delegierten Frauen inhaltlich zu unterstützen und zudem den laufenden Agendaprozess aus Frauensicht zu begleiten, entwickelte sich alsbald eine darüber hinausgehende Eigendynamik unter den bis zu 30 beteiligten Frauen. Diese mündete in themenspezifische Arbeitsgruppen[286] und es wurde auch eine gesellschaftskritische Veranstaltungsreihe zum Nachhaltigkeitsbegriff bzw. -konzept durchgeführt, an der bis zu 50 Frauen teilnahmen. Diese Veranstal-

---

[286] Die themenspezifischen Unterarbeitskreise arbeiteten zu folgenden Themen: »Soziale und ökonomische Sicherheit für alle, gerechte Verteilung von unbezahlter und bezahlter Arbeit für Männer«, »Frauengesundheit«, »Vereinbarkeit von Familie und Beruf und Zukunftssicherung für Frauen«, »Berufliche Weiterbildung speziell für teilzeitbeschäftigte Frauen, AG »Für einen kulturellen Wandel im 21. Jahrhundert«.

tungsreihe, zu der profilierte externe Referentinnen eingeladen wurden, öffnete den Horizont der Beteiligten über den Münsteraner Tellerrand hinaus und gab somit einen Einblick in die globalen Zusammenhänge sozioökonomischer Entwicklungsverläufe[287] und ihrer Determinanten sowie deren Auswirkungen auf die lokale Ebene (vgl. Stadt Münster/Frauenbüro, 1998, S.44f.). Sie begründete zudem auch ein intersubjektiv geteiltes Informationsniveau bei den Beteiligten, die damit später in den Arbeitsgruppen auf einem vergleichbaren Informationsstand diskutieren konnten; eine Vorraussetzung, die so in keinem der beiden anderen Arbeitsgremien - weder in den FAK noch im BZ - gewährleistet war. Darüber hinaus befruchteten die inhaltlichen Anregungen der Vortragsreihe nach Ansicht der Teilnehmerinnen den selbstorganisierten Arbeitsprozess im FR-AK. Vor diesem Hintergrund entstanden viele Projektideen und Vorschläge, die von der Erfassung der *unbezahlten* Arbeit im Jahreswirtschaftsbericht der Stadt Münster, über die Aufforderung an die Ratsvertreter, auf Landes- und Bundesebene agendakonforme Maßnahmen in Gang zu setzen bis hin zur Forderung eines »MAI-freien Münsters« reichten (vgl. Stadt Münster, Vrl. 393/1999, Anl.3).

Kommentar: Auch wenn sich die Arbeitsteilung, den Organisationsaufwand der Verwaltung zuzuweisen, konzeptionelle und inhaltliche Aspekte jedoch in Eigenverantwortung umzusetzen als produktiv erwies, so konnte das ursprünglich intendierte Ziel, Frauenbelange querschnittsorientiert in die FAK zu transportierten, nur ansatzweise erreicht werden[288], da die Aufnahmefähigkeit und -bereitschaft der FAK für externe Anstöße - ungeachtet der Vernetzungstreffen - nicht sehr groß war. An dieser Stelle wurde deutlich, dass die Einbindung des Frauenaktionsbündnisses in die vorhandene Prozessstruktur lediglich formalen Charakter hatte, ohne dass diese sich bedeutend bzw. vorteilhaft auf die inhaltliche Zusammenarbeit der differenten Arbeitsgremien niederschlug. Die im Zuge der Umsetzung des FR-AK ebenfalls intendierte Verstärkung des Frauennetzwerkes, über die bis dahin integrierten Frauen hinweg, verlief hingegen erfolgreich (vgl. Arndts-Haupt, 1998, S.28, Stadt Münster, Vrl. 393/1999).

---

[287] So beschäftigten sich die Veranstaltungen z.B. kritisch mit den Themen Frauen und EXPO, dem MAI sowie dem kapitalistischen Wirtschaftssystem. Gerade in dem zuletzt genannten Kontext wurden weitreichende Konzeptionen zur Subsistenzwirtschaft erarbeitet, die das Modell der kapitalistisch-patriachalen Wirtschaft kritisch reflektierten (vgl. Stadt Münster, Protokoll Frauenaktionsbündnis, 3.Treffen, 21.04.1998).
[288] Es gelang dem FR-AK jedoch, zu den meisten Projekten der FAK eine kurze, zumeist einzeilige Ergänzung bzw. Anregung aus Frauensicht zu formulieren (vgl. Stadt Münster, 1998, S.8f.).

4.3.6   Die »Vernetzungstreffen«

Die Teilnehmenden aus BZ, FAK und FR-AK waren am 13. Juni 1998 zum ersten Vernetzungstreffen in die Rathausräumlichkeiten eingeladen[289]. Intendiert war eine Zusammenführung der zahlreich erschienenen Beteiligten aus den unterschiedlichen Arbeitsgremien in extern moderierten Workshops zu den vier Themengebieten der Konsultationsphase, um so einen inhaltlichen Austausch und arbeitsgruppenübergreifende Kontakte zu ermöglichen[290]. Der geplante inhaltliche Austausch wurde jedoch primär zur
Prozessreflexion und -kritik genutzt. Dabei wurde deutlich, dass die Bürger nur zur länger andauernden Mitarbeit zu motivieren waren, wenn ihre Ideen und erarbeiteten Projekte verbindlich in die Verwaltungsarbeit eingebunden würden. Zudem wurde von allen Beteiligten der Wunsch nach einer längerfristigen, horizontalen Vernetzung der verschiedenen Arbeitsgremien, sowohl themen- wie auch prozessstrukturüberschreitend,
geäußert. Nicht zuletzt verband die Forderung nach einer gezielteren Öffentlichkeitsarbeit und der Wunsch nach einer baldigen, zeitnahen Projektumsetzung alle Beteiligte
aus den unterschiedlichen Arbeitsgremien.

Bei dem zweiten Vernetzungstreffen zur Zusammenführung von FAK, BZ, FR-AK und
Verwaltung stand am 03.11.98 in den Räumlichkeiten der AgendARENA die kritische
Reflexion und Erörterung bereits vorliegender Projektideen in Kleingruppen, gemäß der
thematischen FAK-Ausdifferenzierung, auf der Tagesordnung. Dabei bestand für die
Anwesenden die Möglichkeit, Anregungen zu den Projektvorschlägen abzugeben oder
auch projektübergreifende Gemeinsamkeiten zu eruieren[291]. An dieser Veranstaltung,
der zum Abschluss der Konsultationsphase in den Arbeitsgremien keine große Bedeutung mehr zukam, nahmen lediglich noch ca. 40 Personen, hauptsächlich Aktive aus den
FAK und den BZ, teil.

Kommentar: Die Veranstaltungen boten für die Beteiligten der Arbeitsgremien die einzige Möglichkeit zu einem gremienübergreifenden Austausch. Den Zweck, die Arbeits-

---

[289] Knapp die Hälfte der eingeladenen Personen nahm die Einladung wahr, wobei die Beteiligung der
unorganisierten Bürger überproportional ausfiel.

[290] In diesem Zusammenhang stellten zunächst die Teilnehmenden der BZ und dann die der FAK ihre
Projekte dar, um sich dann ergänzt durch Anmerkungen von anwesenden Frauen aus dem FR-AK inhaltlich darüber auszutauschen.

[291] „Ein Ergebnis war beispielsweise, dass ähnliche oder thematisch passende Projektideen zur Stadtteilebene aus Facharbeitskreisen, BürgerInnenzirkeln und Frauenaktionsbündnis zu einer gemeinsamen
Umsetzungsidee gebündelt werden konnten" (Stadt Münster, Vrl. 393/1999, Anl.1, S.17).

gremien zu vernetzen, erfüllten die Veranstaltungen *nicht*. Während das erste Vernetzungstreffen jedoch noch den zahlreichen, motivierten Teilnehmenden einen Anlass bot,
die bis dahin schlummernde Kritik an der Prozessausgestaltung zu artikulieren, hatte
das zweite Treffen eher den Charakter einer moderaten Abschlussveranstaltung, die auf
nur geringe Resonanz stieß.

4.3.7   Der Verwaltungsworkshop

Der ganztägige Verwaltungsworkshop, der am 21.10.1998 durch das FAK-
moderierende Consulting-Team gestaltet wurde, fand in der Intention statt, die Verwaltungsmitarbeiter mit den bis dahin vorliegenden FAK-Ergebnissen vertraut zu machen[292]. Intendiert war, dass die Verwaltungsmitarbeiter, nach einer Sichtung der unterschiedlichen Projektvorschläge, zu den Arbeitsergebnissen der Arbeitsgruppe Bewertungen und Anmerkungen in Form von inhaltlichen Nachfragen, von Kritik und för-
dernden Anregungen abgeben sollten, um durch diesen fachlichen Input seitens der
Verwaltung die Realisierungschancen der Projektideen zu erhöhen (vgl. Stadt Münster,
Vrl. 393/1999, Anl.1, S.6).

Dazu wurde die geringe Anzahl der 15 teilnehmenden Verwaltungsmitarbeiter[293] in drei
Arbeitsgruppen geteilt, die anhand einiger - seitens der Moderation vorbereiteter -
Schlüsselfragen zunächst die kritischen Punkte der Vorschläge beleuchten sollten, um
dann die Verbesserungsvorschläge und Chancen der Projektideen zu diskutieren. Abgesehen davon, dass aus Zeitgründen nicht alle Projektideen auf diese Art und Weise betrachtet werden konnten, fiel das Resümee zum Ende des Workshops unterschiedlich
aus. Es gab sowohl Enttäuschung als auch wohlwollendes Interesse hinsichtlich der
Qualität der vorgelegten Ideen. Auch der Workshop selbst wurde unterschiedlich bewertet: während einigen der Bezug zu ihren Aufgaben fehlte, hätten andere gern mehr
Zeit zur Projektsichtung gehabt (vgl. Stadt Münster: Protokoll Verwaltungsworkshop
Lokale Agenda 21 vom 21.10.1998).

---

[292] Die Einladung erging an alle (interessierten) Mitarbeiter der Gesamtverwaltung.
[293] Von den 15 teilnehmenden Verwaltungsmitarbeitern nahmen jedoch drei nur halbtags teil.

Kommentar: Insgesamt wurde deutlich, dass die Einbindung der Fachverwaltung in den Prozess, die bis dahin vernachlässigt worden war, auch durch diesen Workshop nicht kompensiert werden konnte. Darüber hinaus wurde anhand der geringen Teilnehmerzahl der geringe Stellenwert ersichtlich, der dem Prozess in der Gesamtverwaltung zugemessen wurde.

4.3.8   Die »AG Ziele«

Das von vielen Prozessbeteiligten als Manko wahrgenommene Fehlen einer diskursiven Erarbeitung von Zielvorstellungen bzw. Leitbildern einer zukunftsfähigeren kommunalen Entwicklung Münsters (vgl. Kap. 5.2f.), führte in der vierten Sitzungsrunde des FAK »Schutz der Umwelt und Gesundheit« zur Thematisierung der Notwendigkeit von Prüfmaßstäben für ein zukunftsfähiges Münster. Vorangetrieben durch das Engagement eines Teilnehmenden verständigte man sich darauf, eine gesonderte Arbeitsgruppe - die »AG Ziele« - zu gründen, um dort das Thema aufzugreifen und mit der Intention weiterzuverfolgen, einen inhaltlichen Input bzw. Vorschläge für eine Zieldiskussion zu erarbeiten.

Diese »AG Ziele«, die für alle interessierten Teilnehmer des Agendaprozesses geöffnet war, traf sich erstmalig am 22.10.1998. An ihr nahmen fünf Vertreter aus den unterschiedlichen FAK, ein Vertreter aus einem BZ, die Leiterin des Agendabüros der Stadtverwaltung und ein Verwaltungsmitarbeiter aus dem ExWoSt-Projekt des Fachamtes Stadtentwicklung teil. Es wurde u.a. die Frage diskutiert, wie man in der Endphase des lokalen Agendaprozesses überhaupt noch qualitative Ziele integrieren und Indikatoren bzw. Qualitätsvereinbarungen erarbeiten könne. Man einigte sich, aufgrund der knappen Zeit und des Informationsvorsprungs des anwesenden Verwaltungsmitarbeiters aus dem ExWoSt-Projekt bald darauf, die bereits vorhandenen Handlungsfelder aus dem ExWoSt-Projekt aufzugreifen (vgl. Kap. 4.1), und durch Leitbilder, die aus der Agenda 21 auf die kommunale Ebene heruntergebrochen werden müssten sowie daraus hervorgehende Qualitätsziele zu ergänzen. Ebenso bestand Einigkeit über die Notwendigkeit eines langfristigen Evaluationsprozesses, um die zielrelevanten städtischen Selbstverpflichtungen entsprechend überprüfen zu können. Inwieweit ein solcher Prozess im Rahmen der klassischen parlamentarischen Kommunalpolitik gewährleistet werden könnte oder eine Fortführung des Agendaprozesses - auf eine noch zu bestimmende Art und Weise notwendig machen würde, blieb jedoch offen. Zudem wurde eine größere Breitenwirkung der lokalen Agenda und intensivere Überzeugungsarbeit eingefordert; in diesem Zusammenhang spielten Überlegungen seitens der anwesenden Verwaltungsmitarbeiter zum »Social-Marketing« eine große Rolle.

Im Rahmen der ersten beiden Treffen der AG wurde für die sechste FAK-Sitzungsrunde, die infolge der AG-Gründung zusätzlich für die Erörterung der Zieldebatte anberaumt worden war, eine Tischvorlage erarbeitet, in der neben - aus der Agenda 21 abgeleiteten - Leitbildern vor allem erste Ansätze für Qualitätsziele und den dazu bereits existenten städtischen Maßnahmen aufgeführt wurden. Nach dem dritten Treffen der AG im Dezember 1998 wurde die Auswertung des Rücklaufes der Anregungen und Vorschläge aus den FAK sowie die aus der AG entsprungenen Ideen zu den abschließenden „Empfehlungen der arbeitskreisübergreifenden AG Ziele" verdichtet. Darunter wurde neben der Präambel eine offene Liste möglicher Themenfelder für die zu entwikkelnden Qualitätsziele und Elemente zur Weiterführung des Agendaprozesses[294], sowie die an spezifischen Projekten konkretisierte Aufforderung zu einem effektiven »Social-Marketing« subsumiert.

Kommentar: Die Initiativgründung der »AG Ziele« zeigt den Bedarf der Teilnehmenden, die Erarbeitung der Projektideen in eine adäquate Leitbildentwicklung einbetten zu können, auf. Allerdings kam diese »bottom up Veränderung« des Prozesses durch einige Teilnehmende zu spät, um sich - abgesehen von der Etablierung der sechsten FAK-Sitzungsrunde - noch nachhaltig auf den Prozess auswirken zu können. Obwohl sich der Kreis der AG-Beteiligten durchweg aus engagierten und inhaltlich versierten Personen zusammensetzte, wurde deutlich, dass der Zeitdruck und vorhandene Informations- und Kompetenzdifferenzen hinsichtlich konkreter, rechtlicher Stadtplanungspotentiale dazu

---

[294] Als Elemente einer Weiterführung des Agendaprozesses wurde eine jährliche Nachhaltigkeitsberichterstattung, ein jährliches »Forum zukunftsfähiges Münster«, ein »Beirat zukunftsfähiges Münster«, eine probeweise eingerichtete Zukunftsverträglichkeitsprüfung für alle Ratsentscheidungen, eine »Stiftung zukunftsfähiges Münster« und die Ratszuständigkeit für den Agendaprozess aufgeführt. Insbesondere die Forderung nach einer jährlichen Nachhaltigkeitsberichterstattung wie auch die nach einer jährlichen Sitzung des »Forums zukunftsfähiges Münster« wurden auch im Rahmen der städtischen Beschlussvorlage zur lokalen Agenda als Ausblick zur Fortführung des Prozesses integriert (vgl. Stadt Münster, Vrl.393/1999).

führten, dass die Treffen unter dem richtungsweisenden Einfluss der Verwaltungsmitarbeiter standen.

4.3.9   Die Stadtteilzukunftswerkstätten

Weil sich die Stadtteile zunehmend als Ansatzpunkte und Kernstücke einer zukunftsfähigen Entwicklung herauskristallisierten und weil mit Blick auf die geringe gesamtstädtische Bürgerbeteiligung in den BZ die Stadtteilebene geeigneter erschien, um Betroffenheit, Interesse und Engagement bei den Bürgern zu erzeugen, wurden im Rahmen des lokalen Agendaprozesses in den Statteilen Roxel, Wolbeck und Kreuzviertel Ein-Tages-Zukunftswerkstätten umgesetzt (vgl. Stadt Münster, Vrl. 393/1999, S.18; Stadt Münster/Agenda news, 4/1998, S.1). Ausgerichtet auf die konkrete Situation in den einzelnen Stadtteilen konnten die teilnehmenden Bürger[295] Projektideen zur Verbesserung ihres Umfeldes entwickeln. Neben unterschiedlichen Ideen zur Aufwertung des jeweiligen Stadtteiles entstand in allen Zukunftswerkstätten der Wunsch nach einem zentralen Kommunikationszentrum, einem Bürgerhaus oder einem interdisziplinärem multikulturellem Bildungszentrum. In allen drei Stadtteilen fanden nach Beendigung der Zukunftswerkstatt entweder Folgetreffen statt, in denen die erarbeiteten Themen aufgegriffen wurden oder es gründeten sich Arbeitsgemeinschaften. Die Ergebnisse der Zukunftswerkstätten sollten letztlich auch ihre Würdigung in der Abschlussvorlage finden. Da sie dort jedoch nicht explizit erwähnt wurden, brachte der Moderator[296] eine Dokumentation derselben im Rahmen des Arbeitsberichtes des Stadtteilkulturbüros in den Rat ein (vgl. Stadt Münster, Vrl. 393/1999, Anl.1, S.18f.; Stadt Münster/Agenda news, 4/1998, S.1; Stadt Münster, Vrl. 861/1999).

---

[295] Die Gruppe der Teilnehmenden setzte sich aus Vertretern von Vereinen, Verbänden und Parteien, aber auch aus interessierten Bürgern zusammen. Die Teilnehmerzahl variierte zwischen 13 Personen in Wolbeck, wo die Teilnehmerzahl aufgrund aktueller stadtplanerischer Problemfelder limitiert worden war, und 30 Personen in Roxel. Allerdings bleibt festzuhalten, dass für die außerhalb des Agendaprozesses vom gleichen Moderator umgesetzten stadtteilorientierten Zukunftswerkstätten, eine weitaus größere Anzahl von Teilnehmenden gewonnen werden konnte.

[296] Der Moderator, der zugleich Mitarbeiter der Verwaltung ist, wurde jedoch noch für die Zukunftswerkstätten im Kreuzviertel und in Roxel eingesetzt. In Wolbeck wurde ein externes, kostenintensiveres Moderationsbüro mit der Aufgabe betraut. Grund hierfür war nach Aussage der Beteiligten die problematische Situation im entsprechenden Stadtteil mit Blick auf eine konkrete Umgehungsstrasse, die vor Ort für viel Kritik und Zündstoff sorgt.

Kommentar: Die Stadtteilzukunftswerkstätten boten im Rahmen des lokalen Agendaprozesses eine Möglichkeit, mehr Bürger in den Prozess zu integrieren, wenngleich die Beteiligung unter dem Niveau thematisch anderweitig ausgerichteter Stadtteilzukunftswerkstätten blieb. Die geringere Beteiligung kann sowohl auf den geringen Bekanntheitsgrad der lokalen Agenda 21 wie auch auf die geringe kommunale Relevanz des Prozesses zurückgeführt werden. Zudem kam den umgesetzten Stadtteilzukunftswerkstätten nur eine ergänzende Funktion im Prozessgeschehen zu. Dies machte sich nicht nur an der unzureichenden Vernetzung mit den existenten Arbeitsgremien, sondern auch daran fest, dass die erarbeiteten Projektideen nicht in die abschließende Beschlussvorlage zur lokalen Agenda integriert wurden.

4.3.10   Sonderveranstaltungen zur Prozessintegration von Jugendlichen

Zwischen März und Mai 1998 wurden seitens des Agendabüros zwei Jugendworkshops zur Verbesserung der Beteiligung Jugendlicher am Prozess angeboten. Ziel war es, herauszufinden, welche Themen die Jugendlichen interessieren und wie sie sich beteiligen wollen, um so evtl. ein Jugendaktionsbündnis starten zu können. Diese Veranstaltungen versandeten ohne nennenswerte Resonanz aufgrund von Desinteresse der angesprochenen Klientel. Im Juli 1998 konzentrierten sich die Bemühungen um eine Verbesserung der Integration von Kindern dann auf Aktionen im Rahmen der jährlich stattfindenden *Ferienzeltstadt Atlantis.* In diesem Rahmen setzten sich 150 der anwesenden Kinder im Alter von 7-14 Jahren u.a. mit der Frage auseinander, wie sie sich die Welt von Morgen vorstellen. Die so entstandene Wunschliste[297] wurde den Jugendvertretern aus den FAK überreicht. Diese versicherten zwar, die Anregungen in die unterschiedlichen FAK einzubringen, in der konkreten FAK-Arbeit der Vertreter schlug sich dieses Versprechen jedoch nicht nieder (vgl. Stadt Münster/Agenda news, 3/1998, S.1).

Im Rahmen der AgendARENA wurde dann noch im Herbst 1998 für Jugendliche ab etwa 14 Jahren ein Jugendtag durchgeführt. Neben kreativen Workshops[298], die das

---

[297] Diese Wunschliste umfasste u.a. die Hoffnung auf rücksichtsvollere Autofahrer, kinderfreundlichere Hausordnungen und Spielplätze zum Hütten bauen.

[298] Im Rahmen der Workshops bestand die Möglichkeit, Theater zu spielen, ein Zukunftsbuch und eine Website zu gestalten, ein Video zu drehen, eine Sonderausgabe der Agenda news zu erarbeiten oder Graffitis zu sprühen.

Thema Zukunft handlungsorientiert erfahrbar machen sollten, konnten die Jugendlichen auch eigene Vorschläge zum lokalen Agendaprozess anbringen oder sich vermittels von Stimmzetteln zu den Projektideen der unterschiedlichen Arbeitsgremien der lokalen Agenda äußern. Die Beteiligung an dieser Veranstaltung war trotz zielgruppenorientierter Öffentlichkeitsarbeit ziemlich gering, lediglich ca. 20 Jugendliche nutzten das kostenlose Angebot, um sich auf diese Art in den lokalen Agendaprozess einzubringen.

Kommentar: Die unterschiedlichen zielgruppenspezifischen Versuche, Jugendliche in den lokalen Agendaprozess zu integrieren, erzielten auch nicht den erhofften Durchbruch zugunsten einer stärkeren Beteiligung Jugendlicher am Prozess. Auch die Rückkopplung der Jugend-Vertreter in den FAK an die von ihnen zu vertretende Klientel blieb defizitär. Dabei spielte jedoch nicht nur das mangelnde Interesse der Jugendlichen, sondern auch die unabhängige Mandatsauslegung der Vertreter in den FAK, die sich lediglich dem *vermuteten* Interesse ihrer Verbandsklientel verpflichtet fühlten, eine Rolle.

4.3.11 Die Abschlussveranstaltung

Die offizielle Abschlussveranstaltung des lokalen Agendaprozesses fand am Abend des ersten Juni 1999 im alten Saal des Rathauses statt. Es nahmen ca. 100 Personen an der Veranstaltung teil, weit weniger als erwartet worden waren[299]. Während der Veranstaltung hielten die damalige Oberbürgermeisterin der SPD-Fraktion, der Leiter der CAF/Agenda-Transferstelle/NRW und schließlich die Leiterin des Agendabüros Ansprachen zum Prozessende, bevor der Abend bei musikalischer Begleitung seinen Ausklang nahm.

Die ehemalige Oberbürgermeisterin gab in erster Linie ihrer Zufriedenheit darüber Ausdruck, den Konsultationsprozess zur lokalen Agenda in der anberaumten Zeit - noch vor der Kommunalwahl - mit einem Ergebnis abgeschlossen zu haben. Den Konsultationsprozess bewertete sie sehr positiv, zumal dieser einen fruchtbaren Austausch hetero-

---

[299] In Gesprächen mit Aktiven aus den FAK oder BZ, die dieser Veranstaltung fern blieben, wurde deutlich, dass der ersichtlich gewordene Umgang mit den Agendaergebnissen und die zu erwartende Vorlage zu einer Enttäuschung und Frustration geführt hatte, der durch die Abwesenheit an dieser offiziellen Abschlussveranstaltung Ausdruck verliehen werden sollte.

gener Interessen(-svertreter) und damit die Erarbeitung interessanter Projektvorschläge ermöglicht habe. Obschon aus ihrer Prozessreflexion selbstkritisch hervorging, dass die Ausklammerung kontroverser stadtentwicklungsrelevanter Großprojekte sowie die methodisch angelegte Reduktion strittiger Auseinandersetzung eine größere Breitenwirkung des Prozesses verhindert habe, begründete sie diese Vorgehensweise jedoch mit der Absicherung eines konsensbasierten, konstruktiven Prozessablaufes. Der Leiter der CAF/Agendatransferstelle NRW hob mit Blick darauf, dass der Münsteraner Agendaprozess bundesweit Beachtung gefunden hat, die Notwendigkeit einer Prozessfortführung zugunsten einer zukunftsfähigen Stadtentwicklung hervor, wenn Münster seiner Vorreiterrolle gerecht werden wolle. Die Leiterin des Agendabüros schloss die Reihe der Ansprachen mit einem positiven Fazit zum Konsultationsprozess und den vorliegenden Beratungsergebnissen.

Kommentar: Obgleich in der Abschlussveranstaltung durchweg positive Prozessresümees gezogen wurden, blieb das Echo der Teilnehmenden angesichts der nebulösen Implementation der Ergebnisse in die Kommunalpolitik verhalten. Zweifel blieben den Teilnehmenden zudem hinsichtlich einer Prozessfortführung; Bedenken, die im Zeichen der *»Abschluss«*-Veranstaltung und den bilanzierenden *»Schlussreden«* verstärkt wurden.

4.3.12 Die beschlussfassende Ratssitzung zu den Beratungsergebnissen

Zur beschlussfassenden, öffentlichen Ratssitzung am 09.06.99 kamen einige Bürger und ehemalige Mitglieder der BZ, FR-AK und FAK, um im Rahmen der vorab angesetzten Einwohnerfragestunde zum weiteren Umgang mit den Projektideen, Fragen an die Ratsvertreter im Kontext des Prozesses zu stellen. Auf die Anfragen, welche die fehlende Projektumsetzung und undurchsichtige Prozessfortführung thematisierten, wurde seitens Verwaltung und Ratsvertreter einhellig auf die zunächst notwendige Prüfung der Projekte seitens der Fachämter der Verwaltung verwiesen, bevor sich der Rat abschließend ein Bild über konkrete Umsetzungen machen könne[300]. Während SPD und Grüne

---

[300] Diese ablehnende Antwort seitens der Stadt erhielt auch das FR-AK auf eine offizielle Anfrage zum Stand der Projektbearbeitung im Sommer 2000.

jedoch die Projektideen in erster Linie als gute Handlungsvorschläge begrüßten, verwies die CDU auch auf die Frage der noch zu klärenden Finanzierbar- und Umsetzbarkeit der unterschiedlichen Ideen. Dieser Umgang mit den Anfragen seitens der Ratsvertreter stieß bei den Projektgruppenmitgliedern ebenso auf Kritik wie die späte Ansetzung des Programmpunktes der lokalen Agenda, die erst nach 22 Uhr behandelt wurde.

Kommentar: Insgesamt waren der Verlauf der Ratssitzung und die späte Ansetzung des Tagesordnungspunktes »lokale Agenda« aufscheinende Indikatoren für die Rückführung des Prozesses in das - von weiterer bürgerschaftlicher Mitsprache unangetastete - kommunalpolitische Regelungs- und Verfahrensmuster.

4.4   Beratungsergebnisse der lokalen Agenda

In der - einstimmig vom Rat verabschiedeten - Abschlussvorlage vom 09.06.99 wurden insgesamt 72 - unterschiedlich weit entwickelte - Projektskizzen aus den FAK (40 Projekte), den BZ (9 Projekte) und dem FR-AK (23 Projekte) aufgeführt[301]. Zudem wurden die Wünsche und Vorschläge der Kinder und Jugendlichen, die der Ferienaktion in der Zeltstadt Atlantis und dem J-Day entsprangen, genannt (vgl. Stadt Münster, Vrl. 393/1999, Anl.3).

Die Beratungsergebnisse, gremienspezifisch differenziert, werden im Folgenden überblicksartig aufgelistet[302]:

FAK:

Region/Siedlungsstrukturen/Stadtentwicklung und Verkehr:
Die Stadt hören; Ein Umweltservicecenter für Münster; <u>Verzicht auf reine Wohngebiete;</u> Fahrradspaß für alle in Münster; die Münster-Bahn; zentrenorientiertes Handelskonzept; regionales Nachhaltigkeits-Flächenmanagement; Agentur Nachhaltiger Tourismus; »Amt für kulturelle Vielfalt« bei der Stadt Mün-

---

[301] Im Rahmen der Vorlage wurden *alle* erarbeiteten Projektideen aufgenommen. Lediglich in einer abschließenden Fußnote zur jeweiligen Projektbeschreibung wurde kenntlich gemacht, ob es sich um ein Konsensprojekt handelt. Dabei wurden auch Projekte, gegen die Detaileinwände einiger Teilnehmender vorlagen - ohne dass diese zur völligen Ablehnung des Projektes führten - als Konsensprojekte aufgenommen.

[302] Die Projekte, die ohne Konsens in den Anhang der Vorlage aufgenommen wurden, sind in meiner Auflistung jedoch gezielt *hervorgehoben.*

ster; regelmäßige Regionalplanungskonferenzen; "C02-BAROMETER"; Energie Monopoly; persönliches Energiekonto; Energiesparen zahlt sich aus

Schutz der Umwelt und Gesundheit:
Wohnhof; attraktiverer ÖPNV; regionales Herkunftszeichen; Stoffstrommanagement; Sozialmedizinische Ambulanz

Wirtschaft/Arbeit/Soziales und Finanzen:
Pauschalierte Sozialhilfe; TALER; Ökologische und soziale Spar- u. Kreditangebote der Sparkasse Münster; Zukunftsfähige Gewerbepolitik/CENTRÖ; Call Center-Task Force für Münster; Telearbeitsoffensive; zukunftsfähige Finanzplanung für Münster; Modellversuch „Neue Teilzeitmodelle insbesondere für Männer"

Zukunftsfähige Bildung und Kultur:
Die Kunst mit Differenzen zu leben; besondere Förderung benachteiligter Jugendlicher, Projekte zum Übergang von Schule zum Beruf, fächerübergreifender Unterricht, Befähigung der Lehrkräfte in wirtschaftlichem Wissen im Schnittfeld von Schule und Beruf; Einrichtung des Arbeitskreises „Transkultur - Kulturen dieser Welt; Schulbauernhof; Behandlungszentrum für Folteropfer und Gesundheitsversorgung für illegalisierte Flüchtlinge; Beitritt zum Netzwerk »Städte der Zuflucht«; Förderung der Lebensqualität von Flüchtlingen - besonders der Kinder und Jugendlichen; Beauftragte für Menschenrechtserziehung und interkulturelles Lernen (an jeder Schule); Menschenrechtsdialoge mit den Städtepartnern

Gemeinschaftsprojekte aller FAK: Stadtteiloase

FR-AK:

AG »Soziale und ökonomische Sicherheit für alle, gerechte Verteilung von unbezahlter und bezahlter Arbeit für Männer«:
Erfassung aller geleisteten Arbeit im Jahreswirtschaftbericht der Stadt Münster - »Unbezahlte Arbeit zählt«, MAI-freies Münster, Studie über Existenzgründungen von Frauen, Wohnen und Arbeiten - unter besonderer Berücksichtigung der Interessen von Frauen

AG »Frauengesundheit«:
Bestandsaufnahme über Frauen-Gesundheit in Münster, Die Förderung und Unterstützung von Frauen-Gesundheit, Einrichtung eines Geburtshauses, Einstellung des Exports von gefährlichen oder überflüssigen Pharmaka, Gesunde gentechnikfreie Lebensmittel

AG »Vereinbarkeit von Familie und Beruf und Zukunftssicherung für Frauen«:
Durchsetzung flexibler Arbeitszeiten in Verwaltung, Handel und Industrie in Münster, kostenlose, ganztätige Kinderbetreuungsangebote für jedes Alter, Ganztagsschule als Regelschule, Ferienbetreuung von Kindern für alle, Aufforderung an die Ratsvertreterinnen, auf Landes- und Bundesebene Maßnahmen in Gang zu setzen, Zinslose Darlehen an alleinerziehende Studentinnen

AG »Berufliche Weiterbildung speziell für teilzeitbeschäftigte Frauen«:
Konzeption einer beruflichen Weiterbildung speziell für teilzeitbeschäftigte Frauen, Qualifikation des Ehrenamtes durch die Verwaltung, Einrichtung von Frauengesprächskreisen in den Stadtteilen

AG »Für einen kulturellen Wandel im 21. Jahrhundert«:
Gender-Studies-Programme, Durchführung von Projekttagen/-wochen zum Gender-Aspekt in den Schulen, Einrichtung eines „Männerbüros", Chancengleichheit von Männern und Frauen an der Universität, Frauenförderung im Technologiehof

BZ:

Region/Siedlungsfläche/Stadtstrukturen und Verkehr:
Themencontainer

Schutz der Umwelt und Gesundheit:
Gesundheitsplan, Gesunde Bewegungsräume für Kinder, Nichtraucherschutz

Wirtschaft/Arbeit/Soziale und Finanzen:
Zukunftsfähige Arbeitszeitmodelle, Lokale Agenda 21-Kriterien bei Ratsbeschlüssen

Zukunftsfähige Bildung und Kultur:
Bürgergremium „Kultur", Bildungspatenschaften, Städtischer Kulturmanager

Jugend:
Wünsche von Kindern an die Zukunft und Vorschläge von Jugendlichen

Angereichert wurden die projektbasierten Beratungsergebnisse der verschiedenen Gremien und Workshops von Leitsätzen der Frauenagenda[303] und der themenspezifischen Präambel des FAK Bildung und Kultur[304]. Im Rahmen der Vorlage wurde zudem eine jährliche Nachhaltigkeitsberichterstattung durch die Verwaltung beschlossen[305]. Darüber hinaus soll der Stand der zukunftsfähigen Entwicklung in Münster im Rahmen einer jährlichen Sitzung des »Forums zukunftsfähiges Münster« analysiert und diskutiert werden (vgl. Stadt Münster, Vrl. 393/1999, S.4).

Auch wenn die Ergebnisse der Münsteraner Agendaprozesses im Wesentlichen auf einer projektorientierten Maßnahmenebene anzusiedeln sind, wurden die Ansätze der Zieldiskussion zum Prozessende ebenfalls im Ergebnisbericht aufgegriffen[306]. Die Projektideen, die dezentral von den jeweils zugeordneten Fachämtern der Verwaltung auf

---

[303] Dazu zählen die drei Leitsätze:
1. Soziale und ökologische Sicherheit für alle!
2. Gerechte Verteilung von bezahlter und unbezahlter Arbeit und Freizeit für Männer und Frauen!
3. Für einen kulturellen Wandel im 21.Jahrhiundert! (vgl. Stadt Münster, 1998, S.5).
[304] Die allgemeine Präambel, die dem Abschlussbericht voransteht ist ebenso wie die den Ergebnisse vorausgehende Prozessreflexion nicht explizit zu den Beratungsergebnisse zu zählen, da diese mit Blick auf die Abschlussvorlage gezielt vom Agendabüro erarbeitet wurden.
[305] Darin soll sowohl der allgemeine Stand der nachhaltigen Entwicklung in Münster wie auch der Umsetzungsstand der Projektideen dargelegt werden.
[306] Dabei fanden Leitbilder und Ziele aus der »AG Ziele« unter Hinzuziehung agendaäquivalenter Zielsetzungen der Stadtverwaltung Münster in der offiziellen Beschlussvorlage zum Ende des Agendaprozesses Berücksichtigung (vgl. Stadt Münster, Vrl. 393/1999, Anl.3).

Umsetz- und Finanzierbarkeit geprüft werden sollten[307], stellten nach Ansicht des Agendabüros ein wichtiges Fundament für die Erarbeitung des Stadtentwicklungskonzeptes dar (vgl. Stadt Münster, Vrl. 393/1999, Anl.1, S.23f.). Allerdings wurden sie bis zum Ende der Erhebungsphase noch nicht in eine konkrete Umsetzung überführt.

4.5   »Prozessfortführung«

Im Nachklang des offiziellen Prozessabschlusses boten das Agendabüro und die VHS in Zusammenarbeit mit dem Stadtteilkulturbüro eine Veranstaltungsreihe an, die als Qualifizierung der Teilnehmenden des Agendaprozesses und weiterer interessierter Bürger gedacht war. Im Rahmen dieser Veranstaltungsreihe sollte von Juni 1999 bis zum Februar 2000 in unterschiedlichen Workshops das nötige Handwerkszeug für Öffentlichkeitsarbeit, Moderationstechnik und Rhetorik gelernt werden (Stadt Münster/Agenda news, 5/1999, S.2). Dieses Angebot stieß jedoch nur auf geringe Resonanz, so dass einige Veranstaltungen sogar mangels Teilnehmer gestrichen werden mussten. Auch wenn dies als erstes Indiz dafür gewertet werden kann, dass viele der ursprünglich motivierten Agendabeteiligten dem Prozess unterdessen den Rücken zugewandt hatten, versuchten wenige sehr Engagierte aus den ehemaligen Arbeitsgremien, der Projektumsetzung Nachdruck zu verleihen.

So nahm die wiedergegründete »Projektgruppe zukunftsfähiges Münster« (PZM) bereits vor dem Ratsbeschluss zur Agenda ihre Arbeit wieder auf (vgl. Kap. 4.5.1), um auf die Umsetzung der projektbezogenen Beratungsergebnisse wie auch die Weiterverfolgung der partizipativen, bürgerschaftlichen Belange des lokalen Agendaprozesses zu achten. Das Frauenaktionsbündnis löste sich als einziges Arbeitsgremium nicht unmittelbar nach dem Ende des offiziellen Arbeitsprozesses auf, sondern bemühte sich zunächst ebenfalls um eine kritische Prozessbegleitung[308].

---

[307] Dabei sollen - bei zu befürchtenden Umsetzungsproblemen - auch Alternativvorschläge vorgelegt werden. Die projektbezogenen Prüfberichte sollen dann - unter Angabe der personellen, finanziellen und sonstigen Rahmenbedingungen einer Projektumsetzung - an die jeweiligen Fachausschüsse weitergeleitet werden.

[308] In diesem Kontext forderten sie nicht nur eine Stellungnahme vom Oberbürgermeister zum Bearbeitungsstand der Projektergebnisse ein, sie verliehen einigen Forderungen auch durch Bürgeranregungen gem. §24 GO/NRW Nachdruck. Allerdings zogen sich zum Herbst 2000 nahezu alle Frauen, bis auf fünf, aus dem Gremium zurück, nachdem sie zuvor einen Protestbrief an das Büro des Oberbürgermeisters bzgl. des weiteren Umgangs mit der lokalen Agenda gesandt hatten.

Zum Jahrestag des einstimmig gefassten Ratsbeschlusses zur lokalen Agenda in Münster formulierten diese beiden Arbeitsgremien in Zusammenarbeit mit dem Umwelt- und Eine-Welt-Forum eine gemeinsame Agendaerklärung, in der sie darauf verwiesen, dass der Ratsbeschluss zwar eine gute Diskussionsgrundlage für eine zukunftsfähige Entwicklung Münsters darstelle, jedoch mangels praktischer Projektumsetzungen in Vergessenheit zu geraten drohe[309]. Sie mahnten vor diesem Hintergrund eine zügige Prüfung aller Projektideen und eine baldige Umsetzung erster Projekte ebenso an wie die Vorlage eines Nachhaltigkeitsberichtes und die Umsetzung des Bürgerforums zukunftsfähiges Münster[310] (vgl. Agenda-Rundbrief Münster, Juni 2000). Der Stand der Projektbearbeitung bzw. -prüfung durch die Fachämter der Verwaltung wurde bald darauf im ersten Nachhaltigkeitsbericht der Stadt Münster dargelegt (vgl. Kap. 4.5.2). Vor dem Hintergrund dieses Berichtes fand auch das erste Bürgerforum zukunftsfähiges Münster nach dem offiziellen Prozessabschluss statt (s.a. Kap. 4.5.3). Bevor ich auf diese beiden Aspekte und das Stadtentwicklungskonzept (vgl. Kap. 4.5.4), das an die Vorarbeit des Agendaprozesses anknüpfen sollte, eingehe, widme ich mich zunächst kurz der wiedergegründeten Projektgruppe zukunftsfähiges Münster.

4.5.1   Projektgruppe zukunftsfähiges Münster

Die Projektgruppe zukunftsfähiges Münster, welche die Funktion einer »pressure group« zur Fortführung des Agendaprozesses wahrnehmen wollte, bestand aus knapp 20 Interessierten aus den ehemaligen BZ und FAK[311]. In den einmal monatlich in der VHS stattfindenden selbstorganisierten Arbeitstreffen wurden bis zum Ende der Erhebungsphase der Stillstand bzw. Fortgang des lokalen Agendaprozesses wie auch möglichen Aktionen erörtert. Neben der Entwicklung von Wahlprüfsteinen[312] zur Kommu-

---

[309] Auch durch diesen öffentlichen Druck bedingt, wurde die ehemalige Leiterin des Agendabüros mit einer halben Stelle mit der Koordination der Fortführung des lokalen Agendaprozesses, d.h. mit der Forcierung der verwaltungsinternen Prüfung der Projektideen betraut.

[310] In diesem Gremium sollte eine Auseinandersetzung um die zentralen Zukunftsfragen Münsters sowie die Erarbeitung eines nachhaltigen Stadtentwicklungskonzeptes als Fortführung des Agendaprozesses unter Beteiligung der Bürgerschaft und unter Bereitstellung finanzieller und personeller Ressourcen möglich werden.

[311] Zu den Arbeitstreffen fanden sich jedoch nur zwischen 8 und 12 Personen zusammen.

[312] Danach sollten die Ratsparteien vor der Wahl zu ausgewählten Projektideen, die sich nach Ansicht der Gruppenmitglieder zu einer baldigen, kostengünstigen oder gar kostenfreien Umsetzung eignen sollten, Stellung beziehen.

nalwahl 1999, machte die Gruppe mehrfach durch agendarelevante Bürgeranregungen gem. §24 der GO/NRW auf sich aufmerksam[313]. Um ein Mindestmaß an Öffentlichkeitsarbeit aufrechtzuerhalten, gab die Projektgruppe im Januar den ersten Agenda-Rundbrief[314] heraus, der quartalsweise für Informationen, Kommunikation und Kontinuität im weiteren Agendaprozess sorgen sollte. Die Herausgabe des Rundbriefes wurde zum Ende 2000 aufgrund der auslaufenden finanziellen Unterstützung jedoch wieder eingestellt[315]. Die auslaufende finanzielle Förderung ist dbzgl. auch als Indiz für eine beginnende Dethematisierung des Prozesses zu werten.

4.5.2 Nachhaltigkeitsberichterstattung

Die im Rahmen der Abschlussvorlage zum lokalen Agendaprozess angekündigte jährliche Nachhaltigkeitsberichterstattung fand im ersten Nachhaltigkeitsbericht, der am 31.08.2000 vorgelegt wurde, ihren Niederschlag. Darin wurde der Umsetzungsstand der Agendavorschläge aus Sicht der bearbeitenden Fachämter ebenso dargestellt wie die Perspektiven der Fortführung zukunftsfähiger Entwicklung in Münster am Beispiel des Stadtentwicklungskonzeptes und die Perspektive für zukünftige Nachhaltigkeitsberichte, die von einem umsetzungsbezogenen Sachstandsbericht sukzessive zu einem indikatorengestützten Bericht über den Stand der zukunftsfähigen Entwicklung in Münster ausgearbeitet werden sollen (vgl. Stadt Münster, Vrl. 945/2000).

Der Umsetzungsstand stellte sich nach Einschätzung der zuständigen Verwaltungsstellen recht positiv dar. Diese Beurteilung nahmen die Verwaltungsstellen i.d.R. ohne Kontaktierung der Ideengeber vor. Auch den Fachausschüssen wurden - entgegen der in Vorlage 393/1999 geplanten Vorgehensweise - nur wenige Projekte zur Beratung und Entscheidung vorgelegt. Insgesamt wurden mit 40 Projektvorschlägen mehr als die Hälfte der Projekte als erledigt, d.h. nach Prüfung des Vorschlages als umgesetzt oder in

---

[313] Darin forderten sie z.B. zur Unterstützung einer zügigen Umsetzung erster Agendaprojekte 100.000 DM in den städtischen Haushalt 2000 einzustellen. Darüber hinaus wurde auch die Durchführung mehrtägiger - extern moderierter - Planungswerkstätten bei größeren städtebaulichen Planungen unter Bürgerbeteiligung sowie die Einrichtung eines »Treffpunktes Bürgerdemokratie vorgeschlagen.

[314] Dieser beinhaltete auf 3-4 Seiten sowohl Kurzberichte zum Agendaprozess oder themenverwandter Veranstaltungen wie auch die Ankündigung agendarelevanter Treffen.

[315] Finanziert wurden diese »Informationsblätter für ein zukunftsfähiges Münster« aus den übriggebliebenen Projektmitteln des Agendabüros von 1999.

der Umsetzung befindlich, beurteilt. Während sich noch 21 Projektideen in der Bearbeitungsphase befänden, wurden lediglich 12 aus inhaltlichen oder finanziellen Gründen, oder weil die kommunalen Zuständigkeiten bzw. Handlungsmöglichkeiten überschritten würden, abgelehnt[316].

Dass dieser vordergründig fortgeschrittene Umsetzungsstand der Beratungsergebnisse nicht auf die ungeteilte Zustimmung der Ideengeber treffen würde, wurde in der Vorlage schon erahnt (vgl. Stadt Münster, Vrl. 945/2000, S.3). Von den Ideengebern wurde dann auch insbesondere die Bewertung »*erledigt*« als unhaltbare Irreführung kritisiert (vgl. dazu Kap. 5.1.2.4).

In diesem Zusammenhang stellte sich heraus, dass die Bearbeitungsvermerke »erledigt« (und damit umgesetzt) bereits erteilt wurden, wenn - nach subjektiver Einschätzung der Verwaltungsmitarbeiter - etwas *Vergleichbares* bereits in Münster praktiziert wurde oder gemäß politischem Beschluss bzw. interner Verwaltungsplanung eingeführt werden sollte. Dass die Mühe und Sorgfalt im Umgang mit den Projektideen eher die Ausnahme als die Regel war, wurde daran offenbar, dass die meisten Fachämter erst nach mehrfacher Aufforderung überhaupt einen kurzen Projektbericht einreichten und zuvor eine umfassende Projektprüfung vernachlässigt hatten[317]. Zudem wurde an der Ablehnung der Umsetzung von Großprojekten wie »TALER[318]« oder »Stoffstrommanagement[319]« aus finanziellen Gründen, ohne den Fachausschuss kontaktiert, geschweige denn eine Ratsentscheidung dazu herbeigeführt zu haben, das eigenmächtige Verhalten der Verwaltung im Umgang mit Bürgeranregungen dieser Art deutlich[320].

Mit Blick auf diesen ersten Nachhaltigkeitsbericht wurde am 10.11.2000 die erste Sitzung des »Bürgerforums zukunftsfähiges Münster« umgesetzt, in der neben kritischen Stellungnahmen zum Prozess insbesondere die mißbilligende Bewertung des Berichtes und des Umsetzungstandes der Projektideen überaus deutlich wurde (vgl. Kap. 4.5.3).

---

[316] Alternativvorschläge zu den abgelehnten Projekten wurden entgegen der Vorgabe nicht erarbeitet.

[317] In Gesprächen mit Verwaltungsmitarbeitern wurde in diesem Kontext offenbar, dass diese pragmatisch-oberflächliche Vorgehensweise - abgesehen von der Begrenzung der Arbeitsbelastung - primär mit der geringen Relevanz der Projekte, die über den Status einer Bürgeranregung gem.§24 GO/NRW nicht hinauskamen, zusammenhing.

[318] Das Projekt TALER (Teilung von Arbeit - Lohn für Ehrenamt - Recht auf Auskommen) zielt primär auf die Schaffung von Arbeitsplätzen für Sozialhilfebeziehende durch Arbeitsplatzteilung, wobei Anreize für die Arbeitsplatzteilung seitens der Erwerbstätigen ebenso geschafft werden müssten wie die materielle Anerkennung ehrenamtlicher Tätigkeiten.

[319] Ziel des Stoffstrommanagements ist es, auf Basis einer lokalen Stoffstromanalyse, Reduktionspotentiale für unterschiedliche Rohstoffe zu ermitteln.

[320] Z.T. wurden einzelnen Projekte im Zuge der Projektprüfung gar von denselben Verwaltungsmitarbeitern abgelehnt, die zuvor im FAK diese Idee im Konsens mitgetragen hatten.

Vor diesem Hintergrund wurden letztlich noch zwei Ergänzungsvorlagen erarbeitet, in denen die Verwaltung aufgefordert wurde, die bearbeiteten Projekte den jeweiligen Fachausschüssen zur Beratung zuzuleiten und mit den Ideengebern vor der Beratung in den Fachausschüssen zu den Projektideen Gespräche zu führen sowie deren etwaige schriftliche Stellungnahme zum Prüfvorschlag der Verwaltung der Vorlage an den Fachausschuss beizufügen. Den Ideengebern blieb jedoch de facto die Möglichkeit versagt, Einfluss auf die Beurteilungen der Fachämter nehmen zu können[321].

4.5.3 Bürgerforum zukunftsfähiges Münster – eine Verlaufsskizze

Das »Bürgerforum zukunftsfähiges Münster«, in dem die Fortführung des lokalen Agendaprozesses und der Nachhaltigkeitsbericht thematisiert werden sollten, fand am Nachmittag des 10.11.2000 im großen Saal des Rathauses statt. Es waren ca. 90 Personen anwesend[322]. Moderiert wurde die Veranstaltung durch den gleichen Moderator, der bereits die FAK-Sitzungen und den Verwaltungsworkshop hauptverantwortlich moderiert bzw. *gemanagt* hatte.

Ich werde den Ablauf dieses Bürgerforums detailliert darlegen[323], weil im Rahmen dieses Forums nicht nur Kritik an der zögerlichen Ergebnisimplementation, sondern auch an dem methodischen Diskursregime, welches insbesondere die Konsultationsphase der FAK prägte, offen zu Tage trat. Damit wurde Kritik an Aspekten laut, die strukturell bereits im Konsultationsprozess angelegt waren und die im auswertenden Teil der qualitativen Untersuchung besondere Berücksichtigung finden werden (vgl. Kap.5.2f.).

---

[321] Die in der letzten Ergänzungsvorlage zum Nachhaltigkeitsbericht angekündigte Erörterung der Struktur der Nachhaltigkeitsberichte der kommenden Jahre unter Beteiligung der Bürger (vgl. Stadt Münster, Vrl. 945/E1/E2/2000) wurde zwar im Januar 2001 erstmals mit ca. 20 Beteiligten aus der Bürgerschaft umgesetzt. Diese »Nachhaltigkeits-AG«, die im März 2001 ihre Arbeit aufnahm, hatte letztlich jedoch nur beschränkten Einfluss auf die Konzeption des Nachhaltigkeitsberichtes. Denn die Verwaltung hatte in diesem Zusammenhang bereits intendiert, die Erarbeitung einer Konzeption für den Nachhaltigkeitsbericht extern zu vergeben (vgl. Stadt Münster, Vrl.945/2000, S.65).

[322] Unter den Anwesenden waren viele Mitarbeiter der Stadtverwaltung, wenige Vertreter der Ratsparteien (während mehrere Ratsvertreter der SPD und der Grünen an der Veranstaltung teilnahmen, waren Ratsvertreter der regierenden CDU abgesehen vom OB kaum anwesend), einige Teilnehmer der FAK, Teilnehmerinnen des Frauenaktionsbündnisses, Vertreter des Ausländerbeirats sowie alle Vertreter der Projektgruppe zukunftsfähiges Münster und einige Bürger. Die Teilnehmenden saßen in einer großen U-Form um das ebenerdige Podium, auf dem neben dem OB der neue Stadtdezernent sowie einige Mitarbeiter aus der Stadtverwaltung saßen.

[323] Grundlage für die detaillierte Beschreibung bietet mein Verlaufsprotokoll, das ich im Zuge meiner teilnehmenden Beobachtung anfertigte.

Geplant war ein Veranstaltungsverlauf, nach dem zunächst der Oberbürgermeister eine einleitende Stellungnahme zum Stand der lokalen Agenda in Münster abgeben sollte, bevor in Einzeldarstellungen jeweils ein/e Vertreter/in der Bürger aus der »Projektgruppe zukunftsfähiges Münster«, des Frauenaktionsbündnisses und der ehemaligen FAK ihre Sichtweise zum Prozess und zur Fassung des ersten Nachhaltigkeitsberichtes darlegen sollten. Danach sollte in Workshops zu den vier Themenfeldern der ehemaligen BZ und FAK die Möglichkeit geboten werden, Einzelprojekte zu besprechen und auf dieser Basis eventuell eine Ergänzungsvorlage zu bearbeiten. Im letzten Teil der Veranstaltung sollten dann durch den Leiter des ExWoSt-Projektes in der Stadtverwaltung mögliche Indikatoren für einen Nachhaltigkeitsbericht dargestellt werden, die mit Blick auf die Verwendung für weitere Nachhaltigkeitsberichte abschließend diskutiert werden sollten. Der Veranstaltungsablauf wurde jedoch, aufgrund der Beschwerden der Teilnehmenden ob des geplanten Verlaufs und der methodischen Umsetzung der Veranstaltung geändert, mit der Konsequenz, dass die geplante Arbeit in den Workshops zugunsten einer intensiven Plenumsdiskussion über die Prozessfortführung aufgegeben werden musste. Doch dazu in der nun folgenden *Verlaufsskizze* Näheres.

Im Rahmen der Ansprache des neuen Oberbürgermeisters[324] wurde die Ausrichtung der neuen Ratsmehrheit zur lokalen Agenda deutlich. Der lokale Agendaprozess wurde in direkte Beziehung zum Stadtmarketing und einem regional abgestimmten nachhaltigen Wirtschaftsförderungsprogramm gesetzt. In diesem Kontext ist nach Ansicht des Oberbürgermeisters auch zu erwarten, dass die Implementationsgeschwindigkeit der Projektideen zwangsläufig langsamer als die Erarbeitungsgeschwindigkeit derselben im Agendaprozess sei, zumal bei einer etwaigen Umsetzung von Projektideen dem Gesamtanliegen der Kommunalpolitik - zu dem auch die während des Prozesses dethematisierten (aber weitergeplanten) Großprojekte der Stadtplanung gezählt wurden - Rechnung getragen werden müsse. Insgesamt wurden damit die Vorbehalte deutlich, unter die eine Prozessfortführung gestellt sein würde.

---

[324] Im Rahmen der Kommunalwahl wurde - wie bereits erwähnt - die bis dahin amtierende SPD –Oberbürgermeisterin von einem CDU-Oberbürgermeister abgelöst.

Dann leitete der Moderator, nach einem Kurzrückblick auf den Konsultationsprozess[325], die geplanten Statements ein. Dabei hob er besonders die Bedeutung des Beitrags der unorganisierten Bürgerschaft positiv hervor, weil diese letztlich das Fundament des Agendaprozesses bilde. In welchem Missverhältnis diese Proklamation zur realen Wertschätzung stand, ließ sich dann jedoch daran erkennen, dass der Vertreter der Bürger bereits kurz nach Einsetzten seines Beitrages, für die fünf Minuten zugebilligt worden waren, vom Moderator unterbrochen wurde. Nachdem der Vertreter gerade begonnen hatte, anhand eines Projektbeispiels die städtische Planungspolitik zu kritisieren und ein weiteres Beispiel als Symptom für den nachlässigen Umgang mit den Ergebnissen der lokalen Agenda darlegen wollte, wurde er, mit Verweis auf - zuvor nicht erörterte - Spielregeln, nach denen grundsätzliche Einschätzungen und Reflektionen nur zum Gesamtprozess, nicht aber zu Einzelprojekten gestattet seien, unterbrochen. Damit solle gewährleistet werden, dass nicht Lieblingsprojekte auf die Tagesordnung kämen, die zuvor nicht in den Agendaprozess hätten importiert werden können.

Der Redner der Bürgerschaft blieb unterdessen stehen und entgegnete etwas irritiert, aber unter Beifallsbekundungen der übrigen Teilnehmenden, dass im Gegensatz zu den nun verlauteten Spielregeln, die Kritik an der mangelnden Umsetzungsphase am besten anhand von Einzelprojekten konkretisiert werden könne. Als der Moderator diese Entgegnung nicht zugunsten einer Änderung der erläuterten Verfahrensregeln aufgriff, wurde die Stimmung aufgeheizter. Erste Zwischenrufe brachen aus dem lauter werdenden Gemurmel hervor. Als der Vertreter der Bürgerschaft es dann resigniert bei seinen bisherigen Ausführungen bewenden lassen wollte und der Moderator einwilligend darauf verwies, dass die genannten thematischen Aspekte Eingang ins Protokoll finden würden, kam es zu lautstarken Protesten und mehreren Wortmeldungen, die z.T. unaufgefordert vorgetragen wurden.

Abgesehen von der Frage nach der weiteren Moderationsberechtigung des Moderators machten mehrere Redner ihrem Unmut über das methodische Reglement der Veranstaltung mit ausgesuchten Beiträgen und festgelegter Tagesordnung Luft. Es wurde die Frage laut, *wer* die *prozeduralen Spielregeln* mit *welcher Berechtigung* überhaupt *aufgestellt* habe. Mehrere Teilnehmende verwiesen darauf, dass sie nun in diesem Bürger-

---

[325] In seinem Reflexionsstatement stellte er das Problem der Teilnehmenden dar, sich ungeachtet eigener Ideen auch auf die Ansichten der anderen Arbeitsgruppenmitglieder, die politisch einer anderen Ecke zuzuordnen sind, einzustellen, einen fairen Dialog zu führen und Ideen miteinander zu entwickeln.

forum wieder genauso strukturiert und formalistisch eingebunden würden wie schon zu Zeiten des Konsultationsprozesses im FAK; dass nun aber die Zeit reif sei, endlich dieses methodische Korsett abzustreifen, damit jede/r, die/der seine/ihre Meinung sagen möchte, auch zu Wort komme; Ziel eines Bürgerforums müsse es doch schließlich sein, Raum und Zeit für die Beteiligung der Bürger in Form von Kritik und Anregungen zu bieten.

Der OB trug der spannungsreichen Diskussion, die seitens der Zuhörer mit Blick auf das Diskursreglement entstanden war, Rechnung. Auf die Kritik bezugnehmend und darauf verweisend, dass nicht der Eindruck entstehen solle, der Themendisput sei methodisch geschützt und der Veranstaltungsablauf zuungunsten der freien Meinungsäußerung ritualisiert, forderte er die Anwesenden zu einer dynamischen Debatte auf, wobei er sich - entgegen seiner ursprünglichen Absicht, die Sitzung bald schon zu verlassen - der Diskussion bis zum nächsten Termin eine Stunde lang stellte. Er veränderte so zwar den geplanten Ablauf, stabilisierte dadurch jedoch das Moderationskonzept und nicht zuletzt seine Position, was ihm bis zum Veranstaltungsende zurückhaltende und - im Gegensatz zur Anfangsstimmung - zum Teil wohlwollende Rückmeldungen einbrachte.

Als danach unter Beifall die Forderung laut wurde, dass der geplante Redebeitrag zu Ende geführt werden müsse, griff der Redner der organisierten Bürgerschaft seinen Vortrag wieder auf und führte binnen weniger Minuten sein Anliegen, anhand der Verkehrspolitik als pars pro toto herauszuarbeiten, dass Politik in Münster nicht im Sinne, sondern in Opposition zu den Belangen der lokalen Agenda betrieben werde, zu Ende. Danach bemühte sich der Moderator darum, den geplanten Ablauf fortzuführen, indem er zunächst die Sprecherin des Frauenaktionsbündnisses um ihren Beitrag bat[326].

In ihrem Statement kritisierte die Sprecherin des Frauenaktionsbündnisses vor allem das Prüfverfahren der Verwaltung und verlieh ihrem Unmut über die fehlende Beteiligung der Ideengeber am Bearbeitungsverfahren der Projekte Ausdruck. Sie forderte eine Beteiligung der Projektverantwortlichen an der Projektbehandlung, die nun in die jeweiligen Fachausschüsse zu verlagern sei. Mit Blick auf den seitens der Stadt angedachten Stadtentwicklungsprozess forderte sie eine Fortführung des Agendaprozesses und die explizite Einarbeitung des Themas der Geschlechtergerechtigkeit. Ihr gelang damit als

---

[326] Während diese ihr Statement begann, gruppierten sich andere Frauen mit Transparenten zu den vorliegenden Projektideen hinter das Podium, um so der Forderung nach einem systematischen Einbau ihrer Ergebnisse in die Kommunalpolitik Nachdruck zu verleihen.

Vertreterin des FR-AK, wie bereits auch den Frauen aus dem FR-AK im Prozess, ein Blick über den Tellerrand der dünnen Agendasuppe, deren Zutaten gemäß der Rezeptur des Verfahrensmanagements stark beschränkt worden waren, hinaus.

Danach wurde durch den Vertreter der FAK die mangelnde Öffentlichkeitsarbeit seit dem offiziellen Ratsbeschluss zur lokalen Agenda als Indikator dafür herausgestellt, dass das »Großprojekt zukunftsfähiges Münster« zu einer kleinen Baustelle verkommen sei. In diesem Kontext hob er hervor, dass in Münster noch Lern- und Nachholbedarf bestehe, wenn es darum gehe, Bürger stärker in die Meinungs- und Willensbildungsprozesse der Stadt zu integrieren. Er zeigte sich zudem enttäuscht über den Nachhaltigkeitsbericht, weil darin, neben einer unzulänglichen Projektbewertung, kein Anzeichen für den Einstieg in eine datengestützte Nachhaltigkeitsberichterstattung zu finden sei. Um das Konzept der Zukunftsfähigkeit transparent zu machen, verwies er auf das verfängliche Beispiel des wachsenden Schuldenberges der Stadt Münster, der es nötig mache, sich auf das Wichtigste zu konzentrieren[327].

In den nachfolgenden Äußerungen brachten unterschiedliche Teilnehmende ebenfalls ihre Unzufriedenheit darüber zum Ausdruck, dass der Nachhaltigkeitsbericht an Augenwischerei grenze, weil entgegen der dort vorgenommenen Bewertung noch kein Projekt umgesetzt worden sei und sich der Agendaprozess vor diesem Hintergrund zunehmend als ein zeitverzehrendes Arrangement ohne kommunalpolitisch-inhaltliche Konsequenzen darstelle. Im Verlauf dieser Diskussion machte der Oberbürgermeister noch einmal unmissverständlich deutlich, dass eine Umsetzung aller Projektideen nicht zu erwarten sei, zumal gerade mit Blick auf den kommunalen Schuldenberg nicht alle Begehrlichkeiten erfüllt werden könnten. In diesem Kontext wurde zudem deutlich, dass der Rat sich nicht imperativ an die Forderungen und Ergebnisse der lokalen Agenda gebunden sah, sondern diese eher als eine anregende Ideensammlung nutzen wolle. Die Kritik am *Nachhaltigkeitsbericht* empfanden dagegen alle Beteiligte als gerechtfertigt bzw. nachvollziehbar. Mit Blick auf das weitere Vorgehen erwies sich insbesondere der konkrete Umgang mit den Beratungsergebnissen als kontrovers. In diesem Kontext mahnten mehrere Teilnehmende und Oppositionspolitiker an, die einzelne Projekte in den entsprechenden Fachausschüssen diskutieren zu lassen. Diese Forderung stieß zu-

---

[327] Durch diesen rhetorischen Kunstgriff machte er sich jedoch letztlich selbst zum Kronzeugen des OB, der nun darauf verweisen konnte, dass man nicht alle Begehrlichkeiten befriedigen könne und deswegen die Projektideen immer vor dem Finanzierungsvorbehalt stünden.

nächst auf die Ablehnung des Oberbürgermeisters[328]. Als jedoch mit Blick auf die Beschlussfassung zur Vorlage 393/1999 von einigen Teilnehmenden aufgezeigt wurde, dass eine Einzelbearbeitung der Projektideen in den einzelnen Fachausschüssen bereits einstimmig vereinbart worden sei, wandelte sich die Diskursausrichtung kurz vor dem Ende dieses Sitzungsteils. Unter Berücksichtigung dieses Einwandes schlug der OB abschließend vor, dass die Verwaltung - gem. Vorlage 393/1999 - ihre Projektprüfberichte zur Beratung an die Fachausschüsse weiterleiten solle, um eventuelle Ergänzungen zu ermöglichen[329].

Nach dieser Ankündigung, die zwei Ergänzungsvorlagen zum Nachhaltigkeitsbericht nach sich zog, wurde mit Blick auf die fortgeschrittene Zeit hinsichtlich des weiteren Vorgehens beschlossen, nach der Pause die ursprünglich geplante Stellungnahme des ExWoSt-Leiters zur Indikatorenfindung anzuschließen. Die themenspezifische Erörterung der Projektideen wurde dagegen »vertagt[330]«.

Im Verlauf der weiteren Veranstaltung ging die Zahl der Interessenten erheblich zurück, es verblieben nur ca. 35 Teilnehmer, um die Ausführungen zur Indikatorenberichterstattung zu verfolgen[331].

Kommentar: Insgesamt wurde in dieser Veranstaltung eine Sicht auf den lokalen Agendaprozess frei, die bis dahin in den Nebelschwaden des methodischen Diskursregimes für die meisten Beteiligten eher unscharf blieb. In diesem Kontext wurde nun nicht nur die einseitige Verhandlungskontrolle durch das Verfahrensmanagement, sondern auch die für diese Strategie stellvertretende und letztlich verantwortliche Moderation sichtbar und im Gegensatz zum Prozessverlauf öffentlich scharf kritisiert. Darüber hinaus wurden die Vorbehalte überaus deutlich, mit denen die regierende CDU bzw. der hauptamtliche OB den lokalen Agendaprozess betrachtete.

Insgesamt wurde offenbar, dass dem lokalen Agendaprozess mit Blick auf die Kommunalpolitik eine untergeordnete Rolle zukommt, eingeengt von städtischen Konsolidie-

---

[328] Er verdeutlichte, dass er der Abschlussvorlage im Juni 1999 nie zugestimmt hätte, wenn diese als Zustimmung zur kostenintensiven Umsetzung aller Projektideen verstanden worden wäre.

[329] Im Kontext dieser Fachausschusssitzungen sollte es dann auch noch eine spezifische Bürgerrunde zu den entsprechenden Ergänzungen geben.

[330] Bis zum Ende der Erhebungsphase fand allerdings kein Treffen unter bürgerschaftlicher Mitwirkung mehr statt, in dem diese projektspezifische Diskussion aufgegriffen wurde.

[331] Dabei verwies der Referent im Rahmen seines Impulsreferates darauf, dass die Indikatorenentwicklung im Rahmen des ExWoSt-Projektes schon weit vorangeschritten und weitgehend für den Agendaprozess nutzbar zu machen sei.

rungsinteressen, dem Primat des Standortes und damit den ökonomischen Interessen. Lediglich die Erfüllung bereits eingegangener Verpflichtungen führte letztlich zur Veränderung des weiteren Procederes, wenngleich diese Veränderung kaum eine stärkere kommunalpolitische Relevanz des Agendaprozesses oder eine bessere Implementation der Agendainhalte zur Folge hatte. Sie verbürgt vielmehr die Einhaltung der bereits entschiedenen Vorgehensweise und damit die Verfahrensstabilität im Rahmen der klassischen kommunalen Verfahrensmuster.

4.5.4 Stadtentwicklungskonzept

Die Intention, die Agendaerfahrungen wie auch die Projektideen als Vorschlagsgrundlage in das Konzept einer nachhaltigen Stadtentwicklung einfließen zu lassen, wurde sowohl in Presseverlautbarungen als auch in der offiziellen Ratsvorlage zum Prozessabschluss hervorgehoben sowie auch im ersten Nachhaltigkeitsbericht bekräftigt (vgl. Stadt Münster, Vrl. 393/1999; Stadt Münster, Vrl. 945/2000, Anl.3; Westfälische Nachrichten vom 06.05.1999).

Bereits zu Beginn des Jahres 1999 wurde eine öffentliche Beschlussvorlage auf der Basis eines Antrages der Grünen und der SPD eingereicht und auch vom Rat beschlossen, in der ein Stadtentwicklungskonzept als konzeptionelle Fortführung der lokalen Agenda 21 und als handlungsorientierte Grundlage für das Münsteraner Stadtmarketing eingefordert wurde (vgl. Stadt Münster, Vrl. 833/1999, S.5). Darin sollte auch die Erarbeitung von Strategien und Zielen bzw. Leitbildern, die im Rahmen des maßnahmenorientierten bürgerschaftlichen Konsultationsprozesses der lokalen Agenda nicht geleistet wurde, unter Berücksichtigung relevanter Zukunftstrends für Münster Berücksichtigung finden[332].

Darauf aufbauend wurde am 28.06.99 die Vorlage für das Erarbeitungsverfahren des Stadtentwicklungskonzeptes in Münster beschlossen (vgl. Stadt Münster, Vrl. 833/1999). Der Erarbeitungsprozess hin zu den Leitlinien einer strategischen Stadtentwicklung, für den ein Zeitraum von zwei Jahren angesetzt wurde, fußte planmäßig auf den folgenden zwei Bearbeitungssträngen: dem Stadtentwicklungsforum, das den öf-

---

[332] Aus diesen Leitbildern sollten dann strategische Handlungskorridore, Maßnahmenprogramme und Schlüsselprojekte abgeleitet werden (vgl. Stadt Münster, Vrl.155/1999; Vrl.945/2000, S.67).

fentlichen Kommunikationsprozess gewährleisten sollte, und den damit eng verknüpften *Modulen interaktiver Stadtentwicklungswerkstätten* im Rahmen der sog. »Zukunftsspindel«[333]. Dabei sollten im Rahmen dieser Stadtentwicklungswerkstätten neben Vertretern aus Politik, Verwaltung und Fachwelt auch andere Träger öffentlicher Belange, die sog. relevanten Gesellschaftsgruppen, sowie unterschiedliche NRO's - insgesamt bis zu 100 Personen - in den Erarbeitungsprozess konsensorientiert einbezogen werden. Im Kontext eines institutionalisierten Dialogs sollten die Ergebnisse der einzelnen Werkstätten dann in den Stadtentwicklungsforen diskutiert und reflektiert werden (vgl. Stadt Münster, Vrl. 833/1999, S.3f.).

Kommentar: Ungeachtet der zahlreichen Vorlagen, welche die Erarbeitung eines zukünftigen Stadtentwicklungskonzeptes als konzeptionelle Fortführung der lokalen Agenda 21 ankündigen, bleibt fraglich, worin die Fortführung letztlich besteht. Abgesehen davon, dass mit der Stadtentwicklung ein stadtmarketingfreundliches, gewichtiges Steckenpferd neuester Verwaltungsentwicklung auf der kommunalpolitischen Agenda entsteht, erscheint die in diesem Kontext angekündigte Fortführung des lokalen Agendaprozesses doch eher Makulatur zu sein, zumal weder die Implementation der Beratungsergebnisse noch eine Etablierung demokratisch effektiverer Mitbestimmungspotentiale bis zum Ende meiner Erhebungsphase erkennbar waren. Statt dessen wich das »muddling through« bürgerschaftlicher Beteiligungsansätze im Rahmen der lokalen Agenda wieder der fachlichen Expertise verziert mit partizipatorischen Elementen, während die Beratungsergebnisse der lokalen Agenda zwischen den Mühlrädern aus Verwaltung und Politik zermalmt zu werden drohen.

4.6   Zwischenresumee

Diese detaillierte Prozessdarstellung sollte einen weitreichenden Einblick in die umfangreiche Prozessausstattung, die ausdifferenzierte Prozessstruktur (einschließlich des

---

[333] Der Verfahrensansatz der Zukunftsspindel besteht aus den drei Modulen des systemischen, interaktiven Perspektivworkshops, dem Szenariomanagement und den Werkstätten zu Schlüsselthemen (vgl. Stadt Münster, Vrl. 833/1999, S.3).

umgesetzten Verfahrensmanagements) und den Prozessverlauf bzw. den Umgang mit den erarbeiteten Beratungsergebnissen verschaffen.

Es wurde deutlich, dass - infolge des bürgerschaftlichen Protestes zur geschlossenen, organisatorischen Ausgestaltung des Agendaprozesses - frühzeitig Veränderungen in der Prozessstruktur zugunsten der Einbindung von unorganisierten Bürger und Frauen notwendig wurde. Darüber hinaus wurden Akzeptanzprobleme für das Verfahrensmanagement seitens der Beteiligten und nicht zuletzt Friktionsprobleme bei der Ergebnisimplementation ersichtlich.

Die vor diesem Hintergrund spannende Frage, welche fallgruppenspezifischen Befunde und Strukturmuster zum Prozess sich auf der Basis der interviewbasierten qualitativen Studie mit Blick auf meine erkenntnisleitenden, theoriebasierten Kategorien ergeben werden (vgl. Kap. 3.2.3.3), wird im nun folgenden akteurbasierten Auswertungsteil zur Fallstudie im Mittelpunkt stehen. Dieses fünfte Kapitel stellt damit zugleich den eigentlichen Kern der Untersuchung und damit des empirischen Teils der Arbeit dar.

5 Die qualitative Untersuchung: Der Münsteraner Agendaprozess in der Wahrnehmung der Akteure der Fallgruppen

Im Zuge der nachfolgend dargelegten Ergebnisse der akteurbasierten interviewgestütz-ten qualitativen Untersuchung des lokalen Agendaprozesses in Münster[334] werden zu-nächst in Kap. 5.1 die Befunde unterschiedlicher Fallgruppen (vgl. dazu auch Kap. 3.2.3) vor dem Hintergrund meines steuerungs- und prozessorientierten Erkenntnisin-teresses detailliert dargelegt. Dabei steht die Erarbeitung fallgruppenspezifischer - und damit einzelfallübergreifender - Typisierungen im Vordergrund[335].

Darauf aufbauend werden im Anschluss in Kap. 5.2 fallgruppenübergreifende Struk-turmuster mit Blick auf die theoretisch relevanten Kategorien herausgearbeitet. In die-sem Zusammenhang richte ich den analytischen Fokus auf die Verfahrensausgestaltung, die Mitbestimmungsmöglichkeiten sowie die inhaltliche und prozessuale Relevanz des Prozesses für die Kommunalpolitik. Es gilt hier auch herauszufinden, inwieweit sich die Prozessperzeptionen der unterschiedlichen Fallgruppen, auch in Beziehung zu ihrer Stellung im klassischen kommunalpolitischen Kontext, eventuell voneinander unter-scheiden und die Ergebnisse auch - sofern dies sinnvoll erscheint - durch die Verbin-dung mit relevanten Literaturbezügen für die sozialwissenschaftliche Interpretation fruchtbar zu machen.

In der Schlussbetrachtung werden abschließend, neben einer theorieorientierten Refle-xion der Ergebnisse, empiriehaltige Hypothesen aus der qualitativen Untersuchung der Fallstudie generiert (vgl. Kap. 5.3).

Die Dokumentation, Interpretation und Bewertung der interviewgestützten qualitativen Untersuchung erfolgt damit nach dem - in der qualitativen Sozialforschung bewährten (vgl. König/Bettler, 1997; Oswald, 1997) - Dreischritt:

1. Deskriptive Explikation der Fallgruppenergebnisse.

---

[334] Die Darstellung der fallgruppenspezifischen Ergebnisse beruht dabei letztlich auf dem Ausgangsmate-rial der ca. 900 Transkriptseiten.
[335] Etwaige Binnendifferenzierungen zwischen den vier themenspezifischen Facharbeitskreisen bzw. Bürgerzirkeln fanden im Rahmen dieses Untersuchungsansatzes keine Berücksichtigung.

2. Interpretative Strukturierung der Ergebnisse nach den zentralen theoretischen Kategorien.

3. Bewertende Zusammenfassung der Ergebnisse vor dem Hintergrund der forschungsleitenden Fragestellung.

5.1 Fallgruppenspezifische Befunde

Ziel dieses Auswertungsschrittes war es, fallgruppenspezifische Typisierungen zu ermitteln. So konnten in einem aufwendigen Auswertungsprozess, sukzessive von den Einzelfällen abstrahierend, Grundtendenzen, die für alle Befragten typisch erschienen, herauskristallisiert werden. Wenngleich im Vordergrund der fallgruppenspezifischen Auswertung die Eruierung überindividueller Gemeinsamkeiten stand, so wurden jedoch inhaltliche Differenzen sowie Binnendifferenzierungen nicht ausgeblendet, um keine artifizielle Homogenität aufkommen zu lassen.

Vor diesem Hintergrund werden im Folgenden die Befunde der relevant erscheinenden Fallgruppen des lokalen Agendaprozesses (s.a. Kap. 3.2.3) deskriptiv expliziert. Obschon die Zusammensetzung der Fallgruppen - unabhängig von der Münsteraner Prozessstruktur - auf die unterschiedliche Bedeutung der Akteurgruppen im klassischen kommunalpolitischen Setting ausgerichtet ist, werden zunächst die Akteurgruppen, die direkt in den aktiven - d.h. ergebniserarbeitenden - Konsultationsprozess integriert waren, thematisiert, bevor in Kap. 5.1.2 anderweitig bedeutende Akteurgruppen des lokalen Agendaprozesses erörtert werden. Sinn dieser Vorgehensweise ist es, der sozialen Realität und dem vergleichbaren Kontext der inhaltlichen arbeitenden Akteure, und damit der unterschiedlichen Einbindung und Stellung der untersuchten Fallgruppen in den Prozess (vgl. Kap. 4) Rechnung zu tragen.

5.1.1 Befunde der am Konsultationsprozess beteiligten Fallgruppen

Nachfolgend werden zunächst die Befunde der heterogenen Fallgruppen aus den Facharbeitskreisen dargestellt. Damit wird die starke Gewichtung dieser Arbeitsgremien in der Münsteraner Prozessstruktur berücksichtigt. Zunächst werden auch die Akteurgrup-

pen, die im klassischen kommunalpolitischen Kontext als Entscheidungsträger (Politik),
in der Entscheidungsvorbereitung (Verwaltung) und bei der direkten Beeinflussung der
Entscheidungsfindung in existenten kommunalen Verhandlungsarrangements[336] (vgl.
Kap. 2.3.4) eine herausgehobene Stellung innehaben, betrachtet. Danach werden die
Ergebnisse der Frauen, Jugendlichen und Ausländer, denen - wie bereits erwähnt - in
der Agenda besondere Aufmerksamkeit gewidmet wird (vgl. Kap. 3.2f.), sowie die Befunde der Fallgruppe der unorganisierten Bürger, denen das nachträglich etablierte Ar-
beitsgremium der BZ vorbehalten war, geschildert, bevor abschließend die Befunde der
Frauen aus dem initiativ etablierten Frauenaktionsbündnis vorgestellt werden.

5.1.1.1 Fallgruppe »FAK-RP«: Vertreter der Ratsparteien in den Facharbeits-
kreisen

Bei der Ermittlung der Befunde dieser Fallgruppe wurde zwar deutlich, dass die scheinbar homogene Gruppe der Ratsvertreter bei einigen Themenaspekten in Regierungs-
und Oppositionslager oder auch parteipolitisch fragmentierte; die Unterschiede waren
im Ganzen - vor allem in den steuerungsrelevanten Themengebieten - jedoch nicht weitreichend genug, um die Konzeptualisierung als FAK-RP aufzugeben. Im Folgenden
wird jedoch den existenten Unterschieden Rechnung getragen, sofern die Homogenisie-
rung der Vertreter unter dem Label »Politik« der sozialen Realität nicht gerecht wird.

Die interviewten Ratsvertreter der unterschiedlichen Fraktionen von SPD, GRÜNEN
und CDU waren der lokalen Agenda gegenüber durchaus aufgeschlossen. Während
jedoch die Ratsvertreter der Grünen und der SPD ein Eigeninteresse am Prozessgelingen zeigten, verwiesen die CDU-Vertreter darauf, dass ihre Zustimmung zur Aufstellung der lokalen Agenda im Rat, der bereits 1992 mit der Unterzeichnung des RIO-
Dokumentes auf Bundesebene eingegangene Verpflichtung zur Umsetzung der Agenda
21, Rechnung trage. In diesem Kontext wurde insbesondere bei den Vertretern der CDU
das Problem der Entscheidungslegitimation im Zwiespalt zwischen Fraktionszwang und
persönlichen Ansichten virulent:

---

[336] Wobei hier zwischen größerem Einfluss seitens der arbeitsplatz- und standortrelevanten - Interessengruppen der Wirtschafts- und Landwirtschaftverbände, sowie der Gewerkschaften, die im Agendaprozess damit auch eine strukturerhaltende, »konservative« Funktion zugeschrieben bekamen und dem ge-
ringeren informellen Einfluss der Sozial-, Umwelt- und Eine-Welt-Gruppen, die damit die strukturverändernde, »progressive« Funktion im Agendaprozess zugeschrieben bekamen, zu differenzieren ist
(vgl. Kap. 2.3.4.; s.a. Kap. 3.2f.).

FAK-RP6: „Wir Ratsvertreter hatten natürlich eine sehr ambivalente Stellung im Prozess, weil wir einmal persönlich da waren mit eigenen Meinungen und eigenen Einschätzungen, und dann zum anderen irgendwann ja auch eine Einschätzung der Partei erwartet wird."

Hinsichtlich der Rückkopplung des Verfahrensverlaufes und der erarbeiteten Ergebnisse an die entsendenden Fraktionen wurden Unterschiede zwischen den Parteien ersichtlich. So ging aus den Aussagen der Befragten hervor, dass bei der CDU und der SPD eine derartige Rückkopplung kaum existierte, lediglich die GRÜNEN erörterten in ihren Fraktionssitzungen detailliert den Stand und den Verlauf des Prozesses auf der Basis der Informationen ihrer entsandten Vertreter. Hier werden bereits erste Unterschiede in der parteipolitischen Vernetzung von klassischer Kommunalpolitik und der lokalen Agenda ersichtlich. Die Annahme, dass der Grad der Rückkopplung positiv mit der Relevanzeinschätzung des Prozesses korreliert, verdichtete sich im Zuge der Gesamtauswertung der Fallgruppe zusehends.

Die heterogene Besetzung der FAK, mit dem Ziel, eine Repräsentativität der unterschiedlichen kommunalen Verbände und Institutionen zu erreichen, wurde von allen Ratsvertreten positiv gewürdigt:

FAK-RP2: „Das Ziel war eine heterogene Besetzung und das ist - glaube ich - auch ganz gut gelungen."

Allerdings zeigten sich einige Ratsvertreter angesichts der entsandten - zumeist jüngeren - Delegierten enttäuscht, weil sie die relevanten, d.h. entscheidungskompetenten Vertreter - insbesondere der beteiligten eher konservativ eingeschätzten Institutionen und Verbände vermissten. Sie werteten dies als Indiz für die seitens der konservativen Verbände eher gering eingeschätzte Prozessrelevanz, die im Gegensatz zu dem Engagement und der Erwartungshaltungen der Umwelt- und Eine-Welt-Gruppen stand.

FAK-RP6: „Von daher ist das auch klar, dass die Eine-Welt-Gruppen und die Umweltgruppen, die mit einer ganz anderen Begeisterung an die Diskussionen herangegangen sind, jetzt endlich die Chance gesehen haben, einen Teil ihrer Ziele in praktische Politik umzumünzen."

Das Arbeitsklima im FAK wurde von allen Ratsvertretern, abgesehen von der Kennenlernphase, positiv eingeschätzt. Dass das Klima vielleicht sogar zu gut gewesen sei und damit zu hohe Erwartungen begründet habe, wird insbesondere von den CDU-Vertretern betont. Sie befürchteten, dass die erarbeiteten konsensfähigen Projektvorschläge an den Klippen der kommunalen Realpolitik zerschellen könnten.

FAK-RP6: „Das Kommunikations- und Arbeitsklima in der Arbeitsgruppe war sehr gut, auch sehr kollegial. Vielleicht sogar ein bisschen zu positiv, weil ich ein wenig Angst habe, dass dann Erwartungshaltungen und dadurch auch die freundliche Atmosphäre und die sehr positiven Diskussionen geschaffen worden sind, nicht gehalten werden können."

Ausschlaggebend für das gute Klima, aber auch für die eher geringe Prozessrelevanz war nach Aussagen aller Ratsvertreter die methodisch geschützte Konsultationsstruktur, aus der Kontroversen über inhaltlich relevante Themen ebenso wie unterschiedliche Sichtweisen hinsichtlich des Sinnes und Zweckes einer lokalen Agenda ausgeblendet wurden:

FAK-RP5: „Es hat eigentlich sehr wenig wirkliche Kontroversen gegeben bzw. man hat sich ja schon sehr früh im Prozess darauf verständigt, Projekte oder Entwicklungen, die hier in Münster problematisch sind, aus dem Prozess auszuschließen, so dass da eigentlich nur Konsensorientiertes übrig blieb."

FAK-RP2: „Der Prozess ist ja bisher so angelegt worden, dass der Konflikt ausgeklammert worden ist und man sich eben von Anfang an auf die Projekte gestürzt hat. In der ersten Sitzung war natürlich der Konflikt da bei den Fragen, was erwartet man, welche Anforderungen hat man an den Prozess, was ist die Hoffnung, die man damit verbindet; da hat sich ganz deutlich gezeigt, dass eine weite, weite Schere vorhanden war, aber das wurde dann eben in den nächsten Sitzungen ausgeklammert."

Insgesamt wird in den Antworten der Befragten zwar Kritik darüber laut, dass der beschränkte Zeitrahmen und das existente Ungleichgewicht im Informations- und Erkenntnistand der Teilnehmenden sachbezogene kontroverse Diskussionen unmöglich machten, zumal gerade die äußerst seltenen kontroversen Diskussionen am produktivsten wahrgenommen wurden. Doch die Befürchtung, dass zu weitreichende kommunale Themen aufs Diskurstableau gehoben werden könnten, ließ die Ratsvertreter vor einer Veränderung des Organisationsrahmens und der Arbeitsweise zurückschrecken. Eine Einstellung, die in der folgenden Aussage auf den Prunkt gebracht wird:

FAK-RP2: „Man hat halt letztlich seitens der Politik Angst gehabt, dass zu viel in Bewegung gerät und man wollte es erst einmal auf dieser Projektebene probieren."

Aus den Aussagen aller Interviewten geht zudem hervor, dass die stadtbekannten umstrittenen Großprojekte auf Drängen der beiden großen Parteien und der Wirtschaft ausgeklammert wurden. In diesem Kontext räumen alle interviewten Ratsvertreter jedoch ein, dass durch die Ausgliederung der Themen, die kommunalpolitischen Zündstoff boten, die Relevanz des Prozesses mit Blick auf die Kommunalpolitik eher gering gewesen sei, was sich letztlich wiederum motivationsmindernd ausgewirkt habe.

FAK-RP4: „Zwischendurch bekam ich das Gefühl, jetzt beschäftigen wir uns hier mit Kleinkram und die eigentlichen Dinge werden ausgeklammert."

An dieser Stelle wird auch die aufkeimende Unzufriedenheit der Ratsvertreter über die aufgewendeten Zeitressourcen für den lokalen Agendaprozess deutlich, weil die Beschäftigung mit den noch bearbeitbaren, eher unbedeutenden Themen ebenso wie die voraussichtlich geringen Auswirkungen der Ergebnisse auf die Kommune, hinter der Bedeutung der gewohnten politischen Arbeit im Rat zurückblieb. Dass diese Konstellation jedoch durch die politischen Vorentscheidungen zementiert worden war, wurde nur von den Ratsvertretern der Grünen, die dem umgesetzten Konzept kritisch gegenüberstanden, bedauert.

Die Walt-Disney-Methode in den FAK geriet bei allen Ratsvertreten ins Zwielicht. Zwar wurde der visionäre Prozesseinstieg durchweg positiv bewertet. Die Ausblendung nahezu jeder Diskussion, die langen Zeiträume zwischen den einzelnen Sitzungen, sowie die alleinige Ausrichtung auf die Erarbeitung von Projektideen, ohne zumindest den Einstieg in eine Ziel- bzw. Leitbilddiskussion zu erreichen, wurde von allen negativ wahrgenommen, zumal die Hoffnung, durch dieses Vorgehen eine große Bürgerbeteiligung zu erreichen, nicht erfüllt wurde. Die Moderation stieß, auch wenn bzw. weil sie nach Ansicht aller Ratsvertreter die Ausblendung der strittigen, inhaltlich relevanten Themen gewährleistete, auf verhaltene Kritik. Insbesondere das autoritär empfundene Auftreten des Moderators hinterließ bei der Mehrheit der Interviewten einen faden Beigeschmack:

FAK-RP1: „Die Moderation wirkte manchmal etwas überpädagogisiert, so dass das so ein bisschen wie in einer Oberstufenschulklasse war. Also das wirkte manchmal etwas aufgesetzt, also vor allem zu Anfang der Veranstaltung, das hat mich nachher auch genervt. "

Die Beratungsergebnisse repräsentieren nach Ansicht der interviewten Ratsvertreter lediglich den kleinsten erreichbaren Nenner, da der erzielte Konsens bei den Beratungsergebnissen weniger ein von allen FAK-Teilnehmenden mitgetragenes, konstruktives Ergebnis widerspiegele, sondern zustande kam, weil die Ergebnisse die unterschiedlichen Interessen nicht mehr tangierten. Auch wenn die Beratungsergebnisse als vorwiegend unbedeutend eingeschätzt wurden, waren sich die Befragten von CDU und SPD jedoch darin einig, dass es ohne den Konsultationsprozess gar nicht zu derartigen Projektideen gekommen wäre. Die beiden Befragten der GRÜNEN stellten hingegen das Beratungsergebnis als pars pro toto für die Folgen der Ausblendung relevanter kommunalpolitischer Themenfelder wie auch der Leitbilddiskussion heraus, und meinten, dass aufgrund der unzureichenden Diskursmöglichkeiten zwar von dem *kleinsten erreichbaren Ergebnis*, jedoch von einem *gemeinsamen* Nenner nur unter Abstrichen gesprochen werden könne. Alle Befragten machten jedoch deutlich, dass die Chance auf die Erarbeitung eines kommunalpolitisch übergreifenden Handlungsrahmens vergeben worden sei. Aus der methodischen Konstruktion und den Beschränkungen, die das Fehlen einer Zieldiskussion ebenso zur Folge hatten wie die Ausklammerung von etwaigen Reflexionen bzw. Diskussionen über die Verteilung von Macht und finanziellen Ressourcen,

zogen allerdings alle interviewten Ratsvertreter den systemimmanenten Schluss, dass
sich die lokale Agenda lediglich für kleine Projekte und Anstöße eignet, nicht aber für
den Diskurs über grundlegende Verteilungsprobleme.

Eine neuartige Zusammenarbeit zwischen den vier im Konsultationsprozess beteiligten
Gruppen, (den unorganisierten Bürgern, der Verwaltung, den gesellschaftlich relevanten
Akteuren aus unterschiedlichen Verbänden und der Politik) über den jeweiligen FAK
hinaus wurde nach einhelliger Ansicht der interviewten Ratsvertreter nicht erreicht, ja
auch nicht angegangen. Dass die Zusammenarbeit mit der Verwaltung und einigen Verbandsvertretern nicht über die bereits vor dem lokalen Agendaprozess vorhandenen,
kommunalen Netzwerke hinausging, wird am folgendem Statement exemplarisch deutlich:

*FAK-RP1: „Die Zusammenarbeit zwischen Rat, Verwaltung und Verbandsvertretern, die hat ja nicht
nur im Agendaprozess stattgefunden. [...] Das sind Strukturen und Teilbereiche, die haben sich ja
schon vorher etabliert und die wird es auch weiter geben und das ist auch vernünftig. Es ist ja nicht
das erste Mal, wo die jetzt aufeinandergetroffen sind. Es ist das erste Mal, dass es in einem so organisierten Prozess ist und dass es so umfangreich und systematisch passiert ist. Aber das ist dauerhaft in
der Form, in diesen prozessualen Strukturen nicht durchhaltbar."*

Über die Bürgerbeteiligung im Prozess und die Breitenwirkung des Prozesses zeigten
sich alle Befragten enttäuscht. Daran vermochte weder die positiv gewürdigte Arbeit
des Agendabüros, dem die Bedeutung als relevante Prozessschnittstelle und als Aushängeschild der Verwaltung zugemessen wurde, noch die umfangreiche Öffentlichkeitsarbeit etwas zu ändern. Als Erklärungsansatz für die geringe Bürgerbeteiligung und
Breitenwirkung verwiesen einige der Befragten auf den schwer vermittelbaren und
abstrakten Begriff der lokalen Agenda, der die Menschen nicht ausreichend mobilisiere,
weil die direkte Betroffenheit der Bevölkerung nicht deutlich werde.

*FAK-RP6: „Der Agendaprozess ist eigentlich ein Prozess, der alle interessieren sollte und eigentlich
auch alle betrifft. Die Frage ist, inwieweit das wahrgenommen wird, dass das wirklich einen selber
betrifft. Da hat man vielleicht auch Fehler gemacht, nicht nur in Münster - [...] dass eigentlich die
Leute schon überhaupt nicht verstehen, worum es bei der Agenda eigentlich geht."*

Zwei Ratsvertreter hoben in diesem Kontext hervor, dass eine größere Breitenwirkung
nur durch eine bessere Vorbereitung der Stadtteilarbeit, gepaart mit einem erfolgreichen
»social marketing«, erreicht werden könne. Alle Befragten räumten jedoch ein, dass die
Breitenwirkung des Prozesses ebenso wie der Umfang der Bürgerbeteiligung in direkter
Abhängigkeit von der Prozessrelevanz und den Mitwirkungsmöglichkeiten bei der Ausgestaltung kommunaler Politik stehe. Die geringe Beteiligung lässt sich aus diesem
Argumentationszusammenhang auch daraus ableiten, dass der lokale Agendaprozess im

kommunalen Kontext, trotz der umfangreichen Ressourcenausstattung und der für Mün-

ster in dieser Art bisher einmaligen Bürgerbeteiligungsaktion, nur nachrangige Rele-

vanz erlangt hat und im Kontext der lokalen Agenda zudem keine effektiven Einfluss-

möglichkeiten auf kommunalpolitische Inhalte geschaffen worden sind. Eine Diagnose,

die u.a. anhand der folgenden Aussage transparent wird:

*FAK-RP2: „Ich kann nicht nur für bestimmte Nachhaltigkeitsziele werben, wenn keine konkreten Ein-
fluss- und Bürgerbeteiligungsmöglichkeiten da sind."*

In diesem Kontext wird anhand der Aussagen aller Ratsvertreter parteiübergreifend

deutlich, dass es seitens der Politik auch keine Bestrebungen gab, die demokratische

Effektivität der lokalen Agenda zu verbessern, bzw. ein neuartiges Steuerungsgremium

zu etablieren.

*FAK-RP2: „Dass sich bei den Parteien etwas bewegt hat, glaube ich nicht, das muss man ganz nüch-
tern sehen. Letztlich spricht ja auch die einmütige Abhandlung der Prozessergebnisse dafür, denn die
wurden ja so behandelt, als ob es Bürgeranregungen wären. [...] Das zeugt davon, dass in der Politik
nicht durchgreifend der Wille da ist, den Agendaprozess als Vehikel zu benutzen, eine stärkere Partizipation hinzukommen."*

*FAK-RP6: „Also der Prozess steuert selber natürlich nicht. Das ist klar, da die Strukturen halt anders
sind. Man sollte da auch nicht viel erwarten, weil die einzelnen Arbeitsgruppen nicht entscheiden,
sondern Vorschläge an den Rat machen, der dann letztendlich entscheidet. Die spannende Frage ist,
wie dann die politischen Gremien mit den Ergebnissen umgehen, vor allem auch mit den weiterge-
henden Thesen."*

*FAK-RP5: „Ich denke, dass dieser Prozess sehr große Möglichkeiten bot, bürgerschaftliches Enga-
gement oder Interessen auch einzubringen. Ich kann nicht sagen, was das für die Kommunalpolitik im
allgemeinen heißt, da gibt es demokratisch legitimierte Gremien, die kann man so natürlich nicht
aushebeln. Es ist nicht so, dass die lokale Agenda neben den existierenden Ausschüssen und dem Rat
ein neues Gremium installiert, was jetzt hier Stadtpolitik bestimmen kann."*

Der Unwille, die existenten kommunalpolitischen Strukturen anzutasten und damit auch

Macht zu teilen, führt - unabhängig von den durch die GO/NRW eingeschränkten

rechtlichen Möglichkeiten - damit zur Absicherung und Legitimation der klassischen

kommunalpolitischen Entscheidungswege. Bürgerbeteiligung in Form inhaltlicher An-

regungen und zur Verbesserung der Umsetzungssicherheit geplanter Maßnahmen ist

zwar erwünscht, darüber hinausgehende Mitbestimmung, die das Teilen von Macht

implizieren würde, wird jedoch durchgängig negiert.

*FAK-RP2: „Es gibt keine Partei, die sich wirklich für neue Partizipationsformen im Rahmen der
Fortführung des Agendaprozesses stark machen würde. Ich denke, die fühlen sich alle letztlich ganz
wohl, bei dem was sie haben an vorhandener Bürgerbeteiligung sachkundiger Einwohner und Bürgerfragestunden."*

Negiert wird darüber hinaus eine inhaltliche Ausgestaltungsfreiheit zukunftsfähiger

kommunaler Entwicklung, welche über den Interpretationskontext der ökologischen

Modernisierung hinausreicht. In diesem Sinne verweist ein Ratsvertreter auf die prioritäre Beachtung der ökonomischen Rahmenbedingungen:

> *FAK-RP6: „Ich glaube, dass man eine vernünftige ökologische Politik auch nur dann machen kann, wenn die wirtschaftlichen Rahmenbedingungen stimmen."*

Ein Ratsvertreter bilanziert vor diesem Hintergrund selbstkritisch, dass man sich vom Plateau des Herrschaftsdiskurses, der implizit die Annahme der existenten Strukturen voraussetze, durch die Niederlegung des Ratsmandates verabschieden müsse, wenn man wirklich etwas inhaltlich Neuartiges, z.B. i.S. einer ökologischen Transformation erarbeiten oder erreichen wolle.

Die Auswirkung des Prozesses auf die Kommunalpolitik wurde insgesamt als geringfügig erachtet, zumal selbst die Umsetzung der erarbeiteten Beratungsergebnisse noch nicht gewährleistet sei. Während die Vertreter der großen Parteien in diesem Kontext auf die ungünstigen finanziellen Rahmenbedingungen und die nachlassende Bedeutung von Umweltthemen in der öffentlichen Diskussion verwiesen, machten die Vertreter der GRÜNEN deutlich, dass durch den Wechsel der Regierungsmehrheit mit dem Ausgang der Kommunalwahl von 1999 die Umsetzungswahrscheinlichkeit der Ergebnisse rapide abgenommen habe, weil die Politikinhalte der CDU und auch FDP dem inhaltlichen Ansinnen der lokalen Agenda entgegenstünden:

> *FAK-RP4: „In den Facharbeitskreisen ist die Priorität des Umweltverbundes ziemlich unumstritten, aber schauen Sie sich die Wahlwerbung der CDU und der FDP an, dann haben Sie also praktisch die Konzepte der „Auto-Gesellschaft" in der Hand. Sowohl im äußeren Erscheinungsbild als auch in den inhaltlichen Aussagen. Wenn jetzt eine CDU-Mehrheit kommt, werden ein paar kleine Projekte, sage ich mal so, abgearbeitet. Andere Projekte verschwinden in der Versenkung, aber die anderen weniger nachhaltigen, dicken Dinger werden dann durchgezogen."*

An dieser Stelle tritt die Enttäuschung der befragten Ratsvertreter der ehemaligen rot-grünen Koalition darüber, dass der lokale Agendaprozess - trotz des einstimmigen Ratsbeschlusses nicht die volle Unterstützung der CDU-Opposition fand, offen zu Tage. Deswegen verwiesen sie auf die Notwendigkeit öffentlichen Drucks zur Stabilisierung der via Ratsbeschluss bereits eingegangenen politischen Selbstverpflichtung zur Umsetzung der Beratungsergebnisse der lokalen Agenda.

> *FAK-RP3:„Was ich mir für den Umsetzungsprozess wünsche ist, dass das bürgerschaftliche Engagement noch einmal wiederbelebt wird. Sich nur auf Verwaltung und Politik zu verlassen, wird nicht funktionieren. Es muss noch Druck dazu kommen und der kann nur aus der Bürgerschaft kommen."*

Aus den Stellungnahmen aller Befragten geht jedoch auch hervor, dass ein Teil der erarbeiteten Projektideen als nicht umsetzungswürdig erachtet wurde, weil sie entweder nicht den Verträglichkeitskriterien einer zukunftsfähigen Entwicklung entsprächen, den

Kompetenzbereich der Kommune überschritten oder mit bereits existenten Verwaltungsplänen übereinstimmten und deswegen nicht mehr gesondert behandelt werden müssten. Mit Blick auf die anderen Projektideen waren für alle befragten Ratsvertreter die zu erwartenden Umsetzungskosten das entscheidende Kriterium zur Absetzung oder Umsetzung einer Projektidee.

FAK-RP6: „Wenn es dann wirklich an die Realisierung geht, also der Rat beschließen muss, dass Geld oder ein Gebäude oder Manpower in der Verwaltung zur Verfügung gestellt werden muss, dann wird das ja erst zur Entscheidung kommen und dann kann es natürlich sein, dass bestimmte Projekte in dem Schritt hinten überkippen und das, obwohl wir dem eigentlich in der Bewertungsphase ziemlich offen gegenüber gestanden haben".

Eine Fortführung des Prozesses in der breiten Konsultationsform wurde durchweg abgelehnt. Statt dessen wurde die Überführung bzw. Integration der Agendathemen in das gewohnte kommunalpolitische Instrumentarium, gepaart mit der Rückbesinnung auf die klassischen kommunalpolitischen Bearbeitungs- und Entscheidungswege in den Vordergrund gestellt, wobei die Projektprüfung zunächst der Verwaltung überantwortet wurde.

FAK-RP2: „Jetzt ist erst einmal der Punkt erreicht, wo gesagt wird, Schnitt: der Prozess ist zwei Jahre gelaufen, die Verwaltung arbeitet an den Projekten und wir müssen mal gucken, was kommt. [...] Agendaprozesse und auch die Inhalte von Agendaprozessen müssen Bestandteile von Entscheidungen im Rat und Ausschüssen der Stadt werden."

Nur vereinzelt wurde thematisiert, dass den Agendaaktiven im Zuge dieser Vorgehensweise der institutionelle Handlungsrahmen entzogen wird. Die befragten Ratsvertreter von SPD und GRÜNEN betonten jedoch die Notwendigkeit der Erprobung anderweitiger Beteiligungsmodelle im kommunalen Kontext, und interpretieren den Agendaprozess als einen Testlauf für weitere Bürgerbeteiligungsmodelle, die dann im Zuge anderweitiger kommunalpolitischer Themengebiete Anwendung finden könnten.

FAK-RP2: „Also ich glaube, dass es Not tun würde einen weiteren Schritt zu machen, denn sonst kann man sich auch in dem Bereich der normalen Bauleitplanung und Bürgerbeteiligung bewegen. Der zweite Schritt wäre dann wirklich, zumindest bei wichtigen Grundentscheidungen der Kommunalpolitik, die auch langfristige Auswirkungen haben, neue Beteiligungsmodelle auszuprobieren."

Insgesamt befürworteten alle Ratsvertreter die Überführung der Agendathematik in die zukünftige Stadtentwicklung, sie plädierten dabei einhellig für eine periodische Nachhaltigkeitsberichterstattung als handhabbares kommunales Instrument, verwiesen aber zugleich auf die Berücksichtigung anderweitiger Politikfelder sowie auf die Notwendigkeit einer gleichzeitigen Ausweitung der kommunalen Agenda auf die regionale Ebene, um einseitigen Nachteilen in der interkommunalen Standortkonkurrenz ebenso vorzubeugen wie einer Verschlechterung der städtischen Haushaltslage:

FAK-RP6: „Die Kommune ist die kleinste politische Ebene, die am nächsten am Bürger ist. Und man kann sicherlich, was Bewusstseinsbildung bei den einzelnen Leuten angeht, in der Kommune unheimlich viel erreichen. [...] Aber ich muss dahin kommen, bestimmte Maßnahmen, also gerade Verkehr- und Infrastrukturmaßnahmen überregional zu lösen. Ich denke, nur dann wird man weiterkommen. [...] Also ich denke, diese Sache muss sehr, sehr schnell auf eine höhere Ebene gezogen werden, dass man Einzelergebnisse vor Ort dann auch als allgemeingültiges Gut in andern Kommunen sieht und das eben gemeinsam macht und nicht Konkurrenzsituationen schafft zwischen den einzelnen Gemeinden."

Zudem wurde die steuerungs- und autonomiebegrenzende vertikale Politikverflechtung als wesentlicher Grund für die beschränkte Reichweite einer lokalen Agenda genannt:

FAK-RP1: „Ich kann die zukunftsfähige Entwicklung auf kommunaler Ebene nicht in der gewünschten Reinform oder auch - je nach Blickwinkel - nicht in der im Umfang notwendigen Form durchsetzen, weil der Kommune dazu schlichtweg auch die Steuerungspotentiale fehlen. So spielen in vielen Sachen, ja in fast allen Sachen, bundes- und landespolitische Aspekte eine Rolle, zumindest teilweise. Das macht das Ganze natürlich wesentlich schwieriger."

Darüber hinaus wurde offensichtlich, dass die von allen befragten Ratsvertretern gerühmte Vorreiterrolle Münsters im interkommunalen Vergleich bei der Umsetzung einer lokalen Agenda, nicht auf die Implementationsphase der Ergebnisse ausgedehnt werden kann. Auch vor diesem Hintergrund wurde die Verfahrenseffizienz des lokalen Agendaprozesses von den CDU-Vertretern als sehr gering eingestuft. Demgegenüber betonten die Ratsvertreter der ehemaligen Regierungskoalition aus SPD und GRÜNEN, dass sich der Prozess, ungeachtet der eher geringen Ergebnisse und der geringen Bürgerbeteiligung, gelohnt habe, weil sie die entstandenen Kontakte zwischen den unterschiedlichen Vertretern als zartes Pflänzchen für eine ergänzende zivilgesellschaftliche Komponente der Kommunalpolitik bewerteten. Mehrere Befragte machten in diesem Kontext darauf aufmerksam, dass eine stärkere Integration der Jugendlichen und der Schulen von überaus großer, aber im Prozess nicht eingelöster Bedeutung sei. Diese Bewertung entsprach dem ursprünglichen Zu- bzw. Widerspruch der Parteien zur Prozessfinanzierung, die von der CDU nicht mitgetragen wurde.

5.1.1.2 Fallgruppe »FAK-V«:Vertreter der Verwaltung in den Facharbeitskreisen

Die i.d.R. von ihren jeweiligen Vorgesetzten in die FAK delegierten interviewten Verwaltungsmitarbeiter standen dem lokalen Agendaprozess neutral gegenüber. Sie waren jedoch an der interessenheterogenen Konsultationsphase - mit der Hoffnung auf eine übergreifende Diskussion - interessiert.

FAK-V1: „Ich denke, der Prozess ist deshalb wichtig, weil er ein guter Anknüpfungspunkt ist, die verschiedenen Interessen mal unter einen Hut zu bringen und Standpunkte auszudiskutieren."

In diesem Kontext reagierten die Befragten sensibel auf das Fernbleiben einiger Teilnehmer, das nach ihrer Einschätzung die intendierte Repräsentativität der gesellschaftlich relevanten Gruppen und Ratsparteien unterhöhlte. An dieser Stelle wurde deutlich, dass die befragten Verwaltungsmitarbeiter den initiierten lokalen Agendaprozess - auch vor dem Hintergrund der investierten Ressourcen - zunächst als ein neuartiges Arrangement betrachteten, dessen politische Relevanz und Außenwirkung ebenso wie die Legitimität eventueller Beratungsergebnisse ihrer Ansicht nach von der Integration der unterschiedlichen Institutionen und Verbände der Stadt abhängig ist. Aus den Aussagen ging zudem hervor, dass die Befragten auf einen brauchbaren materialen Output des Konsultationsprozesses hofften, der einerseits ihr Engagement in den FAK ex post rechtfertige, und andererseits Anhaltspunkte, Ideen bzw. Planungsparameter für das mittelfristige Verwaltungshandeln liefere. Allerdings war den meisten Befragten das Mandatsproblem des Delegationsprinzips bewusst, das dem Modell der FAK Besetzung zugrunde lag. So agierten nicht nur die teilnehmenden gesellschaftlich relevanten Interessenvertreter nach Ansicht der meisten Befragten lösgelöst von ihrer Basis, mit der Folge, dass die erhoffte Rückbindung erarbeiteter Inhalte an die entsendende Institution, geschweige denn deren Mitglieder, kaum gewährleistet war. Dieses Problem war auch bei den interviewten Verwaltungsmitarbeitern virulent. So wurde die Entsendung als Vertreter/in der Verwaltung von mehreren Befragten als problematisch angesehen, weil sie sich außerstande sahen, das jeweilige Fachamt oder die Gesamtverwaltung auf die von ihnen jeweils mitgetragenen Prozessergebnisse verpflichten zu können:

FAK-V3: „Ich bin kein Entscheidungsträger, so dass das, was ich da gesagt habe, nur konstruktiv aber nicht endgültig verstanden werden kann. Wenn ich etwas sage heißt das nicht, dass mein Dezernent das gut findet, denn der hat ein schwarzes Parteibuch, der sieht das anders. Daher zählt meine Stimme natürlich nur relativ. Ich kann eigentlich nur mein Fachwissen und meine Einschätzung zum Prozess beisteuern. [...] Da fand ich den ganzen Prozess mankohaft."

Da aus den Aussagen der Befragten zudem hervorging, dass Rückkopplungen an die entsendenden Fachämter kaum existierten, bleibt fraglich, inwieweit der Prozess eine Tiefenwirkung für die Institution der Verwaltung über die beteiligten Vertreter hinaus hatte.

Die Zusammenarbeit und das Arbeitsklima in den FAK wurde von der Mehrheit der befragten Verwaltungsmitarbeiter konstruktiv und gut wahrgenommen. Jedoch traten nach einhellig gut bewertetem Start zunehmend Ermüdungserscheinungen aufgrund wachsender Unzufriedenheiten bzgl. der angewandten Methode bei allen interviewten Verwaltungsmitarbeitern auf. Die Walt-Disney-Methode erschien den befragten Ver-

waltungsmitarbeitern zwar als interessante Technik, die aber für die lokale Agenda un-
brauchbar sei, weil sie die erhofften und als notwendig erachteten inhaltlichen Diskussionen unterdrücke und durch die strikte Phasenabfolge und zu enge Terminierung die
Vitalität und Motivation der Beteiligten aufzehrte:

*FAK-V4: „Was mich sehr, sehr störte, das war dieser moderierte Prozess, denn der war von Anfang
an völlig losgelöst von dem, was lokale Agenda eigentlich meint. Ich glaube es war die dritte Arbeits-
gruppensitzung, da ist der Unmut über die Methode laut geworden, und es hat zu Beginn der offiziellen Tagesordnung eine Diskussion über den Prozess und das Verfahren gegeben. Und sehr viele waren sich einig darüber, dass uns die Verankerung, also dass uns Leitbilder, Zielorientierung völlig
fehlen, dass das Aktionismus ist, was wir da machen. [...] Das hat man jedoch aus dem normalen Ablauf verdrängt. Das passte nicht in die Walt-Disney-Methode. Da fängt man eben nicht mit Zielen
an."*

*FAK-V2: „Es wurde hinterher furchtbar langatmig, ich bin dann bei einer Sitzung nicht gewesen und
habe das auch nicht bedauert."*

*FAK-V7: „Ich bin aus jeder Sitzung rausgegangen und habe mir überlegt, da gehe ich das nächste
mal nicht mehr hin."*

Die Motivation der Befragten sank auch, weil die Zeitknappheit für die Bearbeitung der
einzelnen Methodenbausteine dazu führte, dass alte Projektideen, die bereits aus anderen Kontexten bekannt waren, wieder eingebracht wurden. Die Befragten hoben in diesem Kontext kritisch hervor, dass jede/r Teilnehmer/in letztlich nur seine/ihre Ansicht
und Interessen vertrat und darum bemüht war, diese Ansichten durchzubringen:

*FAK-V2: Ich kann mich gut an eine Sitzung erinnern, wo der Moderator dann Arbeitsgruppen bildete
und sagte: Ihr müsst jetzt drei Projekte entwickeln! Ja wir wussten gar nicht, was so mit Projekten
gemeint war. Der kam dann aber immer wieder und sagte: „Ihr müsst und habt noch eine halbe Stunde". Da haben wir zusammen gestanden und haben das gemacht, was ich eigentlich befürchtet hatte,
nämlich das jeder sein Räppelchen wieder rausholt, d.h. wir haben nicht gemeinsam etwas entwickelt,
sondern jeder hat in seinem Bereich nachgedacht und geschaut, ob die anderen da wohl mit leben
können."*

Neben der Kritik, dass eine inhaltliche Einführung, die ein gleiches Informationsniveau
bei den Beteiligten hätte schaffen können, gefehlt habe, stieß vor allem die Ausblendung strittiger Diskurse aus dem Konsultationsverfahren bei allen Interviewten auf z.T.
scharfe Kritik. Hier wurde besonders deutlich, dass die Erwartungshaltung und das Pro-
zessinteresse, das auf die Ermöglichung derartiger Diskurse ausgerichtet war, frustriert
wurde, was sich bei allen Verwaltungsmitarbeitern motivationsmindernd auswirkte.
Verbittert über die Arbeitsweise in den FAK machten einige Verwaltungsmitarbeiter
darauf aufmerksam, dass relevante Themen lediglich vom FR-AK, das damit seine Autonomie jenseits prozeduralen Strukturmusters sinnvoll genutzt habe, aufgegriffen worden sind.

*FAK-V4: „Es gab am Rand Leute, die haben anständige Ansätze gehabt, aber der normale Prozess
hat diese Tiefe und eine richtig fundierte Diskussion doch nicht zugelassen. [...] Also das Thema der
Subsistenzwirtschaft als Prinzip, das haben die Frauen aufgegriffen, das war ein kleiner Kreis von*

Frauen, die haben da Veranstaltungen gemacht, die waren gar nicht im offiziellen Prozess mitbeteiligt. Das ist nie aufgegriffen worden. "

Die konsensorientierte Ergebnisbearbeitung wurde von allen Befragten kritisiert, da sie nicht von einer konstruktiven Ergebnisfindung geprägt war, sondern letztlich als Selektionsprinzip fungierte, aus dem nur die Projekte hervorgehen konnten, die von keinem der Beteiligten einen Kompromiss mit Blick auf die je eigenen Interessen oder Werthaltungen abforderte:

FAK-V3: „Generell lief das so, dass jeder hauptsächlich seine Sachen nach vorne trieb, da kann man nicht groß von einem Konsens sprechen. Es ist nicht so, dass da Dinge entwickelt wurden, mit denen alle zufrieden sind. "

Mehrfach wurde in diesem Kontext der Verdacht geäußert, dass die strikte Verfolgung der Konsensorientierung nicht allein auf die Vorgabe aus der Agenda 21, sondern in erster Linie auf die Befürchtung der Kommunalpolitiker vor zu weitreichenden inhaltlichen Anregungen zurückzuführen sei:

FAK-V2:„Die Konsensorientierung wird ja darum gewählt, weil man extreme Entscheidungen verhindern will. Die Kommunalpolitik wollte sich ja auch nicht in eine Situation bringen lassen, aus der sie anschließend nicht mehr herauskam. [...] Da hatten einige vorher erhebliche Angst. Da haben die Kommunalpolitiker Geister gerufen, das Ergebnis aber gefürchtet. "

Aus den Aussagen zum primär projektorientierten Vorgehen in den FAK kristallisierte sich ein breites Mehrheitsvotum gegen die völlige Ausblendung einer Leitzieldiskussion heraus. Lediglich zwei interviewte Verwaltungsmitarbeiter hoben die projektbasierte Ausrichtung des Konsultationsprozesses mit Blick auf die Eröffnung eines breiten Diskussionsprozesses positiv hervor:

FAK-V5: „Für einen solchen Prozess gibt es keinerlei Vorerfahrungen in der Verwaltung, das hat noch nie jemand vorher gemacht, ich glaube auch, dass es richtig war, nicht mit einer Leitbilddiskussion, Indikatoren und Zielen anzufangen. Da [...] war der projektorientierte Ansatz, wenn man einen breiten Konsultations- und Diskussionsprozess macht, richtig. "

Die Mehrheit der Befragten kritisierte hingegen nicht nur die alleinige Ausrichtung auf die Projekterarbeitung, die nach Ansicht aller interviewten Verwaltungsmitarbeiter auch seitens der initiativ initiierten »AG Ziele« nicht mehr aufgefangen werden konnte, sondern auch das Fehlen von Bezugs- und Bewertungsparametern bei der Erarbeitung der Projekte:

FAK-V7: „Im nachhinein betrachtet war es der entscheidende Fehler, nicht bereits im Vorfeld Nachhaltigkeit definiert zu haben. Weil es keine Nachhaltigkeitsindikatoren gab, gab es auch keine Prüfkriterien. "

Zwei Verwaltungsmitarbeiter machten zudem deutlich, dass durch die Methode ein gänzlicher falscher Ansatz begründet worden sei, der die ethische Verantwortung hinsichtlich notwendiger Ressourcenumverteilungen und auch persönlichen Verzichts zugunsten sog. Win-Win-Lösungen völlig ausgeblendet habe. Insgesamt waren sich die Befragten darin einig, dass die erzielten Beratungsergebnisse, sofern sie überhaupt inhaltlich agendarelevant seien, höchstens den kleinsten gemeinsamen Nenner aller Beteiligten repräsentieren:

FAK-V2: „Also der Nenner war zumindest sehr klein, ob er gemeinsam war, ist eine andere Sache."

Doch nicht nur die angewandte Methode, sondern auch die Moderation des Konsultationsverfahrens stand im Kreuzfeuer der Kritik. Während nur einer der befragten Verwaltungsmitarbeiter die straffe Hinführung der Teilnehmenden auf die Arbeitsaufgaben und das »Zusammenhalten« des heterogenen Teilnehmerfeldes durch die Moderatoren positiv würdigte, zieht sich bei den anderen Teilnehmenden die Kritik an der - als zu dominant und autoritär empfundenen - Moderation wie ein roter Faden durch die Interviews.

FAK-V2: „Das ist einer meiner Hauptkritikpunkte an diesem ganzen Prozess. Wir hatten eine Moderation, die uns die ganze Zeit begleitete. Diese Moderation hat das Verfahren strukturiert, was sicherlich erforderlich war. Sie hat damit aber auch eine Menge eingeengt. Zudem war mein persönlicher Eindruck, dass der Moderator einen ambivalenten Führungsstil hatte. Er war einerseits sehr autoritär und andererseits ließ er es laissez-faire laufen, das war irgendwie schwierig."

FAK-V3: „Ich denke ohne eine Moderation läuft so ein Prozess nicht, aber so in der Form wie hier geht das nicht gut."

Mit Blick auf die Prozessorganisation machten die meisten Befragten auf die unzureichende Einbindung der Gesamtverwaltung in den Prozess aufmerksam, die sich auf die Projektprüfung und -umsetzung nachhaltig negativ auswirke. Diejenigen, die den Verwaltungsworkshop in diesem Kontext thematisierten, brandmarkten ihn als wirkungslose Alibigeschichte, als ein prozessverzierendes Element:

FAK-V4: „Das war doch auch eine Alibigeschichte. Die Verzahnung stellt man doch nicht an einem Verwaltungsworkshop her. Er ist nur auf das Murren der zuständigen Stellen zu Stande gekommen, die sagten, was machen die denn da, müssen wir das nicht wissen? Wir müssen doch ausbaden, wir haben doch da Zuständigkeiten, warum erfahren wir nichts davon? Und daraufhin ist er gemacht worden. In der Walt-Disney-Methode kommt der nicht vor."

Die Einbindung des Agendabüros in die Verwaltung wurde hingegen als bedeutend herausgestellt, um den lokalen Agendaprozess nicht von Beginn an zur ausgewiesenen Spielwiese für Diskutanten verkommen zu lassen. Zudem wurde von allen Beteiligten die koordinierende Funktion des Agendabüros neben der Gewährleistung der Prozesstransparenz als überaus wertvoll herausgehoben:

FAK-V5:„Wenn wir das Agendabüro nicht gehabt hätten, wäre viel mehr nebeneinander hergelaufen. Das ist für mich die absolute Schnittstelle."

Anhand der Aussagen wurde jedoch deutlich, dass sich im Zuge des groß angelegten lokalen Agendaprozesses - abgesehen von einigen neuen Kontakten - weder eine Öffnung der Verwaltung für Bürger und progressive Verbände noch eine qualitativ neue Zusammenarbeit quer zu den bisherigen kommunalen Netzwerken erreicht wurde.

FAK-V3:„Zu den Bürgerzirkeln kann ich nur sagen, das war theoretisch eine gute Sache, praktisch haben wir nur einmal eine Zusammenkunft gehabt zwischen Facharbeitskreis- und Bürgerzirkel-Leuten. Der Austausch war auch vorher am Beginn und Ende der Sitzungen relativ schwach. "

FAK-V1: „Ja also mit Bürgern habe ich ehrlich gesagt nicht viel zu tun gehabt, was schon symptomatisch ist, denke ich, denn das hätte eigentlich anders sein sollen. "

Insbesondere die Zusammenarbeit mit den Ratsvertretern im FAK wurde von allen Interviewten als problematisch angesehen. Diese Einschätzung steht in Gegensatz zu der Sichtweise der Ratsvertreter, die den Kontakt zu den Verwaltungsmitarbeitern positiv würdigten. Abgesehen davon, dass einige Verwaltungsmitarbeiter bezüglich der Integration der Ratsvertreter in die FAK ihr Unverständnis und Unwillen darüber zum Ausdruck brachten, dass die Entscheidungsträger bereits mit in den Entscheidungsprozess integriert wurden, machte sich die Kritik primär an der tagespolitischen oder wahltaktischen Politikrhetorik fest, mit der einige Ratsvertreter auffielen. Negativ eingefärbt waren diese Einschätzungen jedoch von der Enttäuschung aller Befragten, welche die Ratsvertreter für die Initiierung eines kostenintensiven, großen partizipatorischen Prozesses verantwortlich machten, dessen kommunalpolitische Relevanz jedoch so gering sei, dass er im politischen Alltagsgeschäft sowie hinsichtlich seiner policy-Bedeutung lediglich ein Schattendasein fristete:

FAK-V8: „Die Ratspolitiker sind nicht mit der Intention rangegangen, versucht mal irgendwelche Fragestellungen, irgendwelche Inhalte, die für unser politisches Tagesgeschäft relevant sind, einvernehmlich zu klären. Das war es nicht. Statt dessen griff man einen Faden namens Agenda auf, hat ihn geordnet, hat ihn organisiert und strukturiert und hat ihn neben der Tagespolitik herlaufen lassen in der Hoffnung: Wir profitieren irgendwie davon und hinten kommt dann irgendwas raus. Man hat sich nicht bemüht, tatsächlich durch diesen Prozess selber zu lernen, er lief parallel und das kreide ich im Grunde den Verantwortlichen an. Ich kreide das denen wirklich an, dass sie sich nicht involviert haben, sondern dass sie etwas halbherzig und lieblos organisiert haben. "

FAK-V4: „Das Interesse von Politik war zweierlei: Das eine - fangen wir mit dem Negativen an - nicht anzuecken, keine Probleme zu machen mit dem Prozess, ihn glatt laufen zu lassen, das war das eine. Das andere war nach Möglichkeit nach außen hin irgendwie positiv davon profitieren. Beides ist gelungen. Beides ist gelungen, das muss man so sagen. Wenn ich auf Veranstaltungen ging, hieß es Münster, die heimliche Agendahauptstadt. "

In diesem Kontext machten alle interviewten Verwaltungsmitarbeiter nicht nur auf den geringen Einfluss des lokalen Agendaprozesses mit Blick auf die weitere kommunale Politikgestaltung aufmerksam, sie stellten zudem klar, dass der lokale Agendaprozess - entgegen ihrer ursprünglich geäußerten Hoffnung - kein neuartiges Instrumentarium sei, da er weder die vorhandenen kommunalpolitischen Organe ergänze, geschweige denn deren Steuerungspotential erweitere.

FAK-V4: „Also allein durch einen Politikwechsel werden die Überlebenschancen der Projekte schon mal in Frage gestellt. Welchen Wert haben die dann? Wenn durch einen Politikwechsel die Arbeit von drei Jahren und von diesen ganzen Arbeitsgruppen in Frage gestellt werden. Da muss man überlegen, wie steuerungsrelevant das Ganze war. [...]Wichtig ist, dass wir die reale Politik beeinflussen. Dort, wo die tatsächlichen Entscheidungen getroffen werden, da muss dieses Gedankengut einfließen. Man kann hier keinen kleinen Nebenkriegschauplatz machen, so ein Agendaspielchen organisieren und die reale Politik distanziert sich davon und lässt die mal rumstrampeln. "

Eine erweiterte Mitsprache der Prozessbeteiligten bei der Ausgestaltung der Kommunalpolitik wurde deshalb von der überwiegenden Mehrheit der Befragten negiert:

FAK-V3: „Ein Mitspracherecht muss ja auch eine gesetzliche, rechtliche Grundlage haben, die passt ja auch nicht. Da gibt es den sachkundigen Bürger in unseren Ausschüssen, da könntest du einen agendasachkundigen Einwohner mit Mitspracherecht integrieren. Das wäre etwas, wo man ein bisschen erreichen könnte. "

FAK-V2: „Ich denke nicht, dass der Prozess das Umsteuerpotential in der Kommune zugunsten einer zukunftsfähigen Entwicklung erhöht hat. "

An den Aussagen wurde insgesamt deutlich, dass nach Ansicht der Interviewten durch den Prozess Gestaltungsoptionen suggeriert wurden, die de facto gar nicht existierten. Als Grund dafür wurde die fehlende Bereitschaft der Parteien, ihre Definitionsmacht zu teilen, herauskristallisiert, wie an der folgenden Aussage exemplarisch deutlich wird:

FAK-V2: „Es geht dabei letztlich doch auch um eine Machtfrage. Da sind die Rollen ja eigentlich ziemlich deutlich verteilt. [...] Man erweckte bei den Teilnehmern den Eindruck, sie könnten etwas verändern, aber in Wirklichkeit kann man das gar nicht. Dann soll man das aber auch sagen, es ist ja nicht schlimm, wenn jemand die Macht hat, das ist ja normal, nur sollte man dann nicht den Eindruck erwecken, als wenn die Teilnehmenden mitbestimmen könnten. "

FAK-V4:„Das Dilemma ist, diese Dinge laufen völlig losgelöst von den wahren Entscheidungsprozessen. Das sind sozusagen Spielwiesen für Diskutanten, mehr ist das ja nicht. Das ist ja nie mit Stadtpolitik eng verankert worden. "

Da die Bürgerbeteiligung im Rahmen von städtischen Planungsprozessen von allen Befragten - unabhängig vom lokalen Agendaprozess - als zunehmend wichtiger Bestandteil kommunalen Handelns eingeschätzt wurde, nahmen sie die als zu gering eingestufte Bürgerbeteiligung und Breitenwirkung des lokalen Agandaprozesses mit großer Enttäuschung auf. Abgesehen davon, dass alle Befragten dies auch auf die unklaren und sperrig zu vermittelten Begrifflichkeiten »lokale Agenda« und »Zukunftsfähigkeit« zurückführten, wurde es zudem sowohl als Indiz für die geringe Prozessrelevanz wie auch für die Ausrichtung der Bevölkerung auf die klassisch-politischen Entscheidungsinstanzen interpretiert.

FAK-V2: „Ich sage mal, die Bürgerschaft hat die Chance vertan, große Visionen zu entwickeln. [...] Andererseits muss man sich auch vergegenwärtigen, dass wir in einer repräsentativen Demokratie leben. Irgendwo sagen die Leute dann auch, dafür bin ich auch nicht zuständig, ich habe schließlich doch die Politiker gewählt. "

Aus den Aussagen ging der Tenor hervor, dass sich die geringe Bürgerbeteiligung und Breitenwirkung negativ auf die ohnehin schon prekäre Prozessfortführung und Ergebnisumsetzung auswirke.

Die Projektprüfungsphase durch die entsprechenden Fachämter der Verwaltung wurde seitens der Verwaltungsmitarbeiter - ebenso wie von den interviewten Politikern - zwar als unabdingbarer, weiterer Bearbeitungsweg bewertet, allerdings wurde Kritik an der Ratsentscheidung zu den Projektideen laut. Abgesehen davon, dass den Agendaergebnissen sowieso nur der eher unbedeutende Status eines Bürgerantrages zukomme, wurde seitens des Rates auch seine differenzierend-aufwertende Einzelbeurteilung der Projekte vertan. Der schwarze Peter der konkreten Projektbeurteilung wurde damit direkt an die einzelnen Verwaltungsämter weitergereicht. Dieses Vorgehen missfiel insbesondere den Interviewten, die selbst einige Projektideen zu bearbeiten hatten, und damit - nun in der Position der Prüfenden - in Loyalitätskonflikte mit Blick auf ihre Mitgliedschaft in den ursprünglichen FAK kamen. Zudem verwiesen alle Befragten darauf, dass die bereits völlig ausgelasteten Arbeitskapazitäten eine sorgfältige Prüfung der Projektideen unmöglich mache. Der für die meisten Befragten kaum erkennbare politische Umsetzungswille wirkte sich dann zudem motivationsmindernd aus:

FAK-V1: „Natürlich sind die Projekte alle vorgeschlagen worden mit dem Ziel, sie dann umzusetzen. Nur ich bin jetzt Verwaltung und diejenigen, die im Prinzip alles umsetzen müssen, was da vorgeschlagen worden ist, und ich muss ehrlich sagen, dies können wir nicht leisten, selbst wenn wir denn wollten. [...] Das läuft ja alles neben der Arbeit her, die sowieso schon hier gemacht wird und die Leute haben nicht Däumchen gedreht und drauf gewartet, dass jetzt so etwas kommt."

FAK-V3: „Die Verwaltung ist eigentlich jetzt erst gefragt, mit den Ergebnissen fertig zu werden. Da hapert es aber einfach, sowohl verwaltungsmäßig, wobei die Verwaltung noch nicht mal das Schlimmste ist, eher liegt es jetzt am fehlenden politischen Willen, die Sachen umzusetzen."

Die umfangreiche Prozessförderung, die bei den befragten Verwaltungsmitarbeitern - ob des verwaltungstuntypischen Umgangs mit Haushaltsmitteln - zunächst zu Erstaunen und Verwunderung geführt hatte, schlug in Verärgerung um, als für die Interviewten ersichtlich wurde, dass sich zwischen der personellen und finanziellen Prozessförderung sowie der Implementation der Ergebnisse eine Kluft auftat, die ihren Aufhänger bereits an der Verwendung der Agendaergebnisse als Bürgerantrag hatte, dessen Relevanz in Relation zum Prozess als sehr gering wahrgenommen wurde. In diesem Kontext wurde die Befürchtung laut, dass man durch die hoch dimensionierte Ausgestaltung des lokalen Agendaprozesses und der nun folgenden zögerlichen Umsetzung der Beratungsergebnisse wohl eine große Chance auf partizipative Mitbestimmung für längere Zeit vertan habe.

Vor diesem Hintergrund räumten lediglich zwei Vertreter - ungeachtet der von allen
Befragten perzipierten schlechten sozioökonomischen und politischen Rahmenbedingungen - der Kommune noch Ausgestaltungsoptionen für eine zukunftsfähige Entwicklung ein.

*FAK-V5: „Ich glaube es gibt einen kommunalen Handlungsspielraum und die Kommunen müssen,
wenn sie eine Chance haben wollen für das Projekt Zukunft, diesen kommunalen Handlungsspielraum
nutzen. Dazu sind Dinge wie Kommunikation, lokale Agenda und integrierte Betrachtung der richtige
Ansatz. Natürlich kann man sagen wir haben ganz, ganz viele schlechte Rahmenbedingungen. Wir
haben zu wenig Finanzen, wir haben Bundesgesetze, die in die absolut falsche Richtung laufen, auch
viele Landesdinge fördern uns nicht gerade, aber wir haben einen Handlungsspielraum und den müssen wir ausnützen. Dazu - meine ich - ist die lokale Agenda eine Chance, weil dadurch auch alle
Kräfte wieder viel stärker mobilisiert worden sind."*

Die Mehrheit der Verwaltungsmitarbeiter hakte den lokalen Prozess hingegen, ungeachtet der eventuellen Fortführung im Rahmen einer »nachhaltigen Stadtentwicklung«,
als vorübergehende Episode ohne langfristigen Effekt ab:

*FAK-V3: „Also ich glaube, dass darüber nun Gras wächst und das Ganze nun vergessen wird, wie
Sachen, die sonst auch einfach wieder verschwinden. Es kann sein, dass der ein oder andere einen
Anstoß oder auch eine neue Idee bekommen hat und sich vielleicht auch ein wenig mehr in ein Projekt
reinhängt, aber ich glaube in Institutionen, wo jeder wieder in seinem eigenen Saft bzw. Metier bro-
delt [...] bleibt wenig Platz, um sich mit der lokalen Agenda noch einmal auseinander zu setzen. [...]
wenn hinsichtlich der vorgeschlagenen Projekte eine 5% Umsetzungsklausel erfüllt wird, dann ist das
nach meiner Einschätzung schon ganz gut."*

*FAK-V2: „Die Wirkung des ganzen Prozesses ist eigentlich - nach meiner Wahrnehmung - völlig ver-
pufft. [...] Das Thema ist irgendwie durch."*

*FAK-V6: „Die Überführung in die Stadtentwicklung kann mich nicht begeistern, denn ich hab das ja
mitgemacht. [...] Ich habe schon erlebt, dass alle Städte Stadtentwicklung als Führungsaufgabe genau
wie den lokalen Agenda Prozess machten, bis nach mehreren Jahren die Art der Stadtentwicklung
wieder wegfiel. Das war nur eine Modeerscheinung innerhalb der Politik und der Verwaltung!"*

In diesem Kontext verwiesen die Befragten nicht nur darauf, dass die Fortführung des
Agendaprozesses mit den neuen Steuerungsmodellen in der Verwaltung kollidiere, weil
die dezentral ausgerichtete Verwaltungsreform dem ganzheitlich-integrierenden Anspruch der lokalen Agenda entgegenstünde, sie machten auch die kontraproduktiven
Rahmenbedingungen, die durch die übergeordneten politischen Ebenen gesetzt würden,
dafür verantwortlich, dass die kommunale Handlungsfähigkeit bei der Durchführung
einer lokalen Agenda beschränkt sei:

*FAK-V4: „Wir können uns hier einen zurecht fummeln mit Agenda solange in der großen Politik Ent-
scheidungen getroffen werden, die diese Agenda mit Füßen treten, Tag für Tag. Solange können wir
nicht erwarten, dass wir im Kleinen über vereinzelte positive Ansätze hinweg kommen."*

*FAK-V8: „Notwendig sind nationale bzw. internationale Rahmenbedingungen für die lokale Agenda
21, damit nicht immer nur der wirtschaftlich Stärkere gewinnt."*

Dieses Stimmungsbild verdeutlicht, dass mit dem offiziellen Prozessende eine Phase
erreicht wurde, an der sich die Bedeutung des lokalen Agendaprozesses entscheidet.

*FAK-V5: „Ich denke die nächsten Jahre müssen eigentlich zeigen, tragen die Ergebnisse jetzt, vor
allem der Startschuss, dazu bei in die Steuerungssysteme reinzukommen oder ist das eher so ein Projekt gewesen, das man abqualifizieren kann als Projektaktionismus mit viel Aktion und wenig Programm. Ich glaube, da stehen wir gerade an der Schwelle. [...] Wir müssen erkennen, wir haben jetzt
nicht die lokale Agenda beschlossen und jetzt sind wir fertig, sondern man muss eigentlich erkennen,
das war jetzt die Vorarbeit und jetzt krempeln wir die Ärmel hoch und fangen auf einem anderen Bereich erst richtig an. "*

Dabei wurde von den meisten Befragten dem inhaltlichen Anliegen der lokalen Agenda
nur noch eine Chance eingeräumt, wenn einzelne Projekte konkret in den Stadtteilen mit
der Hoffnung umgesetzt werden, dass sich das Bewusstsein der Menschen sukzessive
in Richtung Nachhaltigkeit ändert. In diesem Kontext wurde der Integration von Schulen und anderweitigen Bildungsträgern eine besondere Bedeutung beigemessen. Angesichts der geringen Resonanz auf den Prozess, blieb diese Hoffnung bei den meisten
Befragten jedoch vage:

*FAK-V4:„Sie glauben gar nicht, wie vernichtend im Grunde das Urteil der Bürgerschaft über diesen
Schnickschnack ist. Das ist vernichtend. "*

5.1.1.3 Fallgruppe »FAK-K«:Vertreter der »eher konservativen« Verbandsver-
treter in den Facharbeitskreisen

Die meisten Befragten dieser Fallgruppe waren über die zügige Etablierung des lokalen
Agendaprozesses und vor allem über den großen Ressourceneinsatz erstaunt, zumal
das Thema einer zukunftsfähigen Entwicklung auf kommunaler Ebene in den meisten
konservativen Verbänden bis dahin lediglich peripher thematisiert worden war. So
fühlten sich die meisten Vertreter dieser Gruppe zum Prozessbeginn eher unvorbereitet,
waren aber am Konsultationsverfahren interessiert. Sie verbanden ihre Prozessteilnahme
mit der Hoffnung, das Mitwirken der vertretenen Institution pressewirksam vermarkten
zu können. Anhand der Aussagen wurde deutlich, dass sich insbesondere die Vertreter
der Wirtschaftsverbände in Hintergrundgesprächen auf kommunaler Spitzenebene Vor-
abinformationen über die Verfahrensausgestaltung und -relevanz im kommunalpolitischen Kontext eingeholt hatten, um sowohl die Bedeutung und etwaige Gefahren einer
Teilnahme rechtzeitig ausloten, als auch Einfluss auf das Prozessgeschehen nehmen zu
können. Aus den Äußerungen mehrerer Befragter ging zudem hervor, dass die öffentliche Verpflichtung zur Teilnahme, mitbedingt durch das »Forum zukunftsfähiges Münster« zu groß gewesen sei, um sich dem Prozess völlig entziehen zu können.

Die Zusammensetzung des FAK wurde von den Interviewten als annehmbar betrachtet,
insbesondere die Wirtschaftsvertreter hätten sich jedoch eine Beteiligung bzw. die Inte-

gration von Unternehmern gewünscht, auch um die Bedeutung des Prozesses für die
Kommunalpolitik zu erhöhen:

> *FAK-K5: „Da fehlt es meiner Ansicht nach an Ideen eben tatsächlich die lokalen Vertreter aus den
> Unternehmen in den Prozess mit einzubeziehen. Das ist das eigentliche Problem der Agendaprozesse.
> Es entsteht der Eindruck, Agenda ist etwas für Ökos und Grüne [...] dann ist der Prozess von vorn-
> herein zum Scheitern verurteilt. Ich muss schon diejenigen, die tagtäglich das Geschäft haben und die
> um ihr Überleben kämpfen mit dabei haben, denn sonst ist das Ganze nicht das Papier wert, auf dem
> es steht."*

Die Skepsis bzgl. der Prozessrelevanz wurde bei einigen Interviewten angesichts des
Alters der entsandten Delegierten noch verstärkt, da den zumeist jüngeren Teilnehmern
zwischen 30 und 45 wenig Entscheidungskompetenz im entsendenden Verband zugebilligt wurde. Zudem unterschied die Mehrzahl der Interviewten zwischen teilnehmenden kommunalpolitisch versierten Experten, zu denen sie sich jeweils selbst zählten,
und den *Laien*, die sie den eher progressiven Verbänden zurechneten.

Sie machten vor diesem Hintergrund deutlich, dass der ungleiche Informationsstand
hinsichtlich der Grenzen und Möglichkeiten der Veränderungspotentiale kommunaler
Strukturen nicht ausgeräumt wurde, wodurch ungleiche Mitwirkungschancen im Konsultationsprozess zementiert worden seien.

> *FAK-K3: „Es war nicht so, dass wir zu Anfang auf ein Niveau gebracht worden wären, sei es durch
> gute Infomaterialien oder ein entsprechendes Einführungsreferat. Wer etwas wusste, der wusste halt
> etwas und der andere konnte sich einlesen oder es auch bleiben lassen."*

> *FAK-K2: „Es waren ja nun wirklich alle gesellschaftlichen Gruppierungen da, die ansonsten sich mit
> planerischen Themen kaum auseinandersetzen, die vielleicht bestimmte Zielvorstellungen haben, die
> sie in ihrem Umfeld wünschen, aber in die praktischen Planungsprozesse eigentlich nicht einbe-
> zogen sind. Denen fehlt natürlich sehr viel Hintergrundwissen, von Rechtsgrundlagen angefangen bis
> zu vielen anderen Dingen, die für uns relativ selbstverständlich sind, wo wir bei manchen Dingen im
> Vorteil sind, sagen zu können, das geht aber so oder so nicht."*

Die Bindung an die Vorgaben der entsendenden Institution wurde von den meisten Interviewten als eng und mit Blick auf die Arbeitsweise in den FAK als problematisch
beschrieben.

> *FAK-K2: „Wir sind ja alle in unserem Handlungsspielraum erheblich gebunden, d.h. es gibt hier be-
> stimmte Zielvorstellungen und Projekte, die wir verfolgen. Da kann ich in einem solchen Agendapro-
> zess privat zwar zu einer Erkenntnis kommen, die mich in dem einen oder anderen Punkt so beein-
> flusst, dass ich eigene Projekte aufgeben und etwas machen würde, das dem genau entgegensteht,
> doch genau das kann ich nicht in der Situation, denn ich bin da ja nicht als Privatmann, sondern als
> Vertreter einer Organisation dabei."*

Schwierigkeiten ergaben sich sowohl aus der beschränkten Verhandlungsfreiheit, welche durch die vertretenen Interessen restringiert wurde, wie auch durch das Problem,
den Vorgesetzten bzw. die entsendende Institution nicht auf die im Prozess mitgetragenen Ergebnisse verpflichten zu können. Die Verringerung des letztgenannten Problems
durch eine intensive Rückkopplung mit der entsendenden Institution wurde jedoch, ab-

gesehen von der IHK, in den Institutionen bzw. Verbänden der anderen Interviewten

nicht praktiziert, wie an der folgenden Aussage exemplarisch deutlich wird:

*FAK-K8: „Ich bin nie von meiner Behörde hinterher evaluiert oder geprüft und gefragt worden, ob
ich die Interessen der Behörde stringent durchgehalten hätte. Man hat hier eingesehen, dass das Ganze möglichst ein offener Prozess sein musste. "*

Das Arbeitsklima, insbesondere das Auffrischen bereits existenter professions- und

reputationsbedingter Netzwerke, wurde durchweg positiv bewertet. Auch die Zusam-

menarbeit mit bis dahin unbekannten Verbandsvertretern wurde als Bereicherung emp-

funden, wenngleich sie - nach Ansicht aller Interviewten - weniger auf einem konstruk-

tiven Dialog, sondern auf dem ungezwungenen Kennenlernen, jenseits der Demarkati-

onslinien sonst umkämpfter Themenbereiche, fußte. Die Arbeitsmethode stieß hingegen

auf einhellige Missbilligung. Lediglich der kreativ-visionäre Prozesseinstieg wurde

durchweg positiv bewertet.

*FAK-K7: „Also erst einmal fand ich das ganz spannend, weil es ja nun doch erheblich anders gelau-
fen ist, als das, was man sonst so kennt oder sich vorstellt. [...], Ich fand, dass die das in der ersten
Sitzung sehr gut gemacht haben, dass das auch ansprechend war, so dass man neugierig wurde und
gesagt hat, da mache ich weiter mit. "*

Für das weitere Vorgehen hagelte es hingegen Kritik. Diese bezog sich sowohl auf die

Ausblendung der Leitzieldiskussion wie auf das Verfahrensmanagement. Sie machte

sich zudem durchgängig an dem nicht erkennbaren roten Faden in der Vorgehensweise

fest.

*FAK-K4: „Also meiner Ansicht nach fehlte die klare Leitlinie, was man im Prozess will. [...] Ich hatte
dann nach kurzer Zeit nicht den Eindruck, dass dabei viel herauskommen kann. "*

*FAK-K2: „Es kam im Arbeitskreis auch immer wieder die Frage: »Auf welcher Basis diskutieren wir
hier überhaupt, wo wollen wir denn gemeinsam hin, was ist denn unsere Zielvorstellung?« Die hatten
wir ja so klar noch gar nicht festgelegt: Das kam also schon immer wieder durch bei einigen Projekten, da sitzen wir nun stundenlang zusammen, um uns über Belanglosigkeiten auszutauschen, das war
ja auch alles sehr formalisiert, aber die wirklich wichtigen, grundsätzlichen Fragen sind noch gar
nicht gelöst. "*

*FAK-K1: „Der Prozess war sehr stark vom Moderationsteam geleitet, die Leitung war enorm auf
Steuerung aus, und das habe ich nicht nur als positiv empfunden. "*

*FAK-K1: „Es waren sehr viel implizite Prämissen in der Methode, die nicht aufgedeckt wurden oder
erst ganz spät aufgedeckt worden sind, nämlich beispielsweise erst in der Zielsetzung, die wir ganz am
Schluss hatten. Über Leitlinien haben wir uns gar nicht unterhalten, Ziele wurden erst in einer Kurz-
sitzung zum Schluss thematisiert, wir haben bei den Maßnahmen angefangen. Das würde ich auch als
einen der wesentlichen Kritikpunkte ansehen, dass von vorne an gar nicht klar war, was ist nachhaltig. [...] Und ich hätte mir gewünscht, dass die Prämissen aufgedeckt worden wären. "*

Dass der diskursive Austausch über vorhandene Interessendivergenzen nach Ansicht der

Befragten methodisch unterbunden wurde, mit der Konsequenz, dass die unterschiedli-

chen Ansichten weiter unter der Oberfläche der Konsultationsverfahren schlummerten,

führte bei allen konservativen Verbandsvertretern zu Unzufriedenheit und der Schlussfolgerung, dass der Diskurs trotz des angenehmen Klimas weder als produktiv noch als

zukunftsfähig bezeichnet werden konnte:

> *FAK-K1: „Ich habe auch persönlich Leute kennen gelernt, die ich sicherlich sonst nicht so schnell*
> *kennen gelernt hätte [...] also es sind erste Ansätze eines Gruppengefühls gewachsen - so will ich es*
> *mal nennen. Das war aber noch nicht zukunftsfähig oder nachhaltig, denn letztlich sind wir an den*
> *Streitpunkten entweder vorbei gegangen oder wir haben sie letztlich noch stehen lassen. [...] Diese*
> *Konflikte sind eigentlich nicht ausgetragen worden, teils auch bewusst nicht ausgetragen worden,*
> *auch vom Moderationsteam unterbunden worden, insofern war diese Diskussion letztlich noch nicht*
> *nachhaltig."*

Allerdings wurde auch deutlich, dass der Mehrheit der Befragten sehr daran gelegen

war, zu weitreichende Prozessergebnisse, welche die zu vertretene Klientel beeinträch-

tigen könnten, abzuwehren:

> *FAK-K6: „Mein Hintergrund, mich daran zu beteiligen, [...] war aus beruflicher Sicht ein wenig die*
> *Sorge, dass Regelungen am Ende des Prozesses gesetzt werden könnten, die für unsere Klientel in*
> *Münster in Zukunft Nachteile haben könnten. Das galt es zu verhindern."*

Insofern konstatierten die Befragten zwar, dass sich die abschließende Konsensbewer-

tung nachteilig auf die Ergebnisqualität wie auch auf die Konstruktivität des Erarbei-

tungsverfahrens auswirkte, weil lediglich Projekte gebilligt wurden, welche die Interes-

sen der Befragten nicht mehr tangierten. Das Konsensverfahren trug aber der skizzierten

Abwehr unerwünschter inhaltlicher Forderungen Rechung und war von Bedeutung, da

es gewährleistete, dass missliebige Projekte durch ein Veto letztlich ausgeklammert

werden konnten. In diesem Kontext wurde zudem offenbar, dass die Etablierung des

Konsensprinzips zugleich eine wichtige Voraussetzung für die Teilnahme einiger kon-

servativer Verbandsvertreter darstellte, da aufgrund der Möglichkeit zum Veto auch das

empfundene Ungleichgewicht in der Besetzung der FAK keine gravierende Rolle mehr

spielte:

> *FAK-K2: „Wir hatten schon den Eindruck, dass die andere Seite aus diesem ökologisch-sozialen Be-*
> *reich teilnehmermäßig relativ stark vertreten war - von 25 Leuten im Arbeitskreis vielleicht so 15-20,*
> *und zahlenmäßig stark unterlegen ca. 5 von der Stadt Münster, Handwerkskammer, IHK und Bezirks-*
> *regierung. Das hat uns schon zu Anfang irritiert und gestört, weil wir gesagt haben, da kommen wir*
> *mit unseren Positionen überhaupt nicht zum Zuge - also wieder gemäß dem klassisch gegensätzlichen*
> *Denken - aber es war dann ja relativ schnell klar, dass es nicht um Mehrheitsentscheidungen ging,*
> *sondern Konsens immer die Voraussetzung zum Ergebnis war, und von daher war das dann eigentlich*
> *kein großes Problem mehr."*

Die Art der Moderation führte nahezu bei allen Interviewten dieser Fallgruppe zu Miss-

stimmung. Während lediglich ein Befragter sich positiv über die Moderation äußerte,

indem er die Moderierung der visionären Einstiegsphase, in der es gelungen sei, alle

Teilnehmer unter der Vorgabe der Entwicklung von Visionen zusammenzubringen,

lobte, stieß bei allen anderen Interviewten die als zu dominant empfundene Art des Mo-

derators auf besondere Ablehnung:

FAK-K3: „Der Moderator hat mir mit Abstand zu viel dominiert. Ich weiß ja aus meinem Bereich, dass man als Tagungsleiter sich nicht in den Mittelpunkt stellen sollte, um da seine eigene Meinung zu vertreten und sich selber produzieren, ja man darf es nicht, wenn man eine gute Moderation machen will. Das hat der jedoch meiner Ansicht nach sehr exzessiv betrieben. [...] Das hätte wirklich besser sein müssen. Da war meine ganz massive Kritik an der Leitung, insbesondere an dem Moderator, dass er das wie in der Schulstunde aufgezogen hat. Die Leute, die sagten sie hätten keine Zeit und sie könnten das nicht machen, hat er praktisch gemaßregelt und gesagt, es müssen aber alle und sie kommen hier nicht weg, bevor sie nicht einen Arbeitsauftrag angenommen haben. Ich denke so kann man nicht mit Erwachsenen, die freiwillig an so einem Prozess teilnehmen, umgehen. Das war völlig daneben und ist auch von vielen, mit denen ich darüber gesprochen habe, bemängelt worden. "

FAK-K4: „Dafür, dass die als professionelle Moderatoren angekündigt waren, hatten die zu unheimliche Autorität vor den Anwesenden und waren dann teilweise ziemlich langatmig. Es gelang denen nicht, klar zu machen, was eigentlich gemacht werden sollte. Die haben natürlich Arbeitsschritte festgelegt, aber ich hatte den Eindruck, das waren mehr Sachen, die durch ihre Methode bedingt waren, die kamen nicht aus der Sache heraus. "

Insgesamt führte die Verfahrensausgestaltung und der dafür einzukalkulierende Zeitaufwand bei vielen Befragten zu Motivationsproblemen und dem Überdenken des Sinnes und Zweckes der eigenen Teilnahme, wie an der folgenden Aussage deutlich wird:

FAK-K4: „Man kann auch sagen, dass man dazu keine Lust mehr hatte, weil es eine Laberrunde war. "

Mehrere Befragte verwiesen in diesem Zusammenhang darauf, dass die methodische Ausgestaltung des Konsultationsprozesses zwar der Relevanz und Substanz des lokalen Agendaprozesses abträglich gewesen sei, dass dadurch jedoch der Interessen- und Einflussbereich der in den kommunalen Netzwerken vertretenen konservativen Verbände hinsichtlich der kommunalen Policyausgestaltung unberührt blieb. Begründet wurde dies mit der im Vergleich zur lokalen Agenda langfristigen Konsultationsstabilität und der weitaus größeren inhaltlich-kommunalpolitischen Relevanz der Netzwerke. Aufgrund dieser allgemein geteilten Einschätzung lässt sich schlussfolgern, dass die dem konservativen Lager zuzurechnenden Verbände und Institutionen gestärkt aus dem lokalen Agendaprozess hervorgingen, während ihre Vertreter ein wenig mitfühlend darauf verwiesen, dass sich die Vertreter aus dem progressiven Bereich wohl mehr vom lokalen Agendaprozess versprochen hätten.

Eine neuartige Zusammenarbeit zwischen Stadtverwaltung, Kommunalpolitikern, den Verbandsvertretern und Bürgern ist nach einhelliger Ansicht der Interviewten nicht erreicht worden. Während eine Zusammenarbeit mit den Bürgern völlig negiert wurde, und zu den bisher unbekannten Verbandsvertretern aus dem »progressiven Bereich« lediglich FAK-bezogene, lose Kontakte geknüpft wurden, fiel die Zusammenarbeit mit der Verwaltung und Politik sogar hinter die bereits existenten, entscheidungsrelevanten Netzwerke und die sonst kurzen Wege der Beeinflussung kommunaler Politik zurück:

FAK-K5: „Also bei kritischen Punkten ist es von unserer Seite durchaus möglich, auch andere Drähte zu bemühen, d.h. also dann auch tatsächlich ein Schreiben aufzusetzen, direkt an die entsprechenden Dezernate der Stadt oder den OB, um Sachverhalte zu klären und Problematiken darzustellen, die Möglichkeiten haben wir natürlich auch. Wir haben natürlich auch das, was jetzt wirklich umgesetzt werden sollte, hier besprochen, ja geprüft und entsprechend bewertet und hätten gegebenenfalls die Möglichkeit zu sagen, dass kann man unseren kleinen und mittleren Betrieben, die wir vertreten, nicht zumuten [...]. Dann hätte die Kammer natürlich interveniert in Gesprächen mit der Stadt und man hätte dann eben die Interessen der Wirtschaft so eingebracht. "

FAK-K6: „Wir würden sonst direkt an Ratsvertreter herangehen, wenn wir irgendetwas wollen oder wir würden eine Diskussion auf hoher Ebene mit der Verwaltung führen, um auch dort Überlegungen in Gang zu setzen. "

Einzig das neuartige Agendabüro wurde als bedeutende, neutrale Schnittstelle positiv hervorgehoben, da es nicht nur als offene Anlaufstelle fungierte, sondern auch durch die Arbeit und das Engagement der Mitarbeiterinnen dazu beitrug, dass nicht wesentlich mehr FAK-Teilnehmende aus dem Prozess ausstiegen.

Die als äußerst gering bewertete Bürgerbeteiligung und Breitenwirkung des Prozesses wurde von allen Befragten im doppelten Sinne als Indiz für die geringe Prozessrelevanz herangezogen. Zum einen aufgrund der als gering eingeschätzten Prozessrelevanz während des Konsultationsprozesses, und zum anderen mit Blick auf die stockende Implementation der Ergebnisse in die Kommunalpolitik:

FAK-K2: „Also das Interesse in der Öffentlichkeit, die Resonanz in der Bevölkerung ist trotz der Berichterstattung in der Presse und dem großen Aufwand, den die Stadt Münster so betrieben hat, um den Prozess publik zu machen, fast gleich Null gewesen. Abgesehen von den Personen, die sich immer schon in verschiedenen Vereinen und Verbänden engagiert hatten, die waren natürlich dabei. Deswegen frage ich mich auch, ob eine solche Gruppe tatsächlich legitimiert werden kann, für die Zukunft der Stadt Münster ganz existenzielle Weichenstellungen vorzunehmen. Weil die Gruppe ist ja doch relativ zufällig zusammengesetzt [...]. Insofern sind wir froh, dass es teilweise bei den etwas kleineren, unbedeutenderen Projekten geblieben ist, denn es kann eigentlich nicht sein, dass der Agendaprozess so zu einer zweiten politischen Ebene wird neben dem Rat, der ja ganz klar aus einer allgemeinen Wahl hervorgegangen ist. "

FAK-K4: „Die Bürger sind da auch nicht aufgelaufen, weil sie wohl gesehen haben, dass da nicht viel geschehen wird. Da, wo entschieden wird, da sitzen die Leute schon und die sind nicht immer laut! Die sitzen ruhig, und wenn es relevant wird, dann sind die da. Wo etwas den Leuten auf den Nägeln brennt, da sind sie auch mal bereit etwas zu machen, aber in dem Fall der lokalen Agenda nicht. "

FAK-K5: „Wenn ich da eine Laberrunde mach, ist es nicht etwas, wo ich viele Leute hinter dem Ofen her locken kann. Ökofreaks, die mehr Zeit haben, können sich mit Sicherheit eher da rein setzen, obwohl es für jeden andern mit Sicherheit auch interessant wäre, aber dafür ist den meisten Leuten die Zeit einfach zu schade. "

Nur vereinzelt wurde von einigen Teilnehmenden als ergänzender Erklärungsansatz auf den schwer verständlichen Agendabegriff verwiesen. Die geringe Breitenwirkung des lokalen Agendaprozesses in der Öffentlichkeit könnte nach Ansicht der meisten Befragten nur durch die Umsetzung konkreter, Betroffenheit erzeugender Projekte, an deren Umsetzung sie jedoch große Zweifel hegten, verbessert werden. Insgesamt wurde die demokratische Effektivität des Prozesses von den Befragten als sehr gering beurteilt, da die Möglichkeit einer inhaltlichen Einflussnahme allein auf den Konsultationsprozess beschränkt blieb.

FAK-K2: „Man muss ja auch vom ganzen Ansatz her sagen, obwohl alle möglichen Gruppierungen beteiligt waren: der Anspruch, den sich die lokale Agenda für alle Kommunen mal gegeben hat, dass es ein richtiges basisdemokratisches Vorgehen ist, ist in der Praxis dann doch nicht erreicht worden."

FAK-K5: „Vorschlagsrecht ja, aber endgültige Mitsprache der Beteiligten gab es auf dem Wege jedenfalls nicht. [...] Es hat ja nur empfehlenden, vorbereitenden Charakter, was da letztlich gemacht wurde."

FAK-K6: „Hier hat man vielleicht durch den Agendaprozess noch einmal neue Gruppen für diese Diskussion erschlossen, doch im Wesentlichen erfolgen die Diskussionen über die Parteien."

Auch den Anspruch eines ergänzenden Instrumentariums auf der kommunalpolitischen Bühne konnte der lokale Agendaprozess nach Ansicht aller Befragten nicht einlösen, weil die inhaltlich-kommunalpolitische Brisanz völlig fehlte. Zudem waren sich alle Interviewten dieser Fallgruppe darin einig, dass sich die Politiker nicht ernsthaft mit partizipatorischer Mitbestimmung und damit Teilung der Macht beschäftigen:

FAK-K2 „Die Politik ist nicht bereit, sich das Heft des Handelns durch ein solches Gremium aus der Hand nehmen zu lassen. Selbst wenn wir da ganz tolle Beschlüsse einvernehmlich getroffen hätten und ans Eingemachte gegangen wären, hätte ich mir nicht vorstellen können, dass die politisch dann auch umgesetzt werden. Es wären bestimmt Gründe vorgebracht worden, warum das dann doch nicht geht."

Trotz zahlreicher Kritik am Prozessverlauf, an der Arbeitgruppenzusammensetzung, an der mangelnde Breitenwirkung und Bürgerbeteiligung und an der geringen Prozessrelevanz, erwarteten die Teilnehmenden einen qualifizierten Umgang mit ihren Projektideen, die sie auch durch konkrete Umsetzungen gewürdigt wissen wollen:

FAK-K3: „Ich würde schon hoffen, dass über die Projekte konkret abgestimmt wird und das dann, wenn es aus welchen Gründen auch immer abgelehnt wird, dass es begründet wird und diskutiert wird warum. Denn es ist ja nicht so, dass wir da aus Jux und Dollerei, aus einer Eingebung heraus, ein Projekt aus dem Hut zauberten, sondern wir haben uns ja schon tiefgreifende Gedanken gemacht mit Leuten, die von der Sache Ahnung haben."

Zudem sei es für die Politik schwer, die »Projektchen« allesamt zurückzuweisen, weil sie auf dem Konsens aller beteiligten Gruppen gründeten und inhaltlich nur weniger bedeutende Themenbereiche tangierten. Die Befragten zeigten sich jedoch mehrheitlich enttäuscht vom Ratsbeschluss zur lokalen Agenda. Weil die Projekte nicht einzeln behandelt und abgestimmt worden waren, leiteten die Befragten eine längerfristige Bedeutung des lokalen Agendaprozesses lediglich aus den investierten Finanz- und Personalressourcen ab, die durch Fortführung der Projektideen gerechtfertigt werden müssten. Dass ein völliger Prozessabbruch schade wäre, wurde zwar seitens der meisten Befragten betont; aus den Aussagen ergab sich jedoch, dass mit einer Fortführung der

Kommunikationsstrukturen nicht die lokale Agenda, sondern die kommunalen Netzwerke und damit der direkte Kontakt zu Politik und Verwaltung gemeint war.

FAK-K5: „Also die Fortführung in irgendeiner Form wäre sinnvoll. Wir haben das in Ansätzen vorher schon gehabt, dass wir hier den Arbeitskreis Wirtschaft und Umwelt eingerichtet haben, d.h. die Stadt hat das eingerichtet. Da konnten sich Vertreter der Wirtschaft mal mit Verwaltungsvertretern ganz informell an einen Tisch setzen, um sich gegenseitig zu informieren, was passiert, was ist geplant, wo könnte es Probleme geben, u.s.w. Das ist ja schon eine Vorstufe, die es schon seit 4 oder 5 Jahren gibt. Das hatte damals so direkt mit Agenda, zumindest nach dem Wortlaut, nichts zu tun, aber es geht natürlich in die gleiche Richtung. Ich halte es schon für wichtig, dass man versucht, so etwas aufrecht zu erhalten. [...] Man hat das jetzt so versucht und muss nun daraus lernen. Es ist viel Kreativität gefragt, wie man das ganze weiterführen kann. "

Abgesehen davon, dass mehr als die Hälfte der Vertreter auf die beschränkten kommunalen Rahmenbedingungen verwies, die durch die Einbettung in die globalisierten ökonomischen Bezüge sowie durch vorherrschende neoliberale Policies beschränkt sei, beklagen sie durchweg auch die - in Relation zum Aufwand - geringe Verfahrenseffizienz des lokalen Agendaprozesses:

FAK-K2: „Also aus meiner Sicht ist der Münsteraner Agendaprozess darauf hinausgelaufen, dass man sich zugunsten der Einstimmigkeit auf Projekte geeinigt hat, die eigentlich allenfalls symbolische Bedeutung haben, aber real in Richtung Nachhaltigkeit in Münster nicht viel bewirken werden. [...] Im Verhältnis zum finanziellen, organisatorischen und Arbeitsaufwand hätte man das auch effizienter hinkriegen können. Dafür hätte es dieses Prozesses nicht bedurft. "

Denn der lokale Agendaprozess wurde als einmalige Beteiligungsaktion auf der kommunalpolitischen Bühne betrachtet, dessen Aufwand in Relation zum mageren und vermutlich kaum weiter beachteten Ergebnis - nach Ansicht aller Befragten - in einer prekären Relation steht und deswegen letztlich die klassische Ausgestaltung der politics stärkt. So kamen die Befragten zu einem ernüchternden Resümee, das sich mit Blick auf die ehemalige rot-grüne Regierungskoalition in der folgenden Aussage stellvertretend widerspiegelt:

FAK-K4: „Es war natürlich ein Prestigeobjekt von rot-grün, nur dann muss man es anders machen! "

5.1.1.4   Fallgruppe »FAK-P«:Vertreter der »progressiven« Verbandsvertreter in den Facharbeitskreisen

Die befragten Vertreter dieser Fallgruppe, die sehr engagiert in den Prozess gingen, sahen den lokalen Agendaprozess als Möglichkeit, die Inhalte und Themen ihrer Verbände auf kommunaler Ebene einzubringen bzw. besser zu positionieren und in den FAK konstruktiv zu diskutieren. Sie gingen davon aus, dass bei einer kontrovers-diskursiven Erörterung der unterschiedlichen Interpretationsansätze der Beteiligten, zukunftsfähigere kommunale Policyansätze erarbeitet werden könnten:

FAK-P2: „Also ich habe gedacht, da kommen Leute aus ganz unterschiedlichen Kreisen zusammen, die verstehen unter Umständen auch ganz unterschiedliche Sachen unter »zukunftsfähiger Entwicklung«, man muss da sicherlich viel Zeit für Diskussionen und Auseinandersetzungen mitbringen, aber unter Umständen kann durch diese ganzen verschiedenen Aspekte, die da reinkommen, auch was konstruktiv entstehen. "

Allerdings wurde deutlich, dass die überwiegende Mehrheit der Befragten befürchtete, dass vorhandene Denk- und Diskursblockaden auch im Zuge des Prozesses nicht überbrückt werden könnten. Problematisiert wurde in diesem Kontext von der Mehrheit der Befragten die Mandatsbindung an die entsendende Institution. Sie machten deutlich, dass eine - für die Arbeitsatmosphäre wohltuende - Lockerung der Bindung an die Entsendungsinstitution letztlich nur auf Kosten der Überführung der Arbeitsergebnisse in die entsprechende Institution möglich gewesen sei. Eine Konsequenz, die sich insbesondere bei der Verwaltung und Politik kontraproduktiv auf die Implementationsphase auswirkte:

FAK-P3: „Auf der einen Seite war die Gefahr, dass die Verbandsvertreter und die Vertreter der Verwaltung nur »Ja« sagen, wenn sie die vorläufigen Ergebnisse mit ihren Verbänden wieder besprochen haben, und der Prozess dadurch völlig ins Stocken gerät. Das fand aber glücklicherweise nicht statt, letztlich ist es schon so, dass viele sich da als autonome Personen gefühlt haben, als Experte, und so von sich aus Entscheidungen mitgetragen haben, unabhängig davon, ob da jetzt der Verband direkt hinter stand oder nicht. Das war wieder sehr gut, nur irgendwie hätte da - insbesondere gilt das für Parteien und Verwaltung - hätte da eine stärkere Integration stattfinden müssen. Letztlich war es ja so, dass die Ratsvertreter im Stadtrat wieder überfahren wurden von der ganzen Thematik. "

Die heterogene Zusammensetzung der FAK bewerteten alle Interviewten durchweg positiv, verbunden mit der Hoffnung, einen verbandsübergreifenden thematischen Anstoß erreichen zu können. Enttäuscht zeigten sie sich über die Entsendung der »Hinterbänkler« aus den großen Verbänden, weil damit ihre Hoffnung, elementare Aspekte in der Kommunalpolitik entscheidungsrelevant erörtern zu können, sank:

FAK-P4: „Es war vielleicht so, dass von den gesellschaftlich wichtigen großen Verbänden nicht die Topleute immer da waren, die wirklich mal hätten etwas Entscheidendes bewegen können. Im Prinzip fand ich die Zusammensetzung aber gut. "

Dass das Vorverständnis der Teilnehmenden zur lokalen Agenda nicht geklärt und keine einheitliche Startposition für alle geschaffen wurde, führte bei allen Interviewten zu Kritik, zumal auch während des Prozesses kein Bezugs- oder Orientierungsmaßstab i.S. einer Leitzieldiskussion erarbeitet wurde. »Beliebigkeit« in der Ergebniserarbeitung war in diesem Kontext ein häufig gebrauchtes Stichwort. Neben der Ausklammerung der relevanten städtischen Themenbereiche und der diskursrestringierenden Methodik wurde dies als einer der Hauptgründe dafür angeführt, dass in den FAK lediglich ein oberflächliches Arbeiten an unbedeutenden Projektideen möglich war:

FAK-P6: "Also es wurden Begrifflichkeiten von verschiedenen Leuten aus verschiedenen Situationen und Lebenssituationen benutzt, die für jeden wahrscheinlich eine ganz andere Bedeutung hatten und da war es in einem solch kurzen und kurzatmigen Prozess - wie diesem - gar nicht möglich gewesen in die Tiefe zu gehen, um da erst einmal die Basis zu schaffen, von der aus man hätte weiterarbeiten können."

FAK-P3: „Die fehlende Zieldiskussion mündete in unserem FAK in einen kleineren Arbeitszirkel zum Thema Leitbilddiskussion, [...] da ist letztlich auch nicht viel Konkretes bei herausgekommen, das hätte aber sein können, wenn das bereits früher stattgefunden hätte. Es wäre auch im Rahmen der Moderation möglich gewesen, frühzeitig auch eine Gruppe zu Leitbildern und zu neuen Prozessstrukturen einzurichten [...] das fand so nicht statt. Das war schade! So dass das hinterher - es gibt ja auch im Ratsbeschluss ein Blatt über Leitbilder - bloß ein Feigenblatt war, um da noch schnell etwas hintendran zu hängen. Das war nicht so toll."

FAK-P8: „Es hat eigentlich so an dem tieferen Verständnis gefehlt [...] mit welchem Rucksack an Voreinstellungen und Vorverständnissen von Zukunft und Zukunftsfähigkeit usw. kommt da jemand an. [...] Das war sehr schade, fand ich, da hat man sicher auch Chancen vergeben. Das hätte doch denke ich tiefere Dimensionen erreichen können und wäre möglicherweise dann auch der Qualität der Ergebnisse zu Gute gekommen."

Während zwei Befragte die Zusammenarbeit im FAK vor diesem Hintergrund als aufgesetzt empfanden, ging aus den Antworten der breiten Mehrheit hervor, dass sie die Arbeitsatmosphäre durchweg positiv einschätzten. Allen fehlte es jedoch an klärenden inhaltlichen Diskussionen, um die existenten Interessensdifferenzen der Teilnehmenden erörtern zu können. Dass aufkeimende Kontroversen im Zuge der angewandten Methodik durch die Moderation abgeblockt wurden, rief bei allen Befragten Empörung und Missstimmung hervor.

FAK-P2: „Man kann nicht immer nur diese Konsenseierei machen."

FAK-P4: „Also meiner Ansicht nach hat der Streit gefehlt. Ich denke Streit und öffentlich ausgetragene Diskussionen sind auch in der Lage, Leute zu mobilisieren. Denn erst wenn Menschen merken, dass ihre Interessen berührt werden, das kann bei solchen Streitthemen dann auch sein - dann fangen sie vielleicht an, sich zu engagieren. Vor allen Dingen, wenn das in einem solchen, relativ offenen Prozess stattfindet. Das hat mir gefehlt, der ganze Prozess war einfach von Anfang an zu sehr auf Konsens und Harmonie angelegt."

Insofern litt der Konsultationsprozess nach Ansicht der Befragten unter einem verengten Verständnis von Konsensorientierung, mit der Folge, dass die breite Mehrheit der Beteiligten - insbesondere aus dem konservativen Lager - bemüht war, die eigenen Ideen und Ansichten einzubringen und durchzusetzen, anstatt sich konstruktiv an einer Ideenfindung und -entwicklung zu beteiligen. Diese Ausrichtung auf die jeweiligen Partikularinteressen führte, stabilisiert durch die Arbeitsmethodik, dazu, dass keine qualitativ weitreichenden Projekte erarbeitet werden konnten.

FAK-P8: „Ich habe schon den Eindruck gehabt, dass die Wirtschaftsvertreter - also auch insbesondere von der IHK - da nun auch einfach sich wirklich auch als klassische Lobbyisten verstanden haben, die als Erfolg verbuchen konnten, dass sie Unheil verhüten wollten und damit auch zufrieden waren."

FAK-P7: „Da wurden doch uralte Eine-Welt-Projekte und Wirtschaftsförderungsmöglichkeiten aus dem Hut geholt, die bis dahin dort schlummerten und nirgendwo berücksichtigt worden waren. Z.T.

waren diese alten Projektideen noch nicht einmal agendarelevant, was von einigen Teilnehmern auch kritisch angemerkt wurde. "

FAK-P6: "Im nachhinein ist es so, dass man doch das Gefühl hat, wir hätten eigentlich - genau wie die Engstirnigen das getan haben - unsere eigenen Interessen formulieren und reinbringen können. Das hätten wir bei der ersten Sitzung formulieren und aufschreiben können und dann hätten wir uns nicht mehr treffen brauchen. Das ist eigentlich meiner Ansicht nach eher Beschäftigungstherapie, also das Interesse in einem Kreativprozess war eigentlich nicht da! Und das Interesse, die Kommune kreativ umzugestalten ist glaube ich auch nicht da gewesen, aber es macht eben einen guten Eindruck da draußen. "

Die unterschiedlichen Einstellungen der Teilnehmenden blieben nach Ansicht der Befragten zwar unter der Oberfläche der methodisch ritualisierten Zusammenarbeit weiter virulent, kamen aber angesichts der immer geringer eingeschätzten Prozessrelevanz nicht zum Ausdruck. Die konsensbasierte Endausscheidung der Projekte erfolgte nach Ansicht der Befragten dann auf dem gleichen Niveau: die Projekte wurden abgesegnet, sofern die eigenen Interessen dadurch nicht negativ berührt wurden. Da die Umsetzung der Beratungsergebnisse den Befragten bereits zum Prozessende immer fraglicher erschien, war es auch nicht mehr so wichtig, ob das Projekt durchkam oder nicht. Mit Blick auf die Verfahrensausgestaltung wurde anhand der Aussage zudem deutlich, dass die Zeiträume zwischen den einzelnen Sitzungen zu lang waren, um kontinuierlich arbeiten zu können. Darüber hinaus höhlte der Zeitdruck innerhalb der Sitzungen das vorhandene Potential an kreativer Produktivität zusätzlich aus.

FAK-P6: "Ich fand das alles eigentlich ab einem gewissen Zeitpunkt sehr beliebig, [...] ab einem gewissen Zeitpunkt war der Zug abgefahren. Da war nur noch ein Zeitdruck da und es war eine Schablone da, innerhalb derer man die Arbeit abarbeiten musste, um zu irgendeinem wie auch immer gearteten Ergebnis zu kommen. Es musste einfach nur zu Ende gehen. Ob die Diskussionen eigentlich zu Ende waren und ob dieser Prozess zu Ende war, das spielte dann keine Rolle mehr. Es musste einfach fertig werden. Und das ist natürlich völliger Unsinn!"

Doch nicht nur das Moderationsschema, bei dem lediglich der visionärere Start von allen Befragten positiv bewertet wurde, stieß bei allen Befragten auf vehemente Kritik, auch die Umsetzung durch die Moderation wurde sehr negativ bewertet. In diesem Kontext wurde mehrfach auf die rigide, autoritäre Art des Moderators verwiesen, die zum Teil in persönlichen Zurechtweisungen mündete.

FAK-P1: „Mir ging die Moderation eben zu sehr auf den Senkel, man verlor unnötig Zeit. "

FAK-P2: „Aber diese Moderation hat im Prinzip jede Diskussion ausgeschlossen und wir haben in unseren Facharbeitskreis hinterher zusammen mit den Vertretern von der IHK versucht, durchzusetzen, dass mal eine inhaltliche Diskussion stattfindet. Es war ja völlig klar, dass wir total kontroverse Standpunkte haben. Aber die sind überhaupt nie ausgesprochen worden. Es ging immer nur auf Konsens und um die Konsensfindung, aber man kann ja nicht einfach die ganzen Differenzen völlig außen vor lassen. Also die Steuerung dieses Prozesses über die Moderation, das finde ich, ist in die Hose gegangen. "

FAK-P4: „Der Ablauf der Sitzungen, was so die Moderation und Gesprächsführung betrifft, hat meine Motivation beeinträchtigt. "

Mit Blick auf die Durchführung des lokalen Agendaprozesses würdigten alle Befragten lediglich das Agendabüro als wichtige Anlauf- und organisatorische Schnittstelle. Dessen Auflösung wurde mit dem Ende des Prozesses gleichgesetzt, zumal sich während des Prozesses keine - über die FAK-Sitzungen hinausgehende - konstruktive Zusammenarbeit zwischen Verbänden, Bürgern, Verwaltung und Bürgern ergeben habe. Besonders kritisierten die Interviewten den unzureichenden Kontakt zu den unorganisierten Bürgern im Prozess:

FAK-P3: „Die [Zusammenarbeit; Anm.d.Verf.] hätte natürlich viel besser sein können. Also vom Organisations- und Moderationsprinzip war es ja, dass der gesamte Prozess auf die Facharbeitskreise zurechtgeschnitten war. Die Bürgerzirkel waren zu Beginn ja gar nicht vorgesehen, die erhielten ja nur zum Ende der Facharbeitskreis-Sitzung so eine Sprechstunde. Da hat man wahrscheinlich gesehen, dass das so nicht funktionierte, dass man da nicht von Bürgerpartizipation sprechen konnte, weil die Bürger recht schnell wegblieben und es davon abgesehen auch recht ineffektiv war, weil wir ja damals noch gar nichts zu sagen hatten. [...] Somit wurden dann hinterher die BZ, als Wiedergutmachung der Bürgerpartizipation, um da noch etwas zu machen, installiert. Das war eigentlich ein guter Gedanke, aber die wurden konzeptionell nicht an die Facharbeitskreise angegliedert. Da fand kein Austausch statt, der eigentlich hätte stattfinden müssen, weil eben die Facharbeitskreise nach dem Walt-Disney-Prinzip ihre Ideen ausarbeiteten, für Ideen, die von außen kamen, blieb gar keine Zeit, gar kein Raum, um die noch einzuarbeiten."

Dass die Bürgerbeteiligung sehr gering ausfiel, stieß bei den meisten Befragten auf Verständnis. Sie führten die geringe Bürgerbeteiligung nicht nur auf das schwammige Agendathema zurück, sondern auch darauf, dass bürgerschaftliche Mitbestimmung im kommunalen Kontext bisher von Verwaltung und Politik eher als störend und ineffizient diskreditiert worden war. Die nachrangige Bedeutung bürgerschaftlichen Mitwirkens sei im Prozess zudem erneut anhand der erst nachträglichen Etablierung der BZ deutlich geworden:

FAK-P6: "Man braucht sich auch nicht über die geringe Beteiligung bei dem Bürgerforum beschweren. Es ist überhaupt kein Wunder, dass Leute kaum noch Lust haben, sich in so einer Form zu engagieren, nachdem denn die Bewegungen, die ja eher emanzipatorisch waren, regelmäßig etwas aufs Haupt gekriegt haben. [...] Also wenn eben über mehrere Jahrzehnte jede Form von Bürgerbeteiligung oder emanzipatorische Bewegungen eigentlich immer klein gehalten oder eher vermieden wurden von der Politik und von der Verwaltung, dann darf man nicht erwarten, wenn jetzt einmal so ein Zauberwort wie „Agenda" kommt, dass die Leute dann einfach so aus dem Boden kommen."

Zudem bleib die umfangreiche Öffentlichkeitsarbeit der Verwaltung für den lokalen Agendaprozess in Münster - nach Ansicht aller Befragten - ohne große Wirkung. Beeinträchtigt vom kritischen Presse-Echo, das zu einer negativen Einfärbung der öffentlichen Wahrnehmung beitrug, stand sie nach Ansicht der Mehrheit der Befragten auch im Widerspruch zum realen Verlauf der lokalen Agenda.

FAK-P2: „Die Stadt Münster hat da ein schönes Mäntelchen aus dem Fenster gehängt und hat Lorbeeren eingeheimst, aber was da rausgekommen ist und wie sie es gemacht haben, entspricht nicht dem, was ich unter lokaler Agenda verstehe [...] dafür finde ich den ganzen Prozess eigentlich ziem-

lich mager, weil mir die Substanz fehlt und weil von der Durchführung des Prozesses her einfach zu viele Kritikpunkte bleiben."

Die Hoffnung auf eine Umorientierung der Kommunalpolitik und auf eine Mitgestaltung an der zukünftigen Stadtentwicklung durch die lokale Agenda i.s. der zukunftsfähigen Verträglichkeitskriterien begruben alle Befragten spätestens zum Ende der Prozesses. So stieß die en bloc Verabschiedung der Projektideen, wenngleich an deren inhaltlichen Bedeutung und Agendaangemessenheit zum Teil erhebliche Zweifel bestanden, bei der überwiegenden Mehrheit der Befragten auf Kritik, da weder die erwartete qualifizierte Entscheidung zu den einzelnen Projekten noch eine Prioritätensetzung hinsichtlich der Umsetzung einzelner Projektideen erfolgt sei. Dieser Umgang mit den Beratungsergebnissen durch den Rat wurde als erster Schritt zur Dethematisierung des Prozesses gedeutet. Verstärkt wurde dieser Eindruck bei den Befragten der FAK-P, die an der Ratssitzung teilnahmen, dadurch, dass das Thema erst behandelt wurde, als die meisten Prozessaktivisten die Sitzung bereits verlassen hatten. Diese Terminierung wurde als ein Affront sowohl gegen die Bürgerbeteiligung als auch gegen das inhaltliche Anliegen des lokalen Agendaprozess empfunden.

FAK-P2: „Da hatte ich so ein bisschen das Gefühl: O.K., die sind in ihrem Schema drin, kennen dieses Schema und es ist denen auch viel zu unbequem, da raus zu gehen. Und eigentlich ist es ihnen auch schon die ganze Zeit unbequem gewesen, dass da jetzt irgendwie so eine diffuse Masse von Leuten am Agendaprozess teilgenommen hat, wo doch sie diejenigen sind, die Münsters Politik bestimmen."

Darüber hinaus machten die Befragten darauf aufmerksam, dass der Prozess spätestens mit dem Wechsel der Ratsmehrheit völlig begraben worden sei. Er blieb damit abhängig von parteipolitischen Konstellationen und entfaltete keine Eigendynamik. Zudem verwiesen einige Vertreter der FAK-P auf die unzureichende Vernetzung mit anderen politischen Ebenen, was eine größere Relevanz und Schubkraft des Prozesses verhindert habe.

FAK-P3: „Wir sind oft an Grenzen gestoßen, die von der Stadt Münster nicht beeinflussbar waren. Da zeigte sich, dass wir eine übergeordnete Stadtpolitik bräuchten, die mit anderen Städten innerhalb einer Region eine nachhaltige Politik betreibt."

Insgesamt qualifizierten die Befragten der FAK-P den Prozess daher als eine beteiligungsorientierte Verzierung der klassischen Kommunalpolitik ab.

FAK-P6: "Mir kommt es im nachhinein irgendwie vor wie eine Beschäftigungstherapie. Wie das Binden von Kreativpotenzialen und eine vertane Chance. Es schien so, als würde jetzt aus der Politik und der Verwaltung mal die Hand gereicht um wirklich gemeinsam Problemlösungen suchen zu können, aber meiner Ansicht nach ist das nicht eingelöst worden."

FAK-P4: „Die Stadtpolitik wird ja - nach wie vor - nicht von den Agendaaktivisten gemacht, sondern die wird vom Stadtrat und der Verwaltung praktiziert."

FAK-P3: „Nach außen hin ja, da sind wir gefragt, aber nach innen hin wollen die uns gar nicht. Da wollen die lieber ihr eigenes Süppchen kochen, nach wie vor. Es lief auch schon so, als die Ratsvorlage rauskam, dass direkt viele gesagt haben, geh mir weg mit Agenda 21. Das ist für mich jetzt der Punkt, wo ich sagen muss, wir wurden verarscht. "

Die umfangreiche Prozessausstattung bzw. -finanzierung führte vor diesem Hintergrund ebenso wie die investierte Lebenszeit zu Frustration und Enttäuschung. Lediglich ein Befragter zeigte in diesem Punkt Verständnis und verwies darauf, dass die klassische kommunalpolitische Funktion des Rates eine stärkere steuerungsrelevante Einbindung der Bürger auch nicht nötig mache. Alle Befragten sahen den Rat und die Verwaltung nach der »Abwicklung« des Prozesses hinsichtlich der Umsetzung der Projektideen in der Pflicht, sie befürchteten jedoch, dass die Ergebnisse, die lediglich »Peanuts« des kleinsten gemeinsamen Nenners repräsentierten, letztlich im kommunalpolitischen Alltagsgeschäft versickern würden. Erwartungsvoll und inhaltlich engagiert in den Prozess gestartet, blieb den meisten Befragten zum Ende nur Ernüchterung. Lediglich bei einigen Befragten blieb, ungeachtet der negativ eingefärbten Stellungnahmen zum Prozess, die Hoffnung auf ein stärkeres bürgerschaftliches Mitwirken an kommunalpolitischen Entscheidungen bestehen.

5.1.1.5 Fallgruppen »FAK-F«:Vertreterinnen der Frauen, »FAK-J«: Vertreter der Jugendlichen und »FAK-A«: Vertreter der Ausländer in den Facharbeitskreisen

Die Befragten der drei Fallgruppen FAK-A, FAK-J und FAK-F gingen couragiert und mit der Hoffnung auf eine neuartige Mitsprachemöglichkeit hinsichtlich der Ausgestaltung der Kommunalpolitik in den Prozess.

FAK-J2: "Ich habe erhofft, dass was dabei herauskommt, was konkret etwas in der Stadt verändert oder richtungsweisend ist, aber hatte jetzt nicht ein oder zwei konkrete Ziele im Kopf."

FAK-A1: „ Wir wollten auch Einfluss nehmen, um deutlich zu machen, dass das, was hier geschieht, nicht nur auf uns und unsere Stadt Auswirkungen hat, sondern auch bei den Nachbarn vielleicht in Recklinghausen oder - wenn man so will - in Südafrika und Nicaragua. "

Allerdings sank ihre Motivation und Engagement im Laufe des Prozesses aus unterschiedlichen Gründen, die im Folgenden deutlich werden, rapide ab.

Zunächst begrüßten alle Befragten die heterogene Zusammensetzung der FAK, weil sie hofften, unterschiedliche Leute aus anderen Bereichen kennen zu lernen. Der breiten Mehrheit der Befragten erschien die konkrete Zusammensetzung der FAK allerdings recht willkürlich.

FAK-A2: "Die war ziemlich willkürlich. Also ich habe teilweise nicht verstanden, weshalb die eine oder andere Institution vertreten war und die andere nicht. "

Das Arbeitsklima empfanden die Befragten der FAK-J und FAK-A zwar als freundlich, sie führten dies jedoch darauf zurück, dass die Großprojekte der Stadtplanung ebenso ausgeblendet wurden wie kontroverse Diskussionen über die unterschiedlichen inhaltlichen Vorstellungen der Teilnehmenden. Sie kritisierten in diesem Kontext, dass die vorhandenen unterschiedlichen Ansichten der Beteiligten unter der Oberfläche eines netten Austausches blieben, mit der Konsequenz, dass keine neuartigen Projektideen gemeinsam erarbeitet wurden, sondern die unterschiedlichen Gruppierungen alte Projektideen reaktivierten und bis zum Konsensentscheid weiterverfolgten:

FAK-J2: "Ich wüsste jetzt nicht, dass es das Konsensprojekt innovativer Art gegeben hätte, wo man sich wirklich auf einander zu bewegt hätte."

FAK-F2: „Ich möchte mal behaupten, dass ein Großteil der Projekte schon vorher in Schubladen gelegen hat. Also, dass die wenigsten Sachen da entwickelt worden sind, sondern dass die meisten ihre Projekte hatten und geguckt haben, dass sie die da durchbringen."

FAK-A1: „Nicht alles, was dabei herausgekommen ist, ist neu oder erstmalig im Agendaprozess besprochen worden. Nein, die meisten waren bekannte Sachen, die man nun jetzt in diesem Forum noch einmal oder intensiver gebracht hat. Es gab hier keine neuen Erfindungen."

Nach Ansicht der befragten Vertreterinnen der Frauen, welche die angeführte Kritik teilten, konnten selbst die Berührungsängste zwischen den Beteiligten im Verlauf der Konsultation kaum abgebaut werden, so dass das Klima verkrampft blieb und sich keine tragfähigen neuen Kontakte bildeten. Darüber hinaus wurde bei den befragten Frauen deutlich, dass sie kein Interesse daran hatten, die Rolle der »quotierten Minderheitengruppe« zu erfüllen:

FAK-F2: „Also es war mir ein bisschen zu doof immer zu sagen: die Frauen. Weil ich war da schon die Alibifrau und ich hatte keine Lust, jetzt auch noch diese Position da zu erfüllen."

Auf Kritik stieß bei allen Interviewten der drei Fallgruppen das Fehlen einer thematischen bzw. inhaltlich-informativen Einführungsphase. Dies führte dann zu autodidaktischen Behelfmaßnahmen, um den Anschluss an den Prozessverlauf und an den Wissensvorsprung anderer Teilnehmer nicht zu verlieren:

FAK-F2: „Ich hab ja dann nachher ein paar Sachen dazu gelesen, um überhaupt zu verstehen, worum es geht und wie das so angelegt ist."

Der visionär angelegte Prozessstart vermittelte allen Befragten zunächst eine Aufbruchstimmung, die jedoch alsbald verebbte, weil die Zeit, kreativ neue Ideen zu entwickeln, nicht ausreichend vorhanden war, so dass selbst produktive Phasen unter dem Diktum des Zeitregimes abgebrochen werden mussten. Vor diesem Hintergrund und mit Blick darauf, dass neben dem völligen Fehlen einer Leitbild- bzw. Zieldiskussion auch sachliche und evtl. auch kontroverse Diskussionen kaum möglich waren, kamen alle Befragten der drei Gruppen zu einer negativ gefärbten Kritik. Die interviewten Frauen fühlten sich zudem vom methodischen Konzept instrumentalisiert und gelangten so

einer vernichtenden Kritik der angewandten Arbeitsmethode:

FAK-F1: „Ich finde dieses Walt-Disney-System überhaupt falsch für so einen Prozess. Also um so einen Riesenkonzern zu leiten, ist es vielleicht nicht ganz unklug, aber auch einfach wirtschaftlich, ökonomisch gedacht. Das hat der Walt Disney sich ausgedacht, weil er keine Randale in seinen Betrieben will, aber es ist in so einem Agendaprozess kritisch zu betrachten."

Die Moderation der FAK wurde lediglich von einer Befragten der FAK-J positiv ge-

würdigt:

FAK-J1: "Die Moderation fand ich auch sehr gut und klar bei dieser Geschichte. Wären die nicht so sicher gewesen in dem, was sie wollten, glaube ich hätte das auch leicht anders ausgehen können."

Alle anderen bewerteten das Auftreten des Moderators äußerst negativ, als zu dominant

und an Selbstdarstellung grenzend und damit die Arbeitsmethode weiter beeinträchti-

gend:

FAK-F1: „Ich habe mich oft über die Person des Moderators aufgeregt, ich fand, dass der ziemlich autoritär auftrat."

Die geringe Breitenwirkung und Bürgerbeteiligung wurde von allen Befragten sowohl

auf die geringe kommunalpolitische Prozessrelevanz wie auch auf das zu abstrakte

Thema zurückgeführt. Zudem äußerten mehrere Befragte aus den verschiedenen Grup-

pen Kritik an der zu späten Einbindung unorganisierter Bürger in den Prozess:

FAK-A1: „In der Prozessentwicklung hat man eingesehen, dass ohne die Masse, ohne die Bevölkerung dieser Prozess unglaubwürdig wird. Durch die Bildung der BZ wollte man nicht nur die sogenannten Experten, sondern auch die Laien in den Prozess hereinholen. Das hat man aber im Nachhinein gemacht!"

Eine neuartige Zusammenarbeit zwischen Stadtverwaltung, Kommunalpolitikern, Ver-

bandsvertretern und Bürgern wurde nach Ansicht aller Befragten im Zuge des Prozesses

nicht etabliert. Die »Zusammenarbeit« mit den anderen teilnehmenden Gruppen aus

Verwaltung, Politik und Verbänden wurde bereits während des Prozesses als spärlich

bezeichnet. Insbesondere der Kontakt zu den Bürgern wurde, abgesehen von den Ver-

netzungstreffen, als unzureichend bewertet.

FAK-J2: "Ich habe gerade mit den Bürgerzirkeln den Eindruck gehabt, dass das schon ein eine separate Geschichte war, wo der Kontakt nicht intensiv war."

Einzig das Agendabüro wurde im Kontext des Konsultationsverfahrens durchweg als

prozessrelevantes Aushängeschild gewürdigt, das als Schnittstelle sehr gute Arbeit in

der Prozessorganisation und -transparenz geleistet habe; lediglich ein Ausländervertre-

ter verwies kritisch auf eine zu starke Sonderstellung des Agendabüros. Ausschlagge-

bend war in diesem Kontext die Kränkung über die unzureichend wahrgenommene Ein-

bindung des Ausländerbeirates in den Prozess:

FAK-A1: "Ich muss kritisieren, dass ursprünglich an den Ausländerbeirat gar nicht gedacht war, er war raus. Nirgendwo war er vertreten in den Vorüberlegungen. D.h. wir mussten uns melden und da konnte man uns die Beteiligung nicht mehr verwehren."

Alle Beteiligten kritisierten, dass ihre Beteiligung lediglich auf das Konsultationsverfahren beschränkt blieb. So wurde ihrer Ansicht nach weder die erhoffte bürgerschaftliche Mitbestimmung, geschweige denn eine größere kommunalpolitische Mitgestaltungsmacht erreicht, weil die Entscheidung bzgl. der Umsetzung der - auf das Niveau von Bürgeranregungen zurechtgestutzten - Projektideen zur lokalen Agenda letztlich wieder in der Alleinverantwortung des Rates liege. Zudem fehlte es nach Ansicht aller Befragten an kleinen Projektumsetzungen während des Prozesses, die dem Prozess eine vitalisierende und öffentlichkeitswirksame Note verliehen hätten und auch als ein Indiz für die Ernsthaftigkeit des Prozesses hätten gelten können. Da die alltägliche Kommunalpolitik statt dessen nahtlos weiterlief und kaum von der lokalen Agenda tangiert wurde, ist der Prozess nach Ansicht der meisten Befragten quer durch die drei Gruppen noch nicht mal ein Baustein für eine Umorientierung zugunsten einer Umsteuerung der Kommunalpolitik.

FAK-A1: „Agenda bedeutet auf die Dauer gesehen gegenseitige Akzeptanz, Rücksichtnahme. Nachhaltig miteinander auszukommen, nicht immer aus den Entscheidungen herausgehalten zu werden, zu geben und zu nehmen, also ein echtes Umdenken. Wenn man die täglichen Praxis sieht, dann läuft die nicht in diesem Sinne."

Die erarbeiten Projektideen wurden seitens der Befragten lediglich als kleine Ansätze auf dem Weg zu einer zukunftsfähigen Entwicklung perzipiert, zumal sie nach Ansicht aller Befragten - wenn überhaupt - nur marginal über den kleinsten gemeinsamen Nenner hinauskamen. Dennoch machten sie von der Umsetzung dieser Ideen abhängig, ob der lokalen Agenda zumindest ein Teilerfolg zugestanden werden könne. Angesichts der stockenden Umsetzungsphase im Nachklang des offiziellen Prozessendes, die von allen Vertretern negativ bewertet wurde, verfestigte sich jedoch bei allen Befragten die Befürchtung, dass der Einfluss des Prozesses auf die Kommunalpolitik gegen Null tendiert. Insgesamt kamen die Befragten der drei Gruppen zu dem einhelligen Fazit, dass der lokale Agendaprozess ineffektiv und ineffizient war und die aufgewendeten Zeitressourcen auch ex post nicht rechtfertigen konnte.

FR-F1: „Also ich sehe den Prozess als sehr sinnlos an, als Verschwendung von Ressourcen und für die Zukunft von Münster wird nicht sehr viel dabei herauskommen. [...] Ich hab keine Anhaltspunkte dafür gesehen, dass mehr Arbeitsplätze geschaffen werden oder mehr für die soziale Sicherung von Arbeitslosen, Frauen, Kindern und Senioren getan wird."

FAK-A2: „Ich habe mich irgendwann auch mal gefragt, weshalb ich regelmäßig dahin gehe. Also zum Schluss bin ich glaube ich bei den beiden letzten Treffen auch gar nicht mehr aufgetaucht, weil ich auch irgendwie gemerkt habe, dass das verschenkte Zeit war, da hätte ich einfach die Projekte, die

*eh schon im Workshop oder sonstwo besprochen worden sind, nur einzureichen brauchen. Dann hätte
ich mir auch die Zeit sparen können. "*

Die Vertreter der Ausländer verwiesen sogar darauf, dass man ohne den Prozess im
Rahmen der Gremienarbeit inhaltlich weiter gekommen wäre. Allerdings ist dbzgl. zu
berücksichtigen, dass die Gruppe der Ausländer durch den Ausländerbeirat über ein - in
die kommunale Polity - institutionalisiertes Gremium zur Artikulation ihrer Interessen
verfügt, und damit bessere Einflussmöglichkeiten auf die kommunale Politikgestaltung
jenseits des Agendaprozesses hat, als die Frauen und Jugendlichen, deren Interessen
nicht in dieser Weise artikuliert werden können.

Insgesamt betrachteten die Vertreter der Ausländer ebenso wie die FAK-F den Prozess
als eine vorübergehende Episode, die mit der offiziellen Prozessbeendigung im Juni
1999 bereits abgehakt sei. Während sich die Befragten Ausländer bereits damit beschäftigen, die eigenen Ideen über den Ausländerbeirat kommunalpolitisch einzubringen, ging die Tendenz bei den Befragten der FAK-F zum Austritt aus dem kommunalen
Institutionengefüge und zur oppositionellen Mobilmachung der Frauen für die eigenen
Ideen, unabhängig vom besiegelten Schicksal des Agendaprozesses. Die Befragten der
FAK-J hofften dagegen noch auf eine Fortführung des Kommunikationsmodells in me-
thodisch-konzeptuell geeigneter Weise, damit die inhaltlichen Ideen sowie die neuartigen bürgerschaftlichen Beteiligung nicht versanden.

Die interviewten Vertreter der Ausländer würdigten trotz der Kritik die positive Stellung Münsters im interkommunalen Vergleich hinsichtlich der Initiierung, Durchführung und Umsetzung der lokalen Agendaprozesse. Die befragten Frauen und Jugendlichen dagegen bewerteten Münsters Image als Modellstadt sehr kritisch; sie führten dieses Image primär auf ein effektives aber inhaltsleeres Stadtmarketing zurück:

*FAK-F1: „Wenn ich dann Agendanachrichten von anderen Städten las, war Münster immer die Vor-
reiterstadt. Münster kann sich in den Medien halt immer unheimlich gut verkaufen, aber es ist nichts
dahinter."*

*FAK-J2: "Also so als »Modellstadt«und »wir machen soviel in Münster«, daran hätte ich doch schon
mal ein paar Fragen. Dafür hätte für mich auch noch einmal vom Rat her ein ordentlicher Push in die
Richtung kommen müssen bzw. müsste noch kommen. [...] Da habe dann schon eher die Befürchtung,
dass das jetzt unter so einem Deckmäntelchen bleibt, damit der gute Ruf, den sich Münster ergattert
hat, bleibt."*

Vor diesem Hintergrund verwiesen insbesondere die Befragten der FAK-F darauf, dass
die Übertragung der Prozessausgestaltung an die Stadt bzw. Übernahme des Prozesses
durch die Stadt der zentrale Fehler bei der Umsetzung des ursprünglichen bottom-up
Prozesses war:

*FAK-F1: „Ich glaube auch, dass es ein ganz, ganz großer Fehler aller Gruppen, also der Umwelt-,
Eine- Welt-, Frauengruppen, u.s.w. war, diesen Prozess an die Stadt abzugeben. "*

5.1.1.6 Fallgruppe »UB«: An den Bürgerzirkeln teilnehmende, unorganisierte Bürger

Die interviewten Teilnehmer der BZ zeigten sich alle sehr motiviert und interessiert am
lokalen Agendaprozess. Während die interviewten Studierenden auch ein studien-
berufliches Interesse an der Umsetzung der Methode im Rahmen der Kommunalpolitik
zeigten, lag allen befragten BZ-Teilnehmern die Mitgestaltung bzw. Veränderung der
Kommunalpolitik sowie deren Inhalte besonders am Herzen, wie an der folgenden
Stellungnahme exemplarisch deutlich wird:

*UB2: „Ich denke hier lokal fängt es an, wenn wir etwas verändern wollen, wenn wir Entwicklung mit-
bestimmen wollen. "*

Die Zusammensetzung der BZ bezeichneten alle Interviewten als homogen akademisch
und damit hinsichtlich der Münsteraner Gesamtbevölkerung als sehr unausgewogen, da
Bürger anderer sozialer Schichten - jenseits des akademischen Milieus - nicht am Prozess teilnahmen:

*UB7: „Die Besetzung war nicht ausgewogen auf alle Bevölkerungsschichten. Es waren überwiegend
Leute mit höherem Bildungsabschluss dabei: Akademiker oder Studierende, die einen akademischen
Abschluss anstreben. So war dann auch die Kommunikation, es war eine Sprache, die so nicht im all-
täglichen Leben vorkommt. Das war die Sprache und die Umgangsformen aus dem Bildungsbürger-
tum, alles sehr höflich, nett, verständnisvoll. "*

*UB1: „Eigentlich sollten ja die anderen erreicht werden, damit der Prozess in Gang kommt, denn
wenn immer nur wieder dieselbe kleine Gruppe, die ohnehin schon vieles tut, wieder aktiv ist, dann ist
das oft ein Schmoren im eigenen Saft. "*

Das Abbröckeln der Teilnehmerzahl und den Wechsel in der Besetzung der BZ führten
die Interviewten u.a. auf fehlende Zeitressourcen und berufliche Umorientierungen der
Beteiligten, auf die Abstraktheit des Themas, auf die Enttäuschung ob des Prozessverlaufes bzw. auf die geringe Prozessrelevanz zurück. Die überwiegende Mehrzahl der
Interviewten kritisierte vor diesem Hintergrund auch die zeitliche Struktur und Organi-
sationsform der BZ, für die sie sich straffe Wochenendveranstaltungen gewünscht hätten.

Die Arbeitsstruktur und das Kommunikationsklima wurden, abgesehen von der widri-
gen Einarbeitungs- und Themenfindungsphase, insgesamt als sehr locker und angenehm
wahrgenommen. Dazu trug auch die - positiv gewürdigte - Moderation bei, zumal die
Moderatoren Mitbestimmung an der Verfahrensausgestaltung in den BZ nicht nur zu-

ließen, sondern auch offensiv einforderten, wie an den folgenden Statements ersichtlich wird:

> *UB2: „Gut fand ich den Moderator, der unsere Interessen berücksichtigt hat und nicht nach dem ursprünglich angedachten Schema vorgegangen ist."*

> *UB4: „Er führte jedes mal Protokoll und hat uns dann jedes mal die Freiheit gegeben, die schon festgelegte Tagesordnung noch einmal zu ändern, von da aus war das keine Führung, sondern wirklich eine Moderatorenrolle."*

Die Mehrzahl der Interviewten wies jedoch darauf hin, dass die Kommunikationsstruktur ein wenig darunter litt, dass einige Teilnehmer versuchten, ihre inhaltlichen »Stekkenpferde« z.T. engstirnig zu vertreten und durchzusetzen. Infolge dieser Versuche zur Durchsetzung eines »singulären leaderships« gab es ebenso wie in der inhaltlichen Themenfindungsphase kontroverse Diskussionen, die in einigen Fällen mit dem Rückzug der Auffasung eines Protagonisten, zumeist aber mit einer inhaltlichen Annäherung zwischen allen Beteiligten endete. Letztere bereitete dann auch den fruchtbaren Boden für ein besseres gegenseitiges Verständnis. Diese Diskussionen schufen damit unter den (weiterhin) Teilnehmenden den Boden für die konstruktive Erarbeitung konsensfähiger Ergebnisse.

Anhand der Aussagen aller Interviewten wurde jedoch das Problem deutlich, dass die Kenntnisse über bisherige Planungen in der Stadtverwaltung oder über rechtliche Möglichkeiten und Grenzen der Projektentwicklung seitens der Beteiligten unzureichend waren und auch nicht durch eine einführende inhaltliche Informationsphase ausgeglichen wurden. Dies hatte zur Folge, dass z.T. Ideen verfolgt wurden, die dann - aufgrund bereits getroffener kommunalpolitischer Entscheidungen - wieder ad acta gelegt wurden:

> *UB3: „Also da haben wir ziemlich schnell gemerkt, dass es dazu schon irgendwelche Planungen gibt, an denen wir sowieso nichts mehr ändern können, so dass da der Zug schon abgefahren ist."*

Motivationsmindernd wirkte sich bei allen Interviewten zudem aus, dass während des gesamten zweijährigen Prozesses kein Projekt umgesetzt wurde:

> *UB6: „Der Prozess läuft nun seit 2 Jahren. Das ist zu lang und der Spannungsbogen ist überzogen. Die Bürger wollen doch mal ein Zwischenergebnis sehen, um dadurch motiviert weiter zu arbeiten, aber das ist ja nicht passiert."*

Die Option, Anträge auf finanzielle Beihilfen zur Projektumsetzung während des Prozesses zu stellen, war den Interviewten in diesem Kontext durchweg nicht bekannt, so dass sie die Umsetzungserwartung vollends mit der Ratsvorlage zur lokalen Agenda verknüpften:

UB3: „Eine finanzielle Unterstützung, damit Projekte schon mal angeleiert werden konnten, hatten wir eigentlich nicht, obwohl nachher gesagt wurde wir hätten welche kriegen können. Da fehlte wohl auch die Information. Also gerade mit der Öffentlichkeitsarbeit hätte man dann ja schon mal anfangen können. Aber das wussten wir nicht. Uns wurde auch gesagt, wir sollten erst den Ratsbeschluss abwarten, [...] seitdem warten wir auf den Ratsbeschluss und darauf, dass erste Sachen endlich umgesetzt werden. "

Die Breitenwirkung und Bürgerbeteiligung im Rahmen des lokalen Agendaprozesses wurde von allen Beteiligten als zu gering eingestuft, um zu einem Prozessgelingen beizutragen. Einige der Befragten führten dies auch auf die negative Berichterstattung in den Münsteraner Tageszeitungen und den virulenten Verzichtaspekt des Themas zurück:

UB5: "Vielleicht liegt es aber auch daran, dass die Agenda, wenn sie von den Bürgern ernst genommen werden soll, ja gewisse Abstriche an ihren Lebensgewohnheiten erfordert. [...] Ja, vielleicht ist auch das ein Grund dafür, dass sich nicht viele Leute in Münster dafür interessieren und wahrscheinlich woanders auch nicht. "

UB3: „Also Breitenwirkung war eigentlich gar nicht vorhanden, weil die Presse nicht mitgespielt hat und sich anfangs stark dagegen sträubte, etwas über die Agenda zu veröffentlichen. Die waren einfach politisch anders orientiert, die waren im Prinzip dagegen und haben den Prozess mit Nichtbeachtung gestraft. Deshalb ist auch nicht so eine Breitenwirkung aufgekommen, obwohl das Agendabüro ziemlich viel Öffentlichkeitsarbeit gemacht hat, aber es hat nur die eh` schon Interessierten betroffen und es ist nicht so in die Breite gegangen. "

In erster Linie machte die Mehrzahl der Interviewten jedoch die Stadtverwaltung und Politik für die geringe Bürgerbeteiligung verantwortlich. Diese hätten zunächst nicht nur die konzeptionelle Integration der Bürgerbeteiligung in die Prozessstruktur vernachlässigt, sondern auch - abgesehen von den Stadtteilzukunftswerkstätten - keine geeigneten Beteiligungsmodelle gefunden, um das abstrakte Thema attraktiv und Betroffenheit erzeugend darzustellen. Mit Blick auf die Etablierung neuartiger Bürgerbeteiligungsmodelle und im Zuge der Erarbeitung einer zukunftsfähigen Entwicklung verwiesen alle Interviewten deswegen einhellig darauf, dass der lokale Agendaprozess allenfalls ein Auftakt sei könne, dem weitere von Politik und Verwaltung angestoßene Beteiligungsmodelle folgen müssten:

UB7: „Vom Begriff her ist es die Agenda für das 21. Jahrhundert. Insofern sehe ich den bisherigen lokalen Agenda Prozess nur als Auftakt. Es sollte meiner Ansicht nach in regelmäßigen Abständen, in irgend einer Form Möglichkeiten geben, Vorschläge einbringen zu können, die eine nachhaltige Entwicklung fördern. Wie man das organisiert, ist egal, da kann man einen Meckerkasten machen, Zukunftswerkstätten veranstalten o.ä., aber es sollte mit einer Bürgerbeteiligung vorangehen. Auch ruhig mit einem Prozess wie diesem. "

Auch wenn sich die Befragten zufrieden darüber zeigten, dass durch die Einrichtung der BZ noch Beteiligungsmöglichkeiten für unorganisierte Bürger geschaffen wurden, ging aus den Aussagen eindeutig hervor, dass die Teilnehmer der BZ dennoch das Gefühl hatten, lediglich als partizipatorisches Anhängsel zu fungieren.

> *UB3: „Einerseits finde ich gut, dass die Bürgerzirkel überhaupt noch eingerichtet wurden, andererseits hätten die natürlich auch schon viel eher mitarbeiten können. Die hätten schon eher entstehen können, ja sogar müssen, weil es ja eigentlich auch ein Prozess ist, der von unten kommen soll. Vielleicht hat dieses eine Jahr auch gar nicht ausgereicht, bis man erst mal die Grundlage und einen allgemeinen Wissensstand geschaffen hatte, war das Jahr schon fast zu Ende. Im Prinzip hat unser Bürgerzirkel erst richtig effektiv nach einem halben Jahr bzw. zum Ende des letzten Jahres gearbeitet."*

Diese Einschätzung wurde angesichts der defizitär empfundenen Zusammenarbeit mit der Verwaltung, den Ratsvertretern oder auch den unterschiedlichen Verbänden, weiter verstärkt. Daran änderten auch die beiden Vernetzungstreffen nichts, die nach Ansicht aller Befragten folgenlos blieben.

> *UB3: „Von den Vernetzungstreffen war ich enttäuscht. Da bin ich mit großen Erwartungen hingegangen, aber das kam dann nicht dabei heraus. Da waren wir nicht weiter als vorher. Das war für einige auch der Grund zu sagen, nein, das machen wir nicht mehr weiter. [...] Bei den Vernetzungstreffen hatte ich erwartet, dass auch wirklich Vernetzungen entstehen unter den Facharbeitskreisen und Bürgerzirkeln oder untereinander unter den Bürgerzirkeln. Man hat da zwar die eigenen Projekte vorgestellt und miteinander gesprochen, aber so richtige Zusammenarbeit ist da auch nicht entstanden."*

Mit Blick auf die Konsultationsphase wurde von den meisten Befragten lediglich das Agendabüro als primärer Ansprechpartner für Prozessbelange in der Verwaltung und der Einsatz der ehemaligen OB gewürdigt.

Das Ende des offiziellen lokalen Agendaprozesses wurde von den meisten Interviewten als ein Prozessabbruch problematisiert, der nicht nur die partizipatorische Ausgestaltung, sondern auch inhaltliche Fortführung einer zukunftsfähigen Entwicklung aufkündigte.

> *UB3: „Ich finde es total schade, dass die Bürgerzirkel und Facharbeitskreise nicht mehr arbeiten, denn eine lokale Agenda ist schließlich ein Prozess, der kann nicht mit einem Ratsbeschluss aufhören. Das ist auch die Lücke, in der viele hängen, es kann eigentlich gar nicht weitergearbeitet werden. [...] Man hat keine konkreten Ansprechpartner mehr. Man rennt statt dessen wieder von Amt zu Amt und schaut, was Sache ist."*

Abgesehen von der Kritik an der Ratssitzung zum Agendabeschluss, die auf der späten Behandlung der Thematik in der Themenabfolge gründete, zeigten sich alle Interviewten vom Ratsbeschluss zur lokalen Agenda enttäuscht, weil dieser in Ermangelung einer projektbezogenen Schwerpunktsetzung als zu unkonkret bewertet wurde.

> *UB3: „Ich war von dem Ratsbeschluss auch enttäuscht. Darin war alles sehr schwammig formuliert und sehr offen gehalten und wir haben uns gedacht, da kann man im Prinzip alles und nichts drunter verstehen. Der könnte auch genauso gut in der Schublade liegen bleiben. Die Befürchtung, die schon am Anfang da war, dass man nicht richtig ernst genommen wird oder dass die Vorschläge, die man erarbeitet, nicht umgesetzt werden, hat sich bestätigt."*

Insgesamt wurde anhand der Aussagen deutlich, dass die Mitsprache zugunsten einer zukunftsfähigen Ausgestaltung von Kommunalpolitik für die befragten Bürger mit der Umsetzung der Beratungsergebnisse steht oder fällt. In diesem Kontext wurde die Prüfung der Beratungsergebnisse seitens der Verwaltung mit Blick auf Durchführungs- und

Finanzierungsmöglichkeit der Projekte von den Befragten zwar akzeptiert, zumal bei Einigen auch Zweifel an der Agendarelevanz einzelner Projekte auftauchten. Alle Interviewten hegten jedoch die Befürchtung, dass im Zuge einer immer länger andauernden langen Prüf- bzw. Bearbeitungszeit die Projektideen - bis auf ein paar Prestigeobjekte - in den Schubladen unterschiedlicher Verwaltungsschreibtische verstauben könnten.

Deswegen zeigten sich die meisten Interviewten, die ihre Beteiligung implizit mit der Erwartung verknüpft hatten, dass die erarbeiteten Projektideen kommunalpolitisch implementiert werden, enttäuscht. Ihrer Ansicht nach wurde eine entscheidungsrelevante Mitsprache an der Ausgestaltung bzw. Umorientierung der Kommunalpolitik im Zuge des lokalen Agendaprozesses nicht erreicht, wie an den folgenden Aussagen ersichtlich wird:

UB6 *„Ich fühlte mich zunehmend mehr nur als Dekoration. Mit Blick auf die Intention des Prozesses brauchte die Stadt einfach ein paar Bürger, um den bürgerpartizipatorischen Aspekt vor der Presse zu dokumentieren und nach außen hin zu legitimieren - inhaltlich brachte das nichts."*

UB3: *„Wir durften mal sagen, was wir wollten und jetzt müssen wir mal abwarten, ob es auch gehört wird. Ja, also die Projekte wurden erarbeitet, die Agenda ist beschlossen worden und ob die Sachen jetzt auch umgesetzt werden, dass steht ja noch in den Sternen."*

Insgesamt äußerten die Befragten die Befürchtung, dass der Prozess für die Verwaltung und Politik nur eine Alibifunktion hat, um die »Vorreiterrolle« Münsters bei der Umsetzung der lokalen Agenda und der Etablierung einer umfassenden Bürgerbeteiligung medienwirksam vermarkten zu können, während de facto weder eine bürgerschaftliche Mitbestimmung noch eine inhaltliche Umorientierung der Kommunalpolitik erreicht wurde:

UB6: *„Die alten Seilschaften zwischen Politik und Verwaltung konnten seitens der Bürgerbewegungen nicht aufgebrochen werden. Die Bedeutung der Bürger im Prozess war zudem so nachrangig, dass man von einer Feigenblattfunktion sprechen kann. Zuerst hatte ich die Vermutung und später die Erkenntnis, dass die Beteiligung der Bürger im Vergleich zu den politisch konstituierten Facharbeitskreisen nur eine sehr nachrangige Bedeutung erfährt. Ich habe mich deswegen zum Schluss nur als Alibi für die Bürgerbeteiligung gefühlt."*

Allein das Knüpfen neuer Kontakte und die Hoffnung, dass durch den Prozess doch ein kleiner Startschuss für eine zukunftsfähigere kommunale Entwicklung und eine stärkere zivilgesellschaftliche Komponente in der Kommunalpolitik gefallen ist, wurden als positive Aspekte des Prozesses herausgehoben. Wenngleich mehrere Befragte einräumten, dass auf den übergeordneten politischen Ebenen noch weniger Ansätze zu einer zukunftsfähigen, politischen Umorientierung zu erkennen seien, wurde der hohe finanzielle und personelle Prozessaufwand von den meisten Interviewten kritisiert, weil der Ertrag letztlich in keiner Relation zum Aufwand stehe.

5.1.1.7 Fallgruppe »AFR«: Teilnehmende am Frauenaktionsbündnis

Die Prozessstruktur des lokalen Agendaprozesses, in der ursprünglich weder eine gesonderte Bürger- noch eine Frauenbeteiligung vorgesehen war, wurde von allen befragten Frauen des FR-AK als ein nicht zukunftsfähiger, lobbyistischer Ansatz kritisiert. Zudem wurde die Einbettung des FAK-Konsultationsprozesses in eine diskursbeschränkende Methodik, aus der die inhaltlich relevanten Themenbereiche ausgeklammert wurden, als Primärursache für die geringe Breitenwirkung und die geringe Prozessrelevanz kritisiert:

AFR2: "Durch diesen formalisierten Prozess waren alle in so einem Korsett, dass da ein wirklicher öffentlicher Diskurs gar nicht stattgefunden hat."

Vor diesem Hintergrund bewerteten die Befragten das FR-AK, welches zwar durch die Anbindung an das Agenda- und Gleichstellungsbüro in den Prozess integriert, aber nicht in den formalen Ablaufrahmen einbezogen war, durchweg positiv, weil es nicht unter einer »*Moderationsknute*« lag, sondern von einer selbstbestimmten Vorgehensweise geprägt war. Zwei Vertreterinnen wiesen jedoch darauf hin, dass diese organisatorische Konstellation problematisch wurde, als es um die Stellung der erarbeiteten Ergebnisse in der Verwaltungsvorlage ging. Allerdings konnte dieses Problem durch die gleichrangige Einbeziehung der Ergebnisse in die Vorlage 393/1999 zur Zufriedenheit der Frauen gelöst werden.

Allen Befragten ging es im Zuge der Beteiligung am Frauenaktionsbündnis darum, Frauen aus anderen Inhaltsbereichen kennen zu lernen und neue Kontakte aufzubauen, um letztlich gemeinsam erarbeitete, innovative frauenpolitische Inhalte in die Kommunalpolitik einbringen zu können. Die heterogene Zusammensetzung des FR-AK, die vom deutschen Hausfrauenbund bis zum Frauen- und Lesbenplenum reichte, wurde in diesem Kontext von allen interviewten Frauen als positiv, anregend und interessant empfunden. Das Arbeits- und Kommunikationsklima wurde ebenfalls durchweg positiv bewertet, da die vorhandenen Fraktionszwänge und Berührungsängste zwischen den heterogenen Verbänden in kurzer Zeit abgebaut werden konnten. Dabei machten die Befragten deutlich, dass die Treffen von Arbeitsfreude und gemeinsamen Diskussionen gekennzeichnet waren. Nach Ansicht aller interviewten Frauen war es so möglich, unterschiedliche, kontroverse Sichtweisen und Problemdeutungen der beteiligten Frauen diskursiv zu erörtern, wobei die Akzeptanz vor der jeweils anderen Ansicht auch darin deutlich wurde, dass beide Positionen von den jeweils Interessierten weiterverfolgt werden konnten.

AFR2 „Konflikte sind andiskutiert worden. [...] Also dieser Zwang, jetzt müssen wir aber eine gemeinsame Meinung finden, weil wir alle Frauen sind, da sind wir drüber weg. Wir respektieren, dass es unterschiedliche Ansätze gibt, aber es sind auch eine ganze Menge Gemeinsamkeiten dabei rausgekommen und das ist das Wesentliche. [...] Bei einigen Themen wäre ein Konsens auch schwer gewesen. Da geht es wirklich um die weltwirtschaftlichen Zusammenhänge und um so Fragen von anderen Konzepten, wie der Subsistenzwirtschaft."

AFR1: „Es wurde dann über verschiedene Wirtschaftsformen z. B. Subsistenzwirtschaft und dieses MAI diskutiert. Aber es hat keine Diskussion darüber gegeben, ob jetzt ein Projekt eher abzulehnen oder eher anzunehmen ist. Es wurden statt dessen alle Projekte aufgenommen, wenn sie nicht irgendwie völlig abstrus waren."

Dass - im Gegensatz zu den FAK - dabei keine konsensbezogene Selektion der Projektideen stattfand, wurde von den Befragten als Voraussetzung für inhaltliche Annäherungen und einen breiter werdenden gemeinsamen Nenner begrüßt. Darüber hinaus wurde anhand der Aussagen deutlich, dass die gebildeten Unterarbeitskreise konstruktiv und engagiert arbeiteten und ihre Arbeitsergebnisse auch den beiden Ansprechpartnerinnen im Gleichstellungs- und Agendabüro transparent machten, so dass es für diese einfach war, Plenumsveranstaltungen - je nach Erarbeitungsstand in den gebildeten aktiven Unterarbeitskreisen - bei Bedarf anzuberaumen. Insgesamt wurde bei allen Interviewten die Hoffnung laut, dass diese produktive Zusammenarbeit, die primär auf die freie, selbstbestimmte und selbstorganisierte Arbeit und methodische Herangehensweise zurückgeführt wurde, nicht auf die interessanten Bearbeitungsergebnisse beschränkt bleibt, sondern auch langfristig eine bessere Vernetzung der frauenspezifischen Verbände ermöglicht.

Auf breite Zustimmung stieß bei allen Frauen, dass lediglich die erste Sitzung von Mitarbeitern der Consulting-Firma moderiert wurde, alle weiteren Veranstaltungen jedoch in Eigenverantwortung vollzogen wurden. Dabei war nicht nur die Einsparung finanzieller Mittel, sondern auch die Ablehnung der in den FAK angewandten Moderationsmethode und der damit assoziierten Moderatoren ausschlaggebend; lediglich eine Befragte, die der Verwaltung zuzurechnen war, blieb in diesem Punkt neutral. Die Hälfte der befragten Frauen verwies sogar darauf, dass die Ablehnung der Moderatoren die Vorbedingung für ihre Teilnahme am Prozess gewesen sei.

AFR4: „ Wir wollten auf keinen Fall eine solche Moderation wie die Facharbeitskreise. Es hat ja auch in den Facharbeitskreisen einige Auseinandersetzungen gegeben, wie sinnvoll das da überhaupt ist. Einige Frauen, die bei uns im Frauenaktionsbündnis und im Facharbeitskreis waren, haben immer darauf verwiesen, dass die im Facharbeitskreis angelegte Arbeitsweise eine ist, die ihnen gar nicht entspricht. Da habe ich als Außenstehende immer gesagt, dann wehrt Euch doch dagegen. Die verwiesen dann aber darauf, dass man dagegen gar nichts machen oder sagen könnte, das läuft einfach so. Das ist so durchstrukturiert, dass man im Grunde nur so mitmachen kann, wie es erwartet wird. Das habe ich dann selbst während des Bürgerforums Zukunftsfähiges Münster im November 2001 mitbekommen. Da habe ich diese Situation selbst erlebt. Da war ja auch ein Moderator da. Da fing das halt an, als ein Vertreter der Bürger seinen Vortrag hielt, dass dieser unterbrochen wurde, indem der Moderator darauf verwies, das ist nicht abgesprochen und so geht das nicht. Im Grunde wusste der Bürger auch nicht mehr, wie es weitergeht. Ich fühlte mich da an diese ganzen Diskussionen erinnert und in der gleichen Situation, da bin ich dann aufgestanden und habe gesagt, dass ich zumindest erwarten würde, dass der Vertreter der Bürger - wie auch alle Anderen - eine Rede halten kann, selbst wenn der Moderator Kritik daran hat. Aber alles in allem war der Prozess so durchstrukturiert, dass wichtige und weitreichende Anliegen, die meines Erachtens in einem solchen Prozess auch thematisiert werden müssten, nicht angestoßen werden konnten. Das, was strittig war, blieb strittig und fiel dann auch raus. Also Großprojekte, wie z.B. der Ausbau des FMO, fielen da sofort raus und wurden politisch trotzdem umgesetzt. Ich denke, angesichts von Agendakriterien dürfte das alles gar nicht mehr passieren. "

Die Zusammenarbeit bzw. Vernetzung mit den anderen Gremien funktionierte nach Ansicht der Frauen nicht. Einzig das Agendabüro wurde hinsichtlich des Organigramms als hilfreiche Schnittstelle positiv erwähnt. Dass der Beteiligungsumfang im Prozess ebenso wie die Breitenwirkung desselben gering war, wurde von den Befragten zwar auch auf das abstrakte Agendathema, welches nur unzureichend direkte Betroffenheit zu vermitteln vermag, zurückgeführt. In erster Linie wurden aber die geringe Prozessrelevanz im kommunalpolitischen Kontext und die geringen Mitsprachemöglichkeiten als Kausalbezüge herausgestellt. In diesem Kontext wurde deutlich, dass die Befragten über die Prozessstruktur, den offiziellen Prozessverlauf und auch das Prozessende enttäuscht und frustriert waren. Sie bewerteten den Prozess insbesondere aufgrund der mangelnden kommunalen Mitbestimmung als eine Alibiveranstaltung bürgerschaftlicher Beteiligung, die sich zwar öffentlichkeitswirksam vermarkten lasse, der es aber sowohl an Effektivität wie auch an Effizienz fehle.

AFR4: „Also für mich ist bei dem gesamten Prozess überhaupt nichts heraus gekommen. Also es war einfach verlorene Zeit. [...] Für mich ist das Goldtünche für den Standort. Also es ging meiner Ansicht nach im Prozess überhaupt nicht um eine großartige Veränderung oder Verbesserung; egal ob für Kinder, Frauen, Ältere, es ging darum, den Standort Münster zu sichern und hier so ein bisschen, wie Münster das immer macht, sich in der Welt ganz toll zu zeigen, zumindest in Deutschland, also so ein wenig grün anzupinseln, aber im Grunde wird nicht sehr viel dabei heraus kommen. Es ist auch auf so eine katastrophale Art und Weise gemacht worden, dass unheimlich viele Ressourcen - und gerade das macht mich auch wütend - sinnlos verschleudert wurden. "

AFR2: „Hier im Prozess lief keine Mitsprache, sondern nur gut verkaufte Beteiligung. Insofern war es ein Etikettenschwindel mit Blick auf die Ankündigung vor dem Hintergrund der lokalen Agenda. "

AFR3: „Also heute denke ich, das war eine verpasste Chance. Also da habe ich als einzelner Mensch in dem großen Getriebe die Erfahrung gemacht, man darf sich nicht mit Herrschenden an einen Tisch setzen. [...] Wenn ich dann Agendanachrichten von anderen Städten las, war Münster immer die Vorreiterstadt. Münster kann sich in den Medien halt immer unheimlich gut verkaufen, aber es ist nichts dahinter. "

Die Entrüstung ob der daraus resultierenden Irrelevanz des lokalen Agendaprozesses wird in der folgenden Stellungnahme stellvertretend deutlich:

AFR1: „Die Grundlage der politischen Strategie, die dahinter steckt [...] heißt einmischen in politische Prozesse, ohne dass diese politische Definitionsmacht haben; wir sind total verheizt worden. "

Positiv wurde von allen Befragten lediglich die neuartige, übergreifende Vernetzung der ideologisch getrennten Frauenszene vermerkt.

AFR2: „Inhaltlich denke ich, ist die Wirkung des Prozesses nicht so riesig gewesen, aber für den Prozess des Miteinanders dieser unterschiedlichen Frauenorganisationen und Personen haben wir einiges erreicht. [...] Wir haben die Chance genutzt, klassische gleichstellungsrelevante Themen noch mal einem neuen Ziel zuzuordnen. "

Zwar äußerten alle interviewten Frauen die Hoffnung, dass durch den Druck der Öffentlichkeit, der Projektgruppe zukunftsfähiges Münster und auch des FR-AK die Beratungsergebnisse noch eine Rolle in der Münsteraner Politik spielen könnten, insgesamt wurde anhand der Aussagen aber deutlich, dass es diesbezüglich kaum Grund zur Hoffnung gäbe.

AFR2: „Der wirkliche Agendazusammenhang ist bei der Stadt jetzt nirgendwo mehr verankert und natürlich spielt auch der Mehrheitswechsel da eine Rolle, zumindest psychologisch. [...] Der Agendaprozess wird öffentlich eigentlich kaum noch diskutiert, vielleicht von denen, die früher auch schon daran diskutiert haben, und das macht die Sache schwierig. "

Letztlich zogen die meisten Frauen aus ihrer Erfahrung mit dem lokalen Agendaprozess, den einige als Zeitverschwendung geißelten, den Schluss, dass eine außerparlamentarische Opposition eine größere inhaltliche Durchschlagskraft für das Einbringen von Frauenbelangen in die Kommunalpolitik biete, als ein derart formalisierter, mitbestimmungsarmer Prozess:

AFR3: „Ich stelle mit Blick auf die Frauenaktivitäten immer wieder fest, dass eine echte außerparlamentarische Opposition eine ganze Menge erreichen kann. Da konnten aber die Menschen bei sich selbst bleiben, die mussten keine Kompromisse eingehen, die haben das unter sich diskutiert und dann eingebracht, die Herrschenden mussten auf sie zugehen. Also so wie ich das hier sehe, hat der lokale Agendaprozess in Münster die letzte außerparlamentarische Opposition geschluckt und hat stark zur Auflösung der politischen Bewegung beigetragen. "

Als Konsequenz gaben sie deswegen mehrheitlich an, in Zukunft von einer Partizipation in derartigen städtischen Beteiligungsstrukturen absehen zu wollen.

5.1.2 Befunde anderweitiger Akteurgruppen aus dem lokalen Agendaprozess

Im Folgenden findet die Darstellung der Befunde von Akteurgruppen Berücksichtigung, die im Kontext des lokalen Agendaprozesses außerhalb der Arbeitsgremien eine besondere Rolle spielten. Während eine Binnendifferenzierung der Fallgruppen »Bürgerzirkelmoderatoren« und »Mitarbeiterinnen des Agendabüros«, die beide der Stadtverwaltung angehörten, ebenso wie »Beteiligte der Projektgruppe zukunftsfähiges Münster«,

an der primär unorganisierte Bürger partizipierten, unnötig erschien, wird bei der Fall-

gruppe der »Lenkungskreisteilnehmenden« zwischen den heterogenen Beteiligten aus

den NRO, der Politik und der Verwaltung - i.s. meines Fallgruppenansatzes - eine ent-

sprechende Differenzierung vorgenommen.

5.1.2.1 Fallgruppe »AG-B«: Mitarbeiterinnen des Agendabüros

Aus den Aussagen der befragten Agendabüromitarbeiterinnen ging einhellig hervor,

dass die Zusammensetzung der FAK von der Idee getragen war, arbeitsfähige und mög-

lichst heterogen und repräsentativ besetzte Arbeitsgruppen zu etablieren. Die konkrete

Zusammensetzung wurde jedoch, vor dem Hintergrund des Zeitdrucks zur Aufstellung

der Besetzungslisten, z.T. als defizitär wahrgenommen.

AG-B2: "Es ist auch nicht immer sehr glücklich geworden mit der Besetzung. [...] es ist halt alles sehr
schnell gegangen."

Das Arbeits- und Kommunikationsklima in den FAK empfanden die Mitarbeiterinnen

des Agendabüros, die an den unterschiedlichen FAK partizipierten - nach einer kurzen

Anlaufphase - durchweg gut, weil sie davon ausgingen, dass in der relativ konfliktfreien

Atmosphäre zwischen den unterschiedlichen Vertretern neue Kontakte geknüpft wur-

den. Ihrer Ansicht nach wiesen die FAK eine stringentere Arbeitsstruktur und - auf-

grund der repräsentativen Besetzung - eine größere Prozessrelevanz auf als die BZ.

AG-B3: „Ich finde nach wie vor den Ansatz, den wir in den Facharbeitskreisen hatten, dass wirklich
wichtige Interessenvertreter mitgearbeitet haben, unheimlich wichtig. Ich habe aber bei der Bürger-
beteiligung den Eindruck gewonnen, dass da eine Überforderung stattfindet, wenn man diese Leute
einfach - mir nichts dir nichts - in solche Diskussionen einbezieht. Ich denke, da sollte die Möglichkeit
zur Partizipation immer gegeben sein, aber die Erwartung, dass da eine hohe Anteilnahme und auch
ein hohes Verständnis und Diskussionsmöglichkeit überhaupt besteht, die sollte man eigentlich nicht
haben."

Die Zusicherung einer konsensualen Einigung auf gemeinsame Projektideen wurde von

den Mitarbeiterinnen des Agendabüros als unabdingbare Voraussetzung für die Teil-

nahme aller potentiellen Akteure und den unproblematischen Konsultationsverlauf ge-

wertet:

AG-B1: „Ich glaube, dass dieser Prozess keine Chance gehabt hätte, wenn von vornherein nicht
deutlich gemacht worden wäre, dass da keiner was zu verlieren hat. Man hat keine andere Chance als
Konsens zuzusichern, um die verschiedenen Interessengruppen überhaupt an einen Tisch zu kriegen."

Stabilisiert wurde die konsensuale Ergebniserarbeitung - nach Ansicht der befragten

Mitarbeiterinnen - durch die Ausklammerung der stadtentwicklungsrelevanten Essenti-

als und durch die gewählte Methodik des Konsultationsverfahrens, aus der die Teilnehmenden nicht heraustreten konnten.

> *AG-B1: „Eine Prämisse ist der systemische Ansatz, d. h. man geht davon aus, dass alle sozusagen wie
> auf einem Schachbrett sitzen und jeder bestimmte Sachen und Energien u.s.w. einbringt, und es geht
> im Prinzip nur danach, wie man die sozusagen gewichtet. Wer zieht mehr an welchem Strang? Aber
> die Masse, die ist sozusagen ausgewogen, die ist da. Es geht darum, wie wird das Ganze verteilt. Was
> du dann nicht mehr machen kannst, ist aus diesem System rauszutreten und zu sagen, nein ich möchte
> da aber gar nicht mitmachen, ich will diese Spielregeln gar nicht, das geht dann nicht mehr. Und das
> war z. B. ein Problem, ich würde mal sagen für Linke, sowohl aus dem Umweltbereich als auch aus
> dem Nord-Süd-Bereich, die da mitgemacht haben, die dann gesagt haben: Okay, wir lassen uns jetzt
> drauf ein, so wie das hier läuft, aber unser Ziel, z.b. zu einer Veränderung der Weltwirtschaftsord-
> nung zu kommen, wird hier in keiner Weise bearbeitet. Das war da aber nicht mehr thematisierbar.
> Die Spielregel war, wir bearbeiten das, was zu bearbeiten ist, und damit beschränkst du dich natür-
> lich unheimlich im Horizont. "*

In diesem Kontext wurde auch deutlich, dass die Prozesskoordinatoren einer Debatte,
die über den Interpretationskontext einer ökologischen Modernisierung hinausreichte,
ablehnend gegenüberstanden.

> *AG-B3 „Es gab anfangs - als es um Ideen ging - so sozialistisch angehauchte Vorschläge, die natür-
> lich bei der Zusammensetzung nicht weiter vertieft wurden. Ich glaube, dass man natürlich solche ge-
> sellschaftstheoretischen Ansätze auch nicht diskutieren kann! "*

Indessen wurde offenbar, dass die Prämissen der angewandten Methode zu Beginn des
Prozesses in der Verwaltung nicht klar waren und auch nicht ausreichend antizipiert
wurden. So stieß die - auf Empfehlung des Moderationsteams umgesetzte FAK-
Moderationsstrategie - noch während ihrer Durchführung auf Kritik, wie im Folgenden
deutlich wird:

> *AG-B1: „Man hat sich für eine Methode entschieden und durch diese Art und Weise der Moderation
> ist das ganze Ding in eine gewisse Richtung abgelaufen, und das ist nicht vorher reflektiert worden.
> Zu überblicken, welche Setzung man macht, wenn man welche Methode anwendet. Ich glaube damit
> war das Agendabüro überfordert. "*

> *AG-B3: „Ich frage mich auch, ob ich noch mal so einen Kreativansatz in der Moderation wählen
> würde. Einerseits glaube ich schon, wenn man schon Handlungsfelder und Themen so stumpf abgear-
> beitet hätte und wirklich Thema für Thema durchgegangen wäre, dann wäre schon beim ersten Thema
> irgendwann einmal ein Krach aufgetaucht, dann wären sie beim zweiten schon nicht mehr gekommen.
> [...] Andererseits hat es sicherlich nicht gerade zu einer systematischen Abarbeitung geführt. "*

Darüber hinaus wurde das Fehlen einer abschließenden Diskussion der Projektideen
anhand von Nachhaltigkeitsparametern von allen Befragten ebenso als Mangel empfunden wie die völlige Ausklammerung der Zieldiskussion, die auch durch die zum Prozessende initiativ gegründete »AG Ziele« nicht mehr kompensiert werden konnte. Diese
Kritikpunkte zogen jedoch keinerlei Auswirkungen, z.B. zugunsten einer Umgestaltung
der Arbeitsgremiensitzungen, nach sich. Hinsichtlich der Zieldiskussion verwiesen die
Befragten in ihrer Prozessreflexion vielmehr darauf, dass die Zieldebatte eine Aufgabe
des Forums hätte sein müssen:

AG-B3: „Wir stellen ja jetzt ein Defizit fest, was sicherlich nicht ein Defizit dieses Prozesses ist, weil es nie angedacht war, aber was natürlich für eine lokale Agenda als Ganze ein Defizit ist, das ist das Fehlen einer Zieldiskussion. [...] Eine solche Zieldiskussion wäre aber in den Facharbeitskreisen nicht leistbar gewesen, sondern da mussten dann wirklich auch Entscheider sitzen. In diesem Sinne wäre das Forum wohl das richtige Gremium gewesen, aber das war nie so angedacht."

Hinsichtlich der Prozessmoderation ging aus den Interviews hervor, dass auf eine Ausschreibung der Moderation aus Zeitnot sowie aufgrund vorhandener Kontakte und den guten Erfahrungen in der Zusammenarbeit mit einem Consulting-Büro verzichtet worden war:

AG-B2: "Es stand fest irgendwie, dass die Consultingfirma das mit der Moderation der Facharbeitskreise machen sollte, weil es [...] gute Erfahrungen innerhalb der Stadtverwaltung schon gibt, weil die in der Stadtverwaltung schon einige Sachen gemacht haben, so dass man einfach sagen konnte, die sind dafür geeignet. Dann hat man sich halt überlegt, wie könnte man jetzt das in den Prozess, wie kann man diese Facharbeitskreise zu einem guten Ergebnis hinführen und da hat man sich halt überlegt, dass diese Walt-Disney-Strategie eine ganz gute Strategie dafür wäre."

Die konkrete Moderation der FAK durch die Moderatoren des Consulting-Büros wurde dann allerdings unterschiedlich eingeschätzt. Während sich zwei der Befragten positiv äußerten, kamen einer Interviewten erhebliche Zweifel am Gelingen des moderierten Prozessablaufes. Die Positivbewertung der zwei Befragten lässt sich auch mit der vorteilhaften Bewertung des zusätzlichen Prozesscoachings in Verbindung bringen, welches das Consulting-Büro für die Agendabüromitarbeiterinnnen übernommen hatte. So ging aus den Aussagen eindeutig hervor, dass dieses Coaching den Agendabüromitarbeiterinnen Sicherheit verlieh und Kraft gab, die Arbeitsmethodik - trotz der Proteste der Teilnehmenden - aufrecht zu erhalten:

AG-B2: "Wir haben uns von denen so ein bisschen coachen lassen, was für uns auch sehr hilfreich war. Auch bei den Vorbereitungen der einzelnen Facharbeitskreise. [...] Da haben wir auch schon regelmäßige Treffen gehabt, und es ja Fragen der Bürgerbeteiligung, um so aus deren Erfahrung auch zu erfahren, was man machen könnte. Ja, da waren die auch mitbeteiligt. Sie haben dann auch dafür gesorgt, dass wir dann auch auf dem Weg geblieben sind und dass wir bei diesem Vorgehen blieben und nicht, weil da halt irgendwelche Protest schlagen, sagen, dann geht das halt nicht oder dann lassen wir's halt."

Die geringe Bürgerbeteiligung in den BZ wurde auf die abstrakte Thematik und auf Hemmungen bzgl. der Partizipation in einer fremden Gruppe zurückgeführt. Letztere wurden seitens der Befragten insbesondere als Begründung für das Fernbleiben von Bürgern aus den unteren sozialen Schichten angeführt und damit als Erklärungsansatz für die homogene Akademikerbeteiligung in den BZ herangezogen:

AG-B3: „Ich glaube, da ist die Hemmschwelle unheimlich groß. Das stell ich mir jedenfalls vor, wenn ich vielleicht arbeitslos bin mit der Frustrationslage, die man hat, und dann soll man da in so einen Bürgerzirkel gehen, das ist wohl sehr unrealistisch. Aber tatsächlich wäre die Möglichkeit da. Man müsste sich überlegen, wie man vielleicht auch gerade solche Leute motivieren und dann denen natürlich auch so etwas wie ein Gefühl von Wieder-Teilhabe am gesellschaftlichen Leben geben kann."

Zudem räumten die Mitarbeiterinnen ein, dass eine derartig umfangreiche Bürgerbeteiligungsaktion anders vorbereitet und umgesetzt werden muss. Sie verwiesen in dem Kontext darauf, dass es im Vorlauf zu einem solchen Prozess notwendig sei, kommunale Bürgerbeteiligung in Form kleiner Beteiligungsmodelle experimentell einzuüben und dass zudem die Möglichkeit zur bürgerschaftlicher Mitbestimmung an der Kommunalpolitik auch im Hinblick auf den lokalen Agendaprozess deutlich verbessert werden müssten.

AG-B1: „Eigentlich musst du Bürger und Bürgerinnen mehr zur Beteiligung befähigen. Man muss sie besser vorbereiten und das muss ein langwieriger Prozess sein. Es muss sich rumsprechen und vor allen Dingen, was jetzt natürlich jetzt hier fatal ist, du musst das Gefühl haben, dein Engagement schlägt sich irgendwo nieder, das taucht irgendwo wieder auf. Deswegen finde ich es unmöglich, dass man hier jetzt einfach sagt, jetzt ist Schluss. Weil das entmutigt die Leute total, die lassen sich doch nie wieder auf so etwas ein. "

Vor dem Hintergrund der unzureichenden partizipativen Vorerfahrungen der zu Beteiligenden wurde insbesondere die misslungene Prozessintegration der Jugendlichen in den Mittelpunkt gerückt:

AG-B2: „Es ist sehr schwer, Jugendliche zu integrieren. Also Kinder anzusprechen, das geht, bei Jugendlichen wird es schwierig, weil die einfach andere Interessen haben. Ich denke, in dem Alter sind andere Sachen einfach auch wichtiger und vielleicht fehlt auch einfach die entsprechende Vorarbeit, also überhaupt mitreden zu dürfen, Entscheidungen treffen zu dürfen und überhaupt die Kritikfähigkeit. So etwas wird ja doch relativ wenig gefördert. Es gibt nur eine Schule hier, wo die schon in der Grundschule ein Schülerparlament haben und die Schüler ganz alleine über ihren eigenen Haushalt entscheiden dürfen und mit dem Geld machen dürfen, was sie wollen. [...] Also von Anfang an, die Kinder auch Verantwortung übernehmen zu lassen. Nicht nur die Meinungen anhören und es dann doch nicht machen, sondern das wirklich ernst zu nehmen. "

Darüber hinaus machten die Agendabüromitarbeiterinnen auf die Bedeutung der kommunalen Printmedien aufmerksam, deren abschlägige Presse sich ebenfalls negativ auf die Bürgerbeteiligung und Breitenwirkung ausgewirkt habe. Ihre Hoffnung richtete sich letztlich auf eine Zunahme der Bürgerbeteiligung im Zuge der konkreten stadtteilbezogenen Umsetzung einzelner Projektideen.

AG-B3: „Wenn es bei uns in die Umsetzungsphase geht und auf einmal in einem Stadtteil irgend so eine Stadtteiloase vielleicht realisiert wird, dann ist das ein ganz anderer Punkt. Da hat man die Pflicht, die Leute zu erreichen und auch die Möglichkeiten und Methoden, das hinzukriegen. "

Die erarbeiteten Beratungsergebnisse, die nach Ansicht aller Interviewten lediglich den kleinsten gemeinsamen Nenner der Beteiligten widerspiegeln, wurden zwar insgesamt als interessant gewürdigt, allerdings z.T. auch als nicht agendakonkorm bzw. kommunalpolitisch nicht relevant bewertet. Aus diesem Grund befürwortete die Mehrzahl der interviewten Mitarbeiterinnen eine inhaltlich-fachliche Qualifizierung der vorläufigen Beratungsergebnisse im Zuge der Erarbeitung des Stadtentwicklungskonzeptes. Sie hoben dabei besonders die Notwendigkeit der dafür zu akquirierenden Expertise hervor.

An dieser Stelle wurde auch deutlich, dass die Befragten den FAK nicht die Funktion
fachlich-qualifizierter Gremien zuschrieben.

*AG-B3: „Die Ergebnisse spiegeln die Organisation und die Teilnehmer wider. Also z.B. würde ich nie
wieder sagen, dass es Facharbeitskreise sind, weil da jeder Experten-Gremien hinter vermutet und
das sind sie nicht. "*

Eine neuartige Zusammenarbeit zwischen Stadtverwaltung, Kommunalpolitikern, Verbandsvertretern und Bürgern wurde nach Ansicht aller Agendabüromitarbeiterinnen im
Prozess nicht erreicht, zumal selbst während der zeitlich knapp bemessenen Vernetzungstreffen weder ein übergreifender diskursiver Austausch, geschweige denn eine
Vernetzung der Aktivitäten erreicht werden konnte. Da zudem eine Integration des neu-
en Beteiligungsangebotes in die bisherige Struktur des kommunalen Entscheidungsprozesses nicht erfolgte, befürchteten die interviewten Vertreterinnen des Agendabüros,
dass der lokale Agendaprozess zu einer folgenlosen Stadtmarketingmaßnahme degeneriert.

*AG-B1 „Ich bin der Meinung, dass die Politiker diesen Prozess für sich missbraucht haben, im Sinne
einer public-relation-Veranstaltung. Es hätte einer politischen Orientierung bedurft, im Sinne von:
Wo wollen wir hin? Wo soll das Ganze hinführen? Das hätte auch bedeute, Konflikte einzugehen. [....]
auch zu sagen: Wir wollen, dass diese Leute hier mehr Mitspracherecht haben. Dieser Prozess ist
aber gestoppt worden und das kann ich nur so deuten, dass man das das nicht mehr möchte. "*

*AG-B3: Ich bin ganz ehrlich, ich glaube auch schon, dass das, was wir hier gemacht haben Hobby ist,
während die wichtigen Dinge ganz woanders gelaufen sind und auch abgekoppelt von diesem Prozess
entschieden worden sind. Aber das ist so etwas von typisch und Politikalltag, dass man auf der einen
Seite laut nach „Nachhaltigkeit" schreit und auf der anderen Seite etwas anderes tut. "*

Die geringe kommunalpolitische Relevanz führten die Befragten auch auf die Angst der
Politiker vor Machteinbußen zurück. Insgesamt wurde das offizielle Prozessende in der
umgesetzten Form als ein Prozessabbruch gewertet, der auch eine Absage an weitere
Bürgermitwirkung in der Implementationsphase impliziert.

*AG-B1: „Die Tatsache, dass jetzt das Ganze sozusagen zu einer Verwaltungsvorlage und zu einem
Bürgerantrag umgemodelt worden ist - ganz formal - bedeutet, dass die einzelnen Projekte jetzt de-
zentralisiert sind und das bedeutet letztlich, dass der Agendaprozess abgebrochen wird. Es gibt er-
stens keine weitere Koordinierung der Projekte [...] und es gibt zweitens keine verankerte oder in irgendeiner Form weiter entwickelte Bürgerbeteiligung. "*

Die Befragten äußerten vor diesem Hintergrund die Befürchtung, dass dieser Umgang
mit der lokalen Agenda - besonders dann, wenn die positive Wirkung der neu gebildeten Kontakte sich als nicht langfristig tragfähig erweisen sollte - auf lange Sicht sogar
ein partizipationsunfreundliches kommunales Klima zur Folge haben könne.

Die Umsetzungschancen der Beratungsergebnisse wurden vor diesem Hintergrund von
allen interviewten Mitarbeiterinnen eher prekär eingeschätzt, zumal sich der Rat bei
seiner Beschlussfassung zur lokalen Agenda im Juni 1999 eine Qualifizierung bzw.

Schwerpunktsetzung der Projekte versagt habe. Das bisherige Vorgehen war für die Mitarbeiterinnen des Agendabüros um so enttäuschender, als sie eine andere Vorgehensweise nach dem Erscheinen der Agendavorlage intendiert hatten, die jedoch weder politisch noch im Verwaltungsvorstand durchsetzbar war.

AG-B1: „Also es war z. B. eine Zeit lang im Gespräch, dass man jetzt bei der Umsetzung der Projekte - das hatten wir uns hier auch so vorgestellt - ein geregeltes Verfahren findet, die Ideengeber/in aus den Facharbeitskreisen miteinzubeziehen. [...] Das hätte z.b. auch bedeutet, dass sie in die Ausschussarbeit mit einbezogen werden würden. Das ging sogar so weit, dass die Fraktionen die Bereitschaft geäußert haben, die Geschäftsordnung der Ausschüsse daraufhin zu ändern - also nicht von der Gemeindeordnung her - sondern z. B. die Geschäftsordnung auszusetzen, wenn es um Rederecht der Bürger gehen soll. Es geht um geregelte Verfahren und dass man das formal ermöglicht. [...] Das war eine Idee einer tatsächlich ernsthaften Beteiligung auch im politischen Prozess. Und das wäre jetzt zwar bei einem Popelprojekt gelaufen, aber das sind ja einübende Geschichten und das sind auch Erfahrungen für Leute, zu wissen, wie so ein Ausschuss arbeitet. Das ist alles nicht gemacht worden."

Abgesehen von der lehrreichen Erfahrung angesichts der Durchführung einer solch umfangreichen Bürgerbeteiligung für die Verwaltung, richtete sich die Hoffnung der AG-B darauf, dass der lokale Agendaprozess - trotz seiner geringen kommunalpolitischen Relevanz - zumindest als Grundlage für die Erarbeitung eines »nachhaltigen Stadtentwicklungskonzeptes« fungiert:

AG-B3: „Ich weigere mich jetzt schon seit relativ langer Zeit, nur diese zwei Jahre, die jetzt bald zu Ende sind, als die lokale Agenda und den Agendaprozess von Münster zu verstehen. [...] Es muss jetzt einen weiteren Prozessbaustein geben, der irgendwo auf einer konzeptionellen Ebene beim Stadtentwicklungskonzept - oder wie auch immer - angesiedelt ist. Wo man über Ziele reden muss, wo man auch über Indikatoren reden muss und wo dann in ganz viele kommunale Steuerungsinstrumente eingegriffen wird, die werden dann sozusagen auf diese Linie gesetzt."

Allerdings wurde auch deutlich, dass im Rahmen eines derartigen Stadtentwicklungskonzeptes vorrangig pragmatische Ideen und Entscheidungen - auf Kosten des visionären Gehaltes - Berücksichtigung finden würden:

AG-B3: „Es wird zwei oder drei optionale Szenarien geben und der Rat wird entscheiden, welches es sein wird. Werden wir die Öko-Stadt Münster, die Cambridgestadt Münster oder werden wir Industriestandort Münster, diese Entscheidung wird der Rat treffen, aber in diese drei Optionen fließt alles, was bis dahin erarbeitet wurde, d.h. es werden am Ende computergestützte Szenarien, Computerprojektionen gemacht. [...] Wir werden ein paar Spielregeln oder Zielvereinbarungen festmachen, die die Verhältnisse von Beginn an klären. Wer dann sehr visionäre oder utopische Zielvorstellungen der Agenda 21 diskutieren möchte, der kann das da nicht tun."

Wenngleich dieser Hoffnung auf eine Fortführung des Prozesses im Rahmen des Stadtentwicklung, die in erster Linie auf die - im interkommunalen Vergleich - noch gute, finanzielle Münsteraner Ausgangsposition gründete, Ausdruck verliehen wurde, so blieb dennoch die Befürchtung offenbar, dass nach dem zweijährigen Schaulaufen in Sachen lokaler Agenda, die Prozessfortführung und Ergebnisumsetzung nur noch eine untergeordnete Rolle spielt.

AG-B3: „Offiziell kann man sicherlich sagen, dass Umweltthemen im allgemeinen und natürlich auch so etwas wie die lokale Agenda in Münster einfach einen ganz guten Boden haben, Münster ist nicht

umsonst Klimahauptstadt. [...] Es gibt einfach ein gutes Klima und auch eine gute finanzielle Situati-
on der Stadt Münster, die so einen Prozess einfach möglich macht. [...] Was hier auf so einer intel-
lektuellen Ebene diskutiert und dann auch noch machbar ist, das gibt es in anderen Städten nicht. Da
wird ganz klar nach der Mark entschieden. [...] Ganz inoffiziell kann man sicherlich sagen, es ist aber
für Münster typisch, für solche Sachen viel Geld auszugeben und hinterher bei der Umsetzung dann
zögerlich zu werden. Also nach dem Motto: Profilieren und lass'se man machen, dann sind die Ämter
auch glücklich und können wieder ein tolles Konzept machen und nachher wird dann das Ganze nicht
mehr so hoch aufgehängt."

Die Verortung der Agendaumsetzung auf der kommunalen Ebene erachteten die Befragten vor diesem Hintergrund zwar als eine sinnvolle Option, die jedoch adäquater
Rahmenbedingung auf Landes-, Bundes- und europäischer Ebene bedarf, um eine größere kommunalpolitische Relevanz zu erfahren.

5.1.2.2 Fallgruppe »LK«: Akteure aus dem Lenkungskreis

Die Befragten des LK aus den NRO (LK-N), der Verwaltung (LK-V) und dem Stadtrat
(LK-R) hoben einhellig die Bedeutung des LK als koordinierende, prozesssteuernde
Instanz für das Gelingen des Prozesses hervor:

LK-R2„Ich glaube, ohne den Lenkungskreis wäre der gesamte Prozess ziemlich schwierig geworden
oder sogar ins Schleudern geraten. Ich glaube, dass wir im Lenkungskreis immer wieder sehr klar
herausgearbeitet haben, was jetzt die nächsten Schritte sind."

Als die zwei Hauptarbeitsphasen des LK wurden von den Interviewten dabei die Ausgestaltung der Prozesskonzeption sowie des Agendaabschlusses genannt.

Die Integration der NRO-Vertreter in den LK wurde von allen Befragten als Innovation
gewürdigt. Anhand der Aussagen des LK-N wird deutlich, dass die NRO-Vertreter ob
ihrer Einbindung in den LK zunächst verblüfft waren und sich geschmeichelt fühlten.

LK-N1: „Also, es war für mich als kommunalpolitischen Nobody natürlich etwas ungeheuer Spannen-
des. So da plötzlich auf so einer Ebene dann mitmischen zu können, Einfluss nehmen zu können, Rats-
beschlüsse vorzubereiten."

Die Einflussnahme der NRO-Vertreter auf das Gremium wandelte sich im Prozessverlauf allerdings alsbald zu ihren Ungunsten. War der Einfluss zu Prozessbeginn bis zur
Etablierung des Agendabüros noch relativ groß, weil die Vertreter von Verwaltung und
Politik zu Beginn verunsichert agierten, verringerte er sich umgehend mit der Etablierung des Agendabüros, welches auch die entscheidenden Vorarbeiten für Entscheidungen, wie z.B. die Vorschläge der Besetzungslisten der FAK oder die Kontaktherstellung
mit dem moderierenden Consulting-Büro, erledigte.

Die befragten Vertreter aus Verwaltung und Politik stellten in diesem Kontext zwar die
neuartige Form der Zusammenarbeit von Verwaltung, Politik und organisierter Bürger-

schaft hinsichtlich der Steuerung eines stadtrelevanten Prozesses besonders heraus,
machten jedoch auch darauf aufmerksam, dass die Einbindung der NRO-Vertreter primär zur Erhöhung der Prozessstabilität und Entscheidungslegitimität des Gremiums
dienen sollte, weil es von den NRO-Vertretern abverlangte, (scheinbar) notwendig gewordene brenzlige Entscheidungen, die ihren inhaltlichen Interessen zuwider liefen,
mitzutragen und nach außen weiterzugeben.

> LK-V1„Der Lenkungskreis ist ein ganz, ganz wichtiges Gremium, weil da die steuernden Entschei-
> dungen gefallen sind. [...]Die Nicht-Regierungs-Organisationen wurden mehr in die Pflicht genom-
> men, die mussten Entscheidungen mittragen und dann im Eine-Welt- und im Umweltforum einbringen.

So wurde die Beauftragung des von der Verwaltung vorgeschlagenen Consulting-Teams
zur Prozessmoderierung ebenso (diskussionslos) angenommen wie die von dem Consulting-Team vorgeschlagene Walt-Disney-Arbeitsmethode, der zunächst nicht so große
Bedeutung zugemessen wurde. Der befragte Vertreter der NRO's machte jedoch deutlich, dass die NRO-Vertreter die Arbeitsmethode nicht mitgetragen hätten, wenn sie um
die konkrete Verfahrensausgestaltung - mitsamt ihren Prämissen - bereits zu Beginn
gewusst hätten:

> LK-N1 „Das Konzept lag auf dem Tisch des Lenkungskreises, d. h. es war sozusagen abgesegnet, oh-
> ne abzusehen, was also mit dieser Methode erreicht und nicht erreicht werden konnte. [...] Das zu
> durchschauen, war für mich persönlich nicht möglich, muss ich ganz klar sagen. Wenn ich ein Modell
> vor Augen gehabt hätte, dann hätte ich wahrscheinlich auch ein bisschen gemeckert. "

Damit blieb die diskursbeschränkende Arbeitsmethodik in den FAK ebenso abgesichert,
wie die Ausblendung der strittigen Großprojekte der Stadtentwicklung. Letztere wurde
nicht zuletzt auch aufgrund der Exit-Drohung der Wirtschaftsverbände, deren Integration in den Prozess als überaus wichtig eingestuft wurde, nicht thematisiert. Anhand der
Interviews wurde zudem deutlich, dass es im Zuge der zweiten bedeutenden Arbeitsphase bzgl. des weiteren Vorgehens mit den erarbeiteten Beratungsergebnissen und des
Verpflichtungscharakters der Vorlage zwischen den NRO-Vertretern und der Verwaltung und Politik zunächst Unstimmigkeiten gab, die jedoch aufgrund des inhaltlichen
Rückzugs der NRO-Vertreter nicht sehr intensiv und nur von kurzer Dauer waren.
Letztlich wurde das umgesetzte Vorgehen, das primär auf die Initiative der Verwaltung
zurückging, von allen Beteiligten mitgetragen:

> LK-R1: „ Wir haben lange darüber im Lenkungskreis debattiert, wie wir mit den erarbeiteten Projekt-
> vorschlägen jetzt umgehen sollen. Ich hatte mal ziemlich schnell gesagt, die Projekte, die einver-
> nehmlich auch beschlossen werden, kann auch die Verwaltung sofort umsetzen. Aber es hat sich dann
> doch gezeigt, dass das so schnell und einfach nicht geht. Weil sich die Projekte, die in den unter-
> schiedlichen Arbeitskreisen erarbeitet wurden, zum Teil überlappen bzw. widersprechen, oder juristi-
> sche Gründe einer Verwirklichung entgegenstehen, zum Teil auch über die finanziellen Auswirkungen
> noch keine Erkenntnisse vorliegen, so dass wir da doch hinkommen mussten, zu sagen, wir behandeln

*diese Projektvorschläge des lokalen Agendaprozesses genauso wie wir es tun mit den Anträgen der
Ratsfraktion und wie mit den normalen Bürgeranregungen nach 24 der Gemeindeordnung"*

Aus der Befragung des LK-N ging dbzgl. hervor, dass er diese Entscheidung - aus
Furcht davor, dass gar kein Ergebnis zustande käme - im Lenkungskreis mittrug, um so
zumindest einen Beschlussvorschlag auf den Weg zu bringen, der auch eine gewisse
Öffentlichkeitswirksamkeit haben sollte.

*LK-N1: „Es gehörte zum Realitätssinn, anzuerkennen, dass das ein Knackpunkt ist, sowohl für die
Gesamtverwaltung und erst recht ein Knackpunkt für die Opposition. Und im Gegensatz zu vielen anderen Beteiligten gehörte ich nicht zu denjenigen, die also in den Projekten das einzige Element des
Agendabeschlusses gesehen haben. [...]Das bisschen, was es dann an weiterführenden Elementen
gab, sprich die Entscheidung zum Stadtentwicklungskonzept, aber auch so kleinere Elemente wie
Nachhaltigkeitsberichterstattung, wie dann Einrichtung eines Bürgerforums „zukunftsfähiges Münster" das steht da ja auch alles drin, waren mir persönlich, ehrlich gesagt mindestens genauso wichtig, wie die Projekte. "*

Darüber hinaus wurde anhand der Aussagen deutlich, dass die mangelnde Rückkopplung zum entsendenden NRO-Verband dem LK-N eine Handlungs- und Entscheidungsfreiheit ermöglichte, die allein der subjektiven Lageeinschätzung verpflichtet war:

5.1.2.3   Fallgruppe »BZ-M/ZW«: Moderatoren der Bürgerzirkel bzw. Zukunfts-
werkstätten

Wie bereits erwähnt, fasse ich in dieser Fallgruppe die drei interviewten Moderatoren
der Bürgerzirkel, von denen einer auch als Moderator der Zukunftswerkstätten fungierte, als »BZ-M/ZW« zusammen, weil ihr gemeinsamer Aufgabenbereich auf die Klientel
der unorganisierten Bürgerschaft ausgerichtet war.

Der lokale Agendaprozess wurde von allen Befragten zunächst begrüßt, weil er als Anstoß für eine Öffnung der klassischen Kommunalpolitik zugunsten einer stärkeren Integration von Bürgerbeteiligung gewertet wurde. Anhand der Aussagen der BZ-M/ZW
wurde allerdings deutlich, dass sie die Organisation der BZ defizitär bewerteten. Ihrer
Ansicht nach wären kürzere Zeitabstände zwischen den einzelnen Treffen - gerade zu
Prozessbeginn - nötig gewesen, um das Engagement und die Motivation der beteiligten
Bürgern in den BZ aufrechtzuerhalten. Zudem erachteten sie mehrheitlich kompakte
Wochenendenveranstaltungen sinnvoller als einmal monatlich stattfindende Abendver-
anstaltungen:

*BZ-M/ZW3: „Die organisatorische Form, sich einmal im Monat zu treffen, die war daneben. Also
wenn man mit Bürgern arbeitet muss zumindest zu Beginn ein wöchentliches Treffen stattfinden, bevor
dann ein Termin in 2 Wochen abgesprochen wird, sonst verlieren die Leute die Dynamik. Für diese
Bürgerzirkel-Sache fände ich es sinnvoller, zwei, drei Wochenenden anzubieten und dann durchklot-
zen mit den üblichen Methoden. Denn man darf ja nicht vergessen, die Leute kommen von einem Ar-*

*beitstag und sollen abends um 19 Uhr bis um 22 Uhr noch zusammensitzen, drei Stunden, dabei ha-
ben die Leute schon den ganzen Tag gedacht."*

Gründe sowohl für die zu Beginn hohe Fluktuation des Teilnehmerfeldes in den BZ
sowie für das Abbröckeln der Teilnehmerzahl sind nach Ansicht der Befragten in dem
Wegzug von Teilnehmenden, dem zu abstrakten Thema, Zeitmangel, Terminkollisionen
und der im Prozessverlauf immer deutlicher werdenden geringen Prozessrelevanz zu
sehen. Zudem verwiesen sie darauf, dass das Thema Agenda bzw. zukunftsfähige Entwicklung den Menschen einen umweltlastigen und bedürfnisfeindlichen, asketischen
Eindruck vermittle, der in der antizipierten inhaltlichen Konsequenz ebenso unbeliebt
sei, wie der mit dem Thema assoziierte politische Gehalt. Dies wurde auch daran deutlich, dass die Teilnehmerzahl an den Zukunftswerkstätten zur lokalen Agenda weitaus
geringer ausfiel als bei Stadtteil-Zukunftswerkstätten, die zu anderen Themenbereichen
durchgeführt worden waren:

*BZ-M/ZW: „Bei den Einladungen des Agendabüros kamen so 30-40 Leute. Bei den offenen Einladun-
gen, die ich auch so gemacht habe, da kommen so 100-150 Personen. Das liegt an der Agendaaufma-
chung. Die war manchen zu eingeschränkt, zu politisch, da kamen also bestimmte Kreise gar nicht
mehr, wenn es unter dem Lable Agenda firmiert. Das muss man ganz einfach so sehen".*

Alle Befragten machten deutlich, dass in der Konsultationsphase der BZ - im Gegensatz
zu den FAK - offene, kontroverse Diskussionen sowie auch eine Mitbestimmung der
Beteiligten bei der konkreten Verfahrensgestaltung erwünscht waren, um so zu handlungsleitenden Ansätzen einer zukunftsfähigeren kommunalen Entwicklung zu gelangen. Anhand der Aussagen wurde jedoch deutlich, dass dieses Vorgehen insbesondere
in der Phase der Themenfindung und bei den philosophisch-inhaltlichen Diskursen häufig zu kontroversen Auseinandersetzungen führte. In der Folge verließen zwar auch
einige der »Unterlegenen« die BZ, nach Ansicht der Moderatoren hatten die ausgetra-
genen Kontroversen in den meisten Fällen jedoch zur Konsequenz, dass sich die Teilnehmenden sukzessive, vermittels von Nachfragen, besser verstehen und damit aufeinander zu bewegen konnten. So entstand unter den Verbliebenen ein gutes, konstruktives
Arbeitsklima.

*BZ-M/ZW1: „Die Konflikte haben sich z.T. auch dadurch gelöst, dass einige Leute die Bürgerzirkel
verließen. Missionare, die sich mit ihrer Meinung nicht durchsetzen konnten, haben dann schnell die
Lust zur weiteren Beteiligung verloren. Konflikte sind auch dadurch gelöst worden, dass sehr stark
nachgefragt wurde, um herauszufinden, ob man den Gesprächspartner überhaupt richtig verstanden
habe. Es ist auch eine Neugier für die Position des Anderen da gewesen, die sich im Laufe der Zeit
noch verstärkt hat. Es sind dann auch gemeinsame Ziele festgestellt worden. [...]Gerade in der letzen
Phase der Bürgerzirkel war dann ein sehr konstruktives Arbeitsklima."*

Auch konnten so die anfänglichen Berührungsängste in den akademisch-
bildungshomogen besetzten BZ nach Ansicht der befragten BZ-M/ZW, die zugleich als

Beobachter in den FAK zugegen waren, besser abgebaut werden als in den FAK, in

denen die heterogene Zusammensetzung eine gewisse Distanz schuf:

> *BZ-M/ZW2: "Bei den Facharbeitskreisen saßen Leute, die von ihren Arbeitgebern dort hingeschickt*
> *wurden. Für mich ist immer das typische Beispiel die IHK-Vertreter, die [...] schlucken mussten wenn*
> *dann andere Leute im Rollkragenpullovern kamen und Bluejeans, die nicht mehr ganz sauber waren.*
> *Also da merkte man schon gewisse Berührungsängste."*

Zudem kritisierten die BZ-M/ZW, die als Beobachter auch in den FAK anwesend wa-

ren, die dort umgesetzte Arbeitsmethode als entmündigend und einengend. Zudem sei

der rote Faden im Verlauf der Sitzungsreihe verloren gegangen. Vor allem die als zu

dominant bzw. dirigistisch bewertetet Moderation und die inhaltliche Beschränkung der

Diskursmöglichkeiten wurde in den Mittelpunkt der Kritik gestellt und für die, hinter

den Erwartungen zurückbleibende, Qualität der Ergebnisse mitverantwortlich gemacht:

> *BZ-M/ZW2: „Die Art der Moderation und die sehr engen Vorgaben in Bezug auf das, was die am*
> *Agendaprozess Beteiligten überhaupt machen durften, ist ein Grund für das mangelhafte Ergebnis."*

Die ex post Etablierung der BZ würdigten alle Befragten, weil so auch eine Partizipati-

onsmöglichkeit für unorganisierte Bürger im Agendaprozess geschaffen und die »closed

shop« Struktur des Prozesses geöffnet worden sei:

> *BZ-M/ZW1: „Ich denke, für das Bewusstsein der Leute für die lokale Agenda 21 und als Möglichkeit*
> *der Mitwirkung an derselben sind die Bürgerzirkel sehr wichtig gewesen. Ansonsten spielt sich die lo-*
> *kale Agenda 21 nur in bestimmten Zirkeln ab, eben in den Facharbeitskreisen, das ist dann eher eine*
> *geschlossene Veranstaltung. Die Bürgerzirkel ermöglichten im Prinzip eine Öffnung."*

Sie kritisierten jedoch, dass nicht nur die Bürgerbeteiligung, sondern auch die Bedeu-

tung der Bürgermitwirkung im Prozess eher gering blieb, zumal die Kontakte zwischen

den BZ und den FAK bzw. der Politik und Verwaltung nach einhelliger Ansicht der

Befragten auf einem kläglichen, verbesserungswürdigen Niveau blieben.

> *BZ-M/ZW2: "Die Bürgerzirkel liefen so ein bisschen nebenher. Es wurde zwar gesagt: »Ihr seid*
> *gleichberechtigt«. Es gab auch ein oder zwei sogenannte Vernetzungstreffen, wo das dann zusam-*
> *mengebunden werden sollte, aber im Prinzip lief das nebeneinander her. [...] Das lag natürlich auch*
> *in der unterschiedlichen Handhabung."*

Deswegen plädierten die BZ-M/ZW für mehr Mitbestimmungsrechte der Bürger ebenso

wie für einen konkreteren Bezug des Themas zur Lebenswelt der Bürger; dabei wurde

die Stadtteilarbeit, aufgegriffen in den Zukunftswerkstätten, besonders positiv hervor-

gehoben:

> *BZ-M/ZW1: „Es gibt immer noch viele Bürger, die mit der lokalen Agenda 21 nichts anzufangen wis-*
> *sen. [...] Es ist zugegebenermaßen Öffentlichkeitsarbeit gemacht worden, aber trotzdem ist es sehr*
> *schwer den Bezug dieses Vorhabens und der ganzen Aktivitäten zu dem Lebensalltag der Menschen*
> *herzustellen. [...] Den Eindruck, den wir allerdings gewonnen haben, war, dass da die Zukunftswerk-*
> *stätten sehr gut diese Kluft überwinden konnten, die dann in die Stadtteile hineingegangen sind. Da*
> *wurde dann der Aspekt der unmittelbaren, direkten Betroffenheit eher deutlich, um Engagement und*
> *weitere Auswirkungen zu erreichen."*

Die Positivbewertung der Zukunftswerkstatt gründete auch auf der Inhaltsoffenheit ihrer
Methode, die den Befragten deswegen geeigneter erschien, als die in den FAK umgesetzte Walt-Disney-Strategie, zumal aus jener die relevanten Themengebiete ausgeklammert wurden. Darüber hinaus erzeugte die Weiterführung der erarbeiteten Projektideen aus den Zukunftswerkstätten in Eigenregie der Beteiligten (in den sog. permanenten Werkstätten, vgl. Kap. 2.5.4.1) einen positiven Wiederhall bei den Befragten. Dagegen zeigten sich die Befragten ob der zögerlichen Umsetzungsphase und der geringen
Prozessrelevanz im kommunalpolitischen Kontext desillusioniert und enttäuscht, wie
die nachstehende Aussage deutlich macht:

*BZ-M/ZW3: „Ich habe das Gefühl, dass der Anhang bei der Vorlage eine Art Stoffsammlung ist. Da
blättern jetzt die Politiker drin rum und schauen, was sie davon als politische Forderung übernehmen
wollen. In die Richtung geht das, mehr ist das auch nicht."*

Denn auch wenn die BZ-M/ZW die Qualität der Ergebnisse der lokalen Agenda, die
nach Ansicht der Befragten lediglich den kleinsten gemeinsamen Nenner der Beteiligten
widerspiegeln, als zusammenhangslose Projektsammlung kritisierten, so war Ihnen die
Umsetzung der Projekte dennoch wichtig, weil sie sich davon eine Schub für die Breitenwirkung des Themas und auch für die Bürgerbeteiligung versprachen.

Insgesamt hoben die BZ-M/ZW hervor, dass der lokale Agendaprozess keine effektive
Erweiterung bürgerschaftlicher Mitsprache darstelle, da er letztlich um die eingeforderte
bürgerschaftliche Mitsprache beschnitten sei. Sie kritisierten besonders, dass die Prozessfortführung und Ergebnisumsetzung - unabhängig vom Bürgerwillen - allein von
der politischen Entscheidung der Mandatsträger abhängt:

*BZ-M/ZW2: "Das hängt von der Politik ab, ob sie das will. Mein Eindruck ist, dass sie das nicht will.
[...] Denn Tatsache ist ja, dass das, was bei den Facharbeitskreisen und den Bürgerzirkeln rausgekommen ist, jetzt in die Verwaltung gegeben worden ist und die Verwaltung prüft, was davon umsetzbar ist, damit sind ja die Teilnehmer der Facharbeitskreise und der Bürgerzirkel außen vor. Es ist
zwar gesagt worden »ihr könnt euch weiter daran beteiligen«, nur da ich die Verwaltung ja kenne,
funktioniert das ja nicht. [...] Im Prinzip ist das genau die gleiche Struktur wie bisher, wo nämlich
durch eine Verwaltung in den Beschlussgremien etwas vorgedacht wird, was die Bürger dann präsentiert bekommen. Also de facto ist das hier partizipatorische Verzierung."*

Auch die inhaltliche Umsteuerungsfunktion der lokalen Agenda in Richtung kommunaler Zukunftsfähigkeit bewerteten die Befragten vor diesem Hintergrund negativ. Ein
Befragter hegte jedoch die Hoffnung, dass der lokale Agendaprozess zur langfristigen
Aufwertung der Bedeutung von Bürgerbeteiligungsverfahren sowohl bei Verwaltung
und Politik als auch den Bürgern beigetragen haben möge:

*BZ-M/ZW1: „Ich denke die Zukunft dieser Stadt wird auch ein wenig durch die lokale Agenda gestal-
tet, dass Verwaltung und Politik langsam ein anderes Verständnis für neue politische Strukturen und*

*Bürgerbeteiligung entwickelt haben und auch die Bürger, die sich beteiligt haben, den Mut gefunden
haben, gestalterisch kommunalpolitisch mitwirken zu können. "*

Insgesamt wurde deutlich, dass die Befragten eine Prozessfortführung mit einem Koor-
dinationsbüro, das sowohl als eine Anlaufstelle für die Interessierten wie auch als Con-
trollingstelle für die Ergebnisimplementation fungieren müsse, für notwendig erachteten. Dessen ungeachtet gingen sie allerdings davon aus, dass der Weg der Kommunalpolitik wieder zurück zum klassischen »procedure as always« führt. Das damit die
Chance, eine stärkere bürgerschaftliche Mitwirkung in der Kommunalpolitik zu erreichen, ungenutzt blieb, schrieben sie in erster Linie den fehlenden Willen der Politiker
zu:

*BZ-M/ZW2: "Ich hatte den Eindruck, dass die Politik die ganze Geschichte auch mit Misstrauen be-
trachtet, weil das für sie eine Art der Bürgerinnen- und Bürgerbeteiligung war, die sie nicht gewohnt
sind. Sie sind ja gerade stolz darauf, dass sie stellvertretend für die Bürger agieren. Sie werden einmal gewählt und dann »wissen« sie, was sie uns »einfachen Menschen« sagen können. Da müsste
einfach aus Überzeugung ein Umdenkungsprozess stattfinden. "*

Mehrheitlich verwiesen die Befragten in diesem Kontext auf die Notwendigkeit, seitens
der Bürgerschaft einen Gegendruck aufzubauen und eigenständige Handlungsfähigkeit
dadurch zurückzugewinnen, dass einige Projekte - unabhängig vom politischen Votum-,
weitergeführt und praktisch angegangen werden.

5.1.2.4   Fallgruppe »PZM«: Akteure aus der Projektgruppe zukunftsfähiges Mün-
ster

Die meisten Befragten der PZM waren mit dem methodischen Prozessansatz in den
FAK und der organisatorisch-prozessualen Vorstrukturierung des Prozesses durch Rat,
Verwaltung und LK unzufrieden, weil sie in der Ausblendung der stadtentwicklungsrelevanten Themen sowie leitzielorientierter und inhaltlich-kontroverser Diskussionen
Hauptgründe für die geringe Prozessrelevanz sahen. Darüber hinaus wurde sowohl Kritik an der Auflösung des Agendabüros laut, wie auch die Befürchtung deutlich, dass die
erarbeiteten Beratungsergebnisse im klassischen kommunalpolitischen Kontext versanden könnten:

*PZM2: „Ich habe den Eindruck, dass die lokalen Agendaaktivitäten bei Politik und Verwaltung eher
weniger geworden sind. Natürlich tut die Verwaltung auftragsgemäß - mit einigen dicken Vorlagen
wie der 393/99 und der neuen 945/00 - jetzt ihre Pflicht gegenüber den Ratsbeschlüssen, aber mich
bedrückt, dass man da keine echten Fortschritte sieht. "*

Dass zudem Projektmittel bereits während des Prozesses - mangels Koordination und
aufgrund von Informationsdefiziten - für unbrauchbare Sachgüter verbraucht wurden -

führte bei den engagierten Prozessbeteiligten zu Motivationsverlust und Resignation, wie an dem folgenden konkreten Beispiel exemplarisch deutlich wird:

> *PZM1: „Einen Erfolg haben wir ja gehabt, nicht nur, dass wir die Agendarundbriefe finanziert bekommen haben, sondern auch für ca. 6000 DM eine mobile Lautsprecheranlage; nur wir wissen sie nicht einzusetzen. Dass wir zur Betreibung derselben eine Genehmigung brauchen, habe ich erst erfahren, als die Anlage schon da war und wir damit auf den Markt gehen wollten. Wir wollten die in eigens dafür hergerichteten Fahrradanhängern transportieren, da zeigte es sich, dass unsere Möglichkeiten dazu durch das Ordnungsamt sehr begrenzt sind, weil bei Kundgebungen mit Lautsprecherübertragung etwa 75 Personen zu erwarten sein müssen. Eine solche Aktion muss natürlich bei der Polizei angemeldet werden und darf nicht auf dem Markt erfolgen u.s.w. Da habe ich in unserer Gruppe nicht genügend Mitstreiter gefunden und dabei ist mir dann der lange Atem ausgegangen, das weiterzuverfolgen."*

Insgesamt wurde offenbar, dass die genannten Aspekte für die Wiedergründung der Projektgruppe ausschlaggebend waren. Vor diesem Hintergrund soll die PZM nach Ansicht aller Interviewpartner eine *pressure-group-Funktion* zur Fortführung des lokalen Agendaprozesses und zur Umsetzung der erarbeiteten Beratungsergebnisse leisten.

> *PZM1: „Wir wollen zusehen, dass das nicht in der Schublade liegen bleibt, bis das Ganze dann wieder mal von vorne los geht. Denn sonst schleppt sich die Umsetzung wie ein Ackerwagen im zähen Morast so dahin."*

Erschwert wurden diese Bemühungen jedoch - nach Ansicht der Interviewten, die nicht berufsbedingt mit der Stadtverwaltung zu tun hatten - durch mangelnde Erfahrung und Kompetenz im Umgang mit Verwaltungserfordernissen und der daraus resultierenden Unsicherheit, sich als unorganisierte Bürger auf dem Plateau von Verwaltungserfordernissen zu bewegen:

> *PZM1: „Es ist auch so gewesen, dass ich in vielen Dingen, die ich so gar nicht verstanden habe, da ich kein Verwaltungsfachmann bin, Unterschriften geleistet habe. Wenn man mitmischen will, muss man doch so einige Formalitäten einhalten, damit man z.B. Bürgeranregungen geben kann. Da habe ich die immer treuherzig unterschreiben, bin aber sehr froh, dass ich nicht darauf angesprochen werde oder Bericht erstatten muss."*

Die Zusammenarbeit im Rahmen der Projektgruppe zwischen ehemaligen FAK und BZ-Mitgliedern wurde von allen Interviewten positiv bewertet, allerdings ergaben sich aufgrund der geringen Teilnehmerzahl eingeschränkte Handlungskapazitäten:

> *PZM4: „Die Gruppe ist zu schwach, um sich große Projekte vorzunehmen, das kann sie im Moment einfach nicht leisten. Ich bin trotzdem der Meinung, dass die Gruppe ein Wert an sich ist, einfach um zu demonstrieren, wir haben weiterhin den Anspruch in irgend einer Form da mit beteiligt zu sein."*

So sind die Aktivitäten der Gruppe vornehmlich auf die klassischen Bürgerbeteiligungsmöglichkeiten im Rahmen von Bürgeranfragen und -anträgen ausgerichtet. Allerdings blieb auch die Hoffnung auf einen darüber hinaus gehenden Einfluss auf die Inhalte der Kommunalpolitik, z.B. durch die Integration agendasachkundiger Bürger in entsprechende Fachausschüsse, virulent:

> *PZM2: " Eine Form der Einflussnahme wäre auch, dass wir in Fachausschüsse des Rates, die sich also mit irgendwelchen agendarelevanten Dingen zu befassen haben, jetzt auch unsere Vertreter ent-*

*senden können. Das ist natürlich ein dornenvoller Weg. Ich bin gestern noch von den Mitstreiterinnen
und Mitstreitern dazu beauftragt worden, da mal zu recherchieren, was da überhaupt möglich ist.
Und das geht nur über die Parteien, das ist also ein etwas dornenvoller Weg - befürchte ich."*

Die Informationspolitik der Verwaltung nach dem Ende des offiziellen Agendaprozesses stieß bei allen Interviewten auf Kritik. Insbesondere, dass öffentlichkeitswirksame
Veranstaltungen - wie z.b. das erste Bürgerforum zukunftsfähiges Münster - nicht öffentlich in der Presse angekündigt wurden, erregte die Gemüter der Befragten:

> PZM3: *„Zu kritisieren ist ja nun auch, dass zu diesem Bürgerforum überhaupt keine Öffentlichkeits-
> arbeit gemacht wurde. Mir wurde noch einmal von der Verwaltung bestätigt, dass Einladungen ledig-
> lich über den Agendaverteiler gegangen sind. Ansonsten wird nicht dazu aufgerufen, sich zu beteili-
> gen bzw. dahin zu kommen, d.h. der Normalbürger kann davon gar nichts wissen. Das finde ich schon
> recht empörend. Ich halte das für einen Widerspruch in sich: ein Bürgerforum als »closed shop« - Ver-
> anstaltung."*

Diese Dethematisierung wurde auch als Indikator dafür gewertet, dass der Fortführung
des Prozesses unter bürgerschaftlicher Beteiligung nur noch nachrangige Priorität eingeräumt wird. Deswegen kamen die Interviewten zu dem Schluss, dass eine bürgerschaftliche, kommunalpolitische Mitsprache im Rahmen des lokalen Agendaprozesses verwirkt wurde. Nach Ansicht aller Befragten blieb es bei den bereits bekannten Beteili-
gungsoptionen, weil die Ausgestaltung der kommunalen Politik, nach einem unbedeutenden Schlenker über das Phänomen »lokaler Agendaprozesse«, wieder völlig zurück
zum klassischen Planungshandeln und damit in die kaum transparenten Entscheidungswege der geschlossenen Verwaltungs- und Ratsebene hinein führte.

> PZM4: *„Es ist genauso gelaufen, wie ich mir das gedacht habe, dass nämlich die Fachämter der
> Stadtverwaltung sich über die Projektergebnisse hergemacht haben. [...] Das hat mit Bürgerbeteili-
> gung überhaupt nichts zu tun. Der Prozess geht jetzt sozusagen den üblichen Weg in die Verwaltung
> hinein, und wir wollen seitens der Projektgruppe noch einmal versuchen, die ganze Sache ein wenig
> umzudrehen. Ein wesentliches Element des ganzen Prozesses war ja die Bürgerbeteiligung, so war ja
> wohl auch die Intention der Autoren der Agenda 21."*

> PZM3: *„Da ist sicher keine nachhaltige Verbesserung bürgerschaftlicher Mitwirkungsmöglichkeiten
> eingetreten."*

Insgesamt ging aus den Aussagen eine deutliche Kritik an Politik und Verwaltung hervor, die eine effektive Bürgerbeteiligung und die Erarbeitung und Umsetzung neuartiger
bürgerschaftlicher Mitsprachemöglichkeiten und Beteiligungskonzepte nicht als gemeinsame Aufgabe von Bürgern, Verwaltung und Politikern begriffen. Dabei wurden
auch kritische Stellungnahmen hinsichtlich der kommunalen Integrationsfähigkeit von
Bürgerbeteiligungsverfahren in die repräsentative Demokratie laut:

> PZM1: *„Diese repräsentative Demokratie ist wirklich eine höchst fragwürdige Sache, weil sie die be-
> sten Leute verschleißt."*

In diesem Kontext wurde anhand der Aussagen auch die Enttäuschung ob des verwaltungsinternen Prüfverfahrens der Projekte deutlich. Bemängelt wurde dabei die unzureichende Einbindung der Projektinitiatoren und der geringe Arbeitsaufwand, mit dem die Verwaltung die Projektprüfung vollzogen habe. An der folgenden Aussage wird diese Einschätzung stellvertretend deutlich:

> *PZM3: „Teilweise wussten bei unseren Anfragen die verantwortlichen Dezernenten oder Bereichsleiter der Verwaltung gar nichts vom Ratsbeschluss zur lokalen Agenda, geschweige denn zum Stand der Projektbearbeitung bzw. Prüfung. [...] Ich kann zumindest zu einem Projekt sagen, um das ich mich selbst bemüht hatte, dass ich noch im August dieses Jahres [2000; Anm.d.Verf.] mit dem Leiter des entsprechenden Fachamtes ein Gespräch geführt habe, und sich bei dem Gespräch herausstellte, der Leiter und der zuständige Referent kannten weder den Ratsbeschluss zur lokalen Agenda noch unseren Projektvorschlag. Im Vorfeld müssen sie dennoch dem Projekt den Stempel »erledigt« gegeben haben, solche grotesken Sachen haben wir auch erlebt. "*

Folgerichtig waren alle Interviewten über den ersten Nachhaltigkeitsbericht der Stadt (Vrl. 945/00) sehr enttäuscht, zumal sie darin sowohl Ansätze eines konsistenten Indikatorensettings ebenso wie nachvollziehbare und fundierte Projektprüfungsberichte vermissten. Insbesondere der Bearbeitungsvermerk »erledigt«, der als Mogelpackung gebrandmarkt wurde, gab den Befragten Anlass zu Kritik.

> *PZM4: „Wenn man das Kleingedruckte liest, sieht man, dass das Wort »erledigt« eine Mogelpackung ist. Da steht nämlich sinngemäß erledigt heißt, die Fachämter haben sich mit der Sache beschäftigt und erklären das jetzt zum Geschäft der laufenden Verwaltung. Damit ist natürlich nichts erledigt, sondern meiner Ansicht nach ist das Wort, wahrscheinlich absichtlich so gewählt, problematisch. Es soll damit suggeriert werden, die Sache sei praktisch abgeschlossen. In Wirklichkeit ist das Ganze aber ein permanenter Prozess und auch Verwaltungshandeln ist ja ein permanenter Prozess. Also durch das Wort »erledigt« wird nur noch mal unterstrichen, dass die eigentlich keine weitere Bürgerbeteiligung wollen und dass die Verwaltung, die Entwickler der einzelnen Projekte nicht weiter beteiligen will. "*

Die Hälfte der Interviewten brachte die stockende Prozessfortführung und mangelnde Projektumsetzung mit der Veränderung des politischen Klimas durch den Regierungswechsel im Zuge der letzten Kommunalwahl in Verbindung. Die andere Hälfte der Interviewten ging jedoch davon aus, dass die Haltung der Politik zur bürgerschaftlichen Mitbestimmung im Zuge der lokalen Agenda fraktionenübergreifend sehr enttäuschend ist. Als Begründung dafür führten sie an, dass das weitere Vorgehen nach dem offiziellen Prozessabschluss bereits mit der alten Ratsmehrheit beschlossen wurde.

> *PZM3: „Der Abgesang auf die lokale Agenda wurde schon vor der Wahl eingeläutet. Es verstärkt sich einfach das, was wir in der letzten Juni-Erklärung schon gesagt haben; der Verwaltung scheint das Ganze lästig, die Projektbearbeitung vollzieht sich mit einem äußerst minimalen Aufwand. Es werden Dinge abgearbeitet, wenn überhaupt abgearbeitet, vielleicht wird auch nur entsprechendes geschrieben, den Eindruck muss man teilweise schon haben".*

Vor dem Hintergrund der aufgeführten Kritikpunkte verwiesen die Befragten durchweg auf die Notwendigkeit umfassender politisch-ökonomischer Veränderungen i.S. eines sozial-ökologischen Strukturwandels auf allen politischen Ebenen, um einen geeigneteren Bearbeitungskontext für (lokale) Agenden zu schaffen. In diesem Kontext kritisierten sie nicht nur die nationalen und supranationalen politischen Rahmenbedingungen, sie verwiesen auch einhellig auf die Notwendigkeit einer Fortführung und Etablierung kommunalpolitischer Mitbestimmungsmodelle:

PZM4: „In Richtung der lokalen Agenda müsste mehr passieren. Einfach weil Bürgerinnen und Bürger es nicht gewöhnt sind, in der Kommune Verantwortung zu übernehmen in ganz allgemeinen Fragen."

5.1.2.5 Sonstige

Im Folgenden werden noch die Prozessperzeptionen zweier weiterer bedeutender Repräsentanten aus dem erweiterten Umfeld der Stadtverwaltung kursorisch skizziert, um die vorhandenen Prozesseinschätzungen abschließend zu ergänzen.

Die eine Ansprechpartnerin (RS-1) ging in ihren Ausführungen primär auf die Beteiligung der unorganisierten Bürger ein, während die andere Ansprechpartnerin (RS-2) organisatorische Prozessaspekte und die Evaluierung des Prozesses in den Mittelpunkt ihrer Betrachtung rückte.

Die RS-1 sah die Integration unorganisierter Bürger in den lokalen Agendaprozess und die Etablierung eigenständiger Konsultationsgremien für die Bürger als Hauptaufgabe der VHS an. Dass die Bürgerbeteiligung hinter den Erwartungen zurückblieb, führte sie in erster Linie darauf zurück, dass das Agendathema für die Minderheit der Bevölkerung, der es überhaupt bekannt sei, einen zu ökologisch-bedürfnisfeindlichen Eindruck vermittle, der in der antizipierten inhaltlichen Konsequenz äußerst unbeliebt sei und damit abschreckend wirke. Wenngleich die geringe Teilnehmerzahl in den BZ starken Fluktuationen ausgesetzt war, würdigte sie das Engagement der Teilnehmenden im BZ als eigenen Wert.

RS-1: „Der Weg ist das Ziel. Also, wenn sich die Leute bei uns 1 bis 1 ½ Jahre wirklich in diesen Bürgerzirkeln auseinander gesetzt haben und etwas gelernt haben, dann ist das an sich schon ein eigener Wert."

Enttäuscht zeigte sie sich jedoch darüber, dass das - nach dem offiziellen Prozessende aufgestellte - Weiterbildungsangebot zur Stärkung der Kompetenzen der ehemaligen Teilnehmer, trotz einer Vorlauferhebung zu den Interessenschwerpunkten der Zielgruppe auf eine geringe Resonanz stieß. Sie wertete dies als Indiz für das Abflauen der Bedeutung des Agendathemas in der Kommunalpolitik, erachtete aber gerade deswegen das Angebot als wichtig, weil es die ehemaligen Agendaaktiven in den Stand setzen sollte, die Umsetzung ihrer Projektideen bei den adäquaten Stellen in der Kommune öffentlichkeitswirksam anzumahnen.

Kritisch äußerte sie sich über die mangelnden Kontakte zwischen den BZ- und den FAK- Teilnehmenden und die unzureichende Zusammenarbeit mit der Politik und Verwaltung, die ihrer Ansicht nach im Prozess auf einem unbefriedigenden Niveau blieb und sich nachteilig auf den Projektoutput auswirkte.

Die RS-2 sah den Prozessaufwand für das in der Form neuartige Projekt »lokale Agenda« primär dadurch gerechtfertigt, dass - ihrer Ansicht nach - eine neue Diskussionskultur zwischen den beteiligten heterogenen Akteuren entstand, die für weitere Verfahren dieser Art eine tragfähige Basis bilden könnte. Sie wies darauf hin, dass an der umfangreichen Prozessfinanzierung zum einen die Bedeutung dieses Prozesses zur bürgerschaftlichen Mitwirkung für die ehemalige rot/grüne Regierungskoalition deutlich werde, machte aber auch darauf aufmerksam, dass die ausgewiesenen Prozesskosten so hoch veranschlagt wurden, weil darin die - sonst nicht explizit aufgeführten - Personalkosten für die Verwaltung aufgeführt wurden.

RS-2: "Dieser Betrag in der Vorlage war relativ hoch, weil wir die Personalkosten ausgewiesen haben. Man hätte auch sagen können, die Verwaltung organisiert das, dann wäre das nicht weiter aufgefallen. Also wir tun das ja in anderen Bereichen auch, die rechnen jetzt auch nicht dezidiert aus, wie viel Geld die Stadt Münster ausgibt für das Bürgeramt oder für das Umweltamt. [...] Wir haben die Mittel im Haushalt zur Verfügung gestellt und weil ja die Stadt Münster ja noch in der guten Lage ist, dass sie noch einen ausgeglichenen Haushalt hat und da selber drüber entscheiden kann, hat die Politik auch diese Schwerpunkte gesetzt."

Mit Blick auf die Prozessplanung stellte sie die repräsentative Besetzung der FAK als bedeutend heraus, weil durch die Einbindung möglichst vieler unterschiedlicher Gruppen in den Prozess dessen kommunale Relevanz und Legitimität sowohl nach innen wie auch nach außen stabilisiert werden sollte. Es wurde dabei jedoch deutlich, dass der Integration der unorganisierten Bürgerschaft und der Frauen mit eigenständigen Gremien in den Prozess zu Prozessbeginn eher nachrangige Beachtung geschenkt wurde. Die entstandenen Beratungsergebnisse der Arbeitsgremien würdigte sie zwar als interessante Anstöße für eine zukunftsfähige Kommunalpolitik, es kam aber auch eine Befriedigung darüber zum Ausdruck, dass die Projektideen der Bürger und Verbandsvertreter auch nicht wesentlich innovativer oder inhaltsreicher sind, als das, was bisher an kommunalem Verwaltungshandeln und -planen lief:

*RS-2: „ Dass jetzt nicht der ganz große Wurf rausgekommen ist, das zeigt mir auch wieder mit einem
kleinen bisschen Selbstbefriedigung, aber nur ein ganz kleines bisschen, dass eben andere Leute auch
nicht viel klüger sind als Verwaltung und Politik. Man hätte ja nun auch sagen können, Verwaltung
und Politik haben die letzten 10 Jahre alles falsch gemacht und jetzt setzt sich die Bürgerschaft mal
hin und entwickelt das Idealkonzept, da hat sich gezeigt, dass das auch nicht so funktioniert. "*

Insgesamt wurde der lokale Agendaprozess von beiden Ansprechpartnerinnen als ein
zwar neuartiges, aber auch verbesserungswürdiges Instrumentarium bewertet. Dabei
problematisierten beide Gesprächspartnerinnen insbesondere den prozessinternen Kontakt zwischen den unterschiedlichen teilnehmenden Gruppen: den unorganisierten Bürgern, den Verbands-, Rats- und Verwaltungsvertretern, sowie deren Rückbindung an die
entsendende Institution. Aber auch die Ausgestaltung der Konsultationsphase und vor
allem die Integration des Prozesses in die klassische kommunalpolitische Struktur wurde von beiden als verbesserungswürdig herausgestellt. In diesem Kontext unterstrichen
sie abschließend die Funktion des lokalen Agendaprozess als ein Lernfeld für die Verwaltung hinsichtlich der Methoden zur Bürgerbeteiligung sowie zur Ermittlung des
originären Bürgerwillens:

*RS-2: „Innerhalb der Verwaltung haben auch die Leute doch sehr stark gemerkt, worauf sie denn bei
ihren Stadterneuerungsprojekten und Stadtentwicklungsprojekten achten müssen. [...] Es ist doch gelernt worden, dass man sich vielleicht auch erst mal mit denen beschäftigt, für die man etwas plant. "*

*RS-1: „Dieser Begriff der Bürgerbeteiligung ist seit drei, vier Jahren im Kommen und für mich ist
dieser Agendaprozess eine Stufe gewesen, um das mal auszuprobieren. Daraus kann man mit Sicherheit lernen, und es ist die Frage an die Stadt, inwieweit sie diese Möglichkeiten weiterhin eröffnet und
was sie selber daraus lernt. "*

5.2   Übergreifende Strukturmuster

Ausgangspunkt dieses Auswertungsschrittes war die Annahme, dass erst ein kontrastierender Vergleich der fallgruppenspezifischen Befunde - mit dem Ziel der Erarbeitung
und Interpretation übergreifender, an den theoretischen Kategorien ausgerichteter,
Strukturmuster - signifikante Aussagen über diesen lokalen Agendaprozess sowie i.S.
der explorativen Forschungsausrichtung die Aufstellung eines Hypothesensettings ermöglicht. Die im Folgenden dargelegten datenbasierten, theoriebezogenen Ergebnisse
basieren primär auf einer tabellarischen Auswertungsmatrix, in der die Fallgruppenbe-
funde den theoretischen Kategorien zugeordnet wurden.

Die Ergebnisse werden - soweit mir dies nötig bzw. sinnvoll erschien - mit offiziellen Bewertungen der Stadt Münster, relevanten Literaturbezügen bzw. dem Theorieteil der Arbeit verknüpft, um die ermittelten Muster auf diese Weise zu sozialwissenschaftlichen Strukturmustern zu transformieren. In begründeten Einzelfällen finden auch Interviewzitate aus dem Datenmaterial Verwendung, welche die erarbeiteten Ergebnisse stellvertretend und charakteristisch für die verschiedenen Fallgruppen auf den Punkt bringen, diese damit für den Leser veranschaulichen und zugleich eine Brücke vom Quellenmaterial zu den fallgruppenübergreifenden interpretativen Ergebnisse schlagen.

Die Essenz der eruierten Strukturmuster werde ich - zur besseren Ergebnisübersicht - exemplarisch in den entsprechenden Überschriften der Unterkapitel verdichten, allerdings werden relevante abweichende Deutungen in der nachfolgenden Ergebnisdarstellung ebenfalls integriert, um der Komplexität des Datenmaterials gerecht werden zu können.

Insgesamt wird anhand der nachfolgend differenziert erörterten Ergebnisse deutlich, dass - abgesehen von unterschiedlichen Beteiligungsmotiven und differenten Beurteilungen der Verfahrenseffizienz und der Prozessfortführung - fallgruppenübergreifend ähnliche Ergebnisse zur Einschätzung des Prozessverlaufes und der bürgerschaftlichen Mitwirkung und Breitenwirkung vorliegen, wenngleich sich die Bewertungen dieser Einschätzung z.T. unterscheiden. Es wird eine Prozesskritik offenbar, die - von Nuancen abgesehen - in weiten Teilen die fallgruppenübergreifende Einschätzung aller Befragten widerspiegelt und im Folgenden anhand der untersuchungsleitenden Beurteilungskriterien operationalisiert wird (vgl. Kap. 2.6). Dabei werden die Verfahrensausgestaltung (vgl. Kap. 5.2.1), die Struktur des Teilnehmerfeldes (vgl. Kap. 5.2.2), relevante Aspekte der Konsultationsphase (vgl. Kap. 5.2.3f.), die (mangelnden) Mitbestimmungsmöglichkeiten an der Ausgestaltung kommunaler Politik (vgl. Kap. 5.2.4f.) sowie das zentrale Problem der kommunalen Steuerungseffektivität des lokalen Agendaprozesses (vgl. Kap. 5.2.5f.) erörtert.

Das auf der Basis der unterschiedlichen Funktionen bzw. Stellungen der beteiligten Akteurgruppen im klassischen kommunalpolitischen Kontext angewandte Fallgruppensample stellte dabei einen fruchtbaren Untersuchungsansatz dar, der unerwartete Einblicke in differente Einstellungen zum Prozess sowie in Machtkonstellationen und hegemoniale Diskursstrukturen ermöglichte.

5.2.1   Verfahrensausgestaltung: Top-down-Design im neokorporatistischen Gewand und die Crux der Hegemonie

Die Verfahrensausgestaltung des lokalen Agendaprozesses stieß auf ein geteiltes Echo. Während die Prozessverantwortlichen aus dem Agendabüro und der Politik das Verfahren, die Arbeitsgremien und den Lenkungskreis als innovativen Ansatz würdigten und dbzgl. auch auf zahlreiche Anfragen anderer Städte und die erhaltenen Fördergelder durch das Land NRW verwiesen (vgl. hierzu auch Stadt Münster, Vrl. 393/99, S.11), stieß die organisatorisch-prozessuale top-down-Vorstrukturierung des Prozesses durch Rat und Verwaltung, insbesondere bei den beteiligten Frauen im Frauenaktionsbündnis und den nach Prozessende weiter engagierten Teilnehmenden der PZM, auf scharfe Kritik. Insbesondere die Schwerpunktlegung auf die - wegen ihrer repräsentativen Besetzung mit relevanten Akteurgruppen - im Zentrum der Konsultationsphase stehenden FAK wurde von den AFR als lobbyistischer Ansatz ohne bürgerschaftliche Mitwirkungsmöglichkeiten kritisiert. Dabei wurde die Unzufriedenheit der desintegrierten Agendainteressierten über das zunächst etablierte, geschlossene neokorporatistische Arrangement der FAK besonders deutlich. Zwar wurde der FAK-zentrierte Konsultationsprozess nachträglich um die BZ und das FR-AK erweitert, wodurch die Vorgabe der Agenda 21, bürgerschaftliche Mitwirkungsmöglichkeiten zu verbessern, Rechnung getragen wurde (vgl. Kap. 1.6f.), die starke Gewichtung der FAK im organisatorischen Prozessansatz blieb jedoch erhalten, zumal den FAK allgemein hin aufgrund des für die Moderation verwendeten Mitteleinsatzes sowie der repräsentativen Besetzung eine größere Prozessrelevanz als den später etablierten BZ oder dem FR-AK zugebilligt wurde. Obgleich die ex post Etablierung der BZ bei den befragten Bürgern, Verwaltungsmitarbeitern, BZ-Moderatoren und FAK-P als Erweiterung der »closed-shop-Verfahrensstruktur« auf positive Resonanz stieß, geriet vor allem die *Funktion* aber auch das *Modell* der nachträglich etablierten Bürgerzirkel in den Blickpunkt der Kritik. Weil die Bürgerbeteiligung zu Prozessbeginn nicht als *integraler Bestandteil* im Rahmen eigenständiger und gleichberechtigter Arbeitsgremien vorgesehen war, kritisierten insbesondere die prozessbeteiligten unorganisierten Bürger die BZ als *partizipatorische Verzierung* des lokalen Agendaprozesses. Die Akteurgruppen, die von bzw. mit der Durchführung der BZ betroffen waren (BZ-M/ZW, UB), hoben vor diesem Hintergrund die Notwendigkeit zur Einführung bürgerfreundlicherer und effektiverer Bürgerbeteiligungsmethoden hervor. Dabei wurde vor allem die gemeinsame Entwicklung derartiger Beteiligungsvorhaben seitens Verwaltung und interessierten Bürgern sowie eine andere Strukturierung und Terminierung der Konsultationsphase angemahnt. Es wurde insgesamt deutlich, dass ein organisatorisch geeignetes Instrumentarium zur Bürgerbeteiligung, welches die Anforderungen an eine methodisch-zeitlich effiziente Verfahrensausgestaltung mit den Ansprüchen an eine erweiterte Mitbestimmung an der Ausgestaltung kommunaler Politikinhalte verbindet, noch aussteht.

Die Etablierung des relativ eigenständigen Frauenaktionsbündnisses wurde hingegen von den AFR als besonders wichtige Ergänzung der organisatorischen Prozessgestaltung aus Frauensicht erachtet, weil so die Prozessstruktur (i.S. der Agenda 21) speziell für die Beteiligung der Frauen ausgeweitet und ein relativ autonomer Kreativitäts- und Ideenentwicklungsspielraum geschaffen werden konnte.

Dem Agendabüro wurde von allen Befragten eine bedeutende koordinierende und integrierende Funktion als relevante Prozessschnittstelle und wichtige Anlaufstelle zugemessen. Dabei spielte auch die Gewährleistung der Prozesstransparenz über die Versendung von Material, Protokollen und anderweitigen Informationen, sowie das Engagement der Mitarbeiterinnen eine entscheidende Rolle. Unabhängig von der sonstigen Bewertung des Prozesses konnte es als »Aushängeschild der Verwaltung« deren Rènomee bei den Beteiligten aus den verschiedenen Akteurgruppen heben[337].

Das Forum zukunftsfähiges Münster, welches seine Aufgabe einer Stabilisierung der Teilnehmerbindung für FAK-Beteiligte erfüllte, blieb ansonsten in der Wahrnehmung aller Befragten ebenso blass wie der hinsichtlich der Prozesssteuerung bedeutsame Lenkungskreis. Während lediglich die AG-B mit Blick auf das Forum der verpassten Chance, dort die Umsetzung der bis zur Initiativgründung der AG Ziele ausgeblendeten Leitzieldiskussion vorzunehmen, nachtrauerten, wurde der LK vorrangig seitens der daran beteiligten Vertreter aus Verwaltung und Politik als ein Gremium herausgestellt, durch das erstmals eine neuartige Zusammenarbeit von Verwaltung, Politik und NRO`s hinsichtlich einer stadtrelevanten Prozessorganisation und -steuerung etabliert worden sei. Anhand der Aussagen und des Prozessverlaufes wurde jedoch deutlich, dass die angepriesene Mitsprache der NRO-Vertreter ohne effektiven Kern blieb, weil die Erhöhung der Prozessstabilität und Entscheidungslegitimität des Gremiums durch die Einbindung

---

[337] Die besondere Bedeutung des Agendabüros für das Gelingen des Agendaprozesses wird auch für andere Städte bestätigt (vgl. ICLEI/UBA, 1998, S.57f.).

der NRO-Vertreter, die von den NRO`s abverlangte, scheinbar notwendig gewordene brenzlige Entscheidungen mitzutragen und nach außen weiterzugeben[338], im Vordergrund stand. Die Aussagen des LK-N machten in diesem Zusammenhang deutlich, dass die NRO-Vertreter - bei den zu entscheidenden Knackpunkten, wie der Ausklammerung der stadtrelevanten Großprojekte, der restriktiven Beschränkung kontroverser Diskussionen durch die angewandte Arbeitsmethode, sowie dem Umgang mit den Beratungsergebnissen letztlich zurücksteckten, um den lokalen Agendaprozess - auch geschmeichelt durch die Integration in das exponierte Gremium des LK - als Initiale für ein erweitertes bürgerschaftliches Mitwirken auf kommunaler Ebene nicht zu gefährden. So konnten die Prozessorganisatoren aus Politik und Verwaltung die Legitimität der Vorgehensweise und der prozeduralen Ausgestaltung mit der Zustimmung der im LK anwesenden NRO-Vertreter begründen.

Die an dieser Stelle aufscheinende Hegemonie der klassischen Akteure der Kommunalpolitik bei der Prozessausgestaltung findet des weiteren auch in den informellen Vorgesprächen zur Verfahrensausgestaltung auf kommunaler Spitzenebene zwischen Politik, Verwaltung und Vertretern der Wirtschaft Bestätigung. Während die Interessenvertreter aus der Wirtschaft eine zu große Prozessrelevanz und zu weitgehende - ihren Partikularinteressen widerstrebende - Ergebnisse des lokalen Agendaprozesses befürchteten, schien den Politikern der großen Parteien daran gelegen, einer Destabilisierung ihrer Entscheidungs- und Gestaltungsmacht i.S. des repräsentativen Demokratiemodells vorzubeugen und die klassischen kommunalen Politikstrukturen zu erhalten. Die Vorherrschaft[339] der entscheidungsstrukturierenden Netzwerke der klassischen Kommunalpolitik (vgl. Kap. 2.3f.) macht sich dabei vor allem an der Präjudizierung der Prozessausgestaltung fest. Unter Androhung der Nutzung der Exit-Option seitens der Wirtschaftsverbände konkretisierte sich die Einflussnahme auf die Prozessausgestaltung faktisch primär in der Ausblendung kontroverser stadtentwicklungsrelevanter Themenbereiche, bei denen eine Integration unter das Label einer zukunftsfähigen Entwicklung äußerst fraglich geworden wäre. Die Themenpalette reichte dbzgl. vom Ausbau des Flughafens

---

[338] In diesem Kontext sind die Ausklammerung der stadtrelevanten Großprojekte, die Beschränkung kontroverser Diskussionen durch die restriktive Arbeitsmethode und die Einordnung der Beratungsergebnisse auf das Niveau einer Bürgeranregung gem. §24 GO/NRW zu nennen.

[339] „Herrschaft ist nichts anderes als ein Begriff dafür, daß die Verfügung auf Dauer einseitig verteilt ist und daß nicht alle Beteiligten die gleiche Möglichkeit haben, diesen Zustand zu ändern" (Spehr, 1999, S.104).

Münster-Osnabrück, über die Ansiedlung eines Gewerbegebietes in einen südlichen Münsteraner Stadtteil und den Ausbau einer Bundesstraße, bis hin zum Neubau einer Fußballarena. Damit wurde nicht nur der Standortsicherung Vorrang vor der freien Ausgestaltung des lokalen Agendaprozesses, sondern auch der für die Prozessinitiatoren aus Politik und Verwaltung bedeutende Beschränkung des Interpretationsrahmens der zukunftsfähigen Entwicklung auf eine ökologische Modernisierung Vorschub geleistet. Diese hegemoniale Begrenzung des Konsultationsfeldes destruierte jedoch nicht nur die Ausrichtung der Ergebniserarbeitung auf die Maxime einer *idealen Sprechsituation* gemäß der Habermas`schen Konzeption (vgl. Kap. 2.5), sie führte vor allem die basale Anforderung an die Ausgestaltung demokratisch effektiver deliberativer Arrangements, wonach allen Interessen unabhängig von ihrer ungleichen Durchsetzungsmacht im klassischen kommunalpolitischen Kontext eine *gleichberechtigte Mitbestimmungschance* zuzugestehen ist (vgl. Kap. 2.4.2f.), ad absurdum. Dagegen findet in diesem Kontext die theoriebasierte Annahme einer Reproduktion der Definitionsmacht der Herrschenden durch prozess- und diskursdeterminierende Praktiken Bestätigung (vgl. Foucault, 1977; Hoy, 1986; Spehr, 1999).

5.2.2 Das Teilnehmerfeld im Münsteraner Agendaprozess: Im Spannungsfeld zwischen den Bemühungen um eine repräsentative Beteiligung heterogener Verbände und dem strukturellen Manko der mangelnden sozialen Repräsentativität

Der Anforderung nach der Einbindung möglichst aller relevanten gesellschaftlichen Vertreter sowie der Bürger in den Konsultationsprozess der lokalen Agenda (vgl. BMU, 1997, S.9, S.217ff.) wurde in Münster durch die Erweiterung des Organigramms um die BZ sowie das FR-AK Rechnung getragen. Dabei wurden die FAK nicht nur den Anforderungen an eine repräsentative Besetzung mit Vertretern aus Politik, Verwaltung und heterogenen Verbänden bzw. Institutionen, sondern auch dem Anspruch an eine optimale Gruppengröße gerecht (vgl. Kap. 2.5.1), wenngleich die konkrete Besetzung der Gremien bei einigen Teilnehmern, aufgrund der z.T. fachfremden Zuteilung der Verbandsvertreter, auf Unverständnis stieß. Allerdings konnte die repräsentative Besetzung der FAK aufgrund der abbröckelnden Teilnehmerschaft während des Prozessverlaufes nicht aufrechterhalten werden (vgl. Kap. 4.3.2). Dass - wie von mehreren Fallgruppen

angemerkt - nicht die Entscheidungsträger der jeweiligen Institutionen (insbesondere
der FAK-K) in den FAK vertreten waren, lässt sich darüber hinaus als Indiz für die geringe Relevanz des Prozesses in der Außenwahrnehmung der beteiligten Gruppen interpretieren.

Die homogene, akademische Zusammensetzung der BZ hingegen spiegelte, obwohl sie
als niedrigschwellige, befristete und leicht zugängliche moderierte Beteiligungsformen
konzipiert wurden, zur Enttäuschung der AG-B, BZ-M/ZW und UB den typischen
Oberschichtakzent bei bürgerschaftlicher Mitwirkung wider (vgl. Kap. 2.4.2). In den BZ
beteiligten sich primär die gut gebildeten Personen aus dem akademischen Bereich und
kaum Personen aus dem unteren sozialen Milieu. Die breite Einbindung von Bürgern
aus allen Schichten der Bevölkerung konnte nicht erreicht werden. Lediglich bei den
beteiligten Frauen in dem FR-AK wurde dieser partizipatorische Oberschichtakzent
etwas aufgehoben. Dieses aus der Forschung bekannte soziale Repräsentativitätspro-
blem bei offenen Beteiligungsprozessen (vgl. Kap. 2.4.2) führte sowohl zu Enttäuschung bei den Beteiligten und Prozessverantwortlichen wie auch zur Verringerung der
Ergebnislegitimität und wurde als Indikator für ungleiche Beteiligungschancen gewertet.

5.2.3   Relevante Aspekte der Konsultationsphase: gemanagt oder abge-
wickelt? - Der von unterschiedlichen Erwartungshaltungen und
Startbedingungen der Akteure sowie einem umstrittenen Verfahrensmanagement geprägte Konsultationsprozess

Die Motivation zur Beteiligung am Prozess variierte bei den Teilnehmenden - wie im
Folgenden deutlich wird - in Abhängigkeit vom Einflussbereich im klassischen kommunalpolitischen Kontext, obwohl alle beteiligten Akteurgruppen an der Konsultationsphase interessiert waren und - bis auf die UB - besonders die interessenheterogene
Zusammensetzung der Arbeitsgremien würdigten. Während jedoch die FAK-P, die
FAK-J/F/A, die UB und die AFR hofften, durch den Prozess eigenen Themenschwerpunkten im kommunalpolitischen Kontext mehr Geltung zu verschaffen und mehr Einfluss auf die Ausgestaltung der zukünftigen Kommunalpolitik nehmen zu können,
zeigten sich die FAK-K zum einen daran interessiert, ihre Prozessteilnahme zur Imageverbesserung der von ihnen vertretenen Institutionen nutzen zu können, und zum ande-

ren eventuelle Nachteile für die von ihnen vertretene Klientel abzuwenden. Die Befürchtung, Einfluss auf die Vorstrukturierung und Ausgestaltung kommunaler Politikinhalte einzubüßen, leitete das auf Bestandwahrung existenter Politiknetzwerke und Einflussbereiche ausgerichtete Interesse der FAK-K ebenso wie das der meisten FAK-RP. Bei den FAK-K korrespondierte diese Haltung mit der Kritik an einer »Privilegierung« der Umwelt- und Eine-Welt-Gruppen entgegen ihrer sonstigen Bedeutung im kommunalpolitischen Kontext und der demgegenüber unzureichenden Integration von Unternehmen. Die FAK-V hofften hingegen, durch den bürgerschaftlichen Prozess Anhaltspunkte und Informationen für das mittelfristige Verwaltungshandeln zu erhalten, und standen der Verhandlungsphase recht offen gegenüber. Die unterschiedlichen Beteiligungsmotive und Erwartungshaltungen der differenten Fallgruppen kamen auch in den entsprechenden Interaktionsorientierungen zum Ausdruck (s.a. Kap. 5.2.3.3).

Darüber hinaus wurde offenbar, dass die heterogene Situationsdeutung der Akteure, die auf unterschiedlichen Interpretationen und Wertungen des Themas und des Prozesses beruhte, weder zu Prozessbeginn durch eine inhaltliche bzw. prozedurale Informationsphase noch durch die gemeinsame Erarbeitung von intersubjektiv geteilten Bezugsparametern angenähert wurde, wie stellvertretend an der folgenden Aussage deutlich wird:

FAK-V4: „Da sind Leute zusammen gekommen mit ganz unterschiedlichen Voraussetzungen, mit unterschiedlichem Kenntnisstand, mit einer unterschiedlichen Berührungsintensität zur Thematik. Die sind da zusammengewürfelt worden. Da ist nicht der Versuch gemacht worden, von Anfang an mal zu sagen, worum es eigentlich geht. Es ist nicht versucht worden, einen gemeinsamen Level irgendwie zu vereinbaren, von dem man dann ausgeht. "

Dadurch, dass keine für alle Teilnehmenden vergleichbare Informationsbasis geschaffen wurde, blieben die Differenzen im Erkenntnisstand erhalten. Die jeweiligen - von Partikularinteressen geprägten - subjektiven Interpretationen zukunftsfähiger Entwicklung blieben so über die gesamte Verfahrensdauer bei den Akteuren der FAK handlungsleitend, und verringerten die Chance auf gemeinsame konstruktiv-diskursive Ergebniserarbeitung (vgl. Kap. 2.5.2). Mitbedingt durch den seitens der Moderatoren gesetzten Zeitdruck zur Erarbeitung von Ergebnissen - kramten sie alte Projektideen aus der Wunschkiste der jeweilige Partikularinteressen hervor, um dem eingeforderten Projektoutput Folge zu leisten. Insgesamt wurde dbzgl. offenbar, dass trotz der Ausrichtung des Agendaprozesses auf die Erarbeitung von Projektideen - wie sie in Münster praktiziert wurde - vorrangig eine Aufklärung über die inhaltlichen Anforderungen einer zukunftsfähigen Entwicklung sowie die parallele Erarbeitung intersubjektiv geteilter Be-

zugsparameter und Ziele im Verhandlungsprozess erforderlich erscheint, um zu einer
inhaltsadäquaten konstruktiven Entwicklung von Projektideen zu kommen (vgl. Fietkau, 1984, S.117; Reschl/Hermann, 2000). Weil jedoch eine derartige Erarbeitung von
Bewertungsparametern bzw. Leitzielen, geschweige denn eine Operationalisierung derselben im Münsteraner Prozess weder zu Prozessbeginn noch prozessbegleitend vorgenommen wurde, war die Konsultation - insbesondere in den FAK - von unklaren inhaltlichen Bezugsparametern und unter der Oberfläche weiter schwelenden Interessens- und
Interpretationsdifferenzen geprägt, die nicht auf eine klare Vorgabe zurückbezogen
werden konnten und deswegen weiter virulent blieben. Dieses Manko konnte auch nicht
mehr durch in Eigeninitiative von Facharbeitskreisbeteiligten zum Prozessende gegründete »AG Ziele« verringert werden.

Bei den unorganisierten Bürgern wurden dagegen motivationsmindernde Informationsdefizite bzgl. der Verwaltungsplanungen und Unsicherheiten, sich auf dem Plateau der
Verwaltungserfordernisse zu bewegen, ersichtlich. Hier wäre eine Transformation des
schriftlich vorliegenden Status quo - Berichtes der Verwaltung in die BZ (vgl. Oberbürgermeisterin und Agendabüro der Stadt Münster, 1997) sowie eine *Aufklärung über die
Möglichkeiten und Grenzen der bürgerschaftlichen Beteiligung* nötig gewesen, um die
Kompetenz der Akteure zu erhöhen.

Fallgruppenübergreifend ließ sich eine deutliche Kritik am Verfahrensmanagement der
Konsultationsphase in den FAK und an der Beschränkung der thematischen Bearbei-
tungsmöglichkeiten infolge der Ausblendung von Themen mit kommunalpolitischer
Tragweite sowie der Leitzieldebatte feststellen. Auch bei den befragten FAK-RP und
AG-B fanden diese Kritikpunkte ebenso Bestätigung wie in der Abschlussvorlage der
Stadt Münster (Stadt Münster, Vrl. 393/99, S.9), allerdings mit dem Verweis, dass diese
Vorgaben in den FAK eine wichtige Voraussetzung für die Teilnahme aller Akteur-
gruppen und für die »Stabilisierung« des Prozesses darstellten.

Das von dem Verfahrensmanagement nur peripher tangierte Frauenaktionsbündnis pro-
fitierte hingegen zur Zufriedenheit der befragten Frauen von seinem relativ autonomen
Status und entwickelte - auch durch die eigene kritische Vortragsreihe zur Agenda 21 -
eine Eigendynamik, die sich fruchtbar in einem vergleichbaren Informationsstand der
Beteiligten niederschlug und in der Erweiterung der Diskussion um die Tragweite der
zukunftsfähigen Entwicklung - über den Interpretationsrahmen einer reinen ökologischen Modernisierung hinaus - zum Ausdruck kam (vgl. Arndts-Haupt, 1998, S.29).

Als Gründe für das *Abbröckeln der Teilnehmerzahlen* in den Arbeitsgremien lassen sich nicht nur die Unzufriedenheit mit dem Verfahrensmanagement, sondern auch die zunehmend ersichtlich werdende geringe Prozessrelevanz und die damit einhergehende abnehmende Bedeutung der eigenen Teilnahme nennen. Denn auch wenn die Abendsitzungen, die für alle Berufstätigen unter den Beteiligten noch nach der normalen Arbeitszeit stattfanden, als anstrengend bewertet wurden, so hätten sich viele der Befragten, die dem Prozess den Rücken kehrten, dennoch die zur Teilnahme nötige Zeit genommen, wenn bedeutende Auswirkungen des Prozesses auf die Ausgestaltung der Kommunalpolitik absehbar gewesen wären. Diese Ergebnisse stehen in Einklang mit empiriebasierten Untersuchungen, die belegen, dass eine symbolische Form der Beteiligung bei den Teilnehmenden eher Gleichgültigkeit hervorruft. Demgegenüber steigt die Bereitschaft zur engagierten Partizipation, wenn die Beteiligten „effektiv zu Wort kommen und ihre Vorschläge gehört werden" (Gessenharter, 1996, S.10)[340].

Im Folgenden werden bedeutende Aspekte der Konsultationsphase in den Arbeitsgremien operationalisiert. An dieser Stelle ist eine Ausdifferenzierung der unterschiedlichen Arbeitsgremien, in denen die Akteure aus den Fallgruppen eingebunden waren, vonnöten. In diesem Zusammenhang stehen in Kap. 5.2.3.1 und 5.2.3.2 die Facharbeitskreise, an denen die Verwaltungs-, Politik-, Verbandsvertreter, sowie je ein/e Quotenvertreter/in der Ausländer, Frauen und Jugendlichen beteiligt waren, aufgrund ihrer ausgewählten repräsentativen Besetzung und der externen Moderationen sowie der spezifischen Arbeitsmethode - Aspekte, die dieses Gremium zum Angelpunkt der Konsultationsphase machten, - im Mittelpunkt. Im Kap. 5.2.3.3 finden dann das Frauenaktionsbündnis und die Bürgerzirkel ebenfalls Berücksichtigung.

5.2.3.1 Die Schwierigkeiten der Mandatsbindung und der Entscheidungslegitimation

In den auf der Repräsentativitätsidee gründenden FAK wurde mit Blick auf die zurechenbare Verantwortlichkeit des Votums und der Entscheidungskompetenz hinsichtlich der konkreten Projekte sehr deutlich, dass die Akteure - insbesondere sofern sie als Vertreter der konservativen Verbände oder der Verwaltung fungierten - mit einge-

---

[340] Die Beteiligungsnachfrage und -motivation steigt zudem deutlich an, wenn es um entscheidende, entwicklungsrelevante Gestaltungspotentiale geht (vgl. Kester, 1997, S.29).

schränkten Handlungsautonomien ausgestattet waren oder sich so ausgestattet fühlten.
Dabei hing die Mandatsverpflichtung mit der Bedeutung zusammen, die den zu entscheidenden Sachverhalten seitens der Akteure zugemessen wurde. Die im Prozessverlauf in den FAK geringer werdende Mandatsbindung wirkte sich zwar produktiv auf das
Arbeitsklima aus, führte jedoch zur Aufweichung des Repräsentativitätsanliegens und
zu Konflikten um die Rolle als Privatmensch oder Vertreter der Organisation. Besonders bei den befragten Vertretern der ehemaligen Oppositionspartei, wie auch mehreren
Beteiligten der FAK-K und FAK-V wurde das Problem der Entscheidungslegitimation
im Zwiespalt zwischen Fraktionszwang bzw. Mandatsverpflichtung und der persönlichen Ansichten virulent. Den Vertretern der FAK-K und FAK-V war es demzufolge
kaum möglich, den Vorgesetzten bzw. die entsendende Institution auf die im Prozess
mitgetragenen Ergebnisse verpflichten zu können. In diesem Kontext erschien auch die
Rückkopplung des Verfahrensverlaufes bei Vertretern der großen Parteien, den meisten
Vertretern der FAK-K, FAK-J und FAK-V problematisch. Deswegen ist eine Tiefenwirkung des Prozesses in die Entsendungsinstitutionen und vor allem in die Stadtverwaltung äußerst skeptisch zu beurteilen.

5.2.3.2   Widerstand der Teilnehmenden gegen die „Walt-Disney-Methode" und deren Moderation

Bis auf den positiv bewerteten visionären Prozesseinstieg wurde die in der FAK-
Konsultationsphase umgesetzte Walt-Disney-Methode überaus kritisch bewertet. Da sie
nach Ansicht aller Befragten die von den meisten Beteiligten als notwendig erachteten,
kontroversen inhaltlichen Diskussionen ausschloss, in ein zu enges Zeitraster gepackt
war und zudem Brüche im methodischen Ablauf aufwies, wurde die Arbeitsmethode
fallgruppenübergreifend als ungeeignet für den Konsultationsprozess der lokalen Agenda in Münster betrachtet und für die Verringerung der Vitalität und Motivation der Beteiligten verantwortlich gemacht. Dass aufgrund des Zeitdrucks zu Prozessbeginn der
Methode und Moderation keine so große Beachtung geschenkt und ein Consulting-
Team - ohne Ausschreibung - aufgrund bisheriger Kontakte zwischen dem beauftragten
Consulting-Team und der Stadtverwaltung verpflichtet wurde, kam dem Prozess damit
nicht zugute. Zudem war die von der Politik, dem Agendabüro und dem LK mitgetrage-
ne methodische Konzeption den entsprechenden Akteurgruppen zu Prozessbeginn nicht
durchsichtig genug, um Vor- und Nachteile derselben abwägen zu können. Insbeson de-

re die NRO-Vertreter im LK hätten die Arbeitsmethode nicht mitgetragen, wenn ihnen deren Prämissen im Vorfeld bewusst gewesen wären.

Als besonders prekär wurde hervorgehoben, dass die kommunikative Interaktion nicht den Freiheitsgrad einer offenen, kontroversen Diskussion erreichen konnte, sondern methodisch abgesichert auf einen limitierten, eher oberflächlichen Austausch beschränkt blieb. Die Verfahrensregeln setzten dabei orientierende Ordnungs- und Strukturmuster für alle Beteiligten, aus denen diese nicht mehr heraustreten konnten, sofern sie dem Prozess nicht den Rücken kehrten. Die einseitige Definitionsmacht über den Verfahrensablauf wird u.a. daran deutlich, dass die Organisatoren des Prozesses bzw. der Moderator Inhaltselektion und Zeitaufschub für relevante Probleme auf der Basis der dafür gesetzten Regeln durch Aussprüche wie:»das gehört nicht hierher«, »darüber reden wir später« oder »das führt zu nichts« erwirkte. Sinn und Zweck der Regelsetzung und damit der Diskursbegrenzung wurde in einzelnen FAK nur in Ausnahmefällen auf Drängen der Beteiligten diskutiert, jedoch ohne Einfluss auf die Ausgestaltung des Verfahrensmanagements[341].

Einhellig kritisierten die Fallgruppen in diesem Kontext, dass damit ein konflikt- und damit auch inhaltsbegrenzendes Verfahrensmanagement im Vordergrund gestanden habe, während der Erarbeitung gemeinsam getragener Beteiligungs- und Verfahrensregeln keine Beachtung geschenkt worden sei[342]. Die Arbeitsmethode trug somit letztlich dazu bei, die vorhandenen Netzwerke auf Kosten inhaltlicher Neuerungen, bzw. einer graduellen Verschiebung im Machtgefüge des Diskurses und auch des Einflusses auf die kommunale Politikgestaltung zu stabilisieren, wie an der folgenden Aussage stellvertretend deutlich wird:

FAK-K2: „Eigentlich wurden die wichtigen und dadurch auch strittigen Themen ausgeklammert. Man hat sich dann also nur noch um Dinge gekümmert, die schön weichgewaschen waren, wo man sagen konnte, ja das ist eigentlich nichts Verkehrtes, kann man machen oder auch lassen, tut uns nicht weh. Die Sinnhaftigkeit dieses Vorgehens ist dabei eine andere Frage. Und ob der betriebene Aufwand dann für die Projekte, die letztlich dabei entstanden sind, gerechtfertigt war, ist doch zu bezweifeln. Also das war schon für viele unbefriedigend, für uns muss ich ehrlicherweise sagen war es vielleicht mehr ein Vorteil, weil wir natürlich gerade bei den Infrastrukturthemen klare Positionen haben [...] von denen wären wir auch nicht abgewichen. Die laufen außerhalb des Agendaprozesses nun weiter

---

[341] Zudem wurde die Arbeitsmethode durch ein Prozesscoaching der Consulting-Mitarbeiter für die AG-B - nach innen und außen - weiter stabilisiert. Wenn jedoch wie im Bürgerforum die Frage aufkam, ob und durch wen die Regelsetzung legitimiert sei und damit das Verfahrensmanagement selbst angegriffen wurde, dann verlor die im Sinne der Verfügungsgewalt der Auftrag- und Geldgeber dienstverpflichtete Moderation ihre scheinbar neutrale Fassade und parteilose Funktion, zu der sie gemäß ihrer Rolle eigentlich verpflichtet gewesen wäre (vgl. Apel, 1998; Neuland, 1995).

[342] Erkenntnisse zur Interaktionsverbesserung in deliberativen Verfahren (vgl. Salter, 1996, S.142ff.) fanden nur ansatzweise Berücksichtigung.

*in den normalen Zirkeln der Politik und da hat es dann eigentlich keinen Schaden gegeben durch die
Agenda aus unserer Sicht. Die andere Seite hat sich sicherlich mehr erhofft und gedacht, dass sie
auch ein paar zentrale Konfliktthemen, wo Umwelt gegen Wirtschaft oder Umwelt gegen Infrastruktur
steht, durch den Agendaprozess in ihrem Sinne ein erhebliches Stück hätte weiter bringen können, und
das ist sicherlich so nicht erfolgt. "*

Insgesamt wurde offensichtlich, dass die Aussparung von Konflikten für Teilbereiche
ganz hilfreich sein mag, aber als durchgehende Methode das Potential zur Auslotung
vorhandener Interessensdifferenzen im Zuge der Ausgestaltung einer zukunftsfähigen
Entwicklung verringert. Es mutet an, dass diese selbst auferlegte Beschränkung mehr im
Dienste des marketingrelevanten »Erfolges« des beratenden Consulting-Unternehmens
steht, als im Zeichen eines gemeinwohlverpflichteten Prozesses (vgl. dazu auch Lafontaine, 1999, S.290). Denn wenn „die herrschenden Unterschiede in den Positionen nicht
mehrt virulent werden, dann gibt es im Prinzip nichts mehr zu moderieren, man einigt
sich sehr schnell auf das, worin man sich sowieso einig ist, und stellt hinterher enttäuscht fest, dass Entscheidendes unbeantwortet blieb" (Apel, 1998, S.19). Diese durchgängige Kritik an der angewandten Methode wird in dem folgenden charakteristischen
Statement auf den Punkt gebracht:

*FAK-V4: „Diese Moderationsspielchen, die taugen nichts für eine solche Problematik. Da muss man
reden, sich auseinandersetzen und es muss in die Köpfe rein, es muss in die Herzen rein und es muss
nicht auf Zettelchen geschrieben sein und Punkte haben. All die moderierten Prozesse arbeiten ja mit
Techniken, damit der Moderator irgendwie aus seiner Situation rauskommen kann. Ich habe selten
gesehen, dass Probleme gelöst würden. Damit macht man einen Bogen um die harten Konflikte
und konzentriert sich nur auf kleinste gemeinsame Nenner. Man konzentriert sich auf das, was man
gerade so noch konsensfähig kriegt. Ich halte das für sehr, sehr gefährlich, wenn man überall versucht mit diesen Win-Win-Geschichten zu operieren. Das kann in bestimmten Fällen eine gute Ein-
stiegstechnik sein. Es ist aber nicht die Technik, mit der man die großen Probleme bewältigen kann.
Das gibt es einfach nicht. Es geht doch auch darum, Lasten zu verteilen. "*

Es bleibt jedoch die Frage, welche Bedeutung der FAK-Moderation hinsichtlich der
Umsetzung der Arbeitsmethode zukam. Aus den Forschungen zur Gruppenmoderation
ergibt sich, dass unter einer professionellen Moderation nicht nur eine methodisch-
stringente Gruppensteuerung, gepaart mit einer inhaltlichen Offenheit und Neutralität,
sondern vor allem auch eine Haltung des Moderators zu den Teilnehmenden, die auf
Wertschätzung und Entscheidungsfreiheit gründen sollte, subsumiert wird (vgl. Neuland, 1995; Schmidt, 1995, S.7), um in angemessenem Zeitumfang unter *gleichberechtigter Beteiligung aller Teilnehmenden* möglichst konstruktive Ergebnisse zu erzielen.
Diese notwendige inhaltliche Offenheit für Anregungen der Teilnehmenden wurde jedoch in Münster bereits durch die - seitens der Moderation abgesicherten - Vereinbarung zwischen Politik und Wirtschaft, stadtentwicklungsrelevante Themenfelder auszu-
klammern, destruiert. Für die Haltung gegenüber den Teilnehmern ist - mit Blick auf die

Schwierigkeit, die Postulate der Neutralität, Empathie und Wertschätzung während der gesamten Prozessbegleitung in der Praxis auf hohem Niveau zu halten - gerade die Art, wie die Moderation und etwaige Einmischungen bei der Mehrheit der Teilnehmenden empfunden wird, ein wichtiges Kriterium für eine gelungene Moderation (vgl. Apel, 1998, S.18). In diesem Kontext ergab sich in fallgruppenübergreifender Einigkeit anhand der Aussagen der Beteiligten zur FAK-Moderation jedoch eindeutig das ernüchternde Ergebnis, dass die als zu dominant und autoritär empfundene Moderation das Potential des Erarbeitungsprozess eher beschränkt und gehemmt denn erleichtert habe. Die in der Verwaltungsvorlage zum Ratsbeschluss vorgenommene Einschätzung, dass die Moderation wesentlich zur Integration der verschiedenen Beteiligten, zu einem guten Klima und zur Erhaltung hoher Teilnehmerzahlen beigetragen habe (Stadt Münster, Vrl. 393/99, S.10), steht damit im Widerspruch zu den fallgruppenübergreifenden Ergebnissen.

In den BZ und dem nach einer Sitzung in Eigenregie der Beteiligten moderierten FR-AK wurde die Aufgabe der Moderation dagegen eher als begleitende Sitzungsbetreuung interpretiert, was sowohl dem Diskursspielraum wie auch der Mitbestimmung bei der Verfahrensausgestaltung zugute kam. Die Mehrheit der befragten AFR verwies zudem eindringlich darauf, dass - aus den oben genannten Gründen - die Ablehnung der Moderation und Arbeitsweise der FAK für das Frauenaktionsbündnis die Voraussetzung für ihre Teilnahme an demselben gewesen sei. Dem Diktum der zeitlichen Begrenzung und der Ausrichtung auf projektbasiertes Ergebnisse konnten sich jedoch auch diese später etablierten oder sich gar autonom gegründeten Arbeitsgremien nicht entziehen.

5.2.3.3 Arbeitsklima, Diskursstruktur und Ergebnisfindung: Unter dem Duktus der ökologischen Modernisierung konsensual zum kleinsten gemeinsamen Nenner

Die konsensuale Einigung auf gemeinsame Projektideen wurde von den AG-B, den LK und den FAK-RP als unabdingbare Voraussetzung für die Teilnahme aller relevanten Akteurgruppen gewertet. Die Funktion der Konsensorientierung in moderierten deliberativen Arrangements und ihre Auswirkung auf den Ergebnis-Output ist jedoch umstritten (vgl. Dauscher, 1998, S.28; Neuland, 1995, S.74). Es bleibt also die Frage, wie sich das umgesetzte konsensorientierte Verfahren, welches sich mit den Implikationen aus der Agenda 21 deckt, auf das Arbeitsklima, die Diskursstruktur und Ergebniserarbeitung in Münster ausgewirkt hat.

Dabei wird zunächst deutlich, dass die Befragten der unterschiedlichen Fallgruppen das Arbeitsklima in den FAK zwar als freundlich empfanden, sie führten dies jedoch darauf zurück, dass die Großprojekte der Stadtplanung ebenso ausgeblendet wurden wie kontroverse Diskussionen über die unterschiedlichen inhaltlichen Vorstellungen der Teilnehmenden. Sie vermissten vor allem einen kontroversen Austausch über die unterschiedlichen Voreinstellungen und interpretativen Deutungen der Akteurgruppen zur zukunftsfähigen Entwicklung. Fallgruppenübergreifend kritisierten die Akteure der FAK in diesem Kontext, dass die vorhandenen unterschiedlichen Ansichten der Beteiligten unter der Oberfläche eines »netten Austausches« blieben, mit der Konsequenz, dass die konsensorientierte Ergebniserarbeitung nicht von einer konstruktiven Ergebnisfindung geprägt war, sondern die unterschiedlichen Gruppierungen alte Projektideen reaktivierten und bis zum Konsensentscheid weiterverfolgten. Dieser fungierte als Selektionspforte, durch die nur die Projektideen kamen, die von keinem der Beteiligten einen Kompromiss mit Blick auf die je eigenen Interessen oder Werthaltungen abforderten. Dabei wird ersichtlich, dass die scheinbar harmonische Verfahrensatmosphäre in den FAK weniger auf gegenseitigem Vertrauen und Reziprozität, sondern u.a. auf der Belanglosigkeit der Ergebniserarbeitung infolge der Ausklammerung sowohl inhaltlicher Streitpunkte als auch kontroverser Diskussionen beruhte. Zudem wurde der aus der soziologischen Forschung bekannten wichtigen Funktion einer produktiven Streitkultur als Voraussetzung für das Überdenken der eigenen Interessenlage und für die Erarbeitung qualitativ neuartiger Ideen (vgl. Grammes, 1997; Renn, 1996, S.100; s.a. Kap. 2.5.3f.) in der Konsultationsphase der FAK kaum Rechnung getragen. Statt dessen wurde die konsensuale Arbeitsmethode unnötigerweise strukturell mit einer Diskursenthaltung, insbesondere bei kontroversen Themenfeldern, gekoppelt.

In den BZ und dem Frauenaktionsbündnis wurden demgegenüber kontroverse Diskussionen zugelassen. Auch wenn dies in den BZ eine marginale Verringerung des Teilnehmerfeldes zur Folge hatte, so führten die Diskussionen nach Ansicht der befragten Beteiligten und der BZ-M/ZW jedoch primär zur Annäherung der Standpunkte und zu einem kooperativen Arbeitsklima. Seitens der AFR wurde dbzgl. durchgängig die Ansicht geäußert, dass die so erreichte produktive Zusammenarbeit auch langfristig eine bessere Vernetzung der frauenspezifischen Verbände ermögliche. Die auf der theoreti-

schen Reflexion anderweitiger diskursiver Arrangements der politischen Praxis basierende Erkenntnis, nach der eine gute Verhandlungskommunikation ihre kollektivgutför-
dernde Wirkung erst dadurch entfaltet, dass Konflikte frei ausgetragen werden können
(vgl. Prittwitz, 1996, S.51), findet damit Bestätigung. Allerdings ist auch zu konstatieren, dass die Teilnehmenden in den BZ und dem FR-AK weitgehend an einem konstruktiven, gemeinsamen Ergebnis interessiert und damit auch zu Kompromissen bereit
waren. In den FAK stellet sich diese Lage etwas anders dar. Denn es zeigte sich, dass
den zu erarbeitenden Ergebnissen dort nicht von allen Beteiligten ein Wert zugemessen
wurde, der die Verfolgung der jeweiligen partikularen Eigeninteressen beschränkte.
Während einige Vertreter der FAK-K in der Thematisierung einer zukunftsfähigeren
lokalen Entwicklung vor allem eine mögliche Gefährdung ihrer Interessenstandpunkte
sahen und so aus der Befürchtung vor suboptimalen bargaining Prozessen nicht an dem
Prozess teilnahmen[343] stand bei den anderen Teilnehmenden der Fallgruppe die Abwehr
zu weitreichender Forderungen im Vordergrund. Diese Intention der FAK-K, Projektideen, die den eigenen Partikularinteressen zuwider laufen könnten, abzuwehren, ging
mit einer kompetitiven Interaktionsorientierung bei substantiellen Inhaltsbereichen einher. Bei Projektideen mit nachrangiger Relevanz, welche die jeweiligen Partikularinteressen - wenn überhaupt - nur am Rande berührten, herrschte bei ihnen wie bei den Vertretern der anderen Fallgruppen eine egoistisch-rationale Orientierung vor, die während
des Prozesses nicht zugunsten einer kooperativ-konstruktiven Ergebniserarbeitung aufgebrochen werden konnte. Damit war eine wichtige Voraussetzung für den Verhand-
lungserfolg nicht gegeben (vgl. Kap. 2.5f.; Mayntz, 1996b, S.481). Allerdings hatte dies
für die Beteiligten differente Konsequenzen, da die beteiligten Akteurkonstellationen
der je eigenen Handlungsrationalität unterschiedlich stark Gültigkeit verschaffen konnten. Derweil die Wirtschaftsvertreter - wie bereits aufgezeigt - die glaubhafte Androhung der Exit-Option wahrnahmen, um bereits im Vorfeld des Prozesses Einfluss auf
die Ausgestaltung desselben zu nehmen, ergriffen die Gewerkschaftsvertreter allesamt
die Exit-Option, als sich für sie abzeichnete, dass die Arbeitsbelastung in Relation zur
nachrangigen Bedeutung des Prozesses und seiner Ergebnisse auf kommunaler Ebene
zu groß wurde. Die Umwelt- und Sozialverbände waren hingegen stärker auf den dis-

---

[343] Dass diese Akteure sich ihr Fehlen leisten konnten, lässt auch auf die geringe Relevanz des Agendaprozesses schließen.

kursiven Prozess angewiesen, von dem sie sich auch eine Wende hin zu mehr Zukunftsfähigkeit auch i.S. ihrer eigenen Themen erhofften.

Des weiteren wurde deutlich, dass die kommunikative Projekterarbeitung während des
Konsultationsverfahrens unter dem Duktus der finanziellen Akzeptanz und der ökonomischen Machbarkeit blieb. Dieser Duktus, dem sich - bis auf die Frauen im FR-AK -
alle Prozessbeteiligten unterordneten, begründete das intersubjektiv geteilte Vorverständnis der Teilnehmenden, und spiegelte die reduktive Wahrnehmung der zukunftsfähigen Entwicklung auf den vorherrschenden Modernisierungsdiskurs einer ökologischen Modernisierung wider. Vor diesem Hintergrund war es unmöglich, visionäre
strukturverändernde, d.h. auf eine sozial-ökologische Transformation ausgerichtete
Projektideen zu entwickeln. Diesbezüglich wurde insbesondere von den FAK-V und
den FAK-P die Annahme geäußert, dass zu weitreichende Ergebnisse, welche die Position der klassischen Kommunalpolitik wie auch den Einflussbereich der konservativen
Verbände hätten schwächen könnten, durch die konsensorientierte Ergebnisfindung im
FAK bewusst ausgeblendet werden sollten. Die daraus zu ziehende Schlussfolgerung,
dass große, innovative Vorhaben von vornherein zum Scheitern verurteilt sind, während
die Status Quo-Interessen gesichert werden, deckt sich mit vergleichbaren politikwissenschaftlichen Untersuchungsfeldern (vgl. Braun, 1999, S.219). Die Erörterung substantieller Politikinhalte bleibt damit den klassischen politischen Entscheidungsgremien
vorbehalten.

Der *abschließende Abstimmungsmodus* über die Projektideen in den FAK beruhte, in
Ermangelung eines intersubjektiv geteilten Reflexionsmaßstabes, in erster Linie auf den
subjektiven Präferenzen der Beteiligten und sagt damit wenig über die Zukunftsfähigkeit der verabschiedeten Ideen aus. Darüber hinaus wurde anhand der fallgruppenübergreifenden Ergebnisse deutlich, dass die konsensuale Einstimmigkeitsregel letztlich zu
Entscheidungen auf der Grundlage des »kleinsten gemeinsamen Nenners« führte, und
damit lediglich Projektideen ermöglichte, die keinem der beteiligten Verbände substantielle finanzielle oder materielle Verluste abverlangten; ein Ergebnis, das auch durch
andere Untersuchungen bestätigt wird (vgl. Oels, 2000, S.192f.). Die Projektideen entsprangen statt dessen der Ausschöpfung von Win-Win-Potentialen innerhalb des festgefügten Interpretationsrahmens der zukunftsfähigen Entwicklung i.S. einer ökologischen
Modernisierung. Während jedoch die AG-B, FAK-K und FAK-RP diesen Interpretati-

onskontext begrüßten, stieß diese Auslegung und inhaltliche Beschränkung bei den FAK-P, UB, AFR, FAK-F und PZM auf z.T. vehemente Kritik.

Es zeigt sich, dass die »progressiven Verbände« mit weitreichenden inhaltlichen Anliegen bereits scheiterten, bevor sie diese überhaupt entfalten konnten, weil sie sich auf den so konstruierten Diskursrahmen einließen. Lediglich im FR-AK kamen die Ergebnisse über den engen Interpretationsrahmen hinaus, wie z.B. an den Forderungen für eine Subsistenzwirtschaft oder für ein MAI-freies Münster deutlich wird (vgl. Kap. 4.4). Dies lässt sich primär mit der autonomen Sonderrolle im Prozess und der nicht durchgeführten konsensbezogenen Ergebnisselektion in Verbindung bringen.

Positiv festzuhalten ist abschließend - vor allem in den FAK und FR-AK - das Auffrischen und Knüpfen persönlicher Kontakte zwischen sonst antagonistischen Akteurgruppen. Inwieweit jedoch die Interaktion der beteiligten Akteure - wie von den Protagonisten deliberativer Demokratiekonzepte erhofft (vgl. Barber, 1984; Blaug, 1996) - eine neue partikularinteressenübergreifende kommunale Diskurskultur begründet, die mittel- bis langfristig die Grundlage für eine geteilte Problemwahrnehmung und eine gemeinsame Erarbeitung von Problemlösungsstrategien bildet, bleibt abzuwarten. Es gibt allerdings kleine Anzeichen zur Hoffnung. Denn obwohl in den einzelnen FAK im Vorfeld keine gemeinschaftsbildenden Vorstellungen aufgrund der heterogenen Teilnehmerschaft existierten und die unterschiedlichen Sichtweisen aufgrund des mangelnden diskursiv-kontroversen Austausches bestehen blieben, hatten die erarbeiteten Ergebnisse eine sozietätsstiftende Wirkung auf die unterschiedlichen Teilnehmenden. So äußerten - ungeachtet dessen, dass die Ergebnisqualität durchweg als defizitär perzipiert wurde - alle Befragten der verschiedenen Fallgruppen die Hoffnung, dass zumindest ein paar Projektideen umgesetzt würden, auch um den zeitlichen Aufwand im Nachhinein rechtfertigen zu können. Die Entwicklung derart zarter Ansätze einer arbeitsgruppenbezogenen »Corporate Identity«, die sich an diesem fallgruppenübergreifenden Wunsch zur Umsetzung der erarbeiteten Projektideen - trotz ansonsten kritischen Prozesseinschätzungen - festmacht, wurde auch in anderen Untersuchungen beobachtet (vgl. Haan/Kuckartz/Rheingans-Heintze, 2000, S.18f.).

5.2.4   Partizipation am lokalen Agendaprozess: Es ist lokale Agenda und kaum einer geht hin...

Die Bürgerbeteiligung im lokalen Agendaprozess[344] wurde fallgruppenübergreifend als enttäuschend gering eingestuft. Die FAK-V zeigten sich dbzgl. besonders enttäuscht, zumal sie den lokalen Agendaprozess als einen wichtigen Einstieg in erweiterte kommunale Bürgerbeteiligungsverfahren für zukünftige kommunale Planungsprozesse erachteten. Bei den FAK-P stieß die geringe Bürgerbeteiligung allerdings auf Verständnis, weil ihrer Ansicht nach emanzipatorische Mitbestimmungsversuche der unorganisierten Bürger in der Vergangenheit an der Verschlossenheit des repräsentativ-politischen Systems scheiterten, was eine Entmutigung der Bürger bzgl. der Mitwirkung am politischen Geschehen zur Folge hatte. Die daraus resultierenden unzureichenden partizipativen Vorerfahrungen der Bürger stellten die AG-B und UB als Grund für die geringe Beteiligungsquote heraus. Die unorganisierten Bürger und die Moderatoren der Bürgerzirkel machten ferner die Stadtverwaltung und Politik auch für die geringe Bürgerbeteiligung im lokalen Agendaprozess verantwortlich, weil ihrer Ansicht nach zum einen die konzeptionelle Integration der Bürgerbeteiligung in der Konsultationsphase zu Prozessbeginn vernachlässigt wurde, und zum anderen - abgesehen von den Stadtteilzukunftswerkstätten - keine methodisch adäquaten Beteiligungsmodelle etabliert worden seien (vgl. Kap. 5.2.1). Dieser Aspekt kann - neben einer allgemeinen Politik- und Partizipationsverdrossenheit in der Bevölkerung - auch als ein Grund dafür genannt werden, dass die Integration der heterogenen, unorganisierten Bürgerschaft quer durch alle Gesellschaftsschichten nicht gelang (vgl. Kap. 5.2.2).

Dass der Beteiligungsumfang im Prozess ebenso wie die Breitenwirkung desselben gering war (vgl. Stadt Münster, Vrl. 393/1999, S.21f.), wurde von den Befragten insgesamt auch auf die geringe Prozessrelevanz im kommunalpolitischen Kontext und auch auf die in der Mehrheit der Bevölkerung kaum bekannten Begriffe »Zukunftsfähigkeit« und »lokale Agenda« zurückgeführt, die, da sie nur unzureichend eine direkte Betroffenheit für die Bevölkerung zu transportieren vermögen, kaum Aktivierungspotentiale bergen. An dieser Stelle bestätigt sich die Erfahrung aus anderen Untersuchungen, nach der die Agendathematik in breiten Bevölkerungskreisen noch gar nicht bekannt ist (vgl. Mittler, 1999, S.362). Zudem decken sich die Befunde der AG-B, RS-1, BZ-M/ZW und

---

[344] Zur Konkretisierung der Beteiligtenzahlen vgl. Kap. 4.3f.

UB mit der Annahme, dass die der zukunftsfähigen Entwicklung anhaftende Forderung nach einem partiellen Konsumverzicht in unseren Breiten mit den Interessen der Bürger, denen das Thema etwas sagt, kollidiert (vgl. Haan/Kuckartz/Rheingans-Heintze, 2000, S.13).

Darüber hinaus wurden auch partizipationsfeindliche sozioökonomische Rahmenbedingungen, die zum einen von einer zunehmenden egozentrischen Lebensführung bzw. Individualisierung, und zum anderen von dem Gefühl der Machtlosigkeit gegenüber den globalen Entwicklungen und den geringen Einflussmöglichkeiten hinsichtlich der Ausgestaltung der Lebenswelt geprägt sind, fallgruppenübergreifend als Grund für die geringe Beteiligungsquote angeführt. Dieser Befund bestätigt die von mehreren Wissenschaftlern aufgestellte Hypothese, nach der sich eine geringe aktive Beteiligung der Menschen an öffentlichen Prozessen auf eine individuelle Ohnmacht im Spannungsfeld von Individualisierung und Globalisierung zurückführen lässt (vgl. Hinkelammert, 1996; Sölle, 2000, S.241f.).

Abgesehen von der Erwartung, dass die Beteiligung mit der Umsetzung erster konkreter Projektideen infolge der direkten Betroffenheit einiger Bevölkerungskreise zunähme, wurde fallgruppenübergreifend die Notwendigkeit zu einer stattteilorientierteren Prozessorientierung und zu einem »social marketing[345]« hervorgehoben. Die Reduktionierung des Raumbezuges wurde damit - wie auch in anderen lokalen Agendaprozessen (vgl. Pleschberger, 2000) - als wesentliches Element zur Erhöhung der Betroffenheit und damit der Motivation zur Beteiligung herausgestellt.

5.2.4.1 Eingeschränkte, zeitlich limitierte Interaktion statt Zusammenarbeit der heterogenen Akteurgruppen

Die Zusammenarbeit zwischen den unterschiedlichen Arbeitsgremien wurde von den Fallgruppen als unzureichend und nachteilig für die Prozessqualität bewertet[346]. Anhand der fallgruppenübergreifenden Befunde wird deutlich, dass der Kontakt zwischen unorganisierter Bürgerschaft und den gesellschaftlich relevanten Akteurgruppen in den FAK

---

[345] Mit »social marketing« werden Marketingaktivitäten bezeichnet, die auf die „marketingmäßige Realisierung von sozial orientierten, d.h. am gesellschaftlichen Nutzen ausgerichteten Ideen konzentriert" sind (Gablers Wirtschaftslexikon, 1988, S.1491).
[346] Zur Zusammenarbeit innerhalb der Arbeitsgemeinschaften vgl. Kap. 5.2.3.3.

im Prozessverlauf trotz Bürgerstunden und Vernetzungstreffen[347] auf einem defizitären
Niveau blieb. Eine *strukturelle Kopplung* der differenten Arbeitsgremien misslang. Statt
dessen wurde die herausgehobene Stellung der FAK und die seitens der UB kritisierte
randständige Bedeutung der BZ aus Neue deutlich. Erst zum Prozessende, als einige
Akteure aus den BZ und FAK die »Projektgruppe zukunftsfähiges Münster« wieder
gründeten, kam es zu einer konstruktiven Zusammenarbeit ehemaliger Aktivisten aus
den BZ und den FAK[348].

Die unzureichende Vernetzung der Gremien während der Konsultationsphase stellte
sich als ein Mangel heraus, der sich sowohl nachteilig auf den Ideenaustausch zwischen
den unterschiedlichen Arbeitsgruppen, und somit auf die gegenseitige inhaltliche Befruchtung bzw. Qualität der Zusammenarbeit, wie auch begrenzend auf die prozedurale
Eigendynamik auswirkte. Das Ziel, eine übergreifende kommunikative Kultur zwischen
den heterogenen Beteiligten zu etablieren, wurde vor diesem Hintergrund verfehlt. Dieser Befund deckt sich sowohl mit der Einschätzung in der Abschlussvorlage der Stadt
(vgl. Stadt Münster, Vrl. 393/99, S.11) und bestätigt die auf der wissenschaftlichen Reflexion methodischer Arrangements beruhende Annahme, dass eine frühzeitige und
dauerhafte Vernetzung eingerichteter Arbeitsgruppen unabdingbar ist, „um eine gegenseitige Befruchtung verschiedener parallel tagender Arbeitskreise zu erreichen" (vgl.
Apel, 1998, S.22). Die mangelnde Zusammenarbeit zwischen den Gremien wirkte sich
zudem verschärfend auf die schon existente geringe Breitenwirkung des Prozesses aus.
Infolge der als unzureichend empfundenen Zusammenarbeit zwischen Verwaltung, Politik, Verbänden und unorganisierten Bürgern wird anhand der Befunde der FAK-P,
PZM, UB, FAK-F und AFR deutlich, dass sich das Vertrauensverhältnis dieser Akteurgruppen zu Politik und Verwaltung durch den Prozess nicht verbessert hat. Vielmehr
zeigten sich diese Akteurgruppen, die mit hohen Erwartungen hinsichtlich einer zukunftsfähigeren Ausgestaltung und erweiterten Mitbestimmungsmöglichkeiten an der
Ausgestaltung der Kommunalpolitik in den Prozess gestartet waren und anfangs durch
den großen finanziellen und organisatorischen Aufwand noch weiter bestärkt wurden,
ob der mangelnden Zusammenarbeit und des damit assoziierten Verschwindens des

---

[347] Vor dem Auslaufen der Bürgerstunden konnte durch das erste Vernetzungstreffen zwar noch ein Zwischenhoch sich evtl. anbahnender Zusammenarbeit verzeichnet werden, doch die Anfänge wurden
nicht weiterverfolgt und das Zwischenhoch verkam zum endgültigen Klimax.
[348] Allerdings ergaben sich aus der geringen, weiter zurückgehenden Teilnehmerzahl in der »Projektgruppe zukunftsfähiges Münster« eingeschränkte Handlungskapazitäten (vgl. Kap. 4.5.1).

Prozesses in die Peripherie der kommunalen Politikagenda enttäuscht und frustriert (vgl.
Kap. 5.2.5). Die daraus abzuleitende Schlussfolgerung, dass der lokale Agendaprozess
in Münster eine unverbindliche Interaktion auf Zeit, und keinen langfristigen policyori-
entierten und politicserweiternden Konsultationszusammenhang in der kommunalpolitischen Struktur darstellt, findet anhand der nachfolgend dargelegten Aspekte weiter Bestätigung.

5.2.4.2 Beteiligungsbasierte Anregungen statt kommunaler Mitbestimmung

Aus den Befunden der UB, BZ-M/ZW und PZM wird eine deutliche Kritik an Politik
und Verwaltung ersichtlich. So wurde beiden vorgeworfen, dass sie die Erarbeitung und
Umsetzung neuartiger bürgerschaftlicher Mitsprachemöglichkeiten und Beteiligungskonzepte nicht als *gemeinsame* Aufgabe von Verbänden, Bürgern, Verwaltung und Politikern begriffen. Die damit verbundene Kritik, dass Mitsprachemöglichkeiten bei der
Ausgestaltung der Kommunalpolitik suggeriert wurden, die de facto gar nicht existierten, wird anhand der Ergebnisse der FAK-V, FAK-P, FAK-A/F/J, UB und AFR erhärtet. Dabei wurde die in der Prozessperipherie angesiedelte Sonderstellung der Bürgermitwirkung besonders kritisch herausgestellt.

Die Ankündigung in den Agenda-news, nach der die Bürger im Rahmen des lokalen
Agendaprozesses die Möglichkeit erhalten sollten, auf die inhaltliche Ausgestaltung der
Kommunalpolitik einzuwirken (vgl. Stadt Münster, Agenda News Nr.2/1997, S.1), blieb
damit substantiell leer. Lediglich die RS-1 und die Fallgruppe AG-B stellten in diesem
Kontext das Engagement der Bürger als eigenen Wert heraus.

Die von den FAK-V dargelegte Ansicht, nach welcher der Grund für das geringe Mitbestimmungspotential der beteiligten Bürger und Verbandsvertreter in der fehlenden Bereitschaft der Parteien, ihre Definitionsmacht zu teilen, liegt, wurde anhand der Befunde
der FAK-RP bestätigt. Es wurde ersichtlich, dass die Protagonisten der Parteien aus
Furcht vor einem etwaigen Bedeutungs- bzw. Machtverlust vor der experimentellen
Erprobung einer weitreichenden Mitbestimmung bei städtischen Projekten zurück-
schreckten[349]. Diese Haltung der Politik zur bürgerschaftlichen Mitbestimmung im

---

[349] In diesem Kontext ist jedoch der Binnendifferenzierung der Fallgruppe der FAK-RP Rechnung zu
tragen, derzufolge die Bereitschaft, einen größeren Einfluss der beteiligten Akteurgruppen bei der
Ausgestaltung der kommunalen Politik zuzulassen, insbesondere von den Vertretern der beiden großen
Volksparteien CDU und SPD negiert wurde.

Rahmen der lokalen Agenda, die sich am Umgang mit den Beratungsergebnissen (vgl. Kap. 5.2.5.1) und der Stabilisierung der kritisierten Verfahrensmethodik (vgl. Kap. 5.2.3f.) festmachen ließ, war für die beteiligten Fallgruppen sehr enttäuschend. Von den AFR wurde die Partizipationseffektivität als dermaßen gering wahrgenommen, dass die Frauengruppen von einer Beteiligung an möglichen ähnlichen Beteiligungsmodellen der Stadt absehen wollen.

Anhand der Befunde der FAK-K wird ersichtlich, dass sie nicht - wie z.b. einige Vertreter der Fallgruppe FAK-P - auf den lokalen Agendaprozess angewiesen waren, um ihre Inhalte in Verwaltungs- und Politikhandeln zu infiltrieren, weil sie dbzgl. existente Netzwerke und direkte Wege der politischen Einflussnahme nutzten. Sie zeigten sich jedoch ob der für den Prozess verwendeten Zeitressourcen ebenso unzufrieden wie die anderen Fallgruppen. Während sich bei jenen jedoch die geringe Bedeutung des Prozesses und die beschränkten Mitbestimmungsmöglichkeiten bei der Ausgestaltung der Kommunalpolitik als Gründe ausmachen lassen, war für die FAK-K demgegenüber der für sie folgenlose Prozess ein »Erfolg«, weil sie eine Funktion ihrer Prozessmitwirkung, nämlich etwaigen Schaden durch den Prozess für die von ihnen vertretene Klientel abzuwehren, einlösen konnte. Die Verärgerung rührte bei Ihnen vielmehr daher, dass sich die erhoffte Imagebildung durch ihre Prozessbeteiligung aufgrund der geringen Breitenwirkung des Prozesses kaum erreichen ließ.

Insgesamt wird an den durchgehenden Stellungnahmen zur fehlenden demokratischen Effektivität des lokalen Agendaprozesses deutlich, dass die Verbands- und Bürgerpartizipation auf eine Beteiligung ohne politische Mitwirkungspotentiale oder gar -rechte i.S. eines projektgenerierenden organisierten Brainstormings heruntergespielt wurde. So konnten zwar unterschiedliche Projektideen innerhalb des festgelegten Rahmens erarbeitet werden, ein kommunalpolitisch durchschlagender Effekt des Arrangements hinsichtlich einer Erweiterung der bürgerschaftlichen und verbandlichen Mitwirkung an der Ausgestaltung der Kommunalpolitik[350] wurde jedoch nicht erzielt (vgl. Kap. 2.4.1). Vor diesem Hintergrund bewerteten nur wenige Befragte aus der Politik und Verwaltung den lokalen Agendaprozess als gutes Fundament für weitere beteiligungsbasierte kommunale Prozesse und als Einstieg in die Diskussion um eine zukunftsfähige Entwicklung. Die Mehrheit der Interviewten aus den unterschiedlichen Fallgruppen rech-

---

[350] Die mangelnden Mitsprachemöglichkeiten der NRO-Vertreter wurden auch im LK bestätigt (s.a. Kap. 5.2.1).

nete dem Prozess dagegen eher eine negative Langzeitwirkung zu, und äußerte die Befürchtung, dass durch die hoch dimensionierte Ausgestaltung des lokalen Agendaprozesses und den geringen Mitbestimmungsmöglichkeiten eine große Chance auf partizipative Mitbestimmung für längere Zeit vertan worden und statt dessen ein partizipationsunfreundliches Klima zementiert worden sei.

5.2.5 Lokale Agenda - ein Nebenschauplatz desintegrierter politics ohne bedeutende Steuerungsrelevanz

Aus den fallgruppenspezifischen Befunden ergibt sich eindeutig das Ergebnis, dass der
lokale Agendaprozess in Münster - entgegen der ursprünglich geäußerten Hoffnung der
Fallgruppen UB, FAK-P, FAK-V, FAK-F/A/J und AFR - keine Erweiterung des kommunalen Steuerungsinstrumentariums darstellt, da er weder die vorhandenen kommunalpolitischen Organe institutionell ergänzt noch deren Steuerungspotential inhaltlich
erweitert. Diesbezüglich stellten die unterschiedlichen Akteurgruppen kritisch heraus,
dass der lokale Agendaprozess zu einem vorübergehenden Nebenschauplatz desinte-
grierter politics mit geringer Halbwertzeit generierte.

Abgesehen von den FAK-RP und den FAK-K beanstandete die überwiegende Mehrheit
der Fallgruppen diese marginale Steuerungseffektivität des Prozesses, welche sie primär
auf die unzureichende Verknüpfung des lokalen Agendaprozesses mit der Kommunalpolitik bzw. den Funktionsträgern in Politik und Verwaltung zurückführten[351]. Die geringe kommunalpolitische Bedeutung und Steuerungswirkung des Prozesses wurde
darüber hinaus mit der Befürchtung der Politiker vor Machteinbußen und Relevanzver-
lust erklärt; ein Kausalzusammenhang, der durch die Befunde der FAK-RP erhärtet
wird. Denn diese verdeutlichen, dass sich die Ratsvertreter nicht ernsthaft mit einer
temporär-experimentellen Veränderung der kommunalpolitischen Strukturen (vgl. dazu
Kap. 8.1) und damit einer Teilung ihrer Definitionsmacht beschäftigten.

---

[351] Der zum Ende der Konsultationsphase etablierte Verwaltungsworkshop konnte diese Kluft nicht mehr
schließen (vgl. Kap. 4.3.6). Er wurde von den FAK-V deswegen auch als unbedeutende Alibiveranstaltung kritisiert.

Der Prozess blieb damit abhängig von parteipolitischen Konstellationen, d.h. den jeweiligen Ratsmehrheiten[352], und entfaltete keine Eigendynamik[353]. Insofern erscheint die fallgruppenübergreifende Befürchtung, dass der lokale Agendaprozess zu einer großangelegten, partizipatorisch ausgeschmückten, aber letztlich folgenlosen »public-relation-Veranstaltung« degeneriert, anstatt zu einem inhaltsrelevanten, kommunalpolitischen Instrument für zukunftsbeständige Stadtentwicklung heranzureifen, begründet. In diesem Kontext werden im Rahmen der lokalen Agenda in Münster auch die Erkenntnisse anderer Untersuchungen bestätigt, nach denen das Image als »Umweltmusterstadt« und die landesweite »Vorreiterrolle« in Sachen lokaler Agenda zwar ein tragendes Motiv der Akteure aus Politik und Verwaltung bei der Umsetzung der lokalen Agenda war; in der politischen Praxis jedoch - trotz einer z.T. beeindruckenden öffentlichen Prozessaufmachung und politischen Fensterreden über eine zukunftsfähigere kommunale Entwicklung - eine kontradiktorische Politik umgesetzt wurde (vgl. dazu auch Pleschberger, 2000, S.174; Ronge, 1997)[354]. Weil bedeutende Planungsvorhaben kaum von der lokalen Agenda tangiert wurden, ist der Prozess nach Ansicht der meisten Befragten der verschiedenen Fallgruppen noch nicht einmal ein Baustein für eine Umorientierung zugunsten einer Umsteuerung der Kommunalpolitik. Es wird deutlich, dass insbesondere die Projektorientierung auf kommunalpolitischen Nebenschauplätzen, die den Konsultationsprozess der lokalen Agenda in Münster kennzeichnet (vgl. Peters, 1999, S.244; s.a. Kap. 5.2.3.3), den Prozess mitsamt dem Thema Zukunftsfähigkeit inhaltlich in Misskredit gebracht hat. Darüber hinaus verhinderte die unzureichende Vernetzung mit den übergeordneten politischen Ebenen eine größere Relevanz und Schubkraft des Prozesses. Auf die daraus resultierenden - durch die Globalisierung verschärften - beschränkten kommunalen Steuerungspotentiale, die dem Anliegen des lokalen Agendaprozesses zuwider laufen, wurde mehrfach verwiesen.

---

[352] So zeigten sich die befragten Ratsvertreter der ehemaligen rot-grünen Koalition enttäuscht darüber, dass der lokale Agendaprozess - trotz des einstimmigen Ratsbeschlusses - nicht die volle Unterstützung der CDU-Opposition fand. Ein Aspekt, der sich infolge des Regierungswechsels seit der letzten Kommunalwahl zugunsten einer Absoluten CDU-Mehrheitsregierung entsprechend abschlägig auf die Ergebnisimplementation und die Prozessfortführung niederschlug.

[353] Der Prozess erlangte kommunal keine so große Bedeutung. Statt dessen nahm nach fallgruppenübergreifender Einschätzung die Dethematisierung des Prozesses und der erarbeiteten Beratungsergebnisse mit dem Wechsel der Ratsmehrheit weiter zu.

[354] Wie bereits in Kap. 5.2.1 erwähnt, lässt sich dies in Münster an der parallelen Fortführung umstrittener Bebauungspläne wie des Ausbaus des Flughafens Münster-Osnabrück, des Baus eines Industriegebietes, einer Fußballarena sowie von Parkhäusern und einer Umgehungsstraße festmachen.

Zudem blieben - wie bereits deutlich wurde - die informellen lokalen Netzwerke als dominante Abstimmungsverfahren zwischen den klassischen Akteuren der Kommunalpolitik[355] ausschlaggebend für standortbezogene Politikinhalte. Die in die lokale Agenda integrierten Fallgruppen der FAK-K, FAK-V und FAK-RP konstatierten der lokalen Agenda in diesem Kontext folglich auch eine geringere Effektivität und Effizienz als den existenten kommunalen Netzwerken, an denen sie sonst partizipierten. Letztlich gingen die bestehenden kommunalen Strukturen sowie die FAK-K und FAK-RP - aufgrund der erfolgreichen Abwehr der Einbußen an Einfluss- und Bestimmungsmöglichkeiten - als inoffizielle Gewinner aus dem lokalen Agendaprozess, den man dbzgl. auch als ein akteurgruppenübergreifendes Ringen um die Erweiterung der jeweiligen Einflusspotentiale auf die Ausgestaltung der Kommunalpolitik unter dem Label einer zukunftsfähigen Entwicklung interpretieren kann, hervor. Die Akteurkonstellationen der FAK-P, FAK-F/J/A und UB, die sich von dem Themenkontext der zukunftsfähigen Entwicklung eine bessere Platzierung ihrer Anliegen in der kommunalen Politik erhofften und zum Teil auch an weitreichenden Diskussionen über Ansätze für eine sozial-ökologische Wende der Kommunalpolitik interessiert waren, zeigten sich dagegen vom Prozessverlauf enttäuscht.

Das ersichtlich werdende Spannungsfeld zwischen der Glaubwürdigkeit des Prozesses i.S. einer einflussreichen, das Steuerungspotential der Kommune erweiternden Mitbestimmung der beteiligten Akteure und der unzureichenden Legitimation des Prozesses im Schatten der klassischen Entscheidungsverfahren, die auf dem Boden des repräsentativen Demokratiemodells gründen, schuf auch Bedenken an der Sinnhaftigkeit derartiger kommunaler Beteiligungsverfahren - insbesondere bei den PZM, AFR, FAK-P und FAK-F.

Insgesamt lässt sich feststellen, dass die Chance auf eine Erarbeitung eines kommunalpolitisch übergreifenden Handlungsrahmens ebenso vergeben wurde wie die Etablierung eines langfristig stabilen Konsultationszusammenhangs der heterogenen Akteure. Die akteurgruppenübergreifende Hoffnung der AFR, UB, FAK-P, und FAK-F/A/J auf eine inhaltliche Umorientierung der Kommunalpolitik, auf mehr bürgerschaftliche Mitbestimmung und auf eine langfristige Veränderung der Kommunikationskultur zwischen Politik, Verwaltung, Verbänden und Bürgern, sowie auf eine entscheidungsrele-

---

[355] Zu diesen sind die Vertreter der Verwaltung, Politik aber auch - aufgrund ihres ausgedehnten Einflussbereiches - die »konservativen« Verbände zu zählen (vgl. Kap. 2.3.4).

vante Mitsprache an der Ausgestaltung der Kommunalpolitik konnte nicht eingelöst werden. Vor diesem Hintergrund wurde der Prozess auch als *partizipative Alibiveranstaltung* der Kommune interpretiert, wie an der folgenden Stellungnahme beispielhaft ersichtlich wird:

> *FAK-V4: „Der Verdacht kommt auf, dass es eine Alibi-Geschichte war, mit der man sich vielleicht ein bisschen profiliert hat, wo man vielleicht bestimmte Strömungen, bestimmte Anforderungen gut befriedigt hat. [...] Denn die reale Politik fällt nach wie vor ihre Entscheidungen [...] ziemlich losgelöst von dem, was Agenda 21 eigentlich verlangt."*

5.2.5.1 Ergebnisimplementation: steiniger Weg im Schatten der Fortführung kontradiktorischer Politikinhalte?

Ungeachtet der einstimmigen Zustimmung der im Rat vertretenen Parteien zur Abschlussvorlage des Agendaprozesses (vgl. Stadt Münster, Vrl. 393/1999) und der Nachfolgekonferenz »Bürgerforum zukunftsfähiges Münster« hat sich hinsichtlich einer konkreten Implementation der Beratungsergebnisse wenig getan. Die FAK-V konstatierten Probleme bei der Implementation aufgrund beschränkter Arbeitskapazitäten, fehlendem politischen Druck und der geringen Relevanz der Ergebnisse aufgrund der Klassifizierung als Bürgerantrag gem. §24 GO/NRW. Zudem bedürften die Projekte noch einer inhaltlich-fachlichen Qualifizierung durch zu akquirierende Expertise im Rahmen des Stadtentwicklungsprozesses. Dabei machten vor allem die FAK-RP deutlich, dass nur ein Teil der Ergebnisse umsetzungswürdig sei, weil viele den Verträglichkeitskriterien nicht entsprächen, den Kompetenzbereich der Kommune überschritten oder mit bereits vorhandenen Verwaltungsvorlagen übereinstimmten. Ungeachtet dieser Einwendungen ob der mangelnden inhaltlichen Substanz der Ergebnisse wurde besonders deutlich, dass über die Umsetzung letztlich nur im Rahmen des kommunalen Finanzrahmens entschieden werden könne. Wie eng die Grenzen zukunftsfähiger Politik unter dem unangetasteten Primat der Ökonomie bzw. Finanzierbarkeit sind, wird dabei beispielhaft an der folgenden Aussage deutlich:

> *AG-B3:„Keine Stadt wird auf wirtschaftliche Prosperität zugunsten von primär sozial und ökologisch verstandener Nachhaltigkeit verzichten. Wenn wir das versuchen würden, würde uns der OB einstampfen. Das ist aber genau der Knackpunkt, wo einige Agendaakteure aussteigen, wenn sie sehen, dass das auch für das Stadtmarketing sein soll."*

Die sich abzeichnende stockende Implementationsphase wurde von den FAK-P, PZM, UB und AFR als völlige Degradierung des Prozesses zur kommunalpolitischen Irrelevanz kritisiert, nachdem bereits der Mangel an zeitnahen Projektumsetzungen während der Konsultationsphase als demotivierend[356] und als Indiz für die mangelnde Ernsthaftigkeit des Prozesses problematisiert worden war[357].

Die UB, AG-B, FAK-P, PZM, FAK-F/J/A und AFR beanstandeten, dass in Ermangelung einer qualifizierten Ratsentscheidung zum Agendabeschluss - i.S. einer Schwerpunktsetzung der Projekte - bereits der erste Schritt zur Dethematisierung des Prozesses und seiner Ergebnisse eingeleitet worden war. Die Überantwortung der Machbarkeitsprüfung an die Fachverwaltungen ohne jedwede Prioritätensetzung durch den Rat, führte nicht nur bei den genannten Akteurgruppen sondern auch bei den FAK-V zu erheblicher Missstimmung. Darüber hinaus zeigten sich diese Akteurgruppen überaus enttäuscht über den ersten Nachhaltigkeitsbericht der Stadt Münster, weil die Prüfberichte zu den Projektideen als nicht nachvollziehbar kritisiert und der Bearbeitungsvermerk, der die Umsetzung einiger Projektideen als »erledigt« deklarierte, als Mogelpackung gebrandmarkt wurde.

Vor diesem Hintergrund wurde die Auswirkung des Prozesses auf die inhaltliche Ausgestaltung der Kommunalpolitik - aufgrund der mangelnden Umsetzung der erarbeiteten Beratungsergebnisse - insgesamt als geringfügig erachtet. Diese Implementationsprobleme antizipierend, hatten die AG-B ein anderes Prüf- und Umsetzungsverfahren intendiert. Danach waren Kontakte zwischen den für die Projektprüfung zuständigen Fachverwaltungsstellen und den Ideengebern aus den FAK und BZ in der Prüfungsphase ebenso vorgesehen wie eine Änderung der Geschäftsordnung der Fachausschüsse, in denen über die Projektideen beraten werden sollte, um den Projektinitiatoren dort ein Rede- oder Mitwirkungsrecht weitergehender Art zu ermöglichen. Diese Änderungen der kommunalen Verfahrensordnung zugunsten einer längerfristigen Einbindung der Projektinitiatoren aus den Arbeitsgremien durch adäquate Verfahren wurde jedoch vom Verwaltungsvorstand und der Politik abgelehnt. An dieser Stelle schimmert wieder die Absicherung der Geschlossenheit des klassischen kommunalpolitischen Systems durch.

---

[356] So wurde insbesondere im Zuge des ersten Vernetzungstreffens deutlich, dass die UB nur durch die zeitnahe Umsetzung zumindest einiger der erarbeiteten Projektideen zu länger andauernder Mitarbeit zu motivieren waren.

[357] Der »Münster-Kaffee« als einzig konkretes Projekt, das während der Durchführung der lokalen Agenda umgesetzt wurde, stammte nicht aus der Konsultationsphase und konnte deswegen in dem genannten Kontext kaum motivierende Wirkung entfalten. Darüber hinaus wurde deutlich, dass die UB nur unzureichende Informationen über die bereitgestellten Projektmittel, die auch für Projektumsetzungen aus Eigeninitiative im Prozess gedacht waren, hatten.

Die Verfahrenseffizienz bewerteten alle Fallgruppen in Anbetracht der stockenden Implementation der konsensual erarbeiteten Projektideen in die Kommunalpolitik vor dem Hintergrund des hohen zeitlichen, finanziellen und personellen Aufwandes, als sehr gering. Ein Urteil, das lediglich von den Kommunalpolitikern der ehemaligen Regierungskoalition abgeschwächt wurde, da diese den Eigenwert der neuartigen Kommunikationsstruktur und der z.T. gebildeten neuen Kontakte positiv hervorhoben. Diese positiv-hoffnungsvolle Wertung der entstandenen Kontakte zwischen den unterschiedlichen Vertretern als ein zartes Pflänzchen einer zivilgesellschaftlichen Komponente der Kommunalpolitik lässt sich auch als eine ex post Legitimation der aufgewendeten Mittel interpretieren.

Insgesamt entsteht jedoch der Eindruck, dass die rasch etablierte und organisatorisch strukturierte lokale Agenda (vgl. Kap. 4.2f.) ebenso zügig wieder in der Versenkung des klassischen kommunalpolitischen Systems verschwindet wie sie entstand. Vor diesem Hintergrund wäre die Frage, ob der lokale Agendaprozess neue erweiterte Steuerungspotentiale der Kommune eröffnet oder als bloßer partizipativer Projektaktionismus unter dem Label einer lokalen Agenda abgetan werden kann, eher im letzteren Sinne negativ zu beantworten. Allerdings gilt es im Folgenden noch der intendierten Prozessfortführung im Rahmen einer nachhaltigen Stadtentwicklungskonzeptes Beachtung zu schenken, bevor in Kap. 5.3 eine allgemeine Schlussbetrachtung erfolgen kann.

5.2.5.2 Prozessfortführung: lokale Agenda als partizipatorisches Image-Lifting von Stadtentwicklung und Stadtmarketing

Das offizielle Prozessende wurde von der überwiegenden Mehrheit der Fallgruppen in der umgesetzten Form zunächst als eine Absage an weitere Bürgermitwirkung und als erster Schritt zurück zum »procedure as always« klassischer Kommunalpolitik interpretiert; die Funktion des Agendaprozesses als Einstieg in eine breite kommunale Diskussion über eine zukünftige und zukunftsfähigere Stadtentwicklung geriet in Gefahr, da sie abgewürgt zu werden drohte, bevor sie überhaupt kommunalpolitisch Bedeutung erlangen konnte. So stieß die Fortführung des Prozesses in der breiten Konsultationsform bei den FAK-RP, FAK-V und FAK-K durchweg auf Ablehnung[358]. Statt dessen

---

[358] Lediglich die »Fortführung« exklusiver neokorporatistischer Gremien unter Beteiligung von Verwaltung, Politik und konservativen Verbänden zu einzelnen Sach- bzw. Problemlagen wurde von der FAK-K in den Vordergrund gestellt.

wurde einhellig die Integration der Agendathemen in die existenten politischen Entscheidungswege postuliert. Insofern herrschte unter diesen drei Akteurgruppen Einigkeit hinsichtlich der Überführung des lokalen Agendaprozesses in das gewohnte kommunalpolitische Instrumentarium, gepaart mit der Rückbesinnung auf die klassischen kommunalpolitischen Bearbeitungs- und Steuerungswege[359]. Lediglich eine periodische Nachhaltigkeitsberichterstattung wurde als handhabbares kommunales Instrument akzeptiert, um dem Prozess längerfristig Rechung zu tragen. Um einseitigen Nachteilen in der interkommunalen Standortkonkurrenz ebenso vorzubeugen wie einer Verschlechterung der städtischen Haushaltslage, wurde darüber hinaus jedoch die Ausweitung der kommunalen Agenda auf die regionale Ebene angemahnt. Den an der lokalen Agenda beteiligten Akteurgruppen wurde im Zuge dieser Vorgehensweise der institutionelle Handlungsrahmen ebenso wie der Einfluss auf die Projektprüfung entzogen. Die Bestrebungen der PZM und den weiter engagierten Frauen des Frauenaktionsbündnisses, Impulse für eine Prozessfortführung durch eine »Strategie der Nadelstiche« über Bürgeranträge zu erreichen, blieben unbedeutend. Dies lässt sich nicht nur auf die geringen Personalressourcen und die nebensächliche kommunale Bedeutung der Gruppen zurückführen, sondern auch darauf, dass ihr Protest nicht effektiv in die entscheidenden kommunalen Gremien des Rates bzw. der Verwaltung infiltriert werden konnte, weil die Verwaltungs- und Politikebenen dafür - abgesehen von den Bürgeranträgen - keine relevanten Einflusskorridore öffneten. Damit blieb die bereits erörterte Rückführung des Prozesses in die klassischen Entscheidungswege mit den bekannten Implikationen der Intransparenz und Geschlossenheit des Systems verknüpft (vgl. Kap. 2.3f.)[360]. Vor diesem Hintergrund wurde bei den PZM und AFR die Forderung nach umfassenden politisch-ökonomischen Veränderungen i.S. eines sozial-ökologischen Strukturwandels auf allen politischen Ebenen und einer parallelen Weiterentwicklung der kommunalpoliti-

---

[359] Dass eine inhaltliche Fortführung des Prozesses jedoch mit den Implikationen, die aus den neuen Steuerungsmodellen für die Verwaltung erwachsen, kollidiert, wurde im Zuge der Untersuchung insbesondere anhand der Gespräche mit den Verwaltungsmitarbeitern deutlich. Dabei wurde die Annahme bestätigt, dass die Verwaltungsreform, deren Ziel auf eine kostenreduzierende Dezentralisierung hinausläuft dem ganzheitlichen, integrierenden Anspruch der lokalen Agenda entgegensteht (vgl. Kap. 2.3.3).

[360] Die defizitäre Öffentlichkeitsarbeit bzw. Informationspolitik der Verwaltung nach dem Ende des offiziellen Agendaprozesses, die sich z.B. daran festmacht, dass das Bürgerforum zukunftsfähiges Münster nicht durch eine Presseverlautbarung angekündigt wurde (vgl. Kap. 4.5f.), stellte für die AFR und PZM in diesem Kontext ebenfalls einen Indikator für diese Intransparenz dar und wurde als Exklusion der an der lokalen Agenda beteiligten Akteurgruppen aus dem kommunalpolitischen Entscheidungsprozess gewertet.

schen Mitbestimmungsmodelle laut. Die Mehrzahl der AFR unterstrich diese Forderung
damit, dass sie sich enttäuscht vom lokalen Prozess abwandten. Ihnen erschien eine
außerparlamentarische Opposition effektiver als eine derartige formalisierte Beteiligung, um Frauenbelange in die Kommunalpolitik einzubringen. Die befürchteten parti-
zipationsfeindlichen Auswirkungen des Prozesses werden damit am Bespiel der AFR
zeitnah bestätigt. Vor diesem Hintergrund scheint es, als ob die lokale Agenda in Münster lediglich ein partizipatives Modernisierungskonzept geltender gesellschaftlicher
Entwicklungsdirektiven darstellt, das - infolge der Tatsache, dass die Akteure ihre Ansprüche nicht in gewünschtem Umfang einbringen können - den Boden für den Erhalt
der übergreifenden gesellschaftlichen neoliberalen Entwicklungsdynamik und der Stabilisierung existenter Machtbereiche bereitet. Diese kritische Einschätzung, die sich mit
diskurskritischen Untersuchungen anderer deliberativer Arrangements deckt (vgl.
Eblinghaus, 1997; Spehr, 1997b, c), spiegelt sich auch in einigen Stellungnahmen der
Akteure wider:

*AG-B1:„Im Sinne der Agenda 21, diese ganzen übergeordneten Problemstellungen zu lösen, sehe ich
den Radius der lokalen Agenda sehr begrenzt. [...] Ich habe den Eindruck, viele Kommunen benutzen
den Prozess eher als Modernisierungskonzept. [...] Aber im Sinne dessen, was diese NRO`s damit ur-
sprünglich inhaltlich anstoßen wollten, bleibt nichts mehr über. "*

Die nach dem lokalen Agendaprozess angesetzte Erarbeitung des nachhaltigen Stadtentwicklungskonzeptes (vgl. Kap. 4.5.4) lanciert in diesem Zusammenhang auch wieder offensiver die Integration fachlicher Expertise und ökonomiefreundlicher Themenfelder unter prioritärer Berücksichtigung der Anforderungen eines erfolgreichen Stadtmarketings. Insofern steht zu befürchten, dass zahlreiche Projektideen aus dem lokalen
Agendaprozess, die nur unzureichend mit den Erfordernissen von Standortpolitik und
Stadtmarketing kompatibel sind, bei der Konzepterarbeitung ebenso außen vor bleiben
wie die Akteure, die den genannten Referenzrahmen des Stadtentwicklungskonzeptes
kritisieren. Dass die »kooperative, integrierte Stadtentwicklung« damit die Grundlage
für die Einbindung der Akteure bereitet, die lediglich innerhalb des *gesetzten frames*
kooperationsfähig sind und die Integration von Nachhaltigkeit, Stadtmarketing und
Standortinteressen unter dem Label einer »nachhaltigen Stadtentwicklung« mittragen
können, wird durch Einschätzungen der AG-B und FAK-V bestätigt. Auch wenn der
Agendaprozess in diesem Zusammenhang und nicht zuletzt aufgrund der kontradiktori-
schen Rahmenbedingungen auf den übergeordneten politischen Ebenen von den meisten
Befragten der verschiedenen Fallgruppen als vorübergehende Episode auf der kommu-

nalen Bühne abgehakt wurde, so blieb dennoch bei einigen Befragten der FAK-P, UB, FAK-J, AG-B und den FAK-V die Hoffnung darauf bestehen, dass der lokale Agendaprozess zumindest als Glimmspan für die Erprobung und Umsetzung weiterer bürgerschaftlicher Mitwirkungsmodelle im kommunalpolitischen Kontext fungieren könne. Mit Blick auf die Alleinverantwortung des Rates hinsichtlich der entscheidungsspezifischen Legitimation von Gestaltungsoptionen erschien allen Fallgruppen jedoch eine sinnvolle und frühzeitige Vernetzung der beteiligten Akteurgruppen mit dem Stadtrat und der Verwaltung als Konsequenz aus dem lokalen Agendaprozess unabdingbar. Zudem wurde der zukünftigen Stadtteilarbeit sowie einer besseren Integration von Schulen zur Erhöhung der Partizipationsquote von Jugendlichen eine besondere Bedeutung beigemessen. Für die Verwaltungsangehörigen stellte der lokale Agendaprozess vor allem eine lehrreiche Erfahrung ob der Durchführung einer solch umfangreichen Bürgerbeteiligung dar; er wurde damit zumindest in diesem Sinne seiner Modellfunktion gerecht[361].

5.3 Zusammenfassende Schlussbetrachtung: formative und summative Evaluation des Verfahrens

Im Rahmen der Untersuchung bestätigt sich, dass die Prozessgüte von der Ausgestaltung des Konsultationsverfahrens in inhaltlicher, methodischer und mitbestimmungsspezifischer Sicht und den tatsächlich handlungsleitenden Orientierungen der Akteure abhängig ist (vgl. Mayntz/Scharpf, 1995, S.64; s.a. Kap. 2.5f.).

Zunächst ließ die thematische Komplexität der zukunftsfähigen Entwicklung eine unsichere (Ver-) Handlungssituation der Akteure und daraus resultierende prozessorientierte, opportunistische und auf erreichbare Lösungen ausgerichtete Handlungsoption erwarten (vgl. Grande, 1995, S.340; s.a. Kap. 2.5f.). Doch begünstigt durch die Ausblendung der Erarbeitung kommunal operationalisierter Leitziele und Bewertungsparameter wurde die Ausgangssituation auf den je individuellen Interpretationskontext, der sich aus den jeweiligen Professionskontexten ergab, reduziert. Diese Komplexitätsreduktion - aus akteurspezifischer Sicht zur Verringerung der kognitiven Dissonanz durchaus

---

[361] Hinsichtlich der Funktion bürgerschaftlicher Mitwirkung an kommunalpolitischen Planungsverfahren für die Verwaltung vgl. Kap. 2.4.1.

nachvollziehbar - ist ein wichtiger Indikator für die Notwendigkeit, eine intersubjektiv
geteilte Problemwahrnehmung und Ausgangsposition zu begründen und eine Diskussion über einheitlich geltende Bewertungs- bzw. Bezugsparameter nicht zu vernachlässigen (vgl. Kuhn/Suchy/Zimmermann, 1998; Reschl/ Hermann, 2000, S.81f.). Auch eine
Erörterung der grundsätzlich differenten Perspektiven einer ökologischen Modernisierung und eines Strukturwandels wären zur Situationsabklärung hilfreich, um den Möglichkeitsraum der nachfolgenden Diskurse zu weiten[362]. So blieb die Konsultationsphase
in Münster jedoch von unklaren inhaltlichen Bezugsparametern und unter der Oberfläche weiter schwelenden Interessens- und Interpretationsdifferenzen geprägt, die nicht
auf eine klare Vorgabe zurückbezogen werden konnten und deswegen weiter virulent
blieben. Die Erarbeitung bzw. Konkretisierung gemeinsamer Zielvorstellungen aus dem
Konzept der Zukunftsfähigkeit, bei der mit konfliktiven und zeitintensiven Auseinandersetzungen der Beteiligten gerechnet werden muss[363], wurde der konsensbasierten
produktorientierten Projektentwicklung geopfert. Es war zu erkennen, dass diese Festlegung auf ein konsensuales Verfahren - in Anlehnung an die Vorgaben der Agenda 21 -
einen substantiellen Fortschritt in Richtung einer zukunftsfähigen kommunalen Entwicklung blockierte. Denn - abgesehen vom Frauenaktionsbündnis - wurden lediglich
Win-Win-Projekte beschlossen, die von keinem der Beteiligten bedeutende Zugeständnisse erforderten. Insofern wurde das Konsensverfahren ein Garant für den Erhalt des
geltenden Status quo, ein Phänomen, das auch durch andere Studien belegt wird (vgl.
Oels, 2000). Allerdings ist damit die Möglichkeit einer akteurübergreifenden Zustimmung zu inhaltsadäquaten Ergebnissen nicht grundsätzlich verwirkt. Qualitativ höher-
wertige Ergebnisse, die von den Beteiligten auch Zugeständnisse bzw. Tausch- und
Koppelgeschäfte erfordern, sind jedoch nur zu erreichen, wenn die Konsultationsatmo-
sphäre von Vertrauen und reziproken Verhaltenserwartungen geprägt ist, und darüber
hinaus einer moderierenden Prozesssteuerung unterliegt, die diese Zugeständnisse, welche die eigentliche Investition in der Kooperation darstellen, plausibel machen (vgl.
Sprenger, 2000; s.a. Kap. 2.5.3f.). Das für die FAK -Moderation in Münster eingesetzte
Consulting-Team sicherte dagegen die Konsultationsausgestaltung durch eine strikte

---

[362] Allerdings ist zu befürchten, dass sich auf diese Weise das Teilnehmerfeld um die Personen bzw.
Verbandsvertreter verringert, die einem erweiterten Möglichkeitsraum ablehnend gegenüber stehen.
[363] Da im Zuge der Leitbilddebatte eine Festlegung von Grundsätzen, die nicht allen Partikularinteressen
der Beteiligten Rechnung tragen können, unabdingbar ist, entstehen unweigerlich normativ begründete
Konflikte, die offen gelegt und ausgetragen werden sollten (vgl. Reschl/Hermann, 2000, S.83).

Prozesssteuerung nach den bereits erwähnten politisch gesetzten Prämissen ab, und stieß infolge des dominanten Auftretens auf durchweg negative Resonanz bei den beteiligten Akteurgruppen, zumal den beteiligten Akteuren auch eine Mitbestimmung bei der konkreten konzeptionellen Ausgestaltung des Verfahrensarrangements verwehrt blieb (vgl. Kap. 2.4f.). Durch diese inhaltliche und methodische Begrenzung der diskursiven Konfliktmöglichkeiten, deren Ermöglichung im Rahmen einer produktiven Zusammenarbeit als konstitutiv anzusehen sind (vgl. Kap. 2.5.3f.), wurde die Chance auf einen offenen Diskurs in freier Kooperation vertan; so dass überspringende gemeinschaftsstrukturierende Lernprozesse kaum eine Chance hatten. Insoweit stabilisierte die methodische Struktur des Konsultationsprozesses die dem konsensorientierten Diskurs innewohnende Funktion, eine Veränderung oder gar ein Aufbrechen der geltenden gesellschaftlichen Herrschafts- und Machtverhältnisse unmöglich zu machen. In dieser „Morphing Zone" (Spehr/Stickler, 1997) wurde die kulturelle Vielfalt der unterschiedlichsten Gedanken-, Ideen- und Projektansätze aufgesaugt und gemäß dem klassischen kommunalen Politikmuster eines »procedure as always« verarbeitet.

Insgesamt wurde deutlich, dass das Verfahrensmanagement ungeachtet des positiv zu wertenden visionären Ansatzes, letztlich einen hegemonialen Diskurs im Schatten unangetasteter Machtverhältnisse stabilisierte und mehr die Abwicklung des Konsultationsverfahrens strukturierte als das es ein die Kommunalpolitik ergänzendes Verfahrenskonzept etablierte (vgl. 5.2.5). Wie im Verlauf des »Bürgerforums zukunftsfähiges Münster« ersichtlich wurde (vgl. Kap. 4.5.3), ist in diesem Kontext der Widerstand gegen etablierte Diskurse und Moderationspraktiken ein vielversprechender Ansatz, um die vorhandenen Herrschaftsverhältnisse zumindest partiell zu ändern (vgl. Kulynych, 1997, Spehr, 1997b). Es erscheint vor diesem Hintergrund zudem unabdingbar, den Preis für »exit« und »voice« (vgl. Hirschmann, 1970) für alle Beteiligten möglichst anzugleichen und eine Verfahrensstruktur politisch zu etablieren, welche „die Grenzen der Freiheit und die Realität der Gleichheit praktisch erprobt, indem sie die äußeren und inneren Voraussetzungen des »vergleichbaren und vertretbaren Preises« durchsetzt" (Spehr, 2000, S.12). Da aus den fallgruppenübergreifenden Ergebnissen hervorgeht, dass Bedeutung und Umfang der Beteiligung sich nicht nur an der Verständlichkeit des Themas und seinem direkten Bezug auf die zu Beteiligenden festmacht, sondern auch an der Relevanz des Prozesses auf der kommunalpolitischen Bühne, ließe sich der Preis mit der zunehmenden Relevanz des Arrangements akteurübergreifend erhöhen. Ver-

gleichbar für alle Beteiligten ließe er sich nur machen, wenn sich die benachteiligten
Beteiligten emanzipieren und sich nicht unabhängig von ihren Ausgangsinteressen integrieren lassen.

Darüber hinaus wurde offensichtlich, dass notwendige Basisinformationen zum Entscheidungsprozess nicht für alle Beteiligten unverzerrt verfügbar waren[364] und nicht alle
Prozessbeteiligte Wert auf die Erarbeitung substantieller Projektideen legten[365]. Insbesondere den relevanten Akteuren der klassischen Kommunalpolitik, den befragten Ratsvertretern und den konservativen Verbandsvertretern lag wenig daran, weitreichende
zukunftsfähige Ergebnisse mitzuerarbeiten, bei deren Umsetzung sie Gefahr liefen,
kommunalpolitische Definitionsmacht einzubüßen. Zwar wurde die Themenauswahl
und -bearbeitung auch durch die beschränkte Entscheidungsfähigkeit der Akteure des
Konsultationsverfahrens (infolge ihrer Entsendungsverpflichtung) begrenzt, elementar
war jedoch auch die diskursrestringierende Rahmensetzung von Politik und Verwaltung, die unter dem Einfluss der Exit-Drohung der Wirtschaftsverbände stand. Die
durch die im Voraus vorgenommene Ausblendung der strittigen Großprojekte entstandene Beschränkung der inhaltlichen Relevanz des Konsultationsverfahrens präjudizierte
zudem die interpretative Ausrichtung des lokalen Agendaprozesses zugunsten einer rein
»ökologischen Modernisierung« kommunaler Entwicklung. Insofern wurde anhand der
Aussagen der Interviewten offenbar, dass der lokale Agendaprozess in Münster ein un-
geeignetes Instrumentarium war, um kritische inhaltliche Aspekte i.S. einer *sozial-
ökologischen Transformation* einzubringen bzw. zu erörtern.

Die lokale inhaltliche Ausdifferenzierung der »zukunftsfähigen Entwicklung« ist somit
von der Struktur und Rahmensetzung der Konsultation abhängig, denn welche Projektvorschläge erarbeitet werden und sich evtl. durchsetzen, hängt wesentlich davon ab, was
überhaupt als lokales Problem perzipiert wird und wie es interpretiert wird (vgl. Wiemeyer, 2000, S.33f.). In diesem Kontext ist zu konstatieren, dass infolge der Beschränkung des Wahrnehmungsrahmens durch die Aussparung der Großprojekte in dem loka-

---

[364] Es mangelte z.B. an Informationen zur inhaltlichen Ausrichtung des Prozesses, zu den Bezugsparametern, die aus einer zukunftsfähigen Entwicklung erwachsen und insbesondere bei den unorganisierten Bürgern an Informationen über die bereitgestellten Mittel zur Projektrealisierung.

[365] An dieser Stelle wurden kritische Einschätzungen zu den scheinbar allgemein geteilten Prämissen von
Entscheidungsprozessen: »gleiches Informationsniveau aller Beteiligten« und »intersubjektiver Wille
zur Entscheidung« bestätigt (vgl. Sader, 1996, S.206f.).

len Agendaprozess in Münster zwar noch etwas erreicht werden konnte; es konnte aber *nichts kommunalpolitisch Substantielles* mehr erreicht werden.

Die Organisatoren des Prozesses bemühten sich jedoch mit Hilfe einer breiten Öffentlichkeitsarbeit und der Etablierung des »Forums zukunftsfähiges Münster« insbesondere im Vorfeld des lokalen Agendaprozesses, diesen als sozial wünschenswert und prestigefördernd darzustellen. Allerdings blieb eine handlungsrelevante Verpflichtung seitens des Rates als der legitimierten Entscheidungsinstanz zugunsten der im Prozess entwikkelten Maßnahmen und Empfehlungen aus. Je deutlicher dies für alle Beteiligten wurde, um so mehr verringerte sich die Motivation und der Ehrgeiz, aktiv am Diskurs teilzunehmen. Der lokale Agendaprozess in Münster rief insofern sogar kontraproduktive Wirkungen hervor, weil die akteurspezifischen »soft skills« wie z.B. das Vertrauen in die Arbeitsweise der Verwaltung und politischen Gremien sowie die Mitbestimmungs- und Inhaltsaffinität, welche als Voraussetzung für die Erarbeitung einer zukunftsfähigen Entwicklung auf kommunaler Ebene überaus wichtig sind, eher aufgezehrt denn aufgebaut wurden. Dieses betrübliche Fazit wird lediglich dadurch gemildert, dass sich die antagonistischen Fronten, die Vorurteile bzw. Berührungsängste zwischen den heterogenen Akteuren etwas lockerten.[366]

Nach außen verstärkte die lokale Agenda in Münster vor dem Hintergrund der ExWost-Modellstadt und der Auszeichnung als Klimahauptstadt jedoch das Image der bürgernahen *Umweltmusterstadt.* Die im interkommunalen Vergleich überaus umfangreiche Prozessausstattung und das ausdifferenzierte Organigramm zementierten dabei die Vorreiterrolle hinsichtlich der Umsetzung der lokalen Agenda. Wie anhand der dargelegten Aspekte deutlich geworden ist, steht diese Prozessperzeption, die sich einem externen Betrachter bieten kann und die mit Blick auf die hohe Termindichte während des Prozesszeitraums, die umfangreiche Abschlussvorlage, die zahlreichen Projektideen und den nach Verwaltungseinschätzung hohen Umsetzungstand der unterschiedlichen Projektideen bestärkt wird, gleichwohl in Widerspruch zu den Ergebnissen dieser akteurbasierten qualitativen Studie. Denn anhand der Aussagen der Beteiligten, den Prozessdo-

---

[366] Dieses Ergebnis ist aus den fallgruppenübergreifenden Aussagen, die jeweils »andere Seite« etwas besser kennen gelernt zu haben bzw. neue Kontakte geknüpft zu haben, ableitbar. Diese Annäherung zwischen den heterogenen Akteuren im Rahmen der Konsultationsphase der lokalen Agenda wurde offiziell als Erfolg gewertet (vgl. Stadt Münster, Vrl. 393/1999); ich denke jedoch, dass sie lediglich die Voraussetzung einer konstruktiven Arbeitsfähigkeit der Gremien darstellt, ohne die ein Einstieg in den *inhaltlichen Diskurs* und ein Erarbeiten *steuerungsrelevanter Entwürfe* gar nicht möglich ist.

kumenten und meinen Erfahrungen als teilnehmender Beobachter des Prozesses wird
deutlich, dass der lokale Agendaprozess aufgrund seiner geringen Relevanz letztlich die
vorhandenen kommunalpolitischen Strukturen und Inhalte stabilisierte. Die Zukunftsfähigkeitsdebatte wurde damit im Rahmen der vorab gesetzten Struktur- und Diskursvor-
gaben instrumentalisiert. Die in diesem Kontext bereits angerissenen partizipations- und
steuerungsrelevanten Aspekte werden im Folgenden weiter expliziert, da sie mit Blick
auf meine Fragestellung und ein Erkenntnisinteresse von zentraler Bedeutung sind.

5.3.1   Ergebnisse aus partizipations- und steuerungstheoretischer Sicht

Bei der Untersuchung des lokalen Agendaprozesses in Münster wurde folgendes Dilemma ersichtlich: Einerseits fehlte der öffentlichkeitswirksame Protest der Beteiligten
bzw. der Druck der Bevölkerung, der nötig gewesen wäre, um die Bedeutung des Prozesses und seine inhaltliche Wirkung im kommunalen Kontext zu erhöhen. Andererseits
führten die geringe Prozessrelevanz und die auf reine Beteiligung gestutzten Mitspra-
chepotentiale - neben der kaum Betroffenheit vermittelnden Abstraktheit des Themas -
dazu, dass die lokale Agenda, ungeachtet der hohen Investitionen, keinen bedeutenden
Rang auf der kommunalpolitischen Bühne einnahm. Verstärkt wird dies dadurch, dass
wichtige kontradiktorische Politikinhalte - von der lokalen Agenda unberührt - im Rahmen des politischen »business as usual«- weiterverfolgt wurden und die bestehenden
ungleichen Machtverhältnisse unangetastet blieben.

Damit wurden die Interessen der ressourcenstarken konservativen Verbände, die dem
Prozess skeptisch bis ablehnend gegenüberstanden, nicht zuletzt weil ihnen bereits eine
Einflussnahme auf kommunale Politikinhalte im Rahmen entscheidungsvorstrukturie-
render Netzwerke möglich war[367], vollauf gewahrt. Die Hoffnung der anderen Akteurgruppen, die gegenwärtige kommunale Entwicklungsrichtung beeinflussen zu können,
wenn man sich auf das existente Verfahrensmanagement einließe und die gesetzten
Prozessregeln befolge, erwies sich als illusionärer Wechsel auf die Zukunft, und führte
zum Prozessende bei den entsprechenden Akteurgruppen zu maßloser Enttäuschung

---

[367] Deswegen konnte das Anliegen der Wirtschaftsverbände, den Prozess thematisch geschlossen, d.h.
unberührt von inhaltlich städtisch relevanten Großprojekten zu lassen, durch eine informelle Exit-
Androhung auch glaubhaft untermauert werden.

(vgl. hierzu auch Spehr 2000, S.8f.). Denn die Ansprüche an eine erweiterte kommunale Mitsprache gingen im Getriebe der Verfahrensmethodik unter. Seitens der Politik gab es in diesem Kontext parteiübergreifend - wie bereits erwähnt - aus Furcht vor zu weitreichender inhaltlicher Mitbestimmung bei städtischen Projekten keine Bestrebungen, die demokratische Effektivität der lokalen Agenda zu verbessern bzw. ein neuartiges Steuerungsgremium zu etablieren. Letztlich wurde damit keine Verringerung der *strukturellen Ungleichheit* zwischen unterschiedlich konfliktfähigen Interessen erreicht, zumal auch die bereits erwähnten informellen Einflussmöglichkeiten der Wirtschaftsverbände auf die Prozessausgestaltung dethematisiert blieben - ein Ergebnis, das auch durch andere Untersuchungen bestätigt wird (vgl. Eblinghaus, 1997; Rey, 1990; Wiemeyer, 2000). Insoweit destruierte der gewählte methodische Ansatz innerhalb der Organisationsstruktur des Prozesses die Möglichkeit des »Empowerments« von unorganisierten Bürgern und ressourcenschwachen bzw. einflussarmen Verbänden im kommunalpolitischen Kontext[368]. Das Hierarchiegefühl der unorganisierten Bürger nach dem Motto »was können wir schon gegen die da oben machen« wurde so - entgegen der Zielrichtung der Agenda 21 - verstärkt, weil einer möglichen Mitbestimmung bereits der Zahn gezogen wurde bevor sie den kommunalpolitischen Strukturen und deren inhaltlichen mainstream gefährlich werden konnte[369]. Die Partizipation der heterogenen Akteurgruppen degenerierte insofern zur marketingrelevanten partizipatorischen Verzierung kommunaler Politik[370], denn von einer partizipations- und mitbestimmungsorientierten Konzeption des lokalen Agendaprozesses kann erst dann die Rede sein:

- *wenn sich die beteiligten Akteure wechselseitig die gleichen Rechte zugestehen, so dass alle in prinzipiell gleicher Weise und gleichem Maße Einfluss auf den Entscheidungsprozess ausüben können und*

- *wenn das Arrangement darauf angelegt ist, kommunikative Macht zu erzeugen, die sich im öffentlichen Raum politisch entfalten kann (vgl. Frankenberg, 1996, S.55).*

---

[368] Mit Blick auf feministisch ausgerichtete Studien zum Empowerment vgl. Neuhold, 1994.

[369] Verstärkt wurde dies durch die ursprüngliche neokorporatistische Konzeption der in vier Themenbereiche differenzierten Facharbeitskreise, die erst durch die ex post Etablierung der BZ erweitert wurde. Die BZ behielten jedoch bis zum Ende eine eher randständige Position.

[370] Dass keine Kapazitäten für eine Prozessfortführung geschaffen wurden, und auch das Agendabüro als Anlaufstelle der Bürger nach dem Prozessende sukzessive aufgelöst wurde, macht deutlich, dass der lokale Agendaprozess seitens des Rates und der Verwaltungsspitze allenfalls als schwacher Einstieg in eine nachhaltige Stadtentwicklung gesehen wird, die dann wieder vornehmlich den technokratischen Diskurszirkeln der Experten vorbehalten bleibt.

Die Wirktiefe der Beteiligung hinsichtlich der Kommunalpolitik blieb damit gemäß dem theoretischen »worst case« überaus gering (vgl. Quante, 1996; Wollmann, 1998, S.39, s.a. Kap. 2.4.1), zumal die erarbeiteten Projektideen zur weiteren Ausgestaltung städtischer Entwicklung infolge der unzureichenden Einbindung und späten Überführung in die Entscheidungszentren der kommunalen Politik bisher weiter brach liegen. So stellt der lokale Agendaprozess in Münster zwar ein neuartiges Arrangement auf der kommunalpolitischen Bühne dar, konnte sich aber infolge der mangelnden Verknüpfung mit dem klassisch-repräsentativen kommunalpolitischen System nicht zu einer zivilgesellschaftlich geprägten, steuerungsrelevanten Erweiterung der Kommunalpolitik entwickeln[371]. Weder eine weitreichende *inhaltliche Umsteuerung* der Kommunalpolitik noch eine Erweiterung der *partizipativen Mitbestimmungspotentiale* der (organisierten) Bürgerschaft konnte erreicht werden; die *Prozesssteuerung* durch die Moderation und die Strukturvorgaben von Politik, Agendabüro und »konservativen« Verbände blieben umstritten.

Aufgrund der mangelnden Mitsprachemöglichkeiten und der noch immer auf sich warten lassenden Implementation der Ergebnisse ist der Prozess im Nachhinein weder als effektiv (durchschlagend) noch effizient (kostengünstig hinsichtlich des Aufwandes in Relation zum Ergebnis) einzuschätzen. Trotz gering vorhandener Ansätze einer gruppenbezogenen Corporate identity, die sich an dem fallgruppenübergreifenden Wunsch zur Umsetzung der erarbeiteten Projektideen festmacht und auch auf den verbesserten Beziehungen der heterogenen Teilnehmer der Arbeitsgruppen beruht, wurden bisher kaum Steuerungsleistungen nach innen, z. B. durch Veränderungen bei den Einfluss- und Mitwirkungschancen der Mitglieder erreicht. Die Berücksichtigung der Anforderungen einer zukunftsfähigen Entwicklung (vgl. Kap. 1.4f.) bei der Ausgestaltung des intendierten zukünftigen Stadtentwicklungsprozesses bleibt abzuwarten.[372]

Aus der Fallstudienuntersuchung lassen sich abschließend drei miteinander vernetzte und z.T. aufeinander aufbauende Stränge herausarbeiten, die zu einer Negation meiner theoriebasierten Fragestellung, ob die lokale Agenda eine Erweiterung des kommunalen Steuerungspotentials ist, führen:

---

[371] Zur Notwendigkeit der Verknüpfung derartiger Beteiligungsprozesse mit den bestehenden Institutionen des politischen Systems und der Öffentlichkeit vgl. Heußner/Jung, 1999 und Feindt, 1997.

[372] Die dem Ende der Erhebungsphase nachfolgende Entwicklung konnte leider nicht weiter berücksichtigt werden.

- *Eine Bereitschaft zur Teilung der kommunalen Entscheidungs- bzw. Definitionsmacht ist bei den klassischen Akteuren der Kommunalpolitik wie auch den konservativen Verbänden nicht festzustellen. Statt dessen werden Exklusionsmechanismen zur Stabilisierung der Geschlossenheit klassischer Entscheidungszentren offenbar.*

- *Die um substantielle städtische Themen und kontroverse Diskurse beschnittene und gegen Veränderungswünsche der Beteiligten resistente Konsultationsphase erzeugte ein mitbestimmungsaversives Klima und limitierte die inhaltlichen Ausgestaltungsmöglichkeiten der zukunftsfähigen Entwicklung im Kontext der lokalen Agenda auf den Rahmen einer rein ökologischen Modernisierung der Entwicklungsdynamik.*

- *Es wurde deutlich, dass die demokratische Effektivität, aber auch die verfahrensspezifische Effizienz besonders an der unzureichenden Integration des Agendaprozesses in die etablierte Struktur kommunaler Institutionen und Beratungsabläufe, bzw. einer Vernetzung mit existenten neokorporatistischen Strukturen und Netzwerken krankt und zu einer Rückführung des zweijährigen Beteiligungsprozesses in die Mechanismen der klassischen Politikausgestaltung führte. Das daraus resultierende Fehlen einer abgesicherten Implementationsphase lässt die Prozessergebnisse auf den vergleichsweise bedeutungslosen Level eines klassischen Bürgerantrages sinken.*

Daraus lässt sich das *Fazit* ableiten, dass eine partizipative Verbesserung der kommunalen Steuerungspotentiale weiterhin eine Aufgabe bleibt, zu deren Lösung die Etablierung der lokalen Agenda in Münster nicht wesentlich beigetragen hat. Sie ist eher als *Pilotprojekt* zur bürgerschaftlichen Beteiligung zu deuten, aus dem sowohl die Vertreter der Verwaltung, Politik und der Verbände wie auch die unorganisierten Bürger lernen sollten, um etwaige weitere experimentelle Ansätze zur bürgerschaftlichen Partizipation in der Kommune auf deren Mitbestimmungspotential und sinnvolle Verfahrensausgestaltung prüfen zu können. Anhand der ermittelten Kontextbedingungen und Herrschaftsverhältnisse war es im Rahmen dieser Studie jedoch möglich, die existenten Interessendifferenzen und Machtdisparitäten, deren Existenz sonst von der Win-Win-Fixierung verdeckt wird, zu beleuchten. Dabei wurde komplementär auch deutlich, wo die Schnittstellen liegen, um bei der Prozessausgestaltung und der Steuerungsrelevanz sowohl dem Anspruch effektiver Beteiligungsmöglichkeiten der beteiligten Akteurgruppen wie auch dem Um-Steuerungsanspruch zugunsten einer zukunftsfähigen Entwicklung eher gerecht zu werden. Diese umfassend dargelegten Ergebnisse der Fallstudie Münster werden nachfolgend anhand zentraler Hypothesen aufbereitet.

5.3.2   Herleitung empirisch gesättigter Hypothesen

Auf der Basis der dargelegten Ergebnisse aus der qualitativen Untersuchung des lokalen
Agendaprozesses in Münster, die zur Negierung meiner forschungsleitenden Fragestellung führen, werden nun im Folgenden vier Hypothesen generiert, die an den forschungsleitenden Kategorien der Partizipation- und Steuerungseffektivität und Verfahrensausgestaltung - erweitert um den bedeutenden Aspekt der Macht- und Herrschaftsverhältnisse - für die nachfolgende heuristische Ergänzung der Studie erkenntnisleitend
sein werden:

> ➢ *Wenn der lokale Agendaprozess nicht in das kommunalpolitisches System integriert und*
>   *mit den Entscheidungsgremien verknüpft ist, kann er nicht als Erweiterung des kommu-*
>   *nalen Steuerungspotentials fungieren.*
>
> ➢ *Wenn der bürgerschaftlichen Beteiligung lediglich eine vorschlagsgenerierende Funk-*
>   *tion ohne gesicherte Implementation der Ergebnisse zukommt, dann reicht die (bürger-*
>   *schaftliche) Bedeutung der lokalen Agenda nicht über eine partizipatorische Verzierung*
>   *von Kommunalpolitik hinaus.*
>
> ➢ *Wenn die Machtverhältnisse und die Determinanten kommunaler Politikgestaltung de-*
>   *thematisiert bzw. unangetastet bleiben, kommt die lokale Agenda nicht über einen Ne-*
>   *benschauplatz der kommunalen Politikarena hinaus.*
>
> ➢ *Wenn eine reine Projektorientierung von kommunalpolitisch nachrangiger Relevanz*
>   *verhindert werden soll, ist innerhalb der Konsultationsphase auch eine Erarbeitung von*
>   *stadtentwicklungsrelevanten Leitzielen und zukunftsfähigen Bewertungsmaßstäben zu*
>   *leisten.*

Zur heuristischen Ergänzung der Fallstudie und damit zur Erweiterung der singulären
Datenbasis bleibt nun die Aufgabe, diese Hypothesen anhand der exemplarischen Darstellung der lokalen Agendaprozesse aus drei weiteren Kommunen zu erhärten, um abschließend die Schlussfolgerungen aus der umgesetzten qualitativen Untersuchung zur
Partizipations- und Steuerungseffektivität ziehen zu können.

6 Ergänzende Reflexion anhand der exemplarischen Auswertung weiterer lokaler Agenda Prozesse

Ziel dieses Kapitels ist es, die aus der Fallstudienuntersuchung resultierende Bewertung sowie die abgeleiteten Hypothesen anhand der im Folgenden in den Mittelpunkt gerückten Untersuchungsergebnisse der drei Städte Neuss, Bochum und Detmold zu erhärten. Wie bereits erwähnt (vgl. Kap. 3), geht es nicht darum, damit einen Fallvergleich durchzuführen, sondern anhand der kursorischen Darstellung der Prozesse unter Berücksichtigung der gebildeten informationshaltigen Hypothesen, die fallstudienspezifischen Untersuchungsergebnisse auf eine etwas breitere Ebene zu stellen, und damit die externe Validität der Studie mit Blick auf die Schlussfolgerungen (vgl. Kap. 7) zu erhöhen. Hierbei werden die Kurzdarstellungen der lokalen Agendaprozesse aus der Perspektive der vorliegenden Fallstudienergebnisse vor dem Hintergrund des aufgezogenen »theoretical framework« untersucht. Die nachfolgend dargestellten Prozessverläufe und -spezifika basieren sowohl auf aufbereiteten Berichten und Verlaufsdokumentationen, wie auch auf den durchgeführten Experteninterviews mit den jeweiligen Agendaverantwortlichen bzw. -ansprechpartnern der Städte. Zur Charakterisierung der Städte wurden Einwohnerzahl, Größe und die politischen Konstellationen bzw. deren Veränderung durch die Kommunalwahl erhoben, da bereits deutlich wurde, dass die Politik eine zentrale Rolle bei der »In-Wert-Setzung« des Prozesses spielt und damit Änderungen der politischen Mehrheitsverhältnisse auch Auswirkungen auf die Prozessrelevanz zeitigen können. Nicht zuletzt wird auf städtische Rahmenbedingungen hingewiesen, die im Kontext einer zukunftsfähigen Entwicklung stehen.

6.1   Detmold

Detmold - als Sitz der Bezirksregierung - im ländlichen Umfeld des Kreises Lippe gelegen, ist eine mittelgroße Stadt mit 74.000 Einwohnern und verfügt über eine Fläche von 129,39 qkm[373].

---

[373] Diese Gesamtfläche verteilt sich auf folgende Nutzungsarten: Gebäude und Freifläche: 16,7%, Betriebsfläche: 0,5%, Erholungsfläche: 1,9%, Verkehrsfläche: 5,6%, landwirtschaftliche genutzte Fläche 42,4%, Waldfläche 31,9%, Wasserfläche 0,7%, Flächen anderer Nutzung 0,4% (vgl. Landesamt für Datenverarbeitung und Statistik NRW, 2000).

Im Rahmen der Kommunalwahl von 1999 wurde der amtierende Oberbürgermeister der SPD bestätigt. Die bis dahin regierende rot-grüne Koalition verlor jedoch massiv an Wählerstimmen. Die Sitzverteilung im Rat, in der die CDU über 21 Sitze, die SPD über 20 Sitze, Bündnis 90/ Die Grünen über 4 Sitze, die freie Wählergemeinschaft (FWG) über 3 Sitze und die FDP über 2 Sitze verfügt, lässt nun themenspezifische Koalitionsbildungen zu. Die Idee zur Umsetzung eines lokalen Agendaprozesses in Detmold reifte - mitbedingt durch Anstöße aus dem interkommunalen Diskurskontext 1998 - im Zuge des bereits zuvor etablierten Kreisprozesses heran.

Mit Blick auf die Rahmenbedingung des Prozesses ist erwähnenswert, dass in der Detmolder Stadtverwaltung die Verwaltungsreform mit den Schwerpunkten der Budgetierung, Produktorientierung und Hierarchieabflachung Einzug gehalten hat, und der Fachbereich Stadtentwicklung der Stadtverwaltung Detmold in Zusammenarbeit mit dem Projekt UMBLICK der Fachhochschule Lippe Umweltdaten zu verschiedenen Themen sammelt und sukzessiv im Internet veröffentlicht. Ziel ist die Erarbeitung eines umfangreichen Umweltatlasses, der auch in Papierform herausgegeben werden soll.

6.1.1   Prozessstruktur und Chronologie des Prozesses

Mit folgendem Ratsbeschluss der Stadt Detmold zur Durchführung einer lokalen Agenda 21 am 24.06.11998 wurde der Prozess etabliert:

> „Die Stadt Detmold leitet nach den Sommerferien 1998 mit einer zentralen Auftakt- und Informationsveranstaltung einen eigenen Konsultationsprozess zur Durchführung einer Lokalen Agenda 21 ein. Die Verwaltung wird beauftragt, entsprechend den in der Begründung genannten Maßnahmen die notwendigen fachlichen, personellen und organisatorischen Voraussetzungen hierfür zu schaffen" (Stadt Detmold, Vrl. (FB.6)156/98)[374].

Als weitere Schritte auf dem Weg zu einer lokalen Agenda 21 in Detmold wurden eine breite Öffentlichkeitsarbeit und Informationsveranstaltungen in den Stadtteilen als bedeutsam hervorgehoben. Eine organisatorische Vorstrukturierung des Prozesses

---

[374] In der Begründung wird auf die Deklaration zur Agenda 21 in Rio 1992 verwiesen. Als prozedurale Leitparameter werden »Nachhaltigkeit «, »Gesamthaftigkeit« und »Konsultation« herausgehoben.

wurde nicht vorgenommen, statt dessen sollte die Festlegung der Prozessstruktur erst im Zuge des eingeleiteten Prozesses erfolgen. Grundprinzip war jedoch, den Prozess für alle Interessierten offen zugänglich zu gestalten. Zielsetzung war die Erarbeitung eines Leitbildes und konkrete Umsetzungsvorschläge für eine nachhaltige Entwicklung in Detmold durch die Prozessteilnehmenden möglichst binnen zweier Jahre.

Als zentrale Organisations- und Koordinationsstelle wurde im November 1998 das Agendabüro mit drei Mitarbeiterinnen auf zwei Stellen innerhalb des Fachbereiches Stadtentwicklung (angesiedelt im Teilgebiet Umweltschutz) eingerichtet. Sein Aufgabenbereich liegt in der Prozesssteuerung und es fungiert auch als Anlaufstelle für interessierte Bürger und ist zur Umsetzung der Öffentlichkeitsarbeit autorisiert.

Die Mitarbeiterinnen des Agendabüros führten im November und Dezember 1998 noch »vor Ort-Informationsveranstaltungen« in sechs Detmolder Ortsteilen durch, um die Themeninteressen der Bürger zu ermitteln. Die Veranstaltungen wurden i.d.R. von 10-20 engagierten Bürgern besucht. Darüber hinaus setzten sie im Vorfeld der Auftaktveranstaltung eine Multiplikatorenveranstaltung um, zu der die gesellschaftlich relevanten Vertreter der unterschiedlichsten Verbände aus der Stadt eingeladen wurden, um sie zur Mitarbeit im Prozess zu bewegen, und um sie aufzufordern, das Prozessanliegen in die jeweiligen Verbände hineinzutragen.

Die öffentliche Auftaktveranstaltung zur lokalen Agenda 21 in Detmold, auf die im Vorfeld in Form von Pressemitteilungen und Faltblättern an die Haushalte aufmerksam gemacht worden war, um eine breite Beteiligung von unorganisierten Bürgern zu erreichen, fand am 14. Januar 1999 unter externer Moderation mit ca. 300 Beteiligten in der Aula einer Gesamtschule statt. Die thematische Vorstrukturierung der Auftaktsitzung erfolgte auf Basis der Themenanregungen aus den »Vor-Ort-Veranstaltungen« und den Erfahrungen mit dem Agendaprozess auf Kreisebene. Nachdem die Themenpräferenzen der Beteiligten eruiert worden waren, wurden zum Ende der Veranstaltung vier Runde Tische zu den folgenden Themenbereichen gebildet:

1. Bauen-Wohnen-Planen-Verkehr
2. Arbeit-Wirtschaft-Gesundheit
3. Umwelt-Natur-Energie-Klimaschutz
4. Kinder-Jugendliche/Soziales-Zusammenleben

Der Themenbereich »Frauen« wurde als Querschnittsthema allen Themenbereichen zugeordnet. Die Aufgaben der Runden Tische sollte eine Bestandsaufnahme zu einzelnen Themen und Problemfeldern und die Erarbeitung von Leitzielen und Maßnahmen sein. Sie nahmen am 18. Februar 1999, moderiert von Mitarbeitern aus der Stadtverwaltung und betreut von je einer Mitarbeiterin des Agendabüros[375], im Rahmen einer konstituierenden Plenumsveranstaltung mit ca. 80-100 Teilnehmenden ihre Arbeit auf, um dann in den einzelnen Runden Tischen einmal monatlich weiterzuarbeiten. Parallel wurde innerhalb der Stadtverwaltung von einer internen Projektgruppe eine Mini-Zukunftswerkstatt zur nachhaltigen Stadtentwicklung umgesetzt.

Zudem fanden weitere Veranstaltungen bzw. autonome Stadtteilagendaprozesse in den Ortsteilen Hiddesen und Berlebeck statt. Im Stadtteil Berlebeck liefen erste Vorbereitungen bereits im Dezember 1998 und auf einer Bürgerversammlung am 09.06.1999 wurden drei bei Abschluss der Erhebung noch immer aktive Arbeitsgruppen zu den Themen: »Natur, ländlicher Raum und Bauen«, »Verkehr, Tourismus, Einzelhandel« und »Kinder und Jugendliche« etabliert.

Als Zielgruppenveranstaltungen fanden im Oktober 1999 eine Zukunftswerkstatt für Kinder der vierten Grundschulklassen zum Thema »Kinderfreundliche Innenstadt«, an der ca. 80 Kinder teilnahmen, und eine Zukunftswerkstatt von Frauen für Frauen statt. Parallel gastierte die Ausstellung »Entwicklungsland D« in der Zeit vom 25.10.-12.11.99 im Detmolder Rathaus. Nicht zuletzt wurde in Kooperation mit dem Agendabüro an der VHS ein »Bürger/-innen Forum« unter dem Motto »Die lokale Agenda zum Mitmachen« ins Leben gerufen. Dieses VHS-Forum bot einmal monatlich aktuelle Veranstaltungen zum Agendaprozess an, um zusätzliche Informationen zum Agendaprozess zu geben, eine Vertiefung der Themen an den Runden Tischen zu ermöglichen und übergreifende Themen zur zukunftsfähigen Entwicklung, die an den runden Tischen nicht aufgegriffen wurden, sowie Aktuelles zur Stadtentwicklung zu diskutieren. Am 13. November 1999 wurde dann ein Zwischenforum zum Stand der Agenda durchgeführt und die Jugendoffensive »fit für 2000« mit einem Flyer gestartet, zu der dann im ersten Halbjahr 2000 mehrere Jugendwerkstätten mit 10-20 Beteiligten durchgeführt wurden. Die Runden Tische arbeiteten unterdessen an der Erarbeitung von Projekten und der Vervollständigung von Leitbildern weiter.

Nach dem vorläufig abschließendem Agenda-Fest am 22. September 2000 wurden die erarbeiteten Leitbilder und projektbasierten Konkretisierungsvorschläge, die in vier

---

[375] Die Betreuung der Runden Tische umfasste die Abfassung der Protokolle sowie das organisatorische Drumherum und auch das Versenden der Einladungen u.ä.

Heften zusammengefasst sind (vgl. Stadt Detmold, 2000), den Ratsvertretern im Vorlauf der Ratssitzung am 28. September 2000 Rathaus formlos übergeben. Der ergebnisorientierte Auftrag des Rates an die Stadtverwaltung, gemeinsam mit den Bürgern eine lokale Agenda 21 für Detmold zu erarbeiten, war damit für die Verwaltungsmitarbeiter zunächst erfüllt.

Auch wenn die Vertreter aller Ratsparteien versprachen, die Ergebnisse ernst zu nehmen und Haushaltmittel für die Umsetzung der Vorschläge bereit zu stellen (vgl. Stadt Detmold/Der Bürgermeister/Fachbereich Stadtentwicklung, ohne Datum), blieben die Ergebnisse weitgehend dethematisiert: der zu den Ergebnissen intendierte Beschluss des Rates blieb aus. Derweil führen jedoch zum Abschluss der Erhebungsphase im Frühjahr 2001 drei Agendagruppen zu den Themen: Stadtentwicklung[376], Arbeit und Gesundheit[377], sowie Soziales[378] ihre Arbeit selbstorganisiert[379] weiter, um der Implementation der Ergebnisse Nachdruck zu verleihen. Auch das Bürger/-innen Forum der VHS wurde weitergeführt. Das Agendabüro blieb zunächst erhalten. Allerdings fungierte nur noch eine Mitarbeiterin des ehemaligen Teams, die mit einem Budget von ca. 6 Arbeitssunden/Woche für Agendathematik abgestellt war, als Ansprechpartnerin.

Die Finanzierung des Prozesses wurde über einen Sachmitteletat von 30.000 DM pro Jahr geleistet. Die Personalkosten für die Agendabüromitarbeiterinnen und die Verwaltungsmitarbeiter, die als Moderatoren der Runden Tische fungierten, wurden von den jeweiligen Fachbereichen getragen[380].

6.1.2   Spezifika des Prozessverlaufes und Problemfelder

Da im Rahmen des Detmolder Agendaprozesses kein spezifisch prozesssteuerndes Gremium etablierte wurde, oblag diese Funktion einzig dem Agendabüro, dem damit

---

[376] Die Projektgruppe behandelt Themen über den rein stadtplanerischen Aspekt hinaus auch ökologische und soziale Aspekte von Stadtentwicklung.

[377] Die Projektgruppe arbeitet weiter an den Themen des entsprechenden Runden Tisches.

[378] Die Projektgruppe beschäftigt sich in erster Linie mit den Projekten: »Kinderbetreuung für Kinder unter 3 Jahren«.

[379] Eine Raumvermittlung findet zwar noch durch das Agendabüro statt, eine Moderation oder Protokollerstellung wird jedoch nicht mehr gestellt.

[380] Grundlage dieser Handhabe war eine innerstädtische Vereinbarung, nach der fachbereichsübergreifende Leistungen innerhalb der Verwaltung nicht gegenseitig intern verrechnet werden. Den Moderatoren aus der Stadtverwaltung wurde damit für die geleistete Arbeit an den Runden Tischen ein entsprechender Freizeitausgleich gewährt.

die Alleinverantwortung bei der Ausgestaltung der Konsultationsphase oblag. Die Etablierung des Agendabüros innerhalb der Stadtentwicklung und die Platzierung im Fachbereich Stadtentwicklung erachteten die Gesprächspartner auch mit Blick auf die kurzen
Wege zu anderen Fachbereichen und zur Politik als sehr wichtig[381]. Positiv auf die
Binnenwirkung in der Verwaltung wirkte sich zudem die Unterstützung des leitenden
Beigeordneten des Fachbereiches Stadtentwicklung aus, der ebenso hinter dem Prozess
stand wie - mit zunehmenden Prozessverlauf - auch der Oberbürgermeister. Allerdings
wurde im Prozessverlauf durch den Weggang einer der Agendabüromitarbeiterinnen das
Stellenkontingent des Agendabüros auf 1½-Stellen gekürzt, was zur Erhöhung der
Arbeitsbelastung der verbliebenen Agendabüromitarbeiterinnen führte[382].

Die Teilnehmerzahlen an den für alle Interessierten offenen Runden Tischen ging im
Prozessverlauf von jeweils 20-30 Teilnehmenden auf 8-15 Teilnehmende zurück. Abgesehen von diesem Abbröckeln der Teilnehmerzahlen war zum Teil auch ein Wechsel
innerhalb der Teilnehmerschaft festzustellen. Diese Instabilität der Beteiligung und
Gruppenzusammensetzung führten die Gesprächspartner auf gewandelte Präferenzset-
zungen einiger Teilnehmer, auf die mangelnde zeitnahe Umsetzung von Projektideen
und auf die Enttäuschung der Teilnehmer zurück, die ihre persönliche Betroffenheit
bzgl. konkreter städtischer Sachverhalte nicht als allgemeines Gruppenthema platzieren
konnten. Die Etablierung einer akteurübergreifenden Zusammenarbeit zwischen der
Stadtverwaltung, den Ratsvertretern, den gesellschaftlich relevanten Gruppen und den
Bürgern im Prozesskontext konnte insofern nicht gelingen, weil die unterschiedlichen
Vertreter nicht zu verorten waren. Die Beteiligten traten nicht als Mitglied einer Partei
oder eines Verbandes, sondern als Bürger der Stadt auf, wie im folgenden Statement
deutlich wird:

*ST-EX/Dt2a:„Die haben sich in die Listen nur mit Namen eingetragen, mit Privatadresse und von dem
einen oder anderen wusste man, er war in dieser oder jener Interessenvertretung."*

Diese »Inkognito«-Beteiligung der Vertreter aus Politik und Verbänden jenseits von
Fraktionszwang, Parteiräson oder Entsendungsverpflichtung trug - nach Einschätzung
der Gesprächspartner - jedoch mit zu einer konstruktiven ergebnisoffenen Arbeitsatmos-

---

[381] In diesem Zusammenhang wurde die modernisierte, hierarchieabgeflachte Verwaltungsstruktur positiv
hervorgehoben.
[382] Eine zunächst eingestellte Ersatzkraft gab nach wenigen Monaten den Job wieder auf und die Einarbeitung einer anderen Kraft erschien zu aufwendig.

phäre zwischen allen Beteiligten bei[383]. Verwaltungsmitarbeiter nahmen nur vereinzelt an den Runden Tischen teil. Dabei wurde insgesamt deutlich, dass jüngere Mitarbeiter der erweiterten Bürgerbeteiligung im Rahmen der lokalen Agenda offener gegenüberstanden und sich auch bereitwilliger auf die Abendtermine der Sitzungen einließen[384]. Mitarbeiter der Verwaltung wurden jedoch primär als Experten zu bestimmten Themenbereichen in die Forenarbeit einbezogen. Sie standen auch für »Vor-Ort-Begehungen« in stadtentwicklungsrelevanten Stadtteilen[385] und für die Koordination von agendarelevanten Groß- bzw. Zielgruppenveranstaltungen zur Verfügung[386]. Durch diese Einbindung der Verwaltungsmitarbeiter und die Überzeugungsarbeit der Agendabüromitarbeiterinnen konnten - nach Ansicht der Gesprächspartner - die Vorbehalte gegen die im Agendaprozess breit angelegte Bürgerbeteiligung als ineffiziente, zusätzliche Arbeitsbelastung ein wenig abgebaut werden:

ST-EX/Dt2a: „Die Stadtverwaltung hatte eher - wenn überhaupt - einen losen Zusammenschluss zur Agendaarbeit. Es ist in der stadtverwaltungsinternen Zeitung immer so ein bisschen drüber unterrichtet worden. Aber sicherlich haben ein paar Kollegen aus der Stadtentwicklung eine interessante Entwicklung gemacht, was Bürgerbeteiligung und Bürgermitwirkung angeht. Also insofern hat das schon was gebracht. "

Dennoch wurde deutlich, dass die im Rahmen des lokalen Agendaprozesses umgesetzte Bürgerbeteiligung bzgl. der Entwicklung von Planungsideen nicht von den Bürgern, sondern vor allem auch von den Mitarbeitern der Stadtverwaltung ein Umdenken erfordert:

ST-EX/Dt1:„Das ist ein Lernprozess auf beiden Seiten nicht nur bei den Bürgerinnen und Bürgern, sondern auch bei der Stadtverwaltung, die tut sich damit ganz schön schwer, weil die nur Bürgerversammlungen à la Gemeindeordnung kennen [...] nach dem Motto: »Aufstehen, Namen und Bedenken nennen, Setzen«." Agenda läuft ja ein bisschen anders und das muss die Stadtverwaltung genauso lernen. "

Mit Blick auf die Ausgestaltung der Konsultationsphase zogen die Agendabüromitarbeiterinnen aus ihren ernüchternden Erfahrungen als Beteiligte am Agendaprozess des Kreises die Konsequenz, dass im Gegensatz zum Kreisprozess eine Moderation und

---

[383] Allerdings blieb der Anteil der Verbandsfunktionäre und der Politiker aus den verschiedenen Parteien recht gering, zumal die unterschiedlichen Verbandsvertreter bereits in den Kreisprozess integriert waren. Die Hoffnung der Verantwortlichen, Unternehmer in den Prozess integrieren zu können, erfüllte sich gar nicht.

[384] In diesem Kontext ist auch eine Bevölkerungsumfrage aus dem Frühjahr 2000 von Bedeutung, wonach sich die Detmolder Bevölkerung mit der Stadtverwaltung insgesamt sehr zufrieden zeigte. Insbesondere die Freundlichkeit und Hilfsbereitschaft der Mitarbeiterinnen und Mitarbeiter, sowie das gute Funktionieren der Bürgerberatungseinrichtungen wurde gelobt (vgl. Pressemitteilung der Stadt Detmold/Büro für Öffentlichkeitsarbeit, 07.06.01).

[385] So z.B. in Hohenloh, wo es um die zivile Folgenutzung eines Fliegerhorstes, der von den britischen Streitkräften 1995 verlassen wurde, ging.

[386] Aufgrund der themenspezifischen Betroffenheit engagierte sich der Bereich Stadtentwicklung überproportional in dem lokalen Agendaprozess.

Betreuung der Arbeitsgruppen und eine maßnahmenbezogene Konkretisierung der Themenbereiche parallel zu der Erarbeitung von Leitbildern wesentlich für ein Prozessgelingen sei. Die Moderation der Runden Tische wurde vor dem Hintergrund der frustrierenden Erfahrungen der Verwaltungsmitarbeiterinnen mit den selbstzuorganisierenden Arbeitsgruppen im Rahmen des Kreisagendaprozesses als besonders bedeutsam herausgestellt, wie sich an der folgenden Aussage zeigt:

ST-EX/Dt2a: „Ich hatte den Eindruck, dass unsere nicht sehr professionell, aber geschulten Moderatoren das prima hingekriegt haben. Das halte ich auch für sehr wichtig, dass da keine Interessenvertreter irgendwie Einfluss auf Abläufe haben. Also es muss einfach jemand Neutrales sein."

Zudem wurde von den Gesprächspartnern problematisiert, dass man die Bürger nicht allein arbeiten lassen könne, wie an dem folgenden Statement exemplarisch wird:

ST-EX/Dt1:„Bürger/innen kann man nicht alleine lassen. Die können nicht zusammen diskutieren, die wissen gar nicht, was fruchtbares diskutieren ist. Die wissen nicht, wie sie einen Konsens herbeiführen sollen, die können nicht selber Protokoll führen, das schaffen die alles gar nicht, sondern die muss man wirklich in dieser Weise unterstützen."

Allerdings wurde mit Blick auf die Konsumentenhaltung der Beteiligten das Problem der »Überversorgung« virulent, wenn die Betreuung durch die jeweilige Agendabüromitarbeiterin an eine strukturelle Mitarbeit z.B. bei der Zusammenfassung der Protokolle und der Ermittlung darauf basierender Leitbilder grenzte. Als überaus hilfreich wurde hingegen herausgestellt, dass die diskutierten Themen seitens der Agendabüromitarbeiterinnen mit Verweisen zu aktuellen Planungen der Stadtverwaltung ergänzt wurden, um den Status quo darzustellen und Arbeit in die falsche Richtung zu vermeiden. Die Beteiligten fühlten sich nach Aussagen der Agendabüromitarbeiterinnen gut betreut und anhand der Evaluationen des Agendabüros zum Prozessverlauf wurde ein positives Gruppenklima bestätigt. Allerdings reichte die »Kontroversitätsskala« im Diskursfeld der Runden Tische von eher harmonisch im Runden Tisch »Umwelt-Natur-Energie-Klimaschutz«, der interessenhomogen mit ökologisch interessierten Bürgern und Inkognito-Vertretern von Umweltgruppen besetzt war, bis hin zu harten Auseinandersetzungen um den Vorrang von Auto oder Fahrrad bzw. ÖPNV für die zukünftige Verkehrsplanung im Bereich »Bauen-Wohnen-Planen-Verkehr«. An dieser Stelle erwies sich die Moderation besonders hilfreich, um die Basis der Konflikte sachlich darzustellen und einen produktiven Umgang mit vorhandenen Differenzen anzumahnen. Diese Funktion »professioneller« Moderation für das Gelingen der Ergebnisfindung wurde besonders positiv herausgestellt:

ST-EX/Dt1:„Sobald der Dissens auftaucht sind die Moderatoren diejenigen, die den Dissens und die unterschiedlichen Meinungen noch einmal darstellen und dann fragen: So wie wollen sie damit bitte umgehen? So dass die Leute wissen, sie schwächen sich um so mehr, je mehr Dissensen sie bestehen lassen. Das nehmen die Leute auch an, sie sind am Konsens interessiert. Es stellt natürlich jeder seine Maximalforderungen und alle müssen dann irgendwo einen Schritt zurück. Das läuft eigentlich."

Zudem stabilisierte die Mitgestaltung der Sitzungsverläufe durch die Agendabeteiligten das konstruktive Klima. Da es keine festgelegte Moderationsstrategie für den gesamten Konsultationszeitraum der Runden Tische gab, wurde der Moderationsansatz unter Berücksichtigung kreativer Methoden sitzungsspezifisch festgelegt. Die jeweiligen Moderatoren und Betreuer der Runden Tische nutzten dabei ihre Möglichkeit, Arbeits-anstöße zu vermitteln, indem sie zur Ermittlung der Vorstellungen und Ideen der Teil-nehmenden zu den verschiedenen Themen eine »vier-Felder-Tafel« zu den Bereichen: Bestandsaufnahme, Problemanalyse, Leitbild und Projektvorschläge in den Konsultati-onsprozess einbrachten. Z.T. wurden die Themen seitens der Agendabüromitarbeiterin-nen auch um Hinweise zu aktuellen Planungen der Stadtverwaltung ergänzt, um den Status quo der Verwaltungsplanung darzustellen und Fehlplanungen der Beteiligten zu limitieren. Der Verlauf der Sitzungen blieb letztlich zwar vom Interesse und Engage-ment der Teilnehmenden abhängig; durch das ergänzende Zusammenwirken von Mode-ration, Betreuerin und den Mitsprachemöglichkeiten der Teilnehmenden wurde jedoch durchgängig eine konstruktive, offene Arbeitsatmosphäre erreicht. Der Aufbau von Vertrauen zwischen den Agendabeteiligten und den Ansprechpartnern im Agendabüro, z.B. durch Verlässlichkeit im Rahmen der Einhaltung getroffener Zusagen, der Vertre-tung der Interessen der Agendaaktiven in der Stadtverwaltung und damit insgesamt einer ernsthaften Umsetzung des Prozesses, wurde von den Gesprächspartnern zwar als mühsam, zugleich aber auch als wichtige Voraussetzung für eine gelingende Konsulta-tionsphase herausgestellt:

ST-EX/DT2a: „Man muss wirklich dicke Bretter bohren, um Vertrauen auch aufzubauen. Also ich denk' mal, die, die jetzt da sind, mit denen haben wir [...] auch wirklich einen guten Draht. [...] Also dass da Ernsthaftigkeit hinter steckt, die wir über unsere Person im Prinzip aufgebaut haben."

Im Rahmen des lokalen Agendaprozesses in Detmold wurde - wie in Münster - deutlich, dass Jugendliche schwer für den Prozess zu gewinnen sind. Da Jugendliche an den Runden Tischen kaum vertreten waren, wurde über Zielgruppenveranstaltungen ver-sucht, sie in den Rahmen der Agenda einzubinden. Während die eintägige Zukunfts-werkstatt für Grundschulkinder der vierten Klasse zum Thema »kinderfreundliche Innenstadtgestaltung« durch die Einbindung dreier Schulklassen auf recht große Reso-nanz stieß, blieb die Beteiligung an den Projektwerkstätten für Jugendliche der Klassen 8-12 im Rahmen der Jugendoffensive an allen Detmolder Schulen mit 10-20 Teilnehmenden recht bescheiden. Innerhalb der Jugendwerkstatt wurden zudem unterschwellig Zwietracht und Vorurteile zwischen den unterschiedlichen Gruppen aus verschiedenen Schulformen deutlich. Inhaltlich wurde im Rahmen dieser Zielgruppenveranstaltungen vor allem der Wunsch nach einer Änderung der Verkehrsplanung zuungunsten der PKW-Nutzung, nach mehr Sauberkeit in der Stadt und verbesserten Spiel- und Freizeit-bzw. Sportmöglichkeiten laut (vgl. Stadt Detmold, ohne Datum, S.18f.).

Beachtung ist besonders den beiden autonomen Stadtteilarbeitsgruppen zur lokalen Agenda zu widmen. Während sich die Stadtteilgruppe in Hiddesen[387], im Rahmen einer Bürgerversammlung auf Initiative des Arbeitskreises »Hiddeser Berg«[388], primär zur Revitalisierung brach liegender gemeinschaftlicher sozialer Ressourcen gründete, je-doch lediglich einen beschränkten Personenkreis zum Engagement bewegen konnte, entwickelte sich im Stadtteil Berlebeck eine umfangreiche Agendaarbeit, die von allen Ortsvereinen, den Kirchen, dem Ortsvorsteher und der freiwilligen Feuerwehr gemein-sam initiiert und getragen wurde bzw. wird. Damit entstand eine stadtteilbasierte Bewe-gung, die den Agendaprozess als Chance begriff, um eine sozietätsstiftende bzw. stabi-lisierende Wirkung nach innen und eine öffentlichkeitsorientierte Präsentation nach außen zu erreichen. Von den Agendabüromitarbeiterinnen als Vorzeige-Ortsteil gewür-digt, beschäftigen sich die beteiligten Bewohner des Stadtteils sowohl mit Bebauungs- und Verkehrs(-anbindungs-)fragen, erweiterten dezentralen Spiel- und Freizeitmöglich-keiten für Kinder und Jugendliche, wie auch insbesondere besseren Möglichkeiten der touristischen Vermarktung und nicht zuletzt der Erarbeitung eines gemeinsam getragen Leitbildes und damit der Generierung von stadtteilbezogener »Corporate Identity« (vgl. Stadt Detmold, ohne Datum, S.13). Organisatorische Hilfe des städtischen Agendabüros nehmen die Aktiven dieses stadtteilbezogenen Agendaprozesses nur in Ausnahmefäl-len für organisatorische Dienstleistungen (wie z.B. für Vervielfältigungen) in Anspruch.

Als Grundlage für die tragfähige und fruchtbare Arbeit in Stadtteil Berlebeck hoben die Gesprächspartner in erster Linie die vorhandene Infrastruktur aus aktiven, heterogenen Ortsgruppen und die daraus resultierenden gemeinschaftlichen Bezüge hervor:

ST-EX/Dt2a:„Da waren auch alle beteiligt, da ging's wirklich quer durch den Ortsteil. Das ist aber ein Ortsteil, der eine gute Infrastruktur hat, wo das funktioniert. Wo es eben schon lange solche Heimat- und Ortsvereine gibt, das haben nicht alle Stadtteile in Detmold."

---

[387] Hiddesen ist einer der sozialen Brennpunkte in Detmold.
[388] Dieser Arbeitskreis setzt sich aus Vertretern unterschiedlicher sozialer Einrichtungen zusammen.

Insgesamt wurde von den Gesprächspartnern vor dem Hintergrund der Zielgruppenveranstaltungen, der VHS-Bürgerforen und den Stadtteilagendaprozessen die Notwendigkeit betont, möglichst viele Nebenschauplätze zu eröffnen, um den Prozess lebendig zu halten. Zudem wurde die Bedeutung einer breit angelegten Öffentlichkeitsarbeit herausgestellt, um das zunächst abstrakt anmutende Agendathema in der Bevölkerung bekannter und transparenter zu machen:

ST-EX/Dt1:„Im Vorlauf haben wir versucht, eine Menge an Informationen zu streuen und eine Menge Öffentlichkeitsarbeit zu machen, weil wir ganz schnell gemerkt haben, dass der Prozess in Kreis Lippe nicht in die Köpfe der Leute gewandert ist, die wenigsten Leute wissen, was Agenda ist. "

Diese intensive Öffentlichkeitsarbeit zeigte nach einem Jahr in der Form erste Wirkung, dass sich Bürger aufgrund der Berichterstattung in den Lokalzeitungen am Prozess beteiligten.

Mit den Ergebnissen der Runden Tische, die Leitbilder, Problemaufrisse und nicht zuletzt unterschiedlich weit ausgeführte Projektvorschläge enthalten, zeigten sich die Agendabüromitarbeiterinnen qualitativ und quantitativ zufrieden. Da den Ratsvertretern die Arbeitsergebnisse lediglich informell - gebündelt in vier Readern - im Vorlauf der Ratssitzung ohne Beschlussvorlage übergeben wurden, blieb der Verpflichtungscharakter der Ergebnisse relativ gering[389].

ST-EX/Dt2a: „Wir haben das einfach den Ratsmitgliedern überreicht. Außerhalb der Tagesordnung oder vor Eintritt in die Tagesordnung, das war nicht mal eine Vorlage mit »Kenntnisnahme«. "

Allerdings schien hinsichtlich der inhaltlichen Fortführung der lokalen Agenda - unabhängig von der politischen Konstellation möglicher wechselnder politischer Mehrheiten - ein parteiübergreifender Konsens zur »In-Wert-Setzung« der Bürgermitbestimmung gegeben. So wurde im Rahmen eines Bürger/innen-Forums in der VHS zum Thema »Agenda meets Politik« am 12. Februar 2001, in dem die Akteure des Agenda-Prozesses, die seit der Übergabe der Agendaergebnisse im September 1998 in drei Projektgruppen weiterarbeiten, in Erfahrung bringen wollten, wie mit den Ergebnissen der vier Runden Tische in der Politik umgegangen wird, von allen anwesenden politischen Repräsentanten der im Rat vertretenen Parteien die Entschlossenheit, sich ernsthaft mit den Ergebnissen der lokalen Agenda mit Blick auf die zukünftige Ausgestal-

---

[389] Das Ergebnispaket wurde auch innerhalb der Verwaltung verschickt. Dabei signalisierten lediglich die Verwaltungsmitarbeiter, die im Prozess involviert waren, sich mit den Inhalten auseinander zu setzen.

tung der Stadt auseinander zusetzen, betont[390]. Allerdings wird anhand des noch immer fehlenden Ratsbeschlusses zu den unterschiedlichen Arbeitsergebnissen der Agendagruppen[391] und der mangelnden Implementation der Ergebnisse deutlich, dass diese Zusicherung eher einer vertröstenden, substantiell leeren Verbalakrobatik entstammt, wobei die Prozessergebnisse im steuerungspolitischen Kontext faktisch eine nur sehr periphere Rolle einnehmen.

So löste ein Antrag der Grünen, nach dem sich die Fachausschüsse der Stadt - insbesondere der Haupt- und Finanzausschuss - zu Beginn des Jahres 2001 mit Ergebnissen der Agenda befassen sollten, kontroverse und ergebnislose Diskussionen im Rat und den Fachausschüssen aus. Zwar wurden letztlich die Ergebnisse des Agendaprozesses für die Ausschüsse freigegeben, allerdings setzte kein Fachausschuss einen Themenaspekt der Agenda von sich aus auf die Tagesordnung. Dies erfolgte erst, nachdem sie aufgrund von projektbasierten Anträgen aus den Agendagruppen[392] dazu veranlasst wurden, sich mit einzelnen Projekten zu beschäftigen. Allerdings gestaltete sich das Verfahrensprocedere auch dann noch zäh[393].

Dass der Druck über Projektanträge notwendig ist, um einzelne Vorschläge aus dem Agendaprozess überhaupt in die Fachausschüsse zu bringen, führte nach Ansicht der Gesprächspartnerinnen zu Frustrationen bei den Agendabeteiligten. Während dessen wurden auf der einen Seite bei den Ausschussmitgliedern Vorbehalte gegen das aufoktroyierte Thema und Abwehrverhalten virulent. Dadurch sank die Affinität zur Umsetzung von bzw. Beteiligung an anderweitigen bürgerschaftlichen Beteiligungsmaßnahmen. Zudem blieb ein etwaiger inhaltlicher Einfluss der Agenda-Ideen auf die Politikinhalte kaum wahrnehmbar. Der Verweis der Gesprächspartner darauf, dass diese Ver-

---

[390] Während die CDU und FDP-Vertreter die Ideen der direkten Demokratie und mehr Bürgerbeteiligung an kommunalen Entscheidungen würdigten, machte der Vertreter der SPD Ratsfraktion sogar deutlich, dass die Weiterführung des Dialogs mit den Bürgern eine zentrale Aufgabe darstelle und die Agenda-Akteure Rederecht in den Ausschüssen bekommen sollen, um die Agendaergebnisse besser einfließen lassen zu können.

[391] Selbst eine Beratung über die Leitbildvorschläge wurde bisher - trotz mehrfacher Aufforderungen der Agendabeteiligten - nicht vorgenommen.

[392] Diese Projektanträge wurden als Bürgerantrag gem. §24 GO/NRW gewertet.

[393] Die Anträge wurden in zwei Ausschüssen zunächst lediglich zur Kenntnis genommen, aber noch nicht beraten. Ein Projektantrag an den Ausschuss für Bau- und Verkehrswesen beispielsweise, günstigere Konditionen für 6-11 Jahre alte Kinder im ÖPNV zu etablieren, wurde mit Blick auf große Umsetzungsschwierigkeiten angesichts der geltenden Tarifordnungen zunächst vertagt. Vor diesem Hintergrund erscheint es ein wenig bizarr, dass auf der stadtverwaltungsinternen Mini-ZW herausgestellt wurde, dass die Verwaltungsmodernisierung mit den Schwerpunkten der stärkeren Dienstleistungsorientierung und Haushaltskonsolidierung im Einklang mit den Erfordernissen der Agenda 21 stünde.

zögerungs- und Dethematisierungstaktik aus der Angst der Politiker und auch einiger Verwaltungsmitarbeiter vor einer Einbuße an bisher exklusiven Einflussmöglichkeiten resultiert, wird auch bei der Ausgestaltung zentraler Verkehrs- und Stadtentwicklungsprojekte deutlich.

So blieb die vom Runden Tisch »Planen, Bauen, Wohnen, Verkehr« formulierte Kritik in Form einer »roten Karte« an Verwaltung und Politik über die städtische Verkehrsplanung am Hasselter Platz, mit der diese aufgefordert wurden, ihre Planungen zugunsten einer gleichrangigen Beachtung von Fußgängern, Radfahrern, ÖPND und PKW zu überdenken (vgl. Stadt Detmold, ohne Datum, S.5), unbeantwortet und führte nicht zu einer Öffnung des Planungsprozesses für bürgerschaftliche Beteiligungselemente. Die von den Gesprächspartnern als besonders wichtig eingestufte Fortführung der bürgerschaftlichen Mitarbeit in Planungsprozessen und Verwaltungshandeln über die Erarbeitung der lokalen Agenda hinaus, geriet damit in immer weitere Ferne. So wurde auch die ursprünglich intendierte Perspektivenwerkstatt zur Umgestaltung des Marktplatzes unter Bürgereinbindung und mit externer Moderation unterdessen wieder von der politischen Themenagenda entfernt.

In diesem Kontext bemängelten die Gesprächspartner auch die organisatorisch-personelle Förderung von Projektumsetzungen. In die Überlegungen, Finanzmittel aufzutun, spielten bei den Agendabüromitarbeiterinnen sowohl Ökosponsoring, Stiftungsmodelle, Spenden, die Umverteilung von Mitteln aus vorhandenen Haushaltsbeständen und nicht zuletzt die Einführung einer neuen Haushaltsstelle als Förderprogramm für Bürgeraktionen eine Rolle[394]. Diese Ideen verwelkten jedoch mit der drastischen Verringerung des Arbeitszeitpotentials für das Agendabüro und der stockenden Fortführung des Agendaprozesses bzw. anderweitiger bürgerschaftlicher Beteiligungsverfahren. So wurde im Gespräch mit den Beteiligten deutlich, dass die Ausstattung des weitergeführten Agendabüros mit einer 20%-Arbeitskraft völlig unzureichend ist, zumal abgesehen von der informationsrelevanten Präsenz vor Ort, vor allem die vorbereitende Arbeit in den Ausschüssen, um die Projektanträge der selbstorganisiert weiterlaufenden Agendagruppen zu vertreten, anfällt.

---

[394] Dabei wurde deutlich, dass die Finanzbeschaffung für konkrete Projektideen in Abhängigkeit von deren Umfang und Wirk- bzw. Eingriffstiefe der Planungsautonomie des kommunalpolitischen Systems steht. So werden kleinere, kostengünstige öffentlichkeitswirksame aber kommunalpolitisch nachrangige Projekte, wie z.B. die Beteiligung von Kindern, präferiert.

Vor diesem Hintergrund machten die Gesprächspartner auf die Notwendigkeit aufmerksam, bereits vor Prozessbeginn auch eine verantwortliche Verwendung der Beratungsergebnisse zuzusichern und für die Beteiligten transparent zu machen, um einem derartigen Versickern der Ergebnisse vorzubeugen. So aber wurde die lokale Agenda von einer Gesprächspartnerin als kommunalpolitische Spielwiese interpretiert, die das eigentliche Potential des Prozesses kaum sichtbar werden lässt:

ST-EX/Dt1:„Es hat sich ja rumgesprochen, auch auf der kommunalen Ebene, dass die Bürger äußerst unzufrieden sind mit der Politik allgemein. Das hat sich durchaus bis zu den Politikern rumgesprochen und wenn denn nun die Agenda eine Spielwiese ist, wo diese ganzen Unzufriedenheiten ausgetobt werden können, dann ist das denen doch recht. Nur dass das eventuell etwas mehr sein könnte als diese Spielwiese, wo unzufriedene Bürger und Bürgerinnen zu Wort kommen, das haben viele noch nicht erkannt."

Im Zuge des enttäuschenden Umgangs mit den Ergebnissen durch den Rat wurde zudem Kritik an den Exklusionsmechanismen des rein repräsentativ-parlamentarischen Systems deutlich. Die Frage nach der Legitimität der Agendagruppen wendeten die Gesprächspartner angesichts der abnehmenden Wahlbeteiligung gegen die Parteien, die Entscheidungen vollzögen, deren Inhalt sie im Rahmen des Wahlkampfes verschwiegen und in deren Ortsvereinen z.t. weniger Bürger organisiert seien als an den Agendagruppen teilnähmen. Der Wunsch nach mehr Bürgermitwirkung sei ja schließlich ein Ergebnis aus dieser Entwicklung der repräsentativen Demokratie, in der sich die Bürger offensichtlich ja nicht mehr adäquat vertreten sehen.

Dennoch bewerteten die Gesprächspartner die Verortung des lokalen Agendaprozesses auf der kommunalen Ebene als sehr wichtig, weil ihrer Ansicht nach nur auf dieser Ebene eine direkte Betroffenheit der Bürger gegeben ist bzw. geweckt werden kann. Diesbezüglich konstatierte eine Gesprächspartnerin:

ST-EX/Dt1:„Ich persönlich habe die Erfahrung gemacht, dass Agenda nur dann funktioniert, wenn auch im Kopf gelernt wird, dass Nachhaltigkeit ein bestimmtes Verhalten automatisch nach sich zieht. Denn ich kann nicht nachhaltig sein, wenn ich nicht bereit bin, auch nachhaltig zu denken. Nachhaltiges Denken heißt, ich muss mich zurück nehmen. Nachhaltig heißt für mich auch, ich muss sozialer werden."

Allerdings betonten die Gesprächspartnerinnen auch die Notwendigkeit einer besseren Anbindung an, bzw. der Setzung zukunftsfähigerer Rahmenbedingungen auf übergeordnete politische Ebenen. Die reale Vernetzung mit dem Agendaprozess des Kreises blieb dagegen eher defizitär, zumal zwei angesetzte Austauschtreffen über eine Bestandsaufnahme lokaler Aktionen zur Agenda nicht hinauskamen.

6.1.3 Fazit

Die Konsultationsphase des Detmolder Agendaprozesses verlief unter dem Engagement der Agenbüromitarbeiterinnen und der Moderatoren recht produktiv. So wurden über die konstruktive Austragung der vorhandenen Interessenskonflikte Ergebnisse erzielt, die von allen Beteiligten gewisse Zugeständnisse einforderten. Die Funktion der konfliktvermittelnden Moderation wirkte in diesem Kontext hilfreich und diskursstabilisierend. Die Etablierung des Agendabüros war für den Prozess unverzichtbar, zumal dort die Aufgaben der Prozesssteuerung wahrgenommen werden mussten. Die Mitarbeiterinnen sahen ihre Aufgabe - aufgrund der Alleinverantwortung für den Prozess - auch in der Ermutigung und Professionalisierung der Teilnehmenden für die Erfordernisse der kommunalpolitischen Bühne. Als »Anwälte« der Agendabeteiligten in der Stadtverwaltung grenzte das Selbstverständnis jedoch an die Demarkationslinie mangelnder interner Loyalität im Spannungsfeld der Vertretung der Interessen der Agendabeteiligten und der eigenen Stellung als Mitarbeitende der Stadtverwaltung, wie z.B. beim Überreichen der roten Karte. Die Aufrechterhaltung des Agendabüros bei marginaler Personalbesetzung nach dem Überreichen der Arbeitsergebnisse der Runden Tische entbehrte jedoch der Substanz einer kontinuierlichen Fortführung der Agendaarbeit und zeugte von der Zurückhaltung der Politik und breiten Teilen der Verwaltung, die Prozessergebnisse nicht entscheidungsrelevant werden zu lassen. Da die Vernetzung des Agendaprozesses mit den Entscheidungsgremien des klassischen politischen Systems defizitär blieb, hing das Aufgreifen der Agendaergebnisse bzw. die inhaltliche Fortführung des Prozesses letztlich nur vom »good will« der Verwaltung und in erster Linie der Politik ab. Die Bürgerbeteiligung blieb damit lediglich im Vorraum der Kommunalpolitik, durch verschlossene Türen von den Entscheidungsgremien getrennt. Auch wenn die z.T. noch aktiven Agendagruppen weiter mit projektbasierten Anträgen an diese Tür klopfen, so gibt es doch eindeutige Anzeichen dafür, dass die lokale Agenda in Detmold zum vorübergehenden Projekt wirkungsloser bürgerschaftlicher Beteiligung degeneriert und damit langfristig Partizipationsaversionen bei den Bürgern und Verbandsvertretern schafft. Zwar wurden neben konkreten Maßnahmen von den Beteiligten auch stadtentwicklungsrelevante Leitbilder innerhalb des Prozesses erarbeitet, deren kommunalpolitische Relevanz jedoch nicht erfahrbar wurde, weil der lokale Agendaprozess in Detmold nicht in die kommunale politics-Struktur integriert bzw. mit den Entscheidungsgremien verknüpft war. So konnte er nicht als Erweiterung des kommunalen Steue-

rungspotentials fungieren. Die vorherrschenden Entscheidungsstrukturen und Machtverhältnisse blieben ebenso wie die Erfordernisse erweiterter bürgerschaftlicher Mitbestimmungsmöglichkeiten dethematisiert, so dass die lokale Agenda nicht über einen
Nebenschauplatz der kommunalen Politikarena hinauskam. Da der bürgerschaftlichen
Beteiligung lediglich eine vorschlagsgenerierende Funktion ohne gesicherte Implementation der Ergebnisse zukam, blieb es bei einer reinen partizipatorischen Verzierung von
Kommunalpolitik. Die fallstudienspezifischen Hypothesen aus der Untersuchung der
lokalen Agenda in Münster werden damit in Detmold bestätigt.

Anhand der beiden unterschiedlich verlaufenen autonomen Stadtteilprozesse in Detmold lässt sich schlussfolgern, dass die Effektivität und Stabilität der Prozesse von
bereits vorhandenen gemeinschaftlichen Ressourcen und damit der Existenz eines sozialen Netzwerkes aus verschiedenen Verbänden und Ortsgruppen, die von einer breiten
Bevölkerungsschicht getragen werden, abhängt. Wenn - wie in Berlebeck - der Prozess
auf der Eigeninitiative mehrerer Gruppen beruht, die das Spektrum der Bevölkerung
widerspiegeln und über eine breite Bürgerbeteiligung in der Gemeinde verwurzelt sind,
dann erscheint eine Stadtteilorientierung sinnvoll. Bereits vorhandene gemeinschaftliche Ressourcen lassen sich - allerdings nur innerhalb des durch die beteiligten Gruppen
gesetzten *Frames* - stabilisieren. Gemeinschaftlichkeit und traditionelle Strukturen des
kleinen Ortsteiles fördern dieses Gefühl. Eine Revitalisierung destruierter Gemein-
schaftsbindungen erscheint dagegen weitaus problematischer, weil die Voraussetzungen
zur gemeinsamen Arbeit, die Partizipationsaffinität der Bürger und die positive Identifi-
zierung mit den Stadtteil in geringerem Maße vorliegen.

6.2   Neuss

Neuss im Rheinland, in direkter Nachbarschaft zu Düsseldorf gelegen, ist eine Großstadt mit ca. 150.000 Einwohnern mit einer Fläche von Fläche 99,48 qkm[395]. Die Stadt
ist Sitz zahlreicher Großunternehmen und verfügt mit dem Central Hafen über ein be-
deutendes Güterverkehrszentrum. Der Ausgang der Kommunalwahl hatte in Neuss

---

[395] Diese Gesamtfläche verteilt sich auf folgende Nutzungsarten: Gebäude und Freifläche: 26,9%, Betriebsfläche; 1,4%, Erholungsfläche: 5,5%, Verkehrsfläche: 12,3%, landwirtschaftlich genutzte Fläche
44,2%, Waldfläche 3,7%, Wasserfläche 4,5%, Flächen anderer Nutzung 1,5% (vgl. Landesamt für Datenverarbeitung und Statistik NRW, 2000).

keine gravierenden Veränderungen zur Folge, zumal der CDU-Oberbürgermeister und die absolute Mehrheit der CDU bestätigt wurden: Während die Opposition aus SPD und GRÜNEN an Stimmen verlor, konnte die FDP, eine unabhängige Wählergemeinschaft und die PDS aufgrund des Falls der 5%-Hürde in den Rat den Stadt einziehen. Die Sitzverteilung im Rat der Stadt ist nach der Kommunalwahl 1999 wie folgt: CDU 33 Sitze, SPD 15 Sitze, Bündnis90/Die Grünen 3 Sitze, FDP 3 Sitze, Unabhängige Wählergemeinschaft 3 Sitze und die PDS 1 Sitz.

Im Vorlauf zur lokalen Agenda bearbeitete die Stadt Neuss von 1990-1995 mit Förderung des Bundesministeriums für Bildung, Wissenschaft und Forschung (BTMF) das öffentlichkeitswirksame Forschungsprojekt »Umweltentwicklungsplan der Stadt Neuss[396]«, dessen Erstellung auf Initiative der CDU-Fraktion einstimmig im Rat der Stadt beschlossen worden war. Eine fraktionsübergreifende Affinität zu städtischen Umweltprojekten ist in diesem Kontext vor dem Hintergrund zu konstatieren, dass die Stadt 750.000 DM als Eigenanteil aufbringen musste (vgl. http://www.neuss.de/umweltamt/bericht, März 2001).

Zur Einleitung einer lokalen Agenda in Neuss wandten sich Vertreter der Neusser Eine-Welt-Initiative (NEWI) und des BUND 1996 an den Leiter des Umweltamtes der Stadt, der zu einer Kooperation bereit war. Auf dieser Basis fand das Thema, das durch den engagierten Leiter der Umweltamtes vorangetrieben wurde, Eingang in die städtische Verwaltung.

6.2.1   Prozessstruktur und Chronologie des Prozesses

Das Thema »lokale Agenda« wurde im Frühjahr 1996 im Ausschuss für Umwelt und Grünflächen eingebracht. Nachdem dieser einen positiven Beschluss dazu gefasst hatte, wurde im Hauptausschuss der Stadt Neuss beschlossen, einen Teil der GFG-Mittel für die Eine-Welt-Arbeit des Landes NRW für die lokale Agenda zu nutzen. Der einstimmige Beschluss des Rates zur Einleitung einer lokalen Agenda folgte dann am 08.11.1996. Darin wurde die Verwaltung beauftragt, einen entsprechenden Aktionsplan

---

[396] „Der Umweltentwicklungsplan erfasst und bewertet medienübergreifend Umweltbelastungen und Entwicklungspotentiale und schafft ein konsistentes, integriertes räumlich differenziertes Zielsystem als Orientierungsrahmen für Stadtentwicklung, Umweltverträglichkeitsprüfungen und Maßnahmenprogramme" (http://www.neuss.de/umweltamt/bericht, März 2001).

zu erarbeiten. In diesem Kontext folgte dann am 05.06.1997 die »Auftaktveranstaltung«, zu der im Vorfeld von dem Arbeitskreis zur lokalen Agenda[397] gezielt 50 Multiplikatoren verschiedenster Verbände und Organisationen eingeladen worden waren, unter Beteiligung von ca. 30 Repräsentanten aus verschiedenen Institutionen und Verbänden. Dabei wurde aufgrund der von den Beteiligten geäußerten Themenschwerpunkte vom Agenda-Lenkungskreis die Bildung von vier themenspezifisch differenzierten Foren zu den Themenbereichen: »Umwelt«, »Stadtentwicklung«, »Wirtschaft« und »Lebensstile« vorgeschlagen[398].

Dazu wurde am 07.11.1997 ein Ratsbeschluss zur Struktur und Organisation der lokalen Agenda in Neuss einstimmig verabschiedet. In dem Beschluss wurde festgelegt, dass die Verwaltung die organisatorischen Grundlagen zur Integration der lokalen Agenda 21 schaffen soll. Die Federführung innerhalb der Stadtverwaltung oblag danach dem Amt für Umweltschutz und Abfallwirtschaft. Das organisatorische Gerüst des Prozesses bildete gemäß Beschluss die folgenden drei institutionellen Ebenen:

1. Agenda-Beirat,
2. Lenkungskreis und
3. (Arbeits-) Foren (vgl. Stadt Neuss, 1997, S.27).

Der Agenda-Beirat sollte als Organisationsebene zwischen den Foren und den politischen Gremium[399] fungieren. Ihm wurde die Vorentscheidung über die Ergebnisse der Foren, die an den Rat weitergeleitet werden sollten, und in diesem Kontext die Erarbeitung von Entscheidungsvorlagen für die Fachausschüsse und den Rat übertragen. Er war ein geschlossenes Gremium, das aus vier leitenden Mitarbeitern der Verwaltung[400], je einem Vertreter der Ratsfraktionen, einem Sprecher der Foren und einer Vertreterin der Neusser Eine-Welt-Initiative (NEWI) zusammengesetzt war. Er tagte während des Prozesszeitraumes am 10.05.2000 lediglich ein einziges Mal, um über die seitens der Foren erarbeiteten Handlungsfelder und Leitbilder zu beraten und eine Beschlussfassung für den Rat vorzubereiten.

---

[397] Dieser Arbeitskreis wurden von dem Leiter des Amtes für Umweltschutz und Abfallwirtschaft, der NEWI und der Ortsgruppe des BUND gebildet.

[398] Von einem breiteren Angebot wurde mit Blick auf den überschaubaren Kreis der Mitwirkenden und die geäußerten Themeninteressen der Beteiligten abgesehen (vgl. Stadt Neuss, 1997, S.30f.).

[399] Als »verantwortliche Gremien« sind in diesem Zusammenhang der Fachausschuss für Umwelt und Grünflächen, sowie der Stadtrat zu nennen.

[400] Dazu zählen die Amtsleiter des Amtes für Umweltschutz, der Umweltdezernent sowie der Sozial- und Planungsdezernent.

Dem Lenkungskreis oblag die Aufgabe der Prozessorganisation. Er bildete zudem die Mittlerinstanz zwischen den Foren und arbeitete dem Agenda-Beirat zu, indem er die Koordinationsfunktion bzgl. der Arbeitsergebnisse der Foren und übernahm. Der Lenkungskreis tagte während der Konsultationsphase ein- bis zweimal monatlich. Er entwickelte sich aus dem bereits seit Frühjahr 1997 bestehenden Arbeitskreis zur lokalen Agenda. Zu seinen Mitgliedern zählten der Leiter des Amtes für Umweltschutz, je zwei Vertreter des BUND und der NEWI sowie die gewählten Leiter der vier Foren (vgl. Stadt Neuss, 1997, S.28f.).

Den Foren fiel die inhaltliche Arbeit im Rahmen des Konsultationsprozesses zu. Darunter sind die Entwicklung von Leitbildern, Handlungsfeldern und entsprechende Projektideen bzw. Maßnahmen im Rahmen der einmal monatlich stattfindenden Treffen zu subsumieren. Die Foren, die für alle Interessierten geöffnet und nicht selektiv besetzt waren, arbeiteten selbstkoordiniert[401], d.h. ohne externe Moderation[402]. Statt dessen wurde die Binnenkoordination dem aus der Gruppe gewählten Gruppenleiter übertragen. Diesem kam zusätzlich die Aufgabe zu, das Forum auch im Lenkungskreis zu vertreten.

Nachdem bzgl. der Organisationsstruktur und der Inhalte einer zukunftsfähigen Entwicklung eine Informations- und Diskussionsveranstaltung im Rahmen eines VHS-Forums am 10.12.1997 zum Thema »Mit der lokalen Agenda 21 auf dem Weg zur Stadt als lebenswerten Ort« mit über 40 Teilnehmern stattfand, starteten die vier Arbeitsforen zum Jahresbeginn 1998 - noch bevor am 09.03.1998 die öffentliche und öffentlichkeitswirksame Auftakt- bzw. Festveranstaltung zur Neuss-Agenda mit dem Präsidenten des Wuppertal Instituts, Prof. Dr. von Weizsäcker, und dem Geschäftsführer von CAF/Agenda-Transfer NRW im Zeughaus am Markt stattfand (vgl. Stadt Neuss, 1999)[403]. Zudem fand auf Initiative des Leiters des Umweltamtes ein ganztägiger interner Verwaltungsworkshop zum Thema lokale Agenda statt, an dem 12 Verwaltungsmitarbeiter teilnahmen.

---

[401] D.h. sie bestimmten ihre Termine, Tagesordnungspunkte und den Zeitrahmen selbst.
[402] Externe Moderatoren wurden aufgrund finanzieller Restriktionen nur für öffentlichkeitswirksame Großveranstaltungen bzw. Workshops verpflichtet.
[403] Diese Auftaktveranstaltung wurde in allen regionalen und städtischen Neusser Zeitungen - mit besonderem Verweis auf die Teilnahme von Weizsäckers als Glanzpunkt - angekündigt.

Die Foren erarbeiteten bis zum Herbst 1999 Handlungsfelder und Leitbilder für ein zukunftsfähiges Neuss, über die der Agenda-Beirat in seiner einzigen Sitzung beriet, um die Beschlussfassung für den Rat vorzubereiten[404]. In seiner Sitzung am 26.05.2000 beschloss der Rat dann einstimmig, das entwickelte Leitthema »Die Stadt Neuss will zukunftsfähig in das 21. Jahrhundert gehen« zu unterstützen. Die von den Foren erarbeiteten Ziele zu den zehn Handlungsfeldern[405] wurden begrüßt und als »erweiterbare Handlungsmaxime für den lokalen Agenda 21-Prozess angesehen« (vgl. http://www. neuss.de/umweltamt/Agenda/neuss-agenda.html, März 2001). Zudem wurden die Foren gebeten, die einzelnen Handlungsfelder zu konkretisieren. Die Verwaltung wurde aufgefordert, die Foren bei der ehrenamtlichen Arbeit zu unterstützen. Die Beratung einzelner Projektanträge aus den Foren wurde an die Fachausschüsse verwiesen. Als Erweiterung des begrenzten finanziellen Handlungsspielraumes wurden für 2001 weitere 30.000 DM als zusätzliche Haushaltsstelle im Amt für Umweltschutz und Abfallwirtschaft eingeräumt. Zuvor standen dem Prozess als Finanzmittel lediglich 30 % der GFG-Mittel des Landes NRW zur Verfügung. Hinzu kam noch die Arbeitszeit des

---

[404] Dabei wurden die konkreten Projektvorschläge zur Überarbeitung an die Foren zurückverwiesen, während die Leitbilder und Handlungsfelder gebilligt und an den Rat zur Entscheidung weitergeleitet wurden.

[405] Die 10 Leitlinien der Handlungsfelder lauten:
1. Stadtentwicklung: Die Neusser Stadtentwicklung soll zukunftsfähig werden durch die modellhafte (Weiter)-Entwicklung nachhaltiger Stadtquartiere. Neue und bestehende Stadtquartiere sollen nach ökologischen, sozialen und gestalterischen Standards (um)gestaltet werden.
2. Bürgerbeteiligung: Bürgerbeteiligung und Initiativen sollen gefördert werden.
3. Verkehr: Ein nachhaltiges Verkehrskonzept durch eine spürbare Verringerung des Individualverkehrs und den Ausbau des ÖPNV und des Rad- und Fußwegenetzes ist in Neuss zu realisieren.
4. Globale Partnerschaft: Globale Partnerschaft zur Verwirklichung der sozialen, ökologischen und ökonomischen Ziele der Agenda 21 soll auf lokaler Ebene deutlich werden.
5. Öko-Audit: Mit Zertifizierungs- und Auditierungsverfahren können Unternehmen einen wesentlichen Beitrag dazu leisten, ihre Produktion nachhaltiger durchzuführen.
6. Konsum: Konsum- und Verbrauchsgüter sind umwelthaltend herzustellen sowie unter menschenwürdigen Arbeitsbedingungen und ohne ausbeuterische Kinderarbeit. Dafür sind geeignete Maßnahmen zu erarbeiten, die sowohl den Binnenhandel in dieser Hinsicht beeinflussen als auch den Im- und Export. Die Verantwortung der einzelnen Verbraucher muss deutlich gemacht und wahrgenommen werden.
7. Wirtschaft und Arbeit: Nachhaltiges Wirtschaften verbindet die Ziele des Arbeitsmarktes mit sozialen und ökologischen Kriterien.
8. Energie: Maßnahmen zur Energieeinsparung müssen in Neuss Priorität haben. Die Nutzung alternativer Energien zur Minderung des CO2-Ausstoßes ist hierzu eine optimale Möglichkeit. Für Neuss ist die Nutzung von Solarenergie vorrangig zu intensivieren.
9. Gesundheit:. Die Gesundheit ist das höchste Gut eines jeden Menschen, die es zu schützen gilt.
10. Bildung: Alle Bildungseinrichtungen (Kindergarten, Schule, Weiter- und Seniorenbildung) sollen die Ziele der (lokalen) Agenda 21 als Querschnittsaufgabe berücksichtigen (vgl. http://www.neuss.de/umweltamt/agenda/handlungsfelder.html, Juni 2001).

Prozessinitiators im Umweltamt der Stadtverwaltung, der allerdings seine Arbeitsenergie und sein Engagement in den Prozess steckte, ohne dafür freigestellt worden zu sein, d.h. ohne dies mit der sonstigen Arbeitszeit verrechnet zu bekommen.

6.2.2   Spezifika des Prozessverlaufes und Problemfelder

Die Anbindung des lokalen Agendaprozesses an das Umweltamt der Stadtverwaltung in Neuss erscheint zwar aufgrund der Ressortkonkurrenzen mit stadtentwicklungsrelevanteren Fachämtern problematisch, allerdings stellte sich die Frage einer anderweitigen Verortung des Prozesses nicht, da lediglich der Leiter des Umweltamtes das Engagement und die Kooperationsbereitschaft zeigte, den Prozess zu etablieren bzw. zu unterstützen. Die themenspezifische Zusammenarbeit innerhalb der Verwaltung blieb ebenso defizitär[406] wie die »Förderung« des lokalen Agendaprozesses durch die Stadt. Diese beschränkte sich auf die Tolerierung der Initiative des engagierten Leiters des Umweltamtes und Anteile aus den GFG-Mitteln[407], die im Prozessverlauf zur Verfügung gestellt wurden. Allerdings führte der personelle Wechsel an der Verwaltungsspitze vom Stadtdirektor zum Oberbürgermeister zu einem agendafreundlicheren Klima. Dies schuf die Voraussetzung für die Stabilisierung des Prozessablaufes und für ein besseres Standing des Prozesses innerhalb der Verwaltung, wodurch z.B. ein ganztägiger interner Verwaltungsworkshop zum Thema »lokale Agenda in Neuss«[408] möglich wurde. Doch auch wenn die Themenaffinität des Oberbürgermeisters den Verpflichtungsrad innerhalb der Stadtverwaltung erhöhte und die Minderheit der Verwaltungsangestellten, welche die Bürgerbeteiligung nicht nur als zusätzliche Arbeitsbelastung empfanden[409], ermutigt wurden, blieben viele Restriktionen bestehen.

Vor allem die mangelnden Arbeitszeitressourcen und die zu geringe Personalausstattung für derartige erweiterte Bürgerbeteiligungsprojekte in Verwaltungshandeln sowie die

---

[406] Selbst das Büro der Stadtvertretung, das sich mit Bürgerbeteiligungsfragen beschäftigt, führte seine Arbeit abgekoppelt vom lokalen Agendaprozess fort.

[407] Selbst die räumliche Infrastruktur für die Treffen der AGs wurde durch kirchliche Träger bereitgestellt. In der Anfangsphase wurden zudem die Versandkosten z.T. von den Beteiligten getragen. Zudem gab und gibt bis heute keine Moderation der Foren.

[408] An diesem Workshop nahmen 12 Verwaltungsmitarbeiter teil.

[409] Lediglich jüngere Mitarbeiter in der Verwaltung standen der Beteiligung von Bürgern aufgeschlossener gegenüber und betrachten diese nicht bloß als zusätzliche, ineffektive Arbeitsbelastung in den Abendstunden.

damit zusammenhängenden Vorbehalte vieler Dezernenten, Mitarbeiter für einen solchen Prozess freizustellen, stellten weiterhin bedeutende Faktoren für die Limitierung derartiger Agendaaktivitäten dar.

Mit Blick auf die Bürgerbeteiligung am Prozess tauchte in Neuss - wie in den anderen Städten auch - das Problem auf, die nötige Motivation zur Teilnahme bei den Bürgern und Verbandsvertretern zu erzielen, da die lokale Agenda und die Problematik einer zukunftsfähigen Entwicklung in der Bevölkerung kaum bekannt waren. Aufgrund der geringen finanziellen und lediglich ehrenamtlich-personellen Kapazitäten blieb die Öffentlichkeitsarbeit, trotz kursorischer Dokumentation im Internet, zweier Reader zum Prozess[410] und einigen Presseartikeln überschaubar. So gab es selbst bei den Prozessteilnehmenden noch gravierende Informationsdefizite zum Konzept der zukunftsfähigen Entwicklung. Mit der lokalen Agenda assoziierten die Teilnehmenden, auch aus Mangel an Informationen über die Bedeutung der lokalen Agenda und den Verträglichkeitskriterien, in erster Linie Umweltschutz- und Ökologiethemen. Darüber hinaus wurden Informationsmängel bzgl. der Verfahrenswege und Abläufe in der Verwaltungsarbeit sowie zum Status quo existenter Verwaltungsplanungen, um deren Abbau sich der Initiator der Stadtverwaltung bemühte, ersichtlich.

Das Ziel, den Foren Vertreter unterschiedlicher Verbände und Organisationen, die gezielt angesprochen und zur Beteiligung aufgefordert wurden, zuzuordnen, schlug fehl. Denn viele Institutionen und Verbände, die z.T. bereits in den Agendaprozess auf Kreisebene integriert waren, konnten bzw. wollten aufgrund mangelnder Personalkapazitäten keine Vertreter in die Foren entsenden. Vor allem Unternehmen konnten für den Prozess nicht gewonnen werden. Allerdings waren auch die Vertreter der Fachverwaltung, die sich eigentlich gemäß ihrer Themenschwerpunkte an den Foren beteiligen sollten, kaum im Prozess vertreten[411]. Als Konsequenz wurden die Verwaltungsmitarbeiter nur noch punktuell bei spezifischen Themenschwerpunkten als externe Experten hinzugezogen. Die Beteiligung der Ratsvertreter an den Foren war unterschiedlich. Die Opposition war im Gegensatz zur regierenden CDU kaum vertreten; eine fraktionenübergreifende, gemeinsame Arbeit an dem Thema etablierte sich nicht. Die Beteiligung

---

[410] Zum einen wurde ein Bericht zum ersten Prozessjahr in Neuss, zum anderen eine ausführliche Dokumentation der öffentlichen Auftaktveranstaltung durch die Stadt Neuss bzw. das federführende Umweltamt veröffentlicht (vgl. Stadt Neuss, 1997, 1999).

[411] Zurückführen lässt sich dies u.a. auf die fehlende Möglichkeit, die Beteiligung auf die Arbeitszeit anzurechnen, die Aversion gegen die ungünstigen Spätnachmittagstermine der Foren und nicht zuletzt gegen die selbstorganisierte Arbeitsform in den Foren, welche die Verwaltungsmitarbeiter abschreckte.

Jugendlicher blieb aus[412]. Vor diesem Hintergrund fanden sich zu Beginn i.d.R. unorganisierte Bürger und einzelne Vertreter relevanter Institutionen sowie einige Vertreter der verschiedenen Parteien in bunt gemischten Arbeitskreisen zusammen. Dabei entstand das Problem, dass zwei Akteurgruppen auf einander trafen, die unterschiedliche Organisations- bzw. Arbeitsformen gewöhnt waren. So traf der ehrenamtlich tätige Kreis an interessierten Laien bzw. unorganisierten Bürgern, der ungefähr ein Drittel der Beteiligte ausmachte, auf Verbandsfunktionäre, welche die Forensitzungen vor dem Hintergrund ihres Professionskontextes z.T. als ineffiziente Laberrunden kritisierten[413]. Zudem verstärkte die nicht -repräsentative Besetzung der Arbeitsgruppe das Problem der unzureichenden Legitimation des Erarbeitungsprozesses. Die Gesamtzahl der Agendainteressierten, die über den Verteiler des Umweltamtes Termine und Informationen zugesandt bekamen, erhöhte sich zwar im Prozessverlauf von 150 auf 220 Personen, die Zahl der Aktiven in den Foren stagnierte jedoch - nach einem leichten Rückgang - auf niedrigem Niveau von ca. 6-15 Beteiligten pro Forum.

Im Rahmen der Konsultationsphase wurde offensichtlich, dass die Beteiligten professionelle Unterstützung bzw. professionsaufbauende Maßnahmen zur Ausgestaltung der Arbeitssitzungen benötigten. Die Probleme der Selbstkoordination in den Foren machten sich insbesondere am Fehlen einer (semi-) professionellen Moderation und methodisch begründeter Arbeitsvorgaben fest. Es wurde deutlich, dass die entsprechenden Leiter der Foren mit dem Projektmanagement in den Foren z.T. überfordert waren. Die Qualität der Arbeit in den Foren blieb abhängig von dem Engagement und den sozialen Kompetenzen der Beteiligten und der Umsetzung gemeinsam entwickelter Projektideen, die eine sozietätsstiftende Binnenwirkung in der Arbeitsgruppe und eine stärkere Identifikation mit dem Thema nach sich zogen. In diesem Zusammenhang ging die Intention des Lenkungskreises auf, den Druck auf die Beteiligten zur Fertigstellung der Handlungsfelder und des Leitbildes zu erhöhen, um zum einen die Tätigkeitseffizienz der Arbeitsgruppen zu verbessern und vor allem durch ein gemeinsam erarbeitetes Ergebnis die Bindungswirkung zur Arbeitsgruppe und die Motivation zur Mitarbeit zu stabilisieren. Das jeweilige Kommunikationsklima in den Foren blieb jedoch abhängig von der

---

[412] Es wurden auch keine zielgruppenspezifischen Veranstaltungen zur Erhöhung der Beteiligungsquote Jugendlicher umgesetzt.
[413] Wenn es den Verbandsfunktionären nicht gelang, auf den Gruppenarbeitsprozess entscheidend Einfluss zu nehmen, hatte das oftmals ihren Rückzug aus der Arbeitsgruppe zur Folge.

konkreten Zusammensetzung[414], dem Themeninteresse und der subjektiven Bedeutung des bearbeiteten Themas für die beteiligten Akteure. Zudem wurde deutlich, dass die Beteiligten weniger an einer freien Ideenentwicklung als mehr an der Machbarkeit der Ideen orientiert waren; die finanziellen Restriktionen, unter denen der Prozess stand, waren durch die Beteiligten bereits derart internalisiert, dass sie sich - auch mit Blick auf vorweggenommene Umsetzungsschwierigkeiten - eine Entwicklung von Großprojekten bzw. visionären Ideen versagten[415]. Die Konsensorientierung stellte dabei insofern ein Problem dar, weil sich letztlich nicht die interessantesten Ideen durchsetzten, sondern die Ideen der Personen, die ihre Vorschläge mit der größten Ausdauer vertraten. Zudem wurde die Konstruktivität des diskursiven Erarbeitungsprozesses in den Foren durch die Partikularinteressen, die unabhängig von deren Relevanz für eine zukunftsfähige Entwicklung, von spezifischen Interessensvertretern verfolgt wurden, begrenzt.

Die Vernetzung der unterschiedlichen Foren erfolgte über den Lenkungskreis im Rahmen des Austausches der beteiligten Forenleiter, was sich als produktiv für thematische Abstimmung zwischen den Foren erwies. Zudem stellte die Beteiligung der gewählten Leiter bzw. Ansprechpartner der Foren eine wichtige Mitgestaltungsmöglichkeit für die prozessual-lenkende Feinabstimmung dar, so dass die Forenleiter trotz der Kritik an der starken ehrenamtlichen Arbeitsbelastung durch die in der Konsultationsphase häufigen Treffen des Lenkungskreises regelmäßig an den Sitzungen teilnahmen. Die Arbeitsbelastung war damit nicht nur in der Vorbereitungsphase der Konsultation, sondern auch während ihrer Durchführung unerwartet hoch, weil in den Foren - in Ermangelung einer Geschäftsordnung - unterschiedliche Fragestellungen virulent wurden[416], die von den Lenkungskreismitarbeitern nicht vorausgesehen worden waren. »Learning by doing« kennzeichnete vor diesem Hintergrund die Arbeitsweise des Lenkungskreises, um dem Klärungsbedarf der Foren situativ gerecht zu werden.

---

[414] Dabei waren die Interaktionsorientierung der Beteiligten, die von kompetitiver, egoistisch nutzen-rationaler bis hin zu kooperativer Ausrichtung reichten, ausschlaggebend (vgl. Kap. 2.5.2).

[415] Das wird auch an der Schwierigkeit offenbar, eine Kontinuität in der Bearbeitung der Themen zu gewährleisten. So behinderten sich die Beteiligten der Foren selbst bei ihrer Ideenentwicklung durch die antizipierte Unmöglichkeit einer Umsetzung ihrer Projektideen in der Kommune. Vor dem Hintergrund dieses Damoklesschwertes wurden keine großen, kostenintensiven Projekte erarbeitet.

[416] Dazu zählten sowohl Fragen hinsichtlich des Abstimmungsmodus über die Ideen, zum Wahlmodus des/der Forenleiters/in bis hin zu Fragen bzgl. der Anforderungen an die Ergebniserarbeitung und Präsentation derselben.

Die lange Zeitspanne von der Erarbeitung der Ziele bzw. Handlungsfelder in den Foren im Spätsommer 1999 bis zur Beschlussfassung im Rat der Stadt im Mai 2000[417] erzeugte bei den Agendabeteiligten Missmut und Kritik. Die Verärgerung über den langwierigen Bearbeitungszeitraum schlug sich auch in einer gewissen Orientierungslosigkeit und Motivationsproblemen nieder. Dadurch, dass der Auftrag zur Erarbeitung von Zielen und Handlungsfeldern für ein zukunftsfähiges Neuss erfüllt war, entstand unter den Beteiligten eine Anschlussnachfrage nach dem Fortgang des Agendaprozesses, die zunächst nicht erfüllt werden konnte. Erst als die vorgelegten Projektideen durch den Beirat Anfang Mai 2000 zur Konkretisierung an die Foren zurückgegeben wurden, arbeiteten die Beteiligten in den Foren - zusätzlich ermutigt durch den Ratsbeschluss vom 26.05.2000 - ihre jeweiligen Vorschläge weiter aus[418].

Diese angesichts der problematischen, finanziell restriktiven Rahmenbedingungen unerwartete Partizipations- und Arbeitskontinuität in den Foren wurde im Rahmen der Interviews mehrfach positiv erwähnt:

ST-EX/Ne2:„Ich bin davon überzeugt, dass viele gedacht haben: Wir beschließen das jetzt mal und dann läuft sich das sowieso tot. Und das hat sich jetzt seit fünf Jahren nicht totgelaufen. Da kommt immer wieder was Neues, und das findet dann auch zunehmend ein positives Echo. "

Hervorzuheben ist in diesem Zusammenhang vor allem der im Rahmen des Agendaprozesses vom Forum »Stadtentwicklung« über Sponsoring finanzierte und selbstorganisierte Architektenworkshop zur zukünftigen Nutzung bzw. Bebauung eines größeren Areals in Bahnhofsnähe, der Anfang März 2001 unter Einbindung von Bürgern und gesellschaftlich relevanten Vertretern erfolgreich inszeniert wurde[419]. Der Workshop ermöglichte die Erprobung einer partizipativen Planung unter Einbindung von Bürgern und den gesellschaftlich-relevanten Vertretern bei Offenheit des Planungsergebnisses, die weit über die klassischen Beteiligungsverfahren zu bereits entwickelten Planungsvorhaben hinausging, und in denen die Bürgerbeteiligung zu einer Krücke der nachträglichen und oftmals scheiternden Akzeptanzbeschaffungsmaßnahme mutierte. In

---

[417] Dieser Zeitraum wurde durch die Neukonstituierung der Entscheidungsgremien im Rahmen der Kommunalwahl mitbedingt.

[418] Das Forum »Umwelt« beschäftigte sich im Rahmen eines Workshops unter externer Moderation und Bürgerbeteiligung mit der Gestaltung des »Tages des botanischen Gartens«. Das Forum »Stadtentwicklung« dokumentierte den Architektenworkshop und stellte ihn im Planungsausschuss vor.

[419] Dabei wurden von acht Architektenteams unter Berücksichtigung von Anregungen der Bürger, Verbandsvertreter und Unternehmer honorarfrei an einem Wochenende Visionen für ein relativ großes Stadtquartier erarbeitet. Die Architektenteams haben - unter Hinzuziehung der entsprechenden Repräsentanten aus Verwaltung und Politik - den Relevanzfaktor so weit erhöht, dass es auch ein umsetzbarer Baustein in der Stadtentwicklung werden könnte, zumal sich um das Thema in der Komplexität bisher niemand inhaltlich bemüht hatte.

diesem Kontext wurden die Vorteile bürgerschaftlichen Mitwirkens hinsichtlich der Eruierung sozialen Kapitals in Form neuer Ideen deutlich. So konnten vor dem Hintergrund dieses Projektes Hemmnisse und Voreingenommenheiten innerhalb der Verwaltung gegen den Agendaprozess und Befürchtungen, dass damit nur unproduktiver, zusätzlicher Arbeitsaufwand entstehe, abgebaut werden[420].

Prozessstabilisierend wirkte weiterhin, dass im Rahmen der Haushaltsberatung Ende 2000 nach zweijähriger Prozessdauer ein Antrag auf zusätzliche Fördermittel für die Projektarbeit der Foren nach kontroversen Diskussionen im Rat bewilligt wurde. Damit wurde eine Dopplung der bisherigen städtischen Anteile für die Agendaarbeit erreicht, wodurch die Planungssicherheit - unabhängig von der alleinigen Verwiesenheit auf die GFG-Mittel - erhöht wurde[421]. Mit Blick auf den Gesamtetat der Stadt ist die Summe von 30.000 DM zwar gering, es ist jedoch bemerkenswert, dass dbzgl. im Amt für Umweltschutz und Abfallwirtschaft - ungeachtet der kommunalen Finanzrestriktionen - als einzigem städtischen Amt eine neue Haushaltsstelle eingerichtet wurde[422]. Vor diesem Hintergrund wurde in den Interviews deutlich, dass die schrittweise Entwicklung der lokalen Agenda in Neuss durchaus positive Züge trägt. Denn das sukzessive Vorgehen unter dem Duktus monetärer Askese bereitete letztlich erst den Boden für den Ratsbeschluss:

ST-EX/Ne2:„Trotz aller Widerstände und Rückschläge, die man so hat, würde ich sagen, ist es bis jetzt immer gut gewesen, das so schrittweise zu machen. [...] Also, so ein Ratsbeschluss wäre sicherlich zu Beginn niemals durchgegangen. Hätten wir zu Anfang nur über Geld gesprochen, dann wäre die Sache gestorben."

Die zunehmende Bedeutung der Foren auch in den Stadtteilen hatte eine stärkere Beteiligung der Kommunalpolitiker, in deren Wahlkreise die Agendathematik virulent wurde, zur Folge. Da die Agendabeteiligten, welche die mangelnde Beteiligung von Ratsvertretern bis dahin kritisierten, ihre Ergebnisse nun ex post aber nicht parteipolitisch vereinnahmen lassen wollten, kam es - mitbedingt durch die Differenz in der Erfahrung mit öffentlichkeitswirksamer politischer Arbeit - jedoch auch zu Problemen in der Zusammenarbeit.

---

[420] Die positivere Grundhaltung zum Prozess, die auf diese Weise bei einigen Verwaltungsmitarbeitern geschaffen wurde, ermöglichte nicht nur eine größere Akzeptanz derartiger Beteiligungsmodelle in der Verwaltung, sondern schuf, wie sich aus den Gesprächen ergab - auch bessere Umsetzungsvoraussetzungen für derartige Ideen.

[421] Aufgrund des bis dahin unter nahezu monetärer Enthaltsamkeit stattfindenden Prozesses ist allerdings fraglich, ob die eingeplanten 30.000 DM überhaupt voll verausgabt werden können bzw. konnten.

[422] D.h. die Finanzmittel wurden zusätzlich bereitgestellt, dezernatsinterne Umverteilungen waren nicht nötig.

Wenngleich die kommunale Bedeutung der Agendaforen im Prozessverlauf vor diesem Hintergrund etwas zunahm, so blieb den Agendabeteiligten ein substantieller Einfluss auf die Gestaltung der Stadt verwehrt. Zum einen lag dies an der bereits erwähnten Selbstbeschränkung in der Ideenentwicklung, zum anderen jedoch an der fehlenden Mitsprache bei der Ausgestaltung von Großprojekten, denn die Einwände gegen Entwicklungsvorhaben der Stadt, wie z.b. gegen den Bau einer »Skihalle«, blieben folgenlos[423]. Dies hätte bei einem Großteil der Agendabeteiligten beinahe zu einem Ausstieg aus der Forenarbeit und zur Gründung einer Bürgerinitiative geführt. Nachdem der Beschluss zum Bau der Halle jedoch gefällt war, verfolgten sie die Entwicklung von Ziel- und Handlungsfeldern für ein zukunftsfähiges Neuss im Rahmen der Foren weiter. Dieses Engagement war mit der Hoffnung verbunden, zu den erarbeiteten Ziel- und Handlungsfeldern einen Ratsbeschluss erwirken zu können, der als politisch-legitimierte Grundlage für etwaige spätere Proteste gegen anderweitige Großvorhaben fungieren könnte. Bei der Verabschiedung des Ratsbeschlusses wurde - wie schon bei dem prozesseinleitenden Ratsbeschluss - die potentielle Tragweite einer Erweiterung des kommunalpolitischen Verfahrens bzw. politischen Selbstverständnisses nicht thematisiert und wohl auch kaum perzipiert. Das macht sich auch daran fest, dass die Agendabeschlüsse zwar einstimmig - allerdings ohne Diskurs über die Bewandtnis derselben - den Rat passierten[424].

Darüber hinaus blieb die Vernetzung des Agendaprozesses mit dem klassisch politischen System unzureichend. Eine erweiterte, neuartige Zusammenarbeit von Bürgern, Verbänden, Verwaltung und Politik, die über eine Einspeisung von Vorschlägen in den klassischen Entscheidungsweg, z.B. durch eine Einbindung in die Entscheidungsfestsetzung, hinausging, wurde nicht etabliert. Vor dem Hintergrund der umfangreichen finanziellen und personellen Ausstattung des Stadtmarketings, wird die geringe Wertschätzung und nachrangige kommunale Relevanz des lokalen Agenda Themas zudem offenkundig.

Insgesamt wird deutlich, dass der lokale Agendaprozess in Neuss, trotz der Partizipationskontinuität der Beteiligten, nur einzelne, kleine Akzente auf der kommunalpolitischen Bühne setzen konnte:

---

[423] Die Skihalle ist in Neuss unterdessen fertig gestellt und in Betrieb genommen worden.

[424] Allerdings wurde in der Diskussion über die Agendastruktur von mehreren CDU-Delegierten Kritik an dem »übertriebenen« Aufwand für die Agendathematik deutlich (vgl. Stadt Neuss, 1997, S.25f.).

ST-EX/Ne2:"Ich glaube nicht, dass der Agendaprozess in Neuss in dem Status ist, dass er sich so durchgesetzt hat, dass alle jetzt sagen: »Wir arbeiten jetzt zukunftsfähig in Neuss«. Das sind immer noch punktuelle Geschichten, die da passieren. Aber es hat sich auch immer mehr verankert, dass es so was wie einen Agendaprozess hier in Neuss gibt, auch in der Politik."

Hinsichtlich der Verortung des Agendaprozesses auf der kommunalen Ebene wurde in den Interviews deutlich, dass die lokale Orientierung einen adäquaten Ansatzpunkt für die Umsteuerung zugunsten einer zukunftsfähigeren Entwicklung darstellt, sofern das Interesse zur Mitarbeit bei einigen Engagierten gegeben und die Rückendeckung durch die Verwaltungsspitze und durch ein politisches Mandat vorhanden ist. Als besonders wichtig wurde jedoch auch die Verknüpfung mit Aktivitäten auf den übergeordneten politischen Ebenen erachtet. In diesem Kontext ist zu bemerken, dass es keine Vernetzung des Neusser Agendaprozesses mit dem zeitgleich stattfindenden Agendaprozess auf Kreisebene gab. Wie auch in Detmold, wurde damit die Chance auf eine Zusammenarbeit, auf übergreifende Synergieeffekte und auf einen gemeinsamen Lernprozess vergeben. Darüber hinaus wurde in den Interviews die Etablierung *zukunftsfähigerer* Rahmenbedingungen auf den übergeordneten politischen Ebenen besonders herausgestellt, da die lokale Ebene letztlich nur das leisten könne, was in ihrem Kompetenzbereich liege. Vor allem die mangelnde politische Koordinierung auf Landesebene wurde kritisch hervorgehoben, wie nachfolgend deutlich wird:

ST-EX/Ne2:"Wenn das Städtebauministerium, Abteilung xy, irgend etwas in Sachen Agenda machen will und gibt dafür Geld und das andere Ressort plant dann parallel den achtspurigen Ausbau einer Strasse, dann läuft da wohl keine interne Zieldiskussion, in der das Vorgehen abgestimmt wird. Da verwundert es mich nicht, wenn Kommunen Gelder für irgend ein Projekt abrufen und nur danach fragen, wie viel Prozent das Land davon trägt ohne sich darum kümmern zu müssen, ob das jetzt Nachhaltigkeit oder Zukunftsfähigkeit miterfüllt. Ich denke aber genau das wäre unheimlich wichtig. [...] Da sollte es eigentlich eine ressortübergreifende Vereinheitlichung geben. Da braucht es wahrlich mehr als die netten Faltblättchen - zumeist vom Umweltministerium unter dem Motto »Ich und meine Agenda« oder diese Agendakonferenzen."

In diesem Zusammenhang wurde in den Interviews die Forderung laut, die kommunalen Förderprogramme des Landes mit einer Verpflichtung zum bürgerschaftlichen Mitwirken zu verknüpfen, so dass ein Förderzugang für Kommunen nur mittels frühzeitiger Bürgerbeteiligungsverfahren möglich werde.

6.2.3   Fazit

Die Etablierung und Umsetzung der lokalen Agenda in Neuss ruhte vor allem auf der Initiative und dem Engagement des Leiters des Umweltamtes, der sich von Beginn an -

ohne ein dafür anrechenbares Stundendeputat - im Prozess engagierte. Dazu zählte vor allem die Förderung des Einleitungsprozesses, die Begleitung der Foren, die Übernahme des Vorsitzes im Lenkungskreises sowie die Rückkopplung des Prozesses, ungeachtet vorhandener Widerstände, in die Verwaltung und die Politik hinein. Zudem ausschlaggebend für die Prozessumsetzung waren die »In-Wert-Setzung« des Prozesses auf der kommunalpolitischen Arena durch den Oberbürgermeister[425], wie auch das Engagement der NEWI, die den Prozess als ihre Aufgabe begriff und den Vorteil hatte, dass sie fraktionenübergreifend als politisch neutral eingeschätzt wurde, was ihr größere Berücksichtigung verlieh als z.B. dem ebenfalls mitwirkenden BUND.

In der Konsultationsphase des Prozesses wurden Informationsmängel bei den Beteiligten bzgl. der Verfahrensabläufe in der Verwaltung, zum Status quo existenter Verwaltungsplanungen und nicht zuletzt zum Verständnis und den Interpretationspotentialen einer zukunftsfähigen Entwicklung, deutlich. Die konsensuale Ergebniserarbeitung funktionierte z.t. eher nach dem Prinzip des »diskursiven K.O.« anstatt einen konstruktiven Diskurses zu ermöglichen, weil letztlich die Ausdauer der Ideengeber im Verfechten ihrer Vorstellung ausschlaggebend für die Etablierung des Vorschlages im Forum waren.

Anhand der öffentlichkeitswirksamen Projektveranstaltung zum »Tag der Plätze« und dem stadtentwicklungsrelevanten Workshop »vordere Furth« wurde deutlich, dass die Prozessrelevanz von attraktiven Projektideen zur Ausgestaltung einer zukunftsfähigen Entwicklung abhängig war. Im Rahmen dieser Agendaprojekte ließen sich breitere Bevölkerungsschichten mobilisieren und eine stärkere Beachtung des Prozesses in der Stadt erreichen. Ungeachtet der in Zweifel gezogenen Legitimation der nicht repräsentativ besetzten Akteurgruppen wurde vor dem Hintergrund dieser öffentlichkeitswirksamen Projekte dem Prozess eine größere öffentliche Beachtung zuteil, welche vornehmlich die Ratsvertreter, aber auch relevante Verbandsvertreter dazu veranlasste, in größerem Umfang an dem Prozess teilzunehmen, sofern er die zu vertretende Klientel bzw. Wahlkreise und Planungsgebiete tangierte. Insbesondere an dem stadtentwicklungsrelevanten Workshop zur Gestaltung eines größeren Bebauungsareals der Stadt wurde offensichtlich, dass die Entfaltung einer größeren prozessualen Eigendynamik

---

[425] Dieser setzte sich für erweiterte Bürgerbeteiligungsformen ein und fungierte auch als Schirmherr für Agendaveranstaltungen.

der lokalen Agenda in Neuss von der städtischen Relevanz der öffentlichkeitswirksamen Umsetzung der bearbeiteten Themen abhing.

Der Prozessaufwand der »low(-est) Budget Agenda« in Neuss lässt sich mit Blick darauf, dass der finanzielle Aufwand überaus gering blieb, in Relation zu den unterdessen verabschiedeten Leitbildern und den ersten Projektumsetzungen positiv beurteilen. Allerdings blieb die Verknüpfung der Agenda-Foren mit den Entscheidungsgremien der kommunalen Politik defizitär und stellte damit weiterhin eine ungelöste Aufgabe dar. Die Funktion des Beirats blieb aufgrund der Beschränkung auf die Beurteilung der von den Foren vorgelegten Ergebnisse blass. Der eigentliche Start des Prozesses 1997 wurde öffentlich kaum wahrgenommen. Wenngleich dem Prozess im Zuge der öffentlichen Auftaktveranstaltung im März 1998 aufgrund der eingeladenen Referenten größere (mediale) Beachtung zuteil wurde, so haftete dem Prozess zunächst der Charakter einer Spielwiese zur Erarbeitung lokaler Ideen an. Ein Einfluss auf die kommunale Entscheidungssetzung bzgl. kommunaler Großvorhaben, deren Zukunftsfähigkeit zu Recht bezweifelt werden kann, blieb den Agendaaktiven - wie z.B. beim Bau der Skihalle - verwehrt. In diesem Kontext kam der Entwicklung der Leitbilder - konkretisiert in den zehn Handlungsfeldern - besondere Bedeutung zu. Damit wurde nicht nur ein Nebeneinander von Projekt- und Leitbildentwicklung im Prozess gewährleistet, auch wurde den erarbeiteten und letztlich einstimmig im Rat verabschiedeten Leitbildern seitens der Prozessbeteiligten die Funktion einer politisch legitimierten Argumentationsstütze für etwaige Proteste gegen anderweitige Großvorhaben zugemessen. Allerdings bleibt die politische Handlungs- und Entscheidungsrelevanz der Leitbilder angesichts der unzureichenden Thematisierung bzw. diskursiven Erörterung der Bedeutung und konkreten Anwendbarkeit derselben in der entsprechenden Ratssitzung abzuwarten.

Mit Blick auf die sukzessive prozessuale Entwicklung der Neusser Agenda und der zunächst inkrementalen Fortschritte zugunsten der Entfaltung einer zukunftsfähigeren Entwicklung wurde im Prozess deutlich und auch in den Interviews betont, dass Geduld und Ausdauer der Agendabeteiligten wichtige Voraussetzungen für die Lebendigkeit des Prozesses darstellten. Deswegen lässt sich der Prozess insgesamt unter dem Motto »Steter Tropfen höhlt den Stein« charakterisieren. Denn auch wenn die lokale Agenda als Epiphänomen im kommunalpolitischen Kontext nur sehr schwach verankert ist und Erfolge punktuell blieben, so gibt es doch die nachfolgend aufgeführten Anzeichen für eine Stabilisierung und Anerkennung der Agendaarbeit in der Kommune:

- den Ratsbeschluss zu erarbeiteten Leitbildern und entsprechenden Handlungsfeldern,

- die zusätzliche Einrichtung einer Haushaltsstelle im Amt für Umweltschutz und Abfallwirtschaft für den Prozess,

- die stärkere Öffnung der Verwaltungsmitarbeiter für frühzeitige Beteiligungsverfahren insbesondere vor dem Hintergrund des gelungenen Workshops »vordere Furth« und damit verbunden

- eine partielle Einbindung der Foren bei themenadäquaten politischen Fragestellungen und nicht zuletzt

- die Fortführung der Arbeit in den Foren über den Abschluss der Erhebungsphase hinaus und der damit gegebenen Partizipationskontinuität, wenn auch auf quantitativ geringem Niveau.

6.3   Bochum

Die Stadt Bochum, die inmitten des Großraumes Ruhrgebiet liegt, und vom wirtschaftlichen Strukturwandel desselben betroffen ist, ist eine Großstadt mit 393.000 Einwohnern und verfügt über eine Fläche von 145,43 qkm[426].

Im Rahmen der Kommunalwahl im Herbst 1999 wurde der amtierende Oberbürgermeister der SPD bestätigt. Die SPD büßte im Rat der Stadt jedoch ihre absolute Mehrheit ein und koaliert nun mit den Grünen. Gemäß der aktuellen Sitzverteilung im Rat der Stadt Bochum verfügen die SPD und die CDU jeweils über 27 Sitze, die Grünen über 7 Sitze, die Unabhängige Wählergemeinschaft (UWG) über 3 Sitze und die FDP über 2 Sitze.

Die Initiative zur lokalen Agenda wurde in Bochum von der SPD und den Grünen auf der Basis der entsprechenden Diskussionen in den interkommunalen Gremien aufgegriffen.

---

[426] Diese Gesamtfläche verteilt sich auf folgende Nutzungsarten: Gebäude und Freifläche: 42,9%, Betriebsfläche: 1,5%, Erholungsfläche: 7,1%, Verkehrsfläche: 14,9%, landwirtschaftlich genutzte Fläche 24,8%, Waldfläche 5,6%, Wasserfläche 1,1%, Flächen anderer Nutzung 2,1% (vgl. Landesamt für Datenverarbeitung und Statistik NRW, 2000).

6.3.1   Prozessstruktur und Chronologie des Prozesses

Der Rat der Stadt Bochum erteilte der Verwaltung am 30.10.1997 den Auftrag, ein Konzept vorzulegen, wie man einen lokalen Agendaprozess in Bochum organisieren könne. Parallel dazu wurde eine interne Verwaltungsgruppe etabliert, die den Prozess vorbereiten sollte. Auf Grundlage der daraus resultierenden Vorschläge wurde am 18.06.1998 der entscheidende Beschluss zur Umsetzung und Organisation des Bochumer Agenda 21 Prozesses mehrheitlich mit den Stimmen der SPD-Fraktion, bei Enthaltungen der Grünen-Fraktionen und Gegenstimmen der CDU-Fraktion gefasst. Darin wurde folgende Prozessstruktur festgelegt:

Für die Geschäftsführung des gesamten lokalen Agendaprozesses und als Ansprechpartner für alle im Prozess beteiligten Gruppen und Personen wurde in der Verwaltung das mit zwei Stellen und drei Mitarbeitern als Stabstelle beim Oberbürgermeister angebundene Agendabüro eingerichtet. Neben der organisatorischen Unterstützung[427] der Arbeitsgremien war es zuständig für die Annahme von Besetzungsvorschlägen der Foren und der Arbeitsergebnisse aus den Arbeitsgremien, für die Kooperationen mit der Hochschule, für die Öffentlichkeitsarbeit und für die Unterstützung der Realisierungsprozesse von Projektideen. Es sollte (und soll weiterhin) die Agenda-Idee nach innen in die Verwaltung und nach außen in die Bevölkerung vermitteln.

Für die Konsultationsphase wurde gemäß der Verwaltungsvorlage im Ratsbeschluss die Bildung von zunächst vier Foren als Arbeitsgremien zu den folgenden Themengebieten festgelegt:

1. Ökologie und Umweltschutz
2. Arbeit und Soziales
3. Räumliche Ordnung, Städtebau/Stadtentwicklung und Wohnen
4. Bildung, Kultur und Wissenschaft, Freizeit.

Die Foren, denen neben Vertretern unterschiedlicher Verbände bzw. Initiativen und interessierten Bürgern, jeweils ein Mitglied der im Rat vertretenen Parteien, ein Mitglied der Verwaltung und ein Mitglied aus dem Bereich der Gleichstellung angehört, sollten in eigener Verantwortung über die Festlegung eines Zeit- und Arbeitsplanes und die Aufnahme weiterer Mitglieder entscheiden. Ihnen oblag vorrangig die Aufgabe, (möglichst konsensual) Ziele sowie Maßnahmen und Vorschläge zur zukunftsfähigen

---

[427] Diese richtete sich u.a. darauf, Räumlichkeiten zur Verfügung zu stellen, die Sitzungsprotokolle zu versenden und den Prozessverlauf im Internet zu präsentieren.

Entwicklung Bochums zu erarbeiten[428]. Sie nahmen im Frühjahr 1999 ihre Arbeit auf.

Die Möglichkeit zur Einrichtung weiterer Foren und zur Veränderung der Binnenstruktur der Foren zugunsten der Etablierung themenspezifischer Arbeitskreise wurde insofern genutzt, als sich im Rahmen der Foren je 3-4 Arbeitskreise etablierten und etwas später zudem das Forum »Schulen« im Zuge einer Beiratsentscheidung etabliert wurde.

Zur Koordination des Prozesses und als Bindeglied zwischen den Agendabeteiligten in den Foren und den Institutionen des klassischen kommunalpolitischen Systems wurde ein Beirat zur Bochum-Agenda-21 gegründet. Dieser hatte gemäß des Ratsbeschlusses die Funktion, die Grundideen der Bochum-Agenda 21 nach außen zu vertreten und damit dem Thema zu einer breiten Resonanz in der Öffentlichkeit zu verhelfen[429], sowie die Vorschläge und Arbeitergebnisse der Foren zu koordinieren, bestehende Zielkonflikte aufzuzeigen und nicht in seinen Zuständigkeitsbereich fallende Vorschläge der Foren mit einer Stellungnahme an den Rat der Stadt Bochum weiterzuleiten. Die autonome Entscheidungskompetenz des Beirates[430] beschränkte sich dabei auf die Vergabe von Projektmitteln für Projektanträge[431] der Arbeitskreise von maximal 5000 DM. Lediglich Projekte, die aus organisatorischen oder finanziellen Gründen außerhalb der Entscheidungskompetenz lagen, wurden mit einer Beurteilung versehen direkt an den Rat bzw. die zuständigen Ausschüsse weitergeleitet. Insofern sollte der Beirat auch als Kontrollgremium fungieren, das die Arbeitsergebnisse der Agendagremien (kritisch) dokumentiert und eigene Empfehlungen dazu abgibt. Der Beirat war unter dem Vorsitz

---

[428] Dabei sollten auch Aussagen darüber getroffen werden, welche Kosten anfallen und in welchem Zeitraum die Realisierung erfolgen soll.

[429] Den Beteiligten wurde insofern eine Multiplikatorfunktion zuteil, als sie die Ergebnisse der Beiratssitzungen an ihre eigenen Netzwerke weitertragen und dazu beitragen sollten, dass die Bochum-Agenda 21 in der Bevölkerung verankert wurde.

[430] Die Empfehlung der Programmgruppe zu den Projekten ging jedoch in die Beurteilung derselben ein.

[431] Diese Projektanträge mussten den Verträglichkeitskriterien des Konzeptes einer zukunftsfähigen Entwicklung gerecht werden und Eigenleistungen des Projektträgers von mindestens 10% der Antragssumme enthalten. Diese konnten jedoch auch durch Eigenleistungen oder ehernamtliche Arbeit geleistet werden. Projekte, welche das umwelt- und entwicklungspolitische ehrenamtliche Engagement stabilisieren oder ausbauen, wurden dbzgl. als besonders förderungswürdig erkannt. Eine Förderung bereits begonnener Vorhaben wurde jedoch ausgeschlossen. Die Antragsteller wurden verpflichtet, neben einer Projektbeschreibung einen Finanzierungsplan und eine Nennung der potentiellen Kooperationspartner beizulegen (vgl. Stadt Bochum, Protokoll Beschluss des Beirats Bochum Agenda vom 09.05.2000).

des Oberbürgermeisters mit ca. 30 Mitgliedern aus gesellschaftlich relevanten Gruppen besetzt[432].

Weil der Beirat als Arbeits- und Koordinationsgremium zu unflexibel erschien, wurde während des Prozessverlaufes zusätzlich eine »Programmgruppe« zur Koordination der Arbeit von Politik, Verwaltung und beteiligten Gruppen etabliert, die - in Kooperation mit dem Agendabüro - stärkere Kontinuität und Verbindlichkeit in den Agendaprozess bringen sollte. Sie setzte sich aus je einem/r Vertreter/in der Foren, drei Beiratsmitgliedern und einem Mitarbeiter des Agenda-Büros zusammen (vgl. Stadt Bochum, Beiratsprotokoll vom 29.04.1999). Ihre Hauptaufgabe lag vornehmlich in der Vorbereitung der Beiratssitzungen und in der Prüfung eingereichter Projektanträge.

Zudem wurde die Begleitung des Prozesses durch ein Forschungsprojekt der Uni Bochum eingeleitet, welches die Arbeitsschritte des Bochumer Prozesses analysieren und strukturelle Zusammenhänge beleuchten sollte.

Für die Umsetzung des Prozesses und die notwendige Öffentlichkeitsarbeit wurden im Haushalt für den Prozesszeitraum jährlich Mittel von 200.000 DM bereitgestellt. Dafür wurde vorrangig die pauschalierte Landeszuweisung für die Förderung kommunaler Projekte der Entwicklungszusammenarbeit eingesetzt. Diese jährlichen Finanzmittel wurden 1999 primär für die Öffentlichkeitsarbeit und den Agendaprozessauftakt genutzt. Für 2000 hatte sich der Agenda-Beirat selber einen Vergabe-Schlüssel gegeben. Danach sollten die Mittel zu:

- 50 % für Projekte,
- 10 % für wissenschaftliche Begleitung,
- 20 % für Öffentlichkeitsarbeit verausgabt werden und
- 20 % als Rückstellung dienen[433].

Die für den Prozess z.B. im Rahmen des Agendabüros abgestellten Verwaltungsmitarbeiter wurden zudem aus den Personalmitteln der Verwaltung finanziert und sind damit nicht in der zur Verfügung gestellten Summe berücksichtigt. Der Ratsbeschluss wurde bei den Gegenstimmen der CDU-Fraktion und Enthaltungen der Grünen mit der 1998 noch existenten absoluten Mehrheit der SPD-Fraktion und des amtierenden OB angenommen.

---

[432] Ihm gehört je ein Mitglied der im Rat vertretenen Parteien, sowie gesellschaftlich relevante Vertreter der Wirtschafts-, Sozial-, Umwelt-, Jugend, Frauen- und Sportverbände sowie der Kirchen, Gewerkschaften, (Ver-) Mietervereine und des Ausländerbeirates an.

[433] Diese 20 % Rückstellung sind 2000 für die Finanzierung des autofreien Tages aufgezehrt worden.

Im Nachklang des Agendabeschlusses griff die evangelische Kirchengemeinde des Stadtteils Werne im September 1998 die Agenda-Idee zur Etablierung eines Stadtteilarbeitskreises auf. Der Beirat der Bochum-Agenda 21 nahm am 15.12.1998 seine Arbeit auf. Da der Zeitraum bis zum ursprünglich geplanten Prozessauftakt am 30.01.1999 dem Beirat zu kurzfristig erschien, um die Bürger der Stadt mit dem Thema vertraut zu machen und zu mobilisieren, wurde die bereits geplante Veranstaltung vom Agendabüro kurzer Hand zu einer Informations- und Kontaktbörse zur Bochumer Agenda für die Organisationen und Gruppen, die am lokalen Agendaprozess in Bochum mitwirken wollten, umfunktioniert[434]. Zu diesem Treffen erschienen ca. 300 Interessierte aus unterschiedlichen Institutionen, Verbänden und Gruppen. Die an einer Mitarbeit Interessierten wurden zu den Vorbereitungstreffen der unterschiedlichen Foren, die im Februar/März 1999 stattfanden, eingeladen.

Im Frühjahr lief dann die Öffentlichkeitsarbeit des Agendabüros für den offiziellen Prozessstart mit einer ersten Plakatierungswelle unter dem Motto »Bochum Agenda 21: Mitmachen! Anpacken!« an, um das Interesse der breiten Bevölkerung für den Prozess zu wecken. Dieser Slogan wurde auch in einem breit gestreuten Faltblatt aufgegriffen, das zudem in komprimierter Form Auskunft über einige Aspekte der lokalen Agenda gab. Zwei Wochen vor der Veranstaltung wurde mit einer erneuten Plakatierung auf den Prozessauftakt und Veranstaltungsort aufmerksam gemacht.

An der offiziellen Auftaktveranstaltung, die am 15.05.1999 auf einem zentralen Platz in der Bochumer Innenstadt stattfand und den Zweck hatte, die Bürger mit der lokalen Agenda vertraut zu machen und vor allem zu motivieren, sich im Agendaprozess zu engagieren, nahmen über 70 verschiedene gesellschaftliche Gruppen teil. Die Foren der lokalen Agenda fanden sich nach dem offiziellen Agenda-Prozessauftakt im Mai bzw. Juni 1999 zu konstituierenden Sitzungen zusammen. Dort wurden auch interessenspezifische Arbeitskreise gebildet, um eine thematische Binnendifferenzierung zu erreichen. Im Rahmen des Prozesses wurden lediglich die Großveranstaltungen, der Forenstart und die Vernetzungstreffen der Arbeitsgremien durch Externe moderiert. Nicht zuletzt wegen der hohen Kosten wurde eine Dauermoderation der Foren bzw. Arbeitskreise durch Externe ausgeschlossen. Angestrebt wurde statt dessen, die Moderation in den Foren selbst zu organisieren. Dazu wurden im Rahmen der Auftaktsitzung Hauptan-

---

[434] Die Einladung der Teilnehmer erfolgte auf Basis der Adressenkartei der Verwaltung, in der über 100 Personen und Verbände registriert sind, mit denen irgendeine Art von Zusammenarbeit existiert.

sprechpartner aus den Arbeitskreisen heraus benannt, denen eine binnenkoordinierende Aufgabe zuteil wurde.

Zur Vernetzung der Foren und Arbeitskreise und gleichzeitig als Zwischenbilanz zum ersten Agendajahr wurde am 25.03.2000 ein »Foren-Tag« als gemeinsame Veranstaltung aller an der Bochum-Agenda 21 beteiligten Foren und der daraus gebildeten Arbeitskreise umgesetzt. Neben einem Erfahrungsaustausch, der Präsentation bisheriger Ergebnisse, den Perspektiven für die weitere Arbeit und den möglichen Werbemaßnahmen für weitere Mitstreiter stand vor allem die Vergabe von Fördermitteln und das Leitbild für Bochum 2010 im Blickpunkt (Stadt Bochum/der Oberbürgermeister, Büro Bochum-Agenda 21, 2000, S.15).

In einer Agenda-Vollversammlung am 20.10.2000 wurden dann im Plenum die Ergebnisse des Arbeitskreises Leitbild, die Indikatorenvorschläge der universitären Arbeitsgruppe und die Öffentlichkeitsarbeit vorgestellt und diskutiert, bevor diese Themen sowie die aktuellen Themen und Projekte aus den verschiedenen Arbeitskreisen in einzelnen Arbeitsgruppen vertieft wurden.

Das Leitbild des Arbeitskreises für die Bochum Agenda 21[435], in das allgemein formulierte Zielvorstellungen ebenso wie 23 konkrete Leitlinien aufgenommen wurden, wurde im Rat der Stadt Bochum am 21.12.2000 durch den Arbeitskreis vorgestellt und eingebracht. Nach Überarbeitung des Entwurfs durch alle Fraktionen und Verwaltung wurde die überarbeitete Endfassung am 27.06.2001 im Rat der Stadt verabschiedet.

Darüber hinaus wurden im Rahmen der lokalen Agenda in Bochum auf Entscheidung des Beirates im Jahr 2000 Zuschüsse für 25 Projekte mit Gesamtförderungsvolumen von 100.000 DM verabschiedet. Zudem wurden landesweite Projekte wie das der Verbraucherzentrale NRW: »21 Haushalte - Agenda im Alltag erleben" und die Wandmalaktion »Mural Global« aufgegriffen.

6.3.2   Spezifika des Prozessverlaufes und Problemfelder

Die top-down-Prozessstrukturvorgaben im Bochumer Agendaprozess, bei denen sich die Verwaltung an den Praxisbeispielen anderer Städte - insbesondere Münsters - orien-

---

[435] Dieser Arbeitskreises für die Bochum Agenda 21 setzte sich aus Mitgliedern der verschiedenen Foren und des Beirats zusammen.

tierte, waren zu Prozessbeginn zwischen den Beteiligten im Beirat und der Verwaltung, d.h. dem Agendabüro sowie der Politik umstritten[436]. Die Agendabeteiligten kritisierten die organisatorischen Vorgaben und fühlten sich aufgrund der mangelnden Mitsprachemöglichkeiten bevormundet. Die angedachte organisatorische Struktur wurde aber letztlich - auch mangels ausgereifter Alternativen - akzeptiert, um zeitnah zum Beschluss in die gremienbasierte Konsultationsphase einsteigen zu können. Darüber hinaus stand die Frage im Vordergrund, wie man die Unabhängigkeit des Agendabüros von Verwaltung und Politik garantiert. Dbzgl. wurde seitens der verwaltungsinternen Arbeitsgruppe und den internen Arbeitskreisen der Fraktionen zunächst eine Etablierung des Agendaprozesses außerhalb der Verwaltung präferiert. Allerdings wurden diese Vorstellungen zur Etablierung eines externen Büros aufgrund der mangelnden Finanzierungsmöglichkeiten und der befürchteten eingeschränkten Zugriffsmöglichkeiten auf den Prozess letztlich ad acta gelegt. Statt dessen sollte ein unabhängiges Büro innerhalb der Verwaltung eingerichtet werden. In diesem Kontext machte der Oberbürgermeister von Anfang an deutlich, dass die lokale Agenda keine Angelegenheit nur eines Fachbereiches, sondern eine Querschnittsaufgabe der Gesamtverwaltung sei. Deswegen wurde das Agendabüro direkt beim Oberbürgermeister angesiedelt. Diese direkte Anbindung des Agendabüros an den Oberbürgermeister war jedoch unter den Fraktionen ebenfalls umstritten. Insbesondere die Opposition befürchtete eine zu starke Einflussnahme des Oberbürgermeisters auf die Prozessgestaltung. Diese Vorbehalte gegen einen einseitigen parteipolitischen Einfluss auf die Prozessausgestaltung nahmen erst im weiteren Prozessverlauf ab, zumal sich die Verortung des Agendabüros als eine Stabsstelle ohne direkte Anbindung an einen Fachbereich mit Blick auf die kompetitiven Fachressortinteressen durchaus als vorteilhaft erwies.

Abgesehen von den Auseinandersetzungen um die Prozessstruktur und der problematisierten Anbindung des Agendabüros an den Oberbürgermeister stand vor allem die Öffentlichkeitsarbeit im Mittelpunkt der Auseinandersetzungen zwischen Verwaltung, Politik und Verbänden. Die Bemühungen des Agendabüros, eine tragfähige Öffentlichkeitsarbeit und eine effektive Pressearbeit zu erreichen, gestalteten sich zu Prozessbeginn schwierig, weil der Prozess in den Lokalzeitungen entweder nicht thematisiert wurde oder als fragwürdig, zu »unprofessionell umgesetzt« oder »inhaltlich nicht tragfähig« kritisiert wurde (vgl. WAZ vom 05.02.1999, 11.03.1999; Ruhr-Nachrichten vom

---

[436] Insbesondere die inhaltliche Ausrichtung und angedachte Arbeitsweise der Foren war umstritten.

25.02.1999, 09.03.1999). Die Berichterstattung hellte jedoch mit dem offiziellen Auftakt und der Beteiligung der relevanten gesellschaftlichen Vertreter im Agenda-Beirat ab Mai 1999 etwas auf (vgl. Berichte zum offiziellen Agendastart in der WAZ vom 15.05.1999, 17.05.1999 und den Ruhr-Nachrichten vom 17.05.1999, 27.05.1999). Um die Öffentlichkeitsarbeit sowohl mit Blick auf die Berichterstattung in den Lokalzeitungen wie auch darüber hinaus zu verbessern, gab es seitens des Agenda-Büros zur Jahreswende 1999/2000 die Bemühungen, insbesondere Vertreter des Beirates in die Gestaltung der Öffentlichkeitsarbeit einzubinden. Diese Versuche schlugen zwar mangels Interesse der Beiratsmitglieder fehl, bereiteten aber die Grundlage für die Beauftragung externer Agenturmitarbeiter zur Verbesserung der Öffentlichkeitsarbeit. Die bereits im Ratsbeschluss vom 18.06.1998 anklingende Affinität, die Umsetzung einer kontinuierlichen Öffentlichkeitsarbeit extern zu vergeben, wurde damit eingelöst. Zwar konnte dadurch die Resonanz in den Medien, ergänzt um eine umfangreiche Internetpräsentation, weiter verbessert werden, allerdings führte dies nicht zu einer Erhöhung der Beteiligungsquote.

Statt dessen war ein gravierender Rückgang der Teilnehmerzahlen bei den Foren und Arbeitskreisen im Rahmen der Konsultationsphase zu verzeichnen. Während zu Prozessbeginn ca. 240 Personen ein Interesse zur Mitarbeit in den Arbeitsgremien bekundet hatten, und zum Großteil auch bei der ersten Sitzung der Foren bzw. der Gründung der Arbeitskreise erschienen, schmolz die Zahl der Beteiligten auf kleines Häuflein von ca. 15 Aktiven zusammen[437]. Als Gründe für das Abbröckeln der Teilnehmerzahl wurden

- ein zu großer Zeitaufwand für die Mitarbeit,
- Schwierigkeiten der rein projektorientierten Teilnehmer, sich auf Themenfindungs- und Erarbeitungsdiskurse einzulassen,
- eine mangelnde Bindungswirkung infolge der fehlenden Moderation,
- die als zu gering eingestufte Prozessrelevanz und
- vor allem der lange Zeitraum von Erarbeitung einer Projektidee bis hin zu ihrer Realisierung

genannt. Das bereits bei den anderen Prozessen erkennbar gewordene Phänomen, wonach Jugendliche ebenso wie Interessenvertreter aus dem ökonomischen Bereich, d.h. die Gewerkschaften, Wirtschaftsverbände und vor allem die ansässigen Unternehmer im

---

[437] Zudem wurde in den Interviews deutlich, dass ein Großteil der Beteiligten in erster Linie nur noch aktiv sind, weil sie von ihren Organisationen zur Mitarbeit abgestellt wurden.

lokalen Agendaprozess unterrepräsentiert sind, bzw. innerhalb der Konsultationsphase eher zurückhaltend agieren, spiegelte sich auch in Bochum wider[438]. Die Beteiligung von Ratsvertretern und Verwaltungsmitarbeitern[439] ging nicht wesentlich über die Festlegung des Agendabeschlusses zur Besetzung der Foren hinaus (s.o. Kap. 6.2.1). Bemerkenswert ist jedoch der sukzessive Ausstieg der Ökologie- und Eine-Welt-Gruppen aus dem Bochumer Agendaprozess. Nachdem ihrer Forderung hinsichtlich einer umfangreichen Beteiligung im Agenda-Beirat stattgegeben worden war[440], zogen sie sich aus dem Prozess zurück, als deutlich wurde, dass sie die für den Prozess bzw. die Projektförderung bereitgestellten GFG-Mittel nicht primär für eigene Projektideen reklamieren konnten. Die Frauengruppen organisierten sich in einem eigenen Arbeitskreis[441].

Die Einbindung unorganisierter Bürger in den Prozess gelang kaum, wie an dem folgenden Statement exemplarisch wird:

ST-EX/Bo1:„Es ist nicht gelungen, unorganisierte und bisher nicht engagierte Bürger dazu zu bringen, da mitzumachen. Es sind vereinzelt welche dabei, aber im Wesentlichen findet man dort Vertreter von Verbänden, die in der Thematik sehr wohl qualifiziert sind, die da schon Erfahrungen haben und sich untereinander kennen und im Prozess hoffentlich eine neue Basis finden, auch mal über alternative Dinge zu diskutieren. [...] Die Repräsentanz ist, wenn man die auf die gesamte Bevölkerung bezieht, nicht gewährleistet."

Aufgrund der nachlassenden Beteiligung wurde die zu Beginn vorgenommene Berufung bzw. Auswahl der Teilnehmenden zugunsten einer voraussetzungslosen Öffnung der Foren alsbald aufgegeben. Eine repräsentative Beteiligung heterogener Bevölkerungsgruppen und Verbände wurde nicht erreicht.

In Ermangelung einer professionellen Moderation und elaborierter Verfahrensmethoden stand in der Konsultationsphase der Arbeitskreise in erster Linie die Debatte über unterschiedliche Vorstellungen der Beteiligten im Vordergrund. Aufgrund unzureichender Informationen über die unterschiedlichen Interpretationsmöglichkeiten einer zukunftsfähigen Entwicklung war der Diskurs allein auf den Bezugsrahmen der ökologischen Modernisierung kommunaler Entwicklung ausgerichtet. Innerhalb dieses *Frames* waren die Akteure i.d.R. um einen konstruktiven Diskussionsprozess bemüht. Lediglich im

---

[438] Zudem kam bei den Vertretern dieser Verbände der Konflikt zwischen der Entsendungslegitimation und der freien Mitarbeit als Privatperson besonders zum Tragen.

[439] Die Zurückhaltung der Verwaltungsmitarbeiter lässt sich auch auf die entsprechende interne Empfehlung des Agendabüros zurückführen. Diese war mit dem Ziel gegeben worden, das Eigenengagement der Beteiligten zu fördern und die inhaltliche Neutralität der Verwaltung zu wahren.

[440] Deswegen waren in der Anfangsphase mehrere Vertreter aus dem Ökologie-Bereich, z.T. gegen den Protest der anderen Beteiligten und gegen die Intention ein gleichgewichtiges arbeitsfähiges Gremium zu erhalten, im Beirat vertreten.

[441] Der Arbeitskreis arbeitete an dem Thema: »Lokale Agenda aus Frauensicht«.

Bereich der Verkehrsplanung und des Umweltschutzes gab es z.T. harte Auseinandersetzungen, weil dort die stark vertretenen Bürgerinitiativen engagiert darauf ausgerichtet waren, ihre Kritikpunkte zum Thema der Gesamtgruppe zu machen, während sich
die anderen Beteiligten eher reserviert zeigten. Letztlich wurde die Fortführung der
Arbeit an dem Sonderthema in einem spezifischen Arbeitskreis gewährleistet, wodurch
die darüber hinausgehende thematische Dominanz der Initiativen kaum mehr zum Tragen kam. Die Etablierung neuer Netzwerke zwischen den Akteuren der unterschiedlichen Arbeitskreise und Foren gelang trotz gemeinsamer Veranstaltungen nicht. Auch
wurde die Arbeitsstruktur, nach der die jeweiligen Foren als übergeordnete Plenumver-
anstaltungen der themenspezifisch zugeordneten Arbeitskreise fungieren sollte, im
Verlauf des Jahres 2000 insofern in Frage gestellt, als die Foren ihre Funktion durch die
»Eigenständigkeit« der Arbeitskreise sukzessive verloren[442]. Von den im Rahmen des
Prozesses eingerichteten 17 Arbeitskreisen waren im ersten Quartal des Jahres 2001
jedoch noch 7 aktiv[443].

Der Agenda-Beirat sollte neben der Schnittstellenfunktion zwischen Stadtrat, Fachausschüssen und dem Agendaprozess auch eine Multiplikatorfunktion gewährleisten, gemäß der die teilnehmenden Vertreter die Ergebnisse der Beiratssitzungen und die Entwicklung des lokalen Agendaprozesses an ihre jeweiligen Verbände und Netzwerk-
strukturen weiterleiten sollten. Letzterem konnte er nur in Ansätzen gerecht werden,
weil die Beteiligten das Thema - wenn überhaupt - in ihre jeweiligen Professionskontext
(z.B. Kirchengemeinde oder die IHK), nicht aber in den übergreifenden Handlungszusammenhang unterschiedlicher Religionsgemeinschaften oder Unternehmen transportierten. Darüber hinaus wurde auch schnell deutlich, dass das Gremium aufgrund seiner
Struktur und Besetzung nur zu einer eingeschränkten Flexibilität und Arbeitsprodukti-
vität fähig war, was zur Etablierung der zuarbeitenden »Programmgruppe« führte. Aus
den Interviews ging hervor, dass diese Programmgruppe, die aufgrund partieller Aufga-
benüberschneidungen ein wenig in Konkurrenz zu dem Agendabüro stand (vgl. Kap.

---

[442] Dies wurde spätestens auf der Vollversammlung im Oktober 2000, auf der sich nur noch die Arbeitskreise als funktionsfähige Gremien darstellten, offensichtlich.
[443] Allerdings wurde das Projekt »Bochumer Brücke« nach dem abschlägigen Urteil zur Bebauung des
Grundstückes nicht mehr fortgeführt. Unter den aktiven Arbeitskreisen befanden sich die Arbeitskreise:
»Leitbilder«, dessen Ergebnisse über Agendabüro, Programmgruppe und Agenda-Beirat zur evtl. Beschlussfassung an den Rat weitergeleitet worden war, das landesweite Projekt der Verbraucherzentrale
»21 Agenda Testhaushalte in NRW«, sowie die Arbeitskreise »Verkehr«, »nachhaltige soziale Arbeit«,
»lokale Agenda aus Frauensicht« und der Arbeitskreis »Stadtteil-Agenda-Werne«.

6.2.1), und um Autonomie und Abgrenzung zur Verwaltung bemüht war, die Komplexität der vorhandenen Prozessstruktur zunächst weiter vergrößerte. Letztlich lag ihre Hauptaufgabe jedoch in der vorbereitenden Bewertung der Projektanträge der Arbeitsgruppen.

ST-EX/Bo2: „Die Externen haben sich eine Struktur geschaffen, die an Bürokratismus kaum noch zu übertreffen ist. Das heißt, das große Misstrauen gegenüber der Verwaltung hat auf der anderen Seite dazu geführt, dass man noch mehr Hierarchiestufen und Entscheidungsbedingungen in den Prozess einbezogen hat, als die Verwaltung das vorgeschlagen hat."

Die Regelung, nach der Projektideen, deren Umsetzung auf einen finanziellen Zuschuss von max. 5000 DM ausgerichtet war[444], prozessintern, d.h. letztlich vom Beirat, hinsichtlich ihrer Förderungswürdigkeit abschließend beurteilt werden konnten, hatte eine Selbstbeschränkung in der Projektentwicklung der Arbeitskreise zur Folge. Der Fokus wurde primär auf solche Projekte gelegt, deren Realisierung unabhängig von einer Ratsentscheidung auf der erhofften Förderungsbewilligung durch den Beirat beruhte. So wurden bis zum November 2000 auf dieser Grundlage 25 Projekte mit einem Gesamtvolumen von 100.000 DM gefördert[445]. Es gab jedoch auch einige Vorschläge, die aufgrund ihres finanziellen Umfangs bzw. ihrer organisatorischen Konsequenzen an den Rat weitergeleitet bzw. in den entsprechenden Ausschüssen vorgestellt und z.T. auch bewilligt wurden[446].

Das im Rahmen der lokalen Agenda entstandene, von einem gleichnamigen Arbeitskreis vorbereitete Großprojekt »Bochumer Brücke«[447] fand dagegen keine Berücksichtigung. Zwar war den Projektmitgliedern durch das Agendabüro eine Vorstellung des Projektes in allen Fraktionen ermöglicht worden, woraufhin die Ausschreibungskriteri-

---

[444] Voraussetzung war jedoch, dass die Projektideen nicht mit rechtlichen Vorgaben oder Verwaltungsplanungen kollidierten.

[445] Das Spektrum reichte von der Unterstützung eines Kindergartens, dem Bau eines „Gartens der Sinne" über einen Zuschuss für die Erstellung des ersten Bochumer Heizspiegels durch den örtliche Mieterverein bis zur Aufführung eines brasilianischen Kindermusicals.

[446] Während z.B. der Antrag auf die Erstellung eines Klimaschutz-Konzeptes ebenso angenommen wurde wie die Beteiligung am europaweiten autofreien Tag und der Einsatz fair gehandelten Kaffees bei der Verwaltung befürwortet wurde, wurde der Antrag zur Einstellung einer zusätzlichen Arbeitskraft im Agendabereich abgelehnt.

[447] Im Rahmen des Bochumer Agendaprozesses etablierte sich ein Arbeitskreis zur Planung und Realisierung des Großprojektes »Bochumer Brücke« auf einem ehemaligen Fuhrparkgelände mit ca. 15.000 m Nutzfläche in zentraler Bochumer Lage. Ziel war es, unter Einsatz ökologischer Bautechniken mit einem innovativen Architekturkonzept, das von einer Abteilung der Fachhochschule erarbeitet worden war, eine Mischbebauung mit der Ansiedlung von ethischen Dienstleistern, ganzheitlich-medizinischen Therapiezentren und Wohnungen für Jung und Alt zu erreichen. Das Investitionsvolumen, das mit ca. 75 Millionen DM veranschlagt wurde, sollte durch einen Immobilienfond, der primär für regionale Anleger und Bürger gedacht war, aufgebracht werden. Dazu gründete sich aus dem Arbeitskreis eine GmbH, die dbzgl. Marketing in eigener Sache betrieb.

en für das entsprechende Grundstück zugunsten des Nachhaltigkeitsaspektes so verändert wurden, dass die Projektgruppe als ein Anwärter an der Ausschreibung teilnehmen konnte; letztlich wurde es jedoch von der eingesetzten Expertenkommission und dem Rat abgelehnt[448]. Damit scheiterte dieser positive Ansatz für eine größere Prozessrelevanz mit Blick auf zukünftige Stadtgestaltung kurz vor der Realisierung. Da weitere relevante Großprojekte der Stadtplanung Bochums, wie u.a. die Umgestaltung des Stadtparks durch den Bau eines Veranstaltungszentrums und Hotels und der geplante Autobahnausbau im Prozess, dethematisiert blieben, wurde Kritik an der nachrangigen kommunalen Relevanz der lokalen Agenda laut. Die Kritik richtete sich darauf, dass der Erarbeitungsprozess - mit Blick auf die Zuständigkeiten der Agendagremien - vorrangig auf kleinere Projekte im Rahmen der Projektförderungsmöglichkeiten des Beirates ausgerichtet sei, während die relevanten, substantiellen Entscheidungen der traditionellen Kommunalpolitik unangetastet weiter liefen[449].

Im Kontext der lokalen Agenda in Bochum eine neuartige Zusammenarbeit zwischen Verwaltung, Bürgern, Verbandsvertretern und Politikern zugunsten einer stärkeren Mitbestimmung der Agendabeteiligten an der Ausgestaltung der Kommunalpolitik zu etablieren, erwies sich - mit Blick auf die festgefügten Entscheidungskompetenzen im Rahmen der repräsentativen Demokratie - als realitätsfern. Dabei spielte neben der - trotz politischem Auftrag - als unzureichend empfundenen Legitimität der Agendagruppen - insbesondere die Verteidigung vorhandener Einflussbereiche auf die Stadtgestaltung und die Mittelvergabe durch die etablierten kommunalpolitischen Institutionen eine Rolle, wie an nachstehender Aussage deutlich wird:

ST-EX/Bo2:„Grundsätzlich ist festzustellen, dass diese Idee, die dort in der lokalen Agenda 21 vom Grundsatz her intendiert ist, einfach realitätsfern ist bei den Prinzipien unserer repräsentativen Demokratie. Auf den Punkt gebracht: wir haben den Rat, wir haben die Ausschüsse und wir haben unsere Bezirksvertretung. Und angesichts der Kompetenzen, die sie alle haben, vor allen Dingen bei der Bezirksvertretung, rangeln alle darum, dass sie die Kompetenzen auch behalten. Denn Kompetenz hat auch was mit Geld zu tun. Geld ist kaum noch da. Und dann kommen auf einmal von Außen welche, die keinerlei Legitimation durch Wahlen vorweisen können [...] und beanspruchen für sich, dass sie ein gleiches Mitspracherecht haben, und Entscheidungsrecht haben wie diejenigen, die gewählt worden sind. Ich sage ganz klar, das führt zu - wenn auch nicht offen - zu massiven Konflikten. [...]. Diese Bezirksvertretungen mit ihren minimalen Ausstattungen an Kompetenzen haben überhaupt kein Interesse, dass jetzt bei lokalen Projekten, die sie eigentlich für sich reklamieren, da irgendeine Interessenvertretung bzw. irgendeine Bürgerinitiative kommt und sagt: »Wir dürfen und wollen jetzt genauso mitreden wie ihr als Bezirksver-

---

[448] Die Expertenkommission war vom Rat eingesetzt und mit Ratsmitgliedern, Verwaltungsmitarbeitern und externen Experten besetzt.

[449] So wurde im Rahmen der Interviews deutlich, dass es weiterhin kein Problem sei, Großprojekte deren Zukunftsfähigkeit zumindest bedenklich ist, mit Blick auf die Strandort- oder Arbeitsplatzinteressen erfolgreich durch den Rat zu bringen.

tretung das macht«. Ich sehe deswegen im Augenblick bei den partizipatorischen Belangen der Agenda 21 erhebliche Probleme. "

Mit Blick auf die eingeschränkten Gestaltungsmöglichkeiten der Agendabeteiligten und die begrenzte politische Reichweite der lokalen Agenda, wurde deswegen in den Interviews die Notwendigkeit einer »systemimmanenten« Beteiligung der agendainteressierten Bürger *in den Parteien* in den Vordergrund gestellt, um die subjektiven Interessen und Wertvorstellung im Rahmen der gegebenen repräsentativen Demokratie zu protegieren:

ST-EX/Bo2:„ Wenn Parteien der Meinung sind, sie kommen bei den Bürgern nicht mehr an, dann erreichen sie nicht, dass das besser wird dadurch, dass sie jetzt hier eine neue Überschrift finden und den Bürgern eine Spielwiese geben [...] und so tun, als würden die da eine neue Basisbeteiligung finden können. Sondern sie schaffen das nur, indem sie die Leute überzeugen, dass sie sich in der Partei, in dem System, engagieren - und dann was durchsetzen. "

Auch wenn in den Interviews offenbar wurde, dass durch den Agendaprozess eine größere Akzeptanz für die weitere Erprobung von bürgerschaftlichen Beteiligungsmodellen unter den Verwaltungsmitarbeitern geschaffen worden ist und vor allem eine stärkere Thematisierung sozial-ökologischer Themen (die sonst - aufgrund der geringen Resonanz bei den Wählern eher inhaltliche Randbereiche der klassischen kommunalen Politikarena darstellen) erreicht wurde, so ergab sich aus den Interviews insgesamt jedoch die Einschätzung, dass der Aufwand für die Inszenierung der lokalen Agenda das, was an positiven Ergebnissen herausgekommen ist, um ein Vielfaches übersteigt.

Dennoch wurde die Umsetzung des Agendaprozesses auf der kommunalen Ebene insgesamt positiv bewertet, wenngleich Kritik an der mangelnden Unterstützung des Landes trotz CAF-Büro und GFG-Mittel deutlich wurde. Darüber hinaus wurden die Rahmensetzungen der übergeordneten politischen Ebenen als Ursache der mangelnden kommunalen Steuerungsmöglichkeiten kritisiert. Die Kooperation mit der universitären Arbeitsgruppe erwies sich dagegen als durchaus vorteilhaft. Sie mündete neben der Erarbeitung eines Indikatorensystems für eine nachhaltige Entwicklung Bochums auch in der protokollarischen Dokumentation der Beirats- und Forensitzungen; nicht zuletzt zehrte auch der Arbeitskreis Leitbild von der Beteiligung universitärer Mitarbeiter.

Das Agendabüro wurde (zum Abschluss der Erhebung) auch drei Jahre nach dem Ratsbeschluss zur Einleitung einer lokalen Agenda noch mit zwei Planstellen weitergeführt. Es wurde in das neu etablierte Bürgeramt bzw. Dienstleistungszentrum[450] der Stadt einbezogen, um Bürgernähe und eine gute Erreichbarkeit der Agenda-Ansprechpartner

---

[450] Darin sind die relevanten städtischen Dienstleister, wie z.B. das Einwohnermeldeamt und das Straßenverkehrsamt, zusammengefasst.

zu gewährleisten[451], was eine politische »In-Wert-Setzung des Prozesses signalisiert. Für 2001 stand zum einen der Einstieg in die Umsetzung des Klimaschutzkonzeptes, an dem mit Hilfe von sog. Impulswerkstätten möglichste viele Bochumer Bürger beteiligt werden sollen, wie auch die Entwicklung eines Öko-Audits für Bochumer Unternehmen, die dem Arbeitskreis »Nachhaltiges Wirtschaften« entsprang, auf dem Programm.

6.3.3   Fazit

Neben der Kritik an den unzureichenden Mitgestaltungsmöglichkeiten der Beteiligten bei der Prozessstruktur stand vor allem zu Prozessbeginn das Agendabüro im Spannungsfeld der unterschiedlichen Anforderungen von Politik, Verbänden und den anderweitigen Prozessbeteiligten. Während einerseits der Verdacht einer zu starken Fixierung auf die klassische kommunalpolitische Struktur geäußert wurde, wurden andererseits zu weitreichende Eigenaktivitäten kritisiert. Letztlich nahm das Agendabüro jedoch einen bedeutenden Rang als prozessuale Koordinations- und Schnittstelle bzw. als Ansprechpartner ein, was auch an der Fortführung der Einrichtung im neugegründeten Bürgeramt deutlich wird. In diesem Zusammenhang war auch die Unterstützung des Prozesses durch den amtierenden Oberbürgermeister[452], die eine positive Binnenwirkung in der Verwaltung und den Regierungsfraktionen ermöglichte, von Bedeutung. Im Rahmen des Prozesses wurde deutlich, dass sich die öffentliche Berichterstattung über den Agendaprozess zwar durch verstärkte Anstrengungen hinsichtlich einer effektiven Medien- bzw. Öffentlichkeitsarbeit positiv beeinflussen ließ, die zunehmende Thematisierung des Prozesses in der lokalen Presse und auch im Rahmen einer umfangreichen Internetpräsentation führte jedoch nicht zu der erhofften Erhöhung der Teilnehmerzahlen.

An dem Projekt »Bochumer Brücke«, das im Rahmen des lokalen Agendaprozesses entwickelt wurde, wurde offensichtlich, wie effizient die Synergieeffekte zwischen

---

[451] Damit wurde jedoch für die Mitarbeiter des Agendabüros die Schwierigkeit geschaffen, mit den zwei Planstellen die bürgerfreundlichen Öffnungszeiten von täglich von 8.00 bis 18.00 aufrechterhalten zu können.
[452] Die positive Grundhaltung des Oberbürgermeisters macht sich u.a. an der Verortung des Agendabüros als Stabsstelle der Verwaltung und der Vorzugsbehandlung der Agendathematik in den Ratssitzungen fest. So wurde die Vorstellung des Leitbildes an den Beginn der letzten Ratssitzung im Jahr 2000 gesetzt, was dem Thema besondere Aufmerksamkeit zusicherte.

sozial-ökologisch orientierter Forschung, entsprechenden innovativen Unternehmern und einer Beteiligung interessierter Akteure sein kann. Dass dieses Großprojekt letztlich kurz vor einer möglichen Realisierung scheiterte, ist jedoch ein Indiz dafür, dass eine Mitgestaltung der kommunalen Entwicklung in substantiellen Policybereichen über den Agendaprozess trotz günstiger Rahmenbedingungen[453] äußerst problematisch bleibt. Wenngleich durch die Umsetzung des Klimaschutzkonzeptes ein vergleichsweise aufwendiges Projekt aus dem lokalen Agendaprozess weiterverfolgt wird, so lässt sich insgesamt doch eine Beschränkung der prozessualen Projekterarbeitung in den Arbeitskreisen auf Vorschläge, die auf eine Förderung durch die zur Verfügung gestellten Projektmittel ausgerichtet waren, konstatieren. Elementare Policybereiche wurden durch den Agendaprozess kaum tangiert, die kommunale Relevanz des Prozesses blieb gering. Allerdings bleibt in diesem Kontext der Einfluss der verabschiedeten Leitbilder auf die zukünftigen politischen Entscheidungen des Stadtrates abzuwarten. Insgesamt lässt sich jedoch feststellen, dass die lokale Agenda aufgrund der um Kompetenzverlust fürchtenden politischen Institutionen und infolge der mangelnden Thematisierung substantieller Policybereiche kaum zu einer steuerungsrelevanten Erweiterung der kommunalpolitische Struktur beitrug. Dennoch ist der Agendaprozess in Bochum recht weit fortgeschritten. Das macht sich nicht allein an der Verabschiedung des Leitbildes und der Förderung der Umsetzung zahlreicher Projektideen fest, sondern vor allem an dem Versuch, den lokalen Agendaprozess über den Agenda-Beirat, ergänzt um die Programmgruppe, funktional an die klassischen kommunalpolitischen Gremien zu koppeln. Wenn damit auch eine Erweiterung des kommunalen Steuerungspotentials nur in Ansätzen und in erster Linie im prozessinternen »low-cost« Entscheidungsbereich des Beirats erreicht wurde, so wird dennoch die Bedeutung der Integration bzw. der Notwendigkeit eines Anschlusses des Prozesses an das kommunalpolitische System deutlich. Zudem wurde durch die prozessbegleitende Erarbeitung stadtentwicklungsrelevanter Leitziele und zukunftsfähiger Bewertungsmaßstäbe, in Verbindung mit der Entwicklung eines Indikatorensystems durch die universitäre Arbeitsgruppe, die politische Relevanz des Prozesses erhöht. Die vorhandenen kommunalen Machtverhältnisse und die Determinanten kommunaler Politikgestaltung blieben allerdings auch in Bochum weitgehend unberührt. Ein öffentlich geführter Diskurs um die Stellung des Agendapro-

---

[453] Hierzu zählt vor allem die Öffnung des politischen System für die Thematisierung der Projektidee durch die Projektgruppe in den Fraktionen, welche durch das Agendabüro arrangiert wurde.

zesses in der kommunalpolitischen Struktur und die Auswirkungen auf die etablierten Institutionen, der in den Auseinandersetzungen um die Prozessstruktur zu Prozessbeginn ersichtlich wurde, entwickelte sich nicht. Die lokale Agenda blieb damit - trotz der positiven Ansätze - ein Nebenschauplatz der kommunalen Politikarena. Der gravierende Schwund der Teilnehmenden und die Beendigung der Aktivitäten in den meisten Arbeitskreisen verweist - ungeachtet der Weiterführung des Agendabüros - auf ein sukzessives Abebben des Prozesses in der jetzigen Prozessstruktur.

6.4   Zusammenfassende Darstellung der relevanten Aspekte

Mit Blick auf die drei lokalen Agendaprozesse in Detmold, Bochum und Neuss lassen sich die folgenden relevanten Aspekte und Problemfelder, die z.T. bereits im Rahmen der Fallstudie zum lokalen Agendaprozess in Münster deutlich wurden, extrapolieren:

Die lokalen Agendaprozesse trafen in allen betrachteten Städten auf eine geringe Resonanz. Die Beteiligungsquoten blieben mit Blick auf die Gesamtbevölkerung durchweg max. im untersten ‰-Bereich. Zudem waren ein Abbröckeln der Teilnehmerzahl während der Konsultationsphase und starke Fluktuationen in den Arbeitsgruppen festzustellen. Die Beteiligung von Jugendlichen gelang - wenn überhaupt - nur über zielgruppenspezifische Veranstaltungen, die Integration von ansässigen Unternehmern schlug völlig fehl. Die Beteiligung von Ratsvertretern und Vertretern aus Wirtschaft, Gewerkschaft und anderweitigen Berufsverbänden blieb gering, selbst vorstrukturierte Besetzungslisten für die eingerichteten Arbeitsgremien wurden nur unzureichend eingehalten. Die Beteiligung von Vertretern aus Sozialverbänden, Umwelt- und Eine-Welt-Gruppen war dagegen zumindest zu Prozessbeginn verhältnismäßig groß. Eine z.T. angestrebte repräsentative Besetzung der eingerichteten Arbeitsgremien wurde in den betrachteten Städten - im Gegensatz zu Münster - nicht erreicht. Der Anteil der unorganisierten Bürgerschaft in den Arbeitsgruppen blieb marginal[454]. Eine Einbindung der Personen-

---

[454] Es wurde deutlich, dass sich von konkreten kommunalen Problemen betroffene Bürger kurzfristig engagieren, während sich für eine längere Mitarbeit an dem komplexen Themengebiet nur eine geringe Anzahl an interessierten Bürgern gewinnen lässt.

gruppen aus dem unteren sozialen Milieu misslang völlig, womit sich der bereits erörterte Oberschichtakzent im Rahmen der lokalen Agenda bestätigte (vgl. Kap. 2.4.2). Es wurde jedoch offensichtlich, dass die Beteiligung der heterogenen Akteurgruppen zunahm, wenn die kommunale Relevanz des Prozesses aufgrund der Thematisierung öffentlichkeitswirksamer und stadtentwicklungsrelevanter Aspekte bzw. Projekte, denen ein bedeutender Einfluss auf die zukünftige Stadtentwicklung zugeschrieben werden konnte, stieg. Der zumindest temporäre Anstieg der Teilnehmerzahlen lässt sich durch die verstärkte Beteiligung interessierter oder von der Thematik betroffener Bürger und einer stärkeren Mobilisierung gesellschaftlich relevanter Vertreter und der Ratsvertreter, die um nachteilige Auswirkungen für ihre Klientel oder ihren Einflussbereich fürchteten, erklären. Demgegenüber zogen sich die Akteurgruppen, vor allem die Verbandsvertreter, aus dem Prozess zurück, wenn ihre Einflussmöglichkeiten auf die Gestaltung des Prozesses und der kommunalen Politik sowie die Projektmittelvergabe beschränkt blieben. Dies deutet auf eine pragmatische Einstellung zum Prozess und der damit verbundenen Abwägung von Transaktionskosten und inhaltlichem Nutzen hin. Vor diesem Hintergrund wird auch verständlich, warum die Beteiligung der gesellschaftlichen Vertreter zunimmt, wenn die Prozessrelevanz steigt[455]. Unter den verschiedenen politischen Parteien lässt sich mit Blick auf die betrachteten Städte zwar bei den Grünen und der SPD eine etwas stärkere Prozessaffinität und auch eine größere Bereitschaft, Mittel zur Verfügung zu stellen, ausmachen; ausschlaggebend für die Haltung zum Prozess schien jedoch vor allem zu sein, welche Fraktion die Agenda-Idee zuerst als politischen Issue aufgriff und damit die Funktion des Türöffners für die kommunale Bearbeitung der Agendathematik wahrnahm. Dies erfolgte in den untersuchten Kommunen durch die jeweils regierende Mehrheit, die Opposition zeigte sich dagegen eher zurückhaltend. Besonders wichtig für die Prozesskontinuität und -stabilität war jedoch die Unterstützung des Prozesses durch leitende Angestellte der Verwaltung bzw. durch den amtierenden Oberbürgermeister. Die politischen Vertreter waren fraktionsübergreifend allerdings sehr reserviert, wenn es um die Integration des Prozesses in die etablierte kommunalpolitische Struktur ging. Die Verknüpfung des Prozesses mit den Institutionen der klassischen Kommunalpolitik in den betrachteten Fällen blieb entwe-

---

[455] Mit der Erhöhung der Prozessrelevanz aufgrund der Bearbeitung substantieller Themenbereiche steigt auch der Preis für eine Nichtbeachtung des Prozesses bzw. für die Exit-Option bei den Akteurgruppen, deren Interessenssphäre sich zumindest partiell mit dem Thema deckt, weil steuerungsrelevante Konsequenzen aus der Issue-Thematisierung nicht ausgeschlossen werden können.

der wie in Neuss und Detmold völlig defizitär oder wie in Bochum unzureichend. Dabei bestätigte sich die Erkenntnis aus der Fallstudie Münster, nach der die gewählten politischen Akteure der Kommune keine Bereitschaft erkennen ließen, ihre Entscheidungskompetenzen bzw. -vollmachten zugunsten einer verantwortlichen Einbindung externer Akteure zu öffnen. Das kommunalpolitische System bleibt insofern auf seinem repräsentativ-demokratischen Fundament geschlossen. Ein substantieller Einfluss auf die zukünftige Ausgestaltung der Kommune wurde den Agendabeteiligten nicht zugestanden. Großprojekte der Stadtentwicklung, deren Zukunftsverträglichkeit zumindest fraglich ist, wurden entweder gar nicht oder folgenlos durch die Agendabeteiligten thematisiert. Das durch den Ratsbeschluss zur lokalen Agenda erteilte politische Mandat an die Akteure des Agendaprozesses blieb auf die Erarbeitung zukunftsfähiger Projektideen, Handlungsfelder und Ziele beschränkt. Ob und in welchem Maße die Beteiligung der Bürger und Verbandsvertreter im lokalen Agendaprozess über eine partizipatorische Verzierung der klassischen Kommunalpolitik hinauskam, blieb in die Entscheidungsvollmacht der gewählten politischen Vertreter gestellt. Da der Gestaltungsraum im Rahmen der lokalen Agenda jedoch primär auf Projektideen im nachrangig relevanten »low-budget«-Bereich reduziert blieb, wurden den Agendabeteiligten kaum Mitbestimmungsmöglichkeiten bei der Ausgestaltung substantieller Politikbereiche zuteil. In Detmold wurden zudem Friktionsprobleme bei der Einbindung der erarbeiteten Ergebnisse in politische Beschlüsse offenbar.

Die Bedeutung der in Neuss und Bochum erarbeiteten und durch den Rat verabschiedeten Leitbilder[456] auf die Ausgestaltung der kommunalen Politik bleibt abzuwarten. Allerdings lässt die mangelnde Thematisierung bzw. Diskussion über die Funktion dieser Leitbilder für zukünftige politische Entscheidungen im Rat - entgegen der Hoffnung der Agendaaktiven - einen eher marginalen Einfluss der Leitbilder auf die Policygestaltung befürchten. Die parallele Erarbeitung von Leitbildern wirkte sich dennoch positiv auf die jeweiligen Agendaprozesse aus. Zum einen konnten damit theorieinteressierte, diskursfreudige Teilnehmende besser eingebunden werden, und zum anderen erwiesen sich die erarbeiteten Vorlagen als durchaus medienwirksam und anschlussfähig für die Verarbeitung in den kommunalpolitischen Entscheidungsgremien. Das mag allerdings auch damit zu tun haben, dass mit der Verabschiedung der Leitbilder nicht umgehend monetäre Belastungen entstehen, die Mitnahme des öffentlichkeitswirksa-

---

[456] In Detmold wurden zwar auch Leitbilder erarbeitet, aber nicht durch den Rat verabschiedet.

men Publicity-Effektes zur marketingrelevanten Präsentation der Agendaaktivitäten im interkommunalen Konkurrenzfeld aber durch aus willkommen ist.

Insgesamt waren unzureichende Mitbestimmungsmöglichkeiten bei der Prozessausgestaltung[457], ein unklarer Umgang mit den erarbeiteten Ergebnissen[458] und die Beschränkung auf kommunal nachrangig relevante Themenbereiche in allen betrachteten Städten bedeutende Faktoren, die bei den Agendaaktiven zu Frustrationen, schwindendem Interesse und einem Vertrauensverlust in die Mitwirkungsmöglichkeiten bei der Ausgestaltung kommunaler Politik und damit letztlich zu Partizipationsaversionen führten. In diesem Kontext erscheint es für ein Prozessgelingen unabdingbar, den Umgang mit den Ergebnissen ebenso wie die Verortung und Bedeutung des Prozesses im kommunalpolitischen Kontext bereits zu Prozessbeginn festzulegen[459] und die zu Beteiligenden in die Gestaltung ihrer Arbeitsstrukturen einzubinden. Eine höhere Implementationsverbindlichkeit bereits zu Prozessbeginn wurde seitens der Verwaltung und Politik abgelehnt, weil sie in diesem Kontext die Entscheidungskompetenz und -legitimität des Rates gefährdet sahen. Die Agendabeteiligten erachteten hingegen eine stärkere Verpflichtung auf die erarbeiteten Ergebnisse und zumindest einer Teilimplementation derselben als Voraussetzung für eine engagierte Agendaarbeit und damit für echte Mitgestaltungsmöglichkeiten der Beteiligten. Es hat sich allerdings gezeigt, dass die Prozesse eine gewisse Eigendynamik und größere kommunale Relevanz erlangen können, sofern bedeutsame Aspekte der Stadtentwicklung bzw. öffentlichkeitswirksame sozial-ökologische Projekte auf die prozessuale Agenda gesetzt werden. Diesbezüglich gibt es eindeutige Anzeichen dafür, dass die Thematisierung konkreter, kommunalpolitisch relevanter Politikbereiche noch viel zu zaghaft umgesetzt wird, weil sich die Agendabeteiligten, mitbedingt durch die Verfahrensstruktur und die Internalisierung von finan-

---

[457] So führten die mangelnden Mitbestimmungsmöglichkeiten bei der Ausgestaltung der Prozessstruktur in Bochum am Beginn des Prozesses zu Auseinandersetzungen zwischen Verwaltung, Politik und den Agendabeteiligten, die sich bevormundet fühlten. In Detmold hingegen, wo die Strukturierung der Runden Tische an den Themeninteressen der zu Beteiligenden ausgerichtet war und die Sitzungen unter Mitbestimmung der Aktiven umgesetzt wurden, war eine Mitgestaltung in der Prozessstruktur ebenso gewährleistet wie in Neuss, wo der selbstorganisierte Prozess von der Beteiligung der Forenleiter im Lenkungskreis mitgeprägt wurde.

[458] Diese Unklarheit war vor allem in Detmold gegeben, weil der Rat die Agendaergebnisse nicht in weiteren Beschlüssen aufgriff.

[459] Bei einem top-down-Prozess z.B. im einleitenden Ratsbeschluss. Damit wäre den Agendainteressierten frühzeitig ein fundiertes Abwägen der Transaktionskosten mit dem möglichen Nutzen ihrer Beteiligung möglich.

ziellen Restriktionen, auf die Erarbeitung von Projektideen im nachrangig relevanten »low-budget«-Bereich konzentrieren.

Im Rahmen der Konsultationsphase wurde die zentrale Bedeutung einer Moderation der Arbeitsgruppen deutlich. Die Arbeitsfähigkeit unmoderierter Arbeitsgruppen blieb allein von der sozialen Kompetenz aller Beteiligten und den Leitungskompetenzen der/der gewählten Gruppenleiters/in abhängig. Letztere waren mit dem Prozessmanagement der Arbeitsgruppe, insbesondere wenn sie über keinerlei Vorerfahrungen verfügten, jedoch überfordert. Insofern erscheint eine (semi-) professionelle Moderation der eingerichteten Arbeitsgruppen unabdingbar, damit situativ unterschiedliche aktivierende Methoden und vor allem Ausgleichsmaßnahmen bei kontroversen Diskussionen eingesetzt werden können. So wirkte sich die Moderation der Runden Tische in Detmold sehr positiv aus. Sie ermöglichte eine Stabilisierung der Konsultationsphase bei inhaltlichen Auseinandersetzungen zwischen den Teilnehmenden und trug durch die neutrale Vermittlungshaltung zu einer konstruktiven Streit- und Diskurskultur zwischen den Beteiligten bei. Damit konnte das Potential des konsensualen Entscheidungsprozesses weitgehend ausgeschöpft werden; es wurden letztlich auch Ergebnisse oberhalb der Marge des kleinsten gemeinsamen Nenners erzielt.

Die bereits in der Fallstudie Münster festgestellten Informationsmängel unorganisierter Bürger bzgl. bereits vorhandener Verwaltungsplanungen und formaler Verfahrensabläufe in der Verwaltung bzw. Kommunalpolitik wurden bestätigt. Zudem wurde deutlich, dass das subjektive Vorverständnis der im Prozess beteiligten Akteure zur zukunftsfähigen Entwicklung rudimentär und auf den Interpretationskontext einer ökologischen Modernisierung gesellschaftlicher Entwicklung eingeengt war (vgl. Kap. 1.4f.). Aufgrund mangelnder alternativer Informationen strukturierte dieses Vorverständnis auch den Rahmen der jeweiligen diskursiven Ergebniserarbeitungsprozesse.

Dass die Verortung von agendarelevanten Beteiligungsprozessen im Ort- bzw. Stadtteil überaus sinnvoll sein kann, wie an den Stadtteilzukunftswerkstätten in Münster bereits deutlich wurde, zeigt sich besonders an den autonomen Ortsteilprozessen in Detmold. Dabei wurde jedoch auch deutlich, dass der Erfolg dieser Prozesse von vorhandenen gemeinschaftlichen Ressourcen und der Existenz funktionsfähiger Netzwerke und dem aktiven Engagement der Bewohner abhängt.

Insgesamt ergibt sich für die Kommune jedoch die Chance, den lokalen Agendaprozess als Imageverbesserung i.S. eines bürgernahen, progressiven kommunalen Verwaltungshandelns zu nutzen und aus den Erfahrungen des lokalen Agendaprozesses Lehren für die Umsetzung und Ausgestaltung etwaiger weiterer projekt- oder zielgruppenorientierter bürgerschaftlicher Beteiligungsprozesse zu ziehen, zumal in den betrachteten Städten eine partielle Öffnung der Verwaltung für derartige Beteiligungsverfahren erreicht wurde.

Bilanzierend lässt sich feststellen, dass die aus der Fallstudie Münster abgeleiteten empiriehaltigen Hypothesen erhärtet werden konnten. Auf der Basis der gewonnen Erkenntnisse werden nun im folgenden Kapitel, unter Berücksichtigung der relevanten Literatur und anderweitiger Studien zu lokalen Agendaprozessen, allgemeine Schlussfolgerungen aus der vorliegenden Untersuchung gezogen.

*Hoffen wir, dass andere Zeiten besser
waren und wieder besser werden, rei-
cher, weiter, tiefer. Aber uns ist damit
nicht geholfen. Und vielleicht ist es
immer so gewesen. [...] Immer ist es
so gewesen und es wird immer so
sein, dass die Zeit und die Welt, das
Geld und die Macht den Kleinen und
Flachen gehört, und den anderen, den
eigentlichen Menschen, gehört nichts.
Nichts als der Tod."*

H. Hesse, Der Steppenwolf

7 Schlussfolgerungen

Ausgangspunkt der vorliegenden Arbeit bildete die theoretisch begründete Arbeitsthese, dass es bei einem Formwandel politischer Steuerung trotz nationalstaatlichen Souveränitätsverlustes, der Globalisierung von Wirtschaft und Kultur und der sozial-ökologischen Krise (vgl. Gessenharter, 1996, S.5f.; Hanesch, 1996, S.23f.), noch Gestaltungsspielräume der Politik durch eine neuartige dezentrale Kontextsteuerung, gekoppelt mit verbesserten Partizipationsmöglichkeiten gibt, um die Entwicklung einer Kommune zukunftsfähig auszugestalten. Dazu wurde im Vorfeld der Untersuchung im ersten Kapitel das Konzept einer zukunftsfähigen Entwicklung erörtert, die möglichen Interpretationspotentiale diskutiert und die Rahmenbedingungen einer lokalen Agenda dargestellt, bevor im zweiten Kapitel der steuerungs- und partizipationstheoretische Kontext meiner wissenschaftlichen Ausgangsposition dargelegt wurde.

Vor dem Hintergrund meiner umfangreichen fallstudienspezifischen Untersuchung des lokalen Agendaprozesses in Münster wurde deutlich, dass die ursprünglichen theoriebasierten Arbeitshypothesen anhand der untersuchten sozialen Realität *nicht* erhärtet werden konnten.

Unter Berücksichtigung meiner forschungsleitenden Fragestellungen, die auf partizipative, steuerungsrelevante und verfahrensspezifische Aspekte ausgerichtet waren (vgl. Einleitung) und zum Ende des Theorieteils in Kap. 2.6 konkretisiert und im Methoden-

teil der Arbeit (vgl. Kap. 3) operationalisiert wurden, wurde offenbar, dass die lokale
Agenda in Münster weder eine steuerungsrelevante Erweiterung des kommunalpolitischen Systems darstellt noch den beteiligten Akteurgruppen bedeutende Mitsprachemöglichkeiten bei der Ausgestaltung substantieller Politikbereiche einräumte (vgl. ausführlich Kap. 5.2f.). Die daraus abgeleiteten empiriebasierten Hypothesen (vgl. Kap.
5.3.2) konnten letztlich anhand der exemplarischen Betrachtung der drei weiteren lokalen Agendaprozesse in den nordrhein-westfälischen Städten Neuss, Detmold und Bochum erhärtet werden. Die Singularität der fallstudienspezifischen Untersuchung wurde
dadurch auf ein breiteres Fundament gestellt (vgl. Kap. 6.4). Dabei wurden die nachfolgend, noch einmal im Überblick dargestellten Aspekte deutlich:

> Der lokale Agendaprozess war in der Bevölkerung kaum bekannt und stieß durchweg
auf geringe Resonanz, ohne dass diese durch eine gelungene Öffentlichkeitsarbeit wesentlich erhöht werden konnte. Das Thema erzeugte aufgrund des geringen Bekannt-
heitsgrades kaum Partizipationsaffinität bei der breiten Masse der Bevölkerung, sondern
blieb ein Spezialthema der politisch-ökologisch interessierten, für kommunale Beteiligung aufgeschlossenen unorganisierten Bürger des akademischen Milieus[460] sowie der
Verbandsvertreter, die entweder versuchten, über das Thema ihre Interessen besser in
die Kommunalpolitik lancieren zu können[461], oder aufgrund des kommunalen Ver-
pflichtungsgrades[462] bzw. zur Abwehr antagonistischer Partikularinteressen[463] am Prozess teilnahmen[464].

> Seitens der Beteiligten gab es erhebliche Informationsdefizite bzgl. der kommunalpoli-
tischen Struktur, des Status quo der Verwaltungsplanungen und der bürgerschaftlichen
Einflussmöglichkeiten im kommunalen Kontext. Zudem blieben die unterschiedlichen
Interpretationspotentiale einer zukunftsfähigen Entwicklung dethematisiert, so dass die

---

[460] Zudem wurde in den untersuchten Fällen, wie an anderen lokalen Agendaprozessen auch (vgl.
Pleschberger, 2000, S.177), deutlich, dass ein nicht unerheblicher Anteil der beteiligten Bürger den
sog. „meeting junkies" (Evans/Percy, 1999, S.175) zuzurechnen war, die bei unterschiedlichen Beteiligungsangeboten nur temporär mitmachen.

[461] Dies traf vor allem für Umwelt- und Eine-Welt-Gruppe sowie Sozialverbände zu.

[462] Der Verpflichtungsgrad kann durch ein hochrangig besetztes Gremium (Forum in Münster, Beirat in
Bochum) mitbedingt sein oder aus der Befürchtung vor einer etwaigen Prozessrelevanz entstehen.

[463] Dabei lag insbesondere bei Vertretern der Wirtschaftsverbände die Befürchtung zugrunde, dass missliebige Themenbereiche auf die Politikarena bzw. an die breite Öffentlichkeit kolportiert werden
könnten. Diese Befürchtung wird bei einer Prozessunterstützung durch wichtige Repräsentanten der
Kommune wie z.B. dem/der Oberbürgermeister/in oder anderweitige hochrangige Verwaltungsmitarbeiter verstärkt.

[464] Bei den »klassischen Verbandsvertretern« wurde zudem ein Widerstreit im Spannungsfeld von impe-
rativer Entsendungslegitimation und situativem persönlichem Engagement ersichtlich.

Konsultationsphasen in erster Linie vom rein ökologisch ausgerichteten thematischen Vorverständnis der Teilnehmenden geprägt waren.

➢ Es wurde deutlich, dass eine akteurübergreifende, methodisch gestützte Kommunikation im Rahmen der lokalen Agenda zu einer sinnvollen prozessualen Basis für die Erarbeitung einer zukunftsfähigeren Kommunalentwicklung generiert, wenn die Umsetzung konstruktiv-kontroverser Diskussionen, eine parallele Entwicklung von Leitbildern bzw. Bezugsparametern, der Aufbau von Vertrauen zwischen Ansprechpartnern in der Stadtverwaltung und den beteiligten Akteuren, eine kontinuierliche moderierende Betreuung[465] und vor allem vergleichbarere Startbedingungen der Teilnehmenden durch eine informative Inputphase gewährleistet sind.

➢ Die Partizipation der heterogenen Akteurgruppen stieg zumindest temporär mit zunehmender Prozessrelevanz, die z.B. durch bedeutende Projekte oder durch die Thematisierung substantieller Politikbereiche erreicht wurde, an. In diesem Kontext erschien die Offerte, eine frühzeitige Beteiligung von Bürgern und Verbandsvertretern am ergebnisoffenen Verwaltungshandeln in der Planungsphase zu erreichen (wie z.B. im Architektenworkshop in Neuss oder dem erarbeiteten Großprojekt »Bochumer Brücke« erprobt), als hoffnungsvoller Ansatz einer partizipativ-kooperativen Planung in kommunalpolitisch sensiblen, stadtentwicklungsrelevanten Bereichen[466].

➢ Insgesamt wurde deutlich, dass ein stadtteilbezogener Agendaprozess mehr Menschen mobilisiert und vor dem Hintergrund der stärkeren Betroffenheit zur Teilnahme bewegt als ein zentraler kommunaler Prozess. Die erfolgreiche Orientierung auf die kleine räumliche Ebene findet sowohl bei den eigenständigen lokalen Agendaprozessen in den zwei Detmolder Stadtteilen, dem noch aktiven stadtteilorientierten Arbeitskreis in Bochum, wie auch nicht zuletzt den erfolgreichen Stadtteilzukunftswerkstätten in Münster Bestätigung.

➢ Hauptgründe dafür, dass sich der Prozess letztlich auf einem unbedeutenden Nebenschauplatz der Kommunalpolitik abspielte und den teilnehmenden Akteuren lediglich

---

[465] In diesem Zusammenhang sind jedoch inhaltliche Neutralität, Empathie und das Einräumen verfahrensspezifischer Mitgestaltungsmöglichkeiten seitens der Moderation relevante Gütekriterien.

[466] Allerdings wurde anhand der Untersuchungsergebnisse deutlich, dass diese erweiterten Mitbestimmungsmöglichkeiten für alle Beteiligten voraussetzungsvoll sind. Die beteiligten Bürger und Verbandsvertreter müssen ihre neuen Möglichkeiten der Einflussnahme zu nutzen lernen, und die Verwaltungsmitarbeiter haben den Lernprozess zu durchlaufen, dass eine frühzeitige Beteiligung der Betroffenen und Interessierten und eine Verbesserung der Planungs- und Verfahrenstransparenz die allgemeine Akzeptanz der begründeten Entscheidungen erhöht.

defizitäre politische Mitsprachemöglichkeiten eröffnete, waren neben der Dethematisierung bedeutender, umstrittener Großprojekte der Stadtentwicklung[467], die mangelnde
Verknüpfung des Prozesses mit dem klassischen kommunalpolitischen System[468] und
nicht zuletzt die fehlende Bereitschaft vor allem der Ratsvertreter, aber auch der ressourcenstarken Verbände, kommunalpolitische Einflusspotentiale abzutreten.

Wenngleich mit Blick auf die Erhebung rein quantitativer Daten[469] positive Einschätzungen, nach denen die lokale Agenda 21 in Deutschland »auf Erfolgskurs« ist (vgl.
Rösler, 1999), begründet erscheinen, so lassen die in dieser Arbeit auf qualitativ erhobenen Daten basierenden Untersuchungsergebnisse zur Steuerungsrelevanz im kommunalpolitischen Kontext und zur Partizipationseffektivität demgegenüber jedoch eher
betrübliche Schlussfolgerungen zu. Denn es gibt anhand der Untersuchungsergebnisse
der Fallstudie - erhärtet durch die drei weiteren lokalen Agendaprozesse - eindeutige
Anzeichen dafür, dass die zunehmende Verbreitung der lokalen Agendaprozesse nicht
positiv mit der steuerungs- und partizipationsbasierten Qualität derselben korreliert und
der positive Anschein bei näherem Hinsehen zum Vexierbild verzerrt. Wenngleich auf
der qualitativen Datenbasis dieser Untersuchung lediglich generalistische Existenzaus-
sagen und keine abschließenden repräsentativen Aussagen getroffen werden können, so
wird bereits deutlich, dass diese Kernpunkte durch weitere Studien zu lokalen Agendaprozessen bestätigt werden (vgl. u.a. Pleschberger, 2000; Oels, 2000, Stark, 1999;
2000). So wird beispielsweise in Starks Untersuchung der nordrhein-westfälischen
Städte Wuppertal, Duisburg, Hamm und Leverkusen deutlich, dass die dortigen
Agendaprozesse ebenfalls von Diskontinuität, unzureichender Einbindung in die kommunalpolitischen Strukturen, geringen Beteiligungsquoten und einer nachrangigen
kommunalpolitischen Relevanz geprägt waren (vgl. Stark, 1999, S.170f.; 2000). Dass
im Rahmen der untersuchten lokalen Agendaprozesse keine bzw. keine substantiellen
Veränderungen an den kommunalen Entscheidungsstrukturen, z.B. durch Modifikatio-

---

[467] Diese Dethematisierung substantieller Politikbereiche im Rahmen der lokalen Agenda ist ein bereits
bekanntes Phänomen. So wurde z.B. bereits 1988 in Basel eine bürgerintegrierende Werkstatt zum
Thema »ökologisch tragbares Basel« inszeniert, an der Mitglieder des Stadtrates und der Stadtverwaltung teilnahmen. Auch im Zuge dieser Aktion wurden entscheidende und daher auch neuralgische
Punkte aus dem »Diskurs« von vornherein ausgespart, wie z.B. die Zukunft der Basler Chemieindu-
strie, weil hier ein schwer überbrückbarer Dissens zu erwarten war (vgl. Jungk, 1991, S.310).
[468] Zu nennen sind hier vor allem die Fachausschüsse und der Stadtrat.
[469] Damit sind die Daten gemeint, die u.a. auf der landes- und bundesweiten Zunahme der Agendabeschlüsse in den Kommunen, den entwickelten Projekte und der erprobten Kommunikationsformen in
lokalen Agendaprozessen beruhen.

nen im Verwaltungs- bzw. Entscheidungsapparat oder hinsichtlich der Beteiligungsrechte in den einzelnen städtischen Fachausschüssen vorgenommen werden, wird durch
weitere Untersuchungen bestätigt (vgl. Haan/Kuckartz/Rheingans-Heintze, 2000). Die
Agendagremien blieben damit locker gekoppelte Handlungssysteme, die nicht die bin-
dende Kraft institutioneller Arrangements in Anspruch nehmen können (vgl. Fürst,
2000). Dem Kommentar Pfeiffers zum Projekt »Zukunft der Stadt? Stadt der Zukunft!«
des deutschen Städtetages: „Die Stadt der Zukunft wird nicht fundamental anders sein
als die Stadt der Gegenwart" (Pfeiffer, 2000, S.10) ist in diesem Kontext mit Blick auf
meine Untersuchungsergebnisse weitgehend zuzustimmen.

Vor dem Hintergrund dieser Ergebnisse erscheinen repräsentative Studien nötig, die
unter der hier verfolgten steuerungs- und partizipationsbasierten Fragestellung den Zusammenhang partizipativer Mitbestimmung und der Erweiterung kommunalpolitischer
Steuerungspotentiale aufgreifen.

Mit Blick auf die o.g. Ergebnisse aus der einzelfallüberschreitenden Untersuchung und
den vergleichbaren Untersuchungsergebnissen genannter Studien sowie relevanter Literatur werde ich dennoch im Folgenden erste Schlussfolgerungen skizzieren, um darauf
aufbauend mit einem weiterführenden Ausblick diese Arbeit zu beschließen. Um mich
nicht in der Breite möglicher Überlegungen, die sich aus der qualitativen Untersuchung
ergeben könnten, zu verlieren, greife ich in den nachfolgenden drei Unterkapiteln selektiv die Aspekte heraus, die dem Erkenntnisanspruch meines »theoretical framework«
entsprechen (vgl. Kap. 1 und 2)[470].

7.1 Kritische Reflexion aus partizipations- und steuerungstheoreti- scher Sicht

Es wurde - wie bereits erwähnt - in der Untersuchung deutlich, dass die kommunalpolitischen Vertreter, z.T. im Verbund mit den Akteuren der etablierten kommunalen Ent-
scheidungsnetzwerke, dem Agendaprozess mit Vorbehalten und Befürchtungen um die
Verringerung ihrer Entscheidungskompetenz gegenüberstehen. Dabei geht es vorrangig

---

[470] Diese Vorgehensweise lehnt sich damit auch an die Empfehlungen zum Umgang mit Ergebnissen
qualitativer Untersuchungen an (vgl. König/Bentler, 1997, S.94f.).

darum, die kommunalpolitische Relevanz des Agendaprozesses zu begrenzen[471], anstatt die Chance zu einer gemeinsamen visionären Entwicklung stadtentwicklungsrelevanter Ideen und einer gemeinsamen Ratifizierung und Implementation derselben zu ergreifen. Das durch den Ratsbeschluss den Agendaakteuren erteilte politische Mandat wird auf die Möglichkeit zur Beteiligung beschränkt. Eine erweiterte politische Mitbestimmung der im Prozess Engagierten wird jedoch mit Verweis auf die unzureichende Legitimation der Agendabeteiligten abgelehnt[472]. So wird den Agendaaktiven im Rahmen einer partizipatorischen Zusatzveranstaltung - getrennt vom kommunalpolitischen »business as usual« und den Beschlussgremien des klassischen kommunalpolitischen Systems - lediglich die Möglichkeit der Erarbeitung von Ideen und Vorschlägen eingeräumt, über die der Rat dann letztlich »frei« entscheiden kann[473], ohne diese Entscheidung vor den erarbeiteten Akteuren begründen zu müssen.

Der mit der Implementierung der lokalen Agenda begründete Anschein auf eine Öffnung des Politikmonopols politischer Institutionen erfüllte sich damit im Rahmen der untersuchten Fälle nicht. An der defizitären demokratischen Effektivität der untersuchten lokalen Agendaprozesse wurde offenbar, wie schwer selbst eine partielle Öffnung der klassischen, geschlossenen (kommunal-) politischen Entscheidungsverfahren zugunsten einer erweiterten bürgerlichen Mitsprache fällt. Diejenigen, die sich von der Integration und dem Engagement heterogener Akteurkonstellationen eine Belebung des Politischen und visionäre Ideen und Zukunftsentwürfe zur Gestaltung der Gesellschaft erhofften (vgl. Haan/Kuckartz/Rheingans-Heintze, 2000, S.15), wurden enttäuscht. Statt dessen scheint sich zu bestätigen, dass „die Auflösung von Entscheidungen in langwierige Prozesse eine höchst funktionale Angelegenheit ist, die den Problemdruck verteilt und partikularisiert" (Häußermann, 1991, S.84), anstatt die Problemfelder einer sinnvollen Bearbeitung zuzuführen. Dabei ist die Ausblendung der wichtigen Themenbereiche ein Beispiel dafür, wie durch Machtverhältnisse bedingte inhaltliche Exklusionsmechanismen in der Demokratie funktionieren. Denn dass „bei bestimmten Dingen mitgeredet werden darf und bei vielen eben nicht, ist ein wesentlicher Zug des demokrati-

---

[471] Um einer Überbewertung des lokalen Agendaprozesses vorzubeugen, wird in den Städten explizit darauf verwiesen, „daß durch die Agenda 21 kein Nebenparlament aufgebaut werden darf, sondern daß Entscheidungen den gewählten Repräsentanten vorbehalten bleiben" (Stark, 1999, S.47).
[472] Bezug wird hier auf die Anforderungen der repräsentativen Demokratie genommen, die politischen Entscheidungskompetenzen an die Wahl durch die Bürgerschaft zu knüpfen.
[473] Diese Entscheidungsfreiheit wird jedoch de facto durch Machterhaltungs- und Fraktionsinteressen sowie ökonomische, standortstabilisierende Sparzwänge restringiert.

schen Systems" (Bernhard, 1997, S.219). Die vorherrschende - auf existenten Macht-
und Herrschaftsverhältnissen gründende - neoliberal geprägte, ökologisch modernisierte
und kapitalistisch fixierte gesellschaftliche Entwicklung ist in einem derart konfigurier-
ten Diskursrahmen jedoch nicht mehr substantiell modifizierbar (vgl. Spehr/Stickler,
1997, S.13)[474]. Statt dessen bestätigen sich die negativen Vorahnungen der Demokratie-
kritiker, wonach der Nachhaltigkeitsdiskurs mit seiner Partnerschaftsideologie ein top-
down- Angebot zum unverbindlichen Mitreden für Bürger, Umwelt- und Sozialverbände, soziale Bewegungen, Bürgerinitiativen und Eine-Welt-Gruppen darstellt, die Hoffnungen dieser Beteiligten auf erweiterte Mitbestimmungsmöglichkeiten jedoch destruiert (vgl. Bernhard 1997; Eblinghaus, 1997; Frauen-Fisch-AG, 1997;
Meyers/Waldmann, 1998, S.298; Spehr, 1997b, 1999). Denn in den betrachteten Konsultationsphasen der jeweiligen Agendaprozesse beschränkte sich die Policythematisie-
rung primär auf die Generierung nachrangig relevanter und - mit Ausnahme Bochums
(vgl. Kap. 6.3.2) - letztlich kaum berücksichtigter Ideenpools. An dieser Stelle werden
die kritischen Theorieansätze zur Ausgestaltung zukunftsfähiger Entwicklung bestätigt,
nach denen die beteiligten Bürger und sozialen Bewegungen im Agendadiskurs „um
nichts anderes mehr verhandeln können, als um das Kleingedruckte der neuen Ordnung" (Spehr/Stickler, 1997, S.21). Insofern unterstreichen die Untersuchungsergebnisse die Annahme Bries, der 1996 konstatierte:

> „Die heutigen Strukturen der Politik erzeugen zwanghaft die heutigen Ent-
> scheidungen. Wer an die Macht kommen will, ist in einen engen Korridor
> von Optionen eingesperrt, die im wesentlichen auf die Verbesserung der
> Rahmenbedingungen der Kapitalverwertung hinauslaufen. Soziale und öko-
> logische Ziele sind kaum anders denn als Nebenprodukt einer solchen Politik
> denkbar" (Brie, 1996, S.184).

Eine in diese Rahmenbedingung eingebettete »Demokratisierung« treibt dann die soziale Eingriffstiefe herrschender Strategien voran. Die zugelassene Partizipation fun-

---

[474] Dass Diskurse eng mit Macht verknüpft sind, ist in der sozialwissenschaftlichen Theorie spätestens
seit Foucault bekannt (Foucault, 1977). „Man muß Macht haben, um einen Diskurs durchzusetzen, so
wie der Diskurs Ausdruck dieser Macht ist. Macht und Wissen schließen einander ein: der Diskurs legt
fest, was Wissen ist und was man wissen muß. [...] Der Diskurs sorgt dafür, dass Schlachten verloren
und Zugeständnisse gemacht werden können, ohne dass Herrschaft ihre Legitimität verliert. Er schützt
den Kernbereich der Herrschaft vor den Erschütterungen der täglichen Auseinandersetzungen. Er deutet die Motive der Gegnerschaft um zu konstruktiven Verbesserungsvorschlägen" (Spehr/Stickler,
1997, S.13).

giert als Transmissionsriemen der Macht in den Alltag und die konkrete Lebenswelt der Menschen hinein (vgl. Spehr, 2000, S.26).

Insofern wird anhand der untersuchten lokalen Agendaprozesse, auch unter Berücksichtigung der bereits erwähnten Studien zum Thema deutlich, dass diese dezentralen partizipatorischen Arrangements in der Kommunalpolitik zur Bearbeitung der gesellschaftlichen Krisenphänomene infolge der mangelnden Anbindung an die Entscheidungszentren der Politik und der fehlenden Mitsprache der beteiligten Akteure ungeeignet erscheinen[475]. Eine Öffnung des repräsentativ-politischen Systems bleibt in diesem Sinne weiterhin erforderlich. Dazu ist jedoch ein Wandel unserer bisherigen politischen Kultur zugunsten größerer Lebensnähe und Mitwirkungsmöglichkeiten an den Willensbildungs- und Entscheidungsprozessen notwendig (vgl. Busch-Lüty, 2000)[476]. Denn mit Blick auf die anhaltende „Mobilisierungsschwäche und Legitimitätskrise der politischen Parteien stellt sich die Frage, ob es im Interesse der repräsentativen Demokratie liegen kann, weiterhin die Problemlösungskompetenz und Willensbildungsfähigkeit der Bewegungen abzuwehren" (Vandamme, 2000, S.205). Erweiterte Mitbestimmungsmöglichkeiten erfordern in diesem Kontext auf der kommunalen Ebene eine Änderung des Rollenverständnisses von Gemeinderäten und Gemeindeverwaltungen[477]. Denn wenn man das Ziel im Auge behält, einen auf Zukunftsfähigkeit ausgerichteten Wandel im Bewusstsein der Menschen und damit eine kritische Reflexion der wertrationalen Perspektiven des Handelns zu erreichen, dann gilt es flankierend die kommunalpolitischen Institutionen und den damit zusammenhängenden Handlungsrahmen, in den die Bürger eingebunden sind, zu verändern bzw. zu erweitern (vgl. Barber, 1994, S.147f.; Dryzek, 1992). Demokratische Partizipation erscheint in diesem Zusammenhang als ein dynamischer Prozess, in den große Anstrengungen investiert werden müssen, um ihn umfassender und auch demokratischer zu machen. So könnten die Beteiligungsformen umfassender gemacht werden, indem die Partizipation auf Ebenen, Zeitpunkte und Orte ausgeweitet wird, in denen die Entscheidungen wirklich getroffen und umgesetzt werden

---

[475] Diese mangelnde Vernetzung des lokalen Agendaprozesses mit den Institutionen der kommunalen Demokratie ist bereits auch in anderen Studien als zentrales Problem ermittelt worden (vgl. Oels 2000).

[476] Dabei geht es primär darum, „Machtfragen zu stellen: Herrschaft sichtbar zu machen und ihre Instrumente in der Praxis zurückzuweisen, und zwar an allen Orten der Gesellschaft und in jeder Kooperation" (Spehr, 2000, S.28).

[477] In diesem Kontext erscheint es auch sinnvoll, die Kundenorientierung der modernen Dienstleistungskommune zugunsten einer mitbestimmungsbasierten Bürgerorientierung aufzubrechen.

und demokratischer gemacht werden, indem man die Bürger und gesellschaftlich relevanten korporativen Akteure bereits bei der Definition, Praxis und Entwicklung realer
Partizipationsmodelle mit einbezieht (vgl. Kester, 1997, S.34)[478].
Gerade auch mit Blick auf die zurückgehende Wahlbeteiligung auf kommunaler Ebene
(vgl. Tab.7-1), die unterdessen bei der Hälfte der Bevölkerung liegt und als Indikator
dafür gelten kann, dass sich die Bürger offensichtlich nicht mehr adäquat vertreten fühlen, erscheint es sinnvoll, die bisherige, primär repräsentative Ausgestaltung des politischen Systems auf kommunaler Ebene zu ergänzen, um sie zu revitalisieren.

Tabelle 7-1: Rückgang der Wahlbeteiligung bei den Kommunalwahlen in NRW von 1994-1999

Wahlbeteiligung an der Kommunalwahl in % der Wahlberechtigten	1994	1999
Bochum	81,6	51,0
Detmold	81,7	56,3
Neuss	81,4	51,0
Münster	84,8	65,2
NRW – Gesamt	81,7	55,0

Daten.: Landesamt für Datenverarbeitung und Statistik NRW, 2000

Die Abwehr von mehr Bürgermitsprache aus Angst vor Machtverlust erscheint dagegen
eher als ein Mittel aus dem Repertoire doktrinärer Regime. Sich trotz der zunehmenden
Wahlverdrossenheit einer erweiterten Bürgermitbestimmung zu verweigern, zeugt dagegen von der Machtstabilität einer Parteiendemokratie, welche die bescheidene Vitalität des Volkssouveräns völlig zum Erliegen bringt. Vor diesem Hintergrund „(...) müßte
die Politikwissenschaft interpretative Konzepte entwickeln, die für die Prägung von
Deutungs- und Kommunikationsprozessen durch Macht sensibel sind; sie sollte sich
aber auch für ein Handlungsmodell aufgeschlossen zeigen, das Lernen und Kreativität
in den Mittelpunkt stellt" (Benz, 1997, S.21)[479].

---

[478] Demgegenüber bot die Vorstrukturierung des Agendaverfahrens in Bochum und Münster zwar den
Vorteil eines zeitnahen Einstiegs in den Prozess, schuf aber zugleich ein mitbestimungsaversives Pro-
zessklima, das sich in Kontroversen entlud.
[479] In diesem Kontext wird den Akteuren der politischen Institutionen in einigen politikwissenschaftlichen
Arbeiten die Neubesinnung auf eine lediglich moderierende Funktion zugesprochen (vgl. Willke,
1997; 1998). Dabei könnte den politischen Akteuren mit Blick auf ihre Kompetenz im politischen
Alltagsgeschäft die Rolle zukommen, öffentlichkeitswirksam neue Perspektiven, Diskussionsprozesse
und damit letztlich einen Bewusstseinswandel mit anzustoßen.

Denn wenn sich diese Anzeichen, dass sich die mit der Demokratie intendierte Volks-
herrschaft zur Exklusion des Volkswillens aus den Entscheidungszentren zur Ermöglichung eines reibungslosen Entscheidungsablaufes machtbasierter Entscheidungen um-
kehrt, im Zuge weiterer Forschungen zu diesem Themenkomplex verdichten sollten,
erfährt das Plädoyer Henry David Thoureaus für eine »Pflicht zum Ungehorsam gegen
den Staat« (Thoereau, 1966/Erstausgabe1849) wieder neue, ungeahnte Aktualität.
„Denn wenn man vorhandene Bereitschaften und Entwicklungswünsche nicht aufgreift
und institutionell fördert und entwickelt, dann verkommen sie, dann driften sie ab. Dann
produzieren sie Frust und Enttäuschung, dann führen sie zu Verdrossenheit, zu Resignation, zum Sich-Hängen-Lassen, zur Selbstbeschädigung in verschiedensten Formen
oder auch zum Protest und zur passiven oder aktiven Systemabwendung und im Einzelfall auch zur Rebellion" (Klages, 1996, S.47).

Hinsichtlich der Notwendigkeit einer zeitnahen Projektumsetzung und einer qualitativ
neuartigen Zusammenarbeit zwischen den Akteurgruppen - besonders den unorganisierten Bürgern und den Vertretern der Stadt - bestätigen die vorliegenden Untersuchungsergebnisse den Befund anderer Studien, nach denen es sinnvoll ist, „mit kleinen
Teilen der Bürgerschaft begrenzte Projekte (die freilich mit dem Nachhaltigkeitsbegriff
vereinbar sein müssen) auf den Weg zu bringen, die schnell umsetzbar sind, und in denen sowohl die beteiligten Bürger als auch die beteiligten Verwaltungsstellen das neue
geforderte Miteinander erfahren und nach außen demonstrieren können" (Gsänger,
2000, S.117). Denn es wurde ersichtlich, dass die Umsetzung von Projektideen während
der Prozessphase - angesichts der oftmals zurückhaltenden bzw. negativen Berichterstattung in den örtlichen Printmedien[480] - dem Prozess eine vitalisierende und öffentlichkeitswirksame Note verleihen und auch als ein Indiz für die Glaubwürdigkeit des
Prozesses gelten kann. An den Projekten »Bochumer Brücke« in Bochum (vgl. Kap.
6.3.2) und »vordere Furth« in Neuss (vgl. Kap. 6.2.2), die im Rahmen der jeweiligen
lokalen Agendaprozesse erarbeitet wurden, wird zudem deutlich, dass die Thematisierung relevanter Inhaltsbereiche ein größeres öffentliches Feedback und eine stärkere
Bürgerbeteiligung hervorrufen kann. Damit kann - wie in den genannte Fällen - sogar
eine derartige Steigerung der Prozessrelevanz verbunden sein, dass sich die Politiker
und unterschiedlichen Verbandsvertreter - unabhängig von der Legitimatsproblematik -

---

[480] Insgesamt wird mit Blick auf die Bedeutung der lokalen Medien, vor allem den Lokalzeitungen, deutlich, dass nur das *politische Resonanz hervorruft*, was öffentlich *perzipiert wird.*

stärker am Prozess beteiligen. Ein Ziel bzw. Erfolg des Agendaprozess könnte in diesem Zusammenhang darin liegen, dass Planungsprojekte zukünftig möglichst immer unter Berücksichtigung des zumindest auf Zeit zu klärenden Anspruchs an Zukunftsfähigkeit und unter bürgerschaftlicher Beteiligung durchgeführt werden[481]. Damit würde auch die Gefahr, dass die lokale Agenda lediglich zu einem erfolglosen partizipatorischen Experimentierfeld degeneriert, verringert.

Mit Blick auf die politisch-mitbestimmungsrelevanten Selbstregelungsansätze eines deliberativ-dezentralen Verfahrens erscheint es jedoch zudem notwendig, zukünftig das Spannungsverhältnis zwischen den erarbeiteten Ergebnissen eines partizipativen Verfahrens und ihrer parlamentarischen Bindungswirkung durch friktionsmindernde Strukturen abzubauen oder zumindest abzufedern. Denn um die erarbeiteten Ergebnisse auch in der kommunalen Politik handlungswirksam werden lassen zu können, fehlt „ein Verbindungsstück zwischen den Arbeitsgruppen und der politischen Durchsetzung der Resultate" (Haan/Kuckartz/Rheingans-Heintze, 2000, S.182). Damit die Beteiligung wirklich zur Kapazitätserweiterung kommunaler Steuerungspotentiale beitragen kann, sind unterschiedliche Lösungen denkbar, deren Spanne von begründeten Ratsentscheidungen in Verbindung mit öffentlichen Anhörungen bis zu fest installierten Bürgerentscheiden bzw. einem imperativen Mandat reichen[482]. Notwendig erscheint zudem ein »vernünftiges« Prozessmanagement, das ein Monitoring und eine Evaluation der Konsultation und der Verarbeitung der Verfahrensergebnisse im Rahmen der Kommunalpolitik einschließt. Ziel muss dabei eine strukturelle Kopplung der klassischen kommunalen Entscheidungsverfahren mit dem etablierten beteiligungsbasierten Prozess sein, denn die bisherige Erfahrung zeigt, dass die Beschlüsse aus den Agendagremien für die Arbeits- und Operationsweise der Kommunalverwaltungen erst dann relevant werden,

---

[481] In diesem Kontext gibt die südbrasilianische Millionenstadt *Porto Allegre* ein interessantes, innovatives und erfolgreiches Beispiel für eine mitbestimmungsbasierte Beteiligung der Bürger. Im Rahmen des partizipativ festgelegten Budgets entscheiden die Bürger über Höhe der Einnahmen und Ausgaben der Stadt und den Zeitpunkt und Umfang von Investitionen. Mit Volksbegehren und in Konfliktfällen auch Referenden können die Einwohner über den Bau von Straßen, öffentlichen Gebäuden sowie Sozialhilfemaßnahmen und Steuerfragen mitentscheiden. Dieses »partizipative Budget« führte letztlich nicht nur zu einer effizienteren Ausgabepolitik sondern auch zur Stärkung des Selbstbewusstseins und des Wissensstandes der Einwohner (vgl. Kaufmann, 1999).

[482] Zumindest erfordert jedoch die Transparenz beteiligungsbasierter Maßnahmen bereits zu Prozessbeginn eine Vereinbarung über den Umgang mit den erarbeiteten Ergebnissen zu treffen.

wenn deren interne Entscheidungsabläufe und Arbeitsweisen daran anschließen können[483].

Hinsichtlich der Diskursstruktur der Konsultationsphasen in den untersuchten Städten wurde die Gefahr ersichtlich, dass der konsensuale Entscheidungsprozess in die "Falle der Einstimmigkeitsregel" tappt (Scharpf, 1985, S.336), dergemäß eine potentielle Blockade der Beschlussfassung durch ein Partikularinteresse zu einem Ergebnis auf dem kleinsten gemeinsamen Nenner führen kann. Daraus lässt sich ableiten, dass partizipative Verfahren zur Erarbeitung substantieller Gestaltungsoptionen u.U. einen Verzicht auf totalen Konsens bedingen (vgl. Sana 1998, S.113). Um einer partikularinteressenorientierten Entscheidungsblockade ebenso vorzubeugen wie den Nachteilen[484] der einfachen Mehrheitsregel wäre es sinnvoll, einen Beschluss auf eine qualifizierte Mehrheitsentscheidung[485] auszurichten (vgl. hierzu ausführlich Wiemeyer, 2000, S. 145f.).

Die in der Eingangsthese der Arbeit aufgegriffene Hoffnung, dass die lokale Agenda als ein bürgerschaftlich-basisdemokratischer Ansatz „innovative Kraft entfalten und ein Stück weit demokratische Utopie einlösen" könnte (Vandamme, 2000, S.206), lief im Rahmen der untersuchten lokalen Agendaprozesse ins Leere. Ob ein rein partizipativ-diskursiver Ansatz im kommunalen Kontext unter den gegebenen Rahmenbedingungen wirklich dazu geeignet ist, (...) alle Akteure durch Lernprozesse zu einer Zukunftsoffenheit zu führen, die Veränderungen herbeiführt" (Majer, 1998, S.235), muss anhand der vorliegenden Ergebnisse stark angezweifelt werden[486]. Es steht eher zu befürchten, dass die Frustration der Mitgestaltungsoptionen der Beteiligten die Glaubwürdigkeit kommunaler Beteiligungsverfahren mittelfristig destruiert und noch stärkere Partizipationsaversionen bei Bürgern und Verbandsvertretern nach sich zieht (vgl. Huebner, 1997). Die Chance auf eine Förderung individueller bzw. kollektiver Phantasie zugunsten zu-

---

[483] Vor diesem Hintergrund ist die Prozessstruktur in Bochum mit dem Agenda-Beirat als Schnittstelle zwischen den Gremien der klassischen Kommunalpolitik und des Agendapozesses eine interessante Option - allerdings mit zu geringen Entscheidungsbefugnissen.

[484] Im Rahmen der einfachen Mehrheitsregel reichen bereits 51% der teilnehmenden Akteure aus, um einen Beschluss für die gesamtgesellschaftliche Rahmensetzung zu fassen, der von den anderen 49% der Akteure mit umgesetzt werden muss.

[485] Die qualifizierte Mehrheit ist so auszugestalten, dass ein etwaiger Beschluss nur dann angenommen ist, wenn 75% der teilnehmenden Akteure für ihn stimmen.

[486] Geschwächt durch eine Beteiligung, die sich nur im untersten ‰-Bereich der Gesamtbevölkerung der untersuchten Städte bewegte und als Indikator für die kaum Betroffenheit erzeugende Wirkung des Themas gelten kann, konnten die Beteiligten auch innerhalb bzw. durch den Prozess - aufgrund der restriktiven Prozessstruktur und/oder der marginalen kommunalen Relevanz - bis auf die bereits genannten Ausnahmen - keine weitreichenden innovativen Ideen entfalten.

kunftsfähiger Visionen von Stadtgestaltung verstrich damit weitgehend ungenutzt. Zudem scheinen die langfristig zu lösenden gesellschaftlichen Krisenphänomene das Potential dezentraler, inkrementalistischer demokratischer Prozesse zu sprengen, weil die
demokratischen Entscheidungsprozesse langfristige gesellschaftliche Selbst-
gefährdungen vernachlässigen (vgl. Willke, 1996, S.326; s.a. Kap. 7.3).

Abschließend ist zu konstatieren, dass die Akteure der lokalen Agenda einer substanti-
ellen Ausgestaltung der zukunftsfähigen Entwicklung ähnlich fern blieben wie der
»Landvermesser K« dem Schloss in Kafkas gleichnamigen Roman (vgl. Kafka, 1926).
Die Akteure waren zwar auf die Fährte gesetzt und wähnten sich zu Beginn auch in der
Position, effektiv mitgestalten zu können, sie drangen aber letztlich nicht in das Innere
der Entscheidungssphäre vor.

7.2   Sustainable Development: lokal erfasst oder lokal verblasst?

Dass das Konzept der zukunftsfähigen Entwicklung ein interpretationsbedürftiges Konzept ist, wurde bereits in Kap. 1 herausgearbeitet. Die Ausgestaltung der betrachteten
lokalen Agendaprozesse legt ebenso wie die aktuelle politisch-ökonomische Diskussion
(vgl. Kap. 1.4f.) die Interpretation nahe, dass die gesellschaftliche Entwicklungsrichtung - gemünzt auf die Perspektive einer »zukunftsfähigen Entwicklung« - bereits auf
den Bezugsrahmen einer ökologischen Modernisierung festgeklopft ist. D.h. es scheint
so weiterzugehen wie bisher, nur etwas »umweltfreundlicher«, »ressourcensparender«,
d.h. in erster Linie technisch effizienter, und mit einer stärkeren »bürgerschaftlichen
Attitüde«, d.h. mit mehr Bürgerbeteiligung (freilich bei eingeschränkter Mitsprache)
und einem Revival des Ehrenamtes als kostenneutraler Ausgleich für abgebaute Sozialleistungen[487]. Damit wird der bisherige politische Umgang mit den gesellschaftlichen
Problembereichen bestätigt (vgl. Einleitung und Kap. 2.1). Anstatt zu untersuchen, was
die industrialisierten und unterdessen elektronisch vernetzten Gesellschaften in dieser
Welt im Innersten zusammenhält und dazu führt, dass die gegenwärtigen konsumtiven,

---

[487] In diesem Sinne greift die Zukunftsfähigkeitsdebatte viele Forderungen der Umwelt- und Eine-Welt-
Bewegung, aber auch anderer sozialer Verbände auf und bringt sie in die diskursive, systemimmanente
Form. Dabei wird durch das bürgerschaftliche Engagement in diesem Kontext die Legitimität der ent-
wicklungsstabilisierenden Entscheidungen gegenüber den Wenigen erhöht, die eine andere Ausrichtung zukunftsfähiger Entwicklung propagieren und einfordern.

kapitalintensiven und naturvertilgenden Entwicklungstrends je aufs Neue die Zementie-rung der Verhältnisse für die Zukunft schaffen, werden die basalen Strukturzusammen-hänge nahezu unberührt gelassen, während man sich besorgt den Auswüchsen zuwen-det, die diesen Strukturen entspringen.

Wenn man im Kontext dieser Interpretation und Ausgestaltung einer zukunftsfähigen Entwicklung die Frage stellt, warum die substantiellen Policybereiche ebenso ausge-klammert bleiben wie eine breite Erörterung der normativen Implikationen der Zu-kunftsfähigkeitsziele[488], so lässt sich mit Blick auf die lokale Ebene auf der Basis der untersuchten Fallstudie konstatieren, dass dieses in der konsistenten hegemonialen Dis-kursordnung begründet liegt, deren Referenzebenen die Stabilisierung der existenten (politischen) Herrschaftsstrukturen wie auch das kapitalistische Wirtschaftssystem sind (vgl. dazu auch Eblinghaus, 1997; Meyers/Waldmann, 1998; Oels, 2000). Denn abgese-hen von Nuancen in der kommunalen Gewichtung der Politikinhalte, deren Bedeutung neben den verschiedenen Ratsmehrheiten und Verwaltungsbefindlichkeiten auch in großem Umfang von den örtlichen Rahmenbedingungen abhängen[489], sind die Rahmen-bedingungen für die Kommunalpolitik aufgrund der Standortkonkurrenz und der einge-schränkten kommunalen Handlungsautonomie „strukturell so entwickelt, daß sich die Variationen nur innerhalb eines Grundkonsens abspielen können, der »Wachstumspoli-tik« heißt" (Häußermann, 1991, S.83).

Wenn die Konsultation jedoch im Schatten der festgefügten vorherrschenden Denkge-bäude geführt wird, deren Fundamente auf der Reduzierung sozialer und kultureller Leistungen, Haushaltsanierung und Standortsicherung gründen (vgl. Kap 2.3.1), gibt es für die Beteiligten des Agendaprozesses nichts Wesentliches mehr mitzugestalten. Statt dessen wird in der »*Morphing Zone*« des so aufgezäumten Diskurses die kulturelle Vielfalt unterschiedlichster Ansätze aufgesaugt, nach den Dominanzregeln der kommu-nalen Machtverhältnisse und des bürokratischen Prüf- und Bearbeitungsprocederes ver-arbeitet, in die zentralistische Tendenz des »procedure as always« subsumiert und damit um die auf einen Richtungswechsel ausgerichteten Triebkräfte beraubt (vgl. dazu auch Stickler/Spehr, 1997). Ein Angebot zur vorübergehenden antagonistischen Zusammen-arbeit heterogener Akteure müsste demgegenüber Elemente eines tatsächlichen Befrei-

---

[488] Zu nennen sind dbzgl. eine gleichrangige Behandlung der Ziele: ökologisches Gleichgewicht, soziale Gerechtigkeit und ökonomischer Wohlstand.
[489] So können die jeweiligen Akzentsetzungen von der Sozialpolitik über die Umweltpolitik bis hin zur Verkehrspolitik bzw. Wirtschaftsförderung reichen.

ungsschubs enthalten. Das ist etwas völlig anderes als das eher unverbindliche Angebot zum »Mitreden«[490]. Demnach müsste, wenn mit Blick auf kommunale Haushaltsdisziplin weniger Geld zur Verfügung steht, gerade die Frage der Verteilung der vorhandenen Mittel für stadtentwicklungsrelevante Großprojekte, Verkehr, Kultur, Erziehung, Wirtschaftsförderung oder Umweltschutz ein zentraler Gegenstand der lokalen Agenda sein bzw. werden.

Statt dessen war die Entwicklung konkreter Maßnahmen bzw. Projekte in den Agendaarbeitsgruppen jedoch i.d.R. von selbstauferlegter Bescheidenheit bei den finanziellen Ansprüchen und dem restriktiven Finanzrahmen der lokalen Agendaprozesse geprägt bzw. auf die Akquirierung vorhandener Projektmittel ausgerichtet[491]. Es wurde deutlich, dass der Duktus des Sparzwanges und die Gewöhnung daran, kaum direkten Einfluss auf die Ausgestaltung der kommunalen Politik ausüben zu können, ebenso verinnerlicht war, wie die Beschränkung auf den Interpretationsrahmen der ökologischen Modernisierung der gesellschaftlichen Entwicklung völlig normal erschien[492].

Es scheint sich vor diesem Hintergrund diese These zu bestätigen, das diese - unter dem Diktum geltender Macht- und Herrschaftsverhältnisse strukturierten und etablierten lokalen Agendaprozesse eine sozial-ökologische Transformation der Gesellschaft ausschließen (vgl. Fisch-AG, 1997; Richardson, 1996; Spehr, 1997b;). In diesem Sinne ist die demokratiekritische Feststellung Bernhards: „Es ist sinnlos, in Bezug auf grundlegende Veränderungen die Hoffnung auf etablierte Institutionen zu setzen" (Bernhard, 1997, S.222f.) unerwartet mit weiterem empirischen Belegmaterial angereichert worden.

Hinzu kommt das Problem der mangelnden Öffentlichkeitswirksamkeit des lokalen Agendaprozesses und des Zukunftsfähigkeitsdiskurses. Da das Themenfeld einer zukunftsfähigen Entwicklung aufgrund seiner thematischen Komplexität, die durch die Verträglichkeitstrias, die antagonistischen Interpretationsmodi und das Spannungsfeld zwischen lokaler und globaler Perspektive aufgezäumt ist, kaum ein tauglicher Politik-

---

[490] Bernhard meint in diesem Kontext zu Recht „Wer das jedoch verwechselt, macht keine Kompromisse, denn es gibt nichts, worüber er verhandeln könnte. Er kann nur dem herrschenden Diskurs hinterherlaufen und der ist allemal schneller" (Bernhard, 1997, S.221f.).

[491] Ausnahmen stellen z.B. die Projekte: »Bochumer Brücke« in Bochum sowie »Stoffstrommanagement« und »TALER« in Münster dar.

[492] Anders lief es jedoch bei den Frauengruppen, vor allem bei dem eher autonomen Frauenaktionsbündnis in Münster: Dort wurden auch Themenbereiche jenseits des Modernisierungsdiskurses, z.B. subsitenzwirtschaftliche und kapitalismuskritische Aspekte, erörtert.

inhalt für das heutzutage so ausschlaggebende multimediale »*Politainment*[493]«, welches
die knapp gewordene Aufmerksamkeit der Bürger auf die dargebotenen Themenbereiche lenkt und damit Anschlussstellen für private wie auch öffentlichkeitsrelevante Diskurse schafft (vgl. Dörner, 2001, S.33f.), darstellt, bleibt der Verbreitungsgrad der
Agenda 21 Thematik gering. Die thematische Bearbeitung beschränkt sich weiterhin
primär auf geschlossene Professionsbezüge elitärer Politik- und Wissenschaftsdiskurse.

Insgesamt erhärtet sich anhand der drei kursorisch betrachteten Städte der durch die
Fallstudie Münster begründete Anfangsverdacht, dass die Umsetzung der lokalen
Agenda auf kommunaler Ebene primär dem Zweck erfüllt „Problemlösungskompetenz
vorzutäuschen. Der Begriff der »nachhaltigen Entwicklung« dient somit weniger als
praktisch-politische Handlungsanleitung denn als Element des Diskurses auf der Ebene
symbolischer Politik" (Meyers/Waldmann, 1998, S.304).

Es liegt auf der Basis der untersuchten lokalen Agendaprozesse der Verdacht nahe, dass
die lokalen Agendaprozesse lediglich eine neuartige »Festivalisierung der Stadtpolitik«
als entweder glanzvoll inszenierte oder pflichtgemäß integrierte Bausteine des Stadtmarketings darstellen, deren kommunalpolitische Relevanz sich in einigen Projektvorschlägen und -umsetzungen und bisweilen eher unverbindlich gehandhabten Leitbildern
erschöpft. Ein institutionalisierter Zugang in die kommunalpolitischen Entscheidungszentren wurde bei den betrachteten Prozessen nicht etabliert (vgl. Häußermann, 1993;
Ronge, 1997). Die Untersuchung bestätigt damit die ernüchternde, empiriebasierte Feststellung Pleschbergers, der mit Blick auf die Untersuchung der lokalen Agenda in Wien
unter Hinzuziehung von Veröffentlichengen aus England zu Recht konstatiert:

> „Nachhaltige Politik ist anscheinend nicht das zu einem bestimmen Zeit-
> punkt Erreichte oder auch Nicht Erreichte, sondern das immer erst zu Errei-
> chende, das eine kollektive Ethik legitimiert, was die Politik faktisch gegen
> Kritik immun macht, sofern sich die Politiker zu ihr bekennen" (Pleschber-
> ger, 2000, S.173).

---

[493] Politainment „bezeichnet eine bestimmte Form der öffentlichen, massenmedial vermittelten Kommunikation, in der politische Themen, Akteure, Prozesse, Deutungsmuster, Identitäten und Sinnentwürfe
im Modus der Unterhaltung zu einer neuen Realität des Politischen montiert werden. Diese neue Realität konstituiert den Erfahrungsraum, in dem der Bürger heutzutage typischerweise Politik zugänglich
wird. Das Bild, das Wähler und Mediennutzer, Publikum und Elektorat sich von der Politik machen
können, ist maßgeblich geprägt durch die Strukturen und Funktionen des Politainment" (Dörner, 2001,
S.31).

7.3   Der kommunale Kontext im Hinblick auf die (supra-) nationalen Rahmenbedingungen gesellschaftlicher Entwicklung - eine adäquate Ebene der Verortung des Agendaprozesses?

Im Rahmen der Untersuchung und mit Blick auf Ergebnisse anderer Studien (vgl. Oels, 2000) wurde offenbar, dass eine isolierte lokale Herangehensweise an eine zukunftsfähige Entwicklung, ohne eine Vernetzung mit den übergeordneten Ebenen und ohne parallele Agendabestrebungen auf der Landes- bzw. Bundesebene, zu Problemen im Erarbeitungsprozess aufgrund der mannigfaltigen rechtlichen und kompetenzbezogenen Beschränkungen führt, die den Boden für einen Motivationsverlust bei den beteiligten Akteuren der lokalen Agenda und damit letztlich ein kontraproduktives Klima bereiten[494].

Zudem erscheint der in Kap. 28 der Agenda 21 postulierte Ansatz für eine zukunftsfähige Entwicklung auf der kommunalpolitischen Ebene wie ein paradoxer Rückzug auf die unterste politische Ebene im vertikalen demokratischen Institutionenkontext[495]. Denn die kommunale Gestaltungsautonomie ist infolge der hierarchischen Vernetzung der vertikalen Politikebenen[496] und im Zuge des Einflusses der Landschafts- und Kommunalverbände und nicht zuletzt durch die ökonomischen Globalisierungstendenzen beschränkt (vgl. Daly, 1999, S.38; Lütz, 1995, S.169; s.a. Kap.2.1f.). Auch die Hoffnung, dass der lokale Ansatz aufgrund der unmittelbar erfahrbaren sozioökonomisch-ökologischen Problemlagen eine aktivierende Betroffenheit bei den Einwohnern erzeugt und am ehesten direkte Mitgestaltungsmöglichkeiten bietet (vgl. Gessenharter, 1996), erfüllte sich angesichts der geringen Teilnehmerzahlen in den betrachteten lokalen Agendaprozessen und der geringen Steuerungsrelevanz der Prozesse kaum. Die von mehreren Autoren geäußerte Befürchtung, dass die zur Stabilität des Gemeinwesens beitragenden räumlichen Bindungen der privaten Haushalte und Unternehmen im Spannungsfeld von Globalisierung und Individualisierung zunehmend erodieren (vgl. Daly, 1999; Pfeiffer, 2000; Sölle, 1999), scheint sich dagegen zu bestätigen. Denn wenn aus

---

[494] Die geringe Breitenwirkung des Prozesses wird in diesem Kontext auch darauf zurückgeführt, dass jede Stadt mangels einer landes- oder bundesweiten werbewirksamen Öffentlichkeitsarbeit, auf sich allein gestellt ist (vgl. Stadt Münster, Vrl.393/1999, S.21).

[495] In diesem Kontext ist von Bedeutung, dass konkrete Ideen zu einer sektoralen, regionalen umwelt- und sozialverträglichen Strukturpolitik zur Rückgewinnung territorialer Handlungsautonomie zwar bereits vor der Rio Konferenz zu Beginn der 90er Jahre entwickelt, jedoch kaum aufgegriffen wurden (vgl. Bollmann, 1991).

[496] Mit Blick auf die Beschränkung der Handlungs- und Gestaltungsautonomie der Kommunen sind vor allem die Regelsetzungen der übergeordneten Ebenen, angefangen von Bezirks-, über Landes-, und Bundesregierung bis hin zur europäischen Ebene zu nennen.

Stadtbürgern bloße Stadtnutzer werden und Verbands- bzw. Ratsvertreter sich primär an Standortvorteilen und -nachteilen im regionalen Wettbewerb ausrichten, dann greift der Konsultationsansatz für eine zukunftsfähige Entwicklung auf lokaler Ebene ebenso wie eine Erweiterung der kommunalen Steuerungspotentiale ins Leere.

Vor diesem Hintergrund ist Barber mit Blick auf das Konzept einer starken Demokratie zuzustimmen, wenn er konstatiert, dass vernünftige und tragfähige politische Entscheidungen nur dann aus lokaler Partizipation und in diesem Sinne konzipierten neuartigen kommunalen Steuerungsansätzen erwachsen können, wenn diese lokale Kontextsteuerung mit den übergeordneten vertikalen Politikebenen verbunden ist (Barber, 1994, S.261ff.). In die gleiche Richtung argumentiert auch Hunold, der für eine „transnationale Handlungsorientierung lokaler Demokratie" plädiert und den lokalen Kontext weniger als Handlungsraum, denn als Mobilisierungsbasis für örtliche Demokratisierungsbewegungen verstanden wissen will (Hunold, 1996, S.557f.). Er verkehrt den lokalen Agenda-Slogan »global denken lokal handeln« zu »lokal denken und global handeln« und macht so zu Recht darauf aufmerksam, dass eine rein lokal ausgerichtete Handlungsorientierung die globalen neoliberalen Prämissen allein kaum außer Kraft zu setzen vermag (vgl. ebd., 1996, S. 558). Vielmehr erscheint es notwendig, alle verbliebenen Möglichkeiten zu nutzen, um einen langfristig angelegten Handlungszusammenhang der gesellschaftlich relevanten Akteurgruppen zu konstituieren, der eine adäquate, gemeinwohlorientierte Behandlung der Ursachen unserer gesellschaftlichen Krisenphänomene auf den unterschiedlichsten politischen Ebenen zum Ziel hat.

Der nordrhein-westfälische Ansatz, den kommunalen Agendabestrebungen und der Agendathematik durch die Aufstellung und Etablierung einer Landes-Agenda in NRW, das Förderprogramm »Stadtentwicklung von unten«[497] sowie die neu gegründete Stiftung »Umwelt und Entwicklung NRW«[498] Rechnung zu tragen, ist in diesem Kontext zu begrüßen. Es steht allerdings zu befürchten, dass die damit evtl. erzielte Breitenwirkung

---

[497] Am 4. April 2001 stellte Minister Vesper in Köln das neue Förderprogramm "Stadtentwicklung von unten" des Ministeriums für Städtebau vor. Das Land NRW stellt für das vierjährige Programm 40 Mio. Mark zur Verfügung. Ziel ist es, die Bevölkerung an der Verbesserung der städtischen Infrastruktur zu beteiligen und zu mehr Eigenverantwortung zu ermutigen. Gefördert werden Projekte, die einen öffentlichen Nutzen für die Kommune bringen: für das soziale und kulturelle Zusammenleben im Stadtteil, für den Aufbau neuer Formen bürgerschaftlichen Engagements, für Selbst- und Nachbarschaftshilfe und für interkulturelle Gemeinschaftsprojekte, die Migranten in ihrem Stadtteil aufbauen wollen. Zudem soll das Programm eine Anschubfinanzierung für Agendaprojekte ermöglichen.

[498] Im Jahr 2001 erhält die Stiftung »Umwelt und Entwicklung NRW« 12,7 Millionen Mark aus den Erträgen der Oddset-Wetten. Das ergaben die Koalitionsberatungen zur Verteilung der Erträge. Die Mittel stehen für Agenda-21-Initiativen, Umweltverbände und Eine-Welt-Gruppen zur Verfügung.

zu spät für die zahlreichen, unterdessen beendeten bzw. abgebrochenen lokalen Agendaprozesse kommt. Zudem bleibt die Vernetzung der Landes- und kommunalen Ebene weiter unklar. Wie Bundes-, Landes- und kommunale Strategien zur demokratischen Partizipation aufeinander abgestimmt werden können, stellt sich dbzgl. auch als Forschungsaufgabe. Denn erst die Erforschung von Synergieeffekten der vertikalen Politikverflechtung eröffnet letztlich die Chance, demokratische Partizipation und effektive Steuerung auf heterarchischen Ebenen (praxisorientiert) zu diskutieren.

Allerdings möchte ich in diesem Kontext die im Rahmen der qualitativen Erhebung formulierte Forderung, die Mittelvergabe der kommunalen Förderprogramme des Landes an die Etablierung kommunaler Mitbestimmungsverfahren zu knüpfen, aufgreifen. Denn wenn die Mittelvergabe mit der Verpflichtung zu einer frühzeitigen, wirkungsvoll integrierten Bürgerbeteiligung verbunden wäre, könnten sich kommunale Beteiligungsverfahren - auch unabhängig von der lokalen Agenda - zu einem Selbstläufer auf kommunaler Ebene entwickeln[499]. Um eine fruchtbare vertikale Zusammenarbeit der politischen Ebenen zu ermöglichen, erscheint es zudem sinnvoll, die Durchlässigkeit für aufwärtskompatible Rückwirkungen kommunalen Vorgehens auf zentralere politische Ebenen zu erweitern (vgl. Engelhard, 1998, S.31)[500].

Die derzeitige Entwicklung weist jedoch in eine andere Richtung. Abgesehen von der Abwärtsdelegation politischer Verantwortlichkeit durch eine vermehrte Kommunalisierung öffentlicher Zuständigkeiten (vgl. Kap. 2.3.1) kommt die zunehmende Rückführung der Staatsaufgaben im Zuge von Lean Government, quer über alle vertikalen Ebenen auf den polizeistaatlichen Kern innerer und äußerer Sicherheit, einem fortschreitenden Degenerationsprozess demokratischer Gestaltungsmacht gleich[501]. Daraus leitet sich von Neuem die Notwendigkeit ab, den Möglichkeitsraum einer der »Zukunft fähigen« Entwicklung offen zu legen und zugunsten gravierender Strukturveränderungen sozial-

---

[499] Allerdings gelte es, die Ausschreibungsbedingungen für die Mittelvergabe so zu strukturieren, dass den beteiligten Bürgern und Verbänden auch eine echte Mitbestimmungschance gewährt würde, so dass nicht nur im Verfahren, sondern auch im Ergebnis einer Planung die Berücksichtigung der Vorstellungen der Beteiligten nachgewiesen werden müssten.

[500] Denn „derzeit lässt sich an der Entwicklung der Europäischen Union (EU) zeigen, dass strukturelle Demokratiedefizite existieren und zunehmen. Die Verlagerung lokaler bis nationaler Entscheidungskompetenzen auf die europäische Ebene führt dazu, dass die Mitsprachemöglichkeiten betroffener Bürger abnehmen und die Distanz zu den eigentlichen politischen Entscheidungsträgern wächst" (Vandamme, 2000, S.197).

[501] Getragen wird diese Entwicklung von einem überwiegend passiven Volk von »Idioten« (idiotes gr.: Privatmenschen), das dem Ideal eines apolitischen homo oeconomicus alle Ehre macht.

ökologischer Potenz abzustecken[502]. Denn „die Zukunft ist kein unglücklicher Fehler, den man nur korrigieren muß. Sie ist eine zwangsläufige Entwicklung für die die Weichen schon lange gestellt sind und die sich konsequent aus den Strukturen der Gegenwart ergibt" (Spehr, 2000, S.56). Vor diesem Hintergrund erscheint insbesondere ein axiomfreier kontroverser Diskurs darüber »wie wir leben wollen«, »was wir für gut und sinnvoll erachten« und was dbzgl. zu ändern ist, auf allen politischen Ebenen unabdingbar, um den „vordergründigen Konsens über das rhetorische Megaziel der Nachhaltigkeit zu hinterfragen" (Burmeister, Canzler, Kalinowski, 1996, S.226). Es geht um ein gleichberechtigtes Streiten zur Auslotung der Potentiale einer zukunftsfähigen Entwicklung innerhalb des Referenzrahmens, der durch die Verträglichkeitskriterien gesteckt ist, um aus den unterschiedlichen Auffassungen der Akteure sukzessive einen neuen Grundkonsens destillieren zu können[503]. Um die Voraussetzungen für derartige inhaltlich weitreichende Diskurse zu eruieren, sind jedoch weiterführende kommunikationsanalytische und strukturreflektierende Forschungen zu deliberativen Arrangements - unter Berücksichtigung etwaiger machtbasierter Exklusionsmechanismen - notwendig.

Inwiefern die Politikarena, die derzeit auf allen politischen Ebenen von wachstumsbasierten neoliberalen Policies und von der Akzeptanzbeschaffung für scheinbar unvermeidliche, einschneidende sozialstaatliche Strukturveränderungen geprägt ist[504], zugunsten eines Disputs um wünschbare Zukünfte und daraus ableitbaren adäquaten Gestaltungsoptionen reversibel ist, ist nach der Reflexion des kommunalen Agendaansatzes auf Basis der Untersuchungsergebnisse nicht abschließend zu beurteilen. Es bleibt jedoch die bittere Vorahnung, dass ein weiteres Fortschreiten auf dem Holzweg politischer Selbstentmündigung kaum aufhaltbar scheint. Auch die Anzeichen eines nur unzureichend vorhandenen Potentials zur demokratischen Selbstbestimmung, die neben der Effektivität neuartiger Verhandlungsarrangements eine „normative Identifikation

---

[502] In diesem Sinne erfordert eine zukunftsfähigere Entwicklung „die Einbettung verselbständigter wirtschaftlicher Aktivitäten in konkrete ökologische, soziale und kulturelle Zusammenhänge" (Hey/Schleicher-Tappeser, 1998, S.102).

[503] Denn die Leistungs- und Wachstumsmaxime des »Höher, Schneller, Weiter« der gegenwärtigen kapitalistisch geprägten Konkurrenzgesellschaften entbehrt mit Blick auf eine zukunftsfähige Entwicklung jeder Grundlage, wenn nicht zuvor die ziel- und problemorientierte Fragen des »Warum? Wohin? Wie?« gerade mit Blick auf eine zukunftsverträgliche Wirtschaftsweise beantwortet werden.

[504] Politik in diesem herkömmlichen Sinne wird „zum Chaos-Generator. Die Kunst des Möglichen produziert eine Unmöglichkeit nach der anderen" (Kamper, 1994, S.121).

des Einzelnen mit dem kollektiven Selbst" (Scharpf, 1993, S.26) voraussetzen würde[505], stimmt eher bedenklich. Zudem ist mit Blick auf die Konzeption deliberativer Arrangements den in der qualitativen Erhebung sichtbar gewordenen Wunschvorstellungen entgegenzutreten, dass sich ein gesellschaftliches Ordnungsmuster als eine Art »Gebrauchsanweisung für institutionalisierbare Regelsysteme« konstruieren ließe, welches einer gleichberechtigten, freieren Kooperation der beteiligten Akteure Geltung verschaffen[506] und auch eine politisch beachtete inhaltliche Auseinandersetzung über eine zukunftsfähige Entwicklung bzw. eine mittelfristig tragfähigeren Umgestaltung der Gegenwart ermöglichen würde.

Um jedoch bislang ungenutzte Potentiale auf der kommunalpolitischen Ebene auszuloten und nutzbar zu machen, ist u.a. der kommunalen »Experimentierklausel« gem. §126 GO NRW, die bisher nur affirmativ auf Verwaltungsmodernisierung und Steuerungsmodelle im Kontext neoliberaler Modernisierung beschränkt ist, Beachtung zu schenken. Denn mit Blick auf die experimentelle Erweiterung der kommunalen Ausgestaltungspotentiale einer zukunftsfähigen Entwicklung könnte es sich als fruchtbar erweisen, sie auch auf die Erprobung neuartiger mitbestimmungsbasierter, kommunalpolitischer Steuerungsoptionen auszuweiten. Diesen Aspekt werde ich im folgenden Ausblick nebst weiterer Konsequenzen aus den Untersuchungsergebnissen dieser Studie - nach einem zusammenfassenden Überblick der bisherigen Ergebnisse - zu »Bausteinen *für eine erfolgreiche lokale Agenda bzw. anderweitige kommunale Beteiligungsverfahren«* zusammenfassen, bevor Ansatzpunkte und Handlungsräume für einen zukunftsfähigen, selbstbestimmten Entwicklungsweg jenseits der institutionalisierten vertikalen politischen Ebenen entfaltet werden.

---

[505] Denn „ (...) je stärker akzentuiert die Identifikation ist, desto eher werden kollektivdienliche Leistungen freiwillig erbracht und Entscheidungen auch dann akzeptiert, wenn sie dem unmittelbaren Eigeninteresse zuwiderlaufen" (Scharpf, 1993, S.26).

[506] Dabei geht es um eine „Artikulation ohne Kooptation. Dieses Problem ist jedoch noch nicht gelöst; und es lässt sich auch nur durch die Interaktion zwischen Theorie und gesellschaftlicher Praxis lösen. Wenn dieses Problem nicht in Angriff genommen wird, dann wird die Alternative der Entwicklung nach menschlichem Maß auf einen Rückzugsmechanismus in den mikro-sozialen Räumen beschränkt bleiben und in dem größeren Bereich wird eine ausschließende Ordnung aufrecht erhalten, womit eine solche Alternative beendet würde, ohne über ihre reinen Absichten hinausgekommen zu sein" (Max-Neef/Elizalde/Hopenhayn, 1990, S.116).

Tardieu: „Unsere Siege
werden immer proviso-
risch sein."
Rieux: „Immer, ich weiß.
Aber dies ist kein Grund,
um nicht weiter zu kämp-
fen."
Camus, Die Pest

8 Ausblick

Wie bereits in den Schlussfolgerungen dargelegt, bot die Untersuchung der lokalen
Agendaprozesse ernüchternde Ergebnisse hinsichtlich einer Erweiterung der kommunalen Steuerungsfähigkeit und der bürgerschaftlichen Mitbestimmung. Neben der unzureichenden Vernetzung mit dem kommunalpolitischen System und den übergeordneten
politischen Ebenen spielten dabei vor allem die Exklusionsmechanismen, angewandt
von den Akteuren des politischen Systems und den bereits an etablierten Politiknetzwerken beteiligten Verbandsvertretern, eine zentrale limitierende Rolle. Die lokale
Agenda blieb auf einem nachrangig relevanten kommunalpolitischen Niveau und sowohl das partizipative Potential wie auch das thematische Potential des interpretationsbedürftigen Konzeptes einer zukunftsfähigen Entwicklung wurden kaum ausgeschöpft.
Zudem blieben attraktive mehrheitsfähige visionäre Ideen ebenso Mangelware, wie
öffentlichkeitswirksame, stadtrelevante und interessante Projekte, die dem Prozess
einen vitalisierenden Schub hätten verleihen können. Nicht zuletzt bot die konsensbasierte Konsultationsphase weniger den Raum für einen kollektiven Lernprozess mit
emanzipationsfördernder Wirkung, als mehr den Deckmantel für Optimierungsstrategi-
en von Partialinteressen und die Durchsetzung von »ein-stimmigen« Vetopositionen.
Doch obwohl die Chance zur intentionalen Mitbeeinflussung gesellschaftlicher Entwicklungsverläufe auf kommunaler Ebene damit nur unzureichend genutzt wurde,
stimme ich Jungk zu, dass es noch immer möglich ist, gegen die verhängnisvollen
gesellschaftlichen Krisentendenzen vorzugehen und sich eine andere gesellschaftspoliti-

sche Praxis (zumindest auf dezentraler Ebene) auszudenken und auch auszuprobieren (vgl. Jungk, 1991, S.310)[507].

Denn obwohl die Solidargemeinschaft zusehends zerfällt, staatliche soziale Sicherungspotentiale sukzessive abgebaut bzw. privatisiert werden, die soziale Disparität gesellschaftsdestruierende Ausmaße annimmt und alternative Ansätze sowie Widerstandshandlungen gegen die derzeitige Entwicklungsdynamik und ihre Policykonkretisierungen durch den hegemonialen neoliberalen Diskurs ausgehöhlt und notfalls durch polizeistaatliche Maßnahmen gebrochen werden[508] (vgl. Afheldt, 1994; Brie, 1996, S.190), sind Alternativen - von denen ich einige im Folgenden aufgreifen werde - noch denk- und machbar.

8.1   Bausteine für eine erfolgreiche lokale Agenda bzw. anderweitige kommunale Beteiligungsverfahren

Mit Blick auf die erarbeiteten Untersuchungsergebnisse gibt es zunächst deutliche Anzeichen dafür, dass auf kommunaler Ebene im Rahmen einer lokalen Agenda ein breiter öffentlicher Diskurs und ein strukturverändernder politischer Gestaltungsansatz ebenso wenig erreicht werden können wie auf den anderen politischen Ebenen. Lässt sich daraus die Konsequenz ableiten, dass eine Chance zur partizipativ-inhaltlichen Mitbestimmung auf kommunaler Ebene gar nicht bestand? Ich denke nicht, sofern man die unzureichende Ausnutzung partizipativer, verfahrens- und steuerungsspezifischer kommunalpolitischer Potentiale nicht mit dem Fehlen derselben gleichsetzt.

Anhand der Schlussfolgerungen kann man bereits erahnen, dass - neben makropoliti-

---

[507] Trotz der Zielkonflikte, die eine Umkehr der bisherigen destruktiven Entwicklungsdynamik problematisch erscheinen lassen, hält Jungk etwaig aufkommende Resignationsgefühle mit Blick darauf, dass es in der Geschichte immer wieder Wandlungen gab, die sich die Menschen zu jener Zeit nicht vorstellen konnten, für ahistorisch (vgl. Jungk, 1991, S.302f.).

[508] Als Beispiele für derartige polizeistaatliche Maßnahmen seien hier die Bekämpfung der Proteste gegen den Ausbau von Flughäfen (z.B. Frankfurt und Münster-Osnabrück) und Autobahnen (z.B. des Verbindungsstücks der A33 in Ostwestfalen) oder die Castor Transporte zur Aufrechterhaltung der »Restlaufzeit« der deutschen Kernreaktoren erwähnt.

schen Maßnahmen auf nationaler Ebene[509] - auf kommunaler Ebene durch eine effektivere Nutzung der partizipativen Kapazitäten von Beteiligungsmaßnahmen, durch die „Öffnung bislang geschlossener und verfilzter Politiknetzwerke im Vorfeld institutioneller Entscheidungen der Energie-, Verkehr-, Bau oder Industrieplanungen für ökologische Anspruchgruppen", soziale Anspruchsgruppen und unorganisierte Bürger (Jänikke, 1996, S.87), sowie durch demokratisch legitimierte Implementationsstrategien zur Umsetzung der erarbeiteten Ideen und nicht zuletzt durch einen breiteren öffentlichen Diskurs über die Bedeutung und Auslegung des interpretationsbedürftigen Zukunftsfähigkeitskonzeptes hinsichtlich einer zukunftsfähigeren Entwicklung mehr hätte bewirkt werden können.

Vor diesem Hintergrund werden nun, durch eine konstruktive Wendung der ermittelten Schwachstellen der empiriebasierten Untersuchungsergebnisse, Bausteine für eine erfolgreiche Gestaltung zukünftiger kommunaler Beteiligungsverfahren, ob sie nun unter dem Label der lokalen Agenda oder unter anderem Namen stattfinden mögen, zusammengetragen.

Dazu gilt es zunächst, durch organisatorisch-strukturelle Veränderungen in der Umsetzung eines umfangreichen Beteiligungsverfahrens wie der lokalen Agenda, aber auch durch die volle Ausnutzung des bestehenden Rechtsrahmens der GO/NRW, ein Höchstmaß an Mitwirkung bzw. kommunaler Mitbestimmung für Bürger und Verbandsvertreter zu erreichen.

Zunächst einmal lässt sich hinsichtlich der Ausgestaltung des Agendaprozesses auf der kommunalen Ebene konsta-

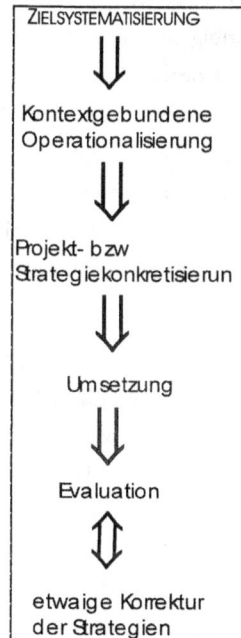

ZIELSYSTEMATISIERUNG

⇓

Kontextgebundene Operationalisierung

⇓

Projekt- bzw Strategiekonkretisierun

⇓

Umsetzung

⇓

Evaluation

⇕

etwaige Korrektur der Strategien

Abb. 7-1: Vorschlag für ein Ablaufschema einer lokalen Agenda
Quelle: Eigene Darstellung

---

[509] Dazu zählt z.B. auf nationaler Ebene die Etablierung einer Grundsicherung für alle Menschen, unabhängig von zuvor erworbenen Ansprüchen „nicht als Sozialpolitik, sondern als Grundbedingung für individuell freie Entscheidungen" (Spehr, 1999, S.262), um *eine* Voraussetzung dafür zu schaffen, den in der Untersuchung bestätigten Oberschichtakzent bei politischer Beteiligung abzubauen. Eine solche Grundsicherung unterschiede sich von der Sozialhilfe dadurch, dass „ihre Leistungen nicht gemäß dem bürokratisch festgestellten Bedarf der Individuen definiert werden, daß sie vielmehr ausschließlich das Mindesteinkommen garantiert, das »man« innerhalb der deutschen Gesellschaft benötigt, um sich in den gesellschaftlichen Meinungsbildungs- und Entscheidungsprozessen selbst zu vertreten" (Hengsbach/Möhring-Hesse, 1999, S.189).

tieren, dass den Erarbeitungsschritten einer zukunftsfähigeren kommunalen Entwicklung in der Konsultationsphase besondere Beachtung zu schenken ist. Mit Blick auf die
Ergebnisse der betrachteten lokalen Agendaprozesse erscheint insgesamt ein Vorgehen
sinnvoll (vgl. Ablaufschema Abb.7-1), bei dem nach der Systematisierung zukunftsbeständiger gesellschaftlicher Ziele[510], eine kommunale Operationalisierung derselben
angestrebt wird[511], um die Entwicklung zielkonformer Handlungs- und Projektstrategien
zu ermöglichen. Eine darauf basierende Umsetzung zumindest eines Teils der erarbeiteten bzw. relevanten Projektideen und Strategien ist für die Glaubwürdigkeit und den
Erfolg des Prozesses unabdingbar. Mittel- bis langfristig gilt es dann, im Rahmen eines
partizipationsbasierten politischen Rückkopplungsprozesses den Umsetzungserfolg zu
evaluieren, um eine zieladäquate Umsteuerung gewährleisten zu können[512].

Abgesehen von einer derartigen Optimierung des kommunalen Verfahrensablaufes und
einer damit verbundenen Ausschöpfung der beteiligungsbasierten Gestaltungspotentiale,
lassen sich weitere Bausteine nennen, die darauf aufbauen, dass Zweck, Zeitrahmen und
Umfang des kommunalen Beteiligungsverfahrens im Vorfeld bereits geklärt worden
sind:

- Zunächst macht es Sinn, eine eigene Geschäftsordnung für die Verfahrens- und Entscheidungsabläufe mit allen beteiligten Akteuren zu entwickeln, die bei unabweisbaren
  Bedarf oder auftauchenden Mängeln für weitere Veränderungen im Verlauf der Konsultationsphase offen sein muss. Dabei geht es vor allem darum, die Stellung und Bedeutung des Arrangements und der etablierten Gremien in Relation zu den klassischen
  politischen Akteuren zu klären. Die Etablierung eines heterogen besetzten Lenkungskreises aus Bürgern, Verbandsvertretern, Vertretern von NRO's und Verwaltungsvertretern für die Dauer des Beteiligungsvorhabens erscheint in diesem Kontext angebracht, um eine fortwährende Prozessbegleitung- und -evaluation absichern zu können.
  Nicht zuletzt ist eine hochrangige Person aus der Verwaltungsspitze (z.B. der/die Ober-

---

[510] Diesen querschnittsorientierten, zukunftsverträglichen Zielen kann auf kommunaler Ebene die Funktion zukommen, sektorale Einzelstrategien klassischer Zuständigkeitsprovenienz mittelfristig zusammen-
zuführen. Zur ausführlichen Darstellung der Funktion von Stadtutopien und -leitbildern vgl.
Reschl/Hermann, 2000.

[511] Das Leitbild ist dann in handlungsstrukturierende Qualitäts- und Reduktionsziele zu operationalisie-
ren, die als evaluierungsrelevanter Bewertungsrahmen für konkrete Programme und Projekte dienen
können.

[512] Ein solcher Evaluationsrahmen muss auch für notwendige Veränderungsansätze und -potentiale offen
sein, damit zeitnah aktuelle Herausforderungen an eine zukunftsfähige Entwicklung berücksichtigt
werden können (vgl. Erdmenger, 2000; Majer, 1998, S. 227f.).

bürgermeister/in) für die Schirmherrschaft oder besser den Verfahrensvorsitz zu gewinnen, um die nötige Anbindung des Verfahrens an die Verwaltung zu gewährleisten.

- Die Etablierung eines ständigen »Agendabüros« bzw. bei anderen Verfahren einer ähnlichen Anlaufstelle, zumindest aber die Einsetzung eines verantwortlichen Beauftragten an zentraler Stelle *innerhalb* der Stadtverwaltung, ist unabdingbar, um eine dauerhafte Absicherung des Agendaprozesses bürgernah institutionalisieren zu können.

- Für die Bekanntmachung der lokalen Agenda bzw. des kommunalen Beteiligungsvorhabens sowie für die begleitende Berichterstattung sind die verfügbaren kommunalen Medien wie Lokalradio, -fernsehen und die Lokalzeitungen frühzeitig einzubinden. Durch Offenheit, guten Informationsfluss und enge Zusammenarbeit der Verwaltung und der prozessverantwortlichen Gremien mit den Medien kann letztlich eine öffentliche Verfahrenstransparenz mitbewirkt werden.

- Bereits frühzeitig sind zudem evtl. vorhandene regionale oder landesrelevante Bezüge oder mögliche Anknüpfungspunkte zu ermitteln, um eine Stabilisierung und Dynamisierung des Prozesses durch Kooperationen auf Landes- und/oder regionaler Ebene zu erreichen.

- Notwendig ist es, eine sozial ausgewogene Repräsentanz der Bürgerschaft außerhalb der etablierten Kooperationen und Netzwerke zu organisieren, d.h. Beteiligungsformen zu schaffen, die besonders auf die Integration sozial Benachteiligter ausgerichtet sind. Dazu könnte im Vorlauf zu groß angelegten Bürgerbeteiligungsverfahren in den Stadtteilen mit entsprechenden Bürgerbeteiligungsverfahren experimentiert werden, um die inhaltlichen, methodischen und partizipativen Präferenzen der aktiven Bürgerschaft zu ermitteln und um den passiven Teil der Bürgerschaft durch zielgruppenspezifische Veranstaltungen - z.B. für alleinerziehende Väter bzw. Mütter, Sozialhilfeempfänger, Jugendliche o.ä. - einzubinden. Darüber hinaus sind in diesem Kontext auch projektbezogene Kooperationen mit Schulen und Lehrkräften anzustreben, um zum einen die Jugendlichen direkt zu erreichen und zum anderen auch, um darüber indirekt eine innerfamiliäre Diskussion anzustoßen, die eine größere Verbreitung des Themas in der Bevölkerung fördert.

- Zu oder vor Beginn einer partizipationsbasierten Konsultationsphase ist zunächst durch eine informative Inputphase ein intersubjektiv geteiltes Informationsniveau der Beteiligten zu gewährleisten. Auch wenn damit noch nicht die vorhandenen Disparitäten an

Macht- und Diskurseinfluss nivelliert werden, so kann zumindest die Grundlage für einen vergleichbaren prozessualen Ausgangspunkt bei den Teilnehmern geschaffen werden. Dies ermöglicht es, eine Verständigung darüber zu erzielen, was inhaltlich überhaupt Gegenstand der gemeinsamen Treffen sein soll.

- Im Zuge zukunftsfähiger Entwicklungsgestaltung bzw. Stadtplanung erscheint vor diesem Hintergrund neben der Entwicklung von konkreten Projekten eine parallele Zieldiskussion, wie z.B. in Bochum umgesetzt, sinnvoll. In diesem Kontext ist besonders eine Erarbeitung entsprechender *Leitziele* von Bedeutung, um für alle Teilnehmenden einen Bezugs- bzw. Bewertungsmaßstab z.B. für die Agenda-Konformität der erarbeiteten Projektideen zu etablieren. Aus einer qualifizierten Leitlinien- und Zieldiskussion könnten letztlich zudem entsprechende Evaluationskriterien für eine permanente Fortschreibung des Agendaprozesses generiert werden. Allerdings sollte dbzgl. gewährleistet sein, dass das so erarbeitete Leitzielraster vermittels anwend- bzw. überprüfbarer Indikatoren operationalisiert wird, damit die Leitziele auch eine kommunalpolitisch relevante Wirkung entfalten können und letztlich mehr wert sind als das Papier, auf dem sie geschrieben stehen. Denn nur dann erscheint die Investition der Beteiligten an Zeit, Energie und evtl. auch Geld gerechtfertigt.

- Ein geeigneter methodischer Ansatz für die Konsultationsphase des Arrangements ist überaus wichtig. Deswegen erscheint es angebracht, vorab *verschiedene Konzeptvorschläge unterschiedlicher Consultingfirmen bzw. Beratungsbüros* einzuholen sowie die methodische Kompetenz der evtl. verpflichteten Moderatoren bzw. Consulting Teams in die Beratungsphase einzubinden, gleichzeitig jedoch einem Methodendirigismus vorzubeugen. Anhand der Untersuchungsergebnisse lassen sich bereits an dieser Stelle folgende methodische Konsequenzen ableiten: Es erscheint sinnvoll, vor einer visionären Einstiegsphase, die sich in den untersuchten Fällen als positiv und motivierend erwies, eine Kritiksammlung, wie sie z.B. in der Zukunftswerkstatt angelegt ist, durchzuführen, um die kommunalen Missstände zu ermitteln und den Problemdruck der Teilnehmenden zu verringern. Danach geht es darum, die visionären (oder auch nur pragmatischen) Ideen der Beteiligten aufzugreifen und aus diesen - in Konfrontation mit der gegenwärtigen kommunalen Realität, den unterschiedlichen Partialinteressen und normativen Prämissen der Beteiligten - *mediativ* einen konstruktiven Kompromiss zu generieren. Denn die Untersuchungsergebnisse legen die Konsequenz nahe, in der Hauptverhandlungsphase ein Moderationskonzept zu verfolgen, in dem Kontroversen zugelassen, methodisch jedoch sinnvoll und inhaltlich fruchtbar - z.B. durch eine Meditation zu den antagonistischen Ansichten - genutzt werden. Selbst wenn es dadurch zunächst einmal zu Diskursblockaden u.ä. kommen mag, mutet dieser schwierigere Weg, der an Beteiligte und vor allem aber an die Moderation hohe Ansprüche hinsichtlich der Entwicklung einer *Streitkultur* stellt, als der einzig gangbare an, will man über Ergebnisse auf oder sogar unterhalb des kleinsten gemeinsamen Nenners in nahezu irrelevanten kommunalpolitischen Themenbereichen hinauskommen.

▪ Die Thematisierung bzw. *Einbeziehung stadtentwicklungsrelevanter Großprojekte* in den Konsultationsprozess erscheint überaus sinnvoll. Damit wird die inhaltliche Brisanz des Arrangements erhöht, was zwar *zunächst* u.U. zum Austritt einiger Verbandsvertreter führen könnte, *letztlich* jedoch - wie sich in Neuss und Bochum zeigte - zu einem größeren öffentlichen Feedback, zu einer stärkeren Bürgerbeteiligung und infolge dieser Konsequenzen auch zur stärkeren Teilnehmerbindung und zur Beteiligung von Wirtschafts- und Politikvertretern führt. Denn wenn relevante Aspekte der städtischen Politik evtl. vorentscheidend behandelt werden, können es sich die unterschiedlichen Gruppierungen nicht mehr leisten, dem Prozess fernzubleiben bzw. leichtfertig die Exit-Option zu wählen.

▪ Aus den Ergebnissen der Untersuchung ergibt sich auch, dass eine Umsetzung erster symbolträchtiger Projektideen bzw. Ergebnisse bereits während des kommunalen Beteiligungsverfahrens sinnvoll ist, um das *partizipationsfördernde Marketingsignal*: »dass man als Verfahrensbeteiligter etwas erreichen kann« medial nach außen in die breite Öffentlichkeit zu vermitteln und nach innen die Motivation der Beteiligten zu stabilisieren sowie nicht zuletzt um die Relevanz des Arrangements heraufzusetzen. Parallel dazu ist die Fortführung von langwierigeren sozial-, arbeitsplatz-, oder umweltrelevanten Projekten, Bau- und Infrastruktur oder Verkehrsvorhaben zu leisten.

▪ Bereits zugesicherte Verfahrensabläufe im Umgang mit den erarbeiteten Ergebnissen müssen eingehalten werden, wenn man das Vertrauen der Bürger in die Ernsthaftigkeit des Beteiligungsmodells nicht erschüttern will[513]. Darüber hinaus ist bereits zu Beginn des beteiligungsbasierten Prozesses der erwartbare Stellenwert bzw. der Umgang mit den zu erarbeitenden Ergebnissen den Beteiligten transparent zu machen, damit diese den etwaigen Nutzen ihres Engagements besser ex ante beurteilen können und etwaige -

---

[513] Diese selbstverständlich erscheinende Prämisse wurde beispielsweise in Münster dahingehend unterlaufen, dass die zugesicherte Einzelfallentscheidung über die erarbeiteten Projekte in den zuständigen Fachausschüssen unter Beteiligung der Ideengeber der jeweiligen Projekte zunächst nicht und auch nach dem öffentlichen Bürgerforum nur unzureichend eingelöst wurde.

sonst absehbare - Frustrationen infolge einer unzureichenden oder ausbleibenden Berücksichtigung der erarbeiteten Ergebnisse bzw. Projekte auf der kommunalpolitischen
Bühne, aus denen sich mittelfristig partizipationsaversive Konsequenzen für weitere
Beteiligungsmodelle ergeben könnten, weitgehend vermieden werden. Denn nur wenn
diese Rechnung ein positives Saldo für die Interessierten, die nach Kosten-Nutzen-
Abwägung über eine Beteiligung entscheiden, erhoffen lässt, ist mit einer breiteren Beteiligung der Bürger zu rechnen. Ansonsten können (auch langfristig) kostensparende
Konsequenzen einer effektiven, frühzeitigen Bürgerbeteiligung z.B. in Form der Verringerung der rechtlichen Einsprüche oder der Verzögerung von Planungen durch verschiedene Formen des Widerstandes (z.B. durch Proteste, Bürgerbegehren oder Bürgerinitiativen, Unterschriftenlisten und Eingaben an die Kommunalverwaltung), die
nicht nur hinsichtlich demokratietheoretischer Erwägungen (vgl. Kap. 2.4f.) sondern
besonders angesichts der leeren kommunalen Kassen zukünftig rein pragmatisch von
gravierender Bedeutung sein werden, destruiert werden.

- In diesem Zusammenhang ist es nach den Ergebnissen dieser Studie wichtig, eine *projektbezogene* Beschlussfassung im Rat zu erwirken. Damit werden nicht nur die z.T.
langwierig erarbeiteten Arbeitsergebnisse und das Engagement der Beteiligten gewürdigt, sondern es sollte damit auch eine *qualifizierte Ratsentscheidung* (nach vorheriger
Prüfung durch entsprechende Fachausschüsse) abgesichert werden.

- Nicht zuletzt ist der bereits in Kap.7 erwähnten *»Experimentierklausel«* gem. §126 GO/
NRW Beachtung zu schenken. Denn diese ist nicht zwangsläufig auf die bisherigen
Anwendungsfelder der Verwaltungsmodernisierung beschränkt (vgl. Kap. 2.3.3), sondern kann darüber hinaus auch zur Erprobung neuer Steuerungsmodelle zur Weiterentwicklung der kommunalen Selbstverwaltung eingesetzt werden (vgl. Collisi, 1996,
S.374f.). Dazu kann z.B. die Bildung und Institutionalisierung eines *Agendaausschus-
ses,* die Berufung von *Agendasachverständigen* (sachkundigen Bürgern) mit Beratungs-
bzw. Stimmrecht in vorhandenen Ausschüssen oder auch die Einrichtung *agendarelevanter hauptamtlicher Stellen in den verschiedenen Stadtteilen* zur Ermittlung des Bürgerwillens und zur Beratung der Bürger bzgl. vorhandener kommunaler Mitsprachemöglichkeiten bei konkreten Verbesserungsvorschlägen zählen. Voraussetzung dafür ist
die Lockerung der Personalausgaben betreffenden Haushaltsdisziplin, bzw. evtl. die Be-
antragung von Sondermitteln des Landes. All diese Maßnahmen wären insoweit durch
den §126 abgedeckt, als im Rahmen dieser *Experimentierklausel* das Innenministerium
des Landes „zur Erprobung neuer Steuerungsmodelle und zur Weiterentwicklung der

kommunalen Selbstverwaltung [....] im Einzelfall zeitlich begrenzte Ausnahmen von organisations- und haushaltsrechtlichen Vorschriften des Gesetzes oder der zur Durchführung ergangenen Rechtsverordnungen zulassen" kann (§1, Abs.1 GO/NRW). In diesem Sinne stimme ich dem interpretativen Gesetzkommentar von Collisi zu, die in diesem Kontext konstatiert: „experimentieren bedeutet vom allgemeinen Wortverständnis her, etwas auszuprobieren, um dadurch zu Neuem zu gelangen" (Collisi, 1996, S.375).

Insgesamt gilt es vor allem, den Rechtscharakter des Beteiligungsverfahrens und den kommunalpolitischen Stellenwert des Prozesses ex-ante abzuklären, nach außen transparent zu machen und damit das Verhältnis von repräsentativen und plebiszitären Mitwirkungs- und Entscheidungsverfahren unter kreativer Ausnutzung des rechtlich zugestandenen erörterten Experimentierraumes und der Verbesserung der Verfahrenseffizienz zu klären, um nicht nur die Steuerungspotenz sondern auch die Partizipationseffektivität derartiger Beteiligungsverfahren zu maximieren.

Darüber hinaus geht es im Zuge der Erörterung wünschbarer Entwicklungen unabhängig von der konkreten politischen Ebene[514] in allen beteiligungsbasierten Verhandlungsarrangements auch darum, Machtfragen zu stellen, angewandte Herrschaft, die z.B. in Form von Diskursstrukturierungen, Themenausblendungen und einer geringen politischen Wirkungstiefe der Beteiligung deutlich wird, aufzudecken und ihre methodischen Instrumente in der sozialen Praxis zurückzuweisen, um eine emanzipative Demokratisierung zu ermöglichen und sukzessive zu einer echten Gleichstellung aller Verhandlungspartner zu gelangen (vgl. Spehr, 2000, S.28f.)[515]. Vor diesem Hintergrund stimme ich Fietkau vollkommen zu, der die wichtigste Aufgabe künftiger sozialwissenschaftlicher Forschung und gesellschaftspolitischer Praxis darin sieht „(...) Formen einer gesellschaftlichen Ordnung zu suchen, die es begünstigen, offen und unverzerrt Probleme wahrzunehmen und ihnen flexibel und realitätsgerecht entgegenzutreten" (Fietkau, 1984, S.38). Dabei kommt es darauf an, die langfristigen Interessen des Gemeinwesens gegenüber den partikularistischen, kurzfristigen Interessen besser zu Geltung zu bringen. Inwieweit dies auch durch die von mehreren Autoren vorgeschlagenen Foren und Verfahren der »konstitutionellen« Dauerreflexion, die eine fallweise Adjustierung und

---

[514] Allerdings ist dies wohl auf der kommunalen Ebene aufgrund der direkten Möglichkeit zur Bürgerbeteiligung am leichtesten zu erreichen.

[515] Diese Option steht jedoch den Vitalitätserfordernissen beständiger Herrschaft antagonistisch gegenüber, denn „Herrschaft erfordert Dressur, das ständige Wiederverlernen 'dysfunktionaler' sozialer Fähigkeiten" (Spehr, 2000, S.56).

Balancierung von Teilhabeansprüchen, Themen und Entscheidungsprozeduren vorzunehmen hätten, gelingen mag (vgl. Stein, 1994; Theisen 1995; Wiemeyer 2000)[516],
bleibt offen.

Weil jedoch bisher direkte demokratische Mitwirkungsmöglichkeiten nicht nur auf
kommunaler sondern vor allem auch auf Landes-, Bundes- und supranationaler Ebene
defizitär sind, werden die Proteste gegen die vorherrschende gesellschaftliche Entwicklung seitens der NRO-Vertreter und politisch engagierter Bürger zunehmend dort-
hin getragen, wo Entscheidungen zur Verstetigung der Entwicklungsdynamik ohne
demokratische Partizipation gefällt werden. Das erfolgreiche Aufbegehren der NRO`s
gegen das MAI-Abkommen, die Proteste bei den WTO Treffen seit dem Gipfel Ende
1999 in Seattle oder bei den G8-Gipfeln zuletzt 2001 in Genua, die Erstellung des *Kai-
ros-Dokuments* für ein sozial gerechtes, lebensfreundliches und demokratisches Europa[517] und nicht zuletzt die international von Globalisierungsgegnern Zulauf erhaltene
Attac-Bewegung[518] sind erste Anzeichen dafür, dass sich zunehmend die aus den privaten Bezügen hervortretenden Akteure der scheinbaren »Eigendynamik der kapitalistischen Modernisierung«, die mit einer Verschlechterung lebensweltlicher Kontexte
großer Teile der Bevölkerung ebenso wie mit einer zunehmenden Umweltzerstörung
einhergeht, entgegenstellen. In diesem Zusammenhang erscheint es allerdings notwendig, sich in Erinnerung zu rufen, „(...) daß eine dem momentanen Protestbedürfnis
entspringende, aus unbewußten und unklar bleibenden Quellen stammende Negation
der bestehenden Verhältnisse nicht weit trägt und die Fundamente auch sehr unheiler
Gesellschaften nicht zu erschüttern vermag, selbst wenn der Protest noch so trefflich auf
einen Mißstand zielt. Erst das Eindringen in die Motive, die diesen Mißstand bewirkt
haben und ihn aufrecht erhalten, läßt es hoffnungsvoller werden, daß Kritik eine tiefere
Veränderung des Bewußtseins erwirkt" (Mitscherlich, 1990, S.295).

Darüber hinaus erscheint es hinsichtlich einer global zukunftsfähigeren Entwicklung
notwendig, die Bedingungen dafür zu schaffen, dass „(...) ein Bewusstsein kosmopoliti-

---

[516] Im nationalstaatlichen Kontext sind dabei verschiedene Modelle von einem „ökologischen Rat" (Stein,
   1994, S.256) über eine „Zukunftskammer" (Theisen, 1995, S.122f.) bis hin zu einem „Bündnis für
   Umweltschutz und zukunftsfähige Entwicklung" (Wiemeyer, 2000, S.142f.) vorgeschlagen worden.
[517] Dieses Dokument ist ein „Aufruf an die Glaubensgemeinschaften, Gewerkschaften, sozialen Bewegungen und andere interessierte Gruppen und Personen zur Bündnisbildung für die Befreiung vom
   Diktat der deregulierten globalisierten Wirtschaft und ihrer Konkurrenzkultur" (Junge Christen, 1998)
[518] *Attac*, die »Vereinigung für eine Besteuerung der Finanztransaktionen im Interesse der Menschen«
   wurde 1998 in Frankreich gegründet und hat unterdessen über 30.000 Mitglieder in über 26 Industrie-
   und Entwicklungsländern.

scher Zwangssolidarisierung entstehen kann" (Habermas, 1998, S.88). Eine basale
Voraussetzung dazu ist neben einem makropolitischen Paradigmenwechsel deswegen
vor allem eine einschneidende Wandlung des Bewusstseins der Bürger[519]. Denn partizipative Verfahren zehren letztlich von sozialen Voraussetzungen, die primär außerhalb
ihrer selbst sichergestellt werden müssen. Bei jedem teilnehmenden Akteur muss bereits
ein Bewusstsein geteilter Verantwortung und Kooperation für die kommunalen Belange
vorhanden sein, damit überhaupt ein Interesse entstehen kann, sich aktiv für die kommunalpolitischen Angelegenheiten i.S. einer Umorientierung in Richtung Zukunftsfähigkeit einzusetzen. „Eine solche Form der Gemeinsamkeit kann aber nur entstehen, wo
subpolitisch bereits eine Erfahrung der kommunikativen Verwiesenheit hat gemacht
werden können" (Honneth, 1999, S.64). An dieser Stelle gilt es, dem ethischen Fundament des Konzeptes einer zukunftsfähigen Entwicklung in Relation zu den derzeit
dominierenden gesellschaftlichen Werten und Normen besondere Beachtung zu widmen.

8.2 Ansatzpunkte für das Gelingen einer Transformation gesellschaftli-
cher Entwicklung

Wie schon an den Suffizienzforderungen (s.a Kap. 1.3.1) ersichtlich wird[520], lässt sich
aus der normativen Struktur des Konzeptes einer zukunftsfähigen Entwicklung die
Notwendigkeit eines Bewusstseinswandels, ausgerichtet auf eine handlungsleitende,
zukunftsfähige wertrationale Basis, ableiten (vgl. McCluney, 1994). Die individualethi-
schen Implikationen für eine zukunftsfähige Gesellschaft fasst Rasmussen in folgenden
sechs Punkten zusammen:

1. *Sustainablility* (intergenerationale Gleichheit der Chancen)

2. *Equity and sufficiency* (distributive Gerechtigkeit)

---

[519] Die Umorientierung bzw. Rückbesinnung auf selbstbestimmte gesellschaftliche Entwicklungspotentiale in deliberativen Arrangements beginnt letztlich bei der Selbstbestimmung des einzelnen Akteurs,
die o.g. Ansprüche an Verhandlungen in der gesellschaftspolitischen Praxis unter Androhung der Exit-
Option einzufordern.
[520] Denn zur Verringerung des Ausmaßes der Konsum- und Produktionstätigkeiten gibt es letztlich,
ungeachtet bereits vorhandener und hoffentlich fortschreitender technischer Effizienzsteigerungen, in
unseren wirtschaftsmächtigen Nordstaaten keine Alternative (vgl. Brand, 1997, S.22).

3. *Relationality and adaptability* (Vernetztheit und Anpassung an begrenzte Ressourcen)

4. *Frugality* (Genügsamkeit, Sparsamkeit, Mäßigung)

5. *Biodiversity* (Artenschutz und Aufrechterhaltung lebensfähiger Populationen incl. Mensch in gesunden Lebensräumen in der Zukunft als Wert)

6. Humility (Demut und Anerkennung der Grenzen des Wissens und Machens) (Rasmussen,1994, S.55).

Diese ethischen Implikationen einer zukunftsfähigen Entwicklung erscheinen nicht nur für eine Transformation der derzeitigen Entwicklungsdynamik, sondern auch zur Regeneration der sozialen Bestandvoraussetzungen der demokratischen Gesellschaft unabdingbar (vgl. Schmals-Bruns, 1995). Denn „die Stabilität liberaler Demokratien zehrt von den ethischen Bedingungen, die sie innerhalb ihres gewaltenteiligen Regelwerks selbst nicht hervorbringen können" (Dubiel, 1995, S.37). Zwar müssen auch politische Gestaltungsfreiräume und -potentiale eröffnet werden, damit Menschen mit Vertrauen in ihre Mitbestimmungsmöglichkeiten zu einer stärkeren Partizipationsaffinität veranlasst werden, doch gerade vor dem Hintergrund der überwiegend apolitischen oder von Politikverdrossenheit geprägten Haltung der Bürger (vgl. Wewer, 1998, S.119; s.a. Kap. 7.1) erscheint es notwendig, aus den ethischen Implikationen des Zukunftsfähigkeitskonzeptes eine Konversion der subjektiven Normvorstellungen und „Hintergrundüberzeugungen" (Habermas, 1981, S.191)[521] der Menschen zu problematisieren. Denn die von Rasmussen aus der Agenda 21 schlüssig abgeleiteten ethischen Maximen stehen vor allem mit den - nachfolgend genannten - schulisch tradierten, handlungsprägenden gesellschaftlichen Prinzipien in Konflikt:

- dem Selektionsprinzip (Leitsatz: »Nur das Starke und Gute kann überleben«)

- dem Leistungsprinzip (Leitsatz: »Jeder nach seiner Leistung«)

- dem Aktivismusprinzip (Leitsatz: »Müßiggang ist aller Laster Anfang«)

- dem Hierarchisierungsprinzip (Leitsatz: »Es gibt wertvolle und wertlose Menschen«)

- dem Egoismusprinzip (Leitsatz: »Du bist Dir selbst der Nächste«) (vgl. Dollase, 1998, S.15f.).

---

[521] Diese kulturspezifischen „Hintergrundüberzeugungen" (Habermas 1981, S.191) der Akteure strukturieren sich u.a. aus ethischen Einstellungen, ästhetischen Vorlieben und weltanschaulichen Prämissen und stellen sowohl einen Wahrnehmungsfilter wie auch den Bewertungsmaßstab für Erfahrungen und Informationen dar (vgl. Habermas, 1981, S.232f.).

Weil die gesellschaftlichen Problemfelder damit auch in der Gesamtheit persönlicher und gesellschaftlicher Lebensmuster zu finden sind, wird in diesem Kontext die Frage virulent, „ob überhaupt, und gegebenenfalls unter welchen Bedingungen und nach Überwindung welcher Dilemmata rationalen Handelns, eine Konvergenz der moralischen Kapazität von Individuen zur verantwortlichen Selbstbindung mit dem Bestand an nicht anders als eben moralisch zu bewältigenden gesellschaftlichen Strukturproblemen zu erwarten ist" (Offe, 1989, S.742).

Mit Blick auf den ersichtlich werdenden Kontrast zwischen diesen gesellschaftlichen Prinzipien und den ethischen Implikationen einer zukunftsfähigen Entwicklung stimme ich Dollase zu, dass es Ansatzpunkte für eine Irritation des gegenwärtigen gesellschaftlichen Funktionszusammenhanges zu suchen gilt. Eine Irritation des gesellschaftlichen Funktionszusammenhanges heißt nicht, „dass es zu einem gewaltsamen Umsturz kommen müsste, sondern nur zu einer Irritation, zu einem Umdenken" (Dollase, 1998, S.17). In diesem Sinne lässt sich aus der ethischen Dimension der lokalen Agenda letztlich die Notwendigkeit zu einem Einstieg in eine *reflexive Experimentiergesellschaft* ableiten[522].

Hinsichtlich der Ausschöpfung entwicklungsrelevanten sozialen Kapitals gilt es, die Maxime eines erfolgreichen Managements: „Denken, was andere nicht denken. Suchen, wo andere nicht suchen. Machen, was andere nicht machen" (Sprenger, 2000, S.201) als Leitlinie wissenschaftlichen, politischen und sozialen Handelns einzulösen[523]. Denn wo Visionen zur Utopie werden, ist Leben langfristig nicht mehr möglich oder anders ausgedrückt: „Wer heute keine phantasievollen Träume für ein gutes Leben formulieren kann, hat im Prinzip die Möglichkeit jeglichen Lebens für die Zukunft bereits preisgegeben" (Buckmiller, 1997, S.49).

Um das soziale Kapital der verschiedenen gesellschaftlichen Akteurgruppen und der Bürger für die Ausgestaltung einer zukunftsfähigere Entwicklung freizulegen, erscheint mir sowohl ein *Empowerment* der unorganisierten Bürger i.S. einer Befähigung und

---

[522] Mit Blick auf die *Reflexion* der experimentellen Ansätze gewinnen auch existenzielle Fragen, die den reibungslosen Ablauf des modernen Lebens bisher lediglich zu stören schienen, wie: „Wie werden wir frei? Wovor haben wir Angst? Woran sind wir schuld? Wie halten wir es miteinander aus? Wann sind wir wir selbst?" (Spehr, 1999, S.39f.) wieder an Bedeutung.

[523] In diesem Zusammenhang werden von verschiedenen Autoren Leitbilder und zukunftsfähigere Ordnungsprinzipien vorgeschlagen, die auf Entschleunigung, kulturelle Vielfalt, Kreativität, Lern- und Wandlungsfähigkeit, aktivem Tätigsein und Wertschätzung jenseits der Reduktion auf Leistungsvergleiche ausgerichtet sind (vgl. Breuer, 1992, S.131f.; Busch-Lüthy, 1992, S.12; Spehr/Stickler, 1997, S.23f.).

Stärkung, die eigenen Ansichten in öffentliche und politische Prozesse einzubringen, wie auch die sukzessive Durchsetzung vergleichbarer Verhandlungspositionen der heterogenen Akteure von besonderer Bedeutung. Denn anhand der untersuchten lokalen Agendaprozesse wurde deutlich, dass eine bürgerschaftliche Mitbestimmung nicht allein durch eine beteiligungsbasierte Demokratisierung erreicht werden kann, sondern dass bei (formalisierten) partizipativen Verfahren vor allem die Substanz der Beteiligung kritisch in den Blick zu nehmen ist. Ein besonderes Augenmerk ist der Art der Interaktion zu widmen, denn es ist ausschlaggebend, ob bzw. inwieweit ein Mehr an Beteiligung ein Mehr an Mitbestimmung und Selbstbestimmung der Beteiligten und eine offene Auslegung der Verträglichkeitskriterien ermöglicht oder nur eine unbedeutende partizipative Ergänzung unangetasteter politischer Strukturen darstellt. In diesem Kontext bin ich wie Spehr der Ansicht, dass eine »freie Kooperation« zwischen allen Beteiligten als ein zentraler Bewertungsmaßstab für die Qualität partizipativer Verfahren fungieren kann. Denn „weder die »ideale Sprechsituation« Habermas' noch Rawls fiktive Rekonstruktion dessen, was wir objektiv wollen müssen, können uns die Entscheidung abnehmen, ob wir die aktuelle Realität einer Kooperation akzeptieren oder ablehnen" (Spehr, 2000, S.41). Diese »freie Kooperation« liegt nach Spehr vor, wenn:

- „die überkommene Verteilung von Verfügungsgewalt, Besitz, Arbeit und die überkommenen Regeln nicht sakrosankt sind, ihnen also kein »höheres Recht« zukommt, sondern sie vollständig zur Disposition stehen, d.h. von den Beteiligten der Kooperation jederzeit neu ausgehandelt werden können;

- alle Beteiligten frei sind, die Kooperation zu verlassen, ihre Kooperationsleistung einzuschränken oder unter Bedingungen zu stellen, und dadurch Einfluss auf die Regeln der Kooperation zu nehmen;

- alle Beteiligten insofern gleich sind, als sie dies zu einem vergleichbaren und vertretbaren Preis tun können; d.h. dass der Preis dafür, die Kooperation zu verlassen bzw. die eigenen Kooperationsleistungen einzuschränken oder unter Bedingungen zu stellen, für alle Beteiligten ähnlich hoch (oder niedrig), aber auf jeden Fall zumutbar sein muss" (Spehr, 2000, S.23).

Diese Art der Kooperation erfordert von den beteiligten Akteuren ein hohes Maß an Selbstreflexion, Empathie und Selbstbewusstsein, „Dinge beim Namen zu nennen und sich von Unterschieden an Erfahrung, Wissen und »Dienstalter« nicht einschüchtern zu lassen. Sie befürwortet eine Haltung der »agency«, der aktiven Einflußnahme auf die eigene soziale Umwelt, anstatt davon auszugehen, das gehe einen alles nichts an oder irgend jemand werde es schon richten. Und sie erfordert und fördert die Fähigkeit zur Unabhängigkeit, die der Disloyalität zum Bestehenden entspricht - die Bereitschaft, seine Kooperationsleistung unter Bedingungen zu stellen und gegebenenfalls aufzukündigen, auch wenn dies immer mit materiellen und emotionalen Risiken verbunden ist" (Spehr, 1999, S.302f.). Als begünstigenden Faktor, um ungleiche Verhandlungschancen zu minimieren, bedarf eine derartige »freie Kooperation« einer Politik, welche „die äußeren und inneren Voraussetzungen des »vergleichbaren und vertretbaren Preises« durchsetzt" (Spehr, 2000, S.12). Doch darüber hinaus steht vor allem die Selbstbestimmung der Akteure im Mittelpunkt. Diese erfordert jedoch eine Autonomie und politische Mündigkeit, die gegenwärtig nur von wenigen Menschen eingelöst werden kann (vgl. Fromm, 1998).

Deswegen möchte ich den weiteren *Ausblick* nicht auf theoriebasierte Steuerungs- bzw. Politikmodelle, sondern auf konkrete praxisrelevante Ansatzpunkte für das Einüben einer freien Kooperation und für dezentrale Veränderungspotentiale jenseits der politischen Kontextsteuerung und der tonangebenden Herrschaftsdiskurse richten. Denn ich teile die Ansicht Spehrs, dass die Befreiung aus der vorherrschenden Entwicklungsdynamik weniger darauf gründet „Modelle zu entwerfen, sondern diese gesellschaftliche Praxis zu verändern" (Spehr, 2000, S.25). In diesem Sinne stehen im Folgenden alternative *Ansätze* einer »*Gegenpraxis*« durch eine erweiterte, *praxisbezogene »politische Bildung«*, um ein Interesse an politischer Mitgestaltung und Kompetenz zur Mitbestimmung bereits bei jungen Erwachsenen zu begründen und zu wecken, sowie *alternative gesellschaftspolitische und sozietätsstiftende Projekte* (z.B. zur Verbesserung regionaler Wirtschaftsmodelle und zur Verringerung der sozialen Disparität) als Ansatzpunkte einer Revitalisierung von Mitbestimmungsaffinität, Gestaltungswillen und Mündigkeit im Vordergrund.

8.2.1 Implikationen für die schulische politische Bildung: freie Lernprozesse und Erprobungsräume zur Vorbereitung einer freien Kooperation

Im Rahmen der Untersuchung wurde deutlich, dass besonders die Beteiligung Jugendlicher am lokalen Agendaprozess überaus defizitär blieb. Nun mag das unter anderem an

den apolitischen Präferenzen der Jugendlichen liegen oder an ihrem Gespür, in punkto
Mitbestimmung doch letztlich wieder vor den Toren der politischen Gestaltung zu
bleiben (vgl. Erziehung und Wissenschaft, 2001)[524]. Mir erscheint es jedoch unabhängig
davon, welche der Erklärungsansätze besser greifen mögen, sinnvoll, die Ansätze der
klassischen »Umweltbildung« hin zu einer praxisbezogenen, politischen Bildung auf
der Plattform des Konzeptes der zukunftsfähigen Entwicklung zu erweitern bzw. zu
reformieren. Diese Herausforderung, die ansatzweise bereits in der Agenda 21 angelegt
ist[525] und in den neueren Beiträgen zur Didaktik einer Umwelt- und zukunftsfähigen
Bildung weiterentwickelt wurde (vgl. Beyer, 2000; Bolscho, 2000; Reißmann, 2000), ist
in der konkreten Schul- und Unterrichtspraxis aufzugreifen. Denn partizipativ relevante
Erprobungsräume zur Selbst- und Mitbestimmung müssen „in den Schulen vorbereitet
werden, indem durch die Lehr- und Lernprozesse etwas von dem erfahrbar wird, was als
Idee für alle Menschen Geltung gewinnen soll" (Beyer, 2000, S.14)[526].

Auch wenn aus der umweltpsychologischen Forschung bekannt ist, das weder das Wissen über Umweltzustände und gesellschaftliche Probleme noch die persönliche Betroffenheit in nennenswertem Ausmaß das Verhalten beeinflussen und Verhaltensänderungen multifaktoriell bedingt sind (vgl. Dollase, 1998, S.8), gilt es dennoch die begrenzte
Reichweite pädagogischer Maßnahmen zu nutzen. Eine schulisch integrierte, zu-
kunftsoffene und gegenwartskritische politische Bildung[527] könnte in diesem Kontext als
Einstieg in das multifaktorielle Kausalnetz zur Umorientierung auf ein zukunftsfähige-
res Verhalten, eine biographische Tradition der Thematik einer »zukunftsfähigen Entwicklung« begründen, die Basis für eine stärkere Autonomie und Selbstbestimmung
durch projektbezogene, schülerorientierte Lernprozesse schaffen sowie Erprobungsräume zum Einüben der freien Kooperation bieten und damit die Grundlage zur Systemir-

---

[524] Diese letztgenannte Annahme wird dadurch bestätigt, dass sich Jugendliche sehr wohl bei konkreten,
   zeitlich begrenzten Protest- und Beteiligungsmöglichkeiten engagiert zeigen (vgl. Erziehung und Wissenschaft, 2001, S. 8f.).
[525] Im Rahmen des Agenda 21-Dokumentes wird der Schulbildung hinsichtlich der Umorientierung auf
   die ethischen Prinzipien und der Vermittlung der Inhalte einer zukunftsfähigen Entwicklung eine bedeutende Funktion zugemessen (vg. Kap.36 der Agenda 21). Dabei wird auf die Notwendigkeit zu einem »Bewusstseinswandel« durch adäquaten Schulunterricht i.S. partizipativer Projekte und innovativer Lehrmethoden verwiesen.
[526] Auch wenn die Bürger kaum mehr die Zeit und die Fachkompetenz für eine aktive Beteiligung an den
   partizipativ geöffneten deliberativen Verfahren aufbringen, so gilt es zumindest, die *Interventionsfähigkeit* der Bürger als Zielsetzung schulischer politischer Bildung zu kolportieren (vgl. Breit, 2000, S.133).
[527] Der Regelschule kommt aufgrund der Schulpflicht und damit der Erfassung aller Jugendlichen eine
   besondere Bedeutung zu.

ritation der geltenden schulischen und gesellschaftlichen Prinzipien legen (vgl. Dollase, 1998, S.20f.).

Die ethischen Implikationen einer selbstbestimmten, individuell und gesellschaftlich zukunftsfähigen Entwicklung mit den normativen Hintergrundüberzeugungen der Menschen in Kontakt bzw. Auseinandersetzung zu bringen, lässt sich jedoch nicht über ein direktes Unterrichten ethischer Prämissen bzw. über die Vermittlung moralinsaurer Verhaltensregeln erreichen[528]. Es geht auch nicht um ein Training für von Politik und Gesellschaft vorgegebenen Zielen, sondern um die Förderung der verantwortlichen Selbstbestimmung, „die in der Auseinandersetzung mit Theorie und Praxis von Phänomenen, die für Lernende bedeutsam sind, anzubahnen" ist (von Hentig, 1996). „Das setzt voraus, dass Kreativität, Eigeninitiative, Organisationsphantasie im Erfinden von neuen Produktions- und Arbeitsprojekten, Unbotmäßigkeit und Mußefähigkeit von Kindesbeinen an maßgebende Werte der Erziehung, des Bildens und des Lernens sind" (Negt, 1997, S.20)[529].

Die Aufgabe besteht in diesem Kontext in der Entwicklung einer neuen Lernkultur mit innovativen Lernformen und -methoden unter Ausrichtung auf die Prinzipien der Handlungs-, Projekt-, Schüler-, Problemlösungsorientierung und der Selbstorganisation, um damit die Förderung von Phantasie und Kreativität, von problembezogenen Fach- und Orientierungswissen, methodischen Kompetenzen und von Konfliktfähigkeit sowie den Selbststeuerungs- und Selbstreflexionspotentialen zu ermöglichen (vgl. Reißmann, 2000, S.70f.).

---

[528] Die kontraproduktiven Wirkungen, Ethik direkt zu unterrichten und damit Bildungswissen im erzieherisch-moralisierenden Zugriff auf den Lernenden zu erzwingen, wird an der folgenden Beschreibung Martin Bubers transparent: „Ich versuche es meinen Schülern zu erklären, dass Neid schändlich ist, und schon spüre ich den heimlichen Widerstand derer, die weniger besitzen als ihre Kameraden; ich versuche zu erklären, dass es unanständig ist, den Schwächern zu schlagen, und schon sehe ich ein unterdrücktes Lächeln in den Mundwinkeln der Stärkeren; ich versuche zu erklären, dass Lüge das Leben zerstört, und etwas Furchtbares geschieht: der schlimmste Gewohnheitslügner in meiner Klasse schreibt einen glänzenden Aufsatz über die zerstörende Macht der Lügen. Ich habe den fatalen Fehler begangen, Ethos zu unterrichten, und was ich sage, wird als gangbare Kenntnismünze aufgenommen, nichts davon verwandelt sich in Substanz, die den Charakter aufbaut" (Buber, 1986, S.67; zit.n. Grammes, 1997, S.88).

[529] Ich stimme in diesem Kontext Bolscho zu, dass es vorrangig darum geht, geeignete Anlässe zu finden bzw. zu schaffen, um den Schülern die Möglichkeit zu geben, »sich zu bilden«, anstatt gemäß vorhandener Curricula »gebildet zu werden« (vgl. Bolscho, 2000). In diesem Zusammenhang nennt Möhring in seiner empfehlenswerten Arbeit als wichtige Elemente einer ganzheitlichen Bildung u.a.: Angstbewältigung und Verzweiflungsarbeit, das Einüben von Aufmerksamkeit und ein Freiraum zur meditativen Selbstbesinnung, Einübung selbstbestimmter Kooperation und persönlich bedeutsames Lernen (vgl. Möhring, 1997 S.145f.).

Im Rahmen eines zukunftsoffenen Bildungsangebotes besteht für die Lehrenden die Herausforderung darin, die Kernpunkte des sog. »Beutelsbacher Konsenses[530]«, die das Dissensgebot, das Indoktrinationsverbot und parallel dazu das Selbstbestimmungsgebot umfassen (vgl. Sander, 1997, S.9), im praktischen politischen und gesellschaftswissenschaftlichen Unterricht umzusetzen. In diesem Zusammenhang ist vor allem die notwendige didaktische Reduktion komplexer Themenbereiche dafür zu nutzen, vorhandene Kontroversen bzw. unterschiedliche normative Axiome aus unübersichtlichen sozioökonomischen (Macht-) Verhältnissen zu extrapolieren, anstatt unter dem Vorwand der Ganzheitlichkeit existente Unterschiede interpretationsbedürftiger Konzepte wie der »zukunftsfähigen Entwicklung« oder der »sozialen Gerechtigkeit« zu verdecken und „eine Kommunikationsstruktur des unaufgeklärten Missverständnisses aufrechtzuerhalten" (Grammes, 1997, S.86)[531].

Denn durch die polare Darstellung differenter politischer und wissenschaftlicher Standpunkte und Konzepte zu einem Themenfeld wird es den Schülern am ehesten möglich, eigene Standpunkte zu erarbeiten und die individuellen Ansichten mit Blick auf das dargebotene Spannungsfeld zu begründen, aber auch zu reflektieren. Um das Lernen für die Zensur zugunsten eines inhaltlichen Interesses aufzubrechen, gilt es zudem, sachfremde Gesichtspunkte des Lernens wie Notenkonkurrenz, Selektionsangst und Devotismus gegenüber den Lehrenden zu entwerten. Denn ansonsten findet „nur mehr entwertetes, nekrophiles Lernen statt, parzellierte Einheiten werden bis zur Nutzanwendung gespeichert, um sie danach sofort wieder zu vergessen" (Möhring, 1997, S.193).

Neben methodischen Ansätzen wie der Verhandlungssimulation und Planspielen zur Einübung des Umgangs mit kontroversen Lebenssituationen sowie freier Kooperation, bietet vor allem der Ansatz des versteckten Theaters[532] ein bisher schulisch ungenutztes Potential, um in der sozialen Realität nicht nur alltägliche Verhaltenstypen, monetäre

---

[530] Dieser Konsens wurde im Rahmen einer Fachtagung der Landeszentrale für politische Bildung Baden-Württemberg im Jahre 1976 erarbeitet und fand unter Pädagogen und Politikdidaktikern breiten Zuspruch (vgl. Grammes, 1997, S.81; Sander, 1997, S.9).

[531] „Mit dieser didaktischen Reduktion ist daher immer die Zuspitzung von Ambivalenzen mitzudenken" (Grammes, 1997, S.85). Damit sind die Ambivalenzen herauszupräparieren, die im politischen Kontext nicht jenseits des antagonistischen links-rechts-Schemas (vgl. Giddens, 1997), sondern zumeist auf der Spannbreite desselben zu verorten sind (vgl. Brie,1996, Negt, 1997; Rauter, 1988).

[532] Mit dem versteckten Straßentheater können die Beteiligten in verschiedenen Rollen neue soziale Situationen kennenlernen und ausprobieren. Es gilt, gesellschaftliche Lebensmuster darzustellen und damit offenbar werden zu lassen. Das Ziel besteht darin, Außenstehende in einen dramatischen Zusammenhang zu integrieren und Passanten oder andere Unbeteiligte zu Reaktionen zu veranlassen, die sie bei einer rein verbalen Diskussion kaum zeigen würden (vgl. Dritte Welt Haus Bielefeld, 1990, S. 157f.)

oder rassistische Exklusionsphänomene aufzudecken, sondern auch eine freie Kooperation »auf gleicher Augenhöhe« i.S. eines Probehandels unter realistischen Bedingungen im gesellschaftlichen Experimentierfeld einzuüben. Allerdings stößt die Anwendung derartiger Lehrmethoden bzw. Erprobungsräume - ebenso wie die Umsetzung von Komplexmethoden wie der Zukunftswerkstatt - an die Rahmenbedingung der schulischen Unterrichtsorganisation, Unterrichtsinhalte im 45-Minuten-Takt zu bearbeiten. Sie finden höchstens Eingang in schulische Projektwochen, sofern die Sach- und Methodenkompetenz der Lehrenden die Umsetzung derartiger Methoden in einer offeneren Unterrichtspraxis überhaupt zulässt.

Insgesamt bleibt festzuhalten, dass die Anforderungen einer zukunftsfähigeren Entwicklung auf die Ebene der politisch-schulischen Bildung heruntergebrochen, immer auch eine strukturelle Reform des Bildungswesens und der durch die Schule tradierten und damit reproduzierten gesellschaftlichen Prinzipien zugunsten der ethischen Schlussfolgerungen, die Rasmussen als Kerngehalt der Agenda 21 herausdestillierte und die auch seitens anderer Forscher bereits Bestätigung erfuhren (Dollase, 1998; Reißmann, 2000), impliziert. Dabei gilt es nicht zuletzt *in* wie auch *jenseits* der Schule weitreichende politische Mitbestimmungsräume für Kinder und Jugendliche zu etablieren, um die politische Mündigkeit als basale Voraussetzung einer stärker partizipatorisch orientierten Demokratie, dergemäß Demokratie nicht nur als Herrschafts- sondern auch als Lebensform aufgefasst wird, vorzubereiten. Weil jedoch eine so verstandene qualitative Änderung der schulischen Erziehung immer auch eine qualitative Änderung der Gesellschaft bedingt und hervorruft, besteht kaum die Aussicht, „dass sich eine solche Änderung organisieren und verwaltungsmäßig einführen lässt" (Marcuse, 1969, S.179). Wenn man dann noch berücksichtigt, dass in NRW 63,8% des Politikunterrichts *fachfremd* erteilt werden und der Vermittlung curricular vorgegebener Inhaltsbereiche i.d.R. noch immer prioritäre Bedeutung vor dem Erfahrungslernen zugebilligt wird (vgl. neue deutsche schule, 2001, S.10), wird vielmehr deutlich, dass für eine derartige Umorientierung der schulischen Bildung keine günstigen Aussichten bestehen.

8.2.2   Gesellschaftspolitische Projekte zur Revitalisierung alternativer Entwicklungspfade

Da vor dem Hintergrund der Untersuchungsergebnisse dieser Studie wie auch der aktuellen makropolitischen Situation[533] nicht zu erwarten ist, dass ein struktureller Wandel der gesellschaftlichen Entwicklung politisch »herbeigeführt« wird, und auch ein breiter gesellschaftlicher Konsens zugunsten einer Bearbeitung der gesellschaftlichen Problemfelder vor dem Hintergrund des medial gestützten »Herrschaftsdiskurses[534]« unrealistisch erscheint, gilt es initiativ auf dezentraler Ebene unterschiedlichste Ansätze einer sozialen »Gegenpraxis« zum vorherrschenden Entwicklungsmodell umzusetzen. Denn ein gesellschaftlicher Wandlungsprozess scheint (wenn überhaupt) nur durch kleine soziale Gruppen erreichbar zu sein, welche ihre Visionen konkretisieren und durch intersubjektiv getragene Allianzen handlungsrelevant verfestigen können (vgl. Heckmann/Spoo, 1997). Deswegen teile ich in diesem Kontext die Ansicht Schäubles, dass es überaus wichtig ist, den „Prozess der Ansammlung von sozialem Kapital in natürlichen Gemeinschaften nach Kräften" zu stärken und zu unterstützen (Schäuble, 1996, S.70). Dabei geht es um eine Stärkung lokaler Autonomie mit dem Ziel, kulturelle Vielfalt und differente Lebensperspektiven zeit- und akteursnah „in soziale und politische Projekte umzuwandeln, die innerhalb des nationalen Gesamtkontextes organisch miteinander verbunden sind" (Max-Neef/Elizalde/Hopenhayn, 1990, S.76). Denn mit Blick auf die Veränderung sozialer Praxis kommt den konkreten gesellschaftspolitischen Projekten eine besonders wichtige Vorreiterrolle für ein experimentelles Beschreiten alternativer Entwicklungspfade zu. In diesem Sinne regt auch Jungk in seiner »Streitschrift wider die Resignation« eine Erprobung neuartiger *sozialer Experimente* des gemeinschaftlichen Lebens, Arbeitens und Streitens an, um „im schwerfälligen Körper der Gesellschaft einen Heilungsvorgang anzuregen" (Jungk, 1988, S.99).

Als Beispiele aus dem Fundus kleiner Projektansätze im Sinne der Revitalisierung von Selbsthilfe und Kooperation seien hier *lokale Projekte* auf der Basis des klassischen Genossenschaftsgedankens (wie z.B. neuartige sozial-ökologisch ausgerichtete Dienst-

---

[533] In diesem Kontext sind die ernüchternden Verhandlungsergebnisse bzw. von Protesten begleiteten Treffen der Regierungschefs auf dem G8-Gipfel in Genua und die Weltklimakonferenz in Berlin im Juli 2001 zu nennen.

[534] Damit ist - wie bereits deutlich wurde - der dominierende politische bzw. öffentliche Diskurs gemeint, dessen Referenzebene die Stabilisierung der derzeitigen Entwicklungsdynamik ist (zu den Kennzeichen und Folgen der Entwicklungsdynamik vgl. Kap. 1.3f. und Kap. 2.1) und der von einer Exklusion oder Vereinnahmung »Andersdenkender« geprägt ist.

leistungs- und Produktivgenossenschaften), Experimente mit Tauschhandel und Gemeinschaftsnutzung (wie z.B. Car-Sharing und libertäre Leihbüchereien) und nicht zuletzt Mitwohnzentralen wie auch gemeinnützige Jobbörsen oder Beratungsdienste genannt (vgl. Heckmann/Spoo, 1997; Lepenies, 1994). Viele der sozialen Experimente, welche die Avantgarde in der gesellschaftlichen Neukomposition vielfältiger zukunftsfähigerer Arbeits- und Tätigkeitsformen bilden könnten, stehen jedoch unter dem Damoklesschwert, die Anforderungen „der persönlichen Daseinsvorsorge nicht autonom erfüllen zu können" (Burmeister, Canzler, Kalinowski, 1996, S.225). Deswegen gilt es, die von Erwerbsarbeit freigesetzte Lebenszeit als autonomen, selbstbestimmten Gestaltungsraum zurückzugewinnen. Denn mit der zumindest partiellen Entkopplung von Erwerbsarbeit und der gesellschaftlich garantierten persönlichen Mindestsicherung, stünden „die Grundlagen menschlicher Reproduktion in entwickelten hocharbeitsteiligen Gesellschaften zur Disposition" (Burmeister, Canzler, Kalinowski, 1996, S.225). Damit könnten Spiel- und Erprobungsräume für andere Tätigkeitsbereiche, für eine Neukombination von Familienarbeit, Heimarbeit, Eigenarbeit, Erwerbsarbeit, ehrenamtlicher Arbeit und zweckfreier Muße ausgelotet werden[535]. Diese visionäre Vorstellung wird jedoch durch die Forderung der Arbeitgeberverbände nach einer Rückkehr zur 40-Stunden-Arbeitswoche sowie der Streichung von Sonder- und Bildungsurlaub angesichts der diagnostizierten »*Konjunkturschwäche*[536]« zur Mitte des Jahres 2001 im Keim erstickt (vgl. Neue Westfälische vom 16.07.2001).

Wenn das soziale Reformpotential und die Option zum Empowerment sozial benachteiligter Akteure, die u.a. in Selbsthilfegruppen, Stadtteilorganisationen und Arbeitsloseninitiativen stecken, jedoch lediglich instrumentalisiert werden, um die scheinbar unabänderlichen Strukturprobleme wie z.B. Dauerarbeitslosigkeit und die zunehmende soziale Disparität abzupuffern, degenerieren die hoffnungsvollen Projekte zu Stabilisatoren einer gemeinschaftsdestruierenden, kapitalistischen Modernisierung, indem sie die soziale Befriedung einer sich herausbildenden Zweiklassengesellschaft vorübergehend absichern (vgl. Mayer, 1991, S.48).

---

[535] In diesem Kontext greifen auch reflexiv-emanzipativ ausgerichtete Bildungs- bzw. Selbsterfahrungsveranstaltungen, wie z.B. die mehrtägige Reflexionswerkstatt nach dem Konzept von Max Neef, in der die Unterschiede zwischen konsumabhängigen Präferenzen und originär menschlichen Bedürfnissen entwickelt und erfahrbar werden (Max-Neef/Elizalde/Hopenhayn, 1990, S.59f.).

[536] Diese wird auf Prognosen der Wirtschaftsinstitute zurückgeführt, dass das Wirtschaftswachstum in Deutschland im Jahr 2000 unter 2% liegen könnte.

Es bleibt allerdings zu hoffen, dass sich - angesichts der Anhäufung sozial und ökologisch bedenklicher Folgen unserer kapitalistischen Wirtschaftsweise - das Thema „einer
auch in die Struktur der Produktions- und Regulationsweise eingreifenden Gesell-
schaftsveränderung bald für immer mehr Menschen wieder stellen" wird (Greven, 1995,
S.34f.)[537]. Es bleibt jedoch, trotz der Kompromisseinigung auf der Weltklimakonferenz
2001 in Berlin, äußerst fraglich, „ob es den Demokraten gelingt, sich auch an die Spitze
dieser Unzufriedenheit zu stellen und entsprechende Lösungen - so etwas wie eine
demokratische Neuordnung der Gesellschaftsstrukturen - zu suchen" (ebd., 1995,
S.34f.)[538]. Dabei käme es in diesem Kontext darauf an, „politisch die Bedingungen dafür
zu schaffen, dass in Wirtschaft und Gesellschaft ein Wettbewerb um die Entdeckung
zukunftsfähiger Lösungen möglich wird. Notwendig sind gesellschaftlich-ökonomische
Suchprozesse statt kontraproduktive Rezepte und Verheißungen" (Maier-Rigaud, 1997,
S.279). Denn ich stimme Ullrich zu, dass ein Ausbruch gewalttätiger Auseinandersetzungen vorprogrammiert ist, „wenn der Industrialismus die vorindustriellen »sozialen
Ressourcen« erst genau so rücksichtslos ausgeplündert und erodiert hat wie die ebenfalls nicht von ihm erzeugten materiellen" (Ullrich, 1996, S.205).

Solange eine potentielle Änderung der vorherrschenden gesellschaftlichen Prinzipien
und Deutungsmuster jedoch als Weg in eine „Schmarotzergesellschaft" (vgl. Trechsel,
1994) diskreditiert wird und der Entwicklung des Bruttosozialproduktes und der Akti-
enkurse von Politik und Bürgern mehr Beachtung geschenkt wird als den umweltspezi-
fischen und sozialen Problemlagen, scheinen weder Diskursoffenheit noch Zukunftsper-
spektiven allzu weit zu reichen[539].

---

[537] Erste Anzeichen dafür sind u.a. die von ca. 200.000 Menschen getragenen friedlichen Proteste gegen
die nachteiligen Auswirkungen der politisch forcierten Globalisierung im Verlauf des G8-Gipfels Mitte
Juli 2001 in Genua.

[538] Meine Prognose ist deswegen pessimistisch geprägt, weil bisher alternative gesellschaftliche Ansätze
sowie weitreichende umweltpolitische oder sozialstaatliche Maßnahmen an der Blockadekoalition aus
Staat und Wirtschaft und apolitischen Privathaushalten scheiterten (vgl. Kramer, 1998, S.143).

[539] Eine Nichtbehandlung der gesellschaftlichen Problembereiche und der zu entwickelnden Lösungen ist
in diesem Kontext mit einem Votum gegen eine Transformation der vorherrschenden Entwicklung
zugunsten eines Status quo-stabilisierenden Strukturkonservatismus gleichzusetzen.

Es gibt nur zwei Sünden.
Zu wünschen ohne zu
handeln und zu handeln
ohne Ziel.

A.Rand

9 Schlussbemerkung

Ich bin mir durchaus bewusst, in dieser Arbeit auch einige neuralgische Punkte der gegenwärtigen gesellschaftlichen Entwicklung, der soziopolitischen Exklusionsmechanismen und der bislang eingeschränkten partizipativen Kapazitäten auf kommunaler Ebene tangiert zu haben. Das könnte zu nervösen Reaktionen der sich angesprochen Fühlenden führen. Aber es erschien mir vernünftiger, den wissenschaftlichen Zeigefinger in die Wunde vorhandener Steuerungs- und Partizipationsdefizite zu legen, denn als Hans im Glück einer scheinbar schönen neuen Welt die Laudatio des nicht zukunftsfähigen Zeitgeistes einzuwerben.

Wenn wir uns nicht weiter mit der trügerischen Etikette einer »zukunftsfähigen Entwicklung« begnügen wollen, wobei der Begriff lediglich in intellektuellen und linksgerichteten politischen Kreisen ein wenig Furore macht, während die reale Politik auf den ausgetretenen Pfaden der alten Entwicklungsdynamik wandelt (vgl. Sprenger, 1992), dann gilt es im Sinne Fromms aktiv tätig zu werden. Denn, auch wenn ich Schiller darin beipflichte, dass es unmöglich ist, "heute konkrete Modelle einer zukunftsfähigen neuen gerechten Gesellschaft zu entwerfen, weil der Weg dahin so lang und schwer sei und erst die Erfahrungen in diesem Kampf neue Möglichkeiten und Ideen hervorbrächten" (Schiller, 2000, S.144), so ist es dennoch möglich, „sich etwas anderes auszudenken; noch ist es möglich, etwas anderes auszuprobieren; noch ist es möglich, gegen die verhängnisvollen Entwicklungen anzugehen" (Jungk, 1991, S.310).

Dazu bedarf es eines Mutes und einer Kreativität gepaart mit der nötigen Muße, die feuilletonistisch gewendet z.B. in der Figur der *Momo* in Michael Endes gleichnamigen Roman erfahrbar werden. Zugleich geht es um eine Verringerung der weiteren Einschränkung des autonomen Selbst im Kontext anonymer Sachzwänge, die bei *Josef K.* in Kafkas Roman »Der Prozess« sichtbar werden. Denn „der Sieg über autoritäre Systeme aller Art wird nur möglich sein, wenn die Demokratie nicht den Rückzug antritt, sondern die Offensive ergreift und das in die Wirklichkeit umsetzt, was alle jene im Sinn hatten, die in den vergangenen Jahrhunderten für die Freiheit gekämpft haben" (Fromm, 1998, S.199). Deswegen möchte ich allen Menschen, die sich in diesem Sinne auf den Weg zur Befreiung und Selbstbestimmung machen, den Ausspruch von Morpheus an Neo zu Beginn seiner Befreiung aus dem Konstrukt der geltenden Herrschaftsstruktur in dem Film *»Matrix«* mit auf den Weg geben:

> **„Du wirst einsehen, dass es einen Unterschied macht, ob man den Weg nur kennt oder ob man ihn beschreitet!"**

Literatur- und Quellenverzeichnis

- Afheldt, H.: Wohlstand für Niemand? Die Marktwirtschaft entläßt ihre Kinder. Verlag Antje Kunstmann: München 1994

- Alemann, U.v.: Die Bedeutung vorparlamentarischer Beteiligungsformen für die kommunale Demokratie - Ein Überblick. In Stiftung Mitarbeit (Hg.): Bürgerbeteiligung und Demokratie vor Ort. Bonn 1997, S.9-31

- Altner, G.: Für eine dauerhaft umweltgerechte Entwicklung. Eine kritische Würdigung des Umweltgutachtens des Sachverständigenrates. In: Evangelische Akademie Baden (Hg.): Zukunft für die Erde. Nachhaltige Entwicklung als Überlebensprogramm. Bd.1: Dimensionen der ökologischen Krise. Herrenalber Protokolle, Band 109: Karlsruhe 1996, S.146-156

- Altvater, E.: Der Preis des Wohlstands oder Umweltplünderung und neue Welt(un)ordnung. Verlag Westfälisches Dampfboot: Münster 1992

- Apel, D.: Kommunale Verkehrpolitik. In: Roth, R./Wollmann, H.: Kommunalpolitik. Politisches Handeln in den Gemeinden. Bundeszentrale für politische Bildung: Bonn 1998 (2.Aufl.), S.599-615

- Apel, H.: Moderation - die Kunst, Gruppen zu produktiven Ergebnissen zu führen. In: Apel, H/Dernbach, D./Ködelpeter, T./Weinbrenner, P.(Hg.): Wege zur Zukunftsfähigkeit ein Methodenhandbuch. Stiftung Mitarbeit, Arbeithilfen Nr.19: Bonn 1998, S.17-25

- Arbeitsgruppe Bielefelder Soziologen: Alltagswissen, Interaktion und gesellschaftliche Wirklichkeit. Bd.1 und 2. Rowohlt Verlag: Reinbek bei Hamburg 1973

- Arbeitsgruppe Bielefelder Soziologen: Kommunikative Sozialforschung. Wilhelm Fink Verlag: München 1976

- Arndts-Haupt, M.: Lokale Agenda und Bürgerinnenbeteiligung: Frauenaktionsbündnis in Münster. In: Landesarbeitsgemeinschaft kommunaler Frauenbüros und Gleichstellungsstellen in NRW: Lokale Agenda 21 in NRW - Frauenwege. Dokumentation zur Tagung in Duisburg im April 1998, S.26-29

- Arnim, H.H.: Gemeinwohl und Gruppeninteressen. Die Durchsetzungsschwäche allgemeiner Interessen in der pluralistischen Demokratie. Alfred Metzner Verlag: Frankfurt a.M. 1977

- Articus, S.: Zukunft der Stadt? Stadt der Zukunft! In: der städtetag 10/2000, S.6-10

- Bachkaus-Maul, H.: Kommunale Sozialpolitik. Sozialstaatliche Garantien und die Angelegenheit der örtlichen Gemeinschaft. In: Roth, R./Wollmann, H.: Kommunalpolitik. Politisches Handeln in den Gemeinden. Bundeszentrale für politische Bildung: Bonn 1998 (2.Aufl.), S.689-702

- Barber, B.R.: Strong democracy: participatory politics for a new age. University of California Press: Berkeley 1984

- Barber, B.R.: Coca Cola und heiliger Krieg. Wie Kapitalismus und Fundamentalismus Demokratie und Freiheit abschaffen. Scherz Verlag: Berlin/München/Wien 1997 (2.Aufl.)

- Barbian, T./Zilleßen, H.: Neue Formen der Konfliktregelung in der Umweltpolitik. In: Aus Politik und Zeitgeschichte, Bd. 39-40, 1992, S.14-23

- Barbier, E.B.: The Concept of Sustainable Development. In: Environmental Conversation, Vol.14, No.2, Summer 1987, S.101-110

- Bartley, W.W.: Rationalität. In: Radnitzky, G. (Hg.): Handlexikon zur Wissenschaftstheorie. Dtv Verlag: München 1994 (2.Aufl.), S.282-287

- Beck, U.: Risikogesellschaft. Auf dem Weg in eine andere Moderne. Suhrkamp Verlag: Frankfurt a.M. 1986

- Beck, U.: Gegengifte. Die organisierte Unverantwortlichkeit. Suhrkamp Verlag: Frankfurt a.M. 1988

- Beck, U.: Die unvollendete Demokratie. In: Beck, U. (Hg.): Politik in der Risikogesellschaft. Suhrkamp Verlag: Frankfurt a.M. 1991, S.196-201

- Beck, U.: Abschied von der Abstraktionsidylle. Die Umweltbewegung in der Risikogesellschaft. In: Politische Ökologie Nr.31, Mai/Juni 1993, S.20-24,

- Becker, E.: Risiko Gesellschaft. Ökologische Wachstumsbegrenzung oder gesellschaftliche Entwicklung?. In: Becker, E. (Hg.): Soziale Ökologie und Sustainable Development. Jahrbuch für sozial ökologische Forschung Nr.3: Frankfurt a.M. 1997

- Becker, G.S.: Der ökonomische Ansatz zur Erklärung menschlichen Verhaltens. Mohr Verlag: Tübingen 1993

- Becker, G.S.: Familie, Gesellschaft und Politik - die ökonomische Perspektive. Mohr Verlag: Tübingen 1996

- Beisheim, M./Dreher, S./Walter, G./Zangl, B./Zürn, M.: Im Zeitalter der Globalisierung? Thesen und Daten zur gesellschaftlichen und politischen Denationalisierung. Nomos Verlag: Baden-Baden 1999

- Benz, A.: Von der Konfrontation zur Differenzierung und Integration - Zur neueren Theorieentwicklung in der Politikwissenschaft. In: Benz, A./Seibel, W. (Hg.): Theorieentwicklung in der Politikwissenschaft - eine Zwischenbilanz. Nomos Verlag: Baden-Baden 1997, S.9-29

- Benz, A.: Kooperativer Staat? Gesellschaftliche Einflußnahme und staatliche Steuerung. In: Klein, A./Schmalz-Bruns, R. (Hg.): Politische Beteiligung und Bürgerengagement in Deutschland. Bundeszentrale für politische Bildung: Bonn 1997a, S.88-113

- Bernhard, C.: Kritik der historischen Demokratie. In: Schwertfisch (Hg.): Zeitgeist mit Gräten. Politische Perspektiven zwischen Ökologie und Autonomie. Yeti-Press: Bremen 1997, S.130 und S.201-224

- Besemer, C.: Mediation. Vermittlung in Konflikten. Stiftung Gewaltfreies Leben und Werkstatt für Gewaltfreie Aktion: Darmstadt/Freiburg 1997 (4.Aufl.)

- Beyer A.: Nachhaltigkeit und Umweltbildung: Eine Einführung. In: In: Beyer, A. (Hg.): Nachhaltigkeit und Umweltbildung. Krämer-Verlag: Hamburg 2000 (2.Aufl.), S.7-24

- Biedenkopf, K.: Für eine ökologische Reform der Marktwirtschaft. In: Stratman-Mertens, E./Hickel, R./Priewe, J. (Hg.): Wachstum. Abschied von einem Dogma. Kontroverse über eine ökologisch-soziale Wirtschaftspolitik. Fischer Verlag: Frankfurt a.M. 1991, S.83-100

- Binswanger, M.: Das Entropiegesetz als Grundlage einer ökologischen Ökonomie. In: Bekkenbach, F./ Diefenbacher, H. (Hg.): Zwischen Entropie und Selbstorganisation einer ökologischen Ökonomie. Metropolis Verlag: Marburg 1994, S.155-200

- Birnbaum, N.: Siegt die Marktorthodoxie, stirbt die Demokratie. In: Blätter für deutsche und internationale Politik. 1997, S.1443-1456

- Blaug, R.: New developments in deliberative democracy. In: politics No.16/2: 1996, S.71-78

- Boeßenecker, K-H.: Könne Steuerungsmodelle mehr Demokratie in die Kommunalpolitik bringen? In Stiftung Mitarbeit (Hg.): Bürgerbeteiligung und Demokratie vor Ort. Bonn 1997, S.32-42

- Böhret, C.: Innovationsbündnisse. Einbruchstellen für eine aktive Politik der Nachhaltigkeit. In: Politische Ökologie - Sonderheft Nr. 4, 1992, S.67-70

- Bolscho, D.: Nachhaltigkeit - (k)ein Leitbild für Umweltbildung. In: Beyer, A. (Hg.): Nachhaltigkeit und Umweltbildung. Krämer-Verlag: Hamburg 2000 (2.Aufl.), S.163-178

- Bosselmann, K.: Im Namen der Natur. Der weg zum ökologische Rechtsstaat. Wissenschaftliche Buchgesellschaft: Darmstadt 1992

- Bourdieu, P.: Die feinen Unterschiede. Kritik der gesellschaftlichen Urteilskraft. Suhrkamp Verlag: Frankfurt a.M. 1996

- Boxberger, G./Klimenta, H.: Die 10 Globalisierungslügen. Alternativen zur Allmacht des Marktes. Dtv Verlag: München 1998

- Brand, K.W.: Probleme und Potentiale einer Neubestimmung des Projekts der Moderne unter dem Leitbild „nachhaltige Entwicklung". Zur Einführung. In: Brand, K.W. (Hg.): Nachhaltige Entwicklung: Eine Herausforderung an die Soziologie. Leske+Budrich: Opladen 1997, S.9-32

- Brand, K.W.: Vorwort. In: Brand, K.W. (Hg.): Nachhaltige Entwicklung: Eine Herausforderung an die Soziologie. Leske+Budrich: Opladen 1997, S.7-8

- Braun, D.: Zur Steuerbarkeit funktionaler Teilsysteme: Akteurtheoretische Sichtweisen funktionaler Differenzierung moderner Gesellschaften. In: Hèritier, A. (Hg.): Policy-Analyse. Kritik und Neuorientierung. PVS-Sonderheft 24, Westdeutscher Verlag: Opladen 1993, S.199-224

- Braun, D.: Die politische Steuerung der Wissenschaft. Campus Verlag: Frankfurt a.M. 1997

- Braun, D: Theorien rationalen Handelns in der Politikwissenschaft: eine kritische Einführung. Leske+Budrich: Opladen 1999

- Brecht, B.: Die heilige Johanna der Schlachthöfe. Suhrkamp Verlag: Frankfurt a.M. 1962

- Breit, G.: Interventionsfähigkeit erfordert soziales und politisches Lernen. Zur Diskussion in der Fachdidaktik über die Bürgerrolle in der Demokratie. In: Politische Bildung. Beiträge zur wissenschaftlichen Gr7undlegung und zur Unterrichtspraxis Jg.33/2000, S.133-135

- Breuer, S.: Die Gesellschaft des Verschwindens. Von der Selbstzerstörung der technischen Zivilisation. Junius Verlag: Hamburg 1992

- Brie, M.: Von der organisierten Alternativlosigkeit zur Organisation von Alternativen. In: Jacob, W./Moneta, J./Segbers, F. (Hg.): Die Religion des Kapitalismus. Die gesellschaftlichen Auswirkungen des totalen Marktes. Edition Exodus: Luzern 1996, S.166-191

- Brunck, G.G.: The impact of rational participation models on voting attitudes. Public Choice. Nr.35, 1980, S.549-564

- Brunkhorst, H.: Demokratischer Experimentalismus. In: Brunkhorst, H.: Demokratischer Experimentalismus: Politik in der komplexen Gesellschaft. Suhrkamp Verlag: Frankfurt a.M. 1998, S.7-12

- Brunkhorst, H.: Heterarchie und Demokratie. In: Brunkhorst, H./Niesen, P.: Das Recht der Republik. Suhrkamp Verlag: Frankfurt a.M. 1999, S.373-385

- Buckmiller, M.: Die Perspektive sozialer Utopien - Ein historischer Blick nach vorn. In: Heckmann, F./Spoo, E. (Hg.): Wirtschaft von unten. Selbsthilfe und Kooperation. Distel-Verlag: Heilbronn 1997, S.26-49

- BUKO-Stellungnahme: »Zukunftsfähiges Deutschland« - ein Technokratenmärchen. In: Schwertfisch (Hg.): Zeitgeist mit Gräten. Politische Perspektiven zwischen Ökologie und Autonomie. Yeti-Press: Bremen 1997, S.30-42

- Bullmann, U.: Kommunale Strategien gegen Massenarbeitslosigkeit. Ein Einstieg in die sozialökologische Erneuerung. Leske+Budrich. Opladen 1991

- Bund/Misereor (Hg.): Zukunftsfähiges Deutschland: ein Beitrag zu einer global nachhaltigen Entwicklung. Birkhäuser Verlag: Basel/Boston/Berlin 1996

- Bundesinnenministerium (Hg.): Umweltprogramm der Bundesregierung: Bonn 1971

- Bundesinnenministerium (Hg.): Umweltbericht `76. Fortschreibung des Umweltprogramms der Bundesregierung vom 14.Juli 1976. Kohlhammer Verlag: Stuttgart

- Bundesministerium für Umwelt, Naturschutz und Reaktorsicherheit (Hg.): Umweltpolitik. Konferenz der Vereinten Nationen für Umwelt und Entwicklung im Juni 1992 in Rio de Janeiro. -Dokumente- Agenda 21: Bonn 1993

- Burmeister, K./ Canzler, W./Kalinowski, M.: Ende oder Anfang des Nachhaltigkeits-Diskurses? In: Burmeister, K./ Canzler, W./Kalinowski, M. (Hg.): Zukunftsfähige Gesellschaft. Demokratische Entscheidungen für eine dauerhaft tragfähige Gesellschaft. Beiträge zur Demokratieentwicklung von unten Bd.9, Verlag Stiftung Mitarbeit: Bonn 1996, S.221-230

- Busch-Lüthy, C.: Nachhaltigkeit als Leitbild des Wirtschaftens. Konturenskizzen eines naturerhaltenden Entwicklungsmodells: „Sustainable Development". In: Politische Ökologie - Sonderheft Nr. 4, 1992, S.6-12

- Busch-Lüty, C.: Welche politische Kultur braucht nachhaltiges Wirtschaften? Zukunftsoffen, lebensnah und kooperativ. In: Büscher, M (Hg.): Markt als Schicksal?: zur Kritik und Überwindung neoliberaler Wirtschafts- und Gesellschaftspolitik, SWI Verlag: Bochum 1998, S.43-52

- Busch-Lüty, C.: Natur und Ökonomie aus Sicht der Ökologische Ökonomie: Eine subjektive Spurensuche. In: Vereinigung für Ökologische Ökonomie, Beiträge und Berichte Nr.2/2000

- CAF/Agenda-Transfer: Lokale Agenda 21. Anregungen zum Handeln. Beispiele aus der Praxis: Bonn - ohne Angabe des Datums

- CAF/Agenda-Transfer: Lokale Agenda 21. Initiativen, Beispiele, Prozesse. Stand: August 1997

- CAF/Agenda-Transfer: Schritt für Schritt (Teil II) - Kooperation und Kommunikation im Konsultationsprozess/4.9-1997. Zusammenfassende Darstellung: Bonn 1997a

- CAF/Agenda-Transfer: Schritt für Schritt - das Erarbeiten der lokalen Agenda 21 vor Ort. Doppelseminar am 12.5.1998. Zusammenfassende Darstellung: Bonn 1998

- CAF/Agenda-Transfer: Methoden der BürgerInnenbeteiligung. Bonn 1999

- CAF/Agenda-Transfer: Aktuelle Beschlussfassung zur Lokalen Agenda in Deutschland: http://www.agenda-transfer.de/german/index4de.htm. Mai 2000

- Chrestensen, N.L.: Städte nachhaltig entwickeln - die Wirtschaft standortgerecht fördern. In: DIHT (Hg.): Nachhaltige Entwicklung. DCM Druck: Bonn 1997, S.14/15

- Cioran, E.M.: Die Lehre vom Zerfall. Klett Cotta Verlag: Stuttgart 1994 (3.Aufl.)

- Claessens, D.: Kapitalismus und demokratische Kultur. Suhrkamp Verlag: Frankfurt a.M. 1992

- Cohn-Bendit, D.: Gelassenheit, Konsens und Streit. In: Teufel, E. (Hg.): Was hält die moderne Gesellschaft zusammen?, Suhrkamp Verlag: Frankfurt a.M. 1996, S.38-42

- Collisi, B.: Weiterentwicklung der kommunalen Selbstverwaltung. In: Dieckmann, J./Heinrichs, F.W. (Hg.): Gemeindeordnung für das Land Nordrhein-Westfalen. Kommentar. Deutscher Gemeindeverlag: Köln 1996, S.373-375

- Cook, E.: The Consumer as Creator: A Criticism of Faith in Limitless Ingenuity. Energy Exploration and Exploitation 1, Nr.3, 194, 1982

- Czada, E.: Regieren in verflochtenen Verhandlungssystemen. In: Mayntz, R./Scharpf, F.W. (Hg.): Gesellschaftliche Selbstregelung und politische Steuerung, Campus Verlag: Frankfurt a.M. 1995a, S.327-368

- Czada, R.: Korporatismus/Neo-Korporatismus. In: Nohlen, D. (Hg.): Wörterbuch Staat und Politik. Piper Verlag: Bonn 1995, S.365-370

- Czada, R.: Regierung und Verwaltung als Organisatoren gesellschaftlicher Interessen. In: Schwick, H.H./Wewer, G. (Hg.): Regieren in der Bundesrepublik 3. Sytemsteuerung und Staatskunst. Theoretische Konzepte und empirische Befunde. Leske+Budrich: Opladen 1991, S.151-174

- Daly, H.E.: Wirtschaft jenseits von Wachstum. Anton Pustet Verlag: Salzburg/München 1999

- Dauscher, U.: Moderationsmethode und Zukunftswerkstatt. Luchterhand Verlag: Neuwied 1998 (2.Aufl.)

- Der Rat von Sachverständigen für Umweltfragen: Umweltgutachten 1994. Metzler Poeschel Verlag: Stuttgart 1994

- Der Rat von Sachverständigen für Umweltfragen: Umweltgutachten 1996. Verlag Metzler Poeschel: Stuttgart 1996

- Dettling, W.: Die Zukunft denken. Leitbilder für wirtschaftliches und gesellschaftliches Handeln. In: Dettling, W. (Hg.): Die Zukunft denken. Neue Leitbilder für wirtschaftliches und gesellschaftliches Handeln. Campus Verlag: Frankfurt a.M 1996, S.7-23

- Dettling, W.: Politik und Lebenswelt. Eine andere soziale Kultur und Politik als Voraussetzung für geistige und politische Orientierung. In: Büscher, M (Hg.): Markt als Schicksal?: zur Kritik und Überwindung neoliberaler Wirtschafts- und Gesellschaftspolitik, SWI Verlag: Bochum 1998, S.53-60

- Deutscher Städte- und Gemeindebund: Rathaus & Klimaschutz- Hinweise für die kommunale Praxis (Lokale Agenda 21). Bonn 1995

- Deutscher Städtetag (Hg.): Städte für eine umweltgerechte Entwicklung - Materialien für eine »Lokale Agenda 21«. Köln 1995

- DifU (Deutsches Institut für Urbanistik): Lokale Agenda 21 - Dokumentation eines Erfahrungsaustausches: Berlin 1996

- Dienel, P.C.: Die Planungszelle. Westdeutscher Verlag: Opladen 1997 (4.Aufl.)

- DIHT (Hg.): Nachhaltige Entwicklung. IHK-Umwelt-Serie: Bonn 1997

- Dönhoff, M.G.: Verantwortung für das Ganze. In: Teufel, E. (Hg.): Was hält die moderne Gesellschaft zusammen? Suhrkamp Verlag: Frankfurt a.M. 1996, S.43-44

- Dörner, A.: Politainment. Politik in der medialen Erlebnisgesellschaft. Suhrkamp Verlag: Frankfurt a.M. 2001

- Dörner, D.: Die Logik des Mißlingens. Strategisches Denken in komplexen Situationen. Rowohlt Verlag: Reinbek bei Hamburg 1992, 3. Auflage

- Dollase, R.: Abschied vom Egotrip. Möglichkeiten und Grenzen einer pädagogischen Integration des Konzeptes der nachhaltigen Entwicklung. Akademie für Lehrerfortbildung und Personalführung Dillingen. Akademievortrag Nr.25/1998

- Downs, A.: Social Values and Democracy. In: Monroe, K.R. (Hg.): The Economic Approach to Politics. A Critical Reassessment of the Theory of Rational Action: New York 1991, S.143-170

- Dritte Welt Haus Bielefeld: Von Ampelspiel bis Zukunftswerkstatt. Ein Dritte-Welt-Werkbuch. Peter Hammer Verlag: Wuppertal 1990

- Dryzek, J.: Discursive Democracy. politics, policy, and political science. Cambridge University Press: Cambridge 1990

- Dubiel, H.: Der Konflikt als Medium der Identität. Das ethische Minimum der Demokratie. In: Klein, A. (Hg.): Grundwerte in der Demokratie. Bundeszentrale für politische Bildung: Bonn 1995, S.36-39

- Dubiel, H.: Von welchen Ressourcen leben wir? Erfolge und Grenze der Aufklärung. In: Teufel, E. (Hg.): Was hält die moderne Gesellschaft zusammen? Suhrkamp Verlag: Frankfurt a.M. 1996, S.79-88

- Dückert, T.: Umweltpolitik in Deutschland: Nur noch leere Worte in Bonn? In: Schmidt, E./Spelthahn, S. (Hg.): Umweltpolitik in der Defensive. Umweltschutz trotz Wirtschaftskrise. Fischer Verlag: Frankfurt a.M. 1994, S.49-53

- Duhm, D.: Angst im Kapitalismus. Verlag Kübler KG: Lampertsheim 1975 (11.Aufl.)

- Duhm, D.: Aufbruch zur neuen Kultur. Von der Verweigerung zur Neugestaltung. Umrisse einer ökologischen und menschlichen Alternative. Kösel Verlag: München 1982

- Dütz, A.: »Lokale Agenda 21« Grundlagen und erste Zwischenergebnisse. In: Deutsche Bauzeitschrift, Nr.5: 1997, S.105-112

- Eblinghaus, H.: Grüne Tünche für den Standort. In: Schwertfisch (Hg.): Zeitgeist mit Gräten. Politische Perspektiven zwischen Ökologie und Autonomie. Yeti-Press: Bremen 1997, S.50-63

- Elster, J.: Ulysses and the Sirens. Studies in rationality and Irrationality. University Press: Cambridge 1979

- Elster, Jon: The multiple self. Cambridge University Press: Cambridge 1986

- Elster, J.: Subversion der Rationalität. Campus Verlag: Frankfurt a.M. 1987

- Emcke, C./Schwarz, U.: Tanz um das goldene Kalb. In: Spiegel, 51/1999, S.50-66

- Engelhard, K.: Einleitung. Nachhaltige Entwicklung - Lernfeld der Lehrerausbildung. In: Engelhard, K. (Hg.): Umwelt und nachhaltige Entwicklung: Ein Beitrag zur Lokalen Agenda 21. Waxmann Verlag: Münster 1998, S.7-18

- Eppler, E.: Die Wiederkehr der Politik. Insel Verlag: Frankfurt a.M. 1998 (2.Aufl.)

- Erdmenger, C.: Was ist „nachhaltig"? - Indikatoren für eine nachhaltige Entwicklung. In: In: Hermann, W./Proschek, E./Reschl, R. (Hg.): Lokale Agenda 21. Anstöße zur Zukunftsfähigkeit. Kohlhammer Verlag: Stuttgart, Berlin, Köln 2000, S.192-199

- Esser, J.: Der kooperative Staat - systemtheoretisch gewendet. In: Soziologische Revue. Jahrgang 21, Heft 3, Juli 1998, S.300-305

- Esser, H.: Soziologie. Allgemeine Grundlagen. Campus Verlag: Frankfurt a.M.: 1993

- Evans, B./Percey, S.: The opportunities and challenges for local environmental policy and action in the UK. In: Buckingham-Hatfield, S./Percey, S. (Hg.): Constructing Local Environmental Agendas. People, places and participation: London/New York 1999, S.172-185

- Evers, A.: Politische Institutionen in der Demokratie. Zur Aktualität des Unterschieds zwischen Ohnmacht und Grenzen politisch-institutionellen Handelns. In: Hartwich, H.H. (Hg.): Macht und Ohnmacht politischer Institutionen. Westdeutscher Verlag: Opladen 1989, S.127-134

- Fainstein, S.S.: Lecture at the Planning Research Conference `Futures Planning: Planning Futures University of Sheffield/UK 1999

- Feindt, P.H.: Kommunale Demokratie in der Umweltpolitik. Neue Beteiligungsmodelle. In: Aus Politik und Zeitgeschichte, Bd.27: 1997, S.39-46

- Feindt, P.H.: Rationalität durch Partizipation? Das Mehrstufige dialogische Verfahren als Antwort auf gesellschaftliche Differenzierung. In: Feindt, P.H./Gessenharter, W./Birzer, M./Fröchling, H. (Hg.): Konfliktregelung in der offenen Bürgergesellschaft. Röll Verlag: Dettelbach 1996, S.169-190

- Feldhaus, S.: Ethische Grundpositionen umweltgerechten Handelns. Konfliktlinien und Kontroversen. In: Evangelische Akademie Baden (Hg.): Zukunft für die Erde. Nachhaltige Entwicklung als Überlebensprogramm. Bd.2: Dimensionen der ökologischen Krise. Herrenalber Protokolle, Band 110: Karlsruhe 1996, S.157-176

- Feyerabend, P.: Erkenntnis für freie Menschen. Suhrkamp Verlag: Frankfurt a.M. 1980

- Feyerabend, P.: Rationalismus. In: Radnitzky, G. (Hg.): Handlexikon zur Wissenschaftstheorie. Dtv Verlag: München 1994 (2.Aufl.), S.280-282

- Fietkau, H.J./ Weidner, H.: Mediationsverfahren in der Umweltpolitik. In: Aus Politik und Zeitgeschichte, Bd. 39-40/1992, S.24-34

- Finke, P.: Transdiziplinarität und Methodologie - Ein Diskussionsbeitrag zum Selbstverständnis der Vereinigung für ökologische Ökonomie. In: Vereinigung für Ökologische Ökonomie: Ökologische Ökonomie. Ansätze zur Positionsbestimmung der Vereinigung für ökologische Ökonomie. Beiträge und Berichte 1/1999, S.6-16

- Fleck, C.: Vom Neuanfang zur Disziplin? Überlegungen zur deutschsprachigen qualitativen Sozialforschung anläßlich einiger neuer Lehrbücher. In: Kölner Zeitschrift für Soziologie und Sozialpsychologie, Jg. 44/Heft 4, 1992, S.747-765

- Flick, U.: Qualitative Sozialforschung. Theorie, Methoden, Anwendung in Psychologie und Sozialwissenschaft, Rowohlt Taschenbuch Verlag: Reinbek bei Hamburg 1998 (3.Aufl.)

- Flick, U.: Stationen des qualitativen Forschungsprozesses. In: Flick, U. (Hg.): Handbuch qualitative Sozialforschung: Grundlagen, Konzepte, Methoden und Anwendungen, Beltz Psychologische Verlagsunion: Weinheim 1995 (2. Aufl.), S.148-173

- Frank, R.H., Gilovich, T., Regan, D.T.: Does studying economics inhibit cooperation? Journal of Economic Perspectives. Nr.7, 1993, S.159-171

- Frankenberg, G.: Die Verfassung der Republik, Nomos Verlag: Baden Baden:1996

- Frauen-Fisch-AG: Zwischen Sparstrümpfen und Gigabytes. In: Schwertfisch (Hg.): Zeitgeist mit Gräten. Politische Perspektiven zwischen Ökologie und Autonomie. Yeti-Press: Bremen 1997, S.43-49

- Froessler, R.: Der Blick über den Zaun, Erfahrungen von Nachbarn - Anstöße für die Praxis in Deutschland. In: Kolloquium `Soziale Stadterneuerung‘. Universität der Gesamthochschule Kassel, Juni 1999, S.1-12

- Fromm, E.: Die Furcht vor der Freiheit, dtv: München 1998 (7.Auflage)

- Fromm, E.: Haben oder Sein. Deutscher Taschenbuch Verlag: München 1992 (21. Aufl.)

- Fürst, D.: Eigenständige Regionalentwicklung im Zeichen der Globalisierung. In: Tourismus Journal Nr.4/2000, S.177-194

- Füssel, K.: Der Kult des Goldes, die Zerstörung des Menschen und der Zorn Gottes. In: Jacob, W./Moneta, J./Segbers, F. (Hg.): Die Religion des Kapitalismus. Die gesellschaftliche Auswirkungen des totalen Marktes. Edition Exodus: Luzern 1996, S.130-149

- Gablers Wirtschaftslexikon. Gabler Verlag: Wiesbaden 1988 (12.Aufl.)

- Gabriel, O.W./Hoffmann-Martinot, V./Savitch, H.V. (Hg.): Urban Democracy. Leske+Budrich: Opladen 2000

- Galbraith, J.K.: Die Entmythologisierung der Wirtschaft. Paul Zsolnay Verlag: Wien/Darmstadt 1988

- Geißel, B.: Politikerinnen. Politisierung und Partizipation auf kommunaler Ebene. Leske+Budrich: Opladen 1999

- Georgescu-Roegen, N.: The Entropy Law and the Economic Process, Harvard University Press: Cambridge 1971

- Gessenharter, W.: Warum neue Beteiligungsmodelle auf kommunaler Ebene? Kommunalpolitik zwischen Globalisierung und Demokratisierung. In: Aus Politik und Zeitgeschichte, Bd.50/1996, S.3-13

- Giarini, O.: Wie wir arbeiten werden: der neue Bericht an den Club of Rome. Hoffmann und Campe: Hamburg 1998 (4.Aufl.)

- Giddens, A.: Jenseits von Links und Rechts. Die Zukunft radikaler Demokratie. Suhrkamp Verlag: Frankfurt a.M. 1997

- Gisevius, W.: Leitfaden durch die Kommunalpolitik. Dietz Verlag: Bonn 1999 (6.Aufl.)

- Glaser, H.: Kommunale Kulturpolitik. In: Roth, R./Wollmann, H.: Kommunalpolitik. Politisches Handeln in den Gemeinden. Bundeszentrale für politische Bildung: Bonn 1998 (2.Aufl.), S.676-688

- Göhler, G.: Politische Institutionen und ihr Kontext. Begriffliche und konzeptionelle Überlegungen zur Theorie politischer Institutionen. In: Göhler, G. (Hg.): Die Eigenart der Institutionen: zum Profil politischer Institutionentheorie, Nomos Verlag: Baden-Baden 1994, S.19-46

- Goodland, R.: Die These: Die Welt stößt an ihre Grenzen. Das derzeitige Wachstum in der Weltwirtschaft ist nicht mehr verkraftbar. In: Goodland, R./Daly, H./ Serafy, E.S./ Droste, B. (Hg.): Nach dem Brundtland-Bericht: umweltverträgliche wirtschaftliche Entwicklung, Dt. Nationalkomitee für das UNESCO-Programm „Der Mensch und die Biosphäre": Bonn 1992, S.15-28

- Görlitz, A. (Hg.): Umweltpolitische Steuerung. Nomos Verlag: Baden-Baden 1994

- Görlitz, A.: Politische Steuerung. Leske+Budrich: Opladen 1995

- Goudy, J./O'Hara, S.: Economic Theory for Environmentalists. St. Lucie Press: Delray Beach 1995

- Grabow, B./Henckel, D.: Kommunale Wirtschaftspolitik. In: Roth, R./Wollmann, H.: Kommunalpolitik. Politisches Handeln in den Gemeinden. Bundeszentrale für politische Bildung: Bonn 1998 (2.Aufl.), S.616-632

- Grammes, T.: Kontroversität. In: Sander, W. (Hg.): Handbuch politische Bildung. Wochenschau Verlag: Schwalbach 1997, S.80-94

- Green, D.P./Shapiro, I.: Rational Choice: Eine Kritik am Beispiel von Anwendungen in der Politischen Wissenschaft. Oldenbourg Verlag: München 1999

- Greven, M.T.: Demokraten fallen nicht vom Himmel. Demokratischer Grundkonsens als Voraussetzung oder Folge demokratischer Politik? In: Klein, A. (Hg.): Grundwerte in der Demokratie. Bundeszentrale für politische Bildung: Bonn 1995, S.30-35

- Greven, M.T.: Politisierung ohne Citoyens. Über die Kluft zwischen politischer Gesellschaft und gesellschaftlicher Individualisierung. In: Klein, A./Schmalz - Bruns, R. (Hg.): Politische Beteiligung und Bürgerengagement in Deutschland. Bundeszentrale für politische Bildung: Bonn 1997, S.231-251

- Groeneveld, S.: Unterhalt statt Nachhaltigkeit. In: Raza, W.G./Novy, A. (Hg.): Nachhaltig reich - nachhaltig arm? Brandes&Apsel Verlag: Frankfurt a.M. 1997, S.25-40

- Gsänger, M.: Politisches Handeln und politischer Prozess. In: Heinelt, H./Mühlich, E. (Hg.): Lokale „Agenda 21" Prozesse. Erklärungsansätze, Konzepte, Ergebnisse. Leske +Budrich: Opladen 2000, S.101-118

- Haan, G.d./Kuckartz, U./Rheingans-Heintze, A.: Bürgerbeteiligung in Lokale Agenda 21-Initiativen. Analysen zu Kommunikations- und Organisationsformen. Leske+Budrich: Opladen 2000

- Habermas, J.: Theorie des kommunikativen Handelns Bd. 2. Suhrkamp Verlag: Frankfurt a.M. 1981

- Habermas, J.: Erläuterungen zur Diskursethik. Suhrkamp Verlag: Frankfurt a.M. 1992 (2.Aufl.)

- Habermas, J.: Die postnationale Konstellation. Politische Essays. Suhrkamp Verlag: Frankfurt am Main 1998

- Hampicke, U.: Ökologische Ökonomie. Westdeutscher Verlag: Opladen 1992

- Hanesch, W.: Krise und Perspektiven der sozialen Stadt. In: Aus Politik und Zeitgeschichte, Bd.50/1996, S.21-31

- Harborth, H.H.: Sustainable Development - Ein neues Paradigma globaler Entwicklungspolitik?. In: Studenteninitiative Wirtschaft & Umwelt e.V. (Hg.): Im Namen der Zukunft - Politische Wege zur Nachhaltigkeit. Münster 1994, S.41-56

- Harborth, H.J.: Was heißt »Sustainable Development«? In: Burmeister, K./Weert, C./Kalinowski, M. (Hg.): Zukunftsfähige Gesellschaft. Demokratische Entscheidungen für eine dauerhaft tragfähige Gesellschaft. Beiträge zur Demokratieentwicklung von unten Bd.9. Verlag Stiftung Mitarbeit: Bonn 1996, S.28-34

- Hauff, T.: nachhaltiges Münster - Leitlinien der räumlichen Stadtentwicklungsplanung. In: Bundesministerium für Raumordnung, Bauwesen und Städtebau: BundesBauBlatt - Sonderdruck nachhaltiges Münster, Nr.8/1998, S. 3-7

- Hauff, V. (Hg.): Unsere gemeinsame Zukunft. Der Brundtland-Bericht der Weltkommission für Umwelt und Entwicklung. Eggenkamp Verlag: Greven 1987

- Häußermann, H. (Hg.): Festivalisierung der Stadtpolitik. Westdeutscher Verlag: Opladen 1993

- Häußermann, H.: Lokale Politik und Zentralstaat. Ist auf kommunaler Ebene eine "alternative Politik" möglich?. In: Heinelt, H./Wollmann, H.: Stadtpolitik und lokale Politikforschung in den 80er und 90er Jahren. Birkhäuser Verlag: Basel 1991, S.52-91

- Heckmann, F./Spoo, E. (Hg.): Wirtschaft von unten. Selbsthilfe und Kooperation. Distel-Verlag: Heilbronn 1997

- Heidt, H.: Funktion und Tauglichkeit herrschender Prinzipien zur Gewährleistung sozialer Verteilungsgerechtigkeit. In Montada, L. (Hg.): Arbeitslosigkeit und soziale Gerechtigkeit. Campus Verlag: Frankfurt a.M. S.34-52

- Heinelt, H.: Kommunale Arbeitmarktpolitik. In: Roth, R./Wollmann, H.: Kommunalpolitik. Politisches Handeln in den Gemeinden. Bundeszentrale für politische Bildung: Bonn 1998 (2.Aufl.), S.633-644

- Heinelt, H.: Policy und Politics. Überlegungen zum Verhältnis von Politikinhalten und Politikprozessen. In: Politische Vierteljahreszeitschrift Sonderheft 24 - Hèritier, A. (Hg.): Policy - Analyse. Kritik und Neuorientierung. Westdeutscher Verlag: Opladen 1993, S.307-327

- Heinz, W.: Public Private Partnership. In: Roth, R./Wollmann, H.: Kommunalpolitik. Politisches Handeln in den Gemeinden. Bundeszentrale für politische Bildung: Bonn 1998 (2.Aufl.), S.552-570

- Heinze, R.G./Voelzkow, H.: Verbände und »Neokorporatismus«. In: Roth, R./Wollmann, H.: Kommunalpolitik. Politisches Handeln in den Gemeinden. Bundeszentrale für politische Bildung: Bonn 1998 (2.Aufl.), S.227-239

- Held, D./McGrew, A./Goldblatt, D./Perraton, J. (Hg.): Global Transformations. Polity Press: Cambridge: 1999

- Held, D.: Models of democracy. Polity Press: Cambridge 1987

- Hengsbach SJ, F./Möhring-Hesse, M.: Aus der Schieflage heraus. Demokratische Verteilung von Reichtum und Arbeit. Dietz-Verlag: Bonn 1999 (2.Aufl.)

- Henkel, H.A./Neumann, L.F./ Romahn, H. (Hg.): gegen den gesellschaftspolitischen Imperialismus der reinen Ökonomie. Metropolis Verlag: Marburg 1998

- Hentig, H.v.: Bildung. Hauser Verlag: München 1996

- Hèritier, A./Mingers, S./Knill, C./Becka, M.: Die Veränderung von Staatlichkeit in Europa. Leske+Budrich: Opladen 1994

- Hermanns, K.: Die Lokale Agenda 21. Herausforderung für die Kommunalpolitik. In: Aus Politik und Zeitgeschichte, Bd.10/11, 2000, S.3-12

- Heß, R.: Mandat durch Abstimmung. Eine Chance für Staat und Gesellschaft. In: Guggenberger, B./Meier, A. (Hg.): Der Souverän auf der Nebenbühne. Westdeutscher Verlag: Opladen 1994, S.112-117

- Hesse, J.J.: Staatliches Handeln in der Umorientierung - eine Einführung. In: Hesse, J.J./Zöpel, C.: Zukunft und staatliche Verantwortung. Nomos Verlag: Baden-Baden 1987, S.59-72

- Heußner, H.K./Jung, O.: Einleitung. In: Heußner, H.K./Jung, O.: Mehr direkte Demokratie wagen. Olzog Verlag: München 1999, S.11-22

- Hey, C./Schleicher-Tappeser, R.: Nachhaltigkeit trotz Globalisierung. Handlungsspielräume auf regionaler, nationaler und europäischer Ebene. Springer Verlag: Berlin/Heidelberg 1998

- Hilligardt, J./Preiß, O.: Lokale Agenda 21 - ein Prozess mit Hemmnissen. In: der städtetag 10/2000, S.52-54

- Hinkelammert, F.J.: Determinismus und Freiheit. Zur Autonomie des solidarischen Subjekts in einer Welt der »Sachzwänge«. In: Jacob, W./Moneta, J./Segbers, F. (Hg.): Die Religion des Kapitalismus. Die gesellschaftliche Auswirkungen des totalen Marktes. Edition Exodus: Luzern 1996, S.86-108

- Hirschmann, A.O.: Exit, Voice, and Loyalty. Response to Decline in Firms, Organizations, and States. MA: Harvard University Press: Cambridge 1970

- Hirschmann, K./Hirschmann, E.A./Bode, O. (Hg.): Weltwirtschaftliche Anpassung und Öffnung der osteuropäischen Reformstaaten : Transformationskosten, Handelsstrategien, ökologische Modernisierung, Konsumentenverhalten, Humankapital. Verlag Arno Spitz: Berlin 1993

- Hix, S.: Dimensions and Alignments in European Union Politics: Cognitive Constraints and Partisan Responses. In: European Journal of Political Research, Nr.35: 1999, S.69-106

- Hochkeppel, W.: Pragmatismus. In: Radnitzky, G. (Hg.): Handlexikon zur Wissenschaftstheorie. Dtv Verlag: München 1994 (2.Aufl.), S.270-275

- Höffe, O.: Individuum und Gemeinsinn - Thesen zu einer Sozialethik des 21.Jahrhunderts. In: Teufel, E. (Hg.): Was hält die moderne Gesellschaft zusammen? Suhrkamp Verlag: Frankfurt a.M. 1996, S.15-37

- Hoffmann-Riem, C.: Die Sozialforschung einer interpretativen Soziologie. Der Datengewinn. In: Kölner Zeitschrift für Soziologie und Sozialpsychologie, Jg.32, 1980, S.339-372

- Hofstätter, P.R.: Gruppendynamik. Kritik der Massenpsychologie. Rowohlt Verlag: Reinbek bei Hamburg 1993 (3. Revidierte Auflage)

- Hölzl, E.: Qualitatives Interview. In: Arbeitskreis qualitative Sozialforschung Wien (Hg.): Verführung zum qualitativen Forschen: eine Methodenauswahl. WUV-Universitäts Verlag: Wien 1994, S.61-68

- Honneth, A.: Demokratie als reflexive Kooperation. John Dewey und die Demokratietheorie der Gegenwart. In: Brunkhorst, H./Niesen, P.: Das Recht der Republik. Suhrkamp Verlag: Frankfurt a.M. 1999, S.37-65

- Honneth, A.: Desintegration. Bruchstücke einer soziologischen Zeitdiagnose. Fischer Verlag: Frankfurt a.M. 1994

- Honneth, A.: Einleitung. In: Honneth, A. (Hg.): Kommunitarismus. Eine Debatte über die moralischen Grundlagen moderner Gesellschaften. Campus Verlag: Frankfurt a.M. 1995, 3.Auflage, S.8-15

- Hopf, C.: Hypothesenprüfung und qualitative Sozialforschung. In: Strobl, R./Böttger, A. (Hg.): Wahre Geschichten? Zur Theorie und Praxis qualitativer Interviews. Nomos Verlag: Baden-Baden 1996, S.9-21

- Hucke, J.: Kommunale Umweltpolitik. In: Roth, R./Wollmann, H.: Kommunalpolitik. Politisches Handeln in den Gemeinden. Bundeszentrale für politische Bildung: Bonn 1998 (2.Aufl.), S.645-661

- Huebner, M.: Moderation als Instrument der Kontextsteuerung im Prozeß einer kooperativen Regionalplanung. In: Raumforschung und Raumordnung, 55.Jg./1997, S.279-287

- Hüneke, K.: Zukunftskonferenz als Methode im Rahmen der Erstellung einer Lokalen Agenda 21. In: Apel, H/Dernbach, D./Ködelpeter, T./Weinbrenner, P.(Hg.): Wege zur Zukunftsfähigkeit ein Methodenhandbuch. Stiftung Mitarbeit, Arbeithilfen Nr.19: Bonn 1998, S.83-93

- Hunold, C.: Lokal denken, global handeln: Globalisierung und lokale Demokratie. In: Leviathan Nr.4/1996, Westdeutscher Verlag: 1997, S.557-573

- ICLEI/UBA (Hg.): Handbuch Lokale Agenda 21. Wege zur nachhaltigen Entwicklung in den Kommunen. Berlin/Freiburg: 1998

- Immler, H.: Natur als Produktionsfaktor und als Produkt. Gedanken zu einer physisch begründeten Ökonomie. In: Evangelische Akademie Baden (Hg.): Zukunft für die Erde. Nachhaltige Entwicklung als Überlebensprogramm. Bd.2: Dimensionen der ökologischen Krise. Herrenalber Protokolle, Band 110: Karlsruhe 1996, S.153-170

- Jänicke, M.: Demokratische Steuerungspotentiale für eine zukunftsfähige Entwicklung. In: Burmeister, K./ Canzler, W./Kalinowski, M. (Hg.): Zukunftsfähige Gesellschaft. Demokratische Entscheidungen für eine dauerhaft tragfähige Gesellschaft. Beiträge zur Demokratieentwicklung von unten Bd.9, Verlag Stiftung Mitarbeit: Bonn 1996, S.85-91

- Jänicke, M.: Staatsversagen. Die Ohnmacht der Politik in der Industriegesellschaft. Piper Verlag: München 1986 (2.Aufl.)

- Jänicke, M.: Ökologische Modernisierung. Optionen und Restriktionen präventiver Umweltpolitik. In: Simonis, U.E. (Hg.): Präventive Umweltpolitik. Campus Verlag: Frankfurt a.M. 1988, S.13-26

- Jänicke, M.: Ökologische und politische Modernisierung in entwickelten Industriegesellschaften. In: Prittwitz, V. (Hg.): Umweltpolitik als Modernisierungsprozeß. Leske+Budrich: Opladen 1993, S.15-29

- Janoff, S./Weisbord, M.: Future Search - An Action Guide to Finding Common Ground in Organisations & Communities. Berret Koehler Publishers: San Francisco: 1995

- Jonas, H.: Das Prinzip Verantwortung. Insel Verlag: Frankfurt a.M. 1979

- Junge Kirche: Europäisches Kairos Dokument für ein sozial gerechtes, lebensfreundliches und demokratisches Europa. In Sonderdruck der Junge Kirche - Zeitschrift europäischer Christinnen und Christen. Beilage zu Heft 6/7, 1998

- Jungk, R./ Müllert, N.R.: Zukunftswerkstätten. Goldmann Verlag: München 1983

- Jungk, R.: Projekt Ermutigung. Rotbuch Verlag: Berlin 1988

- Jungk, R.: Das Risiko als gesellschaftliche Herausforderung. In: Beck, U. (Hg.): Politik in der Risikogesellschaft. Suhrkamp Verlag: Frankfurt a.M. 1991, S.302-311

- Kafka, F.: Das Schloss. Kurt Wolff Verlag: München 1926

- Kals, E.: Moralische Motive des ökologischen Schutzes globaler und lokaler Allmenden. In: Reichle, B./Schmitt, M. (Hg.): Verantwortung, Gerechtigkeit und Moral. Zum psychologischen Verständnis ethischer Aspekte im menschlichen Verhalten. Juventa Verlag: Weinheim und München 1998, S.117-132

- Kamper, D.: Stupidität. Über politische Dummheit heute. In: Kemper, P. (Hg.): Opfer der macht. Müssen Politiker ehrlich sein? Suhrkamp Verlag: Frankfurt a.M. 1994, S. 112-124

- Kapp, K.W.: Soziale Kosten der Marktwirtschaft. Das klassische Werk der Umweltökonomie. Fischer Verlag: Frankfurt a.M.1988 (dt. Erstausgabe)

- Kardorff, E.v.: Qualitative Sozialforschung - Versuch einer Standortbestimmung. In: Flick, U. (Hg.): Handbuch qualitative Sozialforschung: Grundlagen, Konzepte, Methoden und Anwendungen. Beltz Psychologische Verlagsunion: Weinheim 1995 (2. Aufl.), S.3-9

- Katterle, S.: Die neoliberale Wende zum totalen Markt aus der Sicht des Nordens. In: Jacob, W./Moneta, J./Segbers, F. (Hg.): Die Religion des Kapitalismus. Die gesellschaftliche Auswirkungen des totalen Marktes, Edition Exodus: Luzern 1996, S.47-69

- Katterle, S.: Zeitgemäße Sozial- und Wirtschaftsethik: Gesellschaftliche Rahmenbedingungen für ein gelingendes/Glückliches Leben. In: Bellebaum, A./Schaaff, H./Zinn, K.G. (Hg.): Ökonomie und Glück. Beiträge zu einer Wirtschaftslehre des guten Lebens. Westdeutscher Verlag: Opladen 1999, S.193-203

- Kaufmann, B.: Die Welt der direkten Demokratie. In: DIE ZEIT Nr.51 vom 16.12.1999, S.47

- Kelle, U./Lüdemann, C.: „Grau teurer Freund, ist alle Theorie..." Rational Choice und das Problem der Brückenannahmen. Kölner Zeitschrift für Soziologie und Sozialpsychologie Nr.47/1996, S.249-267

- Kelle, U./ Kluge, S.: Vom Einzelfall zum Typus. Fallvergleich und Fallkontrastierung in der qualitativen Sozialforschung, Leske+Budrich: Opladen 1999

- Kenis, P./Schneider, V. (Hg.): Organisation und Netzwerk: Institutionelle Steuerung in Wirtschaft und Politik. Campus Verlag: Frankfurt a.M. 1996

- Kennedy, P.: In Vorbereitung auf das 21. Jahrhundert. Fischer Verlag: Frankfurt a.M. 1996

- Kester, G.: Leitprinzipien für eine Strategie der demokratischen Beteiligung. In: Greifenstein, R./Kißler, L., West, K.W. (Hg.): Erneuerung der Mitbestimmung durch demokratische Partizipation. Das Szenario 21 und seine Bedeutung für die Mitbestimmung in Deutschland. Schüren Verlag: Marburg 1997, S.28-44

- Kirchgässner, G.: Homo oeconomicus. Das ökonomische Modell individuellen Verhaltens und seine Anwendung in den Wirtschafts- und Sozialwissenschaften. Mohr Verlag: Tübingen 1991

- Kleining, G.: Methodologie und Geschichte qualitativer Sozialforschung. . In: Flick, U. (Hg.): Handbuch qualitative Sozialforschung: Grundlagen, Konzepte, Methoden und Anwendungen. Beltz Psychologische Verlagsunion: Weinheim 1995 (2. Aufl.), S. 11-22

- Ködelpeter, T.: Was können Methoden leisten? In: Apel, H/Dernbach, D./Ködelpeter, T./Weinbrenner, P.(Hg.): Wege zur Zukunftsfähigkeit ein Methodenhandbuch. Stiftung Mitarbeit, Arbeithilfen Nr.19: Bonn 1998, S.13-16

- Kommunale Gemeinschaftsstelle für Verwaltungsvereinfachung (Hg.): Wege zum Dienstleistungsunternehmen Kommunalverwaltung. Fallstudie Tilburg. Bericht Nr.19: Köln 1992

- Kommunale Gemeinschaftsstelle für Verwaltungsvereinfachung (Hg.): Das neue Steuerungsmodell. Begründung, Konturen, Umsetzung. Bericht Nr.5: Köln 1993

- Kommunale Gemeinschaftsstelle für Verwaltungsvereinfachung (Hg.): Budgetierung: Ein neues Verfahren zur Steuerung kommunaler Haushalte. Bericht Nr.6: Köln 1993

- König, E./Bentler, A.: Arbeitsschritte im qualitativen Forschungsprozeß- ein Leitfaden. In: Friebertshäuser, B./Prengel, A. (Hg.): Handbuch Qualitative Forschungsmethoden in der Erziehungswissenschaft. Juventa Verlag: Weinheim/München 1997, S.88-95

- Kopfmüller, J.: Die Leitidee einer global zukunftsfähigen Entwicklung (»Sustainable Development«). Zielkonflikte und Perspektiven. In: Burmeister, K./Weert, C./Kalinowski, M. (Hg.): Zukunftsfähige Gesellschaft. Demokratische Entscheidungen für eine dauerhaft tragfähige Gesellschaft. Beiträge zur Demokratieentwicklung von unten Bd.9. Verlag Stiftung Mitarbeit: Bonn 1996, S.13-27

- Kösters, W.: Ökologische Zivilisierung. Wissenschaftliche Buchgesellschaft: Darmstadt 1993

- Kraemer, K.: Konsum und Verteilung. Der blinde Fleck der „Nachhaltigkeits"-Debatte. In: Engelhard, K. (Hg.): Umwelt und nachhaltige Entwicklung: Ein Beitrag zur Lokalen Agenda 21. Waxmann Verlag: Münster 1998, S.127-149

- Krafft, A./Ulrich, G.: Chancen und Risiken regionaler Selbstorganisation. Erfahrungen mit der Regionalisierung der Wirtschaftspolitik in Nordrhein Westfalen und Niedersachsen. Leske+Budrich: Opladen 1993

- Kratochwil, A.: Die Umweltkrise aus ökologischer Sicht. Historische Entwicklung und aktuelle Bilanz. In: Evangelische Akademie Baden (Hg.): Zukunft für die Erde. Nachhaltige Entwicklung als Überlebensprogramm. Bd.2: Dimensionen der ökologischen Krise. Herrenalber Protokolle, Band 110: Karlsruhe 1996, S.7-152

- Kreft-Kettermann, H.: Münster mobil - Modellstadt für neue Mobilität. In: Bundesministerium für Raumordnung, Bauwesen und Städtebau: BundesBauBlatt - Sonderdruck nachhaltiges Münster, Nr.8/1998, S. 17-19

- Kuhn, S./Suchy, G./Zimmermann, M.: Was ist eine lokale Agenda 21? In: ICLEI (Hg.): Lokale Agenda 21 - Deutschland. Kommunale Strategien für eine zukunftsbeständige Entwicklung. Springer Verlag: Berlin/Heidelberg 1998, S.3-11

- Kuhn, S.: Kommunales Mosaik - Entwicklungstrends des Lokalen Agenda 21 in Deutschland. In: ICLEI (Hg.): Lokale Agenda 21 - Deutschland. Kommunale Strategien für eine zukunftsbeständige Entwicklung. Springer Verlag: Berlin/Heidelberg 1998, S.13-20

- Kuhn, T.S.: Die Struktur wissenschaftlicher Revolutionen. Suhrkamp Verlag: Frankfurt a.M. 1967

- Kulynych, J.J.: Performing politics: Foucault, Habermas, and postmodern participation in: Polity No.30/2: 1997, S.315-346

- Kunz, V.: Theorie rationalen Handelns. Konzepte und Anwendungsprobleme. Leske+Budrich-Verlag: Opladen 1997

- Kurz, R.: Schwarzbuch Kapitalismus. Ein Abgesang auf die Marktwirtschaft. Eichborn Verlag: Frankfurt a.M. 2000

- Lafontaine, O.: Das Herz schlägt links. Econ Verlag: München 1999

- Lamnek, S.: Qualitative Sozialforschung, Bd. 1 und 2, Psychologische Verlagsunion: München und Weinheim 1988/1989

- Landesamt für Datenverarbeitung und Statistik NRW: Gemeindedaten NRW. Informationen aus der amtlichen Statistik 2000: CD-Rom Ausgabe 2000

- Laux, E.: Kommunale Politik und kommunale Verwaltung. Noch viel Arbeit für das 21. Jahrhundert. In: Das Parlament: Kommunale Selbstverwaltung in Deutschland. 48. Jhrg., Nr.11, 1998, S.4

- Leipert, C.: Die heimlichen Kosten des Fortschritts. Wie Umweltzerstörung das Wirtschaftswachstum fördert. Fischer-Verlag: Frankfurt a.M. 1989

- Lepenies, A.: Lokale Initiativen gegen Arbeitslosigkeit. Berliner Beispiele. In Montada, L. (Hg.): Arbeitslosigkeit und soziale Gerechtigkeit. Campus Verlag: Frankfurt a.M. S.333-341

- Lepenius, W.: Benimm und Erkenntnis. Suhrkamp Verlag: Frankfurt a.M. 1997

- Lepsius, M.R.: Institutionenanalyse und Institutionenpolitik. In: Nedelmann, B. (Hg.): Politische Institutionen im Wandel, Kölner Zeitschrift für Soziologie und Sozialpsychologie, Sonderheft 35/1995, Westdeutscher Verlag: Opladen 1995, S.392-403

- Lorenz, K.: Der Abbau des Menschlichen. Piper Verlag: München 1989 (5.Aufl.)

- Loske, R.: Ökologie: Ein Wohlstandsthema?. In: Politische Ökologie Nr.34, Nov./Dez. 1993, S.20-22

- Lübbe-Wolff, G.: Vollzugsprobleme in der Umweltverwaltung. In: Natur und Recht, Nr.5/1993, S.217-229

- Luhmann, N.: Legitimation durch Verfahren. Luchterhand Verlag: Neuwied am Rhein 1969

- Luhmann, N.: Soziale Systeme: Grundriß einer allgemeinen Theorie. Suhrkamp Verlag: Frankfurt a.M. 1984

- Luhmann, N.: Politische Steuerung. Ein Diskussionsbeitrag. In: Politische Vierteljahreszeitschrift Bd.30, 1989, S.4-9

- Lütz, S.: Politische Steuerung und die Selbstregelung korporativer Akteure. In: Mayntz, R./Scharpf, F.W.: Gesellschaftliche Selbstregelung und politische Steuerung. Campus Verlag: Frankfurt a.M. 1995, S.169-196

- MacIver, R.M.: Vorwort. In: Polanyi, K.: The Great Transformation. Suhrkamp Verlag: Frankfurt a.M. 1997 (4.Aufl.)

- Macpherson, C.B.: Nachruf auf die liberale Demokratie. Suhrkamp Verlag: Frankfurt a.M. 1983

- Maier-Rigaud, G.: Anforderungen und Visionen für eine nachhaltige Wirtschaftspolitik. In: Studenteninitiative Wirtschaft & Umwelt e.V. (Hg.): Im Namen der Zukunft - Politische Wege zur Nachhaltigkeit. Münster 1994, S.97-119

- Maier-Rigaud: Umweltpolitik in der offenen Gesellschaft. Westdeutscher Verlag: Opladen 1988

- Maier-Rigaud, G.: Schritte zu einer ökologischen Marktwirtschaft. Metropolis Verlag: Marburg 1997

- Majer, H.: Wirtschaftswachstum und nachhaltige Entwicklung. Oldenbourg Verlag: München/Wien 1998

- Majone, G.: Wann ist Policy-Deliberation wichtig? In: Hèritier, A. (Hg.): Policy - Analyse. Kritik und Neuorientierung Westdeutscher Verlag: Opladen 1993, S.97-115

- Mansbridge, J.J.: Rational choice gains by losing. In Political Psychology, Nr.16, 1995: S.137-155

- Marcuse, H.: Ideen zu einer kritischen Theorie der Gesellschaft. Suhrkamp Verlag: Frankfurt a.M. 1969

- Marin, B./Mayntz, R.: Introduction: Studying Policy Networks, in Marin, B./Mayntz, R. (Hg.): Policy Networks. Empirical Evidence and Theoretical considerations, Campus-Verlag: Frankfurt a.M. 1991, S.11-23

- Marx, K.: Kritik der politischen Ökonomie 3.Bd. Dietz-Verlag: Berlin 1971 (Erstveröffentlichung 1867)

- Mayer, M.: "Postfordismus" und "lokaler Staat". In: Heinelt, H./Wollmann, H.: Stadtpolitik und lokale Politikforschung in den 80er und 90er Jahren. Birkhäuser Verlag: Basel 1991, S.31-51

- Mayntz, R.: Politische Steuerung und gesellschaftliche Steuerungsprobleme - Anmerkungen zu einem theoretischen Paradigma. In: Ellwein, Th./Hesse, J.J./Mayntz, R./ Scharpf, W. (Hg.): Jahrbuch zur Staats- und Verwaltungswissenschaft, Bd.1., Nomos Verlag: Baden-Baden 1987, S.89-110

- Mayntz, R.: Funktionelle Teilsysteme in der Theorie sozialer Differenzierung. In: Mayntz, R./ Rosewitz, B./ Schimank, U./ Stichweh, R. (Hg.): Differenzierung und Verselbständigung. Zur Entwicklung gesellschaftlicher Teilsysteme. Campus Verlag: Frankfurt a.M./New York 1988, S.11-44

- Mayntz, R./Scharpf, F.W.: Der Ansatz des akteurzentrierten Institutionalismus. In: Mayntz, R./Scharpf, F.W. (Hg.): Gesellschaftliche Selbstregelung und politische Steuerung. Campus Verlag: Frankfurt a.M. 1995, S.39-71

- Mayntz, R./Scharpf, F.W.: Steuerung und Selbstorganisation in staatsnahen Sektoren. In: Mayntz, R./Scharpf, F.W. (Hg.): Gesellschaftliche Selbstregelung und politische Steuerung. Campus Verlag: Frankfurt a.M. 1995a, S.9-38

- Mayntz, R.: Politische Steuerung: Aufstieg, Niedergang und Transformation einer Theorie. In: Beyme, K./Offe, C. (Hg.): Politische Theorien in der Ära der Transformation. Westdeutscher Verlag: Opladen 1996a, S.148-168

- Mayntz; R.: Policy-Netzwerke und die Logik von Verhandlungssystemen. In: Kenis, P./Schneider, V. (Hg.): Organisation und Netzwerk: Institutionelle Steuerung in Wirtschaft und Politik. Campus Verlag: Frankfurt a.M. 1996b, S.471-496

- Mayntz, R.: Vorwort. In: Mayntz, R.: Soziale Dynamik und politische Steuerung : theoretische und methodologische Überlegungen. Campus Verlag: Frankfurt a.M. 1997, S.9-12

- Mayring, P.: Qualitative Inhaltsanalyse. Grundlagen und Techniken, Deutscher Studien Verlag: Weinheim 1993 (4.Aufl.)

- Mayring, P.: Qualitative Inhaltsanalyse. In: Flick, U. (Hg.): Handbuch qualitative Sozialforschung: Grundlagen, Konzepte, Methoden und Anwendungen. Beltz Psychologische Verlagsunion: Weinheim 1995 (2. Aufl.), S.209-213

- Mayring, P.: Einführung in die qualitative Sozialforschung. Psychologie Verlags Union: Weinheim 1996, 3.Auflage

- Max-Neef, M./Elizalde, A./Hopenhayn, M.: Entwicklung nach menschlichem Maß. Eine Option für die Zukunft. Lateinamerika-Dokumentationsstelle FB 06/Nr.39: Universität Kassel 1990

- McCluney, R.: Sustainable Values. In: United Nations Environment Programme: Moral Implications of a Global Consensus - Ethics & Agenda 21. New York 1994, S.13-26

- Meadows, D.C./D.L.: Die Grenzen des Wachstums. Deutsche Verlagsanstalt: Stuttgart 1972

- Meadows, D.H./Meadows, D.L./Randers, J.: Die neuen Grenzen des Wachstums: die Lage der Menschheit:Bedrohung und Zukunftschancen. Deutsche Verlagsanstalt: Stuttgart 1992

- Meinefeld, W.: Realität und Konstruktion. Erkenntnistheoretische Grundlagen einer Methodologie der empirischen Sozialforschung. Leske+Budrich: Opladen 1995

- Messner, D.: Die Netzwerkgesellschaft. Wirtschaftliche Entwicklung und internationale Wettbewerbsfähigkeit als Probleme gesellschaftlicher Steuerung. Deutsches Institut für Entwicklungspolitik, Weltforum Verlag: Köln 1995

- Meuser, M./Nagel, U.: ExpertInneninterviews. Vielfach erprobt, wenig bedacht. In Garz, D./Kraimer, K. (Hg.): Qualitativ-empirische Sozialforschung - Konzepte, Methoden, Analysen. Westdeutscher Verlag: Opladen: 1991, S.441-471

- Meyer-Abich, K.M.: Umweltbewußtsein - Voraussetzungen einer besseren Umweltpolitik. WZB: Berlin 1989

- Miller, D.T., Ratner, R.K.: The power of the myth of self interest. In: Montada, L., Lerner, M.J.: Current societal concerns about justice. Plenum Press: New York 1996, S.25-48

- Mitscherlich, A./ Mitscherlich, M.: Die Unfähigkeit zu trauern. Grundlagen kollektiven Verhaltens. Piper Verlag: München/Zürich 1990 (21. Aufl.)

- Mittler, D.: Environmental Space and Barriers to Local Sustainibility. Evidence from Edingburgh, Scotland. In: Local Environment, No.5/1999; S.311-318

- Möhring, M.: Von der Umwelterziehung zu ganzheitlicher Bildung als Ausdruck integralen Bewußtseins. Peter Lang Verlag: Frankfurt a.M. 1997

- Monroe, K.R.: The Theory of rational Action: Origins and Useful for Political Science. In: Monroe, K.R. (Hg.): The economic approach to Politics. A Critical Reassessment of the Theory of rational Action. New York 1991, S.1-31

- Müller, J.P.: Demokratische Gerechtigkeit. Eine Studie zur Legitimität rechtlicher und politischer Ordnung. Dtv Verlag: München 1993

- Müller-Brandeck-Boquet, G.: Die institutionelle Dimension der Umweltpolitik. Nomos Verlag: Baden-Baden 1995

- Müller-Christ, G.: Die Gestaltung eines beteiligungsorientierten Agendaprozesses. In: Müller-Christ, G. (Hg.): Nachhaltigkeit durch Partizipation. Bürgerbeteiligung im Agendaprozeß. Verlag Wissenschaft und Praxis: Sternenfels/Berlin 1998, S.141-200

- Müller-Christ, G.: Inhaltliche Überlegungen zur Definition von Nachhaltigkeit. In: Müller-Christ, G. (Hg.): Nachhaltigkeit durch Partizipation. Bürgerbeteiligung im Agendaprozeß. Verlag Wissenschaft und Praxis: Sternenfels/Berlin 1998, S.15-57

- Münkler, H.: Der kompetente Bürger. In: Klein, A./Schmalz - Bruns, R. (Hg.): Politische Beteiligung und Bürgerengagement in Deutschland. Bundeszentrale für politische Bildung: Bonn 1997, S.153-172

- Müschen, K.: Kommunale Energiepolitik. In: Roth, R./Wollmann, H.: Kommunalpolitik. Politisches Handeln in den Gemeinden. Bundeszentrale für politische Bildung: Bonn 1998 (2.Aufl.), S.662-675

- Nagorni, K.: Wovon lebt der Mensch? Vom Glück und seinen Voraussetzungen. In: Evangelische Akademie Baden (Hg.): Zukunft für die Erde. Nachhaltige Entwicklung als Überlebensprogramm. Bd.2: Dimensionen der ökologischen Krise. Herrenalber Protokolle, Band 110: Karlsruhe 1996, S.219-223

- Negt, O.: Es ist notwendig, die politische Organisationsphantasie auf kollektive Alternativen zu richten. In: Heckmann, F./Spoo, E. (Hg.): Wirtschaft von unten. Selbsthilfe und Kooperation. Distel-Verlag: Heilbronn 1997, S.15-25

- Neuhold, B: Wir wollen mitentscheiden! - Empowerment von Frauen in der österreichischen Entwicklungszusammenarbeit; grundlegende Ansätze und Projektbeispiele. Wiener Institut für Entwicklungsfragen und Zusammenarbeit: Wien 1994

- Neuland, M.: Neuland Moderation. Neuland Verlag. Eichenzell 1995

- Novy, A./Raza, W.G.: Einleitung. In: Raza, W.G./Novy, A. (Hg.): Nachhaltig reich - nachhaltig arm? Brandes&Apsel Verlag: Frankfurt a.M. 1997, S.12-24, S.6-10

- Oberndörfer, D.: Agenda für die Zukunft. Eine Einführung in das Thema. In: Dettling, W. (Hg.): Die Zukunft denken. Campus Verlag: Frankfurt a.M. 1996, S.24-29

- Oels, A.: „Let's get together and feel alright!" Eine kritische Untersuchung von "Agenda 21"-Prozessen in England und Deutschland. In: Heinelt, H./Mühlich, E. (Hg.): Lokale „Agenda 21" Prozesse. Erklärungsansätze, Konzepte, Ergebnisse. Leske +Budrich: Opladen 2000, S.182-200

- Offe, C.: Bindung, Fessel, Bremse. Die Unübersichtlichkeit von Selbstbeschränkungsformeln. In: Honneth, A./McCarthy, T./Offe, C./ Wellmer, A. (Hg.): Zwischenbetrachtungen. Im Prozeß der Aufklärung. Suhrkamp Verlag: Frankfurt a.M. 1989, S.739-774

- Offe, C.: Selbstbeschränkung als Methode und als Resultat. In: Beck, U. (Hg.): Politik in der Risikogesellschaft. Suhrkamp Verlag: Frankfurt a.M. 1991, S.225-231

- Olson, M.: The Logic of Collective Action. Public Goods and the Theory of Groups. Harvard University Press: Cambridge 1965

- O'Riordan, T./Burgess, J./Szerszynski, B.(Hg.): Deliberative and insclusionare processes. A report from two seminars. Policy Analysis (PA) Series 99-06. Centre for Social and Economic Research on the Global Environment (CSERGE), University of East Anglia/Norvich and University College London: 1999

- Oswald, H.: Was heißt qualitativ forschen? Eine Einführung in Zugänge und Verfahren. In: Friebertshäuser, B./Prengel, A. (Hg.): Handbuch Qualitative Forschungsmethoden in der Erziehungswissenschaft. Juventa Verlag: Weinheim/München 1997, S.71-87

- Peccei, A.: Zukunftschance Lernen. Goldmann Verlag: München 1979

- Peters, A.: Die Lokale Agenda 21. Verfahren und Erfahrungen in Münster. In: UVP-Report, Nr.2/1999, S.243-244

- Pfeiffer, U.: Kommunalpolitik ist mehr als Verwaltung und Bürokratie. In: der städtetag 10/2000, S.10-22

- Pfriem, R.: Sozialökologische Politik durch dezentrale Akteure. In: Büscher, M (Hg.): Markt als Schicksal?: zur Kritik und Überwindung neoliberaler Wirtschafts- und Gesellschaftspolitik. SWI Verlag: Bochum 1998, S.121-130

- Pieper, G.: Nachhaltige Entwicklung beginnt in den köpfen: IHK Umweltbildung. In: DIHT (Hg.)Nachhaltige Entwicklung. DCM Druck: Bonn 1997, S.8/9

- Pleschberger, W.: Lokale Agenda 21 in Wien. Zur Umsetzung globaler Modernisierungsimpulse in die Stadtpolitik. In: Heinelt, H./Mühlich, E. (Hg.): Lokale „Agenda 21" Prozesse. Erklärungsansätze, Konzepte, Ergebnisse. Leske +Budrich: Opladen 2000, S.160-181

- Postman, N.: Wir amüsieren uns zu Tode. Urteilsbildung im Zeitalter der Unterhaltungsindustrie. Fischer Taschenbuch: Frankfurt a.M. 1985

- Preuß, S.: Sustainable Living - Wege zu einem nachhaltig-umweltgerechten Alltagsverhalten. In: Burmeister, K./Canzler, W./Kalinowski, M. (Hg.): Zukunftsfähige Gesellschaft. Demokratische Entscheidungen für eine dauerhaft tragfähige Gesellschaft. Beiträge zur Demokratieentwicklung von unten Bd.9, Verlag Stiftung Mitarbeit: Bonn 1996, S.61-74

- Prittwitz, V.: Gefahrenabwehr - Vorsorge - Ökologisierung. Drei Idealtypen präventiver Umweltpolitik. In: Simonis, U.E. (Hg.): Präventive Umweltpolitik. Campus Verlag: Frankfurt a.M. 1988, S.49-66

- Prittwitz, V.: Katastrophenparadox und Handlungskapazität. Theoretische Orientierungen der Politikanalyse. In: Politische Vierteljahreszeitschrift Sonderheft 24 - Heritier, A.(Hg.): Policy - Analyse. Kritik und Neuorientierung. Westdeutscher Verlag: Opladen 1993, S.328-355

- Prittwitz, V.: Verhandeln im Beziehungsspektrum eindimensionaler und mehrdimensionaler Kommunikation. In: Prittwitz, V.v. (Hg.): Verhandeln und Argumentieren. Dialog, Interessen und Macht in der Umweltpolitik. Leske+Budrich: Opladen 1996, S.41-68

- Proschek, E: Bildung, Erziehung und Kultur. In: Hermann, W./Proschek, E./Reschl, R. (Hg.): Lokale Agenda 21. Anstöße zur Zukunftsfähigkeit. Kohlhammer Verlag: Stuttgart, Berlin, Köln 2000, S.138-145

- Quante, M.: Umweltschutz in den Kommunen. In: Aus Politik und Zeitgeschichte, Bd.50/1996, S.32-40

- Rasmussen, D.B.: An Earth Ethic for Survival. In: United Nations Environment Programme: Moral Implications of a Global Consensus - Ethics & Agenda 21. New York 1994, S.53-57

- Rat der Evangelischen Kirche in Deutschland/Deutsche Bischofskonferenz (Hg.): Für eine Zukunft in Solidarität und Gerechtigkeit. Wort des Rates der Evangelischen Kirche in Deutschland und der Deutschen Bischofskonferenz zur wirtschaftlichen und sozialen Lage in Deutschland. Bonn/Hannover 1997

- Rauter, E.A.: Wofür arbeiten wir eigentlich? Rasch und Röhring Verlag: Hamburg 1988

- Rawls, J.: Eine Theorie der Gerechtigkeit. Suhrkamp Verlag: Frankfurt a.M. 1979

- Rehfuss, W.D.: Die Vernunft frisst Ihre Kinder. Hoffmann und Campe Verlag: Hamburg 1990

- Reinert, A.: Mobilisierung der Kompetenz von Laien - Die Methode Planungszel-le/Bürgergutachten. In: Apel, H/Dernbach, D./Ködelpeter, T./Weinbrenner, P.(Hg.): Wege zur Zukunftsfähigkeit ein Methodenhandbuch. Stiftung Mitarbeit, Arbeitshilfen Nr.19: Bonn 1998, S.115-126

- Reißmann, J.: „Nachhaltige, umweltgerechte Entwicklung" Chance für eine Neuorientie-rung des (Umwelt-)Bildung - Entwurf eines Rahmenkonzepts. In: Beyer, A. (Hg.): Nach-haltigkeit und Umweltbildung. Krämer-Verlag: Hamburg 2000 (2.Aufl.), S.57-100

- Renn, O./Webler, T.: Konfliktbewältigung durch Kooperation in der Umweltpolitik. Theo-retische Grundlagen und Handlungsvorschläge. In: oikos - umweltökonomische Studenteni-nitiative an der HSG (Hg.): Kooperationen für die Umwelt. Im Dialog zum Handeln. Rüeg-ger Verlag: Zürich 1994, S.11-52

- Renn, O.: Kooperative Diskurse zur Umsetzung einer nachhaltige Entwicklung. In: Burmei-ster, K./ Canzler, W./Kalinowski, M. (Hg.): Zukunftsfähige Gesellschaft. Demokratische Entscheidungen für eine dauerhaft tragfähige Gesellschaft. Beiträge zur Demokratieent-wicklung von unten Bd.9, Verlag Stiftung Mitarbeit: Bonn 1996, S.92-114

- Reschl, E./Hermann, W.: Leitbilder und Leitbilddebatte. In: Hermann, W./Proschek, E./Reschl, R. (Hg.): Lokale Agenda 21. Anstöße zur Zukunftsfähigkeit. Kohlhammer Ver-lag: Stuttgart, Berlin, Köln 2000, S.80-85

- Rey, P.: Der Einfluß von Interessengruppen im ökonomischen System der Bundesrepublik Deutschland auf politische Entscheidungsprozesse, dargestellt am Beispiel der Umweltpoli-tik. Dissertation Universität Bremen: Bremen 1990

- Richardson, T.: Foucauldian discourse: power and truth in urban and regionally policy making. IN: European Planning studies 4/1996, S.279-292

- Ritter, E.H.: Der kooperative Staat. Bemerkungen zum Verhältnis von Staat und Wirtschaft. In: Archiv des Öffentliche Rechts, Bd.104/1979, S.389-413

- Ronge, V.: Der Staat als PR-Veranstaltung. In: Mez, L./Weidner, H. (Hg.): Umweltpolitik und Staatsversagen. Perspektiven und Grenzen der Umweltpolitikanalyse: Berlin 1997, S.177-182

- Rosewitz, B./Schimank,U.: Verselbständigung und politische Steuerbarkeit gesellschaftli-cher Teilsysteme. In: Mayntz, R./Rosewitz, B./Schimank, U./Stichweh, R. (Hg.): Differen-zierung und Verselbständigung. Zur Entwicklung gesellschaftlicher Teilsysteme. Campus Verlag: Frankfurt a.M./New York 1988, S.295-329

- Rösler, C.: Lokale Agenda 21 in deutschen Städten auf Erfolgskurs. Ergebnisse der Difu-Umfrage 1999 bei den Mitgliedstädten des Deutschen Städtetages. In: Deutsches Institut für Urbanistik/Rösler, C. (Hg.): Lokale Agenda 21 auf Erfolgskurs Dokumentation des 4.Erfahrungsaustauschs. Berlin 1999

- Roth, E.: Sozialwissenschaftliche Methoden. Oldenbourg Verlag: München/Wien 1993, 3.Auflage

- Roth, P.: Ein- und Aussichten für das 21. Jahrhundert. Trotz aller Unkenrufe und Probleme: Die Stadt ist der Ort der Zukunft. In: Das Parlament: Kommunale Selbstverwaltung in Deutschland. 48. Jhrg., Nr.11, 1998, S.2

- Roth, R.: Die Kommune als Ort der Bürgerbeteiligung. In: Klein, A./Schmalz-Bruns, R. (Hg.): Politische Beteiligung und Bürgerengagement in Deutschland. Bundeszentrale für politische Bildung: Bonn 1997, S.404-447

- Sachs, W.: Sustainable Development. Zur politischen Anatomie eines internationalen Leit-bilds. In: Brand, K.W. (Hg.): Nachhaltige Entwicklung: Eine Herausforderung an die So-ziologie. Leske+Budrich: Opladen 1997, S.93-110

- Sader, M.: Psychologie der Gruppe. Juventa Verlag: München 1996 (5.Auflage)

- Sana, H.: Das Elend des Politischen, Patmos Verlag: Düsseldorf: 1998

- Sander, W: Theorie der politischen Bildung: Geschichte- didaktische Konzeptionen - aktuelle Tendenzen und Probleme. In: Sander, W. (Hg.): Handbuch politische Bildung. Wochenschau Verlag: Schwalbach 1997, S.5-41

- Saretzki, T.: Wie unterscheiden sich Argumentieren und Verhandeln? Definitionsprobleme, funktionale Bezüge und strukturelle Differenzen von zwei verschiedenen Kommunikationsmodi. In: Prittwitz, V. (Hg.): Verhandeln und Argumentieren. Leske+Budrich: Opladen 1996, S.19-39

- Sartori, G.: Demokratietheorie. Primus Verlag: Darmstadt 1997

- Sauer, B.: Der „Runde Tisch" und die Raumaufteilung der Demokratie. Eine politische Institution des Übergangs? In: Nedelmann, B. (Hg.): Politische Institutionen im Wandel. Kölner Zeitschrift für Soziologie und Sozialpsychologie, Sonderheft 35/95. Westedeutscher Verlag: Opladen 1995, S.108-125

- Scharpf, F.W.: Die Politikverflechtungs-Falle: Europäische Integration und deutscher Förderalismus im Vergleich. In: Vorstand der Deutschen Vereinigung für Politikwissenschaften (Hg.): Politische Vierteljahreszeitschrift Bd.26, Westdeutscher-Verlag: Opladen 1985, S.323-356

- Scharpf, F.W.: Verhandlungssysteme, Verteilungskonflikte und Pathologien der politischen Steuerung. In: Schmidt, M.G.(Hg.): Staatstätigkeit. Westdeutscher Verlag: Opladen 1988, S.61-87

- Scharpf, F.W.: Politische Steuerung und Politische Institutionen. In: Vorstand der Deutschen Vereinigung für Politikwissenschaften (Hg.): Politische Vierteljahreszeitschrift Bd.30, Westdeutscher Verlag: Opladen 1989, S.10-23

- Scharpf, F.W.: Die Handlungsfähigkeit des Staates am Ende des 20.Jahrhunderts. In: Politische Vierteljahreszeitschrift, Bd.32/1991, 621-634

- Scharpf, F.W.: Political Institutions, Decision Styles, and Polity Choices. In: Czada, R./Windhoff-Hèritier, A.: Political Choice, Institutions, Rules, and the Limits of Rationality. Campus Verlag: Frankfurt a.M. 1991a, S.53-86

- Scharpf, F.W.: Zur Theorie von Verhandlungssystemen. In: Benz, A./Scharpf, F.W./Zintl, R.: Horizontale Politikverflechtung: zur Theorie von Verhandlungssystemen. Campus Verlag: Frankfurt a.M./New York 1992, S.11-27

- Scharpf, F.W.: Versuch über Demokratie im verhandelnden Staat. In: Czada, R./Schmidt, M.G.(Hg.): Verhandlungsdemokratie, Interessenvermittlung, Regierbarkeit. Westdeutscher Verlag: Opladen 1993, S.25-50

- Schäuble, W.: Bürgertugenden und Gemeinsinn in der liberalen Gesellschaft. In: Teufel, E. (Hg.): Was hält die moderne Gesellschaft zusammen? Suhrkamp Verlag: Frankfurt a.M. 1996, S.63-78

- Scherhorn, G.: Nachhaltiger Konsum - Probleme und Chancen. In: Studenteninitiative Wirtschaft & Umwelt e.V. (Hg.): Im Namen der Zukunft - Politische Wege zur Nachhaltigkeit. Münster 1994, S.63-82

- Schiele, S.: Konsens und Konflikt. In: Mickel, W.W. (Hg.): Handbuch zur politischen Bildung. Bundeszentrale für politische Bildung: Bonn 1999, S.104-109

- Schimank, U./Glagow, M.: Formen politischer Steuerung: Etatismus, Subsidiarität, Delegation und Neokorporatismus, aus: Glagow, M./Rumaniek-Beier, D./Willke, H.: Materialien zur sozialwissenschaftlichen Planungs- und Entscheidungstheorie Nr.4, Universität Bielefeld/Fakultät für Soziologie: Bielefeld 1984

- Schimank, U.: Politische Steuerung in der Organisationsgesellschaft - am Beispiel der Forschungspolitik. In: Zapf, W. (Hg.): Die Modernisierung moderner Gesellschaften. Verhandlungen des 25. Deutschen Soziologentages in Frankfurt a.M. 1990. Campus Verlag: Frankfurt a.m. 1990, S.505-516

- Schimank, U.: Teilsystemevolutionen und Akteurstrategien: Die zwei Seiten struktureller Dynamiken moderner Gesellschaften. In: Soziale Systeme. Zeitschrift für soziologische Theorie. Jahrgang 1/1995, Heft 1, S.73-100

- Schlozman, K.L./Verba, S./Brady, H.E.: Civic Participation and the Equality Problem. In: Skocpol, T./Fiorina, M.P. (Hg.): Civic Engagement in American Society. New York Press: Washington D.C./New York 1999, S.247-460

- Schmals, K.M.: Zivile Urbanität - von der großen Erzählung zum Netzwerk kleiner Erzählungen. In: Schmals, K.M./Heinelt, H. (Hg.): Zivile Gesellschaft. Entwicklung, Defizite, Potentiale. Leske+Budrich: Opladen 1997, S.399 -423

- Schmalz-Bruns, R.: Reflexive Demokratie. Die demokratische Transformation moderner Politik. Nomos Verlagsgesellschaft: Baden-Baden 1995

- Schmidbauer, W.: Weniger ist manchmal mehr: Psychologie des Konsumverzichts. Rowohlt-Verlag: Reinbek bei Hamburg 1992 (2.Aufl.)

- Schmidt, R.R.: Die Moderationsmethode - was ist das? In: Zeitschrift für Pädagogik, Sonderheft Moderationsmethode Nr.6/1995, S.6-8

- Schmitz, S.: Die Zukunft der Stadt zwischen globaler Herausforderung und lokaler Gestaltungsmöglichkeit. In: ICLEI (Hg.): Lokale Agenda 21 - Deutschland. Kommunale Strategien für eine zukunftsbeständige Entwicklung. Springer Verlag: Berlin/Heidelberg 1998, S.21-31

- Schneider, H.: Konturen des Bürgerbegriffs. In: Mickel, W.W. (Hg.): Handbuch zur politischen Bildung. Bundeszentrale für politische Bildung: Bonn 1999, S.38-43

- Scholz, R.: Kinder an die Macht. In: Deutsches Allgemeines Sonntagsblatt Nr.7, 13.02.1998

- Schröder, G.: Länder und Kommunen: Partnerschaft mit Hindernissen? Angespanntes Verhältnis kann nur durch eine Gemeindefinanzreform verbessert werden. In: Das Parlament: Kommunale Selbstverwaltung in Deutschland. 48. Jhrg., Nr.11, 1998, S.3

- Schulze, U.: Lokales Wissen und Entwicklungszusammenarbeit - Eine Einführung. In: Pasquale, S./Schröder, P./Schulze, U. (Hg.): Lokales Wissen für nachhaltige Entwicklung: Ein Praxisführer. Verlag für Entwicklungspolitik: Saarbrücken 1998, S.1-56

- Schwarz, R.D.: Kapitalismus ohne Netz. Was hält die Gesellschaft noch zusammen? Aufbau Taschenbuch Verlag: Berlin 1997 (2.Aufl.)

- Seipel, C.: Strategien und Probleme des empirischen Theorienvergleichs in den Sozialwissenschaften. Rational Choice Theorie oder Persönlichkeitstheorie. Leske+Budrich Verlag: Opladen 1999

- Simon, H.: Human Nature in Politics: The Dialogue of Psychology with Political Science. In: American Political Science Review, Bd.79/1985, S.293-304

- Sölle, D.: Mystik und Widerstand. Piper Verlag : München 2000 (3.Aufl.)

- Spehr, C./Stickler, A.: Morphing Zone - Nachhaltigkeit und postmodernes Ordnungsdenken. In: Raza, W.G./Novy, A. (Hg.): Nachhaltig reich - nachhaltig arm? Brandes&Apsel Verlag: Frankfurt a.M. 1997, S.12-24

- Spehr, C.: Effektivierter Industrialismus. In: Schwertfisch (Hg.): Zeitgeist mit Gräten. Politische Perspektiven zwischen Ökologie und Autonomie. Yeti-Press: Bremen 1997b, S.21-29

- Spehr, C.: Die Freiheit des Baumkänguruhs. In: Schwertfisch (Hg.): Zeitgeist mit Gräten. Politische Perspektiven zwischen Ökologie und Autonomie. Yeti-Press: Bremen 1997c, S.173-181

- Spehr, C.: Die Aliens sind unter uns! Herrschaft und Befreiung im demokratischen Zeitalter. Siedler-Verlag: München 1999

- Spehr, C.: Gleicher als Andere. Eine Grundlegung der freien Kooperation. Rosa Luxemburg Stiftung 2000

- Sprenger, R.U.: Neue Worthülse? In: Politische Ökologie, Sonderheft Nr.4, 1992, S.56

- Stark, S.: Implementation der Lokalen Agenda 21 in Verwaltungshandeln am Beispiel Energie. Wuppertal Institut, Wuppertal Spezial 13. Libri Books On Demand: 1999

- Stark, S.: Lokale „Agenda 21"-Prozesse in den vier Städten Duisburg, Leverkusen, Hamm und Wuppertal - eine Prozessanalyse. In: Heinelt, H./Mühlich, E. (Hg.): Lokale „Agenda 21" Prozesse. Erklärungsansätze, Konzepte, Ergebnisse. Leske +Budrich: Opladen 2000, S.201-216

- Stein, T.: Warum wir einen Ökologische Rat brauchen. In: Guggenberger, B./Meier, A. (Hg.): Der Souverän auf der Nebenbühne. Westdeutscher Verlag: Opladen 1994, S.255-260

- Stiftung Entwicklung und Frieden: Globale Trends 1996. Fakten, Analysen, Prognosen. Fischer Taschenbuch: Frankfurt a.M. 1995

- Stratman-Mertens, E./Hickel, R./Priewe, J. (Hg.): Wachstum. Abschied von einem Dogma. Kontroverse über eine ökologisch-soziale Wirtschaftspolitik. Fischer Verlag: Frankfurt a.M.: 1991

- Strauss, A.L.: Grounded Theory, Psychologische Verlagsunion: München und Weinheim 1996

- Strauss, A.L.: Grundlagen qualitativer Sozialforschung. Datenanalyse und Theoriebildung in der empirischen soziologischen Forschung. Fink Verlag, München 1994

- Streeck, W.: Über die Schwierigkeiten der Politikberatung. Interview in Transparent - Magazin der Studienstiftung, Nr.9, 1999, S.3-5

- Studer, H.P.: Jenseits von Kapitalismus + Kommunismus. Kritik der materialistischen Gesellschaft und Wege zu ihrer Überwindung. Bamberg 1987

- Sutor, B.: Leben aus dem Freiheits- und Gemeinsinn. Der stetig neu zu findende demokratische Grundkonsens. In: Klein, A. (Hg.): Grundwerte in der Demokratie. Bundeszentrale für politische Bildung: Bonn 1995, S.26-29

- Sutor, B.: Rationalität und Emotionalität. In: Mickel, W.W. (Hg.): Handbuch zur politischen Bildung. Bundeszentrale für politische Bildung: Bonn 1999, S.109-119

- Teubner, G./Willke, H.: Kontext und Autonomie: Gesellschaftliche Selbststeuerung durch reflexives Recht. In: Zeitschrift für Rechtssoziologie, Bd.5. 1984, S.4-35

- Teutsch, A.: Zeitwohlstand. Gewerkschaftliche Handlungsansätze zu neuer Lebensqualität. In: Umwelterziehung, Nr.2/1996, S.41-44

- Theisen, H.: Zukunftsvorsorge als Staatsaufgabe. In: Staatswissenschaften und Staatspraxis, Nr.1/1995, S.111-125

- Thoreau, H.D.: Über die Pflicht zum Ungehorsam gegen den Staat. Diogenes Verlag: Zürich 1967 (Erstveröffentlichung 1849, Originaltitel: The Resistance to Civil Government)

- Tietzel, M.: Die Rationalitätsannahme in den Wirtschaftswissenschaften oder der homo oeconomicus und seine Verwandten. In: Jahrbuch für Sozialwissenschaft. Bd.32/1981, S.115-137

- Trechsel, F.: Von der Leistungs- zur Schmarotzergesellschaft. Die Gesellschaftskrise als Ursache der Wirtschaftskrise: Ott Verlag Thun: Zürich 1994

- Tüns, M.: Die Kommune braucht Kommunikation. In: Bundesministerium für Raumordnung, Bauwesen und Städtebau: BundesBauBlatt - Sonderdruck nachhaltiges Münster, Nr.8/1998, S. 7-9

- Ullrich, O.: Kritik der globalen Wettkampfdynamik und Wiedergewinnung des Politischen. In: Burmeister, K./Weert, C./Kalinowski, M. (Hg.): Zukunftsfähige Gesellschaft. Demokratische Entscheidungen für eine dauerhaft tragfähige Gesellschaft. Beiträge zur Demokratieentwicklung von unten Bd.9. Verlag Stiftung Mitarbeit: Bonn 1996, S.198-220

- Ulrich, G.: Politische Steuerung. Staatliche Intervention aus systemtheoretischer Sicht. Leske+Budrich: Opladen 1994

- Ulrich, G.: Politische Steuerung. Staatliche Intervention aus systemtheoretischer Sicht. Leske+Budrich: Opladen 1994

- Ulrich, P.: Transformation der ökonomischen Vernunft. Haupt Verlag: Stuttgart 1987, 2.Auflage

- Umweltbundesamt (Hg.): Daten zur Umwelt 1992/93. Erich-Schmidt Verlag: Berlin 1994

- Unruh, G.C.: Der tragende Grundsatz der kommunalen Selbstverwaltung. „In eigener Verantwortung regeln". In: Das Parlament: Kommunale Selbstverwaltung in Deutschland. 48. Jhrg., Nr.11, 1998, S.1

- Uplawski, K.: Zentrenkonzept. Ein Beitrag der Stadt Münster zur haushälterischen Bodennutzung. In: CAF/Agenda Transfer, Institut für Landes- und Stadtentwicklungsforschung NRW, Ministerium für Arbeit, Soziales und Stadtentwicklung, Kultur und Sport NRW (Hg.).: Gute Beispiele nachhaltiger Entwicklung. Dokumentation der Veranstaltung vom 12.März 1998 in Bonn-Bad Godesberg: Bonn 1999, S.14-15

- Van den Daele, W.: Sozialverträglichkeit und Umweltverträglichkeit. Inhaltliche Mindeststandards und verfahren bei der Beurteilung neuer Technik. WZB: Berlin: 1993

- Vandamme, R.: Basisdemokratie als zivile Intervention. Der Partizipationsanspruch der Neuen sozialen Bewegungen. Leske+Budrich: Opladen 2000

- Vatter, A.: Eigennutz als Grundmaxime in der Politik? Eine Überprüfung des Eigennutzaxioms der ökonomischen Theorie der Politik bei Stimmbürgern, Parlamentariern und der Verwaltung. Verlag Paul Haupt: Bern/Stuttgart/Wien 1994

- Vatter, A.: Politik. In: Rehmann-Sutter, C./Vatter, A./Seiler, H. (Hg.): Partizipative Risikopolitik. Westdeutscher Verlag: Opladen 1998, S.167-319

- Veblen, T.B.: The Theory of the leisure class: an economic study of institutions. Random House: New York 1934

- Verbraucher Initiative: Die Verantwortung der Verbraucher - Ein Manifest der »Verbraucher Initiative«. In: Glauber, H./Pfriem, R. (Hg.): Ökologisch wirtschaften - Erfahrungen, Strategien, Modelle. Fischer Verlag: Frankfurt a.M. 1992, S.233-243

- Vorstand der Vereinigung für ökologische Ökonomie: Editorial. In: Vereinigung für Ökologische Ökonomie: Ökologische Ökonomie. Ansätze zur Positionsbestimmung der Vereinigung für ökologische Ökonomie. Beiträge und Berichte 1/1999, S.1

- Vester, F.: Neuland des Planens und Wirtschaftens. In: Riegler, J. (Hg.): Antworten für die Zukunft. Ökosoziale Marktwirtschaft. Verlag für Geschichte und Politik: Wien 1990, S.19-30

- Voigt, R.(Hg.): Der kooperative Staat. Krisenbewältigung durch Verhandlung? Nomos Verlag: Baden-Baden 1995

- Wahner, U.: Neid: Wie wichtig sind Selbstwertbedrohung und Ungerechtigkeitserleben? In: Reichle, B./Schmitt, M. (Hg.): Verantwortung, Gerechtigkeit und Moral. Zum psychologischen Verständnis ethischer Aspekte im menschlichen Verhalten. Juventa Verlag: Weinheim und München 1998, S.149-162

- Walzer, M.: Über Toleranz. Von der Zivilisierung der Differenz. Rotbuch Verlag: Hamburg 1998

- Warner, M.: Social Capital Construction and the Role of the Local State. In: Rural Sociology No.64/1999, S.373-393

- Warren, M.E.: Deliberative Democracy and Authority. In: American Political Science Review, Vol.90, No.1, March 1996, S.46-60

- Wehling, P.: Sustainable development - eine Provokation für die Soziologie? In: Brand, K.W. (Hg.): Nachhaltige Entwicklung: Eine Herausforderung an die Soziologie. Leske+Budrich: Opladen 1997, S.35-50

- Wehner, B: Der neue Sozialstaat: Vollbeschäftigung, Einkommensgerechtigkeit und Staatsentschuldung. Westdeutscher Verlag: Opladen 1992

- Weidner, H.: Mediation as a policy Instrument for Resolving Environmental Disputes - With special Reference to Germany. WZB-Berlin: Berlin 1993

- Weinzierl, H.: Keiner kann mehr sagen, er habe es nicht gewußt. Nach Rio muß die Umweltbewegung die hehren Erklärungen einklagen. In: Politische Ökologie Nr.31, Mai/Juni 1993, S.32-35

- Weizsäcker, E.U./Lovins, A.B./Lovins, L.H.: Faktor Vier. Doppelter Wohlstand - halber Naturverbrauch. Droemer Knaur Verlag: München 1997

- Wendt, W.R.: Bürgerschaft und zivile Gesellschaft Ihr Herkommen und ihre Perspektiven. In: Wendt, W.R. (Hg.): Zivilgesellschaft und soziales Handeln: bürgerschaftliches Engagement in eigenen und gemeinschaftlichen Belangen. Lambertus Verlag: Freiburg 1996, S.13-77

- Werner, W.: Armut und Obdachlosigkeit in der Kommune. In: Roth, R./Wollmann, H.: Kommunalpolitik. Politisches Handeln in den Gemeinden. Bundeszentrale für politische Bildung: Bonn 1998 (2.Aufl.), S.703-716

- Wewer, G.: Steuerungspotentiale und die politische Praxis. In: Burmeister, K./Canzler, W./Kalinowski, M. (Hg.): Zukunftsfähige Gesellschaft. Demokratische Entscheidungen für eine dauerhaft tragfähige Gesellschaft. Beiträge zur Demokratieentwicklung von unten Bd.9, Verlag Stiftung Mitarbeit: Bonn 1996, S.75-84

- Wewer, G.: Demokratie, Demokratisierung. In: Schäfers, B/Zapf, W. (Hg.): Handwörterbuch zur Gesellschaft Deutschlands. Bundeszentrale für politische Bildung: Opladen 1998, S.111-123

- Wicke, L./Hucke, J.: Plädoyer für eine ökologische Marktwirtschaft. In: Riegler, J. (Hg.): Antworten für die Zukunft. Ökosoziale Marktwirtschaft. Verlag für Geschichte und Politik: Wien 1990, S.111-124

- Wiemeyer, C.: Die Verselbständigungstendenzen des ökonomischen Systems. Anstoß für eine Rückbesinnung auf die evolutionär-institutionalistische Wirtschaftstheorie (in Unterricht und Lehre). Schriften zur Didaktik der Wirtschafts- und Sozialwissenschaften, Nr.78, Universität Bielefeld: Bielefeld 1999

- Wiemeyer, C.: Die ökologische Krise und die Umweltpolitik der Bundesrepublik Deutschland. Eine Anregung zu einem "Bündnis für Umweltschutz und zukunftsfähige Entwicklung". Tectum Verlag: Marburg 2000

- Wiesenthal, H.: Einleitung. Die Ratlosigkeit des homo oeconomicus. In: Elster, J.: Subversion der Rationalität. Campus Verlag: Frankfurt a.M./New York: 1987a, S.7-20

- Wiesenthal, H.: Rational Choice. In: Zeitschrift für Soziologie, Jg.16, Heft.6, 1987b, S.434-449

- Wiesenthal, H.: Sozialverträglichkeit und Systemrationalität. Zur Kritik eines modischen Steuerungskriteriums. In: Glagow, M./Willke, H./Wiesenthal, H. (Hg.): Gesellschaftliche Steuerungsrationalität und partikulare Handlungsinteressen. Centaurus Verlag: Pfaffenweiler 1989, S.127-163

- Wildt, B.: Bundeshauptstadt Klimaschutz - Münsters Aktivitäten im baulichen Klimaschutz. In: Bundesministerium für Raumordnung, Bauwesen und Städtebau: BundesBauBlatt - Sonderdruck nachhaltiges Münster, Nr.8/1998, S. 10-12

- Wilhelm, S.: Umweltpolitik. Leske+Budrich: Opladen 1994

- Willke, H.: Entzauberung des Staates. Grundlinien einer systemtheoretischen Argumentation. In: Ellwein, Th./Hesse, J.J./Mayntz, R./Scharpf, W. (Hg.): Jahrbuch zur Staats- und Verwaltungswissenschaft, Bd.1., Nomos Verlag: Baden-Baden 1987, S.285-308

- Willke, H.: Prinzipien politischer Supervision. In: Bußhoff, H. (Hg.): Steuerbarkeit und Steuerungsfähigkeit; Beiträge zur Grundlagendiskussion. Nomos Verlag: Baden-Baden 1992, S.51-80

- Willke, H.: Ironie des Staates. Grundlinien einer Staatstheorie polyzentrischer Gesellschaft. Suhrkamp Verlag: Frankfurt a.M. 1996

- Willke, H.: Supervision des Staates. Suhrkamp Verlag: Frankfurt a.M. 1997

- Willke, H.: Soziologische Aufklärung und Demokratietheorie. In: Brunkhorst, H.: Demokratischer Experimentalismus: Politik in der komplexen Gesellschaft. Suhrkamp Verlag: Frankfurt a.M. 1998, S.13-32

- Windhoff-Heritier, A.: Wirksamkeitsbedingungen politischer Instrumente. In: Ellwein, Th./ Hesse, J.J./ Mayntz, R./Scharpf, W. (Hg.): Jahrbuch zur Staats- und Verwaltungswissenschaft, Bd.3., Nomos Verlag: Baden-Baden 1989, S.89-118

- Witte, G.: Können Bürger über den Rat noch wirksam Einfluss nehmen? In: der städtetag 10/2000, S.25-27

- Witzel, A.: Verfahren der qualitativen Sozialforschung: Überblick und Alternativen. Campus Verlag: Frankfurt a.M. 1982

- Witzel, A.: Auswertung problemzentrierter Interviews: Grundlagen und Erfahrungen. In: Strobl, R./Böttger, A. (Hg.): Wahre Geschichten? Zur Theorie und Praxis qualitativer Interviews. Nomos Verlag: Baden-Baden 1996, S. 49-76

- Wollmann, H.: Kommunalpolitik - zu neuen (direkt-) demokratischen Ufern? In: Roth, R./Wollmann, H.: Kommunalpolitik. Politisches Handeln in den Gemeinden. Bundeszentrale für politische Bildung: Bonn 1998 (2.Aufl.), S.37-49

- World Commission on Environment and Development: Our Common Future, Offord University Press: Oxford/New York 1987

- Zilleßen, H.: Selbstbegrenzung und Selbstbestimmung. Über die politischen Voraussetzungen für einen neuen Lebensstil. In: Wenke/Zilleßen, H.: Neuer Lebensstil - verzichten oder verändern? Westdeutscher Verlag: Opladen 1978, S.122-164

- Zilleßen, H./Barbian, T.: Neue Formen der Konfliktregelung in der Umweltpolitik. In: Aus Politik und Zeitgeschichte, Bd.39-40/1992, S.14-23

- Zilleßen, H.: Die Modernisierung der Demokratie im Zeichen der Umweltproblematik. In: Prittwitz, V. (Hg.): Umweltpolitik als Modernisierungsprozeß. Leske+Budrich: Opladen 1993, S.81-91

- Zimmermann, K./Hartje, V.J./Ryll, A.: Ökologische Modernisierung der Produktion. Strukturen und Trends. WZB: Berlin 1990

- Zimmermann, M.: Lokale Agenda 21. Ein kommunaler Aktionsplan für die zukunftsbeständige Entwicklung der Kommune im 21.Jahrhundert. In: Aus Politik und Zeitgeschichte, Bd.27/1997, S.25-38

- Zorn, F.: Mars 1998 (22. Aufl.)

- Zürn, M.: »Positives Regieren« jenseits des Nationalstaates. Zur Implementation internationaler Umweltregime. In: Zeitschrift für Internationale Beziehungen, Nr.1/1997, S.41-68

Zeitschriften und Zeitungen:

- Das Parlament: Kommunale Selbstverwaltung in Deutschland, Nr.11, 06.03.1998

- Erziehung und Wissenschaft (Zeitschrift der Bildungsgewerkschaft GEW) Nr.7/8, 2001

- Frankfurter Rundschau vom 30.07.96

- Ministerium für Umwelt, Raumordnung und Landwirtschaft des Landes Nordrhein-Westfalen: Kongress „Lokale Agenda 21 in NRW" - Dokumentation, Hamm: Mai 1997

- Münsteraner Zeitung vom 29.06.1999

- Neue deutsche Schule Nr.7/8 2001

- Neue Westfälische vom 10.01.99, 27.11.2000, 16.07.2001

- Ruhr-Nachrichten vom 25.02.1999, 09.03.1999, 17.05.1999, 27.05.1999

- SPD-Vorstand: Für eine ökologische Modernisierung der Volkswirtschaft, Politik Nr.7, 1985

- Stadtgespräche: Nachrichten zur lokalen Agenda 21 in Deutschland, Nr.9, Januar 1998

- Stadtgespräche: Nachrichten zur lokalen Agenda 21 in Deutschland, Nr.16, März 1999

- Stadtgespräche-Extra (Nachrichten zur lokalen Agenda 21 in Deutschland), Nr.1, Jan.-März 1998

- WAZ vom 05.02.1999, 11.03.1999, 15.05.1999, 17.05.1999

- Westfälische Nachrichten vom 06.05.1999

Material aus den Städten:

- Stadt Münster: Agenda news Nr.1/Dezember 1997

- Stadt Münster: Agenda news Nr.2/April 1998

- Stadt Münster: Agenda news Nr.3/Juli 1998

- Stadt Münster: Agenda news Nr.4/Dezember 1998

- Stadt Münster: Agenda news Nr.5/Juni 1999

- Stadt Münster: Auftaktveranstaltung Lokale Agenda 21. Münster 1997

- Oberbürgermeisterin und Agendabüro der Stadt Münster: Standortbestimmung August 1997. Lokale Agenda 21. Zukunftsfähige Projekte der Stadtverwaltung. Münster: 1997

- Stadt Münster/Frauenbüro: Lokale Agenda Münster - eine Frauenagenda! Dezember 1998
- Agenda-Rundbrief Münster, Nauar 2000; Juni 2000; Oktober 2000
- Stadt Münster, Vrl.370/1996
- Stadt Münster, Vrl. 256/1997
- Stadt Münster, Vrl.256/1997E
- Stadt Münster, Vrl.466/1997
- Stadt Münster, Vrl. 388/1998
- Stadt Münster, Vrl.155/1999
- Stadt Münster, Vrl. 393/1999
- Stadt Münster, Vrl. 833/1999
- Stadt Münster, Vrl.861/1999
- Stadt Münster, Vrl. 954/1999
- Stadt Münster, Vrl.945/2000
- Stadt Münster, Vrl. 945/E1/2000
- Stadt Münster, Vrl. 945/E2/2000
- Stadt Münster: Protokoll Verwaltungsworkshop Lokale Agenda 21 vom 21.10.1998
- Stadt Münster: Protokolle des FAK »Zukunftsfähige Bildung und Kultur« vom 01.09.1997; 20.01.1998; 07.05.1998; 10.09.1998; 05.11.1998; 24.11.1998
- Stadt Münster, Protokolle des FAK »Region, Siedlungsflächen, Stadtstrukturen und Verkehr« vom 09.10.1997; 03.02.1998; 18.05.1998; 01.10.1998; 19.11.1998; 25.11.1998
- Stadt Münster: Protokolle des FAK »Schutz der Umwelt und Gesundheit« vom 15.09.1997; 27.01.1998; 27.04.1998; 15.09.1998; 10.11.1998; 26.11.1998
- Stadt Münster: Protokolle des FAK »Wirtschaft, Arbeit, Soziales, Finanzen« vom 01.10.1997; 29.01.1998; 26.05.1998; 24.09.1998; 17.11.1998; 30.11.1998
- Stadt Münster: Protokolle der BürgerInnenzirkel zur Lokalen Agenda 21 in der VHS 17.01.-24.06.1998 FAK
- Stadt Münster, Protokolle des Frauenaktionsbündnisses vom 21.04.1998
- Eine-Welt-Forum Münster: Internationale Zusammenarbeit auf kommunaler Ebene als Schwerpunkt einer »lokalen Agenda 21« in Münster. Münster 1997
- Eine-Welt-Forum Münster/Agenda-Büro der Stadt Münster: Dokumentation - Unsere Stadt im Strom der Welt: Münster 1998
- Stadt Neuss: Neuss Agenda 21. Der Start. Dokumentation der öffentlichen Auftaktveranstaltung. Stadtverwaltung Neuss 1999 (2.Aufl.)
- Stadt Neuss: Lokale Agenda 21 - Das erste Jahr. Eine Dokumentation. Stadtverwaltung Neuss 1997
- Stadt Detmold: Vorlage (FB.6) 156/98
- Stadt Detmold/Agenda-Büro: Jahre Lokale Agenda 21 in Detmold. Ergebnisse Runder Tisch 1 Bauen-Wohnen-Planen-Verkehr. September 2000
- Stadt Detmold/Agenda-Büro: Jahre Lokale Agenda 21 in Detmold. Ergebnisse Runder Tisch 2: Arbeit-Wirtschaft-Gesundheit. September 2000

- Stadt Detmold/Agenda-Büro: Jahre Lokale Agenda 21 in Detmold. Ergebnisse Runder Tisch 3: Umwelt-Natur-Energie-Klimaschutz. September 2000

- Stadt Detmold/Agenda-Büro: Jahre Lokale Agenda 21 in Detmold. Ergebnisse Runder Tisch 4: Kinder-Jugendliche/Soziales-Zusammenleben. September 2000

- Stadt Detmold/Der Bürgermeister/Fachbereich Stadtentwicklung: Zukunftsfähiges Detmold. Zwei Jahre Lokale Agenda 21: ohne Datum

- Stadt Bochum/Der Oberbürgermeister: Bochum Agenda 21. Ratsbeschluss des Rates vom 18.06.1998

- Stadt Bochum/der Oberbürgermeister/Büro Bochum Agenda 21: Perspektiven. Projekte-Ideen-Initiativen. 2000

- Arbeitskreis Leitbild der Bochum-Agenda 21: Leitbild für eine nachhaltige Entwicklung in Bochum/Beschlussfassung der Vollversammlung vom 20.10.2000

Internetseiten der untersuchten Städte zur lokalen Agenda:

- http://www. neuss.de/umweltamt/Agenda/neuss-agenda.html, März 2001

- http://www.muenster.de/stadt/agenda/info.html, Mai 1999

- http://www.detmold.de/index1.html, September 2000

- http://www.bochum.de/agenda 21, Oktober 2000

Interviews (Originaltranskripte im Archiv des Autors):

- BU1 vom 16.08.1999
- BU2 vom 22.07.1999
- BU3 vom 29.06.1999
- BU4 vom 26.07.1999
- BU5 vom 05.10.1999
- BU6 vom 25.06.1999
- BU7 vom 16.08.1999
- FAK-RP1 vom 24.08.1999
- FAK-RP2 vom 10.11.1998 und 15.11.1999
- FAK-RP3 vom 13.06.1999
- FAK-RP4 vom 24.08.1999
- FAK-RP5 vom 16.08.1999
- FAK-RP6 vom 13.01.1999
- FAK-V1 vom 14.06.1999
- FAK-V2 vom 20.12.1999
- FAK-V3 vom 11.11.1999
- FAK-V4 vom 11.11.1999
- FAK-V5 vom 10.06.1999
- FAK-V6 vom 16.08.1999
- FAK-V7 vom 15.06.1999
- FAK-V8 vom 26.07.1999
- FAK-K1 vom 13.01.1999
- FAK-K2 vom 20.12.1999
- FAK-K3 vom 01.06.1999

- FAK-K4 vom 11.11.1999
- FAK-K5 vom 24.08.1999
- FAK-K6 vom 26.07.1999
- FAK-K7 vom 29.06.1999
- FAK-P1 vom 29.06.1999
- FAK-P2 vom 15.11.1999
- FAK-P3 vom 16.08.1999
- FAK-P4 vom 10.06.1999
- FAK-P5 vom 15.11.1999
- FAK-P6 vom 05.10.1999
- FAK-P7 vom 17.06.1999
- FAK-P8 vom 26.11.1999
- AG-B1 vom 04.02.1999 und 11.11.1999
- AG-B2 vom 04.02.1999
- AG-B3 vom 04.02.1999 und 11.10.2000
- LK-R1 vom 14.06.1999
- LK-R2 vom 16.08.1999
- LK-N vom 26.11.1999
- LK-V1 vom 10.06.1999
- LK-V2 vom 26.11.1999
- BZ-M1 vom 10.06.1999
- BZ-M2 vom 04.10.1999
- BZ-M3 vom 16. 08.1999
- PZM1 vom 10.11.2000
- PZM2 vom 11.10.2000
- PZM3 vom 19.10.2000
- PZM4 vom 02.11.2000
- RS1 vom 11.11.1999
- RS2 vom 14.06.1999
- FAK-F1 vom 22.07.1999
- FAK-F2 vom 26.11.1999
- FAK-A1 vom 26.11.1999
- FAK-A2 vom 05.10.1999
- FAK-J1 vom 11.01.1999
- FAK-J2 vom 09.10.1999
- FR-AK1 vom 22.07.1999
- FR-AK2 vom 15.11.1999
- FR-AK3 vom 22.07.1999
- FR-AK4 vom 22.01.2001
- ST-EX/Dt1 vom 14.07.1999
- ST-EX/Dt2a vom 13. 11. 2000
- ST-EX/Dt2b vom 13. 11. 2000
- ST-EX/Ne1 vom 27.05.1999
- ST-EX/Ne2 vom 30. 03. 2001
- ST-EX/Bo1 vom 16.08.1999
- ST-EX/Bo2 vom 03. 04. 2001

www.ingramcontent.com/pod-product-compliance
Lightning Source LLC
Chambersburg PA
CBHW020450270326
41926CB00008B/555